EBS
UNIVERSITÄT

Gesellschaftsrechtliche Untersuchung der Investmentkommanditgesellschaft

EBS Law School

Der EBS Universität für Wirtschaft und Recht

zur

Erlangung des akademischen Grades eines Doktors der Rechtswissenschaft (Dr. iur.)

vorgelegt von

Rainer Krall

geboren in Pfullendorf

Als Dissertation angenommen am: 3. Juli 2024
Datum der mündlichen Prüfung: 3. Dezember 2024

Prof. Dr. Michael Nietsch, Dekan EBS Law School

Vorsitzender der Promotionsprüfungskommission:	Prof. Dr. Michael Nietsch (Erstgutachter)
Mitglieder der Prüfungskommission:	Prof. Dr. Tim Florstedt (Zweitgutachter) Prof. Dr. Sarah Legner

Betriebs-Berater Schriftenreihe

Gesellschaftsrechtliche Untersuchung der Investmentkommanditgesellschaft

von

Rainer Krall

Fachmedien Recht und Wirtschaft | dfv Mediengruppe | Frankfurt am Main

Bibliografische Information Der Deutschen Nationalbibliothek

Die Deutsche Nationalbibliothek verzeichnet diese Publikation in der Deutschen Nationalbibliografie; detaillierte bibliografische Daten sind im Internet über http://dnb.de abrufbar.

ISBN 978-3-8005-1991-0

dfv Mediengruppe

www.ruw.de

Druck: Beltz Grafische Betriebe GmbH, 99947 Bad Langensalza

Printed in Germany

Danksagung

Die vorliegende Arbeit wurde an der EBS Universität für Wirtschaft und Recht mit Sitz in Oestrich-Winkel erstellt. Rechtsprechung und Literatur konnten bis Ende Februar 2023 berücksichtigt werden. Nachträgliche Ergänzungen und etwaige Änderungen stehen im Zusammenhang mit dem Gesetz zur Modernisierung des Personengesellschaftsrechts, welches mit Wirkung zum 01.01.2024 in Kraft trat.

An dieser Stelle darf ich allen meinen Dank aussprechen, die mich bei der Anfertigung meiner Doktorarbeit unterstützt und mich während meines gesamten Promotionsvorhabens begleitet haben.

Zuvorderst danken möchte ich Herrn Prof. Dr. Michael Nietsch als meinen Doktorvater und seinem Lehrstuhl für die Betreuung meiner Promotion und seinem Feedback zu meiner Dissertation zwecks der weiteren Bearbeitung. Ebenfalls bedanken möchte ich mich bei Herrn Prof. Dr. Tim Florstedt in seiner Funktion als Zweitgutachter meiner Dissertation.

Ein großes Dankeschön geht an meinen Schwager, Dr. Michael Schuster. Auch wenn es für juristische Fachpublikationen eher unüblich ist, habe ich mich für meine Dissertation dazu entschieden, diese mit LaTex zu verfassen. Von ihm habe ich wertvolle Unterstützung mit dem Umgang dieses Textbearbeitungsprogrammes erhalten.

Ein besonderer Dank gilt meiner Familie, insbesondere meinen Eltern, Christa und Fidelis. Zum einen für eure Geduld sowie für eure Ermutigungen und Zusprüche, die es während des langen Zeitraums der Doktorarbeit immer wieder braucht. Zum anderen aber auch dafür, dass ihr mich dabei unterstützt habt der Mensch und die Persönlichkeit zu werden, die ich heute bin.

München, im August 2025 Rainer Krall

Inhaltsverzeichnis

Abkürzungsverzeichnis

a. A.	andere Ansicht
a. E.	am Ende
a. a. O.	am angegebenen Ort
Abs.	Absatz
AIF	Alternative Investmentfonds
AIFM-Richtlinie	Richtlinie 2011/61/EU des Europäischen Parlaments und des Rates vom 8. Juni 2011
AktG	Aktiengesetz
Art.	Artikel
BaFin	Bundesanstalt für Finanzdienstleistungsaufsicht
BGB	Bürgerliches Gesetzbuch
BFH	Bundesfinanzhof
BGH	Bundesgerichtshof
BR-Drs.	Bundesratsdrucksache
BT-Drs.	Bundestagsdrucksache
bzw.	beziehungsweise
d. h.	das heißt
EStG	Einkommensteuergesetz
EUR	Euro
GbR	Gesellschaft bürgerlichen Rechts
GmbH	Gesellschaft mit beschränkter Haftung
GmbHG	Gesetz betreffend die Gesellschaften mit beschränkter Haftung
h. M.	Herrschende Meinung
HGB	Handelsgesetzbuch
Hs.	Halbsatz
InsO	Insolvenzordnung
Inv-AG	Investmentaktiengesellschaft
Inv-KG	Investmentkommanditgesellschaft
InvG	Investmentgesetz
i. V. m.	In Verbindung mit
lit.	littera (Buchstabe)
m. w. N.	mit weiteren Nachweisen
Nr.	Nummer
KAGB	Kapitalanlagegesetzbuch
KAGG	Gesetz über Kapitalanlagegesellschaften
KG	Kommanditgesellschaft
KVG	Kapitalverwaltungsgesellschaft
KWG	Kreditwesengesetz
OGAW	Organismen für gemeinsame Anlagen in Wertpapieren

OGAW-Richtlinie	Richtlinie 2009/65/EG des Europäischen Parlaments und des Rates vom 13. Juli 2009
OHG	Offene Handelsgesellschaft
OLG	Oberlandesgericht
Rn.	Randnummer
u. ä.	und ähnliche
u. Ä.	und Ähnliches
UAbs	Unterabsatz
Urt. v.	Urteil vom
Var.	Variante
vgl.	Vergleiche
WpHG	Gesetz über den Wertpapierhandel (Wertpapierhandelsgesetz)
WpIG	Gesetz zur Beaufsichtigung von Wertpapierinstituten
z. B.	zum Beispiel

Teil A.
Einleitung

I. Einführung in den Gegenstand der Untersuchung

Das KAGB trat am 22. Juli 2013 in Kraft und ist somit ein noch vergleichbar junges Gesetzbuch, das in einem verhältnismäßig kurzen Zeitraum – vom Diskussionsentwurf des Bundesministeriums für Finanzen bis zum Inkrafttreten verging gerade ein Jahr[1] – verabschiedet wurde. Ebenso jung ist die neu geschaffene Inv-KG, die als weiteres Anlagevehikel zum einen dem Pooling von Investmentvermögen dienen soll und neben die bisher bekannten Vehikel „Sondervermögen“ und „Inv-AG“ tritt.

Die Einführung der Inv-KG geht auf einen Vorschlag der Praxis zurück, den der Gesetzgeber bei der Ausarbeitung des KAGB aufgriff und umsetzte. Ausschlaggebend hierfür waren zwei Gründe: die Ermöglichung des Pension-Asset-Poolings in Deutschland und die Fortführung der bisherigen Praxis, welche geschlossene Fonds in der Regel in der Rechtsform der Kommanditgesellschaft strukturierte.

1. Ermöglichung des Pension-Asset-Poolings

Zum einen wollte der Gesetzgeber den Standort Deutschland für das Pension-Asset-Pooling attraktiv machen, um so das Altersvorsorgevermögen von deutschen Konzernen im Inland zu halten und gegebenenfalls weiteres Vermögen in die Bundesrepublik zu locken.[2] Durch das Pension-Asset-Pooling soll es international tätigen Konzernen ermöglicht werden, das für die betriebliche Altersversorgung ihrer Mitarbeiter vorzuhaltende Pensionsvermögen für den gesamten Konzern – und damit grenzüberschreitend und unabhängig davon, ob sich die zum Konzern gehörenden Gesellschaften in der Bundesrepublik Deutschland oder im Ausland befinden – in einem innerdeutschen Vehikel anzulegen und zu verwalten. Es zielt darauf ab, durch die Zentralisierung der verschiedenen Altersvorsorgevermögen in einem einzigen Vehikel Kosten für Dienstleister und Transaktionen zu reduzieren

1 Vgl. die Entstehungsgeschichte des AIFM-Umsetzungsgesetzes.
2 BT-Drs. 17/12294 Seite 190, 5. Fondsvehikel.

sowie die Erfüllung aufsichtsrechtlicher Pflichten zu vereinfachen.[3] Das Pension-Asset-Pooling wurde in Deutschland bislang nicht bzw. kaum praktiziert, da es dafür an einem geeigneten steuertransparenten Vehikel fehlte.[4] In der Folge wird das für die betriebliche Altersvorsorge verwendete Kapital entweder in unterschiedlichen Ländern oder in einem Pension-Asset-Pool außerhalb der Bundesrepublik Deutschland angelegt und verwaltet. Dabei ist gerade die Bündelung des gesamten Pensionskapitals unterschiedlicher Jurisdiktionen in einem einheitlichen Pool von Interesse, um auf diese Weise Synergien zu heben (insbesondere bei der Verwaltung und beim Risikomanagement) sowie bessere Wertentwicklungen und Investitionsmöglichkeiten zu erschließen. Mit der Einführung der (offenen) Inv-KG wollte der Gesetzgeber nun geeignete Voraussetzungen für das Pension-Asset-Pooling schaffen, um so auch zu anderen Ländern aufzuschließen, in welchen bereits geeignete Vehikel für das Pension-Asset-Pooling zur Verfügung standen.

Derzeit dürfte die vom Gesetzgeber verfolgte Intention im Hinblick auf das Pension-Asset-Pooling als gescheitert angesehen werden. Zwar finden sich keine Informationen über öffentlichen Quellen zum Pension-Asset-Pooling in Deutschland. Allerdings zeigt eine Durchsicht der Datenbank der BaFin, dass derzeit kaum offene Inv-KG in Deutschland vertriebsberechtigt ist. Da die offene Inv-KG aber gerade als das Vehikel für das Pension-Asset-Pooling eingeführt wurde, legt deren Fehlen in der Datenbank der BaFin den Schluss nahe, dass das Pension-Asset-Pooling über ein deutsches Investmentvehikel (noch) keine praktische Bedeutung erlangt hat.

2. Konzeption von geschlossenen Fonds über die Kommanditgesellschaft

Zum anderen beabsichtigte der Gesetzgeber den sogenannten grauen Kapitalmarkt aufsichtsrechtlichen Regelungen zu unterwerfen, ohne aber zugleich zu stark in die bisherige Fondspraxis bei der Gestaltung geschlossener Fonds einzugreifen. Der Wunsch nach Regulierung des grauen Kapitals ist mit den Lehren zu begründen, die der europäische

3 *Hüwel/Kracke* in Baur/Tappen, Investmentgesetze, Vorbem §§ 124 bis 138 Rn. 18.
4 *Hüwel/Kracke* in Baur/Tappen, Investmentgesetze, Vorbem §§ 124 bis 138 Rn. 14.

Gesetzgeber aus der weltweiten Finanzkrise in den Jahren 2007 und 2008 zog, wonach auch die Anlagestrategien von Fonds und deren Kapitalverwaltungsgesellschaften bedeutende Risiken für deren Anleger und andere Marktteilnehmer sowie den Kapitalmarkt generell enthalten können.[5] Aus nationaler Sicht wollte der deutsche Gesetzgeber im Zuge der Umsetzung der AIFM-Richtlinie den Akteuren im Bereich der geschlossenen Fonds die Möglichkeit geben, ihre Fondsprodukte gemäß der bisherigen Praxis in der für sie gewohnten Form zu strukturieren.

Die geschlossenen Fonds nach deutschem Recht waren bislang aus steuerlichen Gründen vor allem in der Rechtsform der Kommanditgesellschaft aufgelegt worden.[6] Diese Praxis wollte der Gesetzgeber weiterhin ermöglichen und den Investoren eine Möglichkeit zu einer steuerlich attraktiven Vermögensanlage unter gleichzeitigem Ausschluss der Haftung geben.[7] Dazu waren die aus dem InvG bekannten Rechtsformen nicht geeignet, was die Einführung eines alternativen Vehikels für Investmentfonds erforderlich machte. Aus diesem Grund wurde das deutsche Investmentrecht um die Inv-KG ergänzt.

Im Gegensatz zur offenen Inv-KG konnte die geschlossene Inv-KG die in sie gesetzten Erwartungen erfüllen. So wurden geschlossene Investmentvermögen seit der Einführung des KAGB mehrheitlich in der Rechtsform der geschlossenen Inv-KG aufgelegt. Nachdem der Gesetzgeber für die geschlossenen Investmentvermögen die zulässigen Investmentvehikel zumindest für Spezial-AIF liberalisiert hat und geschlossene Investmentvermögen zwischenzeitlich auch als Sondervermögen aufgelegt werden dürfen,[8] bleibt abzuwarten, ob die geschlossene Inv-KG zukünftig einen Bedeutungsverlust erleiden wird. Dies gilt umso mehr, als dass der Gesetzgeber eine umfassende Freigabe des Sondervermögens im geschlossenen Fondssegment perspektivisch anstrebt.[9]

5 Vgl. Erwägungsgrund 3 der AIFM-Richtlinie.
6 Vgl. BT-Drs. 17/12294, Seite 190, 5. Fondsvehikel, b) Fondsvehikel für geschlossene Fonds.
7 Vgl. BT-Drs. 17/12294, Seiten 246 f., Zu § 139 (Rechtsform).
8 Vgl. § 139 Satz 2 KAGB.
9 Vgl. Fondsmarktstärkungsgesetz (Gesetzesentwurf der Bundesregierung), Seite 37 Nr. 53. wenngleich das Fondsmarktstärkungsgesetz durch die Neuwahl des Bundestages am 23. Februar 2025 dem Diskontinuitätsprinzips zum Opfer fiel.

II. Einfügung der Inv-KG in das deutsche Investmentrecht

1. Allgemeine Ausführungen zum KAGB

Das KAGB regelt das deutsche Investmentrecht sehr umfassend. Es lässt sich dabei grob in vier größere Abschnitte unterteilen. Der erste Abschnitt enthält die grundsätzlichen Vorschriften zu den wesentlichen Akteuren des Investmentrechts sowie die allgemeinen Vorschriften über das Investmentvermögen,[10] während der zweite Abschnitt produktspezifische Vorschriften enthält.[11] Der dritte Abschnitt wiederum hält Vorschriften über den Vertrieb von Fondsanteilen parat.[12] Der letzte Teil beschäftigt sich dagegen mit den Straf- und Übergangsvorschriften.[13]

1.1. Der Begriff des Investmentvermögens als zentraler Begriff des Investmentrechts

Der zentrale Begriff des deutschen Investmentrechts ist der Begriff des Investmentvermögens. Nach ihm bestimmt sich, ob der Anwendungsbereich des KAGB eröffnet ist oder nicht. Das KAGB legt wegen der europäischen Vorgaben ein materielles Verständnis des Begriffs des Investmentvermögens zugrunde[14] und ist daher sehr weit gefasst. Abstrakt gesprochen setzt sich das Investmentvermögen aus dem von den Anlegern eingesammelten Kapital zusammen, ohne dass es hierbei auf die konkrete Rechtsform ankäme.[15] Das materielle Verständnis des Investmentvermögensbegriffs und die daraus resultierende umfassende aufsichtsrechtliche Regulierung dieser Vermögen treten dabei nicht durch den Gesetzeswortlaut ausdrücklich hervor, sondern werden erst bei einer Gesamtschau deutlich. Zugleich bildet der Begriff des Investmentvermögens den Oberbegriff für die vom KAGB erfassten Fondstypen, namentlich die Organismen für gemeinsame Anlagen in

---

10 Vgl. § 1 KAGB bis einschließlich § 161 KAGB.
11 Vgl. § 162 KAGB bis einschließlich § 292c KAGB.
12 Vgl. § 293 KAGB bis einschließlich § 338c KAGB.
13 Vgl. § 339 KAGB bis einschließlich § 365 KAGB.
14 Weitnauer/Boxberger/Anders, KAGB, Einl Rn. 4.
15 Von einer eingehenden Darstellung der einzelnen Voraussetzungen des Begriffs des Investmentvermögens wird an dieser Stelle abgesehen.

Wertpapieren[16] gemäß § 1 Abs. 2 KAGB und die alternativen Investmentfonds[17] gemäß § 1 Abs. 3 KAGB.

Investmentvermögen sind anhand ihrer Spezifika zu unterscheiden, die mit ihnen einhergehen. Insgesamt gibt es zwei übergeordnete Spezifika, die jedem Investmentvermögen zu eigen sind:[18] der erlaubte Anlegerkreis und das Recht der Anleger zur Rückgabe von Anteilen. Die jeweiligen Spezifika haben Einfluss darauf, welchen produktspezifischen Vorschriften ein Investmentvermögen unterliegt und wie dieses zu strukturieren ist.

Ein Investmentvermögen ist zunächst danach zu unterscheiden, an welchen Anlegerkreis es sich richtet. Das KAGB kennt mit dem professionellen Anleger[19] und dem semiprofessionellen Anleger[20] sowie dem Privatanleger[21] drei Anlegergruppen. AIF, in die lediglich professionelle Anleger und semiprofessionelle Anleger investieren dürfen, werden als Spezial-AIF bezeichnet.[22] AIF, deren Anteile auch von Privatanlegern erworben werden dürfen, werden dagegen als Publikums-AIF tituliert.[23] Für OGAW erübrigt sich dagegen eine weitergehende Untergliederung, wie sie bei den AIF vorzunehmen ist, da der erlaubte Anlegerkreis bereits nach ihrer Legaldefinition die Privatanleger zwingend miteinbezieht.[24]

Ferner sind Investmentvermögen dahingehend zu unterscheiden, ob sie ihren Anlegern vor Ende ihrer Laufzeit das Recht zur Rückgabe ihrer Anteile am Investmentvermögen einräumen oder nicht. Investmentvermögen, die ihren Anlegern vor der Liquidations- oder Auslaufsphase die Möglichkeit zur Rückgabe ihrer Anteile einräumen,

16 Kurz: OGAW.

17 Kurz: AIF.

18 Als eigenes Spezifikum ausgeklammert wurde die Jurisdiktion, der ein Investmentvermögen unterliegt. Für die nachstehende Untersuchung ist lediglich die Betrachtung von inländischen Investmentvermögen von Relevanz, d. h. Investmentvermögen, die dem Recht der Bundesrepublik Deutschland unterliegen.

19 Vgl. § 1 Abs. 19 Nr. 32 KAGB.

20 Vgl. § 1 Abs. 19 Nr. 33 KAGB.

21 Vgl. § 1 Abs. 19 Nr. 31 KAGB.

22 Vgl. § 1 Abs. 6 KAGB.

23 Vgl. § 1 Abs. 7 KAGB.

24 Vgl. Art. 1 Abs. 2 Buchstabe a der OGAW-Richtlinie.

qualifizieren als offene Investmentvermögen.[25] Wird den Anlegern ein solches Recht nicht zugestanden, gilt ein Investmentvermögen als geschlossen.[26] Relevant ist die Unterscheidung vor allem für AIF, die dementsprechend in geschlossene AIF und offene AIF zu differenzieren sind. Bei OGAW handelt es sich dagegen stets um offene Investmentvermögen.[27]

Aus Sicht der hier vorzunehmenden Untersuchung – namentlich der Betrachtung der Inv-KG aus gesellschaftsrechtlicher Sicht – sind vorrangig die Investmentvermögen in Form der AIF interessant. Hintergrund hierfür ist, dass OGAW nach derzeitiger Rechtslage nicht in der Rechtsform der Inv-KG aufgelegt werden können. Als zwingend offene Investmentvermögen stehen OGAW das Sondervermögen und die Inv-AG mit veränderlichem Kapital als Vehikel zur Verfügung.[28] Da OGAW zwingend auch von Privatanlegern erworben werden dürfen, ist bei ihnen die Anwendung von § 91 Abs. 2 und Abs. 3 KAGB ausgeschlossen.

1.2. Die maßgeblichen Akteure im Zusammenhang mit der Anlage und Verwaltung eines Investmentvermögens

Um ein Investmentvermögen herum gibt es drei übergeordnete Akteure, die im Zusammenhang mit der Anlage und der Verwaltung eines Investmentvermögens von Bedeutung sind: die Anleger, die Kapitalverwaltungsgesellschaft[29] und die Verwahrstelle[30]. Die Zusammensetzung dieser drei Parteien wird auch als „*Investmentdreieck*“ bezeichnet.

Die wesentliche Aufgabe der Anleger lässt sich sehr einfach darstellen. Diese besteht primär im Einbringen des von ihnen zugesagten Kapitals, welches letztlich gemeinsam das Investmentvermögen bildet. Die Höhe des durch einen Anleger zu leistenden Kapitalbetrags sowie dessen weitere Rechte und Pflichten werden in der Dokumentation, die dem gegenständlichen Fonds zugrunde liegt, geregelt. Ungeachtet

25 Vgl. § 1 Abs. 4 KAGB.
26 Vgl. § 1 Abs. 5 KAGB.
27 Vgl. § 1 Abs. 4 Nr. 1 KAGB bzw. Art. 1 Abs. 2 Buchstabe b der OGAW-Richtlinie.
28 Vgl. § 91 Abs. 1 KAGB.
29 Unter dem InvG wurde die KVG als Kapitalanlagegesellschaft bezeichnet.
30 Unter dem InvG wurde die Verwahrstelle als Depotbank bezeichnet.

der konkreten Ausgestaltung – d. h. unabhängig davon, ob es sich bei dem gegenständlichen Investmentvermögen um ein Sondervermögen im Sinne von § 1 Abs. 10 KAGB oder eine Investmentgesellschaft im Sinne von § 1 Abs. 11 KAGB handelt – wird dieses Vertragswerk bisweilen als *Investmentvertrag* tituliert.

Die Anlage und Verwaltung des eingesammelten Kapitals werden dagegen nicht durch die Anleger selbst vorgenommen, sondern durch die Kapitalverwaltungsgesellschaft – kurz: KVG. Da diese als Verwalter fremden Vermögens agiert, richten sich etliche Vorschriften des KAGB an die KVG und legen dieser verschiedene Pflichten im Hinblick auf ihre Organisation und ihr Verhalten auf. Zudem wird die Übernahme der Verwaltungstätigkeit unter den Vorbehalt einer vorherigen Erlaubniserteilung gemäß § 20 KAGB bzw. Registrierung gemäß § 44 KAGB der jeweiligen KVG gestellt. Bei einer KVG nach dem KAGB handelt es sich stets um ein Unternehmen mit satzungsgemäßem Sitz und Hauptverwaltung im Inland, dessen Geschäftsbetrieb auf die Verwaltung von Investmentvermögen ausgerichtet ist (§ 17 Abs. 1 KAGB). Dabei entscheidet die Prüfung eines inländischen Unternehmens bzgl. seiner Geschäftstätigkeit darüber, ob es als KVG anzusehen ist und damit dem KAGB unterliegt oder nicht. Der Unternehmensgegenstand einer KVG ist auf die Verwaltung von Investmentvermögen beschränkt, für sie gilt dementsprechend der Spezialitätsgrundsatz. Weitere Dienstleistungen und Nebendienstleistungen darf eine KVG nur in dem Umfang erbringen, der in § 20 Abs. 2 und Abs. 3 KAGB zugestanden wird.

Neben der KVG und dem Anleger ist die Verwahrstelle eine weitere wesentliche Komponente des Investmentrechts. Während die Anlage und Verwaltung eines Investmentvermögens der KVG obliegen, hat die Verwahrstelle vor allem die KVG zu überwachen und das Investmentvermögen vor einem Verlust der ihr zustehenden Vermögensgegenstände zu schützen. Zu diesem Zweck hat sie – wie ihre Bezeichnung bereits andeutet – die Vermögensgegenstände eines Investmentvermögens zu verwahren und die Mittelflüsse zu überwachen, die eine KVG für ein von ihr verwaltetes Investmentvermögen vornimmt. Bei Investmentvermögen, an denen sich auch Privatanleger beteiligen dürfen, unterliegen zudem bestimmte Geschäfte der Zustimmung der Verwahrstelle.

1.3. Unterscheidung zwischen intern und extern verwalteten Investmentvermögen

Im Hinblick auf deutsche Investmentvermögen ist außerdem danach zu unterscheiden, ob die Investmentvermögen ihre Vermögensgegenstände selbst verwalten oder ob es einen externen Verwalter mit der Anlage und Verwaltung ihrer Vermögensgegenstände beauftragt. Das KAGB ermöglicht grundsätzlich beide Varianten.[31]

Bei intern verwalteten Investmentvermögen ist das Investmentvermögen selbst Kapitalverwaltungsgesellschaft im Sinne von § 17 Abs. 1 KAGB. Die interne Verwaltung steht allerdings nur denjenigen Kapitalverwaltungsgesellschaften offen, welche als Investmentgesellschaft im Sinne von § 1 Abs. 11 aufgelegt wurden. Dies ist konsequent, da das KAGB vorgibt, dass Investmentvermögen zwingend durch eine Kapitalverwaltungsgesellschaft zu verwalten sind. Die interne Verwaltung bedingt daher, dass das Investmentvermögen selbst Träger von Rechten und Pflichten sein kann, da es selbst der Erlaubnis nach § 22 KAGB bzw. der Registrierung nach § 44 KAGB bedarf.[32] Die Fähigkeit Träger von Rechten und Pflichten zu sein, können lediglich Investmentgesellschaften im Sinne von § 1 Abs. 11 KAGB erfüllen, nicht aber das Sondervermögen im Sinne von § 1 Abs. 10 KAGB aufgrund seiner Vertragsform. Dies spiegelt sich auch im Wortlaut von § 17 Abs. 2 Nr. 2 KAGB wider, der davon spricht, dass die Rechtsform des maßgeblichen Investmentvermögens eine interne Verwaltung zulassen muss.

Bei extern verwalteten Investmentvermögen wird dagegen die Anlage und Verwaltung der Vermögensgegenstände auf einen externen Verwalter übertragen. In Bezug auf die Zulässigkeit der externen Verwaltung von Investmentvermögen ist jedoch eine Einschränkung zu machen. Denn nicht jeder externe Verwalter kann als Verwalter eines Investmentvermögens bestellt werden, vielmehr muss es sich um eine Kapitalverwaltungsgesellschaft im Sinne von § 17 Abs. 1 KAGB handeln.[33] Die externe Verwaltung ist für das Sondervermögen im Sinne

31 Vgl. § 17 Abs. 2 KAGB.
32 Vgl. § 17 Abs. 2 Nr. 2 KAGB.
33 Vgl. dazu oben Teil A. Kapitel II. Ziffer 1.2 „Die maßgeblichen Akteure im Zusammenhang mit der Anlage und Verwaltung eines Investmentvermögens".

von § 1 Abs. 10 KAGB zwingend, sie kann aber auch von Investmentgesellschaften im Sinne von § 1 Abs. 11 KAGB gewählt werden.

Die externe Verwaltung von Investmentvermögen, welche in gesellschaftsrechtlicher Form aufgelegt wurden, ist dabei keine Neuerung durch das KAGB. Vielmehr geht diese Variante bereits auf die Zeiten des InvG zurück, in welches mit der Inv-AG das gesellschaftsrechtlich strukturierbare Investmentvermögen eingeführt wurde und dessen Verwaltung bereits durch eine extern verwaltete Kapitalanlagegesellschaft möglich war.[34] Aus gesellschaftsrechtlicher Sicht ist diese investmentrechtlich zulässige Fremdverwaltung jedoch bemerkenswert. Dies ist darin begründet, dass aus gesellschaftsrechtlicher Sicht die Geschäftsleitung für die Belange ihrer Gesellschaft verantwortlich sind. Im Falle einer vermögensverwaltenden Gesellschaft in der Rechtsform der GmbH & Co. KG bedeutet dies, dass in der Regel deren Komplementäre für die Anlage und Verwaltung des Gesellschaftsvermögens verantwortlich sind. Hieran ändert sich auch dann nichts, wenn die Gesellschaft externe Dienstleister über Geschäftsbesorgungsverträge einbindet, da die geschäftsführenden Personen insoweit gegenüber dem Dienstleister ein Weisungsrecht zusteht.[35] Bei der externen Verwaltung von gesellschaftsrechtlich strukturierten Investmentvermögen ist dies gerade abweichend geregelt, da von Gesetzes wegen angeordnet wird, dass die Letztentscheidung über die Anlage und Verwaltung des Investmentvermögens der externen KVG zusteht und damit der Gesellschaft bzw. deren geschäftsleitenden Personen entzogen wird.

In der Praxis ist die Verwaltung der Investmentvermögen durch eine externe KVG der Regelfall. Dies ist darin begründet, dass externe Kapitalverwaltungsgesellschaften die Verwaltung mehrerer externer Investmentvermögen übernehmen können, während die intern verwaltete KVG auf die Anlage und Verwaltung ihres eigenen Investmentvermögens beschränkt ist. Da sowohl die intern verwaltete KVG als auch die extern verwaltete KVG die Anforderungen an die Aufbau- und Ablauforganisation erfüllen müssen, ist daher regelmäßig die Verwaltung mehrerer Investmentvermögen wirtschaftlicher. Erschwerend

34 Vgl. § 96 Abs. 4 InvG.
35 Vgl. § 675 Abs. 1 BGB i. V. m. § 665 BGB.

kommt für die intern verwaltete KVG hinzu, dass sie höheren Anforderungen an das Anfangskapital unterliegen.[36]

1.4. Vorgehensweise bei der Konzeption von Investmentvermögen

Bei der Konzeption von Investmentvermögen ist danach zu unterscheiden, ob sich das aufzulegende Investmentvermögen als Publikumsinvestmentvermögen oder als Spezial- AIF aufgelegt werden soll. Eine Gemeinsamkeit bei der Auflage von Investmentvermögen ist dagegen die grundsätzliche Durchführung einer Marktsondierung vorab.

Die Konzeption eines Publikumsinvestmentvermögens geht grundsätzlich von der Kapitalverwaltungsgesellschaft aus, welche die Auflage des Investmentvermögens beabsichtigt. Die jeweilige Kapitalverwaltungsgesellschaft erarbeitet sich dabei in einem ersten Schritt ein erstes grundlegendes Konzept, das dem aufzulegenden Investmentvermögen zugrunde liegen soll. Dieses Grundkonzept bildet die Basis für die Marktsondierung – auch „*Market Sounding*" genannt. Mit dem Market Sounding eruiert die Kapitalverwaltungsgesellschaft, ob für das beabsichtigte Investmentvermögen ein ausreichender Markt zum Vertrieb von dessen Anteilen besteht oder nicht. Nur dann, wenn der Markt eine ausreichende Interessenbekundung signalisiert, wird sich die Kapitalverwaltungsgesellschaft zur Konzeption des Investmentvermögens nach Maßgabe des erarbeiteten Grundkonzepts – gegebenenfalls nach dessen Anpassung auf der Grundlage des Market Soundings – entscheiden. Die eigentliche Durchführung des Market Soundings übernimmt die Kapitalverwaltungsgesellschaft nicht selbst, sondern kontaktiert hierfür externe Dienstleister. Im Bereich der Publikumsfonds ist hierbei Zurückhaltung geboten. Die Marktsondierung erfolgt daher in anonymer und abstrakter Form, meist gegenüber Vertriebsgesellschaften. Im Falle einer erfolgreichen Marktsondierung beginnt die Kapitalverwaltungsgesellschaft mit der Konzeption des Investmentvermögens. Hierzu erstellt die Kapitalverwaltungsgesellschaft den Verkaufsprospekt nebst Anlagebedingungen und das Ba-

---

36 Vgl. § 25 Abs. 1 Nr. 1 lit. a KAGB.

sisinformationsblatt.[37] Zudem bereitet die Kapitalverwaltungsgesellschaft eine Reihe von Verträgen vor, die im Zusammenhang mit der Auflage des Investmentvermögens erforderlich sind. Hierzu gehören insbesondere der Vertrag mit der Verwahrstelle und – falls das Investmentvermögen in Form einer extern verwalteten Investmentgesellschaft konzipiert wird – und der Bestellungsvertrag zwischen der Investmentgesellschaft und der Kapitalverwaltungsgesellschaft. Da sich der Vertrieb der Anteile eines Publikumsinvestmentvermögens grundsätzlich auch an Privatanleger – und damit an einen großen Anlegerkreis richtet, werden die Anleger nicht bei der Konzeption eingebunden. Bei der Konzeption der Unterlagen des Investmentvermögens stimmt sich die Kapitalverwaltungsgesellschaft mit der BaFin ab, da letztere die Anlagebedingungen und die zu bestellende Verwahrstelle zu genehmigen hat sowie den Vertrieb der Anteile des Investmentvermögens untersagen kann.

Bei Spezial-AIF ist dagegen der Kreis der Anleger überschaubar, zum Teil beschränkt sich dieser auf eine einstellige Anlegeranzahl. Aus diesem Grunde weicht die Vorgehensweise bei deren Konzeption etwas von der Auflage eines Publikumsinvestmentvermögens ab. Auch hier führt die Kapitalverwaltungsgesellschaft vorab ein Market Sounding durch, allerdings wird sich die Kapitalverwaltungsgesellschaft regelmäßig selbst an diejenigen professionellen und semi-professionellen Anleger wenden, die sie für das beabsichtigte Investmentvermögen geeignet hält. Für dieses Marktet Sounding – hier *Pre-Marketing* genannt – enthält § 306b KAGB besondere aufsichtsrechtliche Regelungen, die von der KVG zu beachten sind. Dabei wird sie im Falle eines grundsätzlichen Interesses zeitgleich abklären, welche grundlegenden Vorstellungen die interessierten Anleger vom beabsichtigten Investmentvermögen haben. Im Falle der Auflage eines Spezial-AIF haben die Anleger somit durchaus die Möglichkeit, auf die Konzeption des Investmentvermögens Einfluss zu nehmen. Dies ist für die Anleger auch deswegen von Bedeutung, weil diese bisweilen Investitionsbeschränkungen unterliegen. Diese Beschränkungen können sich

37 Wenn das gegenständliche Investmentvermögen zwar als Publikumsinvestmentvermögen konzipiert wurde, allerdings ausschließlich an professionelle Anleger vertrieben werden soll, kann das Basisinformationsblatt auch durch die wesentlichen Anlegerinformationen ersetzt werden.

insbesondere aus aufsichtsrechtlichen Anforderungen[38] oder steuerlichen Erwägungen[39] ergeben. Auch hier stimmt sich die Kapitalverwaltungsgesellschaft mit der BaFin hinsichtlich der Unterlagen frühzeitig ab. Zwar entfällt im Bereich der Spezial-AIF regelmäßig die Genehmigungsbedürftigkeit, allerdings kann auch hier die BaFin bei etwaigen Mängeln den Vertrieb der Anteile des Investmentvermögens untersagen.

Im Bereich der Spezial-AIF ist es zudem denkbar, dass eine Kapitalverwaltungsgesellschaft ihrerseits von Unternehmen aktiv angesprochen wird, um ein bestimmtes Investmentvermögen aufzulegen. Oftmals handelt es sich hierbei um Asset Manager, die über keine eigene Erlaubnis nach dem KAGB verfügen, allerdings bestimmte Aufgaben im Bereich der kollektiven Vermögensverwaltung selbst erbringen wollen und bereits Zugriff auf einen bestimmten Anlegerkreis haben. In diesem Falle fungiert die jeweilige Kapitalverwaltungsgesellschaft als Service-KVG. Hierbei erbringt sie die eigentlichen Leistungen einer Kapitalverwaltungsgesellschaft, insbesondere übernimmt sie die Konzeption des Investmentvermögens nach den Vorstellungen des Asset Managers, allerdings lagert sie bestimmte Aufgaben auf den Asset Manager als dem eigentlichen Fondsinitiator aus. Es handelt sich hierbei um die Verwaltungstätigkeiten. Derartige Modelle finden sich vor allem im Immobiliensegment.

2. Erlaubte Investmentvehikel im deutschen Investmentrecht

Das deutsche Investmentrecht kennt insgesamt drei Vehikel, die für die Strukturierung von Investmentvermögen zur Verfügung stehen. Es handelt sich hierbei um die Inv-AG und die Inv-KG, die beide ge-

---

38 So sind beispielsweise Versicherungsunternehmen verpflichtet, ihr Sicherungsvermögen zu mischen und zu streuen, was für kleine Versicherungsunternehmen durch die Anlageverordnung konkretisiert wird.

39 Im Anlagebereich der Immobilien sind Anleger regelmäßig daran interessiert, dass das Investmentvermögen als sogenannte „6b-Fonds" aufgelegt wird. Ein solcher dient der Ersatzbeschaffung im Falle der Veräußerung von Immobilien, welche steuerbegünstigt sein kann, sofern die Voraussetzungen von § 6b EStG eingehalten werden.

meinsam die Investmentgesellschaften bilden,[40] sowie das Sondervermögen.

Zuvorderst ist das Sondervermögen zu nennen, das dem deutschen Investmentrecht bereits seit dem KAGG bekannt ist und damit die Urform der deutschen Investmentvehikel darstellt. Gemäß seiner in § 1 Abs. 10 KAGB enthaltenen Legaldefinition handelt es sich bei Sondervermögen um Investmentvermögen, die in Vertragsform aufgelegt und von einer KVG für Rechnung der Anleger nach Maßgabe des KAGB und der Anlagebedingungen des Investmentvermögens verwaltet werden. Da dem Sondervermögen ein schuldrechtlicher Vertrag zwischen der KVG einerseits und dem jeweiligen Anleger andererseits zugrunde liegt, hat das Sondervermögen keine eigene Rechtspersönlichkeit. Eine Konsequenz hieraus ist zunächst, dass das Sondervermögen stets der Verwaltung durch Externe bedarf. Die Anlage und Verwaltung des zum Sondervermögen gehörenden Kapitals übernimmt dabei eine KVG, welche die zu einem Sondervermögen gehörenden Vermögensgegenstände von den Vermögensgegenständen anderer von ihr verwalteter Sondervermögen sowie ihren eigenen Vermögensgegenständen zu separieren hat. Sondervermögen waren zunächst ausschließlich als Vehikel für offene Investmentvermögen vorbehalten. Mit dem Wirksamwerden des Fondsstandortgesetzes[41] wurde das Sondervermögen auch für geschlossene Spezial-AIF – nicht aber für geschlossene Publikums-AIF – geöffnet. Geregelt ist das Sondervermögen in den § 92 KAGB bis einschließlich § 107 KAGB und damit im Abschnitt für offene Investmentvermögen. Für Sondervermögen, die als Vehikel für ein geschlossenes Investmentvermögen dienen, werden diese Vorschriften im Wesentlichen über § 139 Satz 2 Hs. 2 KAGB für anwendbar erklärt.

Als weiteres Investmentvehikel – und damit auch als erste Investmentgesellschaft gemäß § 1 Abs. 11 KAGB – wurde zunächst die Inv-AG eingeführt. Bei der Investment-AG handelt es sich um keine eigenständige Rechtsform, sondern eine modifizierte Form der Aktiengesellschaft nach dem AktG. Als modifizierte Form der Aktiengesellschaft ist die Inv-AG ein selbstständiges Rechtssubjekt, sodass die Beteiligung der Anleger an einer Inv-AG mitgliedschaftlich aus-

40 Vgl. § 1 Abs. 11 KAGB.

41 Das Fondsstandortgesetz trat am 02.08.2021 in Kraft.

gestaltet ist. Durch die gesellschaftsrechtliche Ausgestaltung ergibt sich, dass der Investmentfonds eigene Rechtsfähigkeit erlangt. Die geschlossene Inv-KG steht sowohl offenen Investmentvermögen als auch geschlossenen Investmentvermögen zur Verfügung. Dies bildet sich auch im KAGB ab, wo die Inv-AG mit veränderlichem Kapital – d.h. die Inv-AG, die als Vehikel für ein offenes Investmentvermögen dient[42] – und die Inv-AG mit fixem Kapital – d.h. die Inv-AG, die als Vehikel für ein geschlossenes Investmentvermögen dient[43] – jeweils in einem eigenen Unterabschnitt geregelt sind. Nach der gesetzgeberischen Vorstellung sollte sich die Inv-AG als Alternative zum Sondervermögen entwickeln, sie fand in der Praxis jedoch zunächst keinen Zuspruch.[44] Hieran hat sich auch nach Einführung des KAGB nichts geändert.

Als letztes der derzeit zur Verfügung stehenden Vehikel wurde die Inv-KG mit dem Inkrafttreten des KAGB implementiert. Mit der Einführung der Investment-KG kam der Gesetzgeber den Forderungen der Investmentbranche nach, die bereits im Rahmen des OGAW-IV-Umsetzungsgesetzes dieses Vehikel verlangte. Ebenso wie die Inv-AG zählt die Inv-KG zu den Investmentgesellschaften.[45] Ebenso wie bei der Inv-AG handelt es sich bei der Inv-KG zudem um keine neue Rechtsform, sondern lediglich um eine Variante der Kommanditgesellschaft.[46] Da die KG rechtsfähig ist, kann auch sie selbst Trägerin von Rechten und Pflichten sein. Die Inv-KG wurde unter anderem als Vehikel für geschlossene Investmentvermögen in das KAGB aufgenommen.[47] Die Einführung der geschlossenen Inv-KG entspricht vor allem einem praktischen Bedürfnis. Geschlossene Fonds waren bislang nicht vom InvG oder von anderen investmentrechtlichen Gesetzen umfasst und somit dem unregulierten grauen Kapitalmarkt zuzurechnen. In der Praxis wurden geschlossene Fonds meist in Form der GmbH & Co. KG aufgelegt, was insbesondere auf steuerlichen Gründen beruhte. Zugleich bot die KG den Fondsemittenten den Vorteil, den Gesellschaftsvertrag dem Fonds individuell anzupassen, da die

42 Vgl. § 108 KAGB bis einschließlich § 123 KAGB.
43 Vgl. § 140 KAGB bis einschließlich § 148 KAGB.
44 *Fock*, BB 2013, 2371.
45 Vgl. § 1 Abs. 11 KAGB.
46 BT-Drs. 17/12294 Seite 241, Zu § 124.
47 Vgl. § 139 KAGB.

Vorschriften des HGB bezüglich der KG zu weiten Teilen disponibel sind. Mit der Einführung des KAGB sind jedoch auch die geschlossenen Fonds dessen Vorschriften und somit dem Rechtsformzwang für Investmentvermögen unterworfen. Um der Praxis weiterhin die bevorzugte Ausgestaltung geschlossener Fonds in der Rechtsform der GmbH & Co. KG zu ermöglichen, wurde die Einführung eines weiteren Investmentvehikels erforderlich. Den offenen Inv-KG steht sie als Vehikel zwar ebenfalls zur Verfügung, allerdings wurde ihre Verwendbarkeit insoweit auf Spezial-AIF beschränkt, d. h. sie steht im offenen Segment nur in eingeschränktem Maße zur Verfügung. Die Beschränkung im offenen Bereich auf Spezial-AIF lässt sich damit erklären, dass die offene Inv-KG vorrangig der Ermöglichung des Pension-Asset-Poolings dienen soll. Auch bei der Inv-KG hält der Gesetzgeber für die offene Inv-KG[48] und die geschlossene Inv-KG[49] eigenständige Vorschriften vor.

Die vorgenannten Vehikel sind dabei von zwingender Natur, es besteht somit ein Rechtsformzwang. Dies ergibt sich aus § 91 KAGB und § 139 KAGB, in denen die jeweils erlaubten Vehikel abschließend aufgezählt sind. Wird ein Investmentvermögen in einem anderen Vehikel als einem Sondervermögen oder einer Investmentgesellschaft aufgelegt, liegt ein Verstoß gegen die Vorschriften des KAGB vor.

3. Grundsätzliche Erwägungen des Gesetzgebers bei der gesetzlichen Implementierung der Inv-KG

Bei der Implementierung der Inv-KG entschied sich der Gesetzgeber dazu, diese im Hinblick auf ihre Grundkonzeption an die Inv-AG anzulehnen. Dementsprechend präferierte der Gesetzgeber die Vorgehensweise, es auch bei der Inv-KG bei der grundsätzlichen Anwendung der personengesellschaftsrechtlichen Vorschriften zu belassen und diese durch die investmentrechtlichen Vorschriften zu modifizieren oder zu verdrängen, um den aufsichtsrechtlichen Besonderheiten gerecht zu werden. Denn auch für die Inv-AG werden spezielle Vorschriften im KAGB bereitgehalten, die die Besonderheiten des Aufsichtsrechts abdecken sollen, während es im Übrigen bei der An-

48 Vgl. § 124 KAGB bis einschließlich § 138 KAGB.
49 Vgl. § 149 KAGB bis einschließlich § 161 KAGB.

wendung der aktienrechtlichen Vorschriften bleibt.[50] Für die Inv-KG wurde genau dieses Prinzip übernommen. So wird sowohl für die offene Inv-KG[51] als auch für die geschlossene Inv-KG[52] auf die personengesellschaftsrechtlichen Vorschriften verwiesen, sofern das KAGB aufgrund aufsichtsrechtlicher Besonderheiten keine Sondervorschriften parat hält.

Die konzeptionelle Orientierung an der Inv-AG führt dazu, dass die Inv-KG sowohl als intern verwaltete Inv-KG als auch als extern verwaltete Inv-KG ausgestaltet werden.[53] Die Unterscheidung besteht darin, dass die intern verwaltete Inv-KG die Anlage und Verwaltung des Kommanditanlagevermögens selbst übernimmt, während die extern verwaltete Inv-KG eine externe KVG bestellt und dieser die Anlage und Verwaltung des Kommanditanlagevermögens überlässt.[54] Für die intern verwaltete Inv-KG bedeutet dies, dass sie den an eine KVG zu stellenden Organisations- und Verhaltenspflichten selbstständig genügen muss, während diese Pflichten bei der extern verwalteten Inv-KG der externen KVG auferlegt sind.

In produktspezifischer Hinsicht kann die Inv-KG zum einen sowohl als Vehikel für offene als auch geschlossene Investmentvermögen verwendet werden. Auswirkungen hat dies bei der Konzeption eines Investmentvermögens auf die Rechtsform der Inv-KG, da im Falle der Ausgestaltung als offene Inv-KG angemessene Möglichkeiten zur Rückgabe von Anteilen zugunsten der Anleger zu implementieren sind, die zugleich den gesellschaftsrechtlichen Anforderungen genügen müssen. Zum anderen ist die Inv-KG hinsichtlich ihres zulässigen Anlegerkreises zu unterscheiden. So kann die Inv-KG sowohl als Vehikel für Spezial-AIF als auch für Publikums-AIF dienen.

---

50 Vgl. § 108 Abs. 2 KAGB für die Inv-AG mit veränderlichem Kapital und § 140 Abs. 1 KAGB für die Inv-AG mit fixem Kapital.

51 Vgl. § 124 Abs. 1 Satz 2 KAGB.

52 Vgl. § 149 Abs. 1 Satz 2 KAGB.

53 Vgl. § 1 Abs. 11 bis 13 KAGB.

54 Vgl. § 129 Abs. 1 Satz 1 und 2 KAGB für die offene Inv-KG und § 154 Abs. 1 Satz 1 und 2 KAGB für die geschlossene Inv-KG.

4. Fakten und Zahlen zu den in Deutschland aufgelegten Investmentvermögen

Mit Stand zum 28.02.2023 gab es gemäß der Datenbank der BaFin insgesamt 8.205 Investmentvermögen,[55] die nach dem Recht der Bundesrepublik Deutschland aufgelegt worden waren und sich in der Verwaltung befanden.[56] Hiervon entfielen 6.616 Investmentvermögen auf den Bereich der offenen Investmentvermögen, die übrigen 1.589 Investmentvermögen auf den Bereich der geschlossenen Investmentvermögen.

Die insgesamt 6.616 offenen inländischen Investmentvermögen verteilten sich zu rund 31 % – dies entspricht 2.028 der offenen inländischen Investmentvermögen – auf die OGAW und Publikums-AIF und zu rund 69 % – dies entspricht 4.588 der offenen inländischen Investmentvermögen – auf die Spezial-AIF. Interessant ist die Beobachtung, welches Vehikel von den Fondsinitiatoren für die Auflage von inländischen OGAW und offenen Publikums-AIF verwendet wurde. Alle dieser offenen Investmentvermögen wurden als Sondervermögen initiiert. Auch bei den offenen Spezial-AIF ist das Sondervermögen das deutlich dominierende Vehikel. Lediglich 16 offene Investmentvermögen wurden in der Rechtsform der offenen Inv-KG und nur elf offene Spezial-AIF wurden in der Rechtsform der Inv-AG mit veränderlichem Kapital aufgelegt. Dabei wurde die Inv-AG mit veränderlichem Kapital bevorzugt dann gewählt, wenn das betroffene Investmentvermögen mehrere Teilgesellschaftsvermögen bildet oder dies zumindest vorsieht.

Auch bei den geschlossenen Investmentvermögen übersteigt mit Stand zum 28.02.2023 die Anzahl der Spezial-AIF die Anzahl der Publikums-AIF. So wurden 1.316 der insgesamt 1.589 geschlossenen Investmentvermögen als geschlossene Spezial-AIF aufgelegt, was rund 83 % der geschlossenen inländischen Investmentvermögen entspricht. Dementsprechend entfallen auf den Bereich der geschlossenen Publikums-AIF lediglich 272 geschlossene Investmentvermögen, was rund 17 % entspricht. Auch bei geschlossenen Publikums-AIF präferieren alle Fondsinitiatoren mit der geschlossenen Inv-KG ein bestimmtes

55 Einschließlich Teilgesellschaftsvermögen.
56 Vgl. https://portal.mvp.bafin.de/database/FondsInfo/sucheGesellschaft.do.

Vehikel, das sämtlichen geschlossenen Publikums-AIF zugrunde liegt. Ebenfalls bei den geschlossenen Spezial- AIF ist die geschlossene Inv-KG das bevorzugte Vehikel der Praxis. Mit Stand zum 28.02.2023 wurden die geschlossenen Spezial-AIF weitestgehend in der Form der geschlossenen Inv-KG aufgelegt. Lediglich ein geschlossener Spezial-AIF wurde als Inv-AG mit fixem Kapital ausgestaltet, während die übrigen beiden geschlossenen Spezial-AIF in der Form des Sondervermögens konzipiert wurden. Bei den geschlossenen Spezial-AIF ist allerdings zu beachten, dass insoweit bei etlichen dieser Investmentvermögen nicht auf die Investmentgesellschaften oder das Sondervermögen als Vehikel zurückgegriffen wurde, sondern in diesem Bereich von der Ausnahme gemäß § 44 Abs. 1 Nr. 7 KAGB Gebrauch gemacht wurde. Dementsprechend finden sich im Bereich der geschlossenen Spezial-AIF auch „klassische" Rechtsformen als Vehikel.[57] Hierdurch ergibt sich bei den geschlossenen Spezial-AIF ein breiteres Spektrum bei den eingesetzten Vehikeln.

Wie die bisherige Praxis zeigt, kann die Inv-KG als das gängige Vehikel für geschlossene Investmentvermögen bezeichnet werden. Im Bereich der offenen Investmentvermögen spielen die Investmentgesellschaften dagegen nur eine untergeordnete Rolle, sodass hier das Sondervermögen der Goldstandard bleibt.

---

57 Hierzu gehören insbesondere die GmbH & Co. KG, die GmbH und die AG. Es finden sich aber auch Investmentvermögen, die als KGaA ausgestaltet sind.

III. Zielsetzung dieser Arbeit und Fragestellungen

Die gesellschaftsrechtliche Auseinandersetzung mit der Inv-KG ist nach derzeitigem Stand noch übersichtlich. Im Wesentlichen fand eine solche bislang in einigen wenigen Kommentaren statt. Aufsätze zur Inv-KG wurden insbesondere im Zeitraum um die Einführung des KAGB veröffentlicht, diese fassten allerdings oftmals nur den damaligen Entwurfs- bzw. Gesetzesstand zusammen, ohne sich eingehender mit den Details der Regelungen zur Inv-KG auseinanderzusetzen. Im Anschluss daran lieg das Interesse an einer weiteren Untersuchung der Inv-KG jedoch merklich nach. Aus diesem Grunde erscheint eine detaillierte Betrachtung unter Berücksichtigung der bisherigen Ansichten in der Literatur geboten.

Mit dieser Arbeit soll die Inv-KG, wie sie mit dem Inkrafttreten des KAGB als weiteres Investmentvehikel eingeführt wurde, aus einem gesellschaftsrechtlichen Blickwinkel untersucht werden. Dabei umfasst der Untersuchungsgegenstand die Inv-KG in ihrer Gesamtheit, d. h. sowohl die offene als auch die geschlossene Inv-KG sowie die intern verwaltete Inv-KG und die extern verwaltete Inv-KG. Im Hinblick auf die externe Verwaltung einer Inv-KG soll insbesondere das Spannungsverhältnis zwischen dem investmentrechtlichen Grundsatz der Fremdverwaltung durch eine externe KVG und dem gesellschaftsrechtlichen Grundsatz der Verbandssouveränität dargestellt werden. Auch auf etwaige Unterschiede, die abhängig davon sind, ob eine Inv-KG als Vehikel für ein Publikums-AIF oder ein Spezial-AIF dient, wird eingegangen.

Da die Inv-KG gesamtheitlich betrachtet wird, folgt der Aufbau der nachfolgenden Untersuchung der zeitlichen Abfolge. Nachdem zunächst geklärt worden ist, welche Vorschriften auf eine Inv-KG angewendet werden können, richten sich die weiteren Abschnitte auf die chronologische Entwicklung beginnend mit dem Zeitpunkt der Errichtung der Inv-KG bis hin zu ihrer Auflösung. Im Rahmen der einzelnen Abschnitte ist jeweils zu untersuchen, ob das KAGB überhaupt eigenständige Vorschriften bereithält und, falls dies zu bejahen ist, ob diese von abschließender Natur sind. Sind die investmentrechtlichen und personengesellschaftsrechtlichen Vorschriften in einzelnen Abschnitten nebeneinander anwendbar, ist zu klären, inwieweit diese investmentrechtlichen und personengesellschaftsrechtlichen Vorschriften in Bezug auf die Inv-KG miteinander harmonieren. Hält das KAGB dagegen keine spezialgesetzlichen Vorschriften für einen bestimmten Abschnitt vor, ist zu prüfen, inwieweit diese durch die personengesellschaftsrechtlichen Vorschriften geschlossen werden können und diesen personengesellschaftsrechtlichen Vorschriften nicht etwaige aufsichtsrechtliche Besonderheiten entgegenstehen.

Im Zusammenhang mit den aufgeworfenen Fragestellungen sollen zudem die Ansichten in der Literatur, die sich bislang zu einzelnen Themenfeldern in Bezug auf gesellschaftsrechtliche Fragestellungen betreffend die Inv-KG gebildet haben, kritisch gewürdigt werden. Gesellschaftsrechtliche Themengebiete zur Inv-KG, die bislang noch nicht eingehender betrachtet wurden, sollen im Rahmen dieser Arbeit eine erstmalige Auseinandersetzung erfahren. Wo geboten, werden zudem Vorschläge für angeratene Gesetzesänderungen gemacht. Weiterhin ist im Rahmen der nachfolgenden Arbeit der Frage nachzugehen, welcher Gestaltungsspielraum für die Praxis verbleibt und wie dieser gegebenenfalls genutzt werden kann bzw. sollte. Zuletzt soll ein Fazit zu den wesentlichen Aspekten und Erkenntnissen, die für die Inv-KG herausgearbeitet worden sind, gezogen werden. Hierbei soll auch geklärt werden, ob sich die an die Inv-AG angelehnte Vorgehensweise – nämlich die Modifikation der an sich geltenden gesellschaftsrechtlichen Regelungen zur Grundform der AG durch investmentrechtliche Spezialvorschriften – auch für die Inv-KG bewährt.

Die nachfolgende Untersuchung wurde zu einem Zeitpunkt vorgenommen, zu dem das MoPeG zwar bereits verabschiedet, aber noch nicht in Kraft getreten war. Dementsprechend wurde im Rahmen dieser Arbeit bereits auf die neue Rechtslage abgestellt, bisweilen aber auch die alte Rechtslage miteinbezogen. Da sich durch das MoPeG der Aufbau der personengesellschaftsrechtlichen Vorschriften zur OHG bzw. KG veränderte, wurden bei Vorschriften, die auch bereits nach alter Rechtslage existierten, die jeweiligen Vorgängervorschriften in den Fußnoten aufgenommen.

Teil B.
Die Inv-KG aus gesellschaftsrechtlicher Sicht

I. Anzuwendende Vorschriften

1. Gesetzliche Grundlagen zur Inv-KG

Zunächst ist auf die gesetzlichen Grundlagen zur Inv-KG einzugehen und zu bestimmen, welche Vorschriften auf diese angewendet werden können.

Wie erwähnt wurde die Inv-KG im Zuge der Umsetzung der AIFM-Richtlinie als neues Vehikel für Investmentvermögen eingeführt. Die für die Inv-KG relevanten Vorschriften finden sich somit im hierzu ergangenen Umsetzungsgesetz – dem KAGB. Dabei gibt es nicht nur eine einzelne bestimmte Inv-KG, sondern das KAGB kennt mit der offenen Inv-KG und der geschlossenen Inv-KG zwei grundsätzliche „Unterarten" der Inv-KG. Für diese beiden Unterarten hält das KAGB jeweils eigene Vorschriften vor, die sich zum Teil inhaltlich entsprechen, dies aber nicht zwingend müssen. Die investmentrechtlichen Grundlagen zur offenen Inv-KG finden sich in den §§ 124 ff. KAGB und die für die geschlossene Inv-KG in den §§ 140 ff. KAGB.

Die im KAGB enthaltenen Vorschriften zur Inv-KG sind dabei nicht abschließend. Dies ist dem Umstand geschuldet, dass es sich bei der Inv-KG um keine eigenständige neue Rechtsform handelt, sondern die Inv-KG ein modifiziertes Modell der handelsrechtlichen KG darstellt.[58] Dass es sich bei der Inv-KG um keine eigenständige Rechtsform handeln soll, wurde dabei vom Gesetzgeber explizit in der Gesetzesbegründung hervorgehoben.[59]

Der Umstand, dass es sich bei der Inv-KG um eine modifizierte handelsrechtliche KG handelt und die investmentrechtlichen Vorschriften

58 *Hüwel/Kracke* in Baur/Tappen, KAGB, § 124 Rn. 2; *Hornschu/Neuf/Schott* in Emde/Dornseifer/Dreibus, KAGB, § 149 Rn. 1; Wallach in Assmann/Wallach/Zetzsche, KAGB, § 124 Rn. 6.

59 BT-Drs. 17/12294, Seite 241, zu § 124 (Rechtsform, anwendbare Vorschriften), zu Absatz 1 und Seite 249, zu § 149 (Rechtsform, anwendbare Vorschriften), zu Absatz 1.

zur Inv-KG nicht von abschließender Natur sind, führt dazu, dass die Vorschriften des HGB über die KG neben den Vorschriften des KAGB anzuwenden sind. Entsprechendes ergibt sich ausdrücklich für die offene Inv-KG aus § 124 Abs. 1 Satz 2 KAGB und für die geschlossene Inv-KG aus § 149 Abs. 1 Satz 2 KAGB, welche das HGB und dessen Bestimmungen für anwendbar erklären, soweit sich aus den investmentrechtlichen Vorschriften des KAGB nichts Gegenteiliges ergibt.

Aus der in § 124 Abs. 1 Satz 2 KAGB bzw. in § 149 Abs. 1 Satz 2 KAGB niedergelegten Verweisung auf die Vorschriften des HGB resultiert zunächst die Anwendung der Regelungen über die KG. Darüber hinaus finden über die im HGB enthaltenen weiteren Verweisungsketten auch die Vorschriften über die OHG[60] und die GbR[61] mittelbar Anwendung.[62] In der Konsequenz werden die investmentrechtlichen Vorschriften zur Inv-KG somit durch die personengesellschaftsrechtlichen Vorschriften ergänzt.

2. Anwendungsvorrang der relevanten Vorschriften

Der Umstand, dass neben den investmentrechtlichen Vorschriften auch die personengesellschaftsrechtlichen Vorschriften auf die Inv-KG anzuwenden sind, wirft die Frage auf, in welchem Verhältnis die personengesellschaftsrechtlichen und die investmentrechtlichen Vorschriften zueinanderstehen. Hierzu richtet sich der Blick zuvorderst auf § 124 Abs. 1 Satz 2 KAGB und § 149 Abs. 1 Satz 2 KAGB. Der Wortlaut dieser beiden Vorschriften normiert ausdrücklich, dass die personengesellschaftsrechtlichen Vorschriften dann zur Anwendung kommen sollen, „*soweit*“ sich aus den investmentrechtlichen Vorschriften nichts anderes ergibt. Aus dem Wortlaut der beiden vorgenannten Vorschriften ist somit aufgrund der Verwendung des Begriffs

60 Vgl. § 161 Abs. 2 HGB, auf den über § 124 Abs. 1 Satz 2 KAGB für die offene Inv-KG und über § 149 Abs. 1 Satz 2 KAGB verwiesen wird.

61 Vgl. § 105 Abs. 3 HGB, auf den über § 161 Abs. 2 HGB i. V. m. § 124 Abs. 1 Satz 2 KAGB für die offene Inv-KG bzw. i. V. m. § 149 Abs. 1 Satz 2 KAGB für die geschlossene Inv-KG verwiesen wird.

62 Soweit in den nachfolgenden Ausführungen auf einschlägige Vorschriften des HGB oder des BGB verwiesen werden sollte, wird für eine bessere Übersichtlichkeit jeweils auf die vollständige Erwähnung der maßgeblichen Verweisungskette verzichtet.

„*soweit*" zu folgern, dass die Vorschriften des HGB gegenüber den investmentrechtlichen Vorschriften subsidiär sind. Die investmentrechtlichen Vorschriften gehen folglich den personengesellschaftsrechtlichen Bestimmungen als *lex specialis* vor. Dies deckt sich mit der vom Gesetzgeber verfolgten Zielsetzung, wonach die investmentrechtlichen Vorschriften des KAGB die Besonderheiten des Aufsichtsrechts abbilden sollen, während es im Übrigen bei der Anwendbarkeit der personengesellschaftsrechtlichen Bestimmungen bleiben soll.[63]

Zu beachten ist, dass gemäß dem Wortlaut von § 124 Abs. 1 Satz 2 KAGB und § 149 Abs. 1 Satz 2 KAGB die Vorschriften des HGB nur insoweit eingeschränkt werden, als sich aus den „*Vorschriften dieses Unterabschnitts*" nichts anderes ergibt. Gemeint sind damit die Unterabschnitte über die offene und die geschlossene Inv-KG. Dementsprechend greifen die personengesellschaftsrechtlichen Vorschriften immer dann ein, wenn im entsprechenden Kapitel zur offenen Inv-KG bzw. zur geschlossenen Inv-KG keine eigenständigen Regelungen über die Inv-KG vorliegen.

Fraglich ist, wie zu verfahren ist, wenn das KAGB zwar keine expliziten spezialgesetzlichen Vorschriften parat hält, sich die anzuwendenden personengesellschaftsrechtlichen Vorschriften im Einzelfall aber mit grundlegenden Anforderungen des KAGB überschneiden. Dieses Spannungsverhältnis kann sich insbesondere deswegen ergeben, weil die Vorschriften über die OHG und die KG mit der Überlegung konzipiert wurden, dass sich die Gesellschafter untereinander kennen und aufgrund persönlicher Beziehungen zusammengefunden haben. Grundlage für die Vorschriften über die OHG und die KG ist somit die personalisierte Personenhandelsgesellschaft. In dieses historische Gesamtbild fügt sich die Inv-KG allenfalls bedingt ein, da es sich bei einem Investmentvermögen regelmäßig um ein standardisiertes Produkt handelt, das von einer Kapitalverwaltungsgesellschaft konzipiert wird und auf dessen Konzeption die Anleger keinen Einfluss nehmen können.

In Ermangelung einer investmentrechtlichen Vorschrift würde die Anwendung einer auf die Inv-KG nicht passenden Vorschrift dazu füh-

63 BT-Drs. 17/12294, Seite 241, zu § 124 (Rechtsform, anwendbare Vorschriften), zu Absatz 1 und Seite 249, zu § 149 (Rechtsform, anwendbare Vorschriften), zu Absatz 1.

ren, dass wesentliche Überlegungen hinter dem KAGB beeinträchtigt werden könnten. Wesentliche Ziele des KAGB sind die Integrität des Kapitalmarkts und der Anlegerschutz.[64] Diese höherrangigen Ziele dürfen durch die ergänzende Anwendung der personengesellschaftsrechtlichen Vorschriften nicht beeinträchtigt werden. In diesen Konstellationen ist daher im Einzelfall durch Auslegung zu ermitteln, ob durch die Anwendung einer HGB-Norm ein vorrangiges Ziel des KAGB – insbesondere der Anlegerschutz – beeinträchtigt wird. Kommt es zu keiner Schlechterstellung von Anlegerinteressen, verbleibt es bei der Anwendung der personengesellschaftsrechtlichen Norm. Steht die betroffene personengesellschaftsrechtliche Vorschrift den investmentrechtlichen Besonderheiten entgegen, ist die Norm entweder teleologisch zu reduzieren oder es ist zu prüfen, ob das KAGB in diesen Fällen nicht eine konkludente Regelung über die Inv-KG enthält, welche die betroffene personengesellschaftsrechtliche Regelung verdrängt.

3. Fazit und Auswirkungen für die weitere Prüfung

Die vorstehenden Ausführungen zeigen, dass sich die wesentlichen Vorschriften über die Inv-KG im KAGB finden, wobei für die offene Inv-KG und die geschlossene Inv-KG jeweils eigene Regelungskomplexe geschaffen wurden.

Allerdings sind die investmentrechtlichen Vorschriften über die Inv-KG nicht abschließend. Aus diesem Grund sind die personengesellschaftsrechtlichen Vorschriften über die KG sowie mittelbar die Vorschriften über die OHG und die GbR ergänzend heranzuziehen. Dabei sind die personengesellschaftsrechtlichen Bestimmungen gegenüber den investmentrechtlichen Bestimmungen subsidiär.

Hält das KAGB keine besonderen Vorschriften bereit, kann die Anwendung einer zur Ergänzung heranzuziehenden HGB-Vorschrift allerdings dazu führen, dass höherrangige Ziele des KAGB beeinträchtigt werden. In diesen Fällen ist diese Beeinträchtigung durch entsprechende Auslegung zu vermeiden.

---

64 BT-Drs. 17/12294, Seite 187, I. Ziel des Gesetzes.

Für die weitere Untersuchung der Inv-KG bedeutet dies, dass zunächst zu jedem Themenkomplex auf die investmentrechtlichen Vorschriften eingegangen wird. Hierbei wird unter anderem geprüft, ob die jeweiligen investmentrechtlichen Vorschriften den Themenkomplex abschließend regeln oder nicht. Wird ein Themenkomplex abschließend durch die investmentrechtlichen Vorschriften geregelt, erübrigt sich eine weitergehende Darstellung der personengesellschaftsrechtlichen Vorschriften diesbezüglich. Sind die investmentrechtlichen Vorschriften dagegen nicht abschließend, werden zusätzlich auch die jeweils einschlägigen personengesellschaftsrechtlichen Vorschriften dargestellt und es wird untersucht, ob und gegebenenfalls inwieweit sie sich in die investmentrechtlichen Vorschriften und Gegebenheiten einfügen.

Hält das KAGB zu einem bestimmten Themenkomplex jedoch keine spezialgesetzlichen Vorschriften parat, werden unmittelbar die personengesellschaftsrechtlichen Vorschriften dargestellt und es wird im Nachgang geprüft, ob diese an sich subsidiär geltenden Vorschriften gegebenenfalls deswegen nicht zur Anwendung gelangen können, weil aufsichtsrechtliche Besonderheiten dieser Anwendung entgegenstehen.

II. Die Errichtung und Entstehung der Inv-KG

Nachdem vorangehend ausgeführt worden ist, welche Vorschriften auf eine Inv-KG anzuwenden sind, soll im Folgenden auf die Gründung einer Inv-KG eingegangen werden.

1. Die Errichtung einer Inv-KG

Zunächst soll die Errichtung einer Inv-KG dargestellt werden, wenngleich diese Untersuchung für die Praxis nur von geringer Bedeutung ist. Hintergrund ist, dass in der Praxis faktisch keine Inv-KG originär errichtet wird, sondern in aller Regel zunächst eine Vorrats-KG nach personengesellschaftsrechtlichen Grundsätzen errichtet und zur Entstehung gebracht wird, woran anschließend diese Vorrats-KG in eine Inv-KG umgestaltet wird. Unter akademischen Gesichtspunkten ist die Betrachtung der Errichtung der Inv- KG dennoch geboten.

1.1. Keine eigenständigen investmentrechtlichen Vorschriften über die Errichtung einer Inv-KG

Zu prüfen ist zunächst, ob sich aus den investmentrechtlichen Vorschriften eigenständige Regelungen darüber entnehmen lassen, wie eine Inv-KG zu errichten ist.

Bei einer eingehenden Betrachtung der Vorschriften über die offene Inv-KG und die geschlossene Inv-KG – d. h. der §§ 124 ff. KAGB und der §§ 149 ff. KAGB – fällt zunächst auf, dass sich keine ausdrücklichen Vorschriften über die Errichtung einer Inv-KG in diesen investmentrechtlichen Vorschriften finden. Eine Untersuchung der investmentrechtlichen Vorschriften über die Inv-KG hilft damit nicht weiter, um zu eruieren, wie die Inv-KG errichtet wird.

Anhaltspunkte, wie nach dem Willen des Gesetzgebers eine Inv-KG errichtet werden soll, könnten sich aber aus der Gesetzesbegründung ergeben. In seiner Gesetzesbegründung zur Rechtsform der Inv-KG führt der Gesetzgeber unter anderem aus, dass sich die Inv-KG in das bestehende Leitbild der KG einfügen soll.[65] Hieraus lässt sich der Schluss ziehen, dass der Gesetzgeber bewusst auf eine eigenständige investmentrechtliche Regelung zur Errichtung verzichtete. Aufgrund dieses bewussten Verzichts des Gesetzgebers, die Errichtung einer Inv-KG eigenständig zu regeln, bleibt es folglich bei der subsidiären Anwendung der personengesellschaftsrechtlichen Vorschriften.

Damit ist festzustellen, dass die Vorschriften des KAGB keine eigenständigen Regelungen über die Errichtung einer Inv-KG vorhalten und folglich sich die Errichtung der Inv-KG nach den personengesellschaftsrechtlichen Grundsätzen richtet.

1.2. Errichtung einer Inv-KG nach Maßgabe der personengesellschaftsrechtlichen Vorschriften

In Ermangelung eigener investmentrechtlicher Regelungen über die Errichtung einer Inv-KG ist zu prüfen, wie eine personengesellschaftsrechtliche KG errichtet wird und inwieweit dies auf die Errichtung einer Inv-KG übertragbar ist.

Zwar findet sich auch im HGB keine ausdrückliche Regelung dazu, wie eine KG zu errichten ist. Allerdings ist insoweit anerkannt, dass eine KG durch Abschluss eines schuldrechtlichen Vertrags – des Gesellschaftsvertrags – durch sämtliche (Gründungs-)Gesellschafter errichtet wird.[66] Da das KAGB keine eigenständigen Vorschriften über die Errichtung der Inv-KG kennt, ist dieser personengesellschaftsrechtliche Rechtsgrundsatz auch auf die Inv-KG zu übertragen. Somit ist die Errichtung einer Inv-KG dann erfolgt, sobald die Gesellschafter den Gesellschaftsvertrag der Inv-KG abgeschlossen haben. Weiterer Akte bedarf es für die Errichtung einer Inv-KG nicht.

Es verbleibt festzustellen, dass der Errichtung einer Inv-KG durch Abschluss des Gesellschaftsvertrags keine aufsichtsrechtlichen Besonderheiten entgegenstehen, die zu einem etwaigen anderen Ergebnis führen könnten. Wie zuvor erwähnt hat sich die Inv-KG nach dem

---

65 Vgl. BT-Drs. 17/12294, Seite 241, zu § 124 (Rechtsform, anwendbare Vorschriften), zu Absatz 1 und Seite 249, zu § 149 (Rechtsform, anwendbare Vorschriften), zu Absatz 1.

66 Vgl. *Weigert* in Ebenroth/Boujong/Joost/Strohn, HGB, § 161 Rn. 18; *Gummert* in Henssler/Strohn, HGB, § 161 Rn. 13.

gesetzgeberischen Willen in das bestehende Leitbild der KG einzufügen.[67] Um diesem gesetzgeberischen Ziel gerecht zu werden, bedarf es eines Gleichlaufs zwischen der personengesellschaftsrechtlichen KG und der Inv-KG hinsichtlich ihrer Errichtung. Eine abweichende Beurteilung aufgrund aufsichtsrechtlicher Besonderheiten ist demnach nicht geboten.

2. Die Entstehung

Von der Errichtung ist die Frage nach dem Zeitpunkt der Entstehung der Inv-KG zu unterscheiden. Dabei ist hinsichtlich der Entstehung im Innenverhältnis und der Entstehung im Außenverhältnis zu differenzieren.

2.1. Die Entstehung einer Inv-KG im Innenverhältnis

Zuerst soll beleuchtet werden, wann eine Inv-KG im Innenverhältnis zu ihrer Entstehung gelangt.

Auch hier richtet sich der Fokus zuvorderst darauf, ob und gegebenenfalls in welchem Umfang die investmentrechtlichen Vorschriften eigenständige Regelungen treffen. Dies gebietet wiederum eine Betrachtung der §§ 124 ff. KAGB und §§ 149 ff. KAGB. Ebenso wie bei der Errichtung ist auch hier zu bemerken, dass sich im KAGB keine Regelungen finden, welche sich mit der Entstehung der Inv-KG im Innenverhältnis auseinandersetzen. Demgemäß helfen die investmentrechtlichen Vorschriften nicht weiter, um zu ermitteln, wann eine Inv-KG im Innenverhältnis entsteht.

In der Konsequenz ist zu prüfen, wie eine personengesellschaftsrechtliche KG im Innenverhältnis entsteht und ob diese Erwägungen für die Inv-KG fruchtbar gemacht werden können. Die Entstehung im Innenverhältnis ist zwar ebenfalls nicht explizit im HGB normiert, allerdings ist diesbezüglich anerkannt, dass die Entstehung im Innenverhältnis mit Abschluss des Gesellschaftsvertrags eintritt.[68]

---

67 Vgl. BT-Drs. 17/12294, Seite 241, zu § 124 (Rechtsform, anwendbare Vorschriften), zu Absatz 1 und Seite 249, zu § 149 (Rechtsform, anwendbare Vorschriften), zu Absatz 1.

68 *Kindler*, Grundkurs Handels- und Gesellschaftsrecht, Seite 306, § 13 I. 1. Rn. 7.

Dieser Grundsatz, nach dem für die Entstehung einer KG im Innenverhältnis auf den Abschluss des Gesellschaftsvertrags abzustellen ist, ist für die Inv-KG zu übernehmen. Denn wie zuvor bei der Errichtung der Inv-KG festgestellt, verfolgte der Gesetzgeber das Ziel, die Inv-KG anhand der personengesellschaftsrechtlichen KG auszurichten.[69] Abweichungen vom Leitbild der personengesellschaftsrechtlichen KG sind ausweislich der Gesetzesbegründung dann gewünscht, *„soweit sie aufgrund aufsichtsrechtlicher Besonderheiten für die Behandlung als Fondsvehikel erforderlich sind“*.[70] In Bezug auf die Errichtung einer Inv-KG im Innenverhältnis ist jedoch nicht ersichtlich, dass aufgrund aufsichtsrechtlicher Besonderheiten eine von den personengesellschaftsrechtlichen Grundsätzen abweichende Behandlung geboten wäre.

Somit ist diesbezüglich abschließend zu sagen, dass die Inv-KG im Hinblick auf ihre Errichtung im Innenverhältnis der KG folgt. Demnach wird die Inv-KG im Innenverhältnis mit Abschluss des Gesellschaftsvertrags errichtet.

2.2. Die Entstehung einer Inv-KG im Außenverhältnis

2.2.1. Keine investmentrechtlichen Spezialvorschriften über die Entstehung einer Inv-KG im Außenverhältnis

Auch bei der Entstehung einer Inv-KG im Außenverhältnis ist festzuhalten, dass es keine ausdrücklichen Regelungen gibt. Ein Anhaltspunkt dazu, wie aus Sicht des Gesetzgebers eine Inv-KG im Außenverhältnis zur Entstehung gelangen soll, könnte aber in § 152 Abs. 5 KAGB angelegt sein. Hierin ist festgelegt, dass bei der als Vehikel für einen Publikums-AIF dienenden geschlossenen Inv-KG die Kommanditisten einer Geschäftsaufnahme durch die geschlossene Inv-KG nicht vor deren Eintragung ins Handelsregister zustimmen. Ausweislich der Gesetzesbegründung dient die Vorschrift dem Schutz der Kommanditisten, die nicht dem unbeschränkten Haftungsrisiko ge-

69 Vgl. BT-Drs. 17/12294, Seite 241, zu § 124 (Rechtsform, anwendbare Vorschriften), zu Absatz 1 und Seite 249, zu § 149 (Rechtsform, anwendbare Vorschriften), zu Absatz 1.

70 Vgl. BT-Drs. 17/12294, Seite 241, zu § 124 (Rechtsform, anwendbare Vorschriften), zu Absatz 1 und Seite 249, zu § 149 (Rechtsform, anwendbare Vorschriften), zu Absatz 1.

mäß § 176 Abs. 1 HGB ausgesetzt werden sollen, das im Zeitraum zwischen dem Zeitpunkt der tatsächlichen Geschäftsaufnahme einerseits und der Eintragung der Gesellschaft ins Handelsregister andererseits besteht.[71] Die Anwendung von § 176 Abs. 1 HGB nach der Modernisierung des Personengesellschaftsrechts bedingt explizit, dass es sich bei der zu beurteilenden Gesellschaft um eine Gesellschaft handeln muss, die ein Handelsgewerbe betreibt.

Aus § 152 Abs. 5 KAGB darf allerdings nicht die Schlussfolgerung gewonnen werden, dass jede geschlossene Publikumsinvestmentkommanditgesellschaft – und noch weitergehend jede Inv-KG – stets als Gesellschaft angesehen werden dürfte, die ein Handelsgewerbe betriebe, und es daher für deren Entstehung im Außenverhältnis ausschließlich auf § 123 Abs. 1 Satz 2 HGB[72] ankäme. Dies wäre vor dem Hintergrund der Gesetzesbegründung zu § 152 Abs. 5 KAGB verfehlt, da die Vorschrift lediglich die Haftung der Kommanditisten gemäß § 176 Abs. 1 HGB suspendieren, nicht aber eine Anordnung über die Entstehung der Inv-KG im Außenverhältnis treffen will. Die Vorschrift hat demgemäß den Schutz der Anleger im Blick, nicht aber die Regelung der Tätigkeit der Inv-KG. Dennoch lässt die Vorschrift zumindest den Schluss zu, dass der Gesetzgeber es bei der Inv-KG hinsichtlich deren Entstehung im Außenverhältnis bewusst bei der Anwendung der personengesellschaftsrechtlichen Vorschriften belassen wollte.

Folglich ist zu sagen, dass im KAGB keine investmentrechtlichen Spezialvorschriften vorgehalten werden, welche die Entstehung der Inv-KG im Außenverhältnis in Abweichung von den personengesellschaftsrechtlichen Vorschriften regeln könnten. Vielmehr zeigt die vorstehende Auslegung der investmentrechtlichen Vorschriften, dass auch für die Entstehung einer Inv-KG im Außenverhältnis von einer Anwendung der personengesellschaftsrechtlichen Vorschriften auszugehen ist.

---

71 Vgl. BT-Drs. 17/12294, Seite 250, zu § 152 (Anleger), zu Absatz 5.
72 Nach alter Rechtslage: § 123 Abs. 2 HGB a. F.

2.2.2. Anwendung der personengesellschaftsrechtlichen Grundsätze zur Entstehung einer Personengesellschaft im Außenverhältnis auf die Inv-KG

Nachdem festgestellt worden ist, dass das KAGB keine investmentrechtlichen Vorschriften über die Entstehung der Inv-KG im Außenverhältnis bereithält, sondern der Gesetzgeber es bei der Anwendung der Vorschriften des HGB belassen wollte, ist daran anschließend auf die personengesellschaftsrechtlichen Grundsätze diesbezüglich einzugehen.

Die maßgebliche Vorschrift zur Entstehung einer Personenhandelsgesellschaft im Außenverhältnis findet sich in § 123 HGB.[73] Gemäß § 123 Abs. 1 Satz 1 HGB[74] knüpft die Entstehung einer KG im Außenverhältnis an deren Eintragung ins Handelsregister an.[75] Somit hat die Eintragung ins Handelsregister nach dem gesetzlichen Leitbild regelmäßig konstitutive Wirkung.[76]

Von diesem Grundsatz wird mit § 123 Abs. 1 Satz 2 HGB[77] eine Ausnahme zugelassen. Danach hat eine KG die Möglichkeit, ihre Entstehung vor ihrer Eintragung ins Handelsregister selbst herbeizuführen, indem sie ihre Geschäftstätigkeit vor ihrer Eintragung aufnimmt. Erforderlich für die Geschäftsaufnahme vor der Eintragung der Gesellschaft ins Handelsregister ist die Zustimmung sämtlicher Gesellschafter.[78] Die vorzeitige Aufnahme der Geschäftstätigkeit führt dazu, dass die KG im Außenverhältnis nicht erst im Zeitpunkt ihrer Handelsregistereintragung entsteht, sondern in dem Zeitpunkt, in dem sie ihre Geschäftstätigkeit tatsächlich beginnt.[79] Für die Beurteilung der tatsächlichen Aufnahme der Geschäftstätigkeit ist auf die erste geschäftliche Maßnahme nach außen abzustellen.[80] In diesem Falle hat die Eintragung ins Handelsregister nur noch deklaratorische Wirkung.[81]

---

73 *Roth* in Hopt, HGB, § 123 Rn. 2.
74 Nach alter Rechtslage: § 123 Abs. 1 HGB a. F.
75 *Roth* in Hopt, HGB, § 123 Rn. 5.
76 *Hillmann* in Ebenroth/Boujong/Joost/Strohn, HGB, § 123 Rn. 6.
77 Nach alter Rechtslage: § 123 Abs. 2 HGB a. F.
78 *Hillmann* in Ebenroth/Boujong/Joost/Strohn, HGB, § 123 Rn. 20.
79 *Hillmann* in Ebenroth/Boujong/Joost/Strohn, HGB, § 123 Rn. 18.
80 *Finckh/Steitz* in Henssler/Strohn, HGB, § 123 Rn. 9; *Hillmann* in Ebenroth/Boujong/Joost/Strohn, HGB, § 123 Rn. 16.
81 *Fleischer* in MüKo/HGB, § 106 Rn. 9.

Zu beachten ist, dass die Möglichkeit, die Entstehung im Außenverhältnis durch eine vorzeitige Geschäftsaufnahme herbeizuführen, nicht jeder KG zur Verfügung steht. So kann eine KG ihre Entstehung nur dann durch ihre Geschäftstätigkeit vor ihrer Eintragung ins Handelsregister herbeiführen, soweit die Regelungen aus § 2 HGB und § 105 Abs. 2 HGB nicht entgegenstehen.[82] Diese Vorschriften richten sich zum einen an die rein vermögensverwaltende KG und zum anderen an eine KG, die entweder ein Kleingewerbe betreibt oder land- und forstwirtschaftlich tätig ist.[83] Hieraus ergibt sich, dass die Herbeiführung der Entstehung im Außenverhältnis durch eine vorzeitige Geschäftsaufnahme nur einer handelsgewerblichen KG zur Verfügung steht.

Demnach lässt sich der konkrete Entstehungszeitpunkt nicht einheitlich ermitteln. Es ist vielmehr für den jeweiligen Einzelfall zu unterscheiden, welche Tätigkeit eine KG erbringt. Diese Divergenz im Hinblick auf die Entstehung im Außenverhältnis ist entsprechend auf die Inv-KG zu übertragen.

2.2.3. Mangelnde Eignung der personengesellschaftsrechtlichen Grundsätze über die Entstehung einer KG im Außenverhältnis für die Inv-KG aufgrund aufsichtsrechtlicher Besonderheiten

Nachdem festgestellt worden ist, dass das KAGB keine eigenständigen Vorschriften über die Entstehung einer Inv-KG vorhält und es somit bei der grundsätzlichen Anwendung der personengesellschaftsrechtlichen Vorschriften diesbezüglich verbleibt, ist zu untersuchen, wie sich die Anwendung der personengesellschaftsrechtlichen Vorschriften auf die Entstehung der Inv-KG auswirkt und ob aufgrund aufsichtsrechtlicher Besonderheiten von deren Anwendung abzusehen ist.

Zuvor wurde vorgestellt, dass es für die Entstehung einer Inv-KG im Außenverhältnis bei den personengesellschaftsrechtlichen Grundsätzen bleibt und es dementsprechend für die Entstehung einer Inv-KG maßgeblich davon abhängt, ob sie ein Handelsgewerbe betreibt oder nicht. Dies wirft die Folgefrage auf, wie die unternehmerische Tätig-

82 Vgl. § 105 Abs. 2 a. E. HGB.
83 *Hillmann* in Ebenroth/Boujong/Joost/Strohn, HGB, § 123 Rn. 14.

keit einer Inv-KG generell einzuordnen ist. Zu prüfen ist demnach, ob eine Inv-KG abstrakt-generell ein Handelsgewerbe betreibt oder einer anderen Art der Betätigung, insbesondere der reinen Vermögensverwaltung, nachgeht. Dies hängt von der Tätigkeit, die mit dem Betrieb der Gesellschaft verfolgt wird, sowie von Art und Umfang der Tätigkeit ab.[84]

Ob eine Inv-KG aufgrund ihres Gesellschaftszwecks einer gewerblichen oder einer das eigene Vermögen verwaltenden Tätigkeit nachgeht, bemisst sich danach, ob die Voraussetzungen des Gewerbebegriffs verwirklicht werden. Bei einem Gewerbe handelt es sich um jede planmäßige, auf Dauer angelegte, selbstständige, auf Gewinnerzielung ausgerichtete oder jedenfalls wirtschaftliche bzw. marktorientierte Tätigkeit unter Ausschluss freiberuflicher, wissenschaftlicher und künstlerischer Tätigkeit.[85] Dagegen ist die Verwaltung eigenen Vermögens nicht als gewerbliche Tätigkeit anzusehen.[86] Relevantes Kriterium gemäß der von der Rechtsprechung entwickelten Definition hinsichtlich des Gewerbebegriffs ist vorliegend die Marktorientierung.[87] Gemeint ist damit eine anbietende, entgeltliche Tätigkeit am Markt.[88] Denn während sich eine gewerbliche – weil fremde – Vermögensverwaltung gerade an den Markt richtet, ist die Verwaltung eigenen Vermögens dem Privatbereich zuzuordnen.[89] Ob die Tätigkeit einer Inv-KG auf die Teilnahme am Markt abzielt oder sich in der Verwaltung eigenen Vermögens erschöpft, bestimmt sich nach der Verkehrsanschauung.[90]

Für die Abgrenzung, ob die Tätigkeit einer Gesellschaft auf die Teilnahme am Markt abzielt oder nicht, wurden zwei unterschiedliche Herangehensweisen entwickelt: die Abgrenzung nach dem Umfang der Verwaltungstätigkeit und die Abgrenzung nach der Risikostruktur. Nachfolgend ist zu untersuchen, zu welchem Ergebnis die bekannten

84 *Steitz* in Henssler/Strohn, HGB, § 106 Rn. 21.
85 *BGH*, Urteil vom 23.10.2001 – XI ZR 63/01 = NJW 2002, 368, 369 m.w.N.; *Merkt* in Hopt, HGB, § 1 Rn. 13 m.w.N.; *Körber* in Oetker, HGB, § 1 Rn. 19.
86 Vgl. *BGH*, Urteil vom 23.10.2001 – XI ZR 63/01 = NJW 2002, 368, 369 m.w.N.; *Lieder* in Oetker, HGB, § 105 Rn. 19 m.w.N.
87 Vgl. *Körber* in Oetker, HGB, § 1 Rn. 19.
88 Vgl. *Merkt* in Hopt, HGB, § 1 Rn. 15 ff.; *K. Schmidt* in MüKo/HGB, § 1 Rn. 28.
89 Vgl. *Roth* in Koller/Kindler/Roth/Drüen, HGB, § 1 Rn. 6.
90 *Ries* in Röhricht/von Westphalen/Haas, HGB, § 1 Rn. 33; *Roth* in Koller/Kindler/Roth/Drüen, HGB, § 1 Rn. 6 und Rn. 7a.

Abgrenzungsmodelle hinsichtlich der Tätigkeit der Inv-KG kommen und ob sie für die Einordnung der Tätigkeit einer Inv-KG geeignet sind.

2.2.3.1. Abgrenzung nach dem Umfang der Verwaltungstätigkeit

Für die bisherige Abgrenzung zwischen gewerblicher Vermögensverwaltung und der Verwaltung eigenen Vermögens wurde nach bisher herrschender Meinung auf ein insoweit quantitatives Element zurückgegriffen, wonach die Tätigkeit den Privatbereich verlassen muss. Nach der wohl herrschenden Ansicht ist auf den Umfang der mit der Verwaltung verbundenen Geschäfte abzustellen.[91] Die Beurteilung hinsichtlich des Umfangs – und damit auch hinsichtlich der Abgrenzung zwischen privater und gewerblicher Vermögensverwaltung – bemisst sich dabei nach der Verkehrsanschauung.[92] Erreichen die mit der Vermögensverwaltung verbundenen Aufgaben einen Umfang, der nach dem objektiven Gesamtbild den organisatorischen Rahmen einer privaten Vermögensverwaltung übersteigt, soll eine gewerbliche Tätigkeit vorliegen.[93] Dagegen kommt es nach dieser Ansicht nicht auf die Höhe der zu verwaltenden Werte an.[94] Gemäß dieser Auffassung müsste jeweils im Einzelfall und anhand der Verkehrsanschauung beurteilt werden, ob die Geschäftstätigkeit einer Inv-KG hinsichtlich des erwarteten Umfangs der geschäftlichen Tätigkeit ein Ausmaß erreicht, das entweder auf einen noch privaten oder bereits einen gewerblichen Charakter schließen lässt.

Bei der Inv-KG ist zu beachten, dass sie sowohl als intern verwaltete Inv-KG als auch als extern verwaltete Inv-KG aufgesetzt werden kann. Während die intern verwaltete Inv-KG ihre Geschäftstätigkeit selbst erbringt, wird diese bei der extern verwalteten Inv-KG im Wesentlichen aufgrund ihrer Eigenschaft als KVG durch diese selbst erbracht. Bei der extern verwalteten Inv-KG wird dagegen die Verwaltungstätigkeit von einem externen Geschäftsbesorger in Form einer externen Kapitalverwaltungsgesellschaft gemäß § 18 KAGB über-

91 Vgl. *Körber* in Oetker, HGB, § 1 Rn. 19, *Ries* in Röhricht/von Westphalen/Haas, HGB, § 1 Rn. 37.
92 *Röhricht*, a. a. O.
93 *Röhricht*, a. a. O.
94 *So OLG München*, Beschluss vom 25.09.2008 – 32 Wx 118/08.

nommen. Diese Unterscheidung im Hinblick auf die Verwaltung eines Investmentvermögens wirkt sich folglich auf die Beurteilung des Umfangs der Geschäftstätigkeit der gegenständlichen Inv-KG aus. Bei der intern verwalteten Inv-KG führt dies dazu, dass die Geschäftsvorfälle im Zusammenhang mit der Verwaltung des Investmentvermögens bei der Inv-KG selbst anfallen. Bei der extern verwalteten Inv-KG wird die eigentliche Geschäftstätigkeit – die Anlage und die Verwaltung des Kommanditanlagevermögens der Inv-KG – dagegen durch die externe KVG erbracht, sodass bei der extern verwalteten Inv-KG die Geschäftsvorfälle in Bezug auf die Anlage und Verwaltung des Kommanditanlagevermögens im Wesentlichen bei der KVG entstehen. So verbleiben durch die Übertragung der Anlage- und Verwaltungstätigkeit auf die KVG nur wenige eigene Geschäftsvorfälle und Aufgaben bei der extern verwalteten Inv-KG selbst. Zusätzlich braucht eine extern verwaltete Inv-KG aufgrund der spärlichen zurückbehaltenen Aufgaben nur eine schlanke Infrastruktur (wie Personal, Büroeinrichtung, Prozesse u. Ä.) vorzuhalten, welche eine intern verwaltete Inv-KG aufgrund der Eigenverwaltung und der daraus resultierenden umfangreichen aufsichtsrechtlichen Anforderungen gerade umfassend implementieren muss. Ungeachtet des Umfangs der voraussichtlichen Geschäfte hinsichtlich der Vermögensverwaltung wäre daher die Geschäftstätigkeit einer intern verwalteten Inv-KG regelmäßig als gewerblich einzustufen, während die Tätigkeit einer extern verwalteten Inv-KG regelmäßig als rein vermögensverwaltend zu behandeln wäre. Für eine Einordnung der Geschäftstätigkeit einer Inv-KG käme es somit maßgeblich darauf an, ob sie eine KVG mit der Anlage und Verwaltung betraut oder nicht. Dies kann jedoch kein geeignetes Kriterium für die Einordnung der Geschäftstätigkeit der Inv-KG sein.

Im Ergebnis würde die Abgrenzung der Geschäftstätigkeit nach Maßgabe der herrschenden Ansicht also dazu führen, dass die Geschäftstätigkeit einer extern verwalteten Inv-KG regelmäßig anders einzuordnen wäre als die einer intern verwalteten Inv-KG, obwohl beide sich im Zweifel an den gleichen Anlegerkreis richten und in die gleichen Vermögensgegenstände investieren. Diese unterschiedliche Einordnung kann aber nicht gewollt sein. Für die Einordnung der Geschäftstätigkeit einer Inv-KG ist die Abgrenzung nach dem Umfang der Verwaltungstätigkeit folglich nicht praktikabel.

2.2.3.2. Abgrenzung nach der Risikostruktur

Ungeachtet der fehlenden Praktikabilität für die Einordnung der Inv-KG wird diese herrschende Ansicht zunehmend kritisch gesehen. Kritisiert wird die Abgrenzung anhand quantitativer Merkmale. So wird angeführt, dass über quantitative Komponenten lediglich eine Abgrenzung hinsichtlich des Vorliegens eines Handelsgewerbes möglich sei, nicht jedoch hinsichtlich des Gewerbes.[95] Vorgeschlagen wird daher, die Abgrenzung zwischen gewerblicher und vermögensverwaltender Tätigkeit anhand einer spezifischen Risikostruktur vorzunehmen.[96]

Ausgangspunkt dieser Ansicht ist die Überlegung, dass sich die Risikostrukturen bei vermögensverwaltenden und gewerblichen Gesellschaften unterschieden, wobei der Gewerbetreibende eine höhere Risikobereitschaft habe als ein Kapitalanleger.[97] Abgestellt werden solle darauf, ob das Anlageobjekt bzw. Portfolio in seinem Bestand unberührt bleibe oder ob das Portfolio der Gesellschaft laufend umgeschichtet werde, da im letzteren Falle ein gesteigertes Geschäftsrisiko vorliege.[98] Im ersteren Falle wäre demgemäß die Tätigkeit als vermögensverwaltend einzuordnen, im letzteren Falle als gewerblich. Diese Ansicht hat erkennbar den Bau- und Immobilienmarkt im Blick, um primär die private Verwaltung von Immobilien von der gewerblichen Immobilienverwaltung abzugrenzen.[99]

Für die Einordnung der Geschäftstätigkeit einer Inv-KG nach Maßgabe dieser Ansicht müsste also jeweils geprüft werden, in welchem Umfang eine Veränderung des Portfolios beabsichtigt ist. Ob es bei einer Inv-KG regelmäßig zu Umschichtungen des Kommanditanlagevermögens kommen soll, ist daran gekoppelt, in welche Vermögensgegenstände die Inv-KG zu investieren beabsichtigt. Während beispielsweise das Portfolio einer in Wertpapiere[100] investierenden Inv-KG

95 *Schön*, DB 1998, 1169 (1172); *Kindler* in Ebenroth/Boujong/Joost/Strohn, HGB, § 1 Rn. 35.
96 *Schön*, DB 1998, 1169 (1173); *Kindler* in Ebenroth/Boujong/Joost/Strohn, HGB, § 1 Rn. 35.
97 *Schön*, DB 1998, 1169 (1173); *Kindler* in Ebenroth/Boujong/Joost/Strohn, HGB, § 1 Rn. 35.
98 *Kindler* in Ebenroth/Boujong/Joost/Strohn, HGB, § 1 Rn. 36.
99 Vgl. *Schön*, DB 1998, 1169 (1173).
100 Die Definition des Begriffs „Wertpapier" ist für das KAGB in § 193 KAGB enthalten, ungeachtet der Ausgestaltung des jeweiligen Investmentvermögens.

regelmäßigen Veränderungen durch Umschichtungen unterliegt, bleibt bei einem Investment des eingesammelten Kapitals in Sachwerte[101] der Bestand der Anlagegegenstände grundsätzlich über den kompletten Anlagezeitraum erhalten. Selbiges gilt für Private-Equity-Fonds und Venture-Capital-Fonds, die in der Regel ihre zu Anlagezwecken erworbenen Vermögensgegenstände – namentlich Beteiligungen an Unternehmen, die nicht zum Handel an einer Börse zugelassen oder in einen organisierten Markt einbezogen sind – über einen Zeitraum von mehreren Jahren im Portfolio halten, bevor diese weiterveräußert werden.[102] Im Ergebnis wären Wertpapierfonds regelmäßig als gewerblich anzusehen, da bei diesen in kurzen Abständen das Portfolio umgeschichtet wird. Umgekehrt wäre bei Sachwertefonds sowie – je nach Einzelfall – bei Private-Equity-Fonds und Venture-Capital-Fonds die Gewerblichkeit zu verneinen. Dabei würde jedoch zum einen verkannt, dass gerade die Investition in nicht börslich gehandelte Beteiligungen (insbesondere Venture-Capital) ungleich riskanter für Anleger sein kann als die Investition in börslich gehandelte Wertpapiere. Zum anderen bliebe außer Acht, dass gerade bei Investments in Sachwerte vom Grundsatz der Risikomischung abgewichen werden kann.[103] Die Abgrenzung nach der Risikostruktur führt bei der Inv-KG daher aufgrund deren Ausrichtung als Vehikel für Investmentvermögen zu nicht nachvollziehbaren Verwerfungen.

Damit ist auch die Abgrenzung nach der Risikostruktur für die Einordnung der Geschäftstätigkeit einer Inv-KG nicht geeignet.

101 Die Definition des Begriffs „Sachwert“ ist für das KAGB in § 261 Abs. 2 KAGB enthalten, ungeachtet der Ausgestaltung des jeweiligen Investmentvermögens.

102 Zum Teil erfolgt die Veräußerung der Anteile der Beteiligungsgesellschaften erst kurz vor Ende der Fondslaufzeit oder im Rahmen der Auflösung und Liquidierung des Investmentvermögens, sodass die Beteiligungen bisweilen fast während des ganzen Anlagezeitraums gehalten werden.

103 Hintergrund ist, dass Sachwertefonds regelmäßig entweder als geschlossene Spezial-AIF oder als Publikums-AIF aufgelegt werden. Während bei geschlossenen Publikums-AIF gemäß § 262 Abs. 2 KAGB auf die Risikomischung verzichtet werden kann, brauchen geschlossene Spezial-AIF generell den Grundsatz der Risikomischung nicht zu beachten.

2.2.4. Eigenständige Einordnung der Inv-KG hinsichtlich ihrer Entstehung im Außenverhältnis aufgrund aufsichtsrechtlicher Besonderheiten

Wie soeben gezeigt, sind die bislang vertretenen Meinungen nicht oder allenfalls bedingt geeignet, um die Tätigkeit einer Inv-KG in geeigneter Form abzugrenzen und sie einer Einordnung als gewerbliche oder rein vermögensverwaltende Gesellschaft zuzuführen. Vielmehr würde die Anwendung der bestehenden Theorien zur Abgrenzung zwischen gewerblicher und vermögensverwaltender Tätigkeit bei der Inv-KG zu unbilligen Ergebnissen führen. Dementsprechend sprechen bei der Inv-KG aufsichtsrechtliche Besonderheiten gegen eine Anwendung der personengesellschaftsrechtlichen Vorschriften auf der Grundlage der bestehenden Ansichten.

Zu berücksichtigen ist aber, dass sich bei der Inv-KG gerade eine vom Gesetzgeber gewünschte Abweichung von der personengesellschaftsrechtlichen KG zeigt. Es stellt sich daher die Frage, ob die Inv-KG aufgrund aufsichtsrechtlicher Besonderheiten von Gesetzes wegen entweder als gewerbliche Gesellschaft oder als eine vermögensverwaltende Gesellschaft angesehen werden kann. Die besseren Gründe sprechen dabei dafür, die Inv- KG stets als eine Gesellschaft anzusehen, die qua Gesetz ausschließlich eigenes Vermögen verwaltet.[104]

2.2.4.1. Auslegung anhand von § 125 Abs. 2 Satz 1 KAGB bzw. § 150 Abs. 2 Satz 1 KAGB

Für eine entsprechende Zuordnung könnte zunächst der Gesetzeswortlaut von § 125 Abs. 2 Satz 1 KAGB bzw. § 150 Abs. 2 Satz 1 KAGB sprechen. Zwar enthalten die Vorschriften des KAGB keine Angaben zum Gesellschaftszweck, allerdings wurde der erlaubte Unternehmensgegenstand einer Inv-KG in § 125 Abs. 2 KAGB bzw. § 150 Abs. 2 KAGB gesetzlich festgelegt. Diesbezüglich ist anerkannt, dass der Unternehmensgegenstand den Gesellschaftszweck konkretisiert.[105] Der Unternehmensgegenstand einer Inv-KG beschränkt sich dabei ausschließlich *„auf die Anlage und Verwaltung ihrer Mittel“*.[106]

---

104 Siehe nachfolgende Ausführungen.

105 *Henssler* in Henssler/Strohn, HGB, § 105 Rn. 6.

106 Vgl. § 125 Abs. 2 Satz 1 KAGB bzw. § 150 Abs. 2 Satz 1 KAGB.

Die im Gesetzestext verwendete Terminologie („...*ihrer*...") lässt dabei darauf schließen, dass eine Inv-KG nur zur Verwaltung eigener Vermögenswerte berechtigt sein soll. Der Umstand, dass sie dabei „*ihre*" Mittel verwaltet, legt wiederum nahe, dass eine bewusste Abgrenzung zur Verwaltung fremder Mittel – und folglich zu einer gewerbsmäßigen Fremdverwaltungstätigkeit – gezogen werden soll. Dies spricht dafür, die Inv-KG stets als rein vermögensverwaltende Gesellschaft zu behandeln.

2.2.4.2. Auslegung anhand von § 1 Abs. 1 KAGB

Die vorstehende Feststellung, dass die Auslegung des Wortlauts von § 125 Abs. 2 Satz 1 KAGB und § 150 Abs. 2 Satz 1 KAGB für eine generelle vermögensverwaltende Betätigung einer Inv-KG sprechen könnte, könnte durch die Heranziehung der Legaldefinition des Begriffs des Investmentvermögens gestützt werden. Denn bei der Auslegung ist zu berücksichtigen, dass die Inv-KG als Vehikel von Investmentvermögen dient.

Die Definition des Investmentvermögensbegriffs ist in § 1 Abs. 1 KAGB enthalten. Bei einem Investmentvermögen handelt es sich per definitionem um einen Organismus, der „*kein operatives Unternehmen außerhalb des Finanzsektors ist*".[107] Durch dieses Merkmal werden aus dem Kreis der Investmentvermögen all diejenigen Unternehmen ausgenommen, die überwiegend einen allgemein-kommerziellen oder einen industriellen Zweck verfolgen.[108] Mit der Einordnung der Inv-KG als gewerbliche Gesellschaft könnte allerdings gerade darauf geschlossen werden, dass die Inv-KG eine operative Tätigkeit ausübt. Dadurch aber stünden der Betrieb eines Handelsgewerbes im Sinne von § 1 Abs. 2 HGB und die Wahrnehmung der Funktion als Investmentvehikel in einem Spannungsverhältnis von Tätigkeiten, die sich gegenseitig ausschlössen. Dies spräche dafür, die Inv-KG qua Gesetz als vermögensverwaltende Gesellschaft zu behandeln.

107 Vgl. § 1 Abs. 1 Satz 1 KAGB.

108 *Gottschling* in Moritz/Klebeck/Jesch, KAGB, § 1 Rn. 83; *Volhard/Jang* in Weitnauer/Boxberger/Anders, KAGB, § 1 Rn. 26; *Verfürth/Emde* in Emde/Dornseifer/Dreibus, KAGB, § 1 Rn. 79 ff.

Somit spricht auch die Einbeziehung von § 1 Abs. 1 KAGB dafür, dass die Tätigkeit einer Inv-KG stets als rein vermögensverwaltend einzuordnen ist.

2.2.4.3. Auslegung anhand von § 152 Abs. KAGB

Weiterhin ist § 152 Abs. 5 KAGB zum Zwecke der Auslegung heranzuziehen.

In § 152 Abs. 5 KAGB ist normiert, dass die Kommanditisten einer Inv-KG der vorzeitigen Aufnahme des Geschäftsbetriebs nicht zustimmen können, wenn es sich bei der Inv-KG um eine Publikums-KG handelt.[109] Anerkanntermaßen ist eine vorzeitige Geschäftsaufnahme, wie sie in § 123 Abs. 2 HGB vorgesehen ist, jedoch nur bei Gesellschaften möglich, deren Gesellschaftszweck auf den Betrieb eines Handelsgewerbes gerichtet ist.[110] Die Aufnahme dieses Passus ins KAGB und der damit verbundene Ausschluss von § 176 Abs. 1 HGB und § 123 Abs. 2 HGB könnten somit auf eine gewerbliche Tätigkeit der Inv-KG schließen lassen. Allerdings kann diesem etwaigen Verständnis aber dadurch begegnet werden, dass § 152 Abs. 5 KAGB als rein klarstellende Norm begriffen wird, wenngleich die Vorschrift nach diesem Verständnis einer Redundanz unterliegt.

Zudem ist die Gesetzesbegründung zu § 152 Abs. 5 KAGB zu betrachten. Danach sollen die Gesellschafter einer Inv-KG, die als Vehikel für ein Publikumsinvestmentvermögen dient, einer vorzeitigen Geschäftsaufnahme mit der Absicht nicht zustimmen können, einer Haftung der Kommanditisten gemäß § 176 Abs. 1 HGB vorzubeugen. Diese Begründung zu § 152 Abs. 2 KAGB könnte daher so verstanden werden, dass der Gesetzgeber implizit von einer grundsätzlichen gewerblichen Tätigkeit der Inv-KG ausgeht.

In der Konsequenz könnte auf der Grundlage von § 152 Abs. 5 KAGB eine gewerbliche Einordnung der Inv-KG gefolgert werden.

---

109 Vgl. § 152 Abs. 5 KAGB.

110 Vgl. *Hillmann* in Ebenroth/Boujong/Joost/Strohn, HGB, § 123 Rn. 14; *Freitag* in Heidel/Schall, HGB, § 123 Rn. 5; *K. Schmidt/Drescher* in MüKo/HGB, § 123 Rn. 14.

2.2.4.4. Teleologische Auslegung

Zuletzt ist auf den Sinn und Zweck abzustellen, den der Gesetzgeber mit der Einführung der Inv-KG verfolgte.

Der Gesetzgeber führte die Inv-KG unter anderem zu dem Zweck ein, es den Anbietern geschlossener Fonds weiterhin zu ermöglichen, ihre Fonds in der bisher praktizierten Form zu strukturieren.[111] Die Fonds wurden vor Einführung des KAGB regelmäßig so ausgestaltet, dass deren Einkünfte nicht als gewerblich eingestuft wurden.[112] Diese bisherige Praxis würde unterwandert, wenn die gestiegenen Anforderungen, die sich aus der Einführung des KAGB ergeben, zu einer gewerbsmäßigen Einordnung einer Inv-KG führen könnten. Dies spricht ebenfalls für eine Einordnung der Inv-KG als rein vermögensverwaltende Gesellschaft von Gesetzes wegen.

Zudem ist zu berücksichtigen, dass mit der Einführung des KAGB die AIFM-Richtlinie umgesetzt wurde. Diese hat – neben der Schaffung und dem Schutz eines harmonisierten europäischen Fondsmarkts – den Schutz der Anleger im Blick.[113] Durch die generelle Einordnung der Inv-KG als vermögensverwaltende Gesellschaft würde eine Gleichbehandlung der Gesellschaften in der Rechtsform der Inv-KG erreicht, und zwar unabhängig von ihrer Ausgestaltung als intern oder extern verwaltete Gesellschaft sowie ihren Anlagezielen und den damit verbundenen Aufgaben. Dies ist sowohl im Interesse der Fondsinitiatoren als auch der Anleger und der BaFin, da ungeachtet der Struktur und der geplanten Tätigkeiten der Inv-KG eine einheitliche Behandlung der Inv-KG gewährleistet wird. Dies trägt dazu bei, Rechtssicherheit bei den Akteuren zu schaffen.

Damit spricht auch die teleologische Auslegung dafür, die Inv-KG generell als vermögensverwaltende Gesellschaft anzusehen.

2.2.5. Auswirkungen der generellen Einordnung einer Inv-KG als rein vermögensverwaltende Gesellschaft

Aufgrund der vorstehenden Ausführungen wird in dieser Arbeit vertreten, dass eine Inv-KG stets als eine rein vermögensverwaltende Gesell-

---

111 Vgl. BT-Drs. 17/12294, Seite 190, 5. Fondsvehikel.
112 Vgl. *Rüber/Reiff*, BB 2014, 1634.
113 Vgl. Erwägungsgründe 2 und 4 der AIFM-Richtlinie.

schaft anzusehen ist. Hieraus resultiert, dass die Inv-KG im Außenverhältnis erst mit ihrer Eintragung ins Handelsregister entsteht. Fraglich ist, ob dieser Entstehungszeitpunkt trotz der Einordnung der Inv-KG als rein vermögensverwaltende Gesellschaft tatsächlich gewollt ist und welche Auswirkungen diese Einordnung für die Gestaltungspraxis hat.

Wie erwähnt führt die Einordnung als vermögensverwaltende Gesellschaft dazu, dass eine Inv-KG im Außenverhältnis erst mit ihrer Eintragung ins Handelsregister zur Entstehung gelangt. Dies schließt aber eine vorzeitige Geschäftsaufnahme nicht aus. Diese vorbereitenden Maßnahmen können zwar auch ohne die Anwendung von § 123 Abs. 1 Satz 2 HGB[114] durch die Gesellschaft bewirkt werden, allerdings träte sie insoweit im rechtsgeschäftlichen Verkehr nicht als Inv-KG auf, sondern nur als GbR.[115]

Dieser Teilnahme am Rechtsverkehr in der Rechtsform der GbR bis zur tatsächlichen Eintragung ins Handelsregister stehen allerdings investmentrechtliche Bedenken entgegen. Hintergrund ist, dass das KAGB einen Typenzwang für die rechtliche Ausgestaltung von Investmentvermögen vorsieht. Danach dürfen Investmentvermögen entweder in vertraglicher Form als Sondervermögen im Sinne von § 1 Abs. 10 KAGB oder in gesellschaftsvertraglicher Form als Investmentgesellschaft im Sinne von § 1 Abs. 11 KAGB initiiert werden. Für gesellschaftsrechtlich organisierte Investmentvermögen stehen dabei nur die Rechtsform der Inv-KG und die Rechtsform der Inv-AG zur Verfügung.[116] Da die spätere Inv-KG aber vom Zeitpunkt des Abschlusses des Gesellschaftsvertrags bis zu ihrer Eintragung ins Handelsregister als Außen-GbR behandelt wird, würde für diesen Zeitraum der investmentrechtliche Rechtsformzwang verletzt.

Dieser Gefahr kann jedoch dadurch begegnet werden, dass die Fondsinitiatoren zunächst eine Vorratsgesellschaft in der Rechtsform der KG zur Entstehung bringen und diese anschließend in eine Inv-KG umstrukturieren und umfirmieren. Erst im Nachgang zu dieser Umstrukturierung der Vorratsgesellschaft in eine Inv-KG inklusive der entsprechenden Eintragung ins Handelsregister sind daran anschlie-

114 Nach alter Rechtslage: § 123 Abs. 2 HGB a. F.

115 Vgl. zur KG: *BGH*, Urteil vom 21.10.1992 – Az. II ZRp204/90 = NJW 1992, 241 (242); *Casper* in Staub, HGB, § 161 Rn. 27 m. w. N.

116 Vgl. § 91 KAGB und § 139 KAGB.

ßend Anleger als weitere Gesellschafter aufzunehmen. Für die Anleger einer Inv-KG hat dieses Vorgehen keine Konsequenzen, wenn die Gründungsgesellschafter des Fondsvehikels bis zum Zeitpunkt der Eintragung der Änderungen – und damit nach Abschluss der Umstrukturierung der KG in eine Inv-KG – noch unter sich sind und die Anleger erst im Anschluss der Gesellschaft beitreten.

Somit ist für den Zeitraum zwischen Abschluss des Gesellschaftsvertrags der Inv-KG bis zu ihrer Eintragung ins Handelsregister hinzunehmen, dass einer vorzeitigen Geschäftsaufnahme der Inv-KG nicht zugestimmt werden kann. Sofern der Gesetzgeber Bedarf dafür sieht, dass § 123 Abs. 2 HGB auch für die Inv-KG einschlägig sein soll, wäre eine entsprechende klarstellende Regelung im KAGB ratsam.

3. Fazit

3.1. Fazit zur Errichtung einer Inv-KG

Die vorstehenden Ausführungen zeigen, dass die investmentrechtlichen Vorschriften nicht eigenständig regeln, wie eine Inv-KG zu errichten ist. In der Folge richtet sich die Errichtung einer Inv-KG nach den Vorschriften über die Errichtung einer KG nach Maßgabe des HGB. Somit kommt es für die Errichtung einer Inv-KG lediglich auf den Abschluss des Gesellschaftsvertrags durch die Gesellschafter an. Investmentrechtliche Besonderheiten brauchen nicht beachtet zu werden.

3.2. Fazit zur Entstehung einer Inv-KG im Innenverhältnis

Ebenso finden sich hinsichtlich der Entstehung der Inv-KG im Innenverhältnis keine investmentrechtlichen Regelungen, sodass auch hier die personengesellschaftsrechtlichen Grundsätze zur Anwendung gelangen. Dementsprechend entsteht die Inv-KG im Innenverhältnis mit Abschluss des Gesellschaftsvertrags.

3.3. Fazit zur Entstehung einer Inv-KG im Außenverhältnis

Zuletzt hält das KAGB auch für die Entstehung der Inv-KG im Außenverhältnis keine eigenständigen Regelungen bereit. Damit kommen auch hier die personengesellschaftsrechtlichen Vorschriften zur Anwendung. Allerdings sind die bisher bekannten Vorgehensweisen zur Abgrenzung zwischen einer gewerblichen Tätigkeit und einer rein vermögens- verwaltenden Tätigkeit für die Inv-KG nicht geeignet. Aufgrund aufsichtsrechtlicher Besonderheiten und nach entsprechender Auslegung der investmentrechtlichen Vorschriften ist es daher vorzugswürdig, die Tätigkeit einer Inv-KG stets als vermögensverwaltend zu qualifizieren. In der Folge entsteht die Inv-KG generell erst mit ihrer Eintragung ins Handelsregister, sodass diese für die Inv-KG stets konstitutive Wirkung entfaltet.

Die Einordnung als rein vermögensverwaltende Gesellschaft führt dazu, dass die Inv-KG zwischen Abschluss des Gesellschaftsvertrags und der Eintragung im Außenverhältnis nicht in der Rechtsform der Inv-KG am Rechtsverkehr teilnehmen kann. Dies schließt eine Aufnahme der Geschäftstätigkeit nicht aus, allerdings nimmt sie in diesem Zeitraum als GbR am Rechtsverkehr teil. Dies führt zu einem Konflikt mit den investmentrechtlichen Bestimmungen, die einen Typenzwang für die Auflage von Investmentvermögen vorsehen. Begegnen lässt sich dieser Problematik dadurch, dass zunächst eine personengesellschaftsrechtliche Gesellschaft gegründet und diese anschließend in eine Inv-KG umgewandelt wird.

Die stetige Einordnung einer Inv-KG als vermögensverwaltende Gesellschaft bedeutet zudem, dass es des § 152 Abs. 5 KAGB nicht bedarf. Im Gegenteil, durch die Vorschrift entsteht vielmehr Verwirrung bei der Einordnung der Tätigkeit einer Inv-KG, da sie zu dem Schluss verleitet, dass der Vorschrift auch eine Regelung über die Art und Weise der Tätigkeit der Inv-KG innewohne. tatsächlich handelt es sich bei § 152 Abs. 5 KAGB jedoch um eine Haftungsnorm, welche den Anlegerschutz im Fokus hat.[117] Wünschenswert sind somit eine klarstellende Regelung im KAGB, wonach es sich bei der Inv-KG um eine rein vermögensverwaltende Gesellschaft im Sinne von § 105 Abs. 2 HGB handelt, und die Streichung von § 152 Abs. 5 KAGB.

117 Siehe hierzu auch Teil B. Kapitel II. Ziffer 2.2.1. "*Keine investmentrechtlichen Spezialvorschriften über die Entstehung einer Inv-KG im Außenverhältnis*".

III. Der Gesellschaftsvertrag

Wie bereits erwähnt, wird die spätere Inv-KG mit Abschluss des Gesellschaftsvertrags durch die Gründungsgesellschafter errichtet. Er ist somit eine unverzichtbare Voraussetzung für das Entstehen einer Inv-KG.

Nachfolgend wird zunächst der Frage nachgegangen, welche Rechtsnatur der Gesellschaftsvertrag einer Inv-KG hat. Im Anschluss daran ist zu begutachten, wie der Gesellschaftsvertrag einer Inv-KG auszulegen ist. Im Nachgang wird untersucht, ob der Gesellschaftsvertrag einer Inv-KG einer bestimmten Form genügen muss. Daran anschließend ist zu prüfen, inwieweit die investmentrechtlichen Vorschriften einen Mindestinhalt für den Gesellschaftsvertrag einer Inv-KG vorsehen und ob diese zusätzlich durch die personengesellschaftsrechtlichen Vorschriften zu ergänzen sind. Zuletzt ist zu klären, welche Rechtsfolgen eintreten, wenn der Gesellschaftsvertrag einer Inv-KG gegen zwingende gesetzliche Vorschriften verstößt.

1. Die Rechtsnatur des Gesellschaftsvertrags einer Inv-KG

1.1. Anwendung der personengesellschaftsrechtlichen Vorschriften und Grundsätze zur Rechtsnatur des Gesellschaftsvertrags auf die Inv-KG

Zunächst sind die Vorschriften des KAGB danach zu betrachten, ob dessen Vorschriften die Rechtsnatur des Gesellschaftsvertrags einer Inv-KG eigenständig regeln. Zu untersuchen sind insbesondere § 125 KAGB und § 150 KAGB, die Regelungen zum Gesellschaftsvertrag einer Inv-KG beinhalten. In den genannten Vorschriften inbegriffen sind Regelungen zu Form und Inhalt des Gesellschaftsvertrags einer Inv-KG, wogegen sich keine Anhaltspunkte im Hinblick auf die Rechtsnatur entnehmen lassen. Hinweise, die Rückschlüsse auf ein Verständnis über die Rechtsnatur des Gesellschaftsvertrags einer Inv-KG ziehen lassen, können somit nicht aus den genannten Vorschriften entnommen werden. Auch die übrigen Vorschriften zur offenen Inv-KG gemäß §§ 124 ff. KAGB und zur geschlossenen Inv-KG gemäß §§ 149 ff. KAGB helfen diesbezüglich nicht weiter.

Da sich in den investmentrechtlichen Vorschriften keine Anhaltspunkte zur Rechtsnatur des Gesellschaftsvertrags einer Inv-KG finden, ist gemäß § 124 Abs. 1 Satz 2 KAGB und § 149 Abs. 1 Satz 2 KAGB zunächst von einer Anwendung der personengesellschaftsrechtlichen Normen auszugehen. Anerkanntermaßen ist ein Gesellschaftsvertrag einer KG von doppelter Natur: Er ist Schuldvertrag und Organisationsvertrag zugleich.[118]

1.1.1. Der Gesellschaftsvertrag als schuldrechtlicher Vertrag

Der Gesellschaftsvertrag ist zunächst ein schuldrechtlicher Vertrag. Diese Eigenschaft ergibt sich aus dem Umstand, dass der Gesellschaftsvertrag die Rechte und Pflichten der Gesellschafter zueinander regelt.[119] Somit gelten für ihn grundsätzlich die allgemeinen bürgerlich-rechtlichen Vorschriften, soweit sich aus den gesellschaftsrechtlichen Vorschriften oder Besonderheiten nichts hiervon Abweichendes ergibt.[120]

1.1.2. Der Gesellschaftsvertrag als Organisationsvertrag

Gleichzeitig ist der Gesellschaftsvertrag auch ein Organisationsvertrag. Er begründet ein Verhältnis, durch das ein rechtsfähiger Verbund begründet wird und dem die Vermögenswerte zugeordnet werden.[121] Er stellt die organisatorische Grundlage für die Gemeinschaft der Gesellschafter dar, auf deren Basis dem rechtlichen Gebilde eigene Rechte und Pflichten zugewiesen werden können.[122]

1.1.3. Der Gesellschaftsvertrag als nichtsynallagmatischer Vertrag

Dagegen handelt es sich beim Gesellschaftsvertrag nach herrschender Meinung zwar um einen gegenseitigen Vertrag im Sinne von § 320

118 Vgl. *Fleischer* in MüKo/HGB, § 105 Rn. 100 und Rn. 102; *Henssler* in Henssler/Strohn, HGB, § 105 Rn. 70; *Wertenbruch* in Ebenroth/Boujong/Joost/Strohn, HGB, § 105 Rn. 69; *Wiedemann*, ZGR 1996, 286 (291).

119 *Wertenbruch* in Ebenroth/Boujong/Joost/Strohn, HGB, § 105 Rn. 69.

120 *Heidel* in Heidel/Schall, HGB, § 105 Rn. 144.

121 *Roth* in Hopt, HGB, § 105 Rn. 47; *Wiedemann*, ZGR 1996, 286 (287).

122 *Haas* in Röhricht/von Westphalen/Haas, HGB, § 105 Rn. 17; *Schäfer* in Staub, HGB, § 105 Rn. 139.

BGB, nicht aber um einen synallagmatischen Vertrag.[123] Dies ergibt sich aus der gemeinsamen Zweckverfolgung gemäß § 705 Abs. 1 BGB[124], die dem Gesellschaftsvertrag zugrunde liegt. Aus dieser gemeinsamen Zweckverfolgung resultiert, dass aus dem Gesellschaftsvertrag kein Austauschverhältnis hervorgehen kann.[125] Das Fehlen eines synallagmatischen Verhältnisses führt dazu, dass aufgrund der gesellschaftsrechtlichen Besonderheiten einzelne Vorschriften des BGB auf den Gesellschaftsvertrag nicht oder nur eingeschränkt angewendet werden können.[126] Aufgrund dessen ist anerkannt, dass das Zurückbehaltungsrecht gemäß § 320 BGB nicht anwendbar ist.[127] Uneinheitlich wird dagegen die Frage beantwortet, ob die bürgerlichrechtlichen Vorschriften über die Nicht-, Schlecht- oder Späterfüllung für einen Gesellschaftsvertrag gelten.[128]

1.2. Keine investmentrechtlichen Abweichungen vom personengesellschaftsrechtlichen Grundsatz geboten

Das personengesellschaftsvertragliche Verständnis von der Doppelnatur des Gesellschaftsvertrags ist auf den Gesellschaftsvertrag der Inv-KG zu übertragen. Aufsichtsrechtliche Besonderheiten, die eine Abkehr vom Grundsatz der Doppelnatur des Gesellschaftsvertrags bei der Inv-KG verlangen würden, sind nicht ersichtlich.

Die Grundlage für die Einordnung als schuldrechtlicher Vertrag und als Organisationsvertrag beruht auf dem Umstand, dass durch den Abschluss des Gesellschaftsvertrags zum einen im Innenverhältnis

---

123 *Wertenbruch* in Ebenroth/Boujong/Joost/Strohn, HGB, § 105 Rn. 153 m. w. N.; *Lieder* in Oetker, HGB, § 105 Rn. 96; *Roth* in Hopt, HGB, § 105 Rn. 47.

124 Nach alter Rechtslage: § 705 BGB a. F.

125 *BGH*, Urt. v. 29.01.1951 – IV ZR 171/50 = NJW 1951, 308; *Henssler* in Henssler/Strohn, HGB, § 105 Rn. 71.

126 *Heidel* in Heidel/Schall HGB, § 105 Rn. 144 ff.; *Lieder* in Oetker, HGB, § 105 Rn. 101.

127 *Fleischer* in MüKo/HGB, § 105 Rn. 296 m. w. N.; *Wertenbruch* in Ebenroth/Boujong/Joost/Strohn, HGB, § 105 Rn. 156; *Roth* in Hopt, HGB, § 105 Rn. 48.

128 Für eine Anwendung: *Lieder* in Oetker, HGB, § 105 Rn. 102; *Haas* in Röhricht/von Westphalen/Haas, HGB, § 105 Rn. 74; **a. A.:** *Henssler* in Henssler/Strohn, HGB, § 105 Rn. 76; *Schäfer* in Staub, HGB, § 105 Rn. 147 ff.; **differenzierend:** *Kindler* in Koller/Kindler/Roth/Drüen, HGB, § 105 Rn. 40 ff.; *Fleischer* in MüKo/HGB, § 105 Rn. 293 ff.; *Klimke* in Häublein/Hoffmann-Theinert/BeckOK, HGB § 105 Rn. 48 ff.

schuldrechtliche Beziehungen zwischen den Gesellschaftern entstehen und zum anderen ein Personenverband begründet wird, der nach außen als Gruppe in Erscheinung tritt.[129] Beide Verhältnisse – Innen- und Außenverhältnis – sind unter Beachtung ihrer jeweiligen Besonderheiten regelungsbedürftig.[130] Die gleiche Gemengelage besteht auch bei den Gesellschaftern einer Inv-KG. Denn auch hier bedarf es notwendigerweise sowohl der Regelung der schuldrechtlichen Beziehungen zwischen den Gesellschaftern als auch der Regelung der organisatorischen Komponenten.

Hinzu kommt, dass die Inv-KG unter anderem deswegen als weiteres Vehikel für Investmentvermögen eingeführt wurde, um die bisherige Praxis – nämlich die Konzeption geschlossener Investmentvermögen in personengesellschaftsrechtlicher Form – weiterhin aufrechterhalten zu können.[131] Vor Einführung des KAGB galt für die nicht regulierten Fondsgesellschaften in der Rechtsform der KG unmittelbar das personengesellschaftsrechtliche Rechtsregime[132] einschließlich der Doppelnatur des Gesellschaftsvertrags. Diese gesetzgeberische Erwägung würde beeinträchtigt, wenn der des Gesellschaftsvertrags nicht auf den Gesellschaftsvertrag einer Inv-KG anwendbar wäre.

1.3. Fazit zur Rechtsnatur des Gesellschaftsvertrags einer Inv-KG

Hinsichtlich der Rechtsnatur des Gesellschaftsvertrags einer Inv-KG gelten die personengesellschaftsrechtlichen Vorschriften und Grundsätze. Der Gesellschaftsvertrag einer Inv-KG ist somit von doppelter Natur: Er ist zum einen als schuldrechtlicher Vertrag und zum anderen als Organisationsvertrag zu qualifizieren. Allerdings entsteht durch den Abschluss eines Gesellschaftsvertrags, wie bei der rein personengesellschaftsrechtlichen KG, kein synallagmatisches Verhältnis.

---

129 *Schäfer* in MüKo/BGB, § 705 Rn. 159 ff.

130 *Wertenbruch* in Ebenroth/Boujong/Joost/Strohn, HGB, § 105 Rn. 69.

131 Vgl. BT-Drs. 17/12294, Seite 190, 5. Fondsvehikel, b) Fondsvehikel für geschlossene Fonds.

132 Ergänzt um das von der Rechtsprechung entwickelte Recht der Publikumsgesellschaften.

2. Die Auslegung des Gesellschaftsvertrags

Nachdem die Rechtsnatur des Gesellschaftsvertrags geklärt worden ist, ist im Anschluss darauf einzugehen, wie der Gesellschaftsvertrag einer Inv-KG auszulegen ist.

In der Literatur finden sich bislang nur wenige Stimmen zur Auslegung des Gesellschaftsvertrags einer Inv-KG. Bisher wird vertreten, dass ein Gesellschaftsvertrag einer Inv-KG stets rein objektiv auszulegen ist und der subjektive Wille der Gesellschafter außer Acht zu bleiben hat.[133] Begründet wird dies mit der stark ausgeprägten körperschaftlichen Struktur einer Inv-KG.[134] Demnach wäre es hinsichtlich der Auslegung eines Gesellschaftsvertrags einer Inv-KG nicht von Bedeutung, ob sie als Publikumsgesellschaft ausgestaltet ist oder nicht. Zu prüfen ist, ob dieser Ansicht in der Literatur beizupflichten ist.

2.1. Die Auslegung des Gesellschaftsvertrags einer Inv-KG nach Maßgabe der personengesellschaftsrechtlichen Vorschriften

Auch hier ist der Blick zunächst darauf zu richten, ob die Art und Weise der Auslegung des Gesellschaftsvertrags einer Inv-KG spezialgesetzlich im KAGB geregelt wurde. Hierbei sind wiederum die Vorschriften des KAGB zu untersuchen, wobei insbesondere auf § 125 KAGB und § 150 KAGB abzustellen ist, welche Regelungen über den Gesellschaftsvertrag treffen. Beide Vorschriften enthalten formelle und inhaltliche Anforderungen an den Gesellschaftsvertrag, sie setzen sich jedoch nicht mit der Auslegung des Gesellschaftsvertrags an sich auseinander. Auf eine explizite Regelung über die Auslegung hat der Gesetzgeber damit verzichtet.

Da durch das Investmentrecht keine explizite Regelung getroffen wurde, wie der Gesellschaftsvertrag einer Inv-KG auszulegen ist, führt dies zunächst zur Anwendung der personengesellschaftsrechtlichen Vorschriften. Folglich sind nachgehend die personengesellschaftsrechtlichen Grundsätze über die Auslegung von Gesellschaftsverträgen darzustellen.

---

133 *Casper*, ZHR 2015, 44 (54); *Schott* in Emde/Dornseifer/Dreibus, KAGB, § 150 Rn. 2.

134 *Casper*, a. a. O.

2.1.1. Die grundsätzliche subjektive Auslegung des Gesellschaftsvertrags einer KG

Wie durch die Ausführungen zur Rechtsnatur bereits erläutert wurde, handelt es sich bei dem Gesellschaftsvertrag einer KG unter anderem um einen schuldrechtlichen Vertrag. Aufgrund der Tatsache, dass es sich beim Gesellschaftsvertrag auch um einen schuldrechtlichen Vertrag handelt, gelten die allgemeinen Vorschriften für die Auslegung. Somit sind die §§ 133, 157 BGB anwendbar, sodass der Gesellschaftsvertrag regelmäßig im Lichte des (mutmaßlichen) Parteiwillens auszulegen ist.[135] Damit ist der Gesellschaftsvertrag einer Personengesellschaft grundsätzlich einer subjektiven Auslegung zugänglich. Gerechtfertigt ist dies dadurch, dass sich die späteren Gesellschafter der KG aus eigenem Antrieb zusammenfinden und die vertraglichen Beziehungen zueinander individuell regeln.

2.1.2. Die Auslegung des Gesellschaftsvertrags einer Publikums-KG nach rein objektiven Gesichtspunkten als Ausnahme

Von diesem zuvor dargestellten Grundsatz ist der BGH in seiner Rechtsprechung zu den Publikumsgesellschaften abgewichen.[136] Dahinter steht der Gedanke, dass an diesen Gesellschaften in der Regel eine Vielzahl von Anlegern beteiligt sind, deren Interesse lediglich auf die Anlage von Kapital – nicht aber die unternehmerische Betätigung – ausgerichtet ist.[137] Ist die Publikumsgesellschaft als Personengesellschaft ausgestaltet, wird die Rolle des Komplementärs regelmäßig auf die eines Geschäftsführers beschränkt.[138] Die Ausgestaltung einer Publikumsgesellschaft weist somit körperschaftliche Strukturen auf, weswegen sie vom ursprünglichen Leitbild einer Personengesellschaft abweicht.[139] Daher ist die Rechtsprechung dazu übergegangen, in den zu entscheidenden Fällen ein Sonderrecht für Publikumsgesellschaften zu entwickeln, das den gesetzlichen Regelungen über die Kapitalgesellschaften angenähert ist.[140] Aus diesem Grund sind die

135 *Henssler* in Henssler/Strohn, HGB, § 105 Rn. 98 m. w. N.
136 Vgl. *BGH*, Urt. v. 11.09.2018 – II ZR 307/16 = NJW 2019, 157, 158.
137 *Oetker* in Oetker, HGB, § 161 Rn. 122; *Casper* in Staub, HGB, § 161 Rn. 125.
138 *Casper* in Staub, HGB, § 161 Rn. 26.
139 *Oetker* in Oetker, HGB, § 161 Rn. 122 f.; *Casper* in Staub, HGB, § 161 Rn. 26.
140 *Casper* in Staub, HGB, § 161 Rn. 125.

Gesellschaftsverträge von Publikumsgesellschaften nach der Rechtsprechung des BGH rein objektiv nur anhand des schriftlichen Vertrags auszulegen.[141] Vorstellungen der Gründungsgesellschafter, die nicht in den Gesellschaftsvertrag aufgenommen werden, finden keine Berücksichtigung bei der Auslegung.[142] Alle Rechte und Pflichten für den einer Publikumsgesellschaft beitretenden Gesellschafter, die sich nicht unmittelbar aus dem Gesetz ergeben, müssen sich daher klar aus dem Gesellschaftsvertrag ergeben.[143] Zugunsten des Gesellschaftsvertrags wird vermutet, dass dieser vollständig und damit abschließend ist.[144] Die Auslegung und Inhaltskontrolle von Gesellschaftsverträgen einer Publikumsgesellschaft ähneln somit denen von AGBs.[145] Zweifel bei der Auslegung gehen daher zulasten des Verwenders.[146]

2.2. Rein objektive Auslegung des Gesellschaftsvertrags einer Inv-KG aufgrund aufsichtsrechtlicher Besonderheiten

Die Anwendung der personengesellschaftsrechtlichen Grundsätze zur Auslegung eines Gesellschaftsvertrags auf Ebene der Inv-KG führt dazu, dass für den jeweiligen Einzelfall zu prüfen wäre, ob die gegenständliche Inv-KG als Publikumsgesellschaft einzuordnen ist oder nicht. Abhängig davon würde sich bestimmen, ob der zu beurteilende Gesellschaftsvertrag einer Inv-KG nach dem wirklichen Willen der Gesellschafter auszulegen ist oder nach rein objektiven Maßstäben.

Es ist allerdings zu fragen, ob der Übertragung der personengesellschaftsrechtlichen Grundsätze über die Auslegung eines Gesellschaftsvertrags auf die Inv-KG nicht aufsichtsrechtliche Besonderheiten entgegenstehen und in der Folge eine abweichende Auslegung des Gesellschaftsvertrags einer Inv-KG verlangen.

Bei der Inv-KG ist zu beachten, dass Anleger sich nur als Kommanditist – sei es unmittelbar oder, zumindest bei der geschlossenen Inv-

---

141 *BGH*, Urt. v. 1602.2016 – II ZR 348/14 = NJW-RR 2016, 550, 552 m. w. N.
142 *Servatius* in Henssler/Strohn, HGB, Anhang Rn. 5.
143 *BGH*, Urt. v. 12.03.2013 – II ZR 73/11 = NZG 2013, 738, 740.
144 *Oetker* in Oetker, HGB, § 161 Rn. 169.
145 *BGH*, Urt. v. 1602.2016 – II ZR 348/14 = NJW-RR 2016, 550, 552 m. w. N.; *Henssler* in Henssler/Strohn, HGB, § 105 Rn. 98 m. w. N.
146 *BGH*, Urt. v. 12.03.2013 – II ZR 73/11 = NZG 2013, 738, 740 m. w. N.

KG, mittelbar – an einer Inv-KG beteiligen können[147] und damit eine reine Eignerrolle – vergleichbar mit dem Gesellschafter von Kapitalgesellschaften – innehaben. Die Geschäftsführung ist dagegen regelmäßig den Initiatoren des Investmentvermögens vorbehalten und bekommt – zumindest bei der extern verwalteten Inv-KG – durch die Übertragung der vermögensverwaltenden Tätigkeiten auf die KVG körperschaftliche Züge. Für die intern verwaltete Inv-KG sind mit § 130 KAGB und § 155 KAGB zudem Regelungen eingeführt worden, welche die Kapitalerhaltung im Blick haben und damit Parallelen zu § 92 AktG und § 49 Abs. 3 GmbHG aufweisen. Demnach lässt eine Gesamtbetrachtung der §§ 124 ff. KAGB und §§ 149 ff. KAGB darauf schließen, dass die Inv-KG ein hohes Maß an körperschaftlicher Ausprägung aufweist, die nochmals über die einer Publikumsgesellschaft hinausgeht. Diese starke körperschaftliche Ausprägung der Inv-KG legt den Schluss nahe, dass der Gesellschaftsvertrag einer Inv-KG nach rein objektiven Kriterien auszulegen ist. Demnach wäre der Literaturansicht beizupflichten, die stets die Auslegung des Gesellschaftsvertrags einer Inv-KG nach dem rein objektiven Horizont vornehmen möchte.[148]

Umgekehrt ist zu berücksichtigen, dass der Gesetzgeber – zumindest bei den Vehikeln für geschlossene Investmentvermögen – zu erkennen gab, dass er die Fortführung der bisherigen Fondspraxis weitgehend unangetastet ermöglichen wollte.[149] Gerade für diesen Bereich hat die Rechtsprechung aber die Unterscheidung zwischen der „normalen“ KG und der Publikumsgesellschaft herausgearbeitet. Dies spricht wiederum dafür, es bei der bisherigen Unterscheidung zu belassen, sodass im Einzelfall entschieden werden müsste, ob eine Inv-KG als Publikumsgesellschaft einzuordnen ist oder nicht. Im ersteren Falle wäre die Auslegung nach rein objektiven Gesichtspunkten vorzunehmen, während im letzteren Falle eine subjektive Auslegung des Gesellschaftsvertrags erfolgen würde.

Jedoch ist zu berücksichtigen, dass hinter dem Aufsichtsrecht unter anderem die Intention steht, durch eine wirksame Beaufsichtigung der

147 Vgl. § 127 Abs. 1 KAGB bzw. § 152 Abs. 1 KAGB.
148 *Casper* in Staub, HGB, § 161 Rn. 135.
149 Vgl. BT-Drs. 17/12294, Seite 190, 5. Fondsvehikel, b) Fondsvehikel für geschlossene Fonds.

Marktteilnehmer sowohl die Anleger als auch die Integrität des Marktes zu schützen.[150] Eine effektive Beaufsichtigung ist im Hinblick auf Investmentgesellschaften jedoch nur dann möglich, wenn der Inhalt des Gesellschaftsvertrags an objektiven Kriterien gemessen wird. Denn in die unmittelbare Konzeption eines Investmentvermögens ist die Aufsichtsbehörde nicht eingebunden, sodass ihr der wirkliche Wille der Gesellschafter nicht bekannt sein kann. Der BaFin wird zwar im Rahmen der Vertriebsanzeige die Dokumentation zum gegenständlichen Investmentvermögen zwangsläufig zur Verfügung gestellt, subjektive Erwägungen bleiben der BaFin aber regelmäßig unbekannt. Eine Auslegung des Gesellschaftsvertrags einer Inv-KG auch nach subjektiven Gesichtspunkten wäre dementsprechend geeignet, eine wirksame Beaufsichtigung zu beeinträchtigen. Zudem beteiligen sich Anleger üblicherweise erst dann an einer Investmentgesellschaft, wenn diese bereits entstanden – und damit der Gesellschaftsvertrag schon abgeschlossen – ist. Durch den späteren Beitritt kann den Anlegern der ursprüngliche wirkliche Wille der Gründungsgesellschafter ebenfalls nicht bekannt sein. Über ihren Beitritt entscheiden sie vielmehr anhand objektiver Kriterien.[151] Auch vor diesem Hintergrund wäre es unbillig, auf subjektive Kriterien bei der Auslegung abzustellen. Auf das subjektive Verständnis der Gesellschafter kann es daher nicht ankommen.

In der Konsequenz ist aufgrund aufsichtsrechtlicher Erwägungen der Gesellschaftsvertrag einer Inv-KG stets nach rein objektiven Maßstäben auszulegen.

2.3. Fazit zur Auslegung des Gesellschaftsvertrags einer Inv-KG

Die vorgehenden Ausführungen zeigen, dass das KAGB selbst keine ausdrückliche Regelung parat hält, wie der Gesellschaftsvertrag einer Inv-KG auszulegen ist.

Der Mangel einer eigenständigen investmentrechtlichen Regelung führt zunächst dazu, dass grundsätzlich die personengesellschaftsrechtlichen Grundsätze über die Auslegung eines Gesellschaftsver-

---

150 Erwägungsgrund 3 der AIFM-Richtlinie.

151 Im Wesentlichen auf der Grundlage des Verkaufsprospekts bzw. der Informationen nach § 307 KAGB und der Anlagebedingungen.

trags zur Anwendung gelangen. Danach wäre für den jeweiligen Einzelfall zu unterscheiden, ob die jeweils zu beurteilende Inv-KG als eine Publikumsgesellschaft anzusehen ist oder nicht. Abhängig davon wäre der Gesellschaftsvertrag einer Inv-KG entweder nach rein objektiven Maßstäben oder (auch) nach dem Willen der Gesellschafter auszulegen. Im Falle der Einstufung einer Inv-KG als Publikumsgesellschaft wäre der Gesellschaftsvertrag nach rein objektiven Maßstäben auszulegen, im umgekehrten Falle wäre der Gesellschaftsvertrag der gegenständlichen Inv-KG dem Willen der Parteien und damit unter Berücksichtigung der §§ 133, 157 BGB zugänglich.

Die Auslegung des Gesellschaftsvertrags einer Inv-KG nach den personengesellschaftsrechtlichen Grundsätzen ist jedoch nicht kohärent mit den aufsichtsrechtlichen Besonderheiten. Gemäß den vorstehenden Ausführungen sprechen die besseren Gründe dafür, den Gesellschaftsvertrag einer Inv-KG aufgrund aufsichtsrechtlicher Besonderheiten stets nach rein objektiven Gesichtspunkten auszulegen. Insbesondere das Interesse einer möglichst wirksamen Beaufsichtigung, die auch im Interesse der Anleger liegt, sowie die regelmäßige Unkenntnis der Anleger in Hinsicht auf den ursprünglichen Willen der Initiatoren gebieten eine solche rein objektive Auslegung des Gesellschaftsvertrags. Die an sich anwendbaren personengesellschaftsrechtlichen Grundsätze über die Auslegung eines Gesellschaftsvertrags werden somit bei der Inv-KG verdrängt.

Die Auslegung nach rein objektiven Kriterien führt dazu, dass der Gesellschaftsvertrag einer Inv-KG als vollständig und abschließend gilt und lediglich die weiteren öffentlich gemachten Fondsdokumente[152] zum Zwecke der Auslegung des Gesellschaftsvertrags einer Inv-KG zusätzlich herangezogen werden dürfen. Dies entspricht der bisherigen Rechtsprechung, die zur Auslegung der Gesellschaftsverträge von Publikumsgesellschaften ergangen und die auf die Inv-KG insgesamt zu übertragen ist.

---

152 Das heißt der Verkaufsprospekt bzw. die Informationen nach § 307 KAGB und die Anlagebedingungen.

3. Die Form des Gesellschaftsvertrags einer Inv-KG

Des Weiteren ist zu fragen, ob und gegebenenfalls welche Anforderungen an die Form des Gesellschaftsvertrags zu stellen sind. Dabei ist dreierlei zu untersuchen: erstens das Bestehen einer grundsätzlich vorgesehenen Form für den Gesellschaftsvertrag einer Inv-KG, zweitens das mögliche Verschärfen eines potenziellen Formerfordernisses durch andere Formvorschriften und drittens, ob das potenzielle Formerfordernis zusätzlich anderweitig durchschlagen kann.

3.1. Investmentrechtliche Anforderungen an die Form des Gesellschaftsvertrags einer Inv-KG

Zu prüfen ist zunächst, ob das KAGB eigene Regelungen kennt, welche die Anforderungen an die Form eines Gesellschaftsvertrags einer Inv-KG gesondert regeln.

Hierzu ist der Fokus auf § 125 Abs. 1 KAGB und § 150 Abs. 1 KAGB zu richten. Danach wird für den Gesellschaftsvertrag der offenen Inv-KG die Textform vorgeschrieben.[153] Für den Gesellschaftsvertrag der geschlossenen Inv-KG wird dagegen grundsätzlich die Schriftform vorgesehen.[154] Für den Fall, dass die geschlossene Inv-KG als Vehikel für einen Spezial-AIF dient, wird das Schriftformerfordernis zugunsten der Textform aufgeweicht.[155] Die Verankerung des Formerfordernisses dient dabei in allen Fällen der Transparenz und somit primär dem Schutz der Anleger.[156] Somit erfüllen die vorgeschriebenen Formerfordernisse vor allem die Klarstellungs- und Beweisfunktion, aber auch die Warn- und Schutzfunktion.

Die beiden derzeitigen Formvorschriften gehen dabei auf eine Gesetzesänderung zurück, denn ursprünglich war sowohl für die offene Inv-KG als auch für die geschlossene Inv-KG das Schriftformerfordernis

153 Vgl. § 125 Abs. 1 KAGB.
154 Vgl. § 150 Abs. 1 Satz 1 KAGB.
155 Vgl. § 150 Abs. 1 Satz 2 KAGB.
156 Vgl. BT-Drs. 17/12294, Seite 242, zu § 125 (Gesellschaftsvertrag), zu Absatz 1; *Freitag*, NZG 2013, 329 (333); *Kunschke/Klebeck* in Beckmann/Scholtz/Vollmer, KAGB, § 125 Rn. 10 und § 150 Rn. 11; Könnecke in Baur/Tappen, KAGB, Rn. 3; *Schott* in Emde/Dornseifer/Dreibus, KAGB, § 150 Rn. 3; *Wallach* in Assmann/Wallach/Zetzsche, KAGB, § 150 Rn. 2; *Lorenz* in Weitnau- er/Boxberger/Anders, KAGB, § 125 Rn. 2.

vorgesehen.[157] Um der Digitalisierung gerecht zu werden, weichte der Gesetzgeber das Schriftformerfordernis zugunsten des grundsätzlichen Textformerfordernisses auf.[158] Im Umkehrschluss bedeutet dies, dass es beim Schriftformerfordernis für den Gesellschaftsvertrag bleibt, wenn die maßgebliche Inv-KG ein Vehikel für Publikumsinvestmentvermögen ist. Ausweislich der Gesetzesbegründung soll hier das Schriftformerfordernis *„mit [...] Warn- und Schutzfunktion erhalten bleiben*".[159]

Folglich sieht das KAGB für den Gesellschaftsvertrag einer Inv-KG ein bestimmtes Formerfordernis vor. Bei einer Inv-KG, die als Vehikel für einen Publikums-AIF dient ist dabei die Schriftform als Formerfordernis einzuhalten. Dient die Inv-KG dagegen als Vehikel für einen Spezial-AIF, ist für ihren Gesellschaftsvertrag die Wahrung der Textform ausreichend.[160] Für die Praxis stellt dieses Formerfordernis keine Neuerung oder Hürde dar, da lediglich die bisherige Fondspraxis gesetzlich verankert wird.[161]

Damit wird hinsichtlich des Verlangens einer bestimmten Form für den Gesellschaftsvertrag von den personengesellschaftsrechtlichen Vorschriften abgewichen. Denn weder im HGB noch in den bürgerlich-rechtlichen Vorschriften zur GbR finden sich Vorschriften, die besondere Anforderungen an die Form des Gesellschaftsvertrags stellten. Vielmehr ist der Abschluss des Gesellschaftsvertrags einer Personengesellschaft grundsätzlich formfrei möglich.[162]

3.2. Aus dem Formerfordernis resultierende Anforderungen

Damit wurde festgestellt, dass für den Gesellschaftsvertrag einer Inv-KG ein Formerfordernis vorgesehen ist. Angeordnet wird dabei für die

157 BT-Drs. 17/12294, Seite 79 und Seite 85.

158 Vgl. BT-Drs. 19/27631, Seite 93, zu Nummer 38 (§ 125) und Seite 94, zu Nummer 42 (§ 150), zu Buchstabe a.

159 Vgl. BT-Drs. 19/27631, Seite 94, zu Nummer 42 (§ 150), zu Buchstabe a.

160 Für die geschlossene Inv-KG ergibt sich dies aus § 150 Abs. 1 KAGB. Für die offene Inv-KG ist dies dagegen die Konsequenz aus dem Umstand, dass diese gemäß § 91 Abs. 2 und Abs. 3 KAGB lediglich für Spezial-AIF – nicht aber für Publikums-AIF – zur Verfügung steht.

161 Siehe hierzu *Casper*, ZHR 2015, 44 (54); *Hüwel/Kracke* in Baur/Tappen, KAGB, § 125 Rn. 2.

162 *Roth* in Hopt, HGB, § 105 Rn. 54.

Inv-KG, die als Vehikel für ein Publikums-AIF dient, die Schriftform. Dient die Inv-KG als Vehikel für ein Spezial-AIF, ist für ihren Gesellschaftsvertrag dagegen die Textform vorgesehen. Zu konkretisieren ist somit, was unter dem Schriftform- und dem Textformerfordernis zu verstehen ist. Zu fragen ist, welche Anforderungen an den Gesellschaftsvertrag einer Inv-KG sich hieraus ergeben.

Wie festgestellt wurde, ist der Gesellschaftsvertrag einer Inv-KG auch ein schuldrechtlicher Vertrag, auf den die bürgerlich-rechtlichen Vorschriften angewendet werden können. Dementsprechend kann für das Verständnis, welche Anforderungen an das Schriftformerfordernis gemäß § 125 Abs. 1 KAGB und § 150 Abs. 1 KAGB zu stellen sind, auf die §§ 126 ff. BGB zurückgegriffen werden.[163] Im Hinblick auf das Schriftformerfordernis erlaubt dies einen Rückgriff auf § 126 BGB, während für das Textformerfordernis § 126b BGB anwendbar ist.

Somit ist für die Wahrung der Schriftform erforderlich, dass der Gesellschaftsvertrag gemäß § 126 Abs. 1 BGB eigenhändig durch Namensunterschrift oder mittels notariell beglaubigten Handzeichens durch die Gesellschafter unterzeichnet wird.[164] Die Unterschriften aller Gesellschafter sind auf derselben Urkunde zu leisten, sofern nicht mehrere gleichlautende Urkunden aufgenommen werden.[165] In letzterem Falle reicht es aus, wenn jede Partei die für die andere Partei bestimmte Urkunde unterzeichnet.[166] Die Schriftform kann zudem durch die elektronische Form gemäß § 126a BGB ersetzt werden.[167]

Für die Wahrung des Textformerfordernisses ist dagegen gemäß § 126b Satz 1 BGB zu verlangen, dass der Gesellschaftsvertrag der Inv-KG in Form einer lesbaren Erklärung, in der die Person des Erklärenden genannt wird, auf einem dauerhaften Datenträger abgegeben wird.

---

163 So auch *Kunschke/Klebeck* in Beckmann/Scholtz/Vollmer, KAGB, § 125 Rn. 10 und § 150 Rn. 11 hinsichtlich der Schriftform.

164 *Schott* in Emde/Dornseifer/Dreibus, KAGB, § 150 Rn. 3; *Könnecke* in Baur/Tappen, KAGB, § 150 Rn. 4.

165 Vgl. § 126 Abs. 2 BGB.

166 Vgl. § 126 Abs. 2 Satz 2 BGB.

167 Vgl. *Eichhorn* in Moritz/Klebeck/Jesch, KAGB, § 125 Rn. 4.

3.3. Gesetzlich vorgesehenes Formerfordernis lediglich Mindestanforderung an die Form

Wie zuvor ermittelt wurde, ist für den Gesellschaftsvertrag einer Inv-KG ein Formerfordernis vorgesehen. Unklar bleibt jedoch, ob dieses gesetzlich festgelegte Formerfordernis als zwingendes Formerfordernis normiert wurde oder lediglich als Mindestanforderung anzusehen ist. Relevant ist dies dann, wenn eine strengere Formvorschrift auf den Gesellschaftsvertrag einer Inv-KG durchschlägt. Hier stellt sich die Frage, ob für den Gesellschaftsvertrag einer Inv-KG das strengere Formerfordernis zu beachten ist oder ob auch in diesem Fall die Beachtung der Schriftform bzw. Textform ausreicht. Denkbar wäre dies beispielsweise dann, wenn sich eine Inv-KG bereits im Rahmen ihres Gesellschaftsvertrags zum Erwerb eines bestimmten Grundstücks verpflichtet, da dies zur Anwendung von § 311b Abs. 1 BGB führen könnte. Weitere derartige Formerfordernisse bestehen insbesondere bei der Verfügung und der Verpflichtung zur Übertragung von Geschäftsanteilen einer GmbH[168] sowie bei Verpflichtungen zur Vermögensübertragung im Ganzen[169], für die jeweils die notarielle Beurkundung verlangt wird. In all diesen Fällen ist für die personengesellschaftsrechtlichen Gesellschaften anerkannt, dass hierdurch der gesamte Gesellschaftsvertrag formbedürftig wird.[170] Es ist demnach zu fragen, ob dieser personengesellschaftsrechtliche Ansatz auch für die Inv-KG gilt oder ob aufgrund investmentrechtlicher Besonderheiten etwas anderes gelten muss. Sowohl Gesetzeswortlaut als auch Gesetzesbegründung lassen diese Frage unbeantwortet.

Das Erfordernis der notariellen Beurkundung ist in den jeweiligen Spezialgesetzen geregelt, wie beispielsweise in § 311b Abs. 1 BGB für die Verpflichtung zum Erwerb und zur Übertragung von Grundstücken. Da der Gesellschaftsvertrag auch ein schuldrechtlicher Vertrag ist, findet die Norm auf den Gesellschaftsvertrag grundsätzlich Anwendung. Die Anordnung der notariellen Form zielt darauf ab, die Parteien vor einer Übereilung zu schützen und auf die Bedeutung des Rechtsgeschäfts hinzuweisen sowie das Rechtsgeschäft unzweideutig

---

168 Vgl. § 15 Abs. 3 und Abs. 4 GmbHG.
169 Vgl. § 311b Abs. 3 BGB.
170 *Wertenbruch* in Ebenroth/Boujong/Joost/Strohn, HGB, § 105 Rn. 90 ff.

zu dokumentieren.[171] Diese Schutzzwecke werden nicht vom Umstand berührt, ob ein Vertrag über den Erwerb bzw. die Übertragung eines Grundstücks unmittelbar durch zwei Parteien vereinbart wird oder ob ein entsprechender Vertragsschluss über den Gesellschaftsvertrag einer Inv-KG erfolgt. Zudem ist zu beachten, dass zwar die Warn- und die Beweisfunktion der investmentrechtlichen Vorschriften durch die Anordnung der notariellen Beurkundung (wie z. B. gemäß § 311b Abs. 1 BGB) gewahrt bleiben, umgekehrt jedoch die Beratungsfunktion[172] in Bezug auf das Rechtsgeschäft, für das die notarielle Beurkundung angeordnet wird, verloren ginge, wenn die investmentrechtlichen Formvorschriften als *lex specialis* vorgingen. Daher ist es vorzugswürdig, das investmentrechtlich angeordnete Formerfordernis lediglich als Mindestanforderung zu verstehen.[173]

Infolgedessen schlägt ein Formerfordernis des formbedürftigen Rechtsgeschäfts auf den Gesellschaftsvertrag der Inv-KG durch. In diesem Falle wird das investmentrechtliche Formerfordernis gemäß § 125 Abs. 1 KAGB bzw. § 150 Abs. 1 KAGB durch die strengeren Formvorschriften verdrängt. Derartige Formerfordernisse bestehen insbesondere bei der Verfügung und der Verpflichtung zur Übertragung von Geschäftsanteilen einer GmbH[174] sowie bei Verpflichtungen zur Übertragung eines Grundstücks[175] und Verpflichtungen zur Vermögensübertragung im Ganzen[176], für die jeweils die notarielle Beurkundung verlangt wird. Auch für Schenkungsversprechen ist die notarielle Beurkundung vorgesehen.[177]

---

171 Für das Beispiel der Verpflichtung zur Übertragung eines Grundstücks siehe *Ring* in Dauner- Lieb/Langen, BGB, § 311b Rn. 3; *Ruhwinkel* in MüKo/BGB, § 311b Rn. 2 und Rn. 4.

172 Vgl. zu den Funktionen von § 311b Abs. 1 BGB: *Ruhwinkel* in MüKo/BGB, § 311b Rn. 2.

173 So auch *Kunschke/Klebeck* in Beckmann/Scholtz/Vollmer, KAGB, § 125 Rn. 14 und § 150 Rn. 16; *Eichhorn* in Moritz/Klebeck/Jesch, KAGB, § 125 Rn. 5; *Hüwel/Kracke* in Baur/Tappen, KAGB, § 125 Rn. 4.

174 Vgl. § 15 Abs. 3 und Abs. 4 GmbHG.

175 Vgl. § 311b Abs. 1 BGB.

176 Vgl. § 311b Abs. 3 BGB.

177 Vgl. § 518 BGB.

3.4. Kein anderweitiges Durchschlagen des gesetzlich vorgeschriebenen Formerfordernisses

Zuletzt stellt sich im Zusammenhang mit dem Formerfordernis die Frage, ob sich dieses Formerfordernis auf den Abschluss des Gesellschaftsvertrags beschränkt oder ob es sich darüber hinaus ausdehnen kann.

Als anerkannt dürfte insoweit gelten, dass der Formzwang nicht nur für den Abschluss des Gesellschaftsvertrags normiert wurde, sondern auch dann zur Anwendung gelangt, wenn dieser geändert wird.[178] Umstritten ist aber, ob der Formzwang hierauf – also auf den Abschluss und die Änderung des Gesellschaftsvertrags – beschränkt bleibt oder ob das Formerfordernis auch auf einen Vertrag zur Abtretung von Gesellschaftsanteilen einer Inv-KG durchschlägt.

Eine Ansicht in der Literatur gelangt zu dem Ergebnis, dass das Formerfordernis nach § 125 Abs. 1 KAGB und § 150 Abs. 1 KAGB auch dann beachtet werden müsse, wenn Gesellschaftsanteile einer Inv-KG abgetreten würden.[179] Begründet wird diese Auffassung damit, dass die Änderung des Gesellschafterbestands auch eine Änderung des Gesellschaftsvertrags mit sich bringe.[180] Da das Formerfordernis auch für die Änderung des Gesellschaftsvertrags gelte, müsse es somit auch für Verträge gelten, mit denen Gesellschaftsanteile einer Inv-KG übertragen würden.

Eine andere Ansicht lehnt dagegen den Formzwang für die Abtretung von Gesellschaftsanteilen einer Inv-KG ab.[181] Gestützt wird diese Auffassung auf den verfolgten Zweck, der hinter § 125 Abs. 1 KAGB und § 150 Abs. 1 KAGB stehe. Dieser sei darin zu sehen, Transparenz hinsichtlich der für die Gesellschaft maßgeblichen Regelungen zu schaffen.[182] Dagegen werde eine Transparenz hinsichtlich der an

178 *Paefgen* in Ebenroth/Boujong/Joost/Strohn, KAGB, § 125 Rn. 2; *Kunschke/Klebeck* in Beck- mann/Scholtz/Vollmer, KAGB, § 125 Rn. 12; *Könnecke* in Baur/Tappen, KAGB, § 150 Rn. 6; *Eichhorn* in Moritz/Klebeck/Jesch, KAGB, § 125 Rn. 6; *Wallach* in Assmann/Wallach/Zetzsche, KAGB, § 125 Rn. 5.

179 *Wertenbruch* in Westermann/Wertenbruch, Handbuch Personengesellschaften, § 29 Rn. 643a.

180 *Wertenbruch*, a. a. O.

181 *Oetker* in Oetker, HGB, § 161 Rn. 168.

182 *Oetker*, a. a. O.

der Gesellschaft beteiligten Gesellschafter durch das Formerfordernis nicht bezweckt.[183]

Zu folgen ist der zweitgenannten Ansicht. Die erste Ansicht verkennt, dass ein Kauf- und Abtretungsvertrag über Gesellschaftsanteile ein Rechtsgeschäft zwischen Erwerber und Veräußerer darstellt.[184] Da ein solcher Vertrag lediglich zwischen den Parteien wirkt, werden allein durch den Abschluss des Abtretungsvertrags die gesellschaftsvertraglichen Beziehungen zwischen den Gesellschaftern einer Inv-KG noch nicht berührt. Vor diesem Hintergrund ist anerkannt, dass die Übertragung von Gesellschaftsanteilen einer „normalen" KG grundsätzlich formfrei geschlossen werden kann.[185] Da durch die *inter-partes*-Wirkung des Abtretungsvertrags auch der Gesellschafterkreis der Inv-KG noch nicht berührt wird, besteht kein Bedürfnis, die Abtretung von Gesellschaftsanteilen einer Inv-KG dem Formzwang von § 125 Abs. 1 KAGB und § 150 Abs. 1 KAGB zu unterwerfen. Auch aus aufsichtsrechtlicher Sicht ist keine hiervon abweichende Beurteilung geboten.

Die Mitwirkung der übrigen Gesellschafter betrifft vielmehr die Frage, ob die Anteilsübertragung wirksam erfolgen kann.[186] Soweit der Gesellschaftsvertrag keine Bestimmungen über die Übertragung von Gesellschaftsanteilen enthält, ist hierfür die Zustimmung der übrigen Gesellschafter erforderlich.[187] Da erst durch die Erteilung der Zustimmung der Gesellschafterkreis der Inv-KG geändert wird, erstreckt sich das Formerfordernis gemäß § 125 Abs. 1 KAGB und § 150 Abs. 1 KAGB somit nur auf die Erteilung der Zustimmung.

3.5. Fazit

In Abweichung von den personengesellschaftsvertraglichen Regelungen, die grundsätzlich keine bestimmte Form an den Gesellschaftsvertrag einer Personengesellschaft vorsehen, ist der Gesellschaftsvertrag einer Inv-KG gemäß § 125 Abs. 1 KAGB bzw. § 150 Abs. 1 KAGB

183 *Oetker*, a. a. O.
184 *Fleischer* in MüKo/HGB, § 105 Rn. 454.
185 *Schäfer* in Staub, HGB, § 105 Rn. 300 f.; *Fleischer* in MüKo/HGB, § 105 Rn. 465.
186 Fleischer in MüKo/HGB, § 105 Rn. 457.
187 *Roth* in Baumbach/Hopt, HGB, § 105 Rn. 70; Henssler in Henssler/Strohn, HGB, § 105 Rn. 121; *Fleischer* in MüKo/HGB, § 105 Rn. 456 und Rn. 461.

formbedürftig. Die Form, die für den Gesellschaftsvertrag einer Inv-KG verlangt wird, bemisst sich dabei nach der Art des Investmentvermögens, als dessen Vehikel die Inv-KG dient. Handelt es sich bei dem Investmentvermögen um einen Publikums-AIF, ist die Schriftform erforderlich. Im Falle eines Spezial-AIF ist dagegen die Textform ausreichend.

Das investmentrechtliche Formerfordernis ist als Mindestanforderung zu verstehen, sodass es durch strengere Formvorschriften verdrängt werden kann. In diesen Fällen schlägt das strengere Formerfordernis auf den Gesellschaftsvertrag einer Inv-KG durch.

Das investmentrechtliche Formerfordernis gilt nicht nur für den Abschluss des Gesellschaftsvertrags, sondern auch im Falle seiner Änderung. Dagegen erstreckt sich das investmentrechtliche Formerfordernis nicht auf einen Abtretungsvertrag, mit dem Gesellschaftsanteile einer Inv-KG übertragen werden sollen.

4. Der Mindestinhalt des Gesellschaftsvertrags

Weiterhin ist zu klären, ob die investmentrechtlichen Vorschriften Anforderungen an den Mindestinhalt des Gesellschaftsvertrags einer Inv-KG stellen. Zudem ist der Frage nachzugehen, ob für die Anwendbarkeit der personengesellschaftsrechtlichen Anforderungen an den Gesellschaftsvertrag neben den etwaigen investmentrechtlichen Vorgaben Raum verbleibt oder diese verdrängt werden.

4.1. Investmentrechtliche Anforderungen an den Mindestinhalt des Gesellschaftsvertrags einer Inv-KG

4.1.1. Erlaubter Umfang des Unternehmensgegenstands gemäß den investmentrechtlichen Vorschriften

Investmentrechtliche Regelungen für den Mindestinhalt eines Gesellschaftsvertrags einer Inv-KG sind in § 125 Abs. 2 Satz 1 KAGB und § 150 Abs. 2 Satz 1 KAGB in Bezug auf deren Unternehmensgegenstand enthalten.

4.1.1.1. Angabe des Unternehmensgegenstands als zwingender Mindestinhalt des Gesellschaftsvertrags

Der Wortlaut der beiden genannten Vorschriften sieht vor, dass der Unternehmensgegenstand „*gesellschaftsvertraglich*" festgelegt werden „muss. Demgemäß führt der Wortlaut der beiden Vorschriften zu dem Schluss, dass die Anforderungen der § 125 Abs. 2 KAGB und § 150 Abs. 2 KAGB als zwingende Mindestanforderungen an den Gesellschaftsvertrag zu verstehen sind. Dementsprechend ist festzuhalten, dass das Investmentrecht in der Tat eine weitere Anforderung an den Mindestinhalt des Gesellschaftsvertrags vor- sieht, die zusätzlich zu den personengesellschaftsrechtlichen Vorschriften diesbezüglich hinzutritt.

4.1.1.2. Unternehmensgegenstand der Inv-KG ist von abschließender Natur

Zudem ist zu eruieren, ob sich aus § 125 Abs. 2 Satz 1 KAGB und § 150 Abs. 2 Satz 1 KAGB auch der Umfang des Unternehmensgegenstandes ergibt, der einer Inv-KG zugestanden wird.

Der Wortlaut der vorgenannten Regelungen gibt diesbezüglich vor, dass die Tätigkeit einer Inv-KG ausschließlich auf „*die Anlage und Verwaltung ihrer Mittel nach einer festgelegten Anlagestrategie zur gemeinschaftlichen Kapitalanlage [...] zum Nutzen der Anleger*" zu beschränken ist, wobei zusätzlich auf die jeweiligen Produktvorschriften für Spezial-AIF bzw. Publikums-AIF verwiesen wird.[188] Die beiden investmentrechtlichen Vorschriften machen damit einc klare Vorgabe im Hinblick auf den erlaubten Unternehmensgegenstand einer Inv-KG.[189]

Zu prüfen bleibt, ob der nach § 125 Abs. 2 Satz 1 KAGB und § 150 Abs. 2 Satz 1 KAGB anzugebende Unternehmensgegenstand abschließend ist oder ob eine Inv-KG darüber hinaus weitere Tätigkeiten erbringen darf. Hierzu ist zuerst der Wortlaut der beiden genannten Vorschriften zu betrachten. Diese sprechen davon, dass sich der im Gesellschaftsvertrag zu benennende Unternehmensgegenstand einer Inv-KG „*ausschließlich*" auf die Anlage und Verwaltung ihrer Mittel

---

188 Vgl. § 125 Abs. 2 Satz 1 KAGB und § 150 Abs. 2 Satz 1 KAGB.
189 So auch *Könnecke* in Baur/Tappen, KAGB, § 150 Rn. 18.

beschränkt. Der Wortlaut legt daher den Schluss nahe, dass eine Inv-KG darüber hinaus keine weiteren Tätigkeiten entfalten darf.

Zusätzlich dazu könnte die Heranziehung weiterer Vorschriften des KAGB bei der Auslegung helfen. In Betracht kommen die Vorschriften über die KVG. Für die Geschäftstätigkeit einer KVG ist ausdrücklich in § 20 KAGB ein Katalog an Dienst- und Nebendienstleistungen vorgesehen, die der KVG zusätzlich zu ihrer qua Gesetz vorgesehenen Haupttätigkeit zugestanden werden.[190] Eine vergleichbare Vorschrift ist generell für die Vehikel von Investmentvermögen nicht vorgesehen. Dies lässt ebenfalls auf einen abschließenden Charakter von § 125 Abs. 2 KAGB und § 150 Abs. 2 KAGB schließen, da ansonsten zu erwarten gewesen wäre, dass der Gesetzgeber auch für die erlaubten weiteren Tätigkeiten der Inv-KG einen entsprechenden Katalog aufgenommen hätte. Somit ist auch hiernach festzuhalten, dass der Unternehmensgegenstand der Inv-KG nicht über die Anlage und Verwaltung ihrer Mittel hinausgehen darf.

Zudem ist der Sinn und Zweck zu ermitteln, der hinter § 125 Abs. 2 KAGB und § 150 Abs. 2 KAGB steht. Aus investmentrechtlicher Sicht dient die Aufnahme des Unternehmensgegenstands in den Gesellschaftsvertrag dem Zweck, der BaFin die Prüfung zu ermöglichen, ob die Gesellschaft als Vehikel für Investmentvermögen genehmigungsfähig ist.[191] Ferner ermöglichen die Beschränkung und die ausdrückliche Bezeichnung des Unternehmensgegenstands im Gesellschaftsvertrag der Inv-KG die Abgrenzung der Tätigkeit zu anderen Unternehmen, die zwar ebenfalls vermögensverwaltende Tätigkeiten ausüben, aber keiner Erlaubnispflicht unterliegen.[192] Letzteres ist sowohl im Außenverhältnis als auch im Innenverhältnis von Bedeutung. Im Außenverhältnis haben Gesellschaftsgläubiger und potenzielle Geschäftspartner sowie potenzielle Anleger die Möglichkeit, sich über die Tätigkeit der Inv-KG zu informieren. Im Innenverhältnis ist die präzise und korrekte Bezeichnung für die Geschäftsführung von Relevanz, da sich deren Geschäftsführungsbefugnis nur auf Maßnahmen erstrecken kann, die sich innerhalb des festgelegten Unternehmensgegenstands bewegen.

---

190 Vgl. § 20 Abs. 2 und 3 KAGB.

191 *Dornseifer* in Emde/Dornseifer/Dreibus/Hölscher, InvG, § 96 Rn. 57.

192 *Dornseifer*, a. a. O.

Diese voranstehenden Überlegungen wurden an sich für die Inv-AG entwickelt. Es ist daher zu prüfen, ob die vorstehenden Überlegungen auf die Inv-KG übertragen werden können. Zu berücksichtigen ist, dass die Inv-KG ihrerseits stark körperschaftlich ausgeprägt ist. Des Weiteren entsprechen sich die Vorschriften hinsichtlich des Unternehmensgegenstands der Inv-AG und der Inv-KG weitestgehend, was sich am nahezu identischen Wortlaut von § 110 Abs. 2 KAGB und § 142 KAGB in Bezug auf den Unternehmensgegenstand der Inv-AG und § 125 Abs. 2 KAGB und § 150 Abs. 2 KAGB in Bezug auf den Unternehmensgegenstand der Inv-KG zeigt. Zusätzlich ist es im Interesse des Anlegerschutzes und einer wirksamen Beaufsichtigung, dass auch bei der Inv-KG eine wirksame Prüfung durch die BaFin hinsichtlich der Geschäftstätigkeit möglich ist. Selbiges gilt auch für eine entsprechende Publizität nach außen zum Zwecke der Abgrenzung von anderen vermögensverwaltenden, aber nicht erlaubnispflichtigen Unternehmen. Dies spricht dafür, die Überlegungen, die hinsichtlich des Unternehmensgegenstandes zur Inv-AG angestellt wurden, auf die Inv-KG zu übertragen.

Aufgrund der Bedeutung, die der Unternehmensgegenstand einer Inv-KG sowohl im Innen- als auch im Außenverhältnis hat, spricht dies dafür, ihn als zwingende Mindestanforderung für den Gesellschaftsvertrag einer Inv-KG anzusehen. Aus teleologischen Gesichtspunkten ist der gemäß § 125 Abs. 2 KAGB und § 150 Abs. 2 KAGB festzulegende Unternehmensgegenstand zu den zwingenden Mindestanforderungen zu zählen, die an den Gesellschaftsvertrag einer Inv-KG zu stellen sind. Der in § 125 Abs. 2 Satz 1 KAGB und § 150 Abs. 2 Satz 1 KAGB genannte Unternehmensgegenstand ist somit von abschließender Natur. Andere Tätigkeiten dürfen von der Inv-KG demnach nicht erbracht werden.[193]

193 *Eichhorn*, WM 2016, 110 (112).

4.1.2. Anforderungen hinsichtlich der Gesellschafterversammlung gemäß den investmentrechtlichen Vorschriften

Ergänzende Vorschriften für den Gesellschaftsvertrag sind zudem im Hinblick auf die Gesellschafterversammlung gemäß § 125 Abs. 3 KAGB bzw. § 150 Abs. 3 KAGB zu beachten.

4.1.2.1. Investmentrechtliche Vorschriften in Bezug auf die Ladung zu einer Gesellschafterversammlung einer Inv-KG

Eine inhaltliche Mindestanforderung des Gesellschaftsvertrags einer Inv-KG ist in § 125 Abs. 3 Nr. 1 KAGB und § 150 Abs. 3 Nr. 1 KAGB zu finden. Darin ist vorgesehen, dass in den Gesellschaftsvertrag einer Inv-KG eine Bestimmung aufzunehmen ist, wonach die Ladung zur Gesellschafterversammlung in Textform und unter vollständiger Angabe der Tagesordnung zu erfolgen hat. Die beiden Vorschriften ordnen dabei an, dass der Gesellschaftsvertrag einer Inv-KG die in § 125 Abs. 3 Nr. 1 KAGB und § 150 Abs. 3 Nr. 1 KAGB enthaltenen Bestimmungen vorzusehen hat. Dies stellt zugleich eine Abweichung von den personengesellschaftsrechtlichen Vorschriften dar, die seit dem Inkrafttreten des MoPeG – und unter der Voraussetzung, dass der Gesellschaftsvertrag keine abweichende Regelung trifft – die formlose Einberufung gemäß § 109 Abs. 2 Satz 2 HGB vorsehen. Demnach sind die darin enthaltenen Regelungen über die Ladung zur Gesellschafterversammlung einer Inv-KG von zwingender Natur. Dementsprechend kann durch eine anderweitige gesellschaftsvertragliche Vereinbarung hiervon nicht abgewichen werden.

Zudem ist ein Blick darauf zu richten, welche Bereiche der Ladung zur Gesellschafterversammlung einer Inv-KG gerade nicht durch die investmentrechtlichen Vorschriften geregelt werden. Dies betrifft zunächst die Ladungsfrist. Dass im Hinblick auf die Ladungsfrist ein grundsätzliches Regelungsbedürfnis besteht, wurde zwischenzeitlich auch vom Gesetzgeber erkannt und mit dem MoPeG durch § 109 Abs. 2 Satz 2 HGB gesetzlich fixiert. In Ermangelung eigenständiger Vorschriften ist § 109 Abs. 2 Satz 2 HGB auch auf die Inv-KG anzuwenden. Im Zuge der Einberufung ist somit eine angemessene Frist zu wahren. Begründet wurde die Einführung von § 109 Abs. 2 Satz 2 HGB mit dem Schutz der Gesellschafter,[194] die durch die Konkretisierung der Beschlussgegenstände und eine angemessene Frist vor Überrumpelung geschützt werden sollen. Dieses Schutzbedürfnis hätte auch vor dem Inkrafttreten von § 109 Abs. 2 Satz 2 HGB gerade für die Gesellschafter einer Inv-KG bestanden. Warum der Gesetzgeber daher für die Ladung zur Gesellschafterversammlung einer Inv-KG nicht bereits vor dem MoPeG zumindest im investmentrechtlichen Bereich zuvor reagierte, bleibt offen. Zumindest nach dem Inkrafttreten des MoPeG ist in Bezug auf die Beachtung der Ladungsfrist mit der Anwendung von § 109 Abs. 2 Satz 2 HGB zu begegnen.

Ebenso nicht gesetzlich geregelt wurde die Beschlussfassung im Umlaufverfahren. Dies ist gerade in Bezug auf den Publikumsbereich nicht nachvollziehbar, da bei diesem aufgrund der Vielzahl der unmittelbar oder mittelbar beteiligten Gesellschafter die Beschlussfassung im Umlaufverfahren in der Praxis die Regel ist. Auch die personengesellschaftsrechtlichen Vorschriften helfen hier nicht weiter, da auch nach dem MoPeG die Beschlussfassung im Umlaufverfahren durch den Gesetzgeber bewusst nicht geregelt wurde.[195] Verkannt wird dabei, dass das Schutzbedürfnis der Gesellschafter vor Überrumpelungen gerade bei Beschlussfassungen außerhalb von Gesellschafterversammlungen besteht, da den Gesellschaftern hier zusätzlich die Möglichkeit zur Befragung der geschäftsführenden Gesellschafter genommen wird.

Wünschenswert wäre daher eine umfassendere Regelung der Vorgaben im Hinblick auf die Einberufung der Gesellschafterversammlung und das Verfahren der Beschlussfassung außerhalb einer Gesellschafterversammlung.

4.1.2.2. Investmentrechtliche Vorschriften in Bezug auf die Protokollierung der Ergebnisse einer Gesellschafterversammlung einer Inv-KG

Eine weitere Anforderung an den Gesellschaftsvertrag einer Inv-KG wird durch § 125 Abs. 3 Nr. 2 KAGB und § 150 Abs. 3 Nr. 2 KAGB

194 Vgl. BT-Drs. 19/27635, Seite 226, zu § 109 (Beschlussfassungen), zu Absatz 2.
195 Vgl. BT-Drs. 19/27635, Seite 226, zu § 109 (Beschlussfassungen), zu Absatz 1.

im Hinblick auf die Protokollierung der Beschlüsse einer Gesellschafterversammlung aufgestellt. Danach ist in den Gesellschaftsvertrag einer Inv-KG aufzunehmen, dass über die Ergebnisse einer jeden Gesellschafterversammlung ein schriftliches Protokoll anzufertigen ist, von dem den Anlegern jeweils eine Kopie zu übersenden ist.[196] Auch gibt der Wortlaut von § 125 Abs. 3 Nr. 2 KAGB und § 150 Abs. 3 Nr. 2 KAGB vor, dass die Regelungen über das Protokoll einer Gesellschafterversammlung in den Gesellschaftsvertrag einer Inv-KG aufzunehmen sind, sodass auch hier die genannten Vorschriften zwingend sind.

Vorgegeben wird dabei lediglich, dass ein schriftliches Protokoll zu einer Gesellschafterversammlung erstellt werden muss, allerdings machen die investmentrechtlichen Vorschriften keine Angaben zu dessen Aufbau und – vorbehaltlich der Ergebnismitteilung – dem Inhalt. Die Gesellschafter einer Inv-KG sind somit diesbezüglich frei in der Gestaltung des schriftlichen Protokolls.

Zu beachten ist, dass die Übersendung einer Kopie des Protokolls als formelle Beschlussfeststellung zu werten ist. Auswirkungen hat dies auf die Frist zur Erhebung der Anfechtungsklage gegen einen festgestellten Beschluss. Denn seit dem Inkrafttreten des MoPeG knüpft der Beginn der Anfechtungsfrist an den Zeitpunkt an, zu dem der anzufechtende Beschluss gegenüber dem Gesellschafter bekanntgegeben wurde.[197] Diese neue gesetzliche Rechtsfolge dürfte gerade im Publikumsbereich den wenigsten Anlegern bekannt sein. Daher wäre es insoweit wünschenswert, wenn ein Hinweis auf die Verknüpfung zwischen der Bekanntgabe eines Beschlusses und dem Lauf der Anfechtungsfrist zum Mindestinhalt des Gesellschaftsvertrags einer Inv-KG gemacht würde.

4.1.3. Angaben zum erlaubten Anlegerkreis gemäß den investmentrechtlichen Vorschriften

Ferner sind inhaltliche Anforderungen an den Gesellschaftsvertrag einer Inv-KG dahingehend zu stellen. Danach ist anzugeben, welcher Anlegerkreis sich an der Inv-KG beteiligen darf. Entsprechendes er-

---

196 Vgl. § 125 Abs. 3 Nr. 1 KAGB und § 150 Abs. 3 Nr. 1 KAGB.
197 Vgl. § 112 Abs. 2 HGB.

gibt sich für die offene Inv-KG aus § 125 Abs. 2 Satz 2 KAGB und § 150 Abs. 2 Satz 2 KAGB.

Die beiden genannten Vorschriften geben vor, dass der Gesellschaftsvertrag einer Inv-KG, die als Vehikel für einen Spezial-AIF dient, zusätzlich Angaben darüber zu enthalten hat, dass der erlaubte Anlegerkreis lediglich auf professionelle und semiprofessionelle Anleger beschränkt ist.[198] Das Ziel dieser Anforderung ist die Schaffung von Transparenz für die Anleger,[199] was insbesondere bei der geschlossenen Inv-KG von Bedeutung ist. Für die offene Inv-KG hat die Anordnung dagegen vor allem klarstellenden Charakter und lässt sich nur aus Gründen der Transparenz für die Anleger erklären, da die Rechtsform der KG bei offenen Investmentvermögen generell nur dann zur Verfügung steht, wenn es sich beim jeweiligen Investmentvermögen um ein Spezial-AIF handelt.[200]

Somit ist festzuhalten, dass § 125 Abs. 2 Satz 2 KAGB und § 150 Abs. 2 Satz 2 KAGB Anforderungen an den Gesellschaftsvertrag einer Inv-KG aufstellen, wonach der Kreis der zulässigen Anleger dann zu nennen ist, wenn die Inv-KG als Vehikel für ein Spezial-AIF dient.

4.1.4. Angaben zur Laufzeit einer Inv-KG gemäß den investmentrechtlichen Vorschriften

4.1.4.1. Zwingende Angaben über die Laufzeit einer Inv-KG

Zudem sind in dem Gesellschaftsvertrag einer Inv-KG zwingend Angaben zur Laufzeit zu machen. Anhaltspunkte hierfür ergeben sich aus § 138 Abs. 1 Satz 2 KAGB und § 161 Abs. 2 Satz 2 KAGB. In den beiden Vorschriften ist das außerordentliche Kündigungsrecht aus wichtigem Grund der Anleger geregelt, das qua Gesetz § 133 Abs. 1 HGB verdrängt und ersetzt. In § 138 Abs. 1 Satz 2 KAGB wird dabei ausgeführt, dass den Anlegern, die an einer offenen Inv-KG beteiligt sind, dieses Recht zur Kündigung *„vor dem Ablauf der für ihre Dauer bestimmten Zeit oder bei einer für unbestimmte Zeit eingegangenen Gesellschaft“* zusteht. In § 161 Abs. 2 Satz 2 KAGB findet sich dagegen der Hinweis auf die unbestimmte Laufzeit nicht. Hier beschränkt

198 Vgl. § 125 Abs. 2 Satz 2 KAGB und § 150 Abs. 2 Satz 2 KAGB.
199 *Eichhorn*, WM 2016, 110 (113).
200 Vgl. § 91 Abs. 2 KAGB.

sich die Norm auf die Feststellung, dass die Anleger ihre Beteiligung *„vor dem Ablauf der für ihre Dauer bestimmten Zeit“* außerordentlich kündigen können. Die beiden Vorschriften legen damit den Schluss nahe, dass die geschlossene Inv-KG stets nur auf bestimmte Zeit eingegangen werden kann, während bei der offenen Inv-KG keine Beschränkung vorgesehen ist und daher sowohl die Beschränkung der Laufzeit als auch die Eingehung auf unbestimmte Zeit möglich ist.[201] In der Konsequenz bedarf es dadurch aber stets einer entsprechenden Regelung im Gesellschaftsvertrag.

4.1.4.2. Maximale Laufzeit einer Inv-KG mit bestimmter oder bestimmbarer Laufzeit

Nachdem geklärt worden ist, dass die Laufzeit bei der offenen Inv-KG eine bestimmte Zeit haben kann und bei der geschlossenen Inv-KG eine bestimmte Zeit haben muss, stellt sich die Frage nach der maximalen Laufzeit einer Inv-KG. Die investmentrechtlichen Vorschriften machen auch hierzu keine Angaben, weswegen eine zeitliche Grenzziehung durch Auslegung zu erfolgen hat. Im Rahmen der Auslegung sind die personengesellschaftsrechtlichen Vorschriften über die Laufzeit einer Gesellschaft und § 138 BGB sowie der Schutzzweck der investmentrechtlichen Vorschriften zu berücksichtigen.

Zunächst sind Erwägungen vor dem Hintergrund der investmentrechtlichen Vorschriften anzustellen. Die Vorschriften des KAGB haben insbesondere den Anlegerschutz im Blick. Diesem Schutzinteresse liefe es zuwider, wenn das Kapital der Anleger über Gebühr in der Inv-KG gebunden werden könnte. Dies betrifft vor allem die geschlossenen Investmentvermögen, welche sich gerade dadurch auszeichnen, dass die Anleger grundsätzlich keine Möglichkeit zur vorzeitigen De-Investition haben und daher regelmäßig bis zum Ende der vorgesehenen Laufzeit am Investmentvermögen beteiligt sind. Dementsprechend ist zu verlangen, dass die Laufzeit einer Inv-KG die Interessen der Anleger in einem angemessenen Verhältnis widerspiegelt. Dies macht eine Einzelfallbetrachtung unter Abwägung aller relevanten Umstände erforderlich, sodass aus dem Schutzzweck der investmentrechtlichen Vorschriften noch keine konkrete Höchstfrist herge-

---

201 *Könnecke* in Baur/Tappen, KAGB, § 161 Rn. 10; *Paul* in Weitnauer/Boxberger/Anders, KAGB, § 161 Rn. 7.

leitet werden kann. Zumindest für eine geschlossene Inv-KG, die als Vehikel für ein Publikumsinvestmentvermögen dient, hat die BaFin mit ihrer Veröffentlichung vom 04.11.2014 eine Konkretisierung vorgenommen, wonach eine maximale Laufzeit von 30 Jahren nicht überschritten werden darf.[202] Bei dieser Maximallaufzeit sind auch etwaige Laufzeitverlängerungen zu berücksichtigen.

Zeitliche Höchstvorgaben könnten aber aus den personengesellschaftsrechtlichen Vorgaben und § 138 BGB resultieren. Danach werden Laufzeiten, die entweder auf Lebens- zeit eines Gesellschafters eingegangen werden oder zu einer überlangen Bindung führen, als unbefristete Laufzeit behandelt.[203] Auch nach den personengesellschaftsvertraglichen Grundsätzen über die Laufzeit gilt, dass die Grenzen für den jeweiligen Einzelfall zu bestimmen sind.[204] Als grundsätzliche maximale Höchstfrist wird eine Laufzeit von 30 Jahren als noch zulässig betrachtet.[205] In Ermangelung besonderer investmentrechtlicher Vorschriften und aufgrund des Umstands, dass es sich bei der Inv-KG um eine modifizierte KG handelt, sind diese Grundsätze auf die Inv-KG zu übertragen.

Demnach ist stets im jeweiligen Einzelfall zu beurteilen, ob die Laufzeit einer Inv-KG als zu lang und demnach als unangemessen anzusehen ist oder nicht.[206] Als maximale zeitliche Grenze wird derzeit eine Laufzeit von 30 Jahren angesehen.[207] Dementsprechend indiziert das Überschreiten der 30-Jahres-Frist die Unangemessenheit der Laufzeit.

4.1.5. Bildung eines Beirats

Zuletzt hält das KAGB Vorschriften im Hinblick auf die Bildung eines Beirats parat. Eine solche Vorschrift über die Bildung eines notwendigen Beirats für die Inv-KG ist dabei in § 153 Abs. 3 Satz 1 KAGB enthalten. Die Vorschrift gibt vor, dass eine Inv-KG dann einen Beirat

---

202 Vgl. *BaFin*, Merkblatt vom 04.11.2014 „Laufzeitverlängerung in den Anlagebedingungen geschlossener Publikums-AIF in der Rechtsform der geschlossenen Investmentkommanditgesellschaft", Nummer 4.

203 *Schäfer* in MüKo/BGB, § 723 Rn. 65.

204 *Schäfer* in MüKo/BGB, § 723 Rn. 66.

205 *Ulmer*, ZIP 2010, 805 (807).

206 *Paul* in Weitnauer/Boxberger/Anders, KAGB, § 161 Rn. 8.

207 *Paul*, a. a. O.

zu bilden hat, wenn es sich bei der Inv-KG um eine intern verwaltete Inv-KG handelt und sie ein Vehikel für Publikumsinvestmentvermögen darstellt. Damit ist zu sagen, dass § 153 Abs. 3 Satz 1 KAGB eine Sondervorschrift im Hinblick auf die Bildung eines Beirats parat hält. Demnach ist für intern verwaltete geschlossene Publikums-AIF, die in der Rechtsform der Inv-KG aufgelegt sind, die Bildung eines obligatorischen Beirats vorgesehen.

Zu untersuchen ist, ob sich der Anwendungsbereich auch auf weitere Formen der Inv-KG erstreckt. Nach dem Wortlaut gilt die Vorschrift nur für eine intern verwaltete geschlossene Inv-KG, die als Vehikel für ein Publikumsinvestmentvermögen dient. Der ausdrückliche Wortlaut der Vorschrift spricht dafür, dass die Anwendung von § 153 Abs. 3 Satz 1 KAGB explizit auf die intern verwaltete geschlossene Publikums-KG beschränkt bleibt. Dies deckt sich zudem mit dem historischen Willen, indem die Gesetzesbegründung klar zum Ausdruck brachte, dass die Vorschrift nur auf den in ihr enthaltenen Anwendungsbereich zur Geltung gelangen solle.[208] Eine über den Wortlaut von § 153 Abs. 3 Satz 1 KAGB hinausgehende Anwendung der Vorschrift scheidet daher aus. Folglich werden alle anderen Arten von Investmentvermögen, die in der Rechtsform der Inv-KG aufgelegt wurden, von § 153 Abs. 3 Satz 1 KAGB nicht berührt.

Für extern verwaltete Investmentvermögen besteht zur Einrichtung eines Aufsichtsorgans keine Notwendigkeit. Denn in diesen Fällen erfolgen die Anlage und Verwaltung der Gesellschaftsmittel durch die KVG. Für diese ist auch dann ein Kontrollorgan einzurichten, wenn sie nicht in der Rechtsform der AG betrieben wird, d. h. bei der KVG in der Rechtsform der GmbH ein Aufsichtsrat und bei der KVG in der Rechtsform der KG ein Beirat.[209] Damit bedürfen lediglich die intern verwalteten Spezial-Investmentvermögen keines zwingenden Aufsichtsorgans.[210] Für sie ist die Bildung eines Beirats fakultativ möglich; sie können ein solches Gremium bilden – müssen dies aber nicht. Insoweit ist der bisherigen Ansicht in der Literatur beizupflichten, die darin eine Inkonsequenz sieht, welche einem Gleichlauf zwischen den

208 Vgl. BT-Drs. 17/12294, Seite 251, zu Absatz 153 (Geschäftsführung, Beirat), zu Absatz 3.

209 Vgl. § 18 Abs. 2 Satz 1 und 2 KAGB.

210 *Klebeck/Kunschke* in Beckmann/Scholtz/Vollmer, KAGB, § 153 Rn. 45.

einzelnen Investmentvehikeln entgegensteht, wonach für jedes Investmentvermögen – ungeachtet seines Vehikels – ein Kontrollorgan zwingend vorzuhalten wäre.[211]

4.2. Personengesellschaftsrechtliche Anforderungen an den Mindestinhalt des Gesellschaftsvertrags einer Inv-KG

Nachdem festgestellt worden ist, dass die Vorschriften des KAGB eigenständige Anforderungen an den Mindestinhalt des Gesellschaftsvertrags einer Inv-KG vorsehen, ist zu prüfen, inwieweit durch die personengesellschaftsrechtlichen Vorschriften zusätzliche Anforderungen an dessen Mindestinhalt gestellt werden.

Der gesetzlich vorgesehene Mindestinhalt eines Gesellschaftsvertrags ist außerordentlich gering. Dieser beschränkt sich zunächst auf Angaben zum gemeinsamen Zweck und zur Leistung von Beiträgen sowie auf eine Einigung über das gemeinsame Auftreten nach außen.[212] Letztlich wird die Angabe des gemeinsamen Zwecks bei der Inv-KG durch die Angabe des Unternehmensgegenstands abgedeckt, sodass dieser personengesellschaftsrechtlichen Voraussetzung für die Inv-KG keine gesonderte Bedeutung zukommt.

Darüber hinaus muss der Gesellschaftsvertrag einer KG zwingend Angaben darüber enthalten, in welchem Umfang die Gesellschafter der KG gegenüber Gesellschaftsgläubigern haften.[213] Dies gilt entsprechend für die Inv-KG.

Weitere Regelungen können in den Gesellschaftsvertrag einer KG aufgenommen werden, sie gehören allerdings nicht zum vorgeschriebenen Mindestinhalt. Da diese vorgenannten Angaben nicht bereits durch das Investmentrecht vorgegeben wurden und diesem auch nicht widersprechen, sind diese personengesellschaftsrechtlichen Vorschriften neben den investmentrechtlichen Vorschriften auf die Inv-KG anzuwenden.

---

211 *Klebeck/Kunschke* in Beckmann/Scholtz/Vollmer, KAGB, § 153 Rn. 45.

212 *Wertenbruch* in Ebenroth/Boujong/Joost/Strohn, HGB, § 105 Rn. 74; *Henssler* in Henssler/Strohn, HGB, § 105 Rn. 80; *Schäfer* in Staub, HGB, § 105 Rn. 157.

213 *Oetker* in Oetker/HGB, § 161 Rn. 7 m. w. N.

4.3. Fazit

Zusammenfassend ist zu sagen, dass die investmentrechtlichen Anforderungen an den Inhalt des Gesellschaftsvertrags einer Inv-KG deutlich über die personengesellschaftsrechtlichen Mindestanforderungen hinausgehen. Allerdings sind die investmentrechtlichen Vorschriften nicht abschließend, sodass die personengesellschaftsrechtlichen Vorschriften diesbezüglich ebenfalls auf die Inv-KG anzuwenden sind.

4.3.1. Fazit bzgl. des Unternehmensgegenstands

Die voranstehenden Darstellungen zeigten, dass der Unternehmensgegenstand einer Inv- KG gemäß § 125 Abs. 2 KAGB und § 150 Abs. 2 KAGB zum zwingenden Mindestinhalt von deren Gesellschaftsvertrag gehört. Der anzugebende Unternehmensgegenstand ist dabei von abschließender Natur. Hierfür sprechen sowohl der Wortlaut als auch der Sinn und Zweck der Vorschriften.

4.3.2. Fazit bzgl. der Gesellschafterversammlung

In Bezug auf die gesellschaftsvertraglichen Anforderungen hinsichtlich der Gesellschafterversammlung ist festzuhalten, dass für eine Inv-KG durch § 125 Abs. 3 KAGB und § 150 Abs. 3 KAGB weitere Anforderungen an deren Inhalt des Gesellschaftsvertrags aufgestellt werden, welche die Gesellschafterversammlung betreffen. Weitere Anforderungen an den Gesellschaftsvertrag bezüglich der Einberufung und Abhaltung einer Gesellschafterversammlung, die über § 125 Abs. 3 KAGB und § 150 Abs. 3 KAGB hinausgehen, finden sich im KAGB dagegen nicht. Dementsprechend erfährt in formeller Hinsicht die Einhaltung einer Ladungsfrist keine eigenständige investmentrechtliche Regelung, sodass insoweit seit dem Inkrafttreten des MoPeG die personengesellschaftsrechtlichen Vorschriften diesbezüglich anzuwenden sind. In materieller Hinsicht bleiben zusätzlich der Ablauf der Gesellschafterversammlung und die Beschlussfassung ungeregelt.

Fraglich ist allerdings, ob tatsächlich die Notwendigkeit bestand, die in § 125 Abs. 3 KAGB und § 150 Abs. 3 KAGB enthaltenen Vorgaben als notwendigen Mindestinhalt des Gesellschaftsvertrags vorzugeben. Denn ein entsprechender Schutz der Anleger kann insbesondere dadurch erreicht werden, dass die in § 125 Abs. 3 KAGB und § 150 Abs. 3

KAGB enthaltenen Anforderungen hinsichtlich Einberufung und Protokollierung als zwingende gesetzliche und unmittelbar anwendbare Vorschriften ausgestaltet werden, ohne zugleich die Aufnahme in den Gesellschaftsvertrag anzuordnen. Hierzu bedürfte es allerdings einer Gesetzesänderung.

4.3.3. Fazit bzgl. der Laufzeit

Hinsichtlich der gesellschaftsvertraglichen Anforderungen an die Angaben zur Laufzeit lassen sich aus den investmentrechtlichen Vorschriften Anhaltspunkte dafür herleiten, dass in den Gesellschaftsvertrag einer Inv-KG zwingend eine Regelung über die Laufzeit aufzunehmen ist. Bei der offenen Inv-KG kann die Laufzeit frei festgelegt werden, sodass diese sowohl auf bestimmte Zeit als auch auf unbestimmte Zeit eingegangen werden kann. Bei der geschlossenen Inv-KG ist dagegen nur die Eingehung auf bestimmte Zeit möglich. Eine unbestimmte Laufzeit oder die Bestimmung einer Laufzeit, die der Eingehung einer solchen unbestimmten Laufzeit faktisch gleichkommt, sind dagegen nicht möglich. Bei einer Inv-KG mit einer bestimmten Laufzeit ist stets im Einzelfall zu entscheiden, ob die Laufzeit angemessen ist oder nicht. Eine Laufzeit von mehr als 30 Jahren ist dabei regelmäßig als unangemessen anzusehen.

4.3.4. Fazit bzgl. Beirat

Ferner ist für die geschlossene intern verwaltete Inv-KG, die als Vehikel für ein Publikumsinvestmentvermögen dient, die obligatorische Bildung eines Beirats als Kontrollorgan der Geschäftsführung vorgesehen. Ein derartiges zwingendes Organ ist Personengesellschaften an sich fremd.

Unklar bleibt, warum der Gesetzgeber dies auf die intern verwaltete Inv-KG, die als Vehikel für Publikums-AIF dient, beschränkte und nicht auch auf die intern verwaltete Inv-KG übertrug, die als Vehikel für Spezial-AIF dient. Denn konsequent wäre es gewesen, auch für Letztere die Bildung eines Beirats vorzusehen. So stellt die intern verwaltete Inv- KG, die als Vehikel für ein Spezial-AIF dient, eine Anomalie dar. Dementsprechend ist dem Gesetzgeber anzuraten, den Wortlaut von § 153 Abs. 3 Satz 1 KAGB auf jedwede Form der intern verwalteten geschlossenen Inv-KG zu erweitern sowie ferner in § 128 KAGB eine zu § 153 Abs. 3 KAGB vergleichbare Vorschrift einzufügen.

5. Rechtsfolgen bei Verstoß gegen die an den Gesellschaftsvertrag einer Inv-KG gestellten Anforderungen

Zu klären bleibt, wie mit Mängeln des Gesellschaftsvertrags umzugehen ist, wenn diese entweder die Verletzung der Formvorschriften oder Gegenstände des Mindestinhalts des Gesellschaftsvertrags einer Inv-KG betreffen.

In der Literatur, die bislang diesbezüglich verfasst wurde, wird zumindest vertreten, dass aus Gründen des Anlegerschutzes diesbezügliche Mängel grundsätzlich nicht zur Nichtigkeit des Gesellschaftsvertrags der Inv-KG führen, sondern lediglich aufsichtsrechtlich sanktioniert werden sollen.[214] Lediglich für Formmängel wird die Nichtigkeit gemäß § 125 BGB postuliert, in deren Folge die Lehre von der fehlerhaften Gesellschaft anwendbar sein soll.[215]

Weitergehende Ausführungen finden sich zu dieser Ansicht jedoch nicht. Insbesondere bleibt unklar, ob diese Stimmen in der Literatur für etwaige Mängel in Bezug auf sämtliche inhaltliche Angaben, die durch die § 125 KAGB bzw. § 150 KAGB vorgeschrieben werden, oder nur für einzelne inhaltliche Angaben zu dieser Rechtsfolge kommen. Zum Teil beschränkt sich diese Feststellung auf Verstöße gegen die Formvorschriften,[216] zum Teil scheint diese rein aufsichtsrechtliche Sanktionierung allgemeingültig zur Anwendung zu kommen.[217]

Nach der hier vertretenen Meinung ist eine derartige pauschalierte Schlussfolgerung hinsichtlich der Rechtsfolge nicht möglich. Viel-

214 *Freitag*, NZG 2013, 329 (333); *Lorenz* in Weitnauer/Boxberger/Anders, KAGB, § 125 Rn. 14; *Paul* in Weitnauer/Boxberger/Anders, KAGB, § 150 Rn. 13.

215 Vgl. *Paul* in Weitnauer/Boxberger/Anders, KAGB, § 150 Rn. 13; Schott in Emde/Dornseifer/Dreibus, KAGB, § 150 Rn. 10; *Eichhorn* in Moritz/Klebeck/Jesch, KAGB, § 125 Rn. 7; *Kunschke/Klebeck* in Beckmann/Scholtz/Vollmer, KAGB, § 125 Rn. 13 und § 150 Rn. 15.

216 Vgl. *Paul* in Weitnauer/Boxberger/Anders, KAGB, § 150 Rn. 13.

217 Vgl. *Lorenz* in Weitnauer/Boxberger/Anders, KAGB, § 125 Rn. 14.

mehr ist jede im Gesellschaftsvertrag zu tätigende Angabe, die durch § 125 KAGB bzw. § 150 KAGB vorgeschrieben wird, eigenständig zu beleuchten. Insbesondere ist zu prüfen, ob die Lehre von der fehlerhaften Gesellschaft im jeweiligen Einzelfall anzuwenden ist und welche Rechtsfolgen sich hieraus ergeben – und zwar auch unter Einbeziehung der aufsichtsrechtlichen Besonderheiten.

5.1. Die Lehre von der fehlerhaften Gesellschaft

Das Institut der fehlerhaften Gesellschaft wurde durch die Rechtsprechung entwickelt und ist anerkanntermaßen dann anzuwenden, wenn eine Gesellschaft in Vollzug gesetzt wurde, obwohl ihr Gesellschaftsvertrag in seiner Gesamtheit entweder nichtig oder unwirksam ist.[218] In diesen Fällen soll die Gesellschaft trotz ihrer anfänglichen Unwirksamkeit grundsätzlich – und vorbehaltlich eng umgrenzter Ausnahmen – nicht mit *ex-tunc*-Wirkung rückabgewickelt werden.[219] Für die Zukunft hängt ihr weiterer Bestand vielmehr davon ab, ob und gegebenenfalls in welcher Form durch rechtsgestaltenden Akt gegen die Gesellschaft aufgrund der Fehlerhaftigkeit des Gesellschaftsvertrags vorgegangen wird oder nicht.[220] Der Anwendung der Lehre von der fehlerhaften Gesellschaft können aber ausnahmsweise höherwertige Interessen entgegenstehen. In diesen Fällen bleibt es dann bei der *ex-tunc*-Wirkung des Mangels.

5.1.1. Anfängliche Unwirksamkeit des Gesellschaftsvertrags

Das Institut der fehlerhaften Gesellschaft kann nur dann angewendet werden, wenn die Willenserklärungen der Gesellschafter, die auf den Abschluss des Gesellschaftsvertrags gerichtet sind, an einem Mangel leiden und infolgedessen der Gesellschaftsvertrag unwirksam ist.[221] Der Mangel des Gesellschaftsvertrags muss dabei zur Unwirksam-

---

218 Vgl. *Wertenbruch* in Ebenroth/Boujong/Joost/Strohn, HGB, § 105 Rn. 308 m. w. N.

219 Vgl. *Miras* in Münchener Handbuch des Gesellschaftsrechts Band 1, § 100 Rn. 141.

220 Vgl. *K. Schmidt*, Gesellschaftsrecht, Seite 148, § 6 III. 2.

221 *Wertenbruch* in Ebenroth/Boujong/Joost/Strohn, HGB, § 105 Rn. 310; *Lieder* in Oetker, HGB, § 105 Rn. 105 ff.

keit des ganzen Gesellschaftsvertrags führen.[222] Die Gründe für die gesamte Unwirksamkeit des Gesellschaftsvertrags können dabei vielseitig sein.[223]

Die Unwirksamkeit einzelner Klauseln ist dagegen nicht ausreichend. In Abweichung von § 139 BGB berührt eine unwirksame Klausel im Gesellschaftsvertrag nicht dessen Wirksamkeit in seiner Gesamtheit, sondern lässt diesen fortbestehen.[224] Vielmehr ist die Lücke, die durch die unwirksame Klausel entstanden ist, durch ergänzende Vertragsauslegung und dispositives Recht zu schließen.[225]

Die Lehre von der fehlerhaften Gesellschaften ist nach herrschender Meinung auch dann nicht anzuwenden, wenn es zu keinerlei Vertragsabschluss kam, sondern die Beteiligten ein Gesellschaftsverhältnis nur zum Schein eingehen und mit dieser Scheingesellschaft gegenüber dem Rechtsverkehr auftreten.[226] In diesem Falle fehlt es bereits an der rechtsgeschäftlichen Grundlage, die nicht über dieses rechtliche Konstrukt ersetzt werden kann.[227] Soweit es somit zur Bildung einer solchen faktischen Gesellschaft kam, ist das Rechtsverhältnis nach dem wirklichen Willen zu beurteilen.[228]

5.1.2. Gesellschaft wurde trotz anfänglicher Unwirksamkeit des Gesellschaftsvertrags in Vollzug gesetzt

Zudem muss die Gesellschaft, deren Gesellschaftsvertrag von Anfang an unwirksam ist, in Vollzug gesetzt worden sein. Dies ist dann der Fall, wenn die Gesellschaft ihre Tätigkeit aufgenommen hat und dies mit Zustimmung der Gesellschafter geschah.[229] Dies ist unter Berück-

222 *Fleischer* in MüKo/HGB, § 105 Rn. 489.

223 Eine beispielhafte Aufzählung findet sich bei *Habermeier* in Staudinger, BGB, § 705 Rn. 65.

224 *BGH*, Urt. v. 05.02.1968 – II ZR 85/67; *Schäfer* in MüKo/BGB, § 705 Rn. 52; *Heidel* in Dauner- Lieb/Langen, BGB, § 705 Rn. 181.

225 Vgl. *Miras* in Münchener Handbuch des Gesellschaftsrechts Band 1, § 100 Rn. 52 ff.; *Schäfer* in MüKo/BGB, § 705 Rn. 53.

226 Vgl. *Habermeier* in Staudinger, BGB, § 705 Rn. 64; *Schäfer* in MüKo/BGB, § 705 Rn. 338.

227 Vgl. *Miras* in Münchener Handbuch des Gesellschaftsrechts Band 1, § 100 Rn. 35.

228 Vgl. *Miras* in Münchener Handbuch des Gesellschaftsrechts Band 1, § 100 Rn. 35.

229 *Schäfer* in MüKo/HGB, § 705 Rn. 342.

sichtigung der Herleitung dieser Lehre konsequent, da nur im Falle der tatsächlichen Invollzugsetzung das Bedürfnis besteht, die Rückabwicklung sämtlicher Rechtsbeziehungen *ex-tunc* aufgrund der damit zusammenhängenden Schwierigkeiten zu vermeiden.[230] Nahm eine fehlerhafte Gesellschaft dagegen ihre Tätigkeit noch nicht auf, ist den Beteiligten eine Rückabwicklung zumutbar. Rechtsprechung und herrschende Lehre lassen dabei für eine Invollzugsetzung jede Handlung genügen, mit der der vereinbarte Unternehmenszweck gefördert oder umgesetzt werden soll.[231] Somit findet die Lehre der fehlerhaften Gesellschaft nur dann auf die Inv-KG Anwendung, wenn deren Geschäftstätigkeit tatsächlich aufgenommen wurde.

5.1.3. Keine höherwertigen Schutzinteressen stehen der Anwendung der Lehre von der fehlerhaften Gesellschaft entgegen

In Ausnahmefällen kommt die Lehre der fehlerhaften Gesellschaften jedoch nach herrschender Meinung nicht zur Anwendung, obwohl die beiden vorgenannten Voraussetzungen – d. h. die anfängliche Unwirksamkeit des Gesellschaftsvertrags und das Invollzugsetzen der Gesellschaft – vorliegen. Dies ist dann der Fall, wenn der Anwendbarkeit der Lehre über die fehlerhafte Gesellschaft vorrangige schutzwürdige Interessen entgegenstehen. Als solche sind die rechtlich geschützten Interessen der Allgemeinheit oder der Schutz bestimmter Personengruppen anzusehen.[232]

5.1.3.1. Höherwertiges Schutzinteresse: Verstoß gegen gesetzliche Verbote oder gegen die guten Sitten

Als schutzwürdige Interessen, die gegenüber der Anwendung der Lehre von der fehlerhaften Gesellschaft vorrangig sind, gilt nach ständiger Rechtsprechung und wohl herrschender Lehre zunächst ein Verstoß gegen gesetzliche Verbote gemäß § 134 BGB oder gegen die guten Sitten gemäß § 138 BGB, sofern ein solcher Verstoß zur anfänglichen

230 Vgl. *BGH*, Urteil vom 19.11,2013 – II ZR 383/12 = NJW 2013, 1422 (1423).

231 Vgl. *Habermeier* in Staudinger, BGB, § 705 Rn. 66; *Miras* in Münchener Handbuch des Gesellschaftsrechts Band 1, § 100 Rn. 58 m. w. N.

232 *Miras* in Münchener Handbuch des Gesellschaftsrechts Band 1, § 100 Rn. 121 ff. und Rn. 128 ff.; *Schäfer* in MüKo/BGB, § 705 Rn. 343.

Unwirksamkeit des Gesellschaftsvertrags in Gänze führt.[233] Dies ist insbesondere dann der Fall, wenn der Gesellschaftszweck als gesetz- oder sittenwidrig anzusehen ist.[234] In diesen Fällen ist damit die Lehre von der fehlerhaften Gesellschaft grundsätzlich nicht anzuwenden.

In Ausnahmefällen wendet der BGH die Lehre von der fehlerhaften Gesellschaft jedoch auch dann, obwohl ein derartiger Gesetzesverstoß vorliegt.[235] Zu prüfen ist, ob ein derartiger Ausnahmefall auch dann vorliegt, wenn die BaFin in Bezug auf den zu beurteilenden Gesellschaftsvertrag oder dessen Änderung einbezogen wurde.

Gemäß der Rechtsprechung des BGH soll die Lehre von der fehlerhaften Gesellschaft in denjenigen Sachverhalten zur Anwendung gelangen, in denen der Gesellschaftsvertrag zwar aufgrund eines Gesetzesverstoßes gemäß § 134 BGB nichtig ist, in denen aber der Vollzug der Gesellschaft im Einvernehmen mit der zuständigen Behörde erfolgte. Der BGH begründet dies mit dem Mitwirken der zuständigen Behörde.[236] Denn in einem solchen Fall hätten sich die Betroffenen gerade rechtstreu verhalten wollen, indem sie die zuständige Behörde einbanden und die erforderliche Erlaubnis trotz der bestehenden rechtlichen Mängel erhielten.

Im Interesse des Rechtsverkehrs und der Gesellschafter, bei denen es sich schließlich primär um Anleger handelt, ist diese Rechtsprechung nach hier vertretener Ansicht auf die Inv-KG zu übertragen. In diesen Fällen ist die Lehre von der fehlerhaften Gesellschaft auch dann auf die Inv-KG anzuwenden, wenn der Gesellschaftsvertrag aufgrund eines Mangels beim Unternehmensgegenstand zwar gemäß § 134 BGB von Anfang an unwirksam war, der mangelhafte Gesellschaftsvertrag aber von der BaFin gebilligt wurde oder die BaFin trotz ordnungsgemäßer Anzeige nicht gegen den mangelhaften Gesellschaftsvertrag im Hinblick auf den Unternehmensgegenstand einschritt. Denn hier ist nicht ersichtlich, warum der Rechtsverkehr und die Anleger mit der

233 **H.M.:** Vgl. *BGH*, Urt. v. 26.09.1970 – II ZR 158/69 = NJW 1971, 375 (377); *Goette*, DStR 1996, 266 (270); *Miras* in Münchener Handbuch des Gesellschaftsrechts Band 1, § 100 Rn. 120 ff. m. w. N.; **a. A.:** *Schäfer* in MüKo/BGB, § 705 Rn. 345; *Lieder* in Oetker, HGB, § 105 Rn. 115 m. w. N.

234 *Miras* in Münchener Handbuch des Gesellschaftsrechts Band 1, § 100 Rn. 122.

235 Vgl. hierzu *BGH*, Urteil vom 24.04.1954 – Az. II ZR 35/53.

236 *BGH*, Urteil vom 24.04.1954 – Az. II ZR 35/53.

Rückabwicklung der betroffenen Inv-KG nach Maßgabe der bereicherungsrechtlichen Vorschriften belastet werden sollen. Dies gilt umso mehr, als in einem solchen Falle Notverkäufe der von der Inv-KG gehaltenen Vermögensgegenstände erforderlich wären, welche erfahrungsgemäß nur mit (erheblichen) Abschlägen möglich sind und weder im Interesse des Rechtsverkehrs (insbesondere der Gesellschaftsgläubiger) noch im Interesse der Anleger sind. Seitens der betroffenen Inv-KG wird allerdings zu verlangen sein, dass sie die gesellschaftsvertraglichen Mängel hinsichtlich des Unternehmensgegenstands schnellstmöglich beseitigt.

Die Billigung durch die BaFin ist dabei in zwei Fällen relevant. Zum einen ist dies beim Aufsatz der Inv-KG und damit im Zeitraum der Vertriebsphase der Fall. In dieser Phase wirkt die BaFin dadurch mit, dass sie den Vertrieb der Anteile einer Inv-KG freizugeben hat.[237] Dagegen hat die BaFin den Vertrieb der Anteile zu versagen, wenn Verstöße gegen das KAGB oder die AIFM-Richtlinie vorliegen.[238] Zum anderen ist es bei der Änderung von Gesellschaftsverträgen einer Inv-KG der Fall, die der BaFin ebenfalls anzuzeigen sind.[239] In einem solchen Falle kann die BaFin gemäß § 5 Abs. 6 Satz 1 KAGB einschreiten.

Folglich ist nach hier vertretener Auffassung die Lehre von der fehlerhaften Gesellschaft auch dann auf die Inv-KG anzuwenden, obwohl ein gesetzlicher Verstoß gemäß § 134 BGB vorliegt und damit an sich vorrangige Schutzinteressen entgegenstehen würden, der fehlerhafte Gesellschaftsvertrag aber trotz Mitwirkung der BaFin unerkannt blieb. Fand eine solche Mitwirkung der BaFin dagegen nicht statt oder zeigen die Gesellschafter erkennbar ein Desinteresse an der Beseitigung des Mangels, gehen dagegen die Schutzinteressen der Allgemeinheit weiterhin vor.

---

237 Vgl. § 316 Abs. 3 Satz 1 und Satz 4 KAGB und § 321 Abs. 3 Satz 1 und Satz 4 KAGB.

238 Vgl. § 316 Abs. 3 Satz 2 KAGB und § 321 Abs. 3 Satz 2 KAGB.

239 Für Publikums-AIF ergibt sich dies aus § 34 Abs. 3 Nr. 5 KAGB, für Spezial-AIF dagegen aus § 34 Abs. 1 KAGB.

5.1.3.2. Exkurs: Verstoß gegen investmentrechtliche Erlaubnispflicht ist kein höherwertiges Schutzinteresse

Wie zuvor dargestellt führt ein Verstoß gegen § 134 BGB dazu, dass die Lehre von der fehlerhaften Gesellschaft in der Regel nicht anzuwenden ist. In diesem Kontext ist zu erwähnen, dass eine intern verwaltete KVG selbst einer Erlaubnis gemäß § 20 Abs. 1 KAGB benötigt und der Vertrieb der Anteile Inv-KG – gleichgültig, ob es sich um eine intern oder extern verwaltete Inv-KG handelt – einer Genehmigung der BaFin gemäß § 316 Abs. 3 KAGB bzw. § 321 Abs. 3 KAGB verlangt. Fraglich ist, ob das Fehlen einer Erlaubnis gemäß § 20 Abs. 1 KAGB oder einer Genehmigung gemäß § 316 Abs. 3 KAGB bzw. § 321 Abs. 3 KAGB als ein Verstoß im Sinne von § 134 BGB anzusehen ist und gegebenenfalls Auswirkungen auf das wirksame Entstehen einer Inv-KG haben kann.

Hierzu müssten die vorgenannten Vorschriften Verbotsgesetze im Sinne von § 134 BGB sein. Dafür muss es sich bei der maßgeblichen Norm um ein Gesetz handeln, das Verbotscharakter hat. Die Vorschriften des KAGB sind unstreitig Gesetze, ihnen müsste jedoch auch Verbotscharakter zukommen. Dies ist dann der Fall, wenn ein Gesetz ein bestimmtes Geschäft untersagen möchte.[240] Wendet es sich dagegen gegen bestimmte Umstände des Zustandekommens eines Geschäfts, die Norm als eine reine Ordnungsvorschrift anzusehen und nicht als Verbotsgesetz im Sinne von § 134 BGB.[241]

Das Verlangen einer Erlaubnis gemäß § 20 Abs. 1 KAGB dient dem Zweck, dass Investmentgeschäfte im Sinne des KAGB nur durch Unternehmen erbracht werden, die über ausreichende Kompetenz sowie ausreichende personelle und finanzielle Ressourcen verfügen, um diese Art von Geschäften unter Einhaltung der investmentrechtlichen Vorschriften dauerhaft erbringen zu können.[242] Die generelle Untersagung von Investmentgeschäften ist dagegen nicht das Ziel der Norm.

---

240 Vgl. *Armbrüster* in MüKo/BGB, § 134 Rn. 58.
241 Vgl. *Armbrüster* in MüKo/BGB, § 134 Rn. 58.
242 Vgl. *Thole* in Emde/Dornseifer/Dreibus, KAGB, § 20 Rn. 1; *Wieland* in Assmann/Wallach/Zetzsche, KAGB, § 20 Rn. 4.

In der Konsequenz ist § 20 Abs. 1 KAGB nicht als Verbotsgesetz im Sinne von § 134 KAGB einzustufen.[243]

Ähnlich verhält es sich mit der Vertriebsgenehmigung gemäß § 316 Abs. 3 KAGB bzw. § 321 Abs. 3 KAGB. Anteile einer Inv-KG dürfen lediglich dann vertrieben werden, wenn der Vertrieb der BaFin vorab angezeigt und von dieser freigegeben wurde.[244] Bei entsprechenden Verstößen steht der BaFin das Recht zu, den Vertrieb der Anteile der betroffenen Inv-KG zu untersagen.[245] Dagegen ist der Vertrieb von Anteilen einer Inv-KG nicht generell unzulässig. Somit stellt auch das Fehlen der erforderlichen Vertriebsgenehmigung kein Verstoß gegen § 134 BGB, sodass auch dies keinerlei Auswirkungen auf das Bestehen einer Inv-KG entfaltet.

Folglich führt das Fehlen einer Erlaubnis nach § 20 Abs. 1 KAGB bei einer intern verwalteten Inv-KG nicht zur Unwirksamkeit der Gesellschaft an sich, sofern die Geschäftstätigkeit im Übrigen in Übereinstimmung mit den gesetzlichen Vorgaben erfolgte. Selbiges gilt für die Vornahme des Vertriebs von Anteilen an einer Inv-KG ohne die erforderliche Genehmigung. Das Fehlen der erforderlichen Erlaubnis bzw. Genehmigung selbst hat damit keine Auswirkungen auf die rechtswirksame Entstehung einer Inv-KG, sondern primär aufsichtsrechtliche Konsequenzen: Im Falle der fehlenden Erlaubnis kann die BaFin insbesondere die Einstellung und Abwicklung des Geschäftsbetriebs gemäß § 15 Abs. 2 KAGB verlangen und im Falle der fehlenden Vertriebsgenehmigung den Vertrieb der Anteile gemäß § 311 Abs. 1 KAGB bzw. § 314 Abs. 1 KAGB untersagen. In Bezug auf die Lehre von der fehlerhaften Gesellschaft ist das Fehlen der Erlaubnis nach § 20 Abs. 1 KAGB oder der Vertriebsgenehmigung gemäß § 316 Abs. 3 KAGB bzw. § 321 Abs. 3 KAGB irrelevant.

---

243 Vgl. *Thole* in Emde/Dornseifer/Dreibus, KAGB, § 20 Rn. 10; *Wieland* in Assmann/Wallach/Zetzsche, KAGB, § 20 Rn. 148.

244 Vgl. § 316 Abs. 3 Satz 1 und Satz 4 KAGB bzw. § 321 Abs. 3 Satz 1 und Satz 4 KAGB.

245 Vgl. § 316 Abs. 3 Satz 2 KAGB bzw. § 321 Abs. 3 Satz 2 KAGB sowie § 314 KAGB.

5.1.3.3. Höherwertiges Schutzinteresse: Schutz bestimmter Personengruppen

Als weiteres höherwertiges Interesse gilt nach (noch) herrschender Meinung der Schutz bestimmter Personengruppen, der insbesondere auf den Schutz Minderjähriger und nicht voll Geschäftsfähiger abzielt.[246] Zu den vorrangigen schutzwürdigen Interessen gehört unter anderem der Individualschutz von Minderjährigen und Geschäftsunfähigen. Ein weiterer Individualschutz, der mit dem Schutz von Minderjährigen und Geschäftsunfähigen vergleichbar ist, könnte auch der Anlegerschutz sein, der mit der Einführung der AIFM-Richtlinie und des KAGB verfolgt wurde.[247] Dies ist nur dann der Fall, wenn ein Anleger ein vergleichbares Schutzbedürfnis wie ein Minderjähriger oder ein nicht voll Geschäftsfähiger hat. Für professionelle und semiprofessionelle Anleger[248] ist dies zu verneinen, da diese entweder eine besondere Expertise in diesem Gebiet mitbringen oder bewusst auf ihren Schutz verzichten. Ein solches Schutzbedürfnis kann daher allenfalls Privatanlegern[249] zugebilligt werden.

Allerdings ist auch bei einer ausschließlichen Betrachtung von Privatanlegern fraglich, ob ein ähnliches Schutzbedürfnis wie bei Minderjährigen oder nicht voll Geschäftsfähigen besteht. Die Nichtanwendung der Lehre von der fehlerhaften Gesellschaft in den Fällen von Minderjährigen und nicht voll Geschäftsfähigen ist dem überragenden Stellenwert geschuldet, der dem Schutz Minderjähriger und dem Schutz nicht voll Geschäftsfähiger zugebilligt wird.[250] Dieser zeigt sich auch daran, dass sich ein Minderjähriger oder ein nicht voll Geschäftsfähiger unter anderem nur unter der grundsätzlichen Mitwirkung des Familiengerichts an einer Gesellschaft beteiligen kann.[251] Eine derartige Hürde besteht bei Anlegern, die einer Inv-KG beitreten wollen, nicht. Zudem sollen durch die Nichtanwendung der Lehre von der fehlerhaften Gesellschaft der Minderjährige und der nicht voll Geschäftsfähige vor einer möglichen Haftung gegenüber Gesellschafts-

---

246 *Goette*, DStR 1996, 266f.
247 Erwägungsgrund 2 der AIFM-Richtlinie; BT-Drs. 17/12294, Seite 187, I. Ziel des Gesetzes.
248 Vgl. § 1 Abs. 19 Nr. 32 und 33.
249 Vgl. § 1 Abs. 19 Nr. 31 KAGB.
250 *Lieder* in Oetker, HGB, § 105 Rn. 113.
251 Vgl. §§ 1643 Abs. 1, 1822 Nr. 3 BGB.

gläubigern und einer Inanspruchnahme auf Verlustausgleich geschützt werden.[252] Einem derartigen Risiko sind Privatanleger von Investmentvermögen nicht ausgesetzt, da ihr Eintritt in eine Inv-KG erst mit ihrer Eintragung ins Handelsregister als Kommanditisten wirksam wird.[253]

Zu berücksichtigen ist ferner, dass eine Abwägung zwischen Verkehrs- und Bestandsschutz auf der einen Seite und dem Anlegerschutz auf der anderen Seite vorzunehmen ist. Sowohl der Verkehrs- als auch der Bestandsschutz waren maßgebliche Gründe, die erst zur Entwicklung des Instituts von der fehlerhaften Gesellschaft geführt haben.[254] Vor diesem Hintergrund soll zum Schutze des Rechtsverkehrs und der Funktionsfähigkeit der Gesellschaft die Beschränkung der Lehre von der fehlerhaften Gesellschaft nur ausnahmsweise erfolgen.[255] Die Nichtanwendung der Lehre von der fehlerhaften Gesellschaft führt dazu, dass die Inv-KG aufgrund der anfänglichen Unwirksamkeit des Gesellschaftsvertrags umfänglich nach den bereicherungsrechtlichen Vorschriften rückabzuwickeln wäre. Die daraus entstehende Rechtsunsicherheit für alle Beteiligten – gerade wenn die betroffene Gesellschaft für einen längeren Zeitraum bestand – ist gegen den Bestandsschutz und den Verkehrsschutz abzuwiegen. Hierbei ist zu berücksichtigen, dass nicht nur die Gläubiger der betroffenen Inv-KG, sondern regelmäßig auch die Anleger ein größeres Interesse am Fortbestand und an einer allenfalls geordneten Abwicklung einer fehlerhaften Inv-KG als an deren Rückabwicklung aufgrund der anfänglichen Unwirksamkeit des Gesellschaftsvertrags haben. Gemessen am Schutzbedürfnis der Anleger – auch im Vergleich mit dem Schutzbedürfnis von Minderjährigen und Geschäftsunfähigen – hat die Abwägung zugunsten des Bestands- und Verkehrsschutzes auszufallen.

Aus diesem Grund ist die Vergleichbarkeit des Schutzbedürfnisses zwischen einem Minderjährigen bzw. nicht voll Geschäftsfähigen und einem Privatanleger eines Investmentvermögens zu verneinen. Ein höherwertiges Interesse, das der Anwendung der Lehre von der feh-

252 *Goette*, DStR 1996, 266 (270); *Haas* in Röhricht/von Westphalen/Haas, HGB, § 105 Rn. 44.
253 Vgl. § 127 Abs. 4 KAGB und § 152 Abs. 4 KAGB.
254 *Goette*, DStR 1996, 266 f.
255 *Lieder* in Oetker, HGB, § 105 Rn. 111.

lerhaften Gesellschaft vorgehen könnte, kann im Anlegerschutz daher nicht gesehen werden. Eine Einschränkung der Lehre von der fehlerhaften Gesellschaft kann somit nur über die bereits anerkannten Fallgruppen im jeweiligen Einzelfall erfolgen. Eine generelle Einbeziehung von Privatanlegern in die Gruppe der besonders zu schützenden Personen ist dagegen nicht angebracht.

5.1.3.4. Kein höherwertiges Schutzinteresse: Arglistige Täuschung und widerrechtliche Drohung

Uneinheitlich wurde beurteilt, ob auch Fälle der arglistigen Täuschung oder widerrechtlichen Drohung als mögliche höherwertige Interessen in Betracht kommen.[256] In früheren Entscheidungen bejahte der BGH in besonders schweren Fällen der arglistigen Täuschung oder widerrechtlichen Drohung das Bestehen eines höherwertigen Schutzinteresses der getäuschten oder widerrechtlich bedrohten Person.[257] Ein solcher Fall wurde insbesondere dann angenommen, wenn ein Gesellschafter aufgrund von Drohung oder Täuschung einen besonders günstigen Gewinn- oder Liquidationsanteil erlangt.[258] In der Literatur stieg diese Rechtsprechung auf Kritik.[259] Zwischenzeitlich hat der BGH diese Rechtsprechung aufgegeben und wendet in seinen jüngeren Entscheidungen insoweit die Lehre von der fehlerhaften Gesellschaft an.[260]

Die Diskussionen hierzu drehten sich vor allem um die Thematik der arglistigen Täuschung im Kontext der Lehre von der fehlerhaften Gesellschaft insbesondere beim Beitritt neuer Gesellschafter als Kommanditisten zu Publikumskommanditgesellschaften. Bei den gegenständlichen Publikumskommanditgesellschaften handelte sich um geschlossene Fonds in der Rechtsform der GmbH & Co. KG, an denen sich Anleger als Kommanditisten nach deren Errichtung beteiligen konnten. Die Beteiligung erfolgte dabei durch Aufnahme dieser neuer Kommanditisten über einen Zeichnungsschein, über den sich die Anleger zur Leistung einer bestimmten Einlage verpflichteten. Der

---

256 Vgl. hierzu *Schäfer* in MüKo/BGB, § 705 Rn. 351 m. w. N.
257 Vgl. *BGH*, Urteil vom 29.06.1970 – II ZR 158/69 = NJW 1971, 375 (377).
258 Vgl. *BGH*, Urteil vom 12.05.1954 = NJW 1954, 1562.
259 Vgl. *Schäfer* in MüKo/BGB, § 705 Rn. 351.
260 Vgl. *BGH*, Urteil vom 14.06.2004 – II ZR 395/01 = NJW 2004, 2731 (2734).

Vertrieb dieser Kommanditbeteiligungen erfolgte regelmäßig nicht durch die Publikumsgesellschaft selbst, sondern eine Vertriebsgesellschaft, die in der Regel kaum über eine eigene Kapitalausstattung verfügte. Konkret herrschte in diesen Fällen Uneinigkeit darüber, ob die Lehre von der fehlerhaften Gesellschaft anzuwenden ist oder aufgrund höherwertiger Schutzinteressen abzulehnen ist, wenn der Beitritt eines Neugesellschafters durch arglistige Täuschung veranlasst wurde. Aufhänger der Diskussion war letztlich die Frage wer schutzwürdiger ist: der Rechtsverkehr oder der durch Täuschung beigetretene Anleger. Im ersteren Szenario verbleibt es bei der Anwendung der Lehre von der fehlerhaften Gesellschaft mit der Folge, dass dem getäuschten Neugesellschafter lediglich das Abfindungsguthaben zusteht, sofern sich der getäuschte Neugesellschafter zur Ausübung seines außerordentlichen Kündigungsrechts der Gesellschafterstellung entscheidet. Im letzteren Falle kommt die Lehre von der fehlerhaften Gesellschaft nicht zur Anwendung mit der Folge, dass der getäuschten Neugesellschafter einen Anspruch auf Rückzahlung der geleisteten Einlage hat.

Der Meinungsstreit kann für die unregulierte KG zwischenzeitlich als geklärt angesehen werden. Die Rechtsprechung wendet die Lehre von der fehlerhaften Gesellschaft auch bei einem solchen fehlerhaften Beitritt an[261], was in der Literatur auf Zustimmung trifft.[262] Aus Sicht des beigetretenen Gesellschafters ist dies aus mehreren Gründen misslich. Zum einen ist er aufgrund der *ex-nunc* Wirkung der Lehre von der fehlerhaften Gesellschaft den gesellschaftsrechtlichen Pflichten ausgesetzt, insbesondere der Kommanditistenhaftung und der Pflicht zur Leistung der geschuldeten Einlage, soweit er diese noch nicht oder nicht vollständig erbracht hat.[263] Zum anderen ist sein Anspruch gegenüber der Gesellschaft auf die Zahlung des Abfindungsguthabens beschränkt, welches regelmäßig hinter seiner geleisteten Einlage zurückbleiben dürfte.[264] Ein weitergehender Schadensersatzanspruch

---

261 Vgl. *BGH*, Urteil vom 19.12.1974 – II ZR 27/73; BGH, Urteil vom 11.05.2016 – XII ZR 147/14.

262 Vgl. *Fleischer* in MüKo/HGB, § 105 Rn. 500 m. w. N.; *Schäfer* in MüKo/BGB, § 705 Rn. 381.

263 Vgl. *Fleischer* in MüKo/HGB, § 105 Rn. 500.

264 Denn im Falle einer positiven wirtschaftlichen Entwicklung wird er trotz der arglistigen Täuschung nicht von seinem außerordentlichen Kündigungsrecht Gebrauch machen.

des beigetretenen Gesellschafters wegen arglistiger Täuschung richtet sich nach Ansicht des BGH nur gegen den täuschenden Vertriebspartner, nicht aber gegen die Gesellschaft selbst. Die Rechtsprechung begründet dies mit der Argumentation, dass in diesen Fällen die fehlerhafte Anlageberatung durch die Vertriebsgesellschaft erfolge und deren Verschulden nicht über § 278 BGB der Publikumsgesellschaft zugerechnet werden könne. Dies hat zur Folge, dass der Schadensersatzanspruch der getäuschten beigetretenen Gesellschafter gegen die Vertriebsgesellschaft faktisch leerläuft, wenn die anlageberatungerbringende Vertriebsgesellschaft kaum mit Liquidität ausgestattet wurde und daher der Schadensersatzanspruch gegen diese Vertriebsgesellschaft nicht werthaltig ist. Dies öffnete im Bereich der unregulierten geschlossenen Fonds Möglichkeiten für missbräuchliche Gestaltungen zulasten der Anleger und da derartige Rechtsgestaltungen in der Praxis auch vorkamen, waren diese im Wesentlichen der Aufhänger für die Vertreter der Ansicht, welche eine Anwendung der Lehre von der fehlerhaften Gesellschaft in diesen Fällen ablehnten.

Zu prüfen ist, ob diese im Bereich der unregulierten geschlossenen Fonds entwickelte Auffassung in Bezug auf den fehlerhaften Beitritt auch im regulierten Umfeld aufrecht zu erhalten ist oder ob unter Berücksichtigung der investmentrechtlichen Vorschriften eine Abkehr von dieser Rechtsauffassung geboten ist. Hierzu bedarf es einer Betrachtung, wer nach aktueller Rechtslage die Anteile einer Inv-KG vertreiben darf und wie die Haftung diesbezüglich ausgestaltet ist. Beim Ersterwerb liegt regelmäßig ein Vertrieb im Sinne von § 293 Abs. 1 KAGB vor. Wird dieser unmittelbar der von der KVG erbracht, welche die Inv-KG verwaltet,[265] handelt es sich hierbei um eine Tätigkeit der kollektiven Vermögensverwaltung gemäß § 1 Abs. 19 Nr. 24 KAGB. Alternativ hat die für die Verwaltung zuständige KVG die Möglichkeit, den Vertrieb der Anteile durch Dritte erbringen zu lassen. Aus Sicht der Vertriebspartner ist diese Vertriebstätigkeit entweder als Vertrieb von Anteilen an fremden Investmentvermögen im Sinne von § 20 Abs. 2 Nr. 4 KAGB und § 20 Abs. 3 Nr. KAGB einstufen, sodass es sich um eine erlaubnispflichtige Tätigkeit handelt. Soweit der Vertrieb der Anteile einer Inv-KG nicht von einer KVG erbracht wird,

---

265 Bei einer extern verwalteten Inv-KG ist dies die bestellte externe KVG und bei der intern verwalteten Inv-KG die Inv-KG selbst.

stellt dies eine Anlagevermittlung[266] oder eine Anlageberatung[267] – oder unter Umständen eine Abschlussvermittlung[268] oder ein Finanzkommissionsgeschäft[269] – dar, da diese Tätigkeit von den jeweiligen Vertriebspartnern entweder gewerblich erbracht wird oder in einem Umfang betrieben wird, der einen in kaufmännischer Weise eingerichteten Geschäftsbetrieb erfordert. Für die Erbringung dieser Tätigkeiten bedarf es einer Erlaubnis nach § 32 KWG oder § 15 WpIG. All diese Fälle haben somit gemeinsam, dass der Vertragspartner der Anleger eine regulierte Einheit ist, welche gesetzliche Vorgaben im Hinblick auf ihre Eigenmittel zu erfüllen haben. Für die Anleger einer Inv-KG ist dies deswegen relevant, weil hierdurch Vertriebsgestaltungen wie unter der alten Rechtslage, bei der die Vertriebsgesellschaften kaum mit Kapital ausgestattet wurden, praktisch ausgeschlossen sind. Ihnen steht in diesen Konstellationen somit ein Vertragspartner mit einer gewissen Liquiditätsausstattung gegenüber, sodass die Werthaltigkeit eines Schadensersatzanspruchs regelmäßig gegeben sein wird bzw. ein ein Ausfall des Anspruchs weniger wahrscheinlich. Demgemäß ist das Schutzinteresse der Anleger nach neuer Rechtslage weniger stark ausgeprägt als nach alter Rechtslage. Somit ist der Anleger einer Inv-KG gegenüber der Vertriebsgesellschaft nach dem KAGB besser gestellt als bisher. Dementsprechend hat die bisherige Rechtsprechung in Bezug auf den fehlerhaften Beitritt erst recht für die Inv-KG zu gelten, sodass es auch hier bei der Anwendung der Lehre von der fehlerhaften Gesellschaft bleibt. Beim Zweiterwerb, also beim Erwerb eines bestehenden Anteils an einer Inv-KG von einem Altgesellschafter, ergeben sich wiederum keine Unterschiede. Hier ist es dem Erwerber zumutbar, dass er das vertraglich eingegangene Risiko selbst trägt. Dies umfasst auch das Risiko, dass er den Anteil nicht wirksam erwirbt und er mit seinem Schadensersatzanspruch aufgrund der fehlenden Solvenz seines Vertragspartners ausfällt.

266 Vgl. § 1 Abs. 1a Satz 2 Nr. 1 KWG bzw. § 2 Abs. 2 Nr. 3 WpIG.
267 Vgl. § 1 Abs. 1a Satz 2 Nr. 1a KWG bzw. § 2 Abs. 2 Nr. 4 WpIG.
268 Vgl. § 1 Abs. 1a Satz 2 Nr. 2 KWG bzw. § 2 Abs. 2 Nr. 5 WpIG.
269 Vgl. § 1 Abs. 1 Satz 2 Nr. 4 KWG bzw. § 2 Abs. 2 Nr. 1 WpIG.

5.1.4. Rechtsfolgen in Bezug auf die Lehre von der fehlerhaften Gesellschaft

Ist der zu beurteilende Gesellschaftsvertrag einer Personengesellschaft von Anfang an unwirksam und wurde diese dennoch in Vollzug gesetzt, führt dies grundsätzlich dazu, dass die gegenständliche Gesellschaft trotz des gesellschaftsvertraglichen Mangels rechtswirksam entstanden ist.[270] Die fehlerhafte Gesellschaft kann somit zunächst Trägerin von Rechten und Pflichten sein, folglich am Rechtsverkehr teilnehmen und Partei von gerichtlichen Verfahren sein.[271]

Im Falle der Anwendung der Lehre von der fehlerhaften Gesellschaft steht den Gesellschaftern allerdings das Recht zu, rechtsgestaltende Maßnahmen durchzuführen, die sich in der Zukunft auf den Fortbestand der Gesellschaft an sich oder den Gesellschafterkreis auswirken können. Bei den Personenhandelsgesellschaften kam nach bisheriger Rechtslage grundsätzlich die Erhebung der Auflösungsklage gemäß § 133 HGB a. F. und, falls der Mangel in einem bestimmten Gesellschafter begründet ist, die Erhebung der Ausschlussklage gemäß § 140 HGB a. F. in Betracht, da die Fehlerhaftigkeit des Gesellschaftsvertrags per se als wichtiger Grund anzusehen ist, der eine Auflösung bzw. einen Ausschluss rechtfertigt.[272] Die Ausübung eines Kündigungsrechts wurde dagegen den Gesellschaften einer Personenhandelsgesellschaft in einem solchen Falle nach bisheriger Rechtslage nur dann zugestanden, wenn ein solches Kündigungsrecht entweder im Gesellschaftsvertrag angelegt ist oder es sich um eine Publikumsgesellschaft handelt, in deren Gesellschaftsvertrag ein Kündigungsrecht gerade nicht enthalten ist.[273] Nach neuer Rechtslage kann diese bisherige Auffassung zum Kündigungsrecht als überholt angesehen werden, da mit § 132 HGB nun ein ordentliches und ein außerordentliches Kündigungsrecht gesetzlich normiert sind. Im Übrigen besteht die Möglichkeit zur Erhebung der Auflösungsklage gemäß § 139 HGB

---

270 *Miras* in Münchener Handbuch des Gesellschaftsrechts Band 1, § 100 Rn. 65 f.; *K. Schmidt*, Gesellschaftsrecht, Seite 148, § 6 III. 2.

271 *Fleischer* in MüKo/HGB, § 105 Rn. 507.

272 *Fleischer* in MüKo/HGB, § 105 Rn. 508.

273 *Miras* in Münchener Handbuch des Personengesellschaftsrechts Band 1, § 100 Rn. 154 f.

und der Ausschlussklage gemäß § 134 HGB auch nach neuer Rechtslage fort.

Lediglich bei Vorliegen eines vorrangigen schutzwürdigen Interesses kommt es nicht zur Anwendung der Lehre von der fehlerhaften Gesellschaft, sodass es in diesen Ausnahmefällen bei der Nichtigkeit des Gesellschaftsvertrags und bei der Rückabwicklung der Gesellschaft nach den allgemeinen Regeln – d. h. nach Maßgabe der bereicherungsrechtlichen Vorschriften – bleibt.[274] Im Falle besonders schutzwürdiger Personen erstreckt sich die Nichtanwendung der Lehre der fehlerhaften Gesellschaft nur auf diese besonders schutzwürdigen Personen, während es im Übrigen in der Regel bei der Anwendung der Lehre von der fehlerhaften Gesellschaft verbleibt.[275] In allen anderen Fällen ist die Lehre von der fehlerhaften Gesellschaft generell nicht anzuwenden.[276] Aus Gründen des Schutzes des Rechtsverkehrs und des Bestandsschutzes, auf welche die Lehre von der fehlerhaften Gesellschaft abzielt,[277] muss dies aber die Ausnahme bleiben.

5.2. Rechtsfolgen bei Verletzung des Formerfordernisses

Nachfolgend soll untersucht werden, ob ein Verstoß gegen die Formerfordernisse, die sich aus § 125 Abs. 1 KAGB und § 150 Abs. 1 KAGB ergeben, zur Anwendung der Lehre von der fehlerhaften Gesellschaft führt und welche Rechtsfolgen sich hieraus ergeben. In der bisherigen Literatur wird derzeit wohl einhellig die Meinung vertreten, dass die Lehre der fehlerhaften Gesellschaft auf den Gesellschaftsvertrag einer Inv-KG angewendet werden soll, sofern dieser an einem Formmangel leidet.[278] Weitergehende Ausführungen hierzu finden sich aber nicht.

---

274 *Miras* in Münchener Handbuch des Personengesellschaftsrechts Band 1, § 100 Rn. 130 ff.

275 Vgl. *Miras* in Münchener Handbuch des Gesellschaftsrechts Band 1, § 100 Rn. 138 ff.; *Schäfer* in MüKo/BGB, § 705 Rn. 348 ff.

276 Vgl. *Miras* in Münchener Handbuch des Personengesellschaftsrechts Band 1, § 100 Rn. 130.

277 *K. Schmidt*, Gesellschaftsrecht, Seite 140, § 6 I. 3.; *Miras* in Münchener Handbuch des Personengesellschaftsrechts Band 1, § 100 Rn. 10.

278 *Casper*, ZHR 2015, 44 (54); *Freitag*, NZG 2013, 329 (333); *Eichhorn*, WM 2016, 110 (112); *Wallach* in Assmann/Wallach/Zetzsche, KAGB, § 150 Rn. 3; *Kunschke/Klebeck* in Beckmann/Scholtz/Vollmer, KAGB, § 125 Rn. 13 und § 150 Rn. 15.

Dementsprechend soll nachfolgend eine detaillierte Untersuchung diesbezüglich vorgenommen werden.

Wie zuvor dargestellt, hat der Gesellschaftsvertrag einer Inv-KG entweder der Schriftform gemäß § 150 Abs. 1 Satz 2 KAGB oder der Textform gemäß § 125 Abs. 1 KAGB und § 150 Abs. 1 Satz 2 KAGB zu genügen. Genügt der Gesellschaftsvertrag einer Inv-KG diesem Mindestformerfordernis nicht oder knüpft der Gesellschaftsvertrag der Inv-KG ausnahmsweise an strengere Formerfordernisse an, ohne diese einzuhalten und Heilung zu erfahren, leidet der gesamte Gesellschaftsvertrag an einem Formmangel. Die Nichteinhaltung der erforderlichen Form wirkt sich dabei auf den gesamten Gesellschaftsvertrag aus, sodass eine Verletzung der Formvorschriften nach Maßgabe der zivilrechtlichen Vorschriften zur anfänglichen Unwirksamkeit des gesamten Gesellschaftsvertrags führt.[279] Die Gesamtnichtigkeit des Gesellschaftsvertrags einer Inv-KG liegt daher bei einem Formmangel regelmäßig vor. Für den Fall, dass die betroffene Inv-KG zudem in Vollzug gesetzt wurde, ist daher die Lehre von der fehlerhaften Gesellschaft anzuwenden, sofern nicht ausnahmsweise höherwertige Schutzinteressen ihrer Anwendung entgegenstehen.

5.3. Rechtsfolgen bei Verletzung der Anforderungen hinsichtlich des Unternehmensgegenstandes

Weiterhin ist zu untersuchen, ob die Lehre von der fehlerhaften Gesellschaft anwendbar ist, falls der im Gesellschaftsvertrag angegebene Unternehmensgegenstand an einem Mangel leidet. Dabei ist zu unterscheiden, ob der Unternehmensgegenstand zu weit gefasst wurde oder ob es sich „lediglich" um eine ungenaue Bezeichnung der an sich erlaubten Betätigung handelt.

5.3.1. Rechtsfolgen bei Verletzung des erlaubten Unternehmensgegenstands

Zu prüfen ist, welche Rechtsfolge eintritt, wenn die Bestimmung über den Unternehmensgegenstand fehlerhaft ist, weil der im Gesell-

279 Vgl. *Roth* in Hopt, HGB, § 105 Rn. 80; Schäfer in MüKo/BGB, § 705 Rn. 339.

schaftsvertrag bezeichnete Unternehmensgegenstand zu weit gefasst wurde.[280]

Ein Gesellschaftsvertrag ist insbesondere dann in seiner Gesamtheit von Anfang an unwirksam, wenn die Willenserklärungen der Gesellschafter, die auf den Abschluss des Gesellschaftsvertrags gerichtet sind, fehlerhaft sind und deswegen zur Gesamtnichtigkeit des Gesellschaftsvertrags führen.[281] Zur Nichtigkeit des gesamten Gesellschaftsvertrags führt unter anderem der Umstand, dass sein Inhalt nicht dem erforderlichen Mindestinhalt genügt.[282]

Sowohl § 125 Abs. 2 Satz 1 KAGB als auch § 150 Abs. 2 Satz 1 KAGB ordnen gesetzlich an, dass der Unternehmensgegenstand in den Gesellschaftsvertrag einer Inv-KG aufzunehmen ist und in welcher Art und Weise die Aufnahme des Unternehmensgegenstands zu erfolgen hat. Eine Verletzung dieser gesetzlichen Vorgaben führt dementsprechend dazu, dass die gesellschaftsvertragliche Regelung zum Unternehmensgegenstand gegen geltendes Recht verstößt. Hierbei ist zu berücksichtigen dass über § 125 Abs. 2 Satz 1 KAGB bzw. § 150 Abs. 2 Satz 1 KAGB sichergestellt werden soll, dass es sich bei einer Investmentgesellschaft und damit auch bei einer Inv-KG stets um eine Zweckgesellschaft handelt.[283] Über diesen Unternehmensgegenstand hinaus soll eine Inv-KG somit keine geschäftlichen Tätigkeiten entfalten, weswegen § 125 Abs. 2 Satz 1 KAGB als auch § 150 Abs. 2 Satz 1 KAGB damit Verbotscharakter zukommt, sofern der in diesen Vorschriften niedergelegte Unternehmensgegenstand überschritten wird. In der Konsequenz stellt § 125 Abs. 2 Satz 1 KAGB als auch § 150 Abs. 2 Satz 1 KAGB damit ein Verbotsgesetz im Sinne von § 134 BGB dar. Die Folge der Anwendbarkeit von § 134 BGB ist, dass der

---

280 Hiervon abzugrenzen ist der Umgang mit der Inv-KG, wenn der Unternehmensgegenstand zwar ordnungsgemäß im Gesellschaftsvertrag bezeichnet wurde, die Gesellschaft diese ihre Tätigkeit aber tatsächlich überdehnt. Dies betrifft nicht die Wirksamkeit des Gesellschaftsvertrags der Inv-KG, allerdings kann die Aufsichtsbehörde entsprechende Maßnahmen gegen die Inv-KG auf der Grundlage von § 5 Abs. 6 Satz 1 KAGB ergreifen.

281 *Wertenbruch* in Ebenroth/Boujong/Joost/Strohn, HGB, § 105 Rn. 308; *Lieder* in Oetker, HGB, § 105 Rn. 105 ff.

282 *Miras* in Münchener Handbuch des Personengesellschaftsrechts Band 1, § 100 Rn. 45.

283 Vgl. *Wallach*, ZGR 2014, 289 (297).

Gesellschaftsvertrag insgesamt nichtig ist.[284] Damit ist die Lehre von der fehlerhaften Gesellschaft bei einem Überschreiten des zulässigen Unternehmensgegenstands einer Inv-KG anzuwenden, sofern nicht höherrangige Schutzinteressen entgegenstehen.

Ein solches höherwertiges Schutzinteresse könnte bei einem Verstoß gegen den erlaubten Unternehmensgegenstands in Form eines Verstoßes gegen gesetzliche Verbote gemäß § 134 BGB vorliegen. Nach der ständigen Rechtsprechung des BGH ist ein Verstoß gegen § 134 BGB und damit ein vorrangiges Schutzinteresse unter anderem dann zu bejahen, wenn ein Gesellschaftsvertrag an einem gesellschaftszweckbezogenen Mangel leidet.[285] Dabei genügt es, wenn der Inhalt des Gesellschaftsvertrags *„auf die Verwirklichung eines gesetzwidrigen Tatbestands gerichtet ist"*.[286] Begründet wird dies von der Rechtsprechung damit, dass die Rechtsordnung ein von ihr verbotenes und für nichtig erklärtes Rechtsverhältnis nicht anerkennen könne, das laufend neue Rechten und Pflichten begründe.[287] Ein Verstoß gegen § 134 BGB liegt dabei insbesondere dann vor, wenn eine bestimmte Tätigkeit durch eine Berufsordnung geregelt und der Zugang zu dieser Tätigkeit deren Berufsträgern vorbehalten ist.[288] Im Falle eines zu weit gefassten Unternehmensgegenstands einer Inv-KG könnte ein vergleichbarer Fall zu sehen sein. Das Urteil des BGH erging zwar für den Fall, dass eine Gesellschaft gemäß ihrem Unternehmensgegenstand ein erlaubnispflichtiges Geschäft betreibt,[289] ohne die hierfür erforderliche Erlaubnis einzuholen. Allerdings kann nichts anderes gelten, wenn ein Unternehmen einen gesetzlich explizit vorgeschriebenen Unternehmensgegenstand überschreitet.

Somit ist festzuhalten, dass ein Verstoß gegen § 125 Abs. 2 Satz 1 KAGB bzw. § 150 Abs. 2 Satz 1 KAGB zur Nichtigkeit des gesamten

---

284 *Miras* in Münchener Handbuch des Personengesellschaftsrechts Band 1, § 100 Rn. 46.

285 *BGH*, Urteil vom 25.03.1974 – Az. II ZR 63/72 m. w. N.

286 *Miras* in Münchener Handbuch des Personengesellschaftsrechts Band 1, § 100 Rn. 122.

287 *BGH*, Urteil vom 25.03.1974 – Az. II ZR 63/72.

288 *Miras* in Münchener Handbuch des Personengesellschaftsrechts Band 1, § 100 Rn. 122.

289 Konkret ging es um eine Tätigkeit, die dem Rechtsberatungsgesetz – jetzt: Rechtsdienstleistungsgesetz – unterfiel.

Gesellschaftsvertrags führt. Aufgrund des Verstoßes gegen ein gesetzliches Verbot gemäß § 134 BGB ist die Anwendung von der Lehre der fehlerhaften Gesellschaft aber grundsätzlich ausgeschlossen. Da der Gesellschaftsvertrag einer Inv-KG gegenüber der BaFin im Rahmen der Vertriebsanzeige vorzulegen und die Vertriebsfreigabe durch die BaFin zu erteilen ist, dürfte regelmäßig die Ausnahme aufgrund der Mitwirkung der zuständigen Behörde – und damit die Anwendung der Lehre von der fehlerhaften Gesellschaft – greifen.

5.3.2. Rechtsfolgen bei ungenauer Bezeichnung des Unternehmensgegenstands in Bezug auf produktspezifische Vorschriften

Von der Überdehnung des erlaubten Unternehmensgegenstands ist eine – gemessen am Wortlaut von § 125 Abs. 2 KAGB und § 150 Abs. 2 KAGB – ungenaue Bezeichnung des Unternehmensgegenstands im Gesellschaftsvertrag zu unterscheiden. Unstreitig dürfte sein, dass die Angabe, wonach der Unternehmensgegenstand „*ausschließlich in der Anlage und der Verwaltung der eigenen Mittel*" besteht, zwingender Bestandteil des gesellschaftsvertraglich festzulegenden Unternehmensgegenstands einer Inv-KG ist. Im Übrigen erscheint es aber fraglich, ob die in § 125 Abs. 2 KAGB und § 150 Abs. 2 KAGB enthaltenen Konkretisierungen – dies betrifft den Verweis auf die jeweiligen Produktvorschriften und die Konkretisierung hinsichtlich der Begriffe „*festgelegte Anlagestrategie*", „*gemeinschaftliche Kapitalanlage*" und „*zum Nutzen der Anleger* „ sowie „*Grundsatz der Risikomischung*" – des Unternehmensgegenstands von zwingender Natur sind.

Bei der Untersuchung des Wortlauts von § 125 Abs. 2 KAGB und § 150 Abs. 2 KAGB fällt auf, dass es sich bei den Begriffen „*festgelegte Anlagestrategie*", „*gemeinschaftliche Kapitalanlage*" und „*zum Nutzen der Anleger* „ zugleich um Merkmale des Investmentvermögensbegriffs im Sinne von § 1 Abs. 1 KAGB handelt.[290] Für die Begriffe „*festgelegte Anlagestrategie*" und „*zum Nutzen der Anleger*" ergibt sich dies aufgrund der identischen Begrifflichkeiten, während dies hinsichtlich des Begriffs der „*gemeinschaftlichen Kapitalanlage*" erst aus einer Gesamtschau deutlich wird. Vor dem Hintergrund, dass

290 So auch *Kunschke/Klebeck* in Beckmann/Scholtz/Vollmer, KAGB, § 125 Rn. 19 und § 150 Rn. 20.

die Rechtsformwahl für inländische Investmentvermögen stark eingeschränkt ist – unter anderem auf die Rechtsform der Inv-KG[291] –, ist die Aufnahme dieser Begriffe in den festzulegenden Unternehmensgegenstand insoweit redundant. Aus diesem Grunde sind sie als ergänzende Erläuterungen des Unternehmensgegenstands anzusehen. Als solche haben sie Bestandteil des gesellschaftsvertraglich festzulegenden Unternehmensgegenstands zu sein, allerdings bleibt ihre Nichtaufnahme im gesellschaftsvertraglich festzulegenden Unternehmensgegenstand folgenlos.

Separat zu betrachten sind die Angaben hinsichtlich des Verweises auf die jeweiligen Produktvorschriften und – in Bezug auf den Gesellschaftsvertrag der offenen Inv-KG – der Anordnung zur Einhaltung des Grundsatzes der Risikomischung. Auch bei ihnen könnte es sich um bloße Konkretisierungen und Klarstellungen handeln, sodass die fehlende Aufnahme in die Bezeichnung des Unternehmensgegenstands nicht zur Nichtigkeit, sondern allenfalls zur ergänzenden Vertragsauslegung führt.

Für dieses Verständnis spricht zunächst die Gesetzesbegründung zum KAGB. Gemäß den Ausführungen in der Gesetzesbegründung zum Unternehmensgegenstand der Inv- KG soll der Verweis in den §§ 125 Abs. 2, 150 Abs. 2 KAGB auf die Produktvorschriften diesen dahingehend konkretisieren, ob es sich bei der gegenständlichen Inv-KG um einen Publikums-AIF oder einen Spezial-AIF handelt.[292] Hieraus wird erkennbar, dass der Gesetzgeber mit dem Verweis auf die Produktvorschriften keine weitere Einschränkung des Unternehmensgegenstands bezwecken wollte. Es soll vielmehr klargestellt werden, an welchen Anlegerkreis sich das Investmentvermögen richtet.[293] Für Spezial-AIF in der Rechtsform der Inv-KG ist dieser Verweis redundant, da hier der erlaubte Anlegerkreis ausdrücklich im Gesellschaftsvertrag festgelegt werden muss.[294] Da zudem eine offene Inv-KG nur den Spe-

291 Vgl. § 91 Abs. 2 KAGB und § 139 KAGB.

292 Vgl. BT-Drs. 17/12294, Seite 242, zu § 125 (Gesellschaftsvertrag), zu Absatz 2 und Seite 249, zu § 150 (Gesellschaftsvertrag), zu Absatz 2.

293 Vgl. BT-Drs. 17/12294, Seite 242, zu § 125 (Gesellschaftsvertrag), zu Absatz 2 und Seite 249, zu § 150 (Gesellschaftsvertrag), zu Absatz 2.

294 Vgl. § 150 Abs. 2 Satz 3 KAGB.

zial-AIF zur Verfügung gestellt wurde, hätte eine weitergehende Konkretisierung nur für geschlossene Publikums-AIF Relevanz.

Ebenso ist zu berücksichtigen, dass durch die Bezeichnung des Unternehmensgegenstandes im Gesellschaftsvertrag sowohl nach innen als auch nach außen klargestellt werden soll, in welchen Geschäftsbereichen die Gesellschaft tätig sein will und darf. Es geht insoweit um die Frage nach dem „Was". Dieser Unternehmensgegenstand wird bei der Inv-KG per Gesetz auf die Anlage und Verwaltung des eigenen Vermögens beschränkt. Hiervon zu unterscheiden ist, wie die Anlage und die Verwaltung des Vermögens der Inv-KG zu erfolgen haben. Die Frage nach dem „Wie" der Vermögensanlage und -verwaltung hat der Gesetzgeber mit den Produktvorschriften beantwortet, wozu auch die Anordnung zur Beachtung des Grundsatzes der Risikomischung gehört, wie ein Blick in § 282 KAGB zeigt. Somit ist zu sagen, dass der Regelungsgehalt des Verweises auf die Produktvorschriften über das Ziel hinausgeht, das hinter der Angabe des Unternehmensgegenstands im Gesellschaftsvertrag liegt. Somit legt auch die teleologische Auslegung den Schluss nahe, dass die Angaben hinsichtlich Risikomischung und Produktvorschriften nicht zum Mindestinhalt des Gesellschaftsvertrags gehören.

Folglich ist der Verweis auf die Produktvorschriften nicht als elementarer Bestandteil für die Benennung des Unternehmensgegenstands, sondern nur als dessen Konkretisierung anzusehen.[295] Selbiges gilt für die Anordnung des Grundsatzes der Risikomischung, der für die offene Inv-KG vorgeschrieben wird.[296] Ihr Fehlen in der Bezeichnung des Unternehmensgegenstands führt daher nicht zur Nichtigkeit des Gesellschaftsvertrags. In der Literatur wird deswegen zurecht bezweifelt, ob diese Erläuterungen und Ergänzungen tatsächlich in den Gesellschaftsvertrag einer Inv-KG gehören.[297]

295 So wohl auch *Paul* in Weitnauer/Boxberger/Anders, KAGB, § 150 Rn. 7.
296 § 125 Abs. 2 Satz 1 KAGB.
297 *Freitag*, NZG 2013, 329 (333).

5.4. Rechtsfolgen bei Verletzung der Anforderungen hinsichtlich der Gesellschafterversammlung

Auch hier stellt sich die Frage, wie damit umzugehen ist, wenn eine Aufnahme dieser gesetzlich vorgesehenen Regelungen gänzlich oder teilweise unterbleibt bzw. fehlerhaft erfolgt.

5.4.1. Untersuchung des Wortlauts von § 125 Abs. 3 KAGB und § 150 Abs. 3 KAGB

Ausweislich von § 125 Abs. 3 KAGB und § 150 Abs. 3 KAGB „*hat*" der Gesellschaftsvertrag entsprechende Regelungen über die Ladung und das Protokoll zur Gesellschafterversammlung „*vorzusehen*", die den gesetzlichen Vorgaben genügen. Die verwendeten Begrifflichkeiten lassen somit darauf schließen, dass die Regelungen der Vorschriften als zwingend zu interpretieren sind. Somit liegt der Schluss nahe, im Falle eines Verstoßes gegen gesetzliche Vorgaben über die Gesellschafterversammlung die Nichtigkeit als Rechtsfolge anzunehmen.

Damit ist aber noch nichts darüber gesagt, ob sich die Nichtigkeit lediglich auf die einzelnen Klauseln im Gesellschaftsvertrag bezieht oder ob die Nichtigkeitsfolge den gesamten Gesellschaftsvertrag trifft. Hierfür liefert der Gesetzeswortlaut keine Anhaltspunkte.

Nach der Auslegung am Wortlaut ist davon auszugehen, dass ein Verstoß gegen den in § 125 Abs. 3 KAGB bzw. § 150 Abs. 3 KAGB enthaltenen Mindestinhalt zwar die Nichtigkeit zur Folge hat. Allerdings bleibt unklar, ob derartige Verstöße zur Teilnichtigkeit oder zur Gesamtnichtigkeit des Gesellschaftsvertrags führen.

5.4.2. Heranziehung des gesetzgeberischen Willens zu § 125 Abs. 3 KAGB und § 150 Abs. 3 KAGB

Weiterhin sind die gesetzgeberischen Erwägungen zu § 125 Abs. 3 KAGB und § 150 Abs. 3 KAGB zur Auslegung heranzuziehen.

Mit der Einführung der Vorschriften über die Hauptversammlung verfolgte der Gesetzgeber das Ziel, Gesellschafterversammlungen im Interesse der Anleger transparent zu machen.[298] Die Vorschrift dient

298 Vgl. BT-Drs. 17/12294, Seite 242, zu § 125 (Gesellschaftsvertrag), zu Absatz 3 und Seite 249, zu § 150 (Gesellschaftsvertrag), zu Absatz 3.

damit dem Schutz der Anleger. Dieser Schutzzweck ist stets durchzuhalten, um ein möglichst hohes Schutzniveau zugunsten der Anleger zu erreichen. Aus diesem Grunde ist die Vorschrift gemäß der historischen Auslegung ebenfalls dahingehend zu verstehen, dass sie einen zwingenden Mindestinhalt für den Gesellschaftsvertrag einer Inv-KG vorgibt. Dementsprechend resultiert aus entsprechenden Mängeln die Nichtigkeit.

Allerdings bleibt auch bei der historischen Auslegung unklar, ob die Nichtigkeit sich nur auf die jeweilige Klausel im Gesellschaftsvertrag oder auf den Gesellschaftsvertrag als Ganzes erstrecken soll. Da die Gesetzesbegründung zu § 125 Abs. 3 KAGB und § 150 Abs. 3 KAGB sehr dünn ausfällt, kann sie keine Anhaltspunkte dafür bieten, wie insoweit zu verfahren ist.

5.4.3. Heranziehung von Sinn und Zwecks von § 125 Abs. 3 KAGB und § 150 Abs. 3 KAGB

Zuletzt ist auf den Sinn und Zweck der Vorschrift abzustellen. Es ist zu ermitteln, welcher Zweck mit der Anordnung der zuvor genannten Mindesterfordernisse erreicht werden soll.

Durch die Bekanntgabe der Tagesordnung in Textform soll den Gesellschaftern die Möglichkeit eingeräumt werden, sich auf die Gesellschafterversammlung angemessen vorzubereiten.[299] Zusätzlich entfaltet die Angabe der Tagesordnungspunkte Bindungswirkung für die Gesellschafterversammlung.[300]

Diese Rechtsgedanken, die sich insbesondere bei der AG finden, sind auf die Inv-KG, die sich gleichermaßen wie die AG an das Publikum richtet, zu übertragen. Die Vorschriften dienen erkennbar dem Anlegerschutz. Zudem ist zu berücksichtigen, dass entsprechende Rechtsgedanken nach neuer Rechtslage auch im Personengesellschaftsrecht angelegt sind.[301] Insoweit kann konstatiert werden, dass es sich somit um einen allgemeinen Rechtsgedanken im Gesellschaftsrecht handelt. Dieser würde aufgeweicht, wenn die Initiatoren die Möglichkeit hätten, abweichende Regelungen im Gesellschaftsvertrag zu treffen.

299 Vgl. *Ziemons* in Schmidt/Lutter, AktG, § 121 Rn. 40.
300 Vgl. *Koch* in Koch, AktG, § 121 Rn. 9.
301 Vgl. BT-Drs. 19/27635, Seite 226, zu § 109 (Beschlussfassung), zu Absatz 2.

Dieser Schutz ginge gerade bei Publikumsfonds verloren, da hier die Anleger selbst keine Möglichkeit haben, auf die Gestaltung des Gesellschaftsvertrags Einfluss zu nehmen. Aus diesem Grund ist auch nach dieser Art der Auslegung auf den zwingenden Charakter der Vorschriften über die Gesellschafterversammlungen bei der Inv-KG und eine entsprechende Einbeziehung in den notwendigen Mindestinhalt des Gesellschaftsvertrags einer Inv-KG zu schließen.

Somit führt ein Verstoß gegen § 125 Abs. 3 KAGB und § 150 Abs. 3 KAGB zur Nichtigkeit abweichender Vereinbarungen im Gesellschaftsvertrag.

Zu prüfen bleibt somit, ob die teleologische Auslegung auf die Teil- oder Gesamtnichtigkeit schließen lässt. Dabei ist zu berücksichtigen, dass die Nichtigkeit des gesamten Gesellschaftsvertrags die schärfste Rechtsfolge darstellt. Unter Berücksichtigung des Bestandsschutzes ist eine Auslegung dahingehend vorzunehmen, ob der Schutz der Gesellschafter nicht auch auf andere Weise als durch die gesamte Nichtigkeit des Gesellschaftsvertrags erreicht werden kann. Vorliegend wäre an eine unmittelbare Anwendung der Bestimmungen nach § 125 Abs. 3 KAGB und § 150 Abs. 3 KAGB zu denken.[302] Vorliegend ist zu berücksichtigen, dass durch den Gesetzeswortlaut der Inhalt des Gesellschaftsvertrags hinsichtlich der Gesellschafterversammlungen de facto unmittelbar vorgeschrieben wird; abweichende Vereinbarungen diesbezüglich sind nicht möglich. Verlangt wird somit, dass die gesetzlichen Vorgaben gemäß § 125 Abs. 3 KAGB und § 150 Abs. 3 KAGB eins zu eins übernommen werden. Folglich wird der mit den Vorschriften verfolgte Zweck auch dann erreicht, wenn statt der Aufnahme der Regelungen in den Gesellschaftsvertrag die beiden genannten investmentrechtlichen Regelungen unmittelbar angewendet werden.

Zudem ist zu berücksichtigen, dass die Vorschriften den Anlegerschutz im Blick haben. Ob diesem Schutz tatsächlich Rechnung getragen würde, wenn Mängel hinsichtlich der Vorgaben über die Gesellschafterversammlung zur Gesamtnichtigkeit des Gesellschaftsvertrags

---

302 Eine vertragsergänzende Auslegung, wie sie an sich grundsätzlich geboten ist, verbietet sich deswegen, weil der Gesellschaftsvertrag objektiv auszulegen ist; vgl. Teil B. Kapitel III. Ziffer 2.2. „Rein objektive Auslegung des Gesellschaftsvertrags einer Inv-KG aufgrund aufsichtsrechtlicher Besonderheiten“.

führten, erscheint mehr als fraglich. Denn in diesem Falle wäre die Lehre von der fehlerhaften Gesellschaft anzuwenden, mit dem Resultat, dass einzelne Gesellschafter die Abwicklung der Inv-KG verlangen könnten. Vor dem Hintergrund des Bestandsschutzes und der Möglichkeit, über die unmittelbare Anwendung zu einem angemessenen Ergebnis zu kommen, ist diese Rechtsfolge weder für die übrigen Gesellschafter noch für den Rechtsverkehr hinnehmbar.

5.4.4. Fazit

Auf Basis der vorstehenden Ausführungen ist festzuhalten, dass eine Verletzung von § 125 Abs. 3 KAGB bzw. § 150 Abs. 3 KAGB nur zur Nichtigkeit der betroffenen gesellschaftsvertraglichen Regelung führt, nicht aber die Nichtigkeit des gesamten Gesellschaftsvertrags. In der Folge ist die Lehre von der fehlerhaften Gesellschaft nicht anwendbar, sofern eine Regelung im Gesellschaftsvertrag einer Inv-KG gegen § 125 Abs. 3 KAGB bzw. § 150 Abs. 3 KAGB verstößt. Die Regelungslücke, die aufgrund der unwirksamen Regelung entsteht, ist durch ergänzende Vertragsauslegung unter Berücksichtigung der genannten Vorschriften zu schließen.

5.5. Rechtsfolgen bei Verletzung der Anforderung hinsichtlich der Laufzeit

Fraglich ist, wie damit umzugehen ist, wenn der Gesellschaftsvertrag einer Inv-KG im Hinblick auf die Laufzeit mangelhaft ist. Bei der offenen Inv-KG kommt dabei lediglich die Unwirksamkeit aufgrund einer übermäßig langen Laufzeit in Betracht. Bei der geschlossenen Inv-KG ist als weiterer Mangel daran zu denken, dass der Gesellschaftsvertrag keine Regelung zur Laufzeit enthält. Denn in diesem Falle würde die geschlossene Inv-KG auf unbestimmte Zeit laufen, obwohl für sie gerade eine bestimmte oder bestimmbare Laufzeit vorzusehen ist. Bei gesamtheitlicher Betrachtung ist allerdings zu bemerken, dass letztlich die vorgenannten Mängel zu einer Beanstandung des Gesellschaftsvertrags aufgrund einer nicht oder nicht mehr zulässigen Laufzeit führen.

Für Personengesellschaften ist insoweit anerkannt, dass lange Bindungen regelmäßig nicht zur Unwirksamkeit des gesamten Gesellschaftsvertrags führen, sondern sich lediglich auf die Unwirksamkeit der betroffenen Klausel beschränken.[303] Diese Rechtsfolgen wurden zwar zunächst für den Ausschluss des ordentlichen Kündigungsrechts erarbeitet, sie sind allerdings auf die Laufzeit einer Gesellschaft zu übertragen.[304] Vielmehr soll die aus dem Mangel resultierende Lücke im Gesellschaftsvertrag durch ergänzende Vertragsauslegung nach Maßgabe des mutmaßlichen Parteiwillens geschlossen werden.[305]

Bei der Inv-KG ist allerdings zu berücksichtigen, dass deren Gesellschaftsvertrag nach der hier vertretenen Meinung stets nach rein objektiven Gesichtspunkten auszulegen ist. Das Abstellen auf den mutmaßlichen Willen der Parteien verbietet sich daher. Jedoch ist zu berücksichtigen, dass bei der Inv-KG eine rein objektive Auslegung des Gesellschaftsvertrags einer Inv-KG sich nicht ausschließlich auf den Gesellschaftsvertrag beschränken muss, sondern auch anhand weiterer Dokumente möglich ist, sofern diese sich auf den Gesellschaftsvertrag beziehen bzw. im Zusammenhang mit diesem stehen und den Gesellschaftern zugänglich sind. Dies gilt insbesondere für die Anlagebedingungen, die gemäß § 126 Satz 3 KAGB bzw. § 151 Satz 3 KAGB gerade stets mit dem Gesellschaftsvertrag zugänglich zu machen sind, und den Verkaufsprospekt bzw. die Informationen nach § 307 KAGB. Gerade durch die Einbeziehung der Anlagebedingungen und des Verkaufsprospekts bzw. der Informationen nach § 307 KAGB kann durchaus erschlossen werden, welchen zeitlichen Anlagehorizont ein Investmentvermögen hat. Bei der offenen Inv-KG ist zusätzlich anzumerken, dass diese – wie bereits erwähnt – sowohl auf bestimmte Zeit als auch auf unbestimmte Zeit eingegangen werden kann. Bei ihr kann daher im Zweifelsfalle darauf gefolgert werden, dass sie auf unbestimmte Zeit eingegangen wurde.[306]

Nach Maßgabe der vorstehenden Ausführungen ist es nach der hier vertretenen Auffassung vertretbar, die aus dem Personengesellschaftsrecht bekannten Grundsätze auf die Inv-KG zu übertragen. Dementsprechend führt der Mangel in Bezug auf die Laufzeit grundsätzlich

---

303 Vgl. *Schäfer* in MüKo/BGB, § 723 Rn. 63; *K. Schmidt/Fleischer* in MüKo/HGB, § 132 Rn. 33 und Rn. 35.

304 Vgl. *Schäfer* in MüKo/BGB, § 723 Rn. 65.

305 Vgl. *Schäfer*, a. a. O.

306 So zur Personenhandelsgesellschaft Roth in Hopt, HGB, § 132 Rn. 14.

nicht zur Unwirksamkeit des gesamten Gesellschaftsvertrags einer Inv-KG, sondern ist vielmehr durch ergänzende Vertragsauslegung zu beheben. In einem solchen Falle ist als Laufzeit derjenige Zeitraum maßgeblich, welcher dem wirtschaftlich Gewollten am nächsten kommt. Regelmäßig wird daher auf die jeweilige Kalkulation des gegenständlichen Investmentvermögens, die regelmäßig in den Anlagebedingungen und/oder dem Verkaufsprospekt bzw. den Informationen nach § 307 KAGB abgebildet ist, abzustellen sein.

5.6. Rechtsfolgen bei Verletzung der Anforderung hinsichtlich des erlaubten Anlegerkreises

Auch hier stellt sich die Frage, wie mit gesellschaftsvertraglichen Mängeln im Hinblick auf die Angaben zum erlaubten Anlegerkreis zu verfahren ist. In der Literatur wird auch hierzu vertreten, dass derartige Mängel unbeachtlich sein sollen.[307] Es soll insoweit bei investmentrechtlichen Sanktionen durch die BaFin bleiben.[308]

Zu prüfen bleibt, ob dieser Literaturmeinung zu folgen ist. Abhängig ist dies davon, ob der Mangel so gewichtig ist, dass er zur Nichtigkeit führt. Im Falle einer Nichtigkeit ist sodann zu untersuchen, ob lediglich die betroffene Klausel unwirksam ist oder ob die Unwirksamkeit den gesamten Gesellschaftsvertrag erfasst.

5.6.1. Untersuchung des Wortlauts von § 125 Abs. 2 Satz 2 KAGB und § 150 Abs. 2 Satz 2 KAGB

Diesbezüglich ist zunächst auf den Wortlaut von § 125 Abs. 2 Satz 2 KAGB und § 150 Abs. 2 Satz 2 KAGB einzugehen. Die Vorschriften ordnen an, dass die Angabe über den erlaubten Anlegerkreis im Gesellschaftsvertrag festgelegt werden „*muss*", wenn es sich beim gegenständlichen Investmentvermögen um ein Spezial-AIF handelt. Der verwendete Terminus lässt darauf schließen, dass die Vorschrift zwingenden Charakter hat und sie deswegen als eine der Mindestangaben für den Gesellschaftsvertrag einer Inv-KG, die als Vehikel eines ge-

---

307 *Eichhorn*, WM 2016, 110 (113); *Paul* in Weitnauer/Boxberger/Anders, KAGB, § 150 Rn. 13.

308 *Eichhorn*, WM 2016, 110 (113); *Paul* in Weitnauer/Boxberger/Anders, KAGB, § 150 Rn. 13.

schlossenen Spezial-AIF dient, anzusehen ist. Im Ergebnis spricht die Wortlautauslegung somit dafür, die Angabe nach § 150 Abs. 2 Satz 2 KAGB zum erforderlichen Mindestinhalt zu zählen.

5.6.2. Systematische Auslegung

Des Weiteren sind § 125 Abs. 2 Satz 2 KAGB und § 150 Abs. 2 Satz 2 KAGB nach Maßgabe anderer Vorschriften auszulegen. Dabei sind die Vorschriften über den erlaubten Anlegerkreis bei der Inv-AG heranzuziehen,[309] die – vorbehaltlich der begrifflichen Eigenheiten hinsichtlich der jeweiligen Rechtsform – § 125 Abs. 2 Satz 2 KAGB und § 150 Abs. 2 Satz 2 KAGB vom Wortlaut entsprechen.

Fraglich ist jedoch, inwieweit eine Heranziehung der Vorschriften über die Inv-AG zielführend sein kann. Die Vorschriften über die Benennung des erlaubten Anlegerkreises zur Identifizierung von Spezial-AIF wurden erstmalig mit Erlass des KAGB eingeführt. Vergleichbare Vorgängervorschriften finden sich nicht, da dem bisherigen InvG ausschließlich OGAW unterlagen.[310] Da sich OGAW bereits nach ihrer gesetzlichen Definition an das breite Publikum richten[311] und eine Beschränkung auf bestimmte Anlegerklassen bei OGAW somit nicht möglich ist, erübrigte sich während der Gültigkeit des InvG eine entsprechende gesetzliche Regelung. Mit der Einführung des KAGB und angesichts des Umstands, dass die Inv-AG nunmehr auch als Vehikel für Spezial-AIF genutzt werden konnte, änderte sich dies. Damit stellt sich bei der Inv-AG hinsichtlich der Anordnung über den erlaubten Anlegerkreis nun die gleiche Problematik wie bei der Inv-KG. Eine entsprechende Heranziehung der Vorschriften ist daher möglich.

Soweit erkennbar finden sich allerdings auch bei § 110 Abs. 3 KAGB und § 142 Satz 2 KAGB noch keine diesbezüglichen Ausführungen. Die Heranziehung der Vorschriften über die Inv-AG zum Zwecke der Auslegung von § 125 Abs. 2 Satz 2 KAGB und § 150 Abs. 2 Satz 2 KAGB führt daher nicht zum gewünschten Ergebnis.

Eine systematische Auslegung anhand der Vorschriften über die Inv-KG ist somit nicht zielführend. Da anderweitige Vorschriften für eine

---

309 Vgl. § 110 Abs. 3 KAGB und § 152 Satz 2 KAGB.
310 Vgl. §§ 1, 2 Abs. 1 InvG.
311 Vgl. Art. 1 Abs. 2 der OGAW-Richtlinie.

systematische Auslegung nicht in Betracht kommen, bleibt diese daher ohne Ergebnis.

5.6.3. Historische Auslegung

Weiterhin sind die Überlegungen und Zielsetzungen des Gesetzgebers bei Schaffung der Norm heranzuziehen. Die Begründung des Gesetzgebers zu § 125 Abs. 2 Satz 2 KAGB und § 150 Abs. 2 KAGB beschränkt sich jedoch ausschließlich auf den Unternehmensgegenstand und damit auf § 125 Abs. 2 Satz 1 KAGB bzw. § 150 Abs. 2 Satz 1 KAGB, während Ausführungen zur Angabe des erlaubten Anlegerkreises nicht enthalten sind.[312]

Der Wille hinsichtlich der Angaben zum erlaubten Anlegerkreis bei der Inv-KG könnte sich aber aus der Gesetzesbegründung zu § 110 Abs. 3 KAGB und § 142 Satz 2 KAGB entnehmen lassen. Die beiden Vorschriften enthalten die Parallelvorschriften für die Inv-AG, welche vom Gesetzestext mit § 125 Abs. 2 Satz 2 KAGB und § 150 Abs. 2 Satz 2 KAGB – vorbehaltlich der begrifflichen Eigenheiten hinsichtlich der jeweiligen Rechtsform – identisch sind. Ausweislich der Gesetzesbegründung *„muss die Satzung [...] regeln"*, dass sich ausschließlich professionelle und semiprofessionelle Anleger an der Gesellschaft beteiligen dürfen.[313] Somit bedient sich der Gesetzgeber auch hier eines Terminus, der auf einen zwingenden Charakter schließen lässt.

Des Weiteren ergibt sich aus der Gesetzesbegründung zu § 110 KAGB, dass der Gesetzgeber eine Beteiligung durch Privatanleger an einem Spezial-AIF verhindern wollte.[314] Dies lässt darauf schließen, dass der Gesetzgeber mit den Vorschriften über den erlaubten Anlegerkreis (zumindest auch) den Anlegerschutz im Blick hatte.

Beides legt den Schluss nahe, dass der Gesetzgeber die Angaben über den erlaubten Anlegerkreis zum zwingenden Mindestinhalt der Sat-

---

312 Vgl. BT-Drs. 17/12294, Seite 242, zu § 125 (Gesellschaftsvertrag), zu Absatz 2 und Seite 249, zu § 150 (Gesellschaftsvertrag), zu Absatz 2.

313 Vgl. BT-Drs. 17/12294, Seite 238, zu § 110 (Satzung), zu Absatz 3 und Seite 248, zu § 142 (Satzung).

314 Vgl. BT-Drs. 17/12294, Seite 238, zu § 110 (Satzung), zu Absatz 3 und Seite 248, zu § 142 (Satzung).

zung rechnet. Dies ist entsprechend auf den Gesellschaftsvertrag der Inv-KG zu übertragen.

Die historische Auslegung spricht somit dafür, die Angabe über den erlaubten Anlegerkreis als eil des erforderlichen Mindestinhalts des Gesellschaftsvertrags anzusehen.

5.6.4. Teleologische Auslegung

Zuletzt ist die teleologische Auslegung heranzuziehen. Ob ein Mangel hinsichtlich der Angaben über den erlaubten Anlegerkreis zur Nichtigkeit führt, hängt insoweit vom verfolgten Schutzzweck von § 125 Abs. 2 Satz 2 KAGB und § 150 Abs. 2 Satz 2 KAGB ab.

Zu berücksichtigen ist zunächst der Anlegerschutz. Der Privatanleger soll vor den gesteigerten Risiken, die im Zusammenhang mit einem Beitritt zu einem Spezial-AIF aufgrund geringerer Transparenzpflichten und geringerer Vorgaben hinsichtlich der erlaubten Anlageprodukte stehen, geschützt werden. Um diesen Schutz zu erreichen, bedarf es der Transparenz des angestrebten Anlegerkreises. Diese Offenlegung kann dabei unterstützen, eine Beteiligung durch Privatanleger an einem Spezial-AIF zu verhindern, was durch die beiden investmentrechtlichen Vorschriften angestrebt wird.[315] Die Angabe im Gesellschaftsvertrag hat somit eine Warn- und Schutzfunktion für Privatanleger. Dies spricht dafür, einen Verstoß gegen den Mindestinhalt in Bezug auf die gesellschaftsvertraglichen Vorgaben zum erlaubten Anlegerkreis für so substanziell zu halten, dass ein Mangel diesbezüglich zur Nichtigkeit des gesamten Gesellschaftsvertrags führen muss.

Dieser Betrachtung kann aber entgegengehalten werden, dass der vorgenannte Schutzzweck auch anderweitig gewahrt werden kann. Vorliegend ist zu berücksichtigen, dass lediglich der Gesellschaftsvertrag einer Inv-KG, die als Vehikel für ein Spezial-AIF dient, die zusätzlichen Anforderungen im Hinblick auf den erlaubten Anlegerkreis enthalten muss.

Fehlt eine solche gesellschaftsvertragliche Regelung ganz oder entfällt eine gesellschaftsvertragliche Regelung aufgrund von deren Nichtigkeit, könnte die Inv-KG entsprechend als Vehikel für ein Publikums-

315 Vgl. BT-Drs. 17/12294, Seite 238, zu § 110 (Satzung), zu Absatz 3 und Seite 248, zu § 142 (Satzung).

investmentvermögen qualifiziert werden. In diesem Falle müsste die betroffene Inv-KG den damit einhergehenden strengeren investmentrechtlichen Vorschriften gerecht werden. Dies würde in der Tat auch dazu führen, dass ein derartiger Verstoß aufsichtsrechtlich sanktioniert werden könnte, wenn nämlich die gegenständliche Inv-KG im Falle eines derartigen Mangels nicht den Anforderungen an ein Publikumsinvestmentvermögen genügen würde. Dies stellt zugleich ein milderes Mittel gegenüber der Gesamtnichtigkeit der Inv-KG dar.

Ebenso ist bei der Auslegung das Interesse der Gesellschaftsgläubiger einzubeziehen. Wie auch das Interesse an einem Bestandsschutz der übrigen Gesellschafter steht das Interesse der Gläubiger am Fortbestand der Gesellschaft dem Schutzinteresse der Privatanleger gegenüber. Aufgrund ihrer Eigenschaft, selbst Trägerin von Rechten und Pflichten zu sein,[316] ist die Inv-KG selbst Partei. Ihren Gläubigern steht für deren Ansprüche aus einem Schuldverhältnis daher primär das Gesellschaftsvermögen als Haftungsmasse zur Verfügung – und sekundär das Vermögen der Komplementäre gemäß § 128 HGB.[317] Das Erstgenannte kann geschmälert werden, wenn die Gesellschaft auf Betreiben einzelner Gesellschafter in Liquidation gerät. Das Interesse der Gesellschaftsgläubiger ist daher auf den Fortbestand der Inv-KG gerichtet. Zwar kann im Einzelfall die Anwendung der Lehre von der fehlerhaften Gesellschaft das Interesse der Gesellschaftsgläubiger überwiegen. Wie aber zuvor aufgezeigt werden konnte, kann ein adäquater Schutz der Anleger auch auf andere Weise erreicht werden als durch die Anwendung der Lehre von der fehlerhaften Gesellschaft, die gegebenenfalls zur Auflösung der Gesellschaft führen würde. Somit spricht auch der Schutz der Gesellschaftsgläubiger für eine Behandlung eines entsprechenden Mangels mit der Rechtsfolge der Teilnichtigkeit.

Die besseren Argumente sprechen somit dafür, im Falle von Verstößen gegen § 125 Abs. 2 Satz 2 KAGB und § 150 Abs. 2 Satz 2 KAGB nicht zur Gesamtnichtigkeit des Gesellschaftsvertrags zu kommen. Eine derartige Lösung entspricht sowohl den Interessen der Gesellschaftsgläubiger als auch denjenigen der übrigen Gesellschafter, die regelmäßig ein Interesse am Fortbestand der Gesellschaft haben.

316 Vgl. § 124 Abs. 1 HGB.
317 Vgl. *Boesche* in Oetker, HGB, § 124 Rn. 17 f.

5.7. Rechtsfolgen bei Verletzung der Anforderungen hinsichtlich des Beirats

Zuletzt bleibt zu prüfen, welche Rechtsfolgen sich ergeben, wenn gegen den Mindestinhalt in Bezug auf den Beirat verstoßen wird, welcher bei einer intern verwalteten Inv-KG zu bilden ist, die als Vehikel für einen geschlossenen Publikums-AIF dient. Dabei ist zu untersuchen, wie sich ein unmittelbarer Verstoß gegen § 153 Abs. 3 KAGB auswirkt und welche Konsequenzen ein Verstoß gegen die aktienrechtlichen Vorschriften hat, auf die über § 153 Abs. 3 KAGB verwiesen wird.

5.7.1. Rechtsfolgen bei Verstoß gegen die investmentrechtlichen Bestimmungen

Zu untersuchen ist, ob die investmentrechtlichen Vorschriften über den Beirat durch gesellschaftsvertragliche Vereinbarungen abdingbar sind oder ob sie zwingenden Charakter haben.

Die maßgeblichen investmentrechtlichen Vorgaben finden sich in § 153 Abs. 3 Satz 1,[318] Satz 3 und Satz 4 KAGB. Sie dienen ausweislich der Gesetzesbegründung dem Schutz der Anleger.[319] Aus diesem Grunde sind diese Bestimmungen als zwingend anzusehen, eine anderweitige Vereinbarung im Gesellschaftsvertrag ist demnach nicht möglich. Ein Verstoß hiergegen führt dementsprechend zur Nichtigkeit. Die Rechtsfolge der Nichtigkeit beschränkt sich dabei auf die gegenständliche gesellschaftsvertragliche Regelung, sie führt aber nicht zur Gesamtnichtigkeit des Gesellschaftsvertrags. Zu begründen ist dies damit, dass der Gesellschaftsvertrag auch dann noch sinnvollerweise existieren kann, wenn die entsprechende Regelung über den Beirat aufgrund ihrer Unwirksamkeit entfällt. Die so entstandene Lücke ist vielmehr durch ergänzende Vertragsauslegung und durch die unmittelbare Anwendung der gesetzlichen Vorschriften zu schließen.

Eine weitere investmentrechtliche Vorschrift über den Beirat ist in § 153 Abs. 4 KAGB enthalten. Die Vorschrift zielt ebenfalls auf den Schutz der Anleger ab, indem sie das Entstehen von Interessenkon-

---

318 Auch wenn dieser, wie gesehen, nur klarstellenden Charakter hat.

319 Vgl. BT-Drs. 17/12294, Seite 251, zu § 153 (Geschäftsführung, Beirat), zu Absatz 3.

flikten bei den Organen der Inv-KG unterbinden möchte.[320] Somit enthält auch diese Vorschrift eine zwingende Regelung, von der nicht abgewichen werden darf. Werden dennoch im Gesellschaftsvertrag abweichende Vereinbarungen getroffen, führt dies ebenfalls zur Nichtigkeit der betroffenen Klausel, was wiederum durch die Anwendung der gesetzlichen Bestimmungen zu beheben ist.

Somit sind die investmentrechtlichen Vorschriften über den Beirat als zwingend anzusehen. Verstöße hiergegen, die sich aus von den gesetzlichen Vorschriften abweichenden Regelungen im Gesellschaftsvertrag ergeben könnten, führen zu deren Unwirksamkeit.

5.7.2. Rechtsfolgen bei Verstoß gegen die mittelbar geltenden aktienrechtlichen Bestimmungen

Zu prüfen bleibt, ob für die mittelbar geltenden aktienrechtlichen Vorschriften dieselben Rechtsfolgen gelten oder ob diese durchaus dispositiv sind.

Dafür, dass die aktienrechtlichen Vorschriften für die Inv-KG dispositiv sein könnten, spricht die Überlegung, dass im Personengesellschaftsrecht der Grundsatz der Satzungsstrenge unbekannt ist und die gesellschaftsvertraglichen Regelungen im Personengesellschaftsrecht weitestgehend abbedungen werden können. Dementsprechend könnte von den aktienrechtlichen Bestimmungen, auf die über § 18 Abs. 2 Satz 4 AktG verwiesen wird, dann abgewichen werden, soweit sie nicht für die Inv-KG zwingende Regelungen parat hielten. Folgte man dieser Ansicht, würde dies in einem nächsten Schritt dazu führen, dass sämtliche Vorschriften, auf die durch § 18 Abs. 2 Satz 4 KAGB verwiesen wird, auf ihren zwingenden Charakter zu untersuchen wären.

Zu einem anderen Ergebnis kommt man jedoch, indem § 153 Abs. 3 Satz 2 KAGB selbst als zwingende Vorschrift behandelt wird und insoweit deren zwingender Inhalt auch auf die aktienrechtlichen Bestimmungen durchschlägt. Für diese Auffassung spricht, dass auch für den Aufsichtsrat oder den Beirat einer KVG, die in einer anderen Rechtsform als der AG betrieben wird, die in § 18 Abs. 2 Satz 3 und 4 KAGB

320 *Klebeck/Kunschke* in Beckmann/Scholtz/Vollmer, KAGB, § 153 Rn. 58; Schott in Emde/Dornseifer/Dreibus, KAGB, § 153 Rn. 24; Könnecke in Baur/Tappen, KAGB, § 153 Rn. 63.

gegebenen Regelungen als zwingend angesehen werden, sodass von ihnen nicht abgewichen werden kann.[321] Abweichungen im Gesellschaftsvertrag sind somit nur insoweit möglich, als sich diese unmittelbar aus den aktienrechtlichen Vorschriften selbst ergeben, auf die über § 18 Abs. 2 Satz 4 KAGB verwiesen wird. Dies gilt umso mehr, als dadurch eine Gleichbehandlung zwischen den extern verwalteten Investmentvermögen und den intern verwalteten Investmentvermögen in der Rechtsform der Inv-KG erzielt werden soll.

Die besseren Gründe sprechen dafür, die mittelbar geltenden aktienrechtlichen Bestimmungen als zwingend anzusehen. Aus diesem Grunde ist nach der hier vertretenen Meinung die Vorschrift so zu verstehen, dass die zwingende Natur aller Regelungen in § 153 Abs. 3 KAGB auf die aktienrechtlichen Vorschriften, auf die über § 18 Abs. 2 Satz 4 KAGB verwiesen wird, durchschlägt. Abweichende gesellschaftsvertragliche Vereinbarungen sind daher nur zulässig, soweit sich dies aus den aktienrechtlichen Vorschriften selbst ergibt. Eine weitergehende Untersuchung der aktienrechtlichen Vorschriften im Lichte der Inv-KG erübrigt sich daher.

Somit sind die mittelbar geltenden aktienrechtlichen Bestimmungen über den Beirat ebenfalls nicht dispositiv. Soweit im Gesellschaftsvertrag hiervon abgewichen wird, führt dies zur Unwirksamkeit der maßgeblichen gesellschaftsvertraglichen Vorschrift, nicht aber zur Gesamtnichtigkeit des gesamten Gesellschaftsvertrags. Denn auch hier gilt, dass den gesellschaftsvertraglichen Regelungslücken, die durch die entsprechenden Verstöße entstehen, sinnvollerweise durch gesellschaftsvertragliche Auslegung und durch die unmittelbare Anwendung der aktienrechtlichen Vorschriften begegnet werden kann.

5.8. Fazit

Die Lehre von der fehlerhaften Gesellschaft ist grundsätzlich auch auf die Inv-KG anwendbar. Allerdings ist danach zu unterscheiden, an welchem Mangel der Gesellschaftsvertrag einer Inv-KG krankt. Hieraus ergeben sich unterschiedliche Rechtsfolgen.[322]

---

321 *Winterhalder* in Weitnauer/Boxberger/Anders, KAGB, § 18 Abs. 10.
322 Siehe nachfolgend.

Im Falle der Anwendung der Lehre von der fehlerhaften Gesellschaft ist eine Inv-KG auch dann zunächst rechtswirksam entstanden, wenn die gesamte Gesellschaft von Anfang unwirksam ist. Dies ist insbesondere dann der Fall, wenn der Gesellschaftsvertrag einer Inv-KG gegen das Formerfordernis des Gesellschaftsvertrags verstößt. Etwas anderes gilt nur dann, wenn vorrangige Schutzinteressen der Anwendung der Lehre von der fehlerhaften Gesellschaft entgegenstehen. Als schutzwürdige Interessen, die der Anwendung der Lehre von der fehlerhaften Gesellschaft entgegenstehen könnten, kommen nur die bereits anerkannten Fallgruppen in Betracht. Dagegen scheidet der Anlegerschutz als ein weiteres höherwertiges Interesse im Sinne der Lehre von der fehlerhaften Gesellschaft aus.

5.8.1. Fazit bzgl. Verstoß gegen das erforderliche Formerfordernis

Im Falle der Verletzung des Formerfordernisses gemäß § 125 Abs. 1 KAGB bzw. §§ 150 Abs. 1 KAGB ist die Lehre von der fehlerhaften Gesellschaft auf die Inv-KG anzuwenden. Dementsprechend ist die betroffene Inv-KG auch im Falle eines Verstoßes gegen die Formvorschriften zunächst rechtswirksam entstanden, sofern keine vorrangigen Schutzinteressen im Einzelfall entgegenstehen. Den Gesellschaftern steht es allerdings offen, durch rechtsgestaltende Maßnahmen die Auflösung der Gesellschaft anzustreben oder zu kündigen, sofern es bei der Anwendung der Lehre von der fehlerhaften Gesellschaft bleibt.

5.8.2. Fazit bzgl. Verstoß gegen den erlaubten Unternehmensgegenstand

Die Folge der Verletzung des erlaubten Unternehmensgegenstands einer Inv-KG ist, dass der im Gesellschaftsvertrag einer Inv-KG bezeichnete Unternehmensgegenstand dann nicht mehr den gesetzlichen Mindestanforderungen genügt, wenn er die Vorgaben gemäß § 125 Abs. 2 KAGB und § 150 Abs. 2 KAGB hinsichtlich des Unternehmensgegenstands verletzt. Es handelt sich hierbei um eine Verletzung, die gemäß § 134 BGB mit der anfänglichen Unwirksamkeit zu sanktionieren ist. In der Folge führt der Mangel des Unternehmensgegenstandes zur Gesamtnichtigkeit des Gesellschaftsvertrags.

Da die Fehlerhaftigkeit des Unternehmensgegenstands zur Nichtigkeit des gesamten Gesellschaftsvertrags führt, kann die Lehre von der fehlerhaften Gesellschaft grundsätzlich angewendet werden, sofern diese bereits in Vollzug gesetzt wurde. Allerdings ist im Falle eines zu weit gefassten Unternehmensgegenstands zu berücksichtigen, dass hierdurch gegen gesellschaftszweckbezogene Vorschriften verstoßen wird und daher vorrangige Schutzinteressen der Anwendung der Lehre von der fehlerhaften Gesellschaft entgegenstehen.

Hiervon ist ausnahmsweise aber dann abzuweichen, wenn die BaFin den an sich mangelhaften Unternehmensgegenstand billigte oder nicht beanstandete, obwohl sie ordnungsgemäß eingebunden war. In diesen Fällen überlagern die an sich vorrangigen Schutzinteressen aufgrund der Mitwirkung der zuständigen Behörde nicht mehr den Bestandsschutz und den Schutz des Rechtsverkehrs. Dies wird in der Praxis regelmäßig der Fall sein.

5.8.3. Fazit bzgl. Verstoß gegen die Anforderungen der Gesellschafterversammlungen

Verstößt der Gesellschaftsvertrag einer Inv-KG gegen den in § 125 Abs. 3 KAGB und § 150 Abs. 3 KAGB enthaltenen Mindestinhalt, führt dies zur Unwirksamkeit der entsprechenden Klausel, nicht aber zur Gesamtnichtigkeit des Gesellschaftsvertrags.

Aufgrund der bloßen Teilnichtigkeit ist die Lehre der fehlerhaften Gesellschaft in einem solchen Falle nicht anwendbar. Die hieraus entstandene Regelungslücke im Gesellschaftsvertrag ist im Wege der ergänzenden Vertragsauslegung und, falls nötig, durch die unmittelbare Anwendung der gesetzlichen Regelungen – namentlich § 125 Abs. 3 KAGB und § 150 Abs. 3 KAGB – zu schließen.

5.8.4. Fazit bzgl. Verstoß gegen Angaben zur Laufzeit

Ein Verstoß gegen die Angaben zur Laufzeit einer Inv-KG führt grundsätzlich zur Teilnichtigkeit der betroffenen gesellschaftsvertraglichen Regelung. Insoweit sind die im Personengesellschaftsrecht bekannten Grundsätze auf die Inv-KG zu übertragen. Die Regelungslücke ist durch ergänzende Vertragsauslegung – bei Bedarf auch unter

Heranziehung der jeweiligen Anlagebedingungen und des Verkaufsprospekts bzw. der Informationen gemäß § 307 KAGB – zu schließen.

5.8.5. Fazit bzgl. Verstoß gegen den erlaubten Anlegerkreis

Mängel in Bezug auf die Angabe zum erlaubten Anlegerkreis führen nur zur Nichtigkeit der entsprechenden gesellschaftsvertraglichen Regelung, nicht aber zur Nichtigkeit des gesamten Gesellschaftsvertrags einer Inv-KG. Dementsprechend liegen auch die Voraussetzungen der Lehre von der fehlerhaften Gesellschaft nicht vor.

5.8.6. Fazit bzgl. Verstoß gegen die Anforderungen an den Beirat

Auch hier gilt, dass etwaige Verstöße gegen den Mindestinhalt zwar zur Nichtigkeit der entsprechenden gesellschaftsvertraglichen Klausel führen, nicht aber zur gesamten Unwirksamkeit des Gesellschaftsvertrags einer Inv-KG. Folglich ist die Lehre von der fehlerhaften Gesellschaft in diesem Falle nicht anwendbar.

Regelungslücken, die aus der Unwirksamkeit der entsprechenden gesellschaftsvertraglichen Regelungen resultieren, sind vielmehr durch ergänzende Vertragsauslegung und durch die unmittelbare Anwendung der entsprechenden investmentrechtlichen oder aktienrechtlichen Vorschrift zu schließen.

IV. Der Beirat einer intern verwalteten Inv-KG

Wie bereits im Rahmen über den Mindestinhalt des Gesellschaftsvertrags einer Inv-KG erwähnt, hat der Gesellschaftsvertrag einer intern verwalteten Inv-KG, die als Vehikel für einen geschlossenen Publikums-AIF dient, vorzusehen, dass diese einen Beirat zu bilden hat. Nachfolgend soll auf dessen Rechte und Pflichten sowie dessen Zusammensetzung und interne Organisation eingegangen werden.

1. Rechte und Pflichten des Beirats

1.1. Rechte und Pflichten gemäß AktG

Zunächst soll auf die Rechte und Pflichten eingegangen werden, die sich aus dem Verweis in § 153 Abs. 3 Satz 2 KAGB ergeben. Es handelt sich um eine Verweisung auf die Vorschriften über die externe KVG, in denen im Wesentlichen aktienrechtliche Vorschriften über den Aufsichtsrat für anwendbar erklärt werden.[323]

Im Rahmen der Verweisungskette wird zuvorderst § 111 AktG entsprechend auf den Beirat angewendet. Danach hat der Beirat die Geschäftsführung der Inv-KG zu überwachen. Die primäre Aufgabe des Beirats besteht demnach in der Überwachung des Aufsichtsrats,[324] der somit der Geschäftsführung der intern verwalteten Publikums-KG als Kontrollorgan gegenübergestellt wurde. Ergänzt wird diese Überwachungsfunktion durch das Einsichts- und Prüfungsrecht zugunsten des Beirats.[325] Dadurch soll gewährleistet werden, dass der Beirat der Überwachung der Geschäftsführung ordnungsgemäß nachkommen kann, indem es ihm ermöglicht wird, sich über den Vorstand mit angemessenen Informationen zu versorgen.[326] Die primäre Aufgabe des Beirats ist folglich die Kontrolle der Geschäftsführung, wofür dem Beirat zugleich entsprechende Werkzeuge zur Verfügung gestellt werden.

323 Vgl. § 18 Abs. 2 Satz 4 KAGB.
324 Vgl. § 111 Abs. 1 AktG.
325 Vgl. § 111 Abs. 2 AktG.
326 *Habersack* in MüKo/AktG, § 111 Rn. 61.

Als Aufsichtsorgan ist der Beirat von der Übernahme operativer Aufgaben gemäß § 111 Abs. 4 Satz 1 AktG grundsätzlich ausgeschlossen. Eine Ausnahme hiervon ist über § 111 Abs. 4 Satz 2 AktG vorgesehen. Danach ist in den Gesellschaftsvertrag der Inv-KG ein Katalog mit Geschäften aufzunehmen, die der Zustimmung durch den Beirat bedürfen.[327] Diese ursprünglich als Kann-Vorschrift ausgestaltete Norm ist seit dem Jahr 2002 von zwingender Natur.[328] Aufgrund des uneingeschränkten Verweises ist davon auszugehen, dass der Vorbehalt bestimmter zustimmungspflichtiger Geschäfte zugunsten des Beirats auch für die Inv-KG gelten soll. Mit dem Zustimmungsvorbehalt für bestimmte Geschäfte wird somit das grundsätzliche Verbot der Wahrnehmung von geschäftsführenden Tätigkeiten durch den Beirat aufgeweicht.

Eine weitere Ausnahme vom Grundsatz, wonach der Beirat nicht zur Führung der Geschäfte der Gesellschaft befugt ist, findet sich in § 112 AktG. Danach ist der Beirat dann zur Vertretung der Inv-KG befugt, wenn diese in Rechtsbeziehungen mit ihren geschäftsführenden Komplementären tritt. Dementsprechend wird hierdurch eine Zuständigkeitskompetenz zugunsten des Beirats und zulasten der Gesellschafterversammlung der Inv-KG getroffen. Das Ziel ist dabei die Vermeidung von Interessenkonflikten.[329] Somit erfährt der Grundsatz, wonach der Beirat keine operativen Tätigkeiten wahrzunehmen hat, auch insoweit eine Durchbrechung.

Zusätzlich ergibt sich ein weiteres Recht des Beirats zur Mitwirkung an der Geschäftsführung der Inv-KG aus § 114 AktG. Danach ist ein Vertrag zwischen der Inv-KG und einem Mitglied seines Beirats über eine Tätigkeit höherer Art nur dann wirksam, wenn der Beirat dem Vertrag zustimmt. Dementsprechend sind hier die geschäftsführenden Komplementäre originär vertretungsbefugt, allerdings ist der Vertrag zunächst schwebend unwirksam und wird erst wirksam, wenn der Beirat den Vertrag billigt.[330] Verhindert werden soll die sachwidrige

---

327 Vgl. § 111 Abs. 4 Satz 2 AktG.

328 Gesetz vom 19.07.2002, BGBl. I S. 2681. Vgl. auch *Habersack* in MüKo/AktG, § 111 Rn. 4 m. w. N.

329 *Schick* in Wachter, AktG, § 112 Rn. 1; *Drygala* in Schmidt/Lutter, AktG, § 112 Rn. 1.

330 *Schick* in Wachter, AktG, § 114 Rn. 10; *Koch* in Koch, AktG, § 114 Rn. 9.

Beeinflussung einzelner Beiratsmitglieder durch die geschäftsführenden Komplementäre.[331]

Weitere Pflichten könnten in § 116 AktG und § 118 Abs. 3 AktG sowie § 171 AktG enthalten sein. Danach sind die Mitglieder des Beirats zur Sorgfalt und Verschwiegenheit verpflichtet.[332] Zudem sollen die Mitglieder des Beirats an der Gesellschafterversammlung teilnehmen.[333] Des Weiteren wird der Beirat verpflichtet, den Jahresabschluss und den Lagebericht zu prüfen und hierüber einen schriftlichen Bericht zu erstellen.[334] Insoweit werden die investmentrechtlichen Vorschriften über die Abschlussprüfung und Rechnungslegung ergänzt.

An der Stellung des Beirats sowie den damit verbundenen Rechten und Pflichten ändert sich im Übrigen auch im Falle der Abwicklung der Inv-KG nichts. Dies wird durch den Verweis auf § 268 Abs. 2 AktG klargestellt, wonach auch die Abwickler der Überwachung durch den Beirat unterliegen.

1.2. Rechte und Pflichten gemäß KAGB

Zusätzlich zu den sich aus den aktienrechtlichen Vorschriften ergebenden Aufgaben sehen die investmentrechtlichen Vorschriften weitere Rechte und Pflichten für die Mitglieder des Beirats vor.

Die maßgebliche Vorschrift hierbei ist § 153 Abs. 3 Satz 1 KAGB. Demnach besteht die Aufgabe des Beirats in der Überwachung der Geschäftsführung der Inv-KG bei der Umsetzung der Anlagebedingungen.[335] Aufgrund des Verweises auf § 111 Abs. 1 AktG erscheint es aber fraglich, inwieweit dieser besonderen Überwachung der Geschäftsführung bei der Umsetzung der Anlagebedingungen eine eigenständige Bedeutung zukommt. Denn im Rahmen ihrer Geschäftsführungstätigkeit haben die Komplementäre bzw. die Geschäftsführer der Komplementär-GmbH unter anderem auch die Anlagebedingungen zu beachten und einzuhalten. Soweit also die Überwachung der Geschäftsführung der Inv-KG bei der Umsetzung der Anlagebedingun-

331 *BGH*, Urteil vom 04.07.1994 – II ZR 197/93 = NJW 1994, 2484 (2486).
332 Vgl. § 116 AktG.
333 Vgl. § 118 Abs. 3 AktG.
334 Vgl. § 171 AktG.
335 Vgl. § 153 Abs. 3 Satz 1 KAGB.

gen als Aufgabe des Beirats genannt wird, stellt sie einen Teil der Tätigkeit der Geschäftsführung der Inv-KG dar. Einen selbstständigen Regelungsgehalt hinsichtlich der Rechte und Pflichten des Beirats beinhaltet die Vorschrift somit nicht.

Zu einem anderen Ergebnis gelangt man jedoch dann, wenn § 153 Abs. 3 Satz 1 KAGB als Restriktion von § 111 Abs. 1 AktG verstanden wird. Dies wird von einer Ansicht in der Literatur vertreten, wonach sich die Überwachung der Geschäftsführung durch den Beirat lediglich auf die Umsetzung der Anlagebedingungen konzentrieren soll.[336] Wie zuvor erwähnt soll mit der zwingenden Anordnung zur Beiratsbildung gemäß § 153 Abs. 3 KAGB aber gerade ein Gleichlauf mit extern verwalteten Investmentvermögen erreicht werden, bei denen ebenfalls eine Überwachung des Vorstands bzw. der Geschäftsführung durch ein Aufsichtsorgan in der KVG erfolgt.[337] Hinsichtlich des Kontrollorgans der KVG findet sich eine Beschränkung der Überwachungsfunktion – vergleichbar mit § 153 Abs. 3 Satz 1 KAGB – gerade nicht, sodass hier § 111 AktG stets umfassend anzuwenden ist. Eine Auslegung von § 153 Abs. 3 Satz 1 KAGB, wonach die Vorschrift § 111 AktG in seiner Anwendung beschränkt, stünde diesem Gleichlauf entgegen. Der Literaturansicht, wonach die restriktivere investmentrechtliche Vorschrift gemäß § 153 Abs. 3 Satz 1 AktG im Hinblick auf die Kontrollfunktion des Beirats die aktienrechtliche Regelung verdränge, kann daher nicht gefolgt werden.

Nach der hier vertretenen Auffassung tritt § 153 Abs. 3 Satz 1 KAGB daher neben die Regelung aus § 111 AktG. Hieraus ist zu folgern, dass § 153 Abs. 3 Satz 1 KAGB inhaltlich in § 111 AktG aufgeht und der Gesetzgeber mit der expliziten Regelung im KAGB die besondere Aufgabe des Beirats hervorheben wollte. Die Vorschrift hat folglich vor allem klarstellenden Charakter.

Zuletzt ist eine weitere investmentrechtliche Ergänzung in § 153 Abs. 4 KAGB geregelt. Die Vorschrift ordnet an, dass die Mitglieder des Beirats Vermögensgegenstände weder von der Inv-KG kaufen

---

336 So *Klebeck/Kunschke* in Beckmann/Scholtz/Vollmer, KAGB, § 153 Rn. 52; *Koennecke* in Baur/Tappen, KAGB, § 153 Rn. 57; wohl auch *Paul* in Weitnauer/Boxberger/Anders, KAGB, § 153 Rn. 11.

337 *Klebeck/Kunschke* in Beckmann/Scholtz/Vollmer, KAGB, § 153 Rn. 44.

noch an diese verkaufen dürfen.[338] Das Verbot soll dem Entstehen von Interessenkonflikten entgegenwirken und dient daher dem Schutz der Anleger.[339] Unschädlich ist dagegen der Erwerb von Gesellschaftsanteilen der Inv-KG durch ihre Beiratsmitglieder, was ausdrücklich durch § 153 Abs. 4 Satz 2 KAGB klargestellt wird. Dementsprechend hält § 153 Abs. 4 KAGB ein investmentrechtliches Verbot bereit, das die über das Aktienrecht Eingang findenden Rechte und Pflichten des Beirats ergänzt.

1.3. Keine Abdingbarkeit der gesetzlich normierten Rechte und Pflichten des Beirats

Zu beachten ist, dass die zuvor genannten Aufgaben zu den originären Aufgaben des Beirats eines intern verwalteten Publikumsinvestmentvermögens in der Rechtsform der Inv-KG gehören. Dementsprechend können diese Rechte und Pflichten des Beirats nicht durch abweichende Regelungen im Gesellschaftsvertrag eingeschränkt werden. Einschränkungen dieser Rechte und Pflichten führen daher zur Nichtigkeit der jeweiligen Klauseln im Gesellschaftsvertrag, nicht jedoch zur Gesamtnichtigkeit des Gesellschaftsvertrags. Umgekehrt ist es aber sehr wohl denkbar, dem Beirat weitere Aufgaben zu übertragen.[340] Soll dagegen ein fakultativer Beirat bei der Inv-KG eingerichtet werden, können die Gesellschafter weitestgehend frei bestimmen, welche Aufgaben dem Beirat zukommen sollen.

2. Zusammensetzung des Beirats

Des Weiteren ist auf die Zusammensetzung des Beirats einzugehen. Hierbei ist zu konstatieren, dass § 153 Abs. 3 KAGB keine eigenständigen Regelungen hinsichtlich der Zusammensetzung des Beirats parat hält, sondern durch entsprechende Verweisung auf die Vorschriften zur KVG zurückgreift.[341] Zudem standen für § 153 Abs. 3 KAGB der

338 Vgl. § 153 Abs. 4 Satz 1 KAGB.

339 *Klebeck/Kunschke* in Beckmann/Scholtz/Vollmer, KAGB, § 153 Rn. 58; *Schott* in Emde/Dornseifer/Dreibus, KAGB, § 153 Rn. 24; *Paul* in Weitnauer/Boxberger/Anders, KAGB, § 153.

340 So auch *Paul* in Weitnauer/Boxberger/Anders, KAGB, § 153 Rn. 10.

341 Vgl. § 153 Abs. 3 Satz 2 KAGB.

§ 119 Abs. 3 KAGB[342] und dessen Vorgängervorschrift[343] Modell, sodass insoweit zur Auslegung der Vorschrift hierauf Bezug genommen werden kann. Für den Beirat bedeutet der Verweis auf die Vorschriften über den Aufsichtsrat bzw. Beirat einer KVG, dass insbesondere die aktienrechtlichen Bestimmungen über den Aufsichtsrat zur Anwendung gelangen.

Dementsprechend sind anhand der genannten Vorschriften die Fragen zu beantworten, wie groß der Beirat sein kann bzw. muss, wie der Beirat zu wählen ist und wie lange die Amtszeit der Mitglieder des Beirats andauert.

2.1. Größe des Beirats

Der § 153 Abs. 3 KAGB enthält keine eigenen Angaben darüber, aus wie vielen Mitgliedern der Beirat mindestens bzw. maximal zu bestehen hat. Wie zuvor erwähnt, wird jedoch über § 18 Abs. 2 Satz 4 KAGB auf diverse aktienrechtliche Vorschriften verwiesen. Von diesem Verweis erfasst wird unter anderem auch § 95 AktG. In dieser Vorschrift wird festgelegt, dass der Beirat aus wenigstens drei Mitgliedern zu bestehen hat und maximal 21 Mitglieder umfassen darf.[344] Dementsprechend ergibt sich aus dem Verweis ins Aktienrecht eine Vorgabe, die sowohl die Mindest- als auch die Maximalgröße des Beirats betrifft.

Fraglich ist, ob auch die aktienrechtliche Vorgabe Anwendung findet, wonach die Zahl der Beiratsmitglieder stets durch drei teilbar sein muss. Eine entsprechende Regelung ist in § 95 Abs. 1 Satz 3 AktG zu finden, auf die ebenfalls durch § 153 Abs. 3 Satz 2 KAGB i. V. m. § 18 Abs. 2 Satz 4 KAGB verwiesen wird. In der Literatur wird dies mitunter vertreten.[345] Diese Ansicht lässt jedoch unberücksichtigt, dass die Anordnung hinsichtlich der Teilbarkeit nur dann gilt, wenn dies

---

342 Vgl. BT-Drs. 17/12294, Seite 251, zu § 153 (Geschäftsführung, Beirat), zu Absatz 3.

343 Vgl. § 106a InvG.

344 Vgl. § 95 Abs. 1 Satz 1 und 3 AktG i. V. m. § 18 Abs. 2 Satz 4 KAGB i. V. m. § 153 Abs. 3 Satz 2 KAGB.

345 Vgl. *Klebeck/Kunschke* in Beckmann/Scholtz/Vollmer, KAGB, § 153 Rn. 50; *Schott* in Emde/Dornseifer/Dreibus, KAGB, § 153 Rn. 17; *Jesch* in Moritz/Klebeck/Jesch, KAGB, § 153 Rn. 30.

aufgrund von mitbestimmungsrechtlichen Vorgaben erforderlich ist.[346] Für die Inv-KG als Personengesellschaft gelten die mitbestimmungsrechtlichen Vorgaben aber gerade nicht. Dies wird aus der Gesetzesbegründung deutlich, in der ausdrücklich hervorgehoben wird, dass die Inv-KG nicht dem Mitbestimmungsrecht unterfallen soll.[347] Der genannten Literaturansicht ist daher nicht zu folgen.

Somit ist es möglich, im Gesellschaftsvertrag die Mitgliederanzahl des Beirats auf eine Zahl festzulegen, die nicht durch drei teilbar ist.

2.2. Ernennung der Mitglieder des Beirats

Auch im Hinblick auf die Ernennung der Beiratsmitglieder sieht das KAGB keine ei- genständigen Vorschriften vor, allerdings hilft auch hier der Verweis über § 153 Abs. 3 Satz 2 KAGB und § 18 Abs. 2 Satz 4 KAGB weiter. Über diese Verweisungskette ist § 101 AktG entsprechend anzuwenden. Danach werden die Beiratsmitglieder regelmäßig durch die Gesellschafterversammlung gewählt.[348] Besondere Vorgaben hinsichtlich der Gesellschafterversammlung, in der die Beiratsmitglieder gewählt werden, macht das KAGB nicht, womit die Gesellschafter bei der gesellschaftsvertraglichen Gestaltung hinsichtlich der Wahl der Beiratsmitglieder sehr frei sind.

Zu beachten ist, dass über § 18 Abs. 2 Satz 4 KAGB auf sämtliche Bestimmungen des § 101 AktG verwiesen wird. In dieser Vorschrift wird unter anderem die Möglichkeit eingeräumt, in der Satzung für einzelne Aktionäre ein Entsendungsrecht vorzusehen.[349] Aufgrund der umfassenden Verweisung ist daraus die Schlussfolgerung zu ziehen, dass im Gesellschaftsvertrag der Inv-KG für einzelne Gesellschafter eine solche Entsendung von Mitgliedern in den Beirat vorgesehen werden kann.

---

346 Vgl. § 95 Abs. 1 Satz 2 AktG i. V. m. § 18 Abs. 2 Satz 4 KAGB i. V. m. § 153 Abs. 3 Satz 2 KAGB.

347 Vgl. BT-Drs. 17/12294, Seite 251, zu § 153 (Geschäftsführung, Beirat), zu Absatz 3.

348 Vgl. § 101 Abs. 1 AktG i. V. m. § 18 Abs. 2 Satz 4 KAGB i. V. m. § 153 Abs. 3 Satz 2 KAGB.

349 Vgl. § 101 Abs. 2 AktG i. V. m. § 18 Abs. 2 Satz 4 KAGB i. V. m. § 153 Abs. 3 Satz 2 KAGB.

Dagegen sind bei der Besetzung des Beirats die mitbestimmungsrechtlichen Vorschriften nicht von Bedeutung, obwohl über § 18 Abs. 2 KAGB auf § 101 Abs. 1 AktG verwiesen wird. Hintergrund hierfür ist, dass die mitbestimmungsrechtlichen Vorschriften auf eine Kommanditgesellschaft nicht anzuwenden sind, was sich in der Folge auch auf die Inv-KG erstreckt.[350] So ist beispielsweise in § 1 MitbestG und § 1 DrittelbG zwar jeweils die Kommanditgesellschaft auf Aktien aufgeführt, nicht aber die Kommanditgesellschaft im personengesellschaftsrechtlichen Sinne. Die Mitbestimmung der Arbeitnehmer gemäß dem MontanMitbestG und dem MontanMitbestGErgG wiederum wenden sich lediglich an Gesellschaften in der Rechtsform der Aktiengesellschaft oder Gesellschaft mit beschränkter Haftung, nicht aber in der Rechtsform der Kommanditgesellschaft.[351] Die Anwendung des MontanMitbestG scheidet bei der Inv-KG zusätzlich deswegen aus, weil die Inv-KG als rein vermögensverwaltende Gesellschaft keine operative Geschäftstätigkeit ausübt, wozu die schwerpunktmäßige Tätigkeit im Bergbau jedoch zu zählen ist.

2.3. Amtszeit der Beiratsmitglieder

Des Weiteren ist festzustellen, dass § 153 KAGB auch in Bezug auf die Amtszeit der Beiratsmitglieder keine eigenständige Regelung trifft. In der Folge ist daher wiederum der Verweis in § 153 Abs. 3 Satz 2 KAGB heranzuziehen, um die Amtszeit der Mitglieder des Beirats zu bestimmen. Eine Regelung der Laufzeit von Mitgliedern des Aufsichtsrats ist in § 102 AktG angelegt. Ein Blick auf § 18 Abs. 2 Satz 4 KAGB i. V. m. § 153 Abs. 3 Satz 2 KAGB zeigt jedoch, dass gerade auf § 102 AktG nicht verwiesen wird. Folglich ist zu konstatieren, dass die Amtszeit der Beiratsmitglieder ungeregelt bleibt.

Die Frage nach der Amtszeit der Beiratsmitglieder kann jedoch durch eine analoge Anwendung von § 102 AktG beantwortet werden. Eine Analogie ist immer dann möglich, wenn eine Regelungslücke besteht und die Interessenlage zwischen dem gesetzlich geregelten und dem ungeregelten Fall vergleichbar ist.

---

350 Vgl. BT-Drs. 17/12294, Seite 251, Zu § 153 (Geschäftsführung, Beirat), Zu Absatz 3.

351 Vgl. § 1 MontanMitbestG und § 1 MontanMitbestGErgG.

Ob eine entsprechende Regelungslücke vorliegt, ist durch Auslegung zu ermitteln. In § 153 Abs. 3 KAGB selbst finden sich keine Ausführungen zur Amtszeit der Beiratsmitglieder. Auch der Verweis ins AktG über § 18 Abs. 2 Satz 4 KAGB durch § 153 Abs. 3 Satz 2 KAGB schafft keine Klarheit. Einen Hinweis könnte jedoch ein Vergleich zwischen § 18 Abs. 2 Satz 4 KAGB und § 18 Abs. 2 Satz 3 KAGB, der den Verweis auf die aktienrechtlichen Vorschriften für die KVG in der Rechtsform der GmbH regelt, ergeben. Danach wird durch § 18 Abs. 2 Satz 3 KAGB auf § 102 AktG verwiesen, nicht aber durch § 18 Abs. 2 Satz 4 KAGB. Gemäß Gesetzesbegründungen sind die Abweichungen zwischen beiden Verweisketten in der Rechtsnatur der Personengesellschaft begründet.[352] Dies könnte dafür sprechen, dass der Gesetzgeber bewusst keine Regelung über die Dauer der Amtszeit der Beiratsmitglieder treffen wollte. Allerdings ist zu beachten, dass in Ermangelung einer gesellschaftsvertraglichen Vereinbarung die Mitglieder des Beirats auf unbestimmte Zeit bestellt wären. Gerade vor der Überlegung, dass der Beirat als Überwachungsorgan der Geschäftsführung dienen soll, kann dies über einen längeren Zeitraum zu Interessenkonflikten führen. Den Anlegern muss zumindest die Möglichkeit eingeräumt werden, periodisch die Beiratsmitglieder durch Neuwahlen auszutauschen. Diese Möglichkeit muss auch dann bestehen, wenn die Dauer der Amtszeit der Beiratsmitglieder nicht im Gesellschaftsvertrag festgelegt ist. Es ist daher davon auszugehen, dass die Notwendigkeit eines Verweises auf § 102 AktG bzw. der Schaffung einer eigenständigen Regelung über die Dauer der Amtszeit schlicht übersehen wurde.

Zudem bedarf es einer vergleichbaren Interessenlage. Vorliegend soll eine kapitalgesellschaftsrechtliche Vorschrift auf eine Personengesellschaft angewendet werden, wenngleich diese körperschaftlichen Ausprägungen erfahren hat. In diesen Fällen ist grundsätzlich eine Vergleichbarkeit zu verneinen, da Körperschaften und Personengesellschaften in ihrer Zielrichtung und ihrer Ausgestaltung regelmäßig zu verschieden sind. Hier ist jedoch die Besonderheit zu beachten, dass die Bestimmung über den Beirat der Inv-KG explizit auf einer Vorschrift beruht, die mit der Inv-AG gerade für eine Kapitalgesellschaft

352 Vgl. BT-Drs. 17/12294, Seite 212, zu § 18 (Externe Kapitalverwaltungsgesellschaften), zu Absatz 2.

gilt.[353] Zu- dem ist zu berücksichtigen, dass beide Vorschriften mit dem Anlegerschutz den gleichen Schutzzweck verfolgen.[354] Aufgrund dieser Tatsachen ist die vergleichbare Interessenlage zu bejahen.

Somit ist § 102 AktG analog auf den Beirat der Inv-KG anzuwenden. Hieraus resultiert, dass die Beiratsmitglieder der Inv-KG nicht für eine längere Zeit bestellt werden können als bis zur Beendigung der Gesellschafterversammlung, die über die Entlastung für das vierte Geschäftsjahr nach dem Beginn der Amtszeit beschließt.[355] Das Geschäftsjahr, in dem die Amtszeit beginnt, ist dabei nicht mitzuzählen.[356]

2.4. Anmeldung zum Handelsregister

Unklar ist ferner, ob es sich bei der Zusammensetzung des Beirats um eine Tatsache handelt, die gegenüber dem Handelsregister anzumelden ist. Hierzu macht § 153 Abs. 3 KAGB keine Angaben. Ebenso wenig hilft ein Blick ins HGB, da das Gesetz keine Regelungen über die Bildung eines Beirats bereithält, wenngleich die mögliche fakultative Bildung eines Beirats bei der KG unbestritten ist.[357] Dafür, dass die Mitglieder des Beirats nicht beim Handelsregister anzumelden sind, spricht § 18 Abs. 2 Satz 4 KAGB. In diesem wird gerade nicht auf § 106 AktG – also die Vorschrift, die anordnet, dass jede Änderung der Personen des Aufsichtsrats dem Handelsregister angezeigt werden muss – verwiesen. Dementsprechend ist eine Anzeige über die personelle Zusammensetzung des Beirats lediglich gegenüber der BaFin erforderlich, aber auch ausreichend.[358]

---

353 Vgl. BT-Drs. 17/12294, Seite 251, zu § 153 (Geschäftsführung, Beirat), zu Absatz 3.

354 Vgl. BT-Drs. 17/12294, Seite 251, zu § 153 (Geschäftsführung, Beirat), zu Absatz 3.

355 Vgl. § 102 Abs. 1 Satz 1 AktG analog.

356 Vgl. § 102 Abs. 1 Satz 2 AktG analog.

357 Vgl. *Mutter* in Münchener Handbuch des Gesellschaftsrechts Band 2, § 8 Rn. 3.

358 Vgl. § 153 Abs. 3 Satz 4 KAGB.

3. Persönliche Anforderungen an Beiratsmitglieder

Weiterhin ist zu klären, welche persönlichen Anforderungen an die Mitglieder des Beirats zu stellen sind. Hierbei ist wiederum auf die aktienrechtlichen und investmentrechtlichen Vorschriften einzugehen.

3.1. Persönliche Anforderungen gemäß AktG

Aktienrechtliche Anforderungen ergeben sich sowohl aus § 100 AktG als auch aus § 105 AktG, die persönliche Anforderungen an die Mitglieder eines Aufsichtsrats enthalten. Auf sie wird jeweils über § 18 Abs. 2 Satz 4 KAGB i. V. m. § 153 Abs. 3 Satz 2 KAGB verwiesen. Als Mitglieder des Beirats kommen daher nur natürliche, unbeschränkt geschäftsfähige Personen in Betracht.[359] In Bezug auf die als Beiratsmitglied in Betracht kommende natürliche Person dürfen zudem keine Umstände gemäß § 100 Abs. 2 AktG vorliegen, die ihrer Bestellung entgegenstünden. Hindernisgründe sind demnach vor allem das Ausüben der maximalen Anzahl an entsprechenden Mandaten sowie entsprechende Verflechtungen.[360]

Dagegen sind die Einschränkungen gemäß § 100 Abs. 3 und Abs. 5 AktG für den Beirat der Inv-KG unbeachtlich. Der § 100 Abs. 3 AktG verweist auf die persönlichen Anforderungen nach den mitbestimmungsrechtlichen Bestimmungen, die – wie bereits festgestellt – für die Inv-KG keine Bedeutung haben. Der § 100 Abs. 5 AktG wiederum knüpft an den Kapitalmarktbezug an; die Anteile müssen demnach in einen organisierten Markt im Sinne von § 2 Abs. 5 WpHG zumindest einbezogen sein. Dies ist für die Gesellschaftsanteile einer Inv-KG nicht möglich, da es sich bei diesen regelmäßig nicht um Wertpapiere im Sinne von § 2 Abs. 1 Satz 1 Nr. 2 WpHG handelt.[361]

Liegen die vorgenannten persönlichen Voraussetzungen vor, können einer Bestellung als Mitglied des Beirats dennoch andere Hürden im Weg stehen. Eine solche beinhaltet § 105 Abs. 1 AktG. Danach kann eine natürliche Person dann nicht Mitglied des Beirats werden, wenn sie bereits als Mitglied der Geschäftsführung, Prokurist, General-

359 Vgl. § 100 Abs. 1 Satz 1 AktG.

360 Für eine detaillierte Darstellung wird auf *Habersack* in MüKo/AktG, § 100 Rn. 20 bis Rn. 52 verwiesen.

361 *Fuchs* in Fuchs, WpHG, § 2 Rn. 23.

handlungsbevollmächtigter[362] oder als Generalbevollmächtigter[363] der Inv-KG berufen oder bestellt ist. Auf diese Weise soll eine Funktionstrennung von Geschäftsführungs- und Aufsichtsorgan sichergestellt werden.[364] Eine Vereinigung beider Funktionen in einer Person soll auf diese Weise verhindert werden.

3.2. Persönliche Anforderungen gemäß KAGB

Die aktienrechtlichen Bestimmungen über die persönlichen Anforderungen der Beiratsmitglieder werden zudem durch die Bestimmungen des KAGB ergänzt. Eine solche investmentrechtliche Ergänzung ist in § 153 Abs. 3 Satz 3 KAGB vorzufinden. Danach wird verlangt, dass die Persönlichkeit und die Sachkunde der Mitglieder Gewähr dafür bieten müssen, dass die Interessen der Anleger gewahrt werden. Die Begriffe „*Persönlichkeit*" und „*Sachkunde*" sind im Gesetz nicht definiert und sind damit auslegungsbedürftig. Beide Begriffe wurden jedoch bereits in einer Vorgängervorschrift – namentlich § 6 Abs. 3 Satz 1 InvG – verwendet, die dem Gesetzgeber für § 153 Abs. 3 Satz 3 KAGB als Vorlage diente. Dementsprechend kann auf das diesbezügliche Verständnis zurückgegriffen und es kann zur Auslegung der beiden Begriffe herangezogen werden.[365] Beide Begriffe sind demnach nach Maßgabe von § 6 Abs. 3 Satz 1 InvG auszulegen.

Der Begriff „*Persönlichkeit*" bezieht sich abstrakt auf die charakterliche Eignung der Beiratsmitglieder.[366] Sie dürften sich im Rahmen ihrer bisherigen Tätigkeit keiner Verfehlungen schuldig gemacht haben, die gegen ihre Eignung sprächen, um die Interessen der Anleger zu wahren.[367] Da ein solcher Nachweis nur schwerlich gelingen kann, ist dieser zunächst zu vermuten.[368] Diese Vermutung kann aber durch den Nachweis von Umständen und Faktoren, die an der erforderlichen

362 Vgl. § 105 Abs. 1 AktG.

363 *Habersack* in MüKo/AktG, § 105 Rn. 14 m. w. N.

364 Vgl. *Henssler* in Henssler/Strohn, AktG, § 105 Rn. 1; *Drygala* in Schmidt/Lutter, AktG, § 105 Rn. 1.

365 So auch *Klebeck/Kunschke* in Beckmann/Scholtz/Vollmer, KAGB, § 153 Rn 55.

366 Vgl. *Thole* in Emde/Dornseifer/Dreibus/Hölscher, InvG, § 6 Rn. 25.

367 Vgl. *Steck/Gringel* in Berger/Steck/Lübbehüsen, InvG, § 6 Rn. 27.

368 Vgl. *Steck/Gringel*, a. a. O.

Eignung zweifeln lassen, zerstört werden.[369] Ein Indiz, das regelmäßig gegen die charakterliche Eignung spricht, ist die rechtskräftige Verurteilung einer Person wegen Eigentums- oder Wirtschaftsdelikten.[370]

Vom Begriff der „*Sachkunde*" werden dagegen alle theoretischen Kenntnisse und praktischen Erfahrungen umfasst, die ein potenzielles Beiratsmitglied im Bereich des Bank- und Börsenwesens oder des Investmentgeschäfts besitzt.[371] Diese Kenntnisse und Erfahrungen müssen nicht zwingend in einer leitenden Funktion erworben worden sein.[372] In Anlehnung an § 33 Abs. 1 Satz 1 Nr. 4 KWG i. V. m. § 25c Abs. 1 Satz 3 KWG ist die erforderliche Sachkunde zu vermuten, wenn das jeweilige Beiratsmitglied eine mindestens dreijährige berufliche Tätigkeit nachweisen kann.[373]

Des Weiteren ist, ebenso wie bei der KVG, darauf zu achten, dass wenigstens ein Mitglied des Beirats von den Gesellschaftern der Inv-KG, den mit ihnen verbundenen Unternehmen und den Geschäftspartnern der Inv-KG unabhängig ist.[374] Das Ziel ist die Stärkung des Anlegerschutzes.[375] Besonderheiten ergeben sich insoweit nicht.

4. Innere Ordnung des Beirats

Auch hinsichtlich der inneren Ordnung macht § 153 Abs. 3 KAGB keine Angaben. Wie der Gesetzgeber sich diese vorstellt, ergibt sich wiederum durch den Verweis auf § 18 Abs. 2 Satz 4 KAGB. Danach sollen die Vorschriften über die innere Ordnung,[376] die Beschlussfassung,[377] die Teilnahme an den Sitzungen[378] und die Einberufung des

369 Vgl. *Steck/Gringel*, a. a. O.

370 Vgl. *Thole* in Emde/Dornseifer/Dreibus/Hölscher, InvG, § 6 Rn. 25; Steck/Gringel, a. a. O.

371 Vgl. *Thole* in Emde/Dornseifer/Dreibus/Hölscher, InvG, § 6 Rn. 26; *Steck/Gringel* in Berger/Steck/Lübbehüsen, InvG, § 6 Rn. 28.

372 Vgl. *Thole*, a. a. O.

373 Vgl. *Thole*, a. a. O; *Steck/Gringel*, a. a. O.

374 Vgl. § 153 Abs. 3 Satz 2 KAGB i. V. m. § 18 Abs. 3 Satz 2 KAGB.

375 *Klebeck/Kunschke* in Beckmann/Scholtz/Vollmer, KAGB, § 153 Rn. 54; *Schott* in Emde/Dornseifer/Dreibus, KAGB, § 153 Rn. 20.

376 Vgl. § 107 AktG.

377 Vgl. § 108 AktG.

378 Vgl. § 109 AktG.

Aufsichtsrats Anwendung finden. Besonderheiten sind nicht zu beachten.[379]

5. Fazit

Die Rechte und Pflichten sowie die Zusammensetzung und die innere Ordnung des Beirats sind im Wesentlichen nicht eigenständig im KAGB geregelt, sondern weitgehend nach den aktienrechtlichen Vorschriften über den Aufsichtsrat. Die wesentlichen Vorschriften des Aktienrechts diesbezüglich werden über entsprechende investmentrechtliche Verweise für anwendbar erklärt. Diese Vorgehensweise ist nachvollziehbar, da der Beirat einer intern verwalteten Inv-KG, die als Vehikel für ein Publikums-AIF dient, als Aufsichtsorgan fungiert und damit die gleiche primäre Funktion wie ein Aufsichtsrat hat. Zu beachten ist, dass es sich bei den Vorschriften zum Beirat um zwingende Vorschriften handelt und diese somit nicht abbedungen oder eingeschränkt werden können.

Die primäre Funktion des Beirats ist die Beaufsichtigung der geschäftsführenden Gesellschafter der Inv-KG. Geschäftsführende Funktionen besitzt der Beirat grundsätzlich keine, vorbehaltlich der Vertretung der Inv-KG bei Geschäften mit geschäftsführenden Gesellschaftern und Beiratsmitgliedern sowie der Erteilung seiner Zustimmung bei zustimmungsbedürftigen Geschäften. Weitere relevante Vorschriften aus dem Aktienrecht sind insbesondere die Mitwirkung beim Jahresabschluss sowie die Pflicht zur Sorgfalt und Verschwiegenheit. Durch die investmentrechtlichen Vorschriften wird ergänzend ein Verbot aufgestellt, wonach die Mitglieder des Beirats Vermögensgegenstände weder an die Inv-KG veräußern noch von dieser erwerben dürfen. Ein daraus resultierender Interessenkonflikt soll also gar nicht erst entstehen.

Auch hinsichtlich der Bestellung und der Zusammensetzung des Beirats ist auf das Aktienrecht zurückzugreifen. Die Mitglieder des Beirats werden durch die Gesellschafterversammlung gewählt, sofern nicht einzelne Mitglieder zu entsenden sind; die mitbestimmungsrechtlichen Vorschriften sind dagegen im Bereich des Investment-

379 Entsprechend wird auf die weitergehende Literatur zu den §§ 107 bis 110 AktG verwiesen.

rechts nicht relevant. Der Beirat muss aus mindestens drei Mitgliedern bestehen, allerdings muss die Anzahl – entgegen einer Ansicht in der Literatur – nicht zwingend durch drei teilbar sein, sondern lediglich in den gesetzlich vorgesehenen Fällen. Die Amtszeit richtet sich in analoger Anwendung nach § 102 AktG, sodass die Mitglieder längstens bis zur Beendigung derjenigen Gesellschafterversammlung bestellt werden können, die über die Entlastung für das vierte Geschäftsjahr nach dem Beginn der Amtszeit beschließt.

Auch die persönlichen Anforderungen richten sich vorrangig nach den aktienrechtlichen Vorschriften, d. h. nach § 100 AktG und § 105 AktG. Allerdings hält das Investmentrecht Sondervorschriften in Bezug auf die persönlichen Anforderungen an die Beiratsmitglieder parat, die nach ihrer Persönlichkeit und ihrer Sachkunde auszusuchen und zu bestellen sind. Auch dies ist konsequent, da auf diese Weise ein Gleichlauf mit der extern verwalteten Inv-KG in Bezug auf deren Beiratsmitglieder hergestellt wird.

V. Das Gesellschaftsvermögen

Nach der Betrachtung des Gesellschaftsvertrags soll anschließend auf das Gesellschaftsvermögen eingegangen werden. Dabei stellt sich zum einen die Frage, wie sich das Gesellschaftsvermögen der Inv-KG zusammensetzt. Zum anderen ist zu fragen, wie die Gesellschafter am Gesellschaftsvermögen der Inv-KG beteiligt sind.

1. Die Zusammensetzung des Gesellschaftsvermögens einer Inv-KG

1.1. Untergliederung der nachfolgenden Untersuchung über die Zusammensetzung des Gesellschaftsvermögens einer Inv-KG

Spezialgesetzliche Vorschriften über das Gesellschaftsvermögen kennt das KAGB mit den §§ 131 f. KAGB für die offene Inv-KG und § 156 KAGB für die geschlossene Inv-KG, aus denen sich Abweichungen von den personengesellschaftsrechtlichen Grundsätzen über das Gesellschaftsvermögen ergeben könnten.

Wie anfangs festgestellt, kennt die Inv-KG verschiedene Spielarten der Inv-KG. So kann die Inv-KG unter anderem als Investmentvehikel sowohl für offene Investmentvermögen als auch für geschlossene Investmentvermögen verwendet werden. Weiterhin ist die Inv-KG dahingehend zu unterscheiden, ob sie die Verwaltung des Investmentvermögens selbst erbringt oder ob sie hierzu eine externe KVG mit der Verwaltung des Investmentvermögens beauftragt.

Aufgrund dieser unterschiedlichen Arten, wie eine Inv-KG tatsächlich ausgestaltet werden kann, ist daher im Vorfeld zu klären, ob die Untersuchung zur Zusammensetzung des Gesellschaftsvermögens einer offenen Inv-KG und einer geschlossenen Inv-KG gemeinsam durchgeführt werden kann. Selbiges gilt hinsichtlich der Betrachtung über die Zusammensetzung einer intern verwalteten Inv-KG einerseits und einer extern verwalteten Inv-KG andererseits.

1.1.1. Gemeinsame Betrachtung der Zusammensetzung des Gesellschaftsvermögens von offener und geschlossener Inv-KG

Zunächst ist zu fragen, ob die Vorschriften über das Gesellschaftsvermögen von offener und geschlossener Inv-KG gemeinsam untersucht werden können. Hierzu ist zunächst der Gesetzeswortlaut von § 131 KAGB dem von § 156 KAGB gegenüberzustellen. Hierbei fällt auf, dass sich die beiden Regelungen weitestgehend entsprechen. Eine Divergenz findet sich allerdings in Bezug auf die Beschreibung des Kommanditanlagevermögens. Bei der offenen Inv-KG setzt sich das Kommanditanlagevermögen aus den Einlagen der Anleger zusammen, „*die sich als Kommanditisten beteiligen*".[380] Für die geschlossene Inv-KG findet sich eine Beschränkung auf die Einlage der Kommanditisten dagegen nicht.

Die Abweichungen im Wortlaut der beiden Vorschriften lassen sich aber mit Unterschieden zwischen einer offenen Inv-KG und einer geschlossenen Inv-KG erklären. Denn eine wesentliche Unterscheidung zwischen offener und geschlossener Inv-KG ist, dass sich Anleger an einer geschlossenen Inv-KG auch mittelbar als Treuhänder beteiligen dürfen, sofern die Inv-KG als Vehikel für ein Publikumsinvestmentvermögen dient.[381] Bei der offenen Inv-KG ist dagegen eine solche mittelbare Beteiligung der Anleger derzeit nicht gesetzlich zugelassen. Wäre § 156 Abs. 2 Satz 1 KAGB identisch zu § 131 Abs. 2 Satz 1 KAGB formuliert worden, würde dies dazu führen, dass lediglich die Einlagen der unmittelbar beteiligten Anleger das Kommanditanlagevermögen bildeten.[382] Die redaktionelle Abweichung zwischen den beiden Vorschriften ist somit dem Umstand geschuldet, dass im Falle einer nur mittelbaren Beteiligung der Anleger auf die tatsächlich wirtschaftlich Berechtigten abgezielt werden soll. Mit den unterschiedlichen Formulierungen wird erreicht, dass sich das Kommanditanlagevermögen einer Inv-KG stets aus dem von den Anlegern eingeworbenen Kapital zusammensetzt, und zwar unabhängig davon, ob die Anleger unmittelbar oder mittelbar an einer Inv-KG beteiligt sind. Insoweit könnte also anstelle vom „*Kommanditanlagevermö-*

380 Vgl. § 131 Abs. 2 Satz 1 KAGB.
381 Vgl. § 152 Abs. 1 Satz 2 KAGB.
382 Vgl. *Paul* in Weitnauer/Boxberger/Anders, KAGB, § 156 Rn. 3.

gen" auch korrekterweise vom „*Anlegervermögen*" oder – wie in § 21 Abs. 4 Ziffer II. KARBV – vom „*Investmentanlagevermögen*" gesprochen werden.

Es ist folglich festzustellen, dass die Abweichungen im Wortlaut von § 131 Abs. 2 KAGB zu § 156 Abs. 2 KAGB lediglich dem Umstand geschuldet sind, dass sich die Anleger einer offenen Publikums-Inv-KG auch mittelbar an der Inv-KG beteiligen können, allerdings seitens des Gesetzgebers ein Gleichlauf zwischen der offenen und der geschlossenen Inv-KG hinsichtlich des Umfangs des Kommanditanlagevermögens gewünscht ist. Inhaltlich ergeben sich dagegen keine Unterschiede zwischen den beiden Vorschriften bzw. der offenen und der geschlossenen Inv-KG. Aufgrund des nahezu identischen Wortlauts und des gleichgerichteten Interesses, das Kommanditanlagevermögen nach den Einlagen der wirtschaftlich Beteiligten zu bemessen, können die beiden Vorschriften – trotz des zuvor aufgezeigten sprachlichen Unterschieds – gemeinsam untersucht werden.

Eine weitere Besonderheit, die ursprünglich zwischen der offenen und der geschlossenen Inv-KG im Hinblick auf das Gesellschaftsvermögen bestand, war die Möglichkeit der offenen Inv-KG, Teilgesellschaftsvermögen zu bilden.[383] Die Möglichkeit zur Bildung von Teilgesellschaftsvermögen war für die geschlossene Inv-KG zunächst nicht im KAGB vorgesehen. Dieser Unterschied wurde inzwischen beseitigt und auch der geschlossenen Inv- KG wurde die Möglichkeit zur Bildung von Teilgesellschaftsvermögen eingeräumt.[384] Der Gesetzgeber sah dabei davon ab, eine mit § 132 KAGB vergleichbare Vorschrift zu schaffen, sondern verwies für die geschlossene Inv-KG auf diese für die offene Inv-KG geltende Vorschrift.[385] Dementsprechend wird § 132 KAGB im Wesentlichen für auf die geschlossene Inv-KG anwendbar erklärt, sodass die Anforderungen hierüber grundsätzlich § 132 KAGB zu entnehmen sind und nur geringfügig durch § 149 Abs. 2 KAGB modifiziert werden. Aufgrund der mit der Bildung von Teilgesellschaftsvermögen einhergehenden Besonderheiten soll diese Besonderheit dennoch eigenständig dargestellt werden.[386]

---

383 Vgl. § 132 KAGB.
384 Vgl. BT-Drs. 19/17139, Seite 30 und Seite 47.
385 Vgl. § 149 Abs. 2 Satz 1, 2 und 6 KAGB.
386 Siehe Teil B. Kapitel V. Ziffer 1.4. „Teilgesellschaftsvermögen".

1.1.2. Separate Betrachtung der Zusammensetzung des Gesellschaftsvermögens der intern und extern verwalteten Inv-KG

Nachdem zuvor darauf eingegangen worden ist, ob das Gesellschaftsvermögen von offener und geschlossener Inv-KG gemeinsam untersucht werden kann, ist zusätzlich zu fragen, ob auch das Gesellschaftsvermögen einer extern verwalteten Inv-KG gemeinsam mit dem Gesellschaftsvermögen einer intern verwalteten Inv-KG betrachtet werden kann.

1.1.2.1. Anwendbarkeit von § 131 Abs. 1 KAGB und § 156 Abs. 1 KAGB

Zunächst ist festzuhalten, dass die Regelungen in § 131 Abs. 1 KAGB und § 156 Abs. 1 KAGB nur auf eine intern verwaltete Inv-KG anzuwenden sind, nicht aber auf eine extern verwaltete Inv-KG.

Denn gemäß dem Wortlaut von § 131 Abs. 1 KAGB und § 156 Abs. 1 KAGB wird angeordnet, dass die intern verwaltete Inv-KG das für den Betrieb der Inv-KG erforderliche Vermögen – das heißt ein Betriebsvermögen – erwerben darf. Aus dem Gesetzestext wird somit deutlich, dass diese Bestimmungen auf die extern verwaltete Inv-KG nicht anzuwenden sind. Dies spricht dafür, dass die Regelungen in § 131 Abs. 1 KAGB und § 156 Abs. 1 KAGB ausschließlich auf die intern verwaltete Inv-KG zur Anwendung gelangen, nicht aber auf die extern verwaltete Inv-KG.

Gestützt werden kann dieses Verständnis durch die Gesetzesbegründung und den Zweck, der mit diesen beiden Regelungen verfolgt wird. Denn hiernach sollen das Betriebsvermögen der KVG und das in der Inv-KG gebündelte Anlagevermögen separat gehalten werden.[387] Dahinter steht die Überlegung, dass das Kapital der Anleger auch tatsächlich unmittelbar zur Vermögensanlage genutzt und nicht durch mittelbare Mittelabflüsse geschmälert wird. Eine derartige Gefahr von Mittelabflüssen besteht dann, wenn es zu einer Vermischung dieser beiden Vermögensmassen – das heißt der Vermischung des Betriebsvermögens der KVG mit dem in der Inv-KG gebündelten Invest-

---

387 Vgl. BT-Drs. 17/12294, Seite 238, zu § 131 (Gesellschaftsvermögen), zu Absatz 1.

mentvermögen – kommt.[388] Dieser Grundgedanke ist bereits seit dem InvG – dort für die intern verwaltete Inv-AG – anerkannt.[389] Bei einer extern verwalteten Inv-KG besteht diese Vermischungsgefahr gerade nicht, da die Separierung der beiden Vermögensmassen bereits durch die beiden unterschiedlichen, rechtlich verselbstständigten Einheiten „KVG" und „Inv-KG" erreicht wird. Demnach ist der mit § 131 Abs. 1 KAGB und § 156 Abs. 1 KAGB verfolgte Zweck in Bezug auf die extern verwaltete Inv-KG obsolet.

Die vorstehenden Ausführungen zeigen, dass eine separate Betrachtung der beiden Verwaltungsformen der Inv-KG im Hinblick auf deren Gesellschaftsvermögen vorzunehmen ist.

1.1.2.2. Anwendbarkeit von § 131 Abs. 2 KAGB und § 156 Abs. 2 KAGB

Umgekehrt ist zu bemerken, dass die Regelungen in § 131 Abs. 2 KAGB und § 15 Abs. 2 KAGB inhaltlich sowohl für eine intern verwaltete Inv-KG als auch eine extern verwaltete Inv-KG anzuwenden sind.

Der Wortlaut der beiden Regelungen ist zwar unergiebig, da sich aus diesem gerade nicht explizit ergibt, ob sich die jeweilige Regelung ausschließlich auf eine bestimmte Verwaltungsform der Inv-KG beziehen will oder aber beide Verwaltungsformen erfassen möchte. Gerade dieser Umstand – d. h. der Verzicht auf eine ausdrückliche Erwähnung einer bestimmten Verwaltungsform der Inv-KG – kann aber auch für eine generelle Anwendung der beiden Vorschriften sprechen. Denn in § 131 Abs. 1 KAGB und § 156 Abs. 1 KAGB ist ein solcher Hinweis in deren Regelungen gerade explizit angelegt. Dies lässt die Schlussfolgerung zu, dass für die Regelungen in § 131 Abs. 2 KAGB und § 156 Abs. 2 KAGB bewusst von einer Beschränkung des Anwendungsbereichs der Vorschriften auf die intern verwaltete Inv-KG abgesehen wurde und die beiden Regelungen sowohl für die intern verwaltete Inv-KG als auch für die extern verwaltete Inv-KG zur Anwendung gelangen sollen.

---

388 Vgl. *Kunschke/Klebeck* in Beckmann/Scholtz/Vollmer, KAGB, § 131 Rn. 15 bzw. § 156 Rn. 11.

389 Vgl. *Kunschke/Klebeck* in Beckmann/Scholtz/Vollmer, KAGB, § 131 Rn. 4.

Ein gleichlaufendes Verständnis ergibt sich aus der Betrachtung des Zwecks, der mit den beiden Vorschriften erreicht werden soll. In § 131 Abs. 2 KAGB und § 156 Abs. 2 KAGB sind die Regelungen über die Zusammensetzung des Kommanditanlagevermögens enthalten. Die Regelungen heben hervor, dass die Vermögensgegenstände der Inv-KG, die mit den Einlagen der Anleger erworben werden, auch diesen zugeordnet werden sollen.[390] Eine solche Zuordnung betrifft sowohl die intern verwaltete Inv-KG als auch die extern verwaltete Inv-KG. Folglich gelten die § 131 Abs. 2 KAGB und § 156 Abs. 2 KAGB sowohl für die intern verwaltete Inv-KG als auch für die extern verwaltete Inv-KG.[391]

1.1.3. Fazit

Wie die vorstehenden Ausführungen zeigen, ist im Hinblick auf die Zusammensetzung des Gesellschaftsvermögens einer Inv-KG eine gemeinsame Untersuchung der offenen Inv-KG und der geschlossenen Inv-KG möglich.

Dagegen sind die investmentrechtlichen Vorschriften diesbezüglich zu divergent, um eine einheitliche Betrachtung über die Zusammensetzung des Gesellschaftsvermögens einer intern verwalteten Inv-KG und einer extern verwalteten Inv-KG vornehmen zu können. Sie sind deshalb separat zu betrachten.

Zudem ist die Zusammensetzung von Teilgesellschaftsvermögen ebenfalls einer eigenständigen Untersuchung zu unterziehen.

1.2. Das Gesellschaftsvermögen der extern verwalteten Inv-KG

Vorstehend wurde festgestellt, dass das Investmentrecht spezialgesetzliche Vorschriften im Hinblick auf das Gesellschaftsvermögen einer Inv-KG kennt und dabei zwar eine einheitliche Betrachtung des Gesellschaftsvermögens einer offenen Inv-KG und einer geschlossenen

---

390 Vgl. *Lorenz* in Weitnauer/Boxberger/Anders, KAGB, § 131 Rn. 4; *Schott* in Emde/Dornseifer/Dreibus, KAGB, § 156 Rn. 3; *Jesch* in Moritz/Klebeck/Jesch, KAGB, § 156 Rn. 12 f.

391 So auch *Lorenz* in Weitnauer/Boxberger/Anders, KAGB, § 131 Rn. 4; **a. A.:** *Hüwel/Kracke* in Baur/Tappen, KAGB, § 131 Rn. 2 und *Könnecke* in Baur/Tappen, KAGB, § 156 Rn. 5.

Inv-KG möglich ist, nicht aber in Bezug auf das Gesellschaftsvermögen einer extern verwalteten Inv-KG und einer intern verwalteten Inv-KG. Dementsprechend ist im Anschluss an diese Eruierung zu untersuchen, in welcher Weise sich das Gesellschaftsvermögen einer extern verwalteten Inv-KG zusammensetzt.

1.2.1. Eigenständige investmentrechtliche Regelung über das Gesellschaftsvermögen einer extern verwalteten Inv-KG

Das Investmentrecht hält mit § 131 KAGB und § 156 KAGB eigenständige Vorschriften über das Gesellschaftsvermögen einer Inv-KG parat, die – wie die vorstehenden Ausführungen zeigen – auch auf die extern verwaltete Inv-KG anzuwenden sind. Das Gesellschaftsvermögen einer extern verwalteten Inv-KG setzt sich gemäß dem Wortlaut dieser beiden Vorschriften zusammen aus den Einlagen der unmittelbar bzw. mittelbar beteiligten Anleger, den im Zusammenhang mit der Anlagetätigkeit erhaltenen und verwalteten Vermögensgegenständen, den für die Vermögensgegenstände erhaltenen Sicherheiten sowie den liquiden Mitteln. Folglich werden aufgrund dieser spezialgesetzlichen Regelungen des Gesellschaftsvermögens einer Inv-KG die subsidiär anzuwendenden personengesellschaftsrechtlichen Vorschriften über das Gesellschaftsvermögen grundsätzlich verdrängt. Für die Anwendung der personengesellschaftsvertraglichen Vorschriften über die Zusammensetzung des Gesellschaftsvermögens ist damit grundsätzlich kein Raum mehr.

1.2.2. Regelungsgehalt der investmentrechtlichen Vorschriften über das Gesellschaftsvermögen für die extern verwaltete Inv-KG

Nach der vorherigen Feststellung, dass das Investmentrecht mit § 131 Abs. 2 KAGB und § 156 Abs. 2 KAGB eigenständige Vorschriften zum Gesellschaftsvermögen einer extern verwalteten Inv-KG vorhält, ist aber der Regelungsgehalt der beiden Vorschriften klärungsbedürftig. Insbesondere stellt sich die Frage, ob sich aus diesen beiden Regelungen im Hinblick auf die extern verwaltete Inv-KG überhaupt eine Abweichung von den personengesellschaftsrechtlichen Grundsätzen über das Gesamthandsvermögen ergibt. Ein solches von den personengesellschaftsrechtlichen Grundsätzen abweichendes Verständnis könnte sich aus dem Wortlaut von § 131 Abs. 2 KAGB und § 156 Abs. 2 KAGB herleiten lassen, die eine Aufzählung über die Zusammensetzung des Kommanditanlagevermögens enthalten. Nach der Gesetzesbegründung sollen die beiden Vorschriften die „*Zusammensetzung des Kommanditanlagevermögens*“ beschreiben.[392]

Um den Regelungsgehalt von § 131 Abs. 2 KAGB und § 156 Abs. 2 KAGB zu ermitteln, sind die beiden vorgenannten Vorschriften auszulegen, wobei hierbei auch die personengesellschaftsrechtlichen Vorschriften über die Zusammensetzung des Gesellschaftsvermögens[393] miteinzubeziehen und mit abzugleichen sind.

1.2.2.1. Abgleich der investmentrechtlichen Vorschriften über das Gesellschaftsvermögen mit den personengesellschaftsrechtlichen Vorschriften nach alter Rechtslage

Bis zum Inkrafttreten der Vorschriften des MoPeG war die Vermögenszuordnung bei Personengesellschaften nach dem Gesamthandsprinzip konzipiert.[394] Als solches stellte das Gesellschaftsvermögen in Form des Gesamthandsvermögens ein dinglich gebundenes Sondervermögen dar, das den Gesellschaftern gemeinschaftlich zugewiesen wurde.[395] Die Folge dieser gesamthänderischen Bindung war, dass es zu einer Separierung der Vermögensgegenstände, die eil des Gesamthandsvermögens sind, kam. Es erfolgte somit eine dingliche Zuweisung dieser Vermögensgegenstände zum Gesamthandsvermögen.[396] Dementsprechend stand die Verfügungsbefugnis über die im Gesamthandsvermögen gebundenen Vermögensgegenstände nicht mehr den ursprünglich Berechtigten der jeweiligen Vermögensgegenstände zu, sondern den geschäftsführungs- und vertretungsbefugten Organen der

---

392 Vgl. BT-Drs. 17/12294, Seite 244, zu § 131 (Gesellschaftsvermögen), zu Absatz 2 und Seite 252, zu § 156 (Gesellschaftsvermögen), zu Absatz 2.

393 Vgl. § 713 BGB und nach alter Rechtslage §§ 718 f. BGB a. F.

394 Für die GbR ergab sich dies aus §§ 718 f. BGB a. F. und § 738 BGB a. F., die über § 105 Abs. 3 HGB a. F. auf die OHG und über den entsprechenden Verweis in § 161 Abs. 2 HGB a. F. auch auf die KG zur Anwendung gelangten.

395 Vgl. *Hanke* in Dauner-Lieb/Langen, BGB, § 718 Rn. 3; *Schäfer* in MüKo/BGB, § 718 Rn. 4; *von Falkenhausen/Schneider* in Münchener Handbuch des Gesellschaftsrechts Band 2, § 20 Rn. 18.

396 Vgl. *Schäfer* in MüKo/BGB, § 718 Rn. 2.

Gesellschaft.[397] Vorbehaltlich abweichender gesellschaftsvertraglicher Regelungen oder der Zustimmung der übrigen Gesellschafter waren die Gesellschafter daher nicht (mehr) befugt, über ihren Anteil am Gesellschaftsvermögen oder an den einzelnen Gegenständen zu verfügen oder die Teilung zu verlangen.[398]

Die Zusammensetzung dieses Gesamthandsvermögens war ursprünglich in § 718 BGB a. F. geregelt. Gemäß § 718 Abs. 1 BGB a. F., in dem die Legaldefinition des Gesellschaftsvermögens enthalten war, setzte sich dieses Sondervermögen aus den Beiträgen der Gesellschafter und den für die Gesellschaft erworbenen Gegenständen zusammen. Teil des Gesellschaftsvermögens der KG konnten dabei grundsätzlich alle Vermögensgegenstände sein, insbesondere auch solche von immaterieller Art.[399] Außerdem gehörte zum Gesamthandsvermögen auch das, was aufgrund eines zu dem Gesellschaftsvermögen gehörenden Rechts oder als Ersatz für die Zerstörung, Beschädigung oder Entziehung eines zu dem Gesellschaftsvermögen gehörenden Gegenstands erworben wurde.[400]

Diese zuvor geschilderte alte Rechtslage ist den beiden investmentrechtlichen Vorschriften gegenüberzustellen, um zu klären, ob und gegebenenfalls in welchem Umfang sich die Zusammensetzung des Gesellschaftsvermögens einer extern verwalteten Inv-KG von der Zusammensetzung nach § 718 a. F. absetzt.

1.2.2.1.1. Beiträge und Einlagen der Gesellschafter

Bei einem Abgleich von § 718 Abs. 1 Var. 1 BGB a. F. mit § 131 Abs. 2 Satz 1 Var. 1 KAGB und § 156 Abs. 2 Satz 1 Var. 1 KAGB fällt zunächst auf, dass die erstgenannte Vorschrift von den Beiträgen der Gesellschafter spricht, während dagegen in den investmentrechtlichen Vorschriften die Formulierung „*die Einlagen der Anleger*" Verwendung findet. Zunächst ist zu bemerken, dass nach der bisherigen Rechtslage zwischen den „*Beiträgen*" und den „*Einlagen*" unterschieden wurde. Der Terminus der Beiträge stellte dabei den Oberbegriff

397 Vgl. *Schäfer* in Staub, HGB, § 105 Rn. 264.
398 Vgl. § 719 Abs. 1 BGB.
399 Vgl. *Von Falkenhausen/Schneider* in Münchener Handbuch des Gesellschaftsrechts Band 2, § 20 Rn. 8.
400 Vgl. § 718 Abs. 2 BGB a. F.

dar und war in der Folge weit zu verstehen.[401] Erfasst wurden alle durch einen Gesellschafter geschuldeten Leistungen, die der Förderung des gemeinsamen Zwecks dienten.[402] Der Begriff der Einlage war dagegen enger und umfasste lediglich diejenigen Beiträge, die durch die Gesellschafter auch bereits bewirkt wurden.[403]

Diesem Verständnis folgend sind gemäß dem Wortlaut der beiden investmentrechtlichen Vorschriften zwar die von den Anlegern bereits bewirkten Beiträge dem Kommanditanlagevermögen zuzurechnen, nicht aber die noch zu bewirkenden Beiträge. Aus teleologischen Erwägungen erscheint eine derartige Einschränkung jedoch unbillig. Denn unter anderem mit der Bildung des Gesellschaftsvermögens soll die Erreichung des gemeinsamen Zwecks, der jeder Personengesellschaft zu eigen ist, herbeigeführt werden.[404] Vor diesem Hintergrund erschließt sich nicht, warum bei einer extern verwalteten Inv-KG zwar die von den Anlegern bereits erbrachten Einlagen, nicht aber die noch durch die Anleger geschuldeten Beiträge vom Terminus des Kommanditanlagevermögens umfasst sein sollten. Dies gilt umso mehr, als bereits nach den allgemeinen personengesellschaftsrechtlichen Vorschriften sämtliche Beiträge – und nicht nur die Einlagen – dem Gesellschaftsvermögen zugerechnet wurden. Denn zu berücksichtigen ist, dass die investmentrechtlichen Abweichungen von den personengesellschaftsrechtlichen Vorschriften gerade den aufsichtsrechtlichen Besonderheiten geschuldet sein sollen.[405] Hierzu gehört insbesondere auch der Schutz der Anleger. Dieser würde aber gerade konterkariert, wären die noch nicht geleisteten Beiträge vom Kommanditanlagevermögen ausgenommen.

Allerdings ist zu berücksichtigen, dass § 131 Abs. 2 Satz 1 KAGB und § 156 Abs. 2 Satz 1 KAGB weitere Erwerbstatbestände kennen.[406] Hierzu gehört unter anderem die Erfassung der im Zusammenhang

---

401 Vgl. *Hadding/Kießling* in Soergel, BGB, § 706 Rn. 5.

402 Vgl. *Habermeier* in Staudinger, BGB, § 706 Rn. 2; Schäfer in MüKo/BGB, § 706 Rn. 2.

403 Vgl. *Schäfer* in MüKo/BGB, § 706 Rn. 4.

404 Vgl. *Schöne* in Bamberger/Roth/Hau/Poseck, BGB, § 718 Rn. 1.

405 Vgl. BT-Drs. 17/12294, Seite 241, zu § 124 (Rechtsform, anwendbare Vorschriften), zu Absatz 1 und Seite 249, zu § 149 (Rechtsform, anwendbare Vorschriften), zu Absatz 1.

406 Dazu sogleich unten.

mit der Anlagetätigkeit erhaltenen und verwalteten Vermögensgegenstände.[407] Beim Terminus des Vermögensgegenstands handelt es sich um einen bilanzrechtlichen Begriff, der alle Werte umfasst, die getrennt vom Unternehmen verwertbar und als solche selbstständig bewertbar sind.[408] Nach alter Rechtslage wiederum handelte es sich bei den noch nicht erfüllten Beiträgen um Sozialansprüche der Gesellschaft gegen den jeweiligen Gesellschafter.[409] Als solche waren diese als Forderungen der Gesellschaft gegen die Gesellschafter zu behandeln. Bei Forderungen wiederum handelte es sich um einzeln bewertbare Rechte – mithin Werte – und sie unterfielen daher dem besagten bilanzrechtlichen Begriff des Vermögensgegenstands. In der Konsequenz waren die noch ausstehenden Beiträge der Gesellschafter einer extern verwalteten Inv-KG daher zwar nicht vom Begriff der Einlage gedeckt, sie waren aber dennoch dem Kommanditanlagevermögen zuzurechnen. Angedeutet wird dies nach wie vor in § 21 Abs. 4 KARBV, in dem unter Ziffer II. Nr. 6 Buchstabe d) zumindest die eingeforderten ausstehenden Pflichteinlagen erwähnt sind.

In Bezug auf den Umstand, dass sich das Gesellschaftsvermögen unter anderem aus den Beiträgen der Gesellschafter zusammensetzt, ergeben sich daher keine Unterschiede zwischen den investmentrechtlichen und den personengesellschaftsrechtlichen Vorschriften über das Gesellschaftsvermögen. Denn sowohl nach der investmentrechtlichen als auch der bisherigen personengesellschaftsrechtlichen Rechtslage sind sämtliche Beiträge der Gesellschafter zum Gesellschaftsvermögen zu rechnen.

1.2.2.1.2. Weitere Erwerbsvorgänge

Neben den Beiträgen der Gesellschafter kannte § 718 BGB a. F. weitere Erwerbsvorgänge hinsichtlich der Zusammensetzung des Gesellschaftsvermögens einer Personengesellschaft. So gehörten zum Gesellschaftsvermögen auch diejenigen Gegenstände, die durch rechtsgeschäftlichen Erwerb für die Gesellschaft erworben wurden.[410] Außerdem gehörte zum Gesellschaftsvermögen einer Personengesell-

407 Vgl. § 131 Abs. 2 Satz 1 Var. 2 KAGB bzw. § 156 Abs. 2 Satz 1 Var. 2 KAGB.
408 Vgl. *Hennrichs* in MüKoBilanzR, HGB, § 246 Rn. 30.
409 Vgl. Fleischer in MüKo/HGB, § 105 Rn. 22.
410 Vgl. § 718 Abs. 1 Var. 2 BGB a. F.

schaft alles, was durch Surrogationserwerb für die Gesellschaft hinzuerworben wurde.[411] Vom Surrogationserwerb erfasst waren zum einen die infolge eines Rechts erworbenen Rechts- und Sachfrüchte und zum anderen diejenigen Gegenstände, die als Ersatz für die Zerstörung, Beschädigung oder Entziehung eines Gesamthandsgegenstandes erlangt wurden.[412] Der Begriff des Gegenstands im Sinne von § 718 BGB war weit zu verstehen und erfasste nicht nur Sachen im Sinne von § 90 BGB, sondern auch Forderungen, immaterielle Rechte und sonstige Vermögensgegenstände.[413] Zudem war zu beachten, dass es sich bei § 718 BGB a. F. um keine abschließende Vorschrift handelte, sondern es waren zusätzlich auch weitere Erwerbstatbestände denkbar.[414] Hierzu zählten insbesondere die Verbindung und die Vermischung (§§ 946 ff. BGB) ebenso wie die Verarbeitung (§ 950 BGB).[415] Zudem zählten zu den sonstigen, nicht explizit erwähnten Erwerbsvorgängen die Verfügungen von Todes wegen.[416]

Dagegen kennen § 131 Abs. 2 Satz 1 KAGB und § 156 Abs. 2 Satz 1 KAGB die im Zusammenhang mit der Anlagetätigkeit erhaltenen und verwalteten Vermögensgegenstände[417] und die für die verwalteten Vermögensgegenstände erhaltenen Sicherheiten[418] als weitere Erwerbstatbestände. Relevant ist dabei lediglich der erstgenannte Erwerbsvorgang, da letztlich auch die erhaltenen Sicherheiten als Vermögensgegenstände zu qualifizieren sind; insoweit ist die Nennung der für die Vermögensgegenstände erhaltenen Sicherheiten redundant. Auch hier stellt sich die Frage, ob sich tatsächlich Unterschiede zwischen den vorgenannten personengesellschaftsrechtlichen Erwerbsvorgängen und den investmentrechtlichen Erwerbsvorgängen ergeben.

Für die weiteren Erwerbsvorgänge nach den beiden investmentrechtlichen Vorschriften ist der Vermögensgegenstand der zentrale Begriff.

---

411 Vgl. § 718 Abs. 2 BGB a. F.

412 Vgl. *Schäfer* in MüKo/BGB, § 718 Rn. 20 f.

413 Vgl. *Schäfer* in MüKo/BGB, § 718 Rn. 19.

414 Vgl. *Schäfer* in MüKo/BGB, § 718 Rn. 22; *von Falkenhausen/Schneider* in Münchener Handbuch des Gesellschaftsrechts Band 2, § 20 Rn. 8.

415 Vgl. *Schäfer* in MüKo/BGB, § 718 Rn. 23.

416 Vgl. *Von Falkenhausen/Schneider* in Münchener Handbuch des Gesellschaftsrechts Band 2, § 20 Rn. 12.

417 Vgl. § 131 Abs. 2 Satz 1 Var. 2 KAGB und § 156 Abs. 2 Satz 1 Var. 2 KAGB.

418 Vgl. § 131 Abs. 2 Satz 1 Var. 3 KAGB und § 156 Abs. 2 Satz 1 Var. 3 KAGB.

Allerdings wird dieser nicht durch § 131 Abs. 2 Satz 1 KAGB bzw. § 156 Abs. 2 Satz 1 KAGB näher konkretisiert und ist dementsprechend auslegungsbedürftig. Bei dieser Auslegung könnten die bilanzrechtlichen Vorschriften des HGB weiterhelfen, denn als modifizierte Form der klassischen personengesellschaftsrechtlichen KG ist die Inv-KG zu den Handelsgesellschaften – und damit auch zu den Formkaufleuten gemäß § 6 HGB – zu zählen. In der Folge ist auch die Inv-KG buchführungspflichtig, sodass die §§ 242 ff. HGB auf sie Anwendung finden. Aufgrund der Buchführungspflicht, die dadurch generell für eine Inv-KG besteht, ist daher das bilanzrechtliche Verständnis des Begriffs des Vermögensgegenstandes zugrunde zu legen. Nach dem Verständnis des BFH ist bei der Auslegung dieses Begriffs ein wirtschaftliches Verständnis maßgeblich und geprägt durch die Grundsätze ordnungsgemäßer Buchführung.[419] Der Begriff des Vermögensgegenstands umfasst somit sowohl den zivilrechtlichen Gegenstandsbegriff als auch sämtliche vermögenswerte Vorteile, soweit ihnen ein eigener Wert beigemessen werden kann und sie verkehrsfähig sind.[420]

Aus dem Umstand, dass sowohl für die personengesellschaftsrechtliche KG als auch für die Inv-KG im Hinblick auf die weiteren Erwerbsvorgänge der Begriff des Vermögensgegenstands maßgeblich ist, ergeben sich daher zunächst keine Unterschiede zwischen den personengesellschaftsrechtlichen und den investmentrechtlichen Vorschriften im Hinblick auf die weitere Zusammensetzung des Gesellschaftsvermögens.[421] Eine gewisse Einschränkung könnte sich aus investmentrechtlicher Sicht aber daraus ergeben, dass bei der Inv-KG die Vermögensgegenstände im Zusammenhang mit der Anlagetätigkeit ins Vermögen der Inv-KG gelangten und in diesem Kontext verwaltet werden.[422] Bei genauerer Untersuchung fällt aber auf, dass diese potenzielle Einschränkung für die extern verwaltete Inv-KG ohne Bedeutung bleibt. Denn dadurch, dass die extern verwaltete Inv-KG

---

419 Vgl. *BFH*, Beschluss vom 07.08.2000 – GrS 2-99 = DStR 2000, 1682 (1684).

420 So auch *Hennrichs* in MüKoBilanzR, HGB, § 246 Rn. 22.

421 Für die Inv-KG wird der Begriff des Vermögensgegenstands explizit in § 131 Abs. 2 Satz 1 KAGB und § 156 Abs. 2 Satz 1 KAGB verwendet. Bei der personengesellschaftsrechtlichen KG wiederum ist dies dahingehend zu erschließen, dass der Begriff des Gegenstands gemäß § 718 a. F. weit zu verstehen ist und unter anderem „sonstige Vermögensgegenstände“ erfasst.

422 Vgl. § 131 Abs. 2 Satz 1 Var. 2 KAGB bzw. § 156 Abs. 2 Satz 1 Var. 2 KAGB.

keine eigener Betriebstätigkeit nachgeht, sind die von der Inv-KG eingesetzte Mittel stets der Anlagetätigkeit zuzurechnen. Die vorgenannte Einschränkung in Bezug auf die Zurechnung von Vermögensgegenständen zum Kommanditanlagevermögen kann daher nur in Abgrenzung zum Betriebsvermögen Einfluss haben. Folglich sind alle Vermögensgegenstände, die die extern verwaltete Inv-KG erlangt, bei deren Gesellschaftsvermögen zu erfassen.

Im Ergebnis ergeben sich somit für das Gesellschaftsvermögen der extern verwalteten Inv-KG keine Unterscheide aus den personengesellschaftsrechtlichen und den investmentrechtlichen Vorschriften.

1.2.2.1.3. Wirtschaftliche Vorgänge

Zudem kennen die beiden investmentrechtlichen Vorschriften über die Zusammensetzung mit den liquiden Mitteln einen weiteren „Erwerbsvorgang".[423] Allerdings fügt sich diese Nennung nicht recht in das personengesellschaftsrechtliche Verständnis über die Zusammensetzung eines Gesellschaftsvermögens ein. Denn zu vergegenwärtigen ist, dass es sich bei dem Begriff der liquiden Mittel um einen bilanzrechtlichen Begriff handelt. Diese liquiden Mittel umfassen verschiedene unmittelbar verfügbare bzw. leicht verfügbar zu machende Vermögensgegenstände, wie insbesondere Guthaben und Bargeldmittel.[424] Die liquiden Mittel setzen sich damit aus bestimmten Vermögensgegenständen zusammen, die aus unterschiedlichen Erwerbsvorgängen stammen, sei es durch Einlagenleistung der Anleger oder aus einem anderen Erwerbsvorgang. Folglich stellen die liquiden Mittel selbst keinen Erwerbsvorgang dar, sondern sind das Ergebnis vorausgegangener Erwerbsvorgänge. Dies stellt einen wesentlichen Unterschied zu den in § 718 BGB a. F. sowie den übrigen in § 131 Abs. 2 Satz 1 KAGB und § 156 Abs. 2 Satz 1 KAGB verwendeten Begrifflichkeiten hinsichtlich der Zusammensetzung des Gesellschaftsvermögens dar. Zugleich resultiert hieraus aber eine gewisse Redundanz, da ein Vorgang nicht nochmals im Kommanditanlagevermögen hinzuzurechnen ist, wenn er bereits auf der Grundlage eines vorausgegangenen Erwerbsvorgangs erfasst wurde. Unklar bleibt damit allerdings, welcher Mehrwert der Erwähnung der liquiden Mittel im Rahmen der Zusam-

423 Vgl. § 131 Abs. 2 Satz 1 Var. 4 KAGB bzw. § 156 Abs. 2 Satz 1 Var. 4 KAGB.
424 Vgl. *Drüen* in Hachmeister/Kahle/Mock/Schüppen, BilanzR, § 266 Rn. 41.

mensetzung des Kommanditanlagevermögens zukommen soll, denn ein eigener Regelungsgehalt verbleibt für die liquiden Mittel faktisch nicht mehr.

1.2.2.1.4. Verbindlichkeiten

Nicht ausdrücklich in § 718 BGB a.F. geregelt war, ob auch die für die Gesellschaft eingegangenen Verbindlichkeiten zum Gesellschaftsvermögen zu rechnen waren oder nicht. Aus historischer Sicht war dies konsequent, denn das mit § 718 BGB a.F. verfolgte Ziel war die Schaffung eines Sondervermögens, das vom übrigen Vermögen der jeweiligen Gesellschafter zu trennen war.[425] Dass zum Gesellschaftsvermögen aber auch die Passiva zu rechnen waren, ergab sich für die KG allerdings aus der Tatsache, dass sie als eigenständiges Rechtssubjekt am Rechtsverkehr teilnehmen und in dieser Eigenschaft auch Verbindlichkeiten eingehen kann.[426] So ordnet § 124 Abs. 1 HGB an, dass die KG Verbindlichkeiten eingehen kann. Die Folgerung, dass demnach auch dieses Passivvermögen zum Gesellschaftsvermögen einer KG zählt, ist daher konsequent.

Zu eruieren ist, ob dies auch für das Gesellschaftsvermögen einer extern verwalteten Inv-KG gilt. Ein Blick in § 131 Abs. 2 KAGB bzw. § 156 Abs. 2 KAGB zeigt, dass sich hierzu keine Ausführungen zu den für die Inv-KG eingegangenen Verbindlichkeiten finden. In Ermangelung abweichender investmentrechtlicher Vorschriften gilt der personengesellschaftsrechtliche Grundsatz auch hier, wonach sich das Gesellschaftsvermögen einer Personengesellschaft nicht nur aus dem Aktivvermögen zusammensetzt, sondern auch aus deren Passivvermögen. Gestützt wird dies durch § 21 Abs. 4 KARBV, in dem die Gliederung der Bilanz einer Inv-KG geregelt ist. In dieser Gliederung werden unter dem Gliederungspunkt „Investmentanlagevermögen" ausdrücklich auch die Passiva erwähnt.

Folglich ergeben sich auch in Bezug auf die Klärung der Frage danach, ob zum Gesellschaftsvermögen einer Inv-KG auch das Passivvermögen zu rechnen ist oder nicht, keine Unterschiede zur personengesellschaftsrechtlichen KG. Damit ist zugleich festzuhalten, dass

425 Vgl. *Schöne* in Bamberger/Roth/Hau/Poseck, BGB, § 718 Rn. 1.
426 Vgl. *Kindler* in Koller/Kindler/Roth/Drüen, HGB, § 124 Rn. 6.

§ 131 Abs. 2 Satz 1 KAGB und § 156 Abs. 2 Satz 1 KAGB – wie auch § 718 BGB a. F. als ihr personengesellschaftsrechtliches Pendant nach alter Rechtslage – keinen abschließenden Charakter haben.

1.2.2.2. Abgleich der investmentrechtlichen Vorschriften über das Gesellschaftsvermögen mit den personengesellschaftsrechtlichen Vorschriften nach neuer Rechtslage

Im Zuge des Inkrafttretens des MoPeG wurde die bisherige Rechtslage über die Zusammensetzung des Gesellschaftsvermögens einer Personengesellschaft grundlegend geändert. Denn mit dem MoPeG wird Personengesellschaften nunmehr die Fähigkeit verliehen, ein eigenes und unmittelbares Gesellschaftsvermögen zu bilden. Das bis dahin gültige Gesamthandsprinzip, um die der Gesellschaft zugeordneten Vermögensgegenstände in einem Sondervermögen zu konzentrieren und vom sonstigen Vermögen der einzelnen Gesellschafter zu separieren,[427] wurde damit obsolet. Die der Gesellschaft zuzuordnenden Vermögenspositionen gehören damit nicht mehr den Gesellschaftern gemeinsam zur gesamten Hand, sondern der Gesellschaft selbst.[428] Die Grundlage für die Bildung und Zusammensetzung des Gesellschaftsvermögens einer Personengesellschaft ist nun in § 713 BGB niedergelegt.

Der § 713 BGB wurde vom Gesetzgeber bewusst weit gezogen. Gemäß dem Wortlaut von § 713 BGB setzt sich das Gesellschaftsvermögen einer Personengesellschaft nun aus den Beiträgen der Gesellschafter sowie den für oder durch die Gesellschaft erworbenen Rechten und den gegen die Gesellschaft begründeten Verbindlichkeiten zusammen.[429] Auch hier ist zu untersuchen, wie § 131 Abs. 2 KAGB bzw. § 156 Abs. 2 KAGB einerseits und § 713 BGB andererseits zueinander stehen und ob sich inhaltliche Unterschiede zwischen den investmentrechtlichen Vorschriften und der personengesellschaftsrechtlichen Vorschrift ergeben.

427 Vgl. *Schäfer* in MüKo/BGB, § 718 Rn. 2.
428 Vgl. BT-Drs. 19/27635, Seite 148, zu § 713 (Gesellschaftsvermögen).
429 Vgl. § 713 BGB.

1.2.2.2.1. Beiträge und Einlagen

Wie zuvor erwähnt bilden nach der personengesellschaftsrechtlichen Neuregelung weiterhin die Beiträge der Gesellschafter den Grundstock des Gesellschaftsvermögens einer Personengesellschaft. Der Gesetzgeber legte sich dabei auf den Beitragsbegriff im weiten Sinne fest und gab zugleich die bisherige Unterscheidung zwischen „*Beitrag*" und „*Einlage*" auf.[430] Der Begriff der Beiträge gemäß § 713 BGB erfasst somit alle Beitragspflichten, zu denen sich die Gesellschafter gegenüber der Gesellschaft verpflichteten – und dementsprechend nicht nur die durch einen Gesellschafter versprochenen und auch tatsächlich erbrachten Leistungen an die Gesellschaft.[431] Zugrunde zu legen ist ein weiter Beitragsbegriff, der alle Leistungen zur Förderung des gemeinsamen Zwecks der Gesellschaft einschließt.[432] Dies deckt sich mit dem bisherigen Begriff der Beiträge im weiten Sinne.[433]

In § 131 Abs. 2 Satz 1 Var. 1 KAGB und § 156 Abs. 2 Satz 1 Var. 1 KAGB werden dagegen – wie bereits unter den Ausführungen zur alten Rechtslage erörtert – nur die „*Einlagen der Anleger*" bzw. die „*Einlagen der Anleger, die sich als Kommanditisten beteiligen*" dem Kommanditanlagevermögen zugerechnet. Dementsprechend fallen auch nach der neuen Rechtslage die in den investmentrechtlichen Vorschriften und in der personengesellschaftsrechtlichen Vorschrift verwendeten Termini abweichend aus. Wie bereits zur alten Rechtslage ausgeführt, führt dies auf der materiellen Ebene jedoch nicht zu einer unterschiedlichen Zusammensetzung. Zwar wird bei den investmentrechtlichen Vorschriften der engere Begriff der Einlagen verwendet, allerdings werden die noch nicht geleisteten Beiträge der Gesellschafter bei der Inv-KG vom in § 131 Abs. 2 Satz 1 Var. 2 KAGB bzw. § 156 Abs. 2 Satz 1 Var. 2 KAGB enthaltenen Erwerbsvorgang umfasst.

Folglich gibt es auch nach neuer Rechtslage keine Unterschiede dahingehend, dass sowohl nach den personengesellschaftsrechtlichen Vorschriften als auch nach den investmentrechtlichen Vorschriften die

---

430 Vgl. BT-Drs. 19/27635, Seite 141, zu § 709 (Beiträge; Stimmkraft; Anteil am Gewinn und Verlust), zu Absatz 1.

431 Vgl. BT-Drs. 19/27635, Seite 148, zu § 713 (Gesellschaftsvermögen).

432 Vgl. BT-Drs. 19/27635, Seite 141, zu § 709 (Beiträge; Stimmkraft; Anteil am Gewinn und Verlust), zu Absatz 1.

433 Vgl. *Schäfer* in MüKo/BGB, § 706 Rn. 2.

Beiträge der Gesellschafter umfassend zum Gesellschaftsvermögen zu zählen sind.

1.2.2.2.2. Surrogationserwerb

Des Weiteren gehören gemäß § 713 Var. 2 BGB alle Rechte, die für oder durch die Gesellschaft erworben werden, zum Vermögen einer Personengesellschaft. In Ermangelung einer weitergehenden Konkretisierung bzw. Einschränkung sind mit dem in § 713 verwendeten Terminus „*Recht*" alle subjektiven Rechte einer Gesellschaft gemeint. Die umfasst somit alle rechtsgeschäftlichen und kraft Gesetzes erworbenen Rechte.[434] In der Folge werden die von § 718 BGB a. F. umfassten Erwerbsvorgänge von § 713 BGB miteingeschlossen, sodass sich die in der bisherigen Rechtslage enthaltene Aufzählung erübrigte.[435] Der § 713 Var. 2 BGB regelt demzufolge den Surrogationserwerb umfassend.

Dagegen sind in § 131 Abs. 2 Satz 1 KAGB und § 156 Abs. 2 Satz 1 KAGB unter anderem die im Zusammenhang mit der Anlagetätigkeit erhaltenen und verwalteten Vermögensgegenstände und die für die Vermögensgegenstände erhaltenen Sicherheiten dem Kommanditanlagevermögen zugeordnet. Wie bereits zur alten Rechtslage festgestellt, stellen die für die Vermögensgegenstände erhaltenen Sicherheiten eine Unterart des Erwerbsvorgangs der „*im Zusammenhang mit der Anlagetätigkeit erhaltenen und verwalteten Vermögensgegenstände*" dar und sind daher gemeinsam zu betrachten.

Bei einer Betrachtung von § 131 Abs. 2 Satz 1 Var. 2 KAGB und § 156 Abs. 2 Satz 1 Var. 2 KAGB fällt auf, dass nach deren Wortlaut nicht zwischen gesetzlichem und rechtsgeschäftlichem Erwerbsvorgang unterschieden wird. Mangels Anhaltspunkten dafür, dass weder eine bestimmte Form eines Erwerbsvorgangs noch eine Beschränkung auf den rechtsgeschäftlichen oder gesetzlichen Erwerb vorgenommen wird, sind demzufolge sowohl der gesetzliche als auch der rechtsgeschäftliche Erwerb vollumfänglich von § 131 Abs. 2 Satz 1 Var. 2 KAGB und § 156 Abs. 2 Satz 1 Var. 2 KAGB erfasst. In der Folge sind § 131 Abs. 2 Satz 1 Var. 2 KAGB und § 156 Abs. 2 Satz 1 Var. 2

434 Vgl. BT-Drs. 19/27635, Seiten 148 f., zu § 713 (Gesellschaftsvermögen).
435 Vgl. BT-Drs. 19/27635, Seiten 142, zu § 713 (Gesellschaftsvermögen).

KAGB mit § 713 Var. 2 BGB zunächst inhaltlich identisch. Eine Einschränkung könnte sich für die Inv-KG allerdings daraus ergeben, dass die investmentrechtlichen Vorschriften davon sprechen, dass die Vermögensgegenstände „*im Zusammenhang mit der Anlagetätigkeit*“ erworben wurden. Allerdings ist zu berücksichtigen, dass der Unternehmensgegenstand einer Inv-KG ausschließlich auf die Anlage und Verwaltung ihrer Mittel beschränkt ist.[436] Da für die extern verwaltete Inv-KG zudem kein Betriebsvermögen zu bilden ist, verbleibt bei der extern verwalteten Inv-KG auch kein Raum für Erwerbsvorgänge, die nicht im Zusammenhang mit deren Anlage- und Verwaltungstätigkeit stehen könnten. Damit bleibt es dabei, dass der Wortlaut von § 131 Abs. 2 Satz 1 Var. 2 KAGB und § 156 Abs. 2 Satz 1 Var. 2 KAGB letztlich eine Umschreibung der gesetzlichen und rechtsgeschäftlichen Surrogationserwerbsvorgänge darstellt. Folglich gehen diese beiden investmentrechtlichen Varianten faktisch im personengesellschaftsrechtlich normierten Surrogationserwerbstat- bestand des § 713 Var. 2 BGB auf.

Somit ergeben sich auch in Bezug auf den Surrogationserwerb keine Unterschiede zwischen der personengesellschaftsvertraglichen und den investmentrechtlichen Rechtsnormen.

1.2.2.2.3. Für die Gesellschaft eingegangene Verbindlichkeiten

Ausweislich des ausdrücklichen Gesetzestextes von § 713 BGB sind auch die Verbindlichkeiten der Gesellschaft zum Gesellschaftsvermögen zu rechnen. Wie zuvor zur alten Rechtslage gesehen, sind die Verbindlichkeiten einer Inv-KG auch nach den investmentrechtlichen Maßgaben dem Gesellschaftsvermögen zuzurechnen, wenngleich dies nicht ausdrücklich in § 131 Abs. 2 KAGB und § 156 Abs. 2 KAGB angelegt ist. Dementsprechend kann auch in Bezug auf die Einbeziehung der Verbindlichkeiten ins Gesellschaftsvermögen ein Gleichlauf zwischen den investmentrechtlichen und den personengesellschaftsrechtlichen Vorschriften ermittelt werden.

---

436 Vgl. § 125 Abs. 2 Satz 1 KAGB bzw. § 150 Abs. 2 Satz 1 KAGB.

1.2.3. Fazit bzgl. der Zusammensetzung des Gesellschaftsvermögens einer extern verwalteten Inv-KG

Die vorstehenden Ausführungen zeigen, dass das KAGB eigenständige Vorschriften zum Gesellschaftsvermögen und zu dessen Zusammensetzung parat hält. Als spezialgesetzliche Vorschriften gehen § 131 Abs. 2 KAGB und § 156 Abs. 2 KAGB zwar den personengesellschaftsrechtlichen Vorschriften vor und verdrängen diese. Allerdings zeigte sich auch, dass die investmentrechtlichen und die personengesellschaftsrechtlichen Vorschriften[437] über die Zusammensetzung des Gesellschaftsvermögens faktisch inhaltlich deckungsgleich sind und daher für die investmentrechtlichen Vorschriften in Bezug auf die Zusammensetzung des Gesellschaftsvermögens einer extern verwalteten Inv-KG kein eigenständiger Regelungsgehalt verbleibt.

Diese Feststellung ist deswegen bemerkenswert, da dies eine Abweichung vom grundsätzlichen Konzept darstellt, das an sich hinter den Vorschriften des KAGB zur Inv-KG steht – nämlich nur gesonderte, von den personengesellschaftsrechtlichen Vorschriften abweichende Anordnungen zu treffen, um den aufsichtsrechtlichen Besonderheiten gerecht zu werden und diese angemessen abzubilden. Auch die Aufnahme der liquiden Mittel in den Katalog erschließt sich nicht, da es sich hierbei um keinen Erwerbsvorgang im eigentlichen Sinne handelt und sie sich daher nicht in den übrigen Katalog über die Zusammensetzung des Gesellschaftsvermögens einfügt. Hinzu kommt, dass im Zuge des MoPeG die beiden Vorschriften nicht ebenfalls angepasst wurden. Dies führt dazu, dass beide Normen nach wie vor den Begriff der Einlagen verwenden, der nach der erfolgten Modernisierung des Personengesellschaftsrechts als überholt anzusehen ist.

Es bleibt daher zu hinterfragen, welchen Mehrwert die Regelungen in § 131 Abs. 2 KAGB und § 156 Abs. 2 KAGB bei der extern verwalteten Inv-KG bringen. Denn wie gesehen entsprechen die vorgenannten investmentrechtlichen Vorschriften inhaltlich den personengesellschaftsrechtlichen Vorschriften über die Zusammensetzung des Gesellschaftsvermögens – und zwar sowohl im Hinblick auf die alte als auch die neue Rechtslage. In der Literatur wird damit nicht zu Unrecht beanstandet, dass die gesetzgeberischen Überlegungen hinter

437 Sowohl nach alter als auch neuer Rechtslage.

den Aufzählungen in § 131 Abs. 2 KAGB und § 156 Abs. 2 KAGB im Dunklen bleiben.[438]

Da § 131 Abs. 2 KAGB und § 156 Abs. 2 KAGB keinen von den personengesellschaftsrechtlichen Vorschriften abweichenden Regelungsgehalt haben, kann sich der alleinige Mehrwert der beiden Vorschriften nur darauf beschränken, das Kommanditanlagevermögen vom Betriebsvermögen abzugrenzen.[439] Wie bereits anfangs festgestellt, sind § 131 Abs. 1 KAGB und § 156 Abs. 1 KAGB aber lediglich auf die intern verwaltete Inv-KG anwendbar, nicht aber auf die extern verwaltete Inv-KG. Für die extern verwaltete Inv- KG hat die Vorschrift demnach nicht nur keinen Mehrwert, sondern sorgt zusätzlich für Verwirrung.

1.3. Das Gesellschaftsvermögen der intern verwalteten Inv-KG

Dagegen könnte die Betrachtung des Gesellschaftsvermögens bei der intern verwalteten Inv-KG zu einer von den personengesellschaftsrechtlichen Grundsätzen abweichenden Betrachtung führen. Denn für die intern verwaltete Inv-KG hält das KAGB mit § 131 Abs. 1 KAGB und § 156 Abs. 1 KAGB Sondervorschriften für das Gesellschaftsvermögen bereit. Der Hintergrund für diese Regelungen findet sich im zuvor erwähnten Grundsatz, wonach das Betriebsvermögen der KVG vom Kommanditanlagevermögen der Inv-KG getrennt zu halten ist. Bei der intern verwalteten Inv-KG besteht die Gefahr der Vermischung der beiden Vermögensmassen aufgrund der Doppelfunktion der intern verwalteten Inv-KG, da sie sowohl als KVG wie auch als Vehikel für das von den Anlegern eingesammelte Vermögen auftritt.[440] Durch § 131 Abs. 1 KAGB und § 156 Abs. 1 KAGB soll eine Separierung des Betriebsvermögens und des Kommanditanlagevermögens bei der intern verwalteten Inv-KG gewährleistet werden. Hierdurch ergibt sich auch ein Gleichlauf mit der extern verwalteten Inv-KG, bei der die Abgrenzung der beiden Vermögensmassen durch zwei unter-

438 Vgl. *Wallach* in Assmann/Wallach/Zetzsche, KAGB, § 131 Rn. 13; *Lorenz* in Weitnauer/Boxberger/Anders, KAGB, § 131 Rn. 6; *Lorenz* in Weitnauer/Boxberger/Anders, KAGB, § 131 Rn. 6.

439 So auch *Schott* in Emde/Dornseifer/Dreibus, KAGB, § 156 Rn. 3; *Lorenz* in Weitnauer/Boxberger/Anders, KAGB, § 156 Rn. 4; *Wallach* in Assmann/Wallach/Zetzsche, KAGB, § 156 Rn. 48.

440 Vgl. *Kunschke/Klebeck* in Beckmann/Scholtz/Vollmer, KAGB, § 131 Rn. 1.

schiedliche Gesellschaften erreicht wird. Beide Vorschriften ordnen daher an, dass bei einer intern verwalteten Inv-KG zwischen dem Betriebsvermögen[441] und dem Kommanditanlagevermögen[442] zu unterscheiden ist und beide Vermögensmassen getrennt zu halten sind.

1.3.1. Das Betriebsvermögen der intern verwalteten Inv-KG

1.3.1.1. Hintergrund/Allgemeines

Zunächst ist abzuklären, welche Überlegungen hinter der Bildung eines Betriebsvermögens auf der Ebene der intern verwalteten Inv-KG stehen. Gemäß § 131 Abs. 1 KAGB und § 156 Abs. 1 KAGB darf die intern verwaltete Inv-KG bewegliches und unbewegliches Vermögen erwerben, das für den Betrieb des Investmentvermögens erforderlich ist.[443] Der Grund hierfür ist, dass die Inv-KG eigene Betriebsgrundlagen benötigt, um ihre Verwaltungstätigkeit erbringen zu können.[444] Der intern verwalteten Inv-KG ist es so möglich, sich mit der erforderlichen Büro- und Geschäftsausstattung sowie dem notwendigen Personal auszustatten.[445] Zugleich wird auf diese Weise gewährleistet, dass das von den Anlegern eingesammelte Kapital nicht durch die Kosten, die durch den Betrieb der Inv-KG entstehen, gemindert wird. Damit dient die Bildung eines separaten Betriebsvermögens auch dem Schutz der Anleger.[446]

Zu beachten ist dabei, dass die intern verwaltete Inv-KG die Mindestkapitalanforderungen einzuhalten hat, die an eine KVG gestellt werden.[447] Danach benötigt die intern verwaltete Inv-KG ein Anfangskapital von mindestens 300.000 EUR, das sich – abhängig vom Wert der verwalteten Investmentvermögen – weiter erhöhen kann.[448]

---

441 Vgl. § 131 Abs. 1 KAGB und § 156 Abs. 1 KAGB.

442 Vgl. § 131 Abs. 2 KAGB und § 156 Abs. 2 KAGB.

443 Vgl. § 131 Abs. 1 Satz 1 KAGB und § 156 Abs. 1 Satz 1 KAGB.

444 Vgl. *Hüwel/Kracke* in Baur/Tappen, KAGB, § 131 Rn. 5; *Schott* in Emde/Dornseifer/Dreibus, KAGB, § 156 Rn. 1; *Jesch* in Moritz/Klebeck/Jesch, KAGB, § 156 Rn. 7; *Kunschke/Klebeck* in Beckmann/Scholtz/Vollmer, KAGB, § 131 Rn. 6 und § 156 Rn. 4.

445 Vgl. *Wallach* in Assmann/Wallach/Zetsche, KAGB, § 156 Rn. 7; *Lorenz* in Weitnauer/Boxberger/Anders, KAGB, § 131 Rn. 2.

446 Vgl. *Kunschke/Klebeck* in Beckmann/Scholtz/Vollmer, KAGB, § 131 Rn. 8.

447 Vgl. § 25 Abs. 1 KAGB.

448 Vgl. § 25 Abs. 1 Nr. 1 lit. a und Nr. 2 KAGB.

1.3.1.2. Aufbringung des Betriebsvermögens durch die Einlagen der Gesellschafter

Zunächst ist zu klären, wie das Betriebsvermögen aufzubringen ist. Aufschluss über diese Fragestellung ergibt sich aus § 131 Abs. 1 KAGB und § 156 Abs. 1 KAGB. Hierzu führen sowohl § 131 Abs. 1 Satz 3 KAGB als auch § 156 Abs. 1 Satz 3 KAGB aus, dass das Betriebsvermögen nicht mit „*Kapital aus der Begebung von Kommanditanteilen der Anleger*" bestritten werden darf. Aus dem Wortlaut der beiden Vorschriften ergibt sich somit zumindest in negativer Weise eine Aussage darüber, wie das Betriebsvermögen aufzubringen ist: nämlich nicht aus denjenigen Mitteln, die von den Anlegern eingeworben wurden. Im Umkehrschluss kann aus dem Wortlaut gefolgert werden, dass sich das Betriebsvermögen zunächst durch die Einlagen der Komplementäre und die Einlagen derjenigen Kommanditisten, die nicht zum Kreis der Anleger gehören, zusammenzusetzen hat.

Weitere Anhaltspunkte darüber, wie das Betriebsvermögen aufzubringen ist, lassen sich aus der Gesetzesbegründung herleiten. Gemäß den gesetzgeberischen Erwägungen ist die Aufbringung des Betriebsvermögens durch die geschäftsführenden Gesellschafter der intern verwalteten Inv-KG vorgesehen.[449] Auffällig ist, dass in der Gesetzesbegründung hinsichtlich der Aufbringung des Betriebsvermögens nur auf den „*geschäftsführenden Gesellschafter*" abgestellt wird, ohne dass jedoch eine weitergehende Differenzierung erfolgte. Demnach sprechen die historischen Gesichtspunkte dafür, dass das Betriebsvermögen sowohl durch die Komplementäre als auch durch die geschäftsführenden Kommanditisten aufgebracht werden kann.[450] Folglich ist gemäß der Auslegung nach Maßgabe der Gesetzesbegründung zu § 131 KAGB und § 156 KAGB der Kreis der Gesellschafter, welche das Betriebsvermögen der intern verwalteten Inv-KG aufzubringen haben, enger als nach dem Wortlaut der Vorschriften.

Zugleich hat die Formulierung in der Gesetzesbegründung allerdings eine überschiegende Wirkung, die nach einer Einschränkung verlangt. Wie zuvor erwähnt stellt der Gesetzgeber in seinen Erwägungen le-

---

449 Vgl. BT-Drs. 17/12294, Seite 244, zu § 131 (Gesellschaftsvermögen), zu Absatz 1 und Seite 252, zu § 156 (Gesellschaftsvermögen), zu Absatz 1.

450 Vgl. *Könnecke* in Baur/Tappen, KAGB, § 156 Rn. 20; *Wallach* in Assmann/Wallach/Zetsche, KAGB, § 156 Rn. 9.

diglich auf die geschäftsführenden Gesellschafter ab. Allerdings wäre es zumindest theoretisch denkbar, dass auch einem Anleger in seiner Funktion als Kommanditist Geschäftsführungsbefugnisse eingeräumt werden. Eine solche geschäftsführende Stellung eines Anlegers geben sowohl § 164 HGB i. V. m. § 163 HGB als auch § 127 Abs. 1 Satz 2 KAGB bzw. § 152 Abs. 1 Satz 1 KAGB her. Soweit das Betriebsvermögen der intern verwalteten Inv-KG – zumindest auch – durch einen geschäftsführenden Kommanditisten aufgebracht wird, ist daher zu verlangen, dass es sich hierbei um keinen Anleger handeln darf.[451] Ohne eine solche Reduktion käme es zu einer Unterwanderung von § 131 Abs. 1 Satz 3 KAGB bzw. § 156 Abs. 1 Satz 3 KAGB. Die historische Auslegung ergibt damit, dass das Betriebsvermögen aus den Einlagen der geschäftsführenden Gesellschafter zu bilden ist. Für den Fall, dass auch einem oder mehreren Kommanditisten Geschäftsführungsbefugnis eingeräumt wird, ist jedoch einschränkend zu verlangen, dass es sich hierbei um keinen Anleger handeln darf.

Zuletzt ist zu berücksichtigen, dass durch die Bildung eines separaten Betriebsvermögens die betriebliche Funktionalität der intern verwalteten Inv-KG gewährleistet und Anlegerschutz sichergestellt werden soll. Der Schutz der Anleger ergibt sich vor dem Hintergrund, dass deren Mittel nach Maßgabe des Unternehmensgegenstands ausschließlich in deren Interesse anzulegen und zu verwalten sind.[452] Dieser Zweck, der mit der Bildung des Betriebsvermögens verfolgt wird, wird im gebührenden Umfang erreicht, wenn das Betriebsvermögen aus den Mitteln der Komplementäre und der Kommanditisten – soweit es sich bei Letzteren um keine Anleger handelt – gebildet wird.

1.3.1.3. Aufbringung des Betriebsvermögens durch Fremdfinanzierung

Weiterhin ist zu fragen, ob das Betriebsvermögen, neben dessen Aufbringung durch die Einlagen der Komplementäre und der nicht als Anleger zu qualifizierenden Kommanditisten, auch fremdfinanziert werden darf. Die Literatur hierzu ist uneinheitlich. Eine Ansicht

---

451 So auch *Kunschke/Klebeck* in Beckmann/Scholtz/Vollmer, KAGB, § 131 Rn. 14; *Jesch* in Moritz/Klebeck/Jesch, KAGB, § 156 Rn. 13; *Wallach* in Beckmann/Scholtz/Vollmer, KAGB, § 156 Rn. 9.

452 Siehe § 125 Abs. 2 Satz 1 KAGB und § 150 Abs. 2 Satz 1 KAGB.

möchte die Aufbringung des Betriebsvermögens auf die Einlagen der geschäftsführenden Gesellschafter beschränken,[453] ohne dies jedoch eingehender zu begründen. Eine andere Ansicht möchte dagegen auch die Finanzierung des Betriebsvermögens aus Fremdmitteln zulassen.[454] Diese Ansicht stützt sich auf den Gesetzgebungsprozess zu § 131 Abs. 1 Satz 2 KAGB und § 156 Abs. 1 Satz 2 KAGB.[455] Danach habe der Gesetzgeber in seinem ursprünglichen Entwurf eine Formulierung vorgesehen, wonach das Betriebsvermögen vollständig aus den Einlagen der geschäftsführenden Gesellschafter aufgebracht werden müsse.[456] Von dieser Beschränkung hinsichtlich der Aufbringung des Betriebsvermögens auf die geschäftsführenden Gesellschafter habe der Gesetzgeber im weiteren Gesetzgebungsprozess aber gerade Abstand genommen und sei der Beschlussempfehlung des Finanzausschusses gefolgt, der explizit die Zulässigkeit der Fremdfinanzierung des Betriebsvermögens empfohlen habe.[457]

Bei der Auslegung, ob das Betriebsvermögen der intern verwalteten Inv-KG auch fremdfinanziert werden darf, ist insbesondere auf die Gesichtspunkte des Anlegerschutzes abzustellen. Denn zu berücksichtigen ist, dass eine Verschuldung – oder zumindest ein hoher oder zu hoher Verschuldungsgrad – des Betriebsvermögens zumindest mittelbar geeignet ist, sich nachteilig auf die Verwaltung des Kommanditanlagevermögens auszuwirken. Insoweit wird insbesondere auf § 128 Abs. 1 Satz 3 KAGB und § 153 Abs. 1 Satz 3 KAGB hingewiesen. Danach hat die Geschäftsführung einer Inv-KG im ausschließlichen Interesse der Gesellschafter und im besten Interesse des von ihr verwalteten Vermögens zu handeln. Zwar zielen die Vorschriften primär auf Entscheidungen hinsichtlich des von den Anlegern eingesammelten Vermögens ab, sie beschränken sich allerdings nicht hierauf, sodass

---

453 So *Fischer/Friedrich*, ZBB 2013, 161.

454 So *Kunschke/Klebeck* in Beckmann/Scholtz/Vollmer, KAGB, § 131 Rn. 9 ff. und § 156 Rn. 6; *Wallach* in Assmann/Wallach/Zetzsche, KAGB, § 131 Rn. 11; *Hüwel/Kracke* in Baur/Tappen, KAGB, § 131 Rn. 7; *Zetzsche*, AG 2013, 613 (616).

455 Vgl. *Kunschke/Klebeck* in Beckmann/Scholtz/Vollmer, KAGB, § 131 Rn. 9 ff. m. w. N.

456 Vgl. BT-Drs. 17/12294, Seite 244, zu § 131 (Gesellschaftsvermögen), zu Absatz 1 und Seite 252, zu § 156 (Gesellschaftsvermögen), zu Absatz 1.

457 Vgl. BT-Drs. 17/13395, Seite 405, zu § 131 Abs. 1 Satz 2 und Seite 406, zu § 156 Abs. 1 Satz 2.

sie durchaus auch im Rahmen der Entscheidung über die Ausstattung des Betriebsvermögens der intern verwalteten Inv-KG Anwendung finden. Diese unbestimmten Rechtsbegriffe – *„im ausschließlichen Interesse der Gesellschafter"* und *„im besten Interesse des von ihr verwalteten Vermögens"* – sind auslegungsbedürftig. Danach ist zu verlangen, dass die Geschäftsführung der Inv-KG ihr Handeln am Interesse der Anleger und der verwalteten Vermögen ausrichtet, während eigene Interessen zurückzustellen sind. Insoweit ist von der Geschäftsführung einer intern verwalteten Inv-KG bei der Entscheidung über die Aufnahme von Fremdmitteln zur Finanzierung des Betriebsvermögens zu fordern, dass sie die Verhältnisse der Gesellschaft bei der Aufnahme von Darlehen zur Ausstattung des Betriebsvermögens angemessen berücksichtigt und ein angemessenes Verhältnis zwischen Eigen- und Fremdfinanzierung einhält.[458] Dies spricht dafür, eine Fremdfinanzierung des Betriebsvermögens grundsätzlich zuzulassen, allerdings haben die geschäftsführenden Gesellschafter der Inv-KG zum Schutz der Anleger und der von ihr verwalteten Vermögen bei der Entscheidung über das Ob und den eventuellen Umfang der Darlehensaufnahme einen pflichtgemäßen Ermessensmaßstab anzulegen. Dieses einschränkende Verständnis lässt sich auch mit dem gesetzgeberischen Willen in Einklang bringen, der bei einer Gesamtbetrachtung des Gesetzgebungsverfahrens – wie von den Vertretern der zweiten Ansicht zutreffend dargestellt – explizit zum Ausdruck kommt und grundsätzlich für die Ermöglichung eines auch fremdfinanzierten Betriebsvermögens spricht.

Somit sprechen die besseren Gründe dafür, mit der zweitgenannten Ansicht in der Literatur die grundsätzliche Finanzierung des Betriebsvermögens aus Fremdmitteln zuzulassen. Diese ist allerdings dahingehend einzuschränken, dass die Fremdfinanzierung nicht im freien Ermessen steht, sondern im Interesse des Anlegerschutzes nach pflichtgemäßem Ermessen zu erfolgen hat. Ein ausreichender Schutz der Anleger und der von der Inv- KG verwalteten Vermögen wird über § 128 Abs. 1 KAGB und § 156 Abs. 1 KAGB gewährleistet, an denen sich die Ermessensausübung zu orientieren hat.

---

458 So wohl auch *Wallach* in Assmann/Wallach/Zetzsche, KAGB § 156 Rn. 27.

1.3.1.4. Quantitative Beschränkung des Betriebsvermögens

Zudem resultiert aus § 25 Abs. 1 KAGB für das Betriebsvermögen einer intern verwalteten Inv-KG eine Mindestkapitalisierung. Danach hat sich das Betriebsvermögen der intern verwalteten Inv-KG auf mindestens 300.000 EUR zu belaufen, es kann sich aber abhängig vom verwalteten Vermögen noch weiter erhöhen. Im Falle eines Absinkens unter diesen Wert ist die intern verwaltete Inv-KG zu einer Anzeige gegenüber der BaFin und den Anlegern verpflichtet, das Unterschreiten dieses Wertes unverzüglich anzuzeigen sowie eine Gesellschafterversammlung einzuberufen.[459] Diese Pflichten werden nur gegenüber der intern verwalteten Inv-KG aufgestellt, für eine extern verwaltete Inv-KG bestehen diese Pflichten dagegen nicht. Dies ist konsequent, da sich die Vorschrift auf die Verletzung des § 25 KAGB – und damit auf eine Beeinträchtigung des Betriebsvermögens – bezieht. Dass mit dem „*Gesellschaftsvermögen*" im Sinne von § 130 KAGB und § 155 KAGB das Betriebsvermögen der intern verwalteten Inv-KG gemeint ist, ergibt sich aus dem Kontext der beiden Vorschriften sowie der Einbeziehung von § 25 KAGB.[460]

Dagegen findet sich keine Regelung im KAGB, die das Betriebsvermögen nach oben hin begrenzte. Eine allgemeine quantitative Einschränkung bei der Aufbringung des Betriebsvermögens lässt sich aber aus § 131 Abs. 1 Satz 1 KAGB und § 156 Abs. 1 Satz 1 KAGB herleiten. Gemäß diesen beiden Vorschriften darf ein Betriebsvermögen nur insoweit aufgebaut werden, als dies für den Betrieb der Inv-KG „*notwendig*" ist. Dabei wird der Begriff „*notwendig*" nicht näher definiert und bedarf somit der Auslegung. Im allgemeinen Sprachgebrauch wird unter diesem Begriff verstanden, dass sich eine gewisse Maßnahme in einem bestimmten Zusammenhang nicht umgehen lässt bzw. von einer Sache (im unjuristischen Sinne) selbst gefordert wird. Demnach ist aus dem Terminus zu folgern, dass das Betriebsvermögen einer intern verwalteten Inv-KG nach oben hin begrenzt ist, wenngleich nur abstrakt.

Als unbestimmter Rechtsbegriff ist dieser Erforderlichkeitsmaßstab selbst auslegungsbedürftig, sodass zunächst noch nicht viel gewonnen

459 Vgl. § 130 KAGB bzw. § 155 KAGB.

460 Für weitere Nachweise wird verwiesen auf *Kunschke/Klebeck* in Beckmann/Scholtz/Vollmer, KAGB, § 130 Rn. 1 ff. bzw. § 155 Rn. 1 ff.

ist. Der Umfang der zulässigen Fremdfinanzierung des Betriebsvermögens variiert somit von Inv-KG zu Inv-KG und hängt mithin vom jeweiligen Einzelfall ab. Der Geschäftsführung der intern verwalteten Inv- KG ist daher ein Ermessensspielraum einzuräumen. Konkretisiert wird dieser Ermessensspielraum durch § 128 Abs. 1 Satz 3 KAGB und § 153 Abs. 1 Satz 3 KAGB. Danach ist die Höhe des Betriebsvermögens am Interesse der Anleger und am Interesse des von der Inv-KG verwalteten Vermögens auszurichten. Damit kann aus den beiden Vorschriften herausgelesen werden, dass der Aufbau eines Betriebsvermögens lediglich eingeschränkt erfolgen darf und sich auf ein angemessenes Maß zu beschränken hat.[461] Dementsprechend ist ein Betriebsvermögen einer intern verwalteten Inv-KG insbesondere dann nicht mehr notwendig, wenn die Geschäftsstrukturen nicht mehr effizient sind.

Damit lässt sich zumindest abstrakt eine quantitative Beschränkung des Betriebsvermögens herleiten, die im jeweiligen Einzelfall gesondert zu untersuchen ist. Naheliegend ist diesbezüglich die Anwendung des Grundsatzes der Proportionalität, den die BaFin im Zusammenhang mit dem Risikomanagement anwendet.[462] Abhängig ist dies demnach von der Größe und der Organisation der gegenständlichen intern verwalteten Inv-KG sowie von der Art, dem Umfang und der Komplexität von deren Geschäften. Der Geschäftsführung der intern verwalteten Inv-KG ist dabei eine Einschätzungsprärogative zuzugestehen.

Für eine Inv-KG, die als Vehikel für ein Publikumsinvestmentvermögen im Sinne von § 1 Abs. 6 Satz 2 KAGB dient, können sich zudem weitere Beschränkungen hinsichtlich der Aufnahme von Darlehen aus § 215 KAGB und § 263 KAGB[463] ergeben. Danach hat der angesetzte Leverage angemessen zu sein[464] bzw. darf der Leverage maximal 150 % des Kapitals des Publikums-AIF betragen.[465] Sowohl § 215

---

461 So auch *Wallach* in Assmann/Wallach/Zetzsche, KAGB, § 156 Rn. 26.

462 Vgl. *BaFin*, Rundschreiben 01/2017 (WA) – Mindestanforderungen an das Risikomanagement von Kapitalverwaltungsgesellschaften – „KAMaRisk" in der Fassung vom 10.01.2017, Ziffer 1 Rn. 2.

463 Vgl. *Wallach* in Assmann/Wallach/Zetzsche, KAGB, § 156 Rn. 4 hinsichtlich der Beschränkung aus § 263 KAGB.

464 Vgl. § 215 Abs. 1 KAGB.

465 Vgl. § 263 Abs. 1 KAGB.

KAGB als auch § 263 KAGB sind auf das Vermögen einer Inv-KG anzuwenden, da sich aus den beiden genannten Vorschriften nicht ergibt, dass sich die Beschränkung des Leverage auf das Kommanditanlagevermögen beschränken und das Betriebsvermögen der Inv-KG von der Beschränkung ausnehmen möchte, soweit der geschlossene Publikums-AIF von einer intern verwalteten Inv-KG verwaltet wird.

1.3.1.5. Zusammensetzung des Betriebsvermögens

Dagegen finden sich im KAGB keine Regelungen dazu, wie sich das Betriebsvermögen zusammensetzt. Insbesondere fällt auf, dass eine zu § 131 Abs. 2 Satz 1 KAGB bzw. § 156 Abs. 2 Satz 1 KAGB vergleichbare Vorschrift in Bezug auf das Betriebsvermögen fehlt. In Ermangelung eigenständiger investmentrechtlicher Vorschriften war nach alter Rechtslage auf § 719 BGB a. F. bzw. ist nach neuer Rechtslage auf § 713 BGB als die einschlägige personengesellschaftsrechtliche Vorschrift zurückzugreifen. In der Folge setzt sich das Betriebsvermögen zusammen aus den Einlagen der geschäftsführenden Gesellschafter und derjenigen Kommanditisten, die nicht als Anleger an der gegenständlichen intern verwalteten Inv-KG beteiligt sind. Ferner gehören zum Betriebsvermögen diejenigen Vermögensgegenstände, die auf rechtsgeschäftlichem oder gesetzlichem Wege für das Betriebsvermögen erworben werden, und die betriebsbedingten Verbindlichkeiten. Dass eine hiervon abweichende Einordnung aufgrund aufsichtsrechtlicher Besonderheiten geboten wäre, ist nicht ersichtlich.

1.3.2. Das Kommanditanlagevermögen der intern verwalteten Inv-KG

Vom Betriebsvermögen separat zu betrachten ist das Kommanditanlagevermögen. Ausweislich § 131 Abs. 2 KAGB für die offene Inv-KG und § 156 Abs. 2 für die geschlossene Inv-KG setzt sich dieses zusammen aus (i) den Einlagen der (Kommandit-)Anleger, (ii) den im Zusammenhang mit der Anlagetätigkeit erhaltenen und verwalteten Vermögensgegenständen, (iii) den für die Vermögensgegenstände erhaltenen Sicherheiten und (iv) den liquiden Mitteln der Inv-KG.

Für die Zusammensetzung des Kommanditanlagevermögens bei der intern verwalteten Inv-KG ergeben sich keine von der Zusammensetzung des Kommanditanlagevermögens bei der extern verwalteten Inv-KG abweichenden Beurteilungen. Dementsprechend kann auf die diesbezüglichen Ausführungen verwiesen werden.[466] Folglich ist auch hier zu konstatieren, dass es trotz der vorhandenen spezialgesetzlichen Regelungen in § 131 Abs. 2 Satz 1 KAGB und § 156 Abs. 2 Satz 1 KAGB keine inhaltlichen Abweichungen über die Zusammensetzung des Gesellschaftsvermögens zu den personengesellschaftsrechtlichen Vorschriften diesbezüglich gibt.

1.3.3. Haftungsrechtliche Trennung von Betriebsvermögen und Kommanditanlagevermögen

Wie zuvor gesehen ist bei einer intern verwalteten Inv-KG sowohl ein Betriebsvermögen als auch ein Kommanditanlagevermögen zu bilden. Unklar ist allerdings, wie diese beiden Vermögensmassen haftungsrechtlich zueinander stehen.

Die wohl herrschende Ansicht in der Literatur geht davon aus, dass die Bildung von Betriebsvermögen und Kommanditanlagevermögen nur von rechnerischer Natur ist und daher nur innerhalb der intern verwalteten Inv-KG von Bedeutung erlangt, während die separate Bildung dieser beiden Vermögensmassen im Außenverhältnis keine Relevanz zukommen soll.[467] Dies hat zur Folge, dass das gesamte Vermögen einer intern verwalteten Inv-KG sämtlichen Gläubigern als Haftungsmasse zur Verfügung steht. Diese Ansicht geht somit davon aus, dass im Außenverhältnis die Situation eintreten kann, dass die Anleger einer intern verwalteten Inv-KG auch für diejenigen Verbindlichkeiten der intern verwalteten Inv-KG haften, die an sich zum Betriebsvermögen zu rechnen sind.[468]

Für diese herrschende Ansicht lässt sich ins Feld führen, dass das Bilden und Führen mehrerer Vermögensmasse gesellschaftsrechtlich unbekannt ist. Vielmehr hat jede Gesellschaft ungeachtet ihrer Ausgestal-

466 Vgl. Teil B. Kapitel V. Ziffer 1.2.2. „Regelungsgehalt der investmentrechtlichen Vorschriften über das Gesellschaftsvermögen für die extern verwaltete Inv-KG".

467 Vgl. *Paul* in Weitnauer/Boxberger/Anders, KAGB, § 156 Rn. 2; *Wallach* in Assmann/Wallach/Zetzsche, KAGB, § 156 Rn. 34.

468 Vgl. *Paul* in Weitnauer/Boxberger/Anders, KAGB, § 156 Rn. 2; *Wallach* in Assmann/Wallach/Zetzsche, KAGB, § 156 Rn. 37.

tung nur die Möglichkeit zur Bildung zur Bildung eines Vermögens. Aus gesellschaftsrechtlicher Perspektive ist daher der Standpunkt dieser Ansicht nachvollziehbar, wenn sie an diesem Grundsatz – nur eine Vermögensmasse pro Rechtssubjekt – festhält und im Ergebnis bei der intern verwalteten Inv-KG zu dieser haftungsrechtlichen „Vermischung“ von Betriebsvermögen und Kommanditanlagevermögen im Außenverhältnis gelangt.

Allerdings werden von der herrschenden Ansicht jedoch die investmentrechtlichen Besonderheiten verkannt, die den Gesetzgeber bei der intern verwalteten Inv-GK gerade dazu veranlasst haben, die separate Bildung eines Betriebsvermögens und eines Kommanditanlagevermögens vorzuschreiben. Ziel des Gesetzgebers ist es unter anderem, einen Wettlauf zwischen den einzelnen Investmentvehikeln zu vermeiden. Bei einem Investmentvermögen, das als Sondervermögen im Sinne von § 1 Abs. 10 KAGB aufgelegt wird, findet eine Separierung zwischen den eigenen Verbindlichkeiten der verwaltenden KVG und der Verbindlichkeiten, die von der verwaltenden KVG für das Sondervermögen eingegangen werden, über § 93 KAGB statt. Danach ist gemäß § 93 Abs. 2 Satz 1 Hs. 1 KAGB eine Haftung des Sondervermögens für die Verbindlichkeiten der verwaltenden KVG ausgeschlossen. Über § 93 Abs. 2 Satz 1 Hs. 1 KAGB wird zusätzlich klargestellt, dass dieser Haftungsausschluss auch für diejenigen Verbindlichkeiten gilt, die gerade für das Sondervermögen eingegangen wurden. Soweit die verwaltende Inv-KG berechtigterweise Verbindlichkeiten für Rechnung des Sondervermögens einging, kann sie sich diesbezüglich über ihren Ersatzanspruch gemäß § 93 Abs. 3 KAGB gegenüber dem Sondervermögen schadlos halten. Der Gesetzgeber brachte somit beim Sondervermögen ausdrücklich zum Ausdruck, dass er eine haftungsrechtliche Trennung zwischen den Verbindlichkeiten der KVG einerseits und den für die Anlagezwecke eigegangenen Verbindlichkeiten andererseits wünscht. Diesem Trennungsgebot wird die herrschende Ansicht nicht gerecht, indem sie die Anleger der Haftung für sämtliche Verbindlichkeiten einer intern verwalteten Inv-KG aussetzt und damit die intern verwaltete Inv-KG gegenüber dem Sondervermögen benachteiligt. Folglich sprechen die investmentrechtlichen Besonderheiten dafür, bei einer intern verwalteten Inv-KG das Betriebsvermögen und das Kommanditanlagevermögen haftungsrechtlich voneinander zu trennen.[469]

Auch die herrschende Lehre ist sich des Problems bewusst, welche das Einstehen der Anleger für die Verbindlichkeiten der KVG mit sich bringt. Um dieser Problematik Herr zu werden, werden dabei verschiedene Varianten vorgeschlagen. Angeboten wird zunächst eine analoge Anwendung der Vorschriften über Teilgesellschaftsvermögen, wie sie in § 132 KAGB – für die geschlossene intern verwaltete Inv-KG ebenfalls anwendbar über § 149 Abs. 2 Satz 1 KAGB – vorgesehen sind.[470] Alternativ wird bei der intern verwalteten Inv-KG die Bildung von Teilgesellschaftsvermögen angeraten, um nicht nur eine rechnerische Trennung von Betriebsvermögen und Kommanditanlagevermögen zu bewerkstelligen, sondern um auch deren rechtliche – insbesondere haftungsrechtliche – Trennung zu erreichen.[471]

Aufgrund der vorstehenden Ausführungen, wonach die haftungsrechtliche Trennung aufgrund investmentrechtlicher Besonderheiten geboten und daher in § 131 KAGB und § 156 KAGB hineinzulesen ist, bedarf es nach hier vertretener Auffassung der von der herrschenden Lehre vorgeschlagenen Lösungsansätze nicht. Nicht beizupflichten ist im Übrigen der Kritik, die in einer haftungsrechtlichen Separierung eine Beeinträchtigung der Gläubigerinteressen sehen. Hierbei wird die Gläubigerbenachteiligung darauf gestützt, dass die Gläubiger nicht erkennen könnten, ob die intern verwaltete Inv-KG im eigenen Namen (und damit für Rechnung des Betriebsvermögens) oder für Rechnung der Anleger (und damit für Rechnung des Kommanditanlagevermögens) handele.[472] Tatsächlich betrifft diese Problematik auch die Verwaltung von Sondervermögen. Auch hier ist es für den Rechtsverkehr auf den ersten Blick nicht erkennbar, ob sie Rechtsgeschäfte mit der verwaltenden KVG für deren eigene Rechnung oder für Rechnung eines bestimmten Sondervermögens eingeht. Demgemäß hat die verwaltende KVG von Sondervermögen gegenüber dem Rechtsverkehr offenzulegen, ob und gegebenenfalls für welches Sondervermögen sie handelt, wenn sie von ihrem Ersatzanspruch gemäß § 93 Abs. 3 KAGB

469 So wohl auch *Hüwel/Kracke* in Baur/Tappen, KAGB, § 131 Rn. 9 ff.
470 Vgl. *Hüwel/Kracke* in Baur/Tappen, KAGB, § 131 Rn. 12.
471 Vgl. *Wallach* in Assmann/Wallach/Zetzsche, KAGB, § 156 Rn. 38 m. w. N.
472 Wie z. B. *Könnecke* in Baur/Tappen, KAGB, § 156 Rn. 18.

machen möchte. Dieser Gedanke ist auf die intern verwaltete Inv-KG zu übertragen. Es ist nicht nachvollziehbar, warum es einer intern verwalteten Inv-KG nicht zumutbar sein soll, im Außenverhältnis kenntlich zu machen, dass sie für Rechnung der Anleger handelt.

Folglich kommt es aufgrund der Bildung von Betriebsvermögen und Kommanditanlagevermögen nach hier vertretener Auffassung zu einer haftungsrechtlichen Separierung der beiden Vermögensmassen, um eine Haftung der Anleger für diejenigen Verbindlichkeiten einer intern verwalteten Inv-KG auszuschließen, die zum Betriebsvermögen zuzuschlagen sind. Der wohl herrschenden Meinung, die bei der intern verwalteten Inv-KG Bildung von Betriebsvermögen und Kommanditanlagevermögen nur eine rein rechnerische Bedeutung zubilligt, ist somit nicht zu folgen.

1.3.4. Fazit bzgl. der Zusammensetzung des Gesellschaftsvermögens einer intern verwalteten Inv-KG

Das Investmentrecht enthält zwar mit § 131 Abs. 1 KAGB bzw. § 156 Abs. 1 KAGB Regelungen zum Betriebsvermögen einer intern verwalteten Inv-KG, allerdings ist in diesen Vorschriften nicht die Zusammensetzung von deren Betriebsvermögen eigenständig geregelt. In der Folge sind die personengesellschaftsrechtlichen Vorschriften über das Gesellschaftsvermögen auf die Inv-KG anzuwenden.

Aus der Anwendung der beiden investmentrechtlichen Vorschriften und den personengesellschaftsrechtlichen Vorschriften ergibt sich, dass das Betriebsvermögen einer intern verwalteten Inv-KG zunächst aus den Einlagen der geschäftsführenden Gesellschafter zu bilden ist. In Auslegung der Vorschriften sind diese dahingehend zu verstehen, dass es sich bei den geschäftsführenden Gesellschaftern zwar sowohl um Komplementäre als auch um geschäftsführende Kommanditisten handeln kann, im letzteren Falle es sich aber nicht um Anleger handeln darf.

Nicht explizit geregelt wurde, ob die intern verwaltete Inv-KG ihr Betriebsvermögen auch fremdfinanzieren darf oder nicht. Eine solche Vorgehensweise ist grundsätzlich zuzulassen, allerdings haben die geschäftsführenden Gesellschafter nach pflichtgemäßem Ermessen zu handeln.

Der Umfang des Betriebsvermögens ist gemäß dem Wortlaut von § 131 Abs. 1 KAGB und § 156 Abs. 1 KAGB auf das notwendige Maß zu beschränken. Welches Betriebsvermögen für eine intern verwaltete Inv-KG notwendig ist, richtet sich nach dem jeweiligen Einzelfall. Das Betriebsvermögen hat bei der intern verwalteten Inv-KG jedoch mindestens 300.000 EUR zu betragen.

Im Gegensatz zum Betriebsvermögen ist die Zusammensetzung des Kommanditanlagevermögens im KAGB geregelt. Hier gilt das zur Zusammensetzung des Gesellschaftsvermögens einer extern verwalteten Inv-KG Gesagte. In der Konsequenz folgt die Zusammensetzung des Kommanditanlagevermögens und des Betriebsvermögens bei der Inv-KG unterschiedlichen Regelungen, ohne dass sich tatsächlich Unterschiede ergäben. Dementsprechend ist die Sinnhaftigkeit von § 131 Abs. 2 KAGB und § 156 Abs. 2 KAGB zu hinterfragen.

Nach hier vertretener Auffassung sind bei der intern verwalteten Inv-KG das Betriebsvermögen und das Kommanditanlagevermögen bereits qua Gesetz rechtlich voneinander zu trennen, um eine Haftung der Anleger für eigene Verbindlichkeiten der KVG auszuschließen. Der wohl herrschenden Ansicht in der Literatur ist daher nicht zu folgen, welche die separate Bildung der beiden Vermögensmassen als rein rechnerisch einordnet.

1.4. Teilgesellschaftsvermögen

Üblicherweise wird bei jeder Gesellschaft nur ein Gesellschaftsvermögen gebildet. Für die Inv-KG wird zumindest zu Teilen von diesem Grundsatz abgewichen und die Bildung von mehreren Vermögensmassen innerhalb einer Gesellschaft zugelassen. Das KAGB spricht dabei von „*Teilgesellschaftsvermögen*“.[473] Durch die Bildung von Teilgesellschaftsvermögen wird das Gesellschaftsvermögen der Inv-KG aufgeteilt und separiert. Dass es bei einem Gesellschaftsvermögen verbleibt, welches durch die Teilgesellschaftsvermögen nur untergliedert wird, ist für das Gesellschaftsvermögen der Inv-AG mit veränderlichem Kapital anerkannt.[474] Diese Betrachtung ist auf das Gesellschaftsvermögen der Inv-KG zu übertragen, da § 132 KAGB auf § 117

473 Vgl. § 132 KAGB.
474 Vgl. *Kurth* in Beckmann/Scholtz/Vollmer, KAGB, § 117 Rn. 7.

KAGB aufbaut[475] und hierin ein übertragbarer investmentrechtlicher Rechtsgedanke in Bezug auf Teilgesellschaftsvermögen gesehen werden kann. Damit folgt die Inv-KG dem Leitbild der Inv-AG mit veränderlichem Kapital, die ebenfalls Teilgesellschaftsvermögen bilden kann.[476]

Ursprünglich war die Bildung von Teilgesellschaftsvermögen der offenen Inv-KG vorbehalten.[477] Zwischenzeitlich hat der Gesetzgeber aber auch zugunsten der geschlossenen Inv-KG die Möglichkeit eingeräumt, Teilgesellschaftsvermögen zu bilden. In Bezug auf die Möglichkeit der Bildung von Teilgesellschaftsvermögen bei der geschlossenen Inv-KG wird dabei weitestgehend auf die Vorschriften über Teilgesellschaftsvermögen bei der offenen Inv-KG verwiesen,[478] weswegen nachfolgend eine einheitliche Betrachtung erfolgen wird.

Nachfolgend soll dargestellt werden, welche Voraussetzungen bei der Bildung von Teilgesellschaftsvermögen zu beachten sind und welche Rechtsfolgen sich hieraus ergeben. Hierzu gehört zunächst die Frage, welche Anforderungen das KAGB an den Gesellschaftsvertrag einer Inv-KG stellt, damit diese überhaupt Teilgesellschaftsvermögen bilden darf. Des Weiteren ist der Fragestellung nachzugehen, welches Organ für die Bildung von Teilgesellschaftsvermögen zuständig ist. Daran anknüpfend wird untersucht, welche Pflichten sowie vermögens- und haftungsrechtlichen Rechtsfolgen aus der Bildung von Teilgesellschaftsvermögen resultieren. Zuletzt wird betrachtet, wie Teilgesellschaftsvermögen wieder aufgelöst werden können.

1.4.1. Gesellschaftsvertragliche Anforderungen im Hinblick auf Teilgesellschaftsvermögen

1.4.1.1. Gesellschaftsvertraglicher Vorbehalt zur Bildung von Teilgesellschaftsvermögen

Zunächst ist zu prüfen, ob und gegebenenfalls in welchem Umfang ein Vorbehalt im Gesellschaftsvertrag einer Inv-KG enthalten sein

---

475 Vgl. BT-Drs. 17/12294, Seite 244, zu § 132 (Teilgesellschaftsvermögen; Verordnungsermächtigung), zu Absatz 1.

476 Vgl. § 117 KAGB.

477 Vgl. *Burgard/Heimann*, WM 2014, 821 (826).

478 Vgl. BT-Drs. 19/17139, Seite 47, zu Nummer 15 und 16 (§ 140 Abs. 3 und § 149 Abs. 2).

muss, damit die Inv-KG überhaupt Teilgesellschaftsvermögen bilden darf. Hierzu ist zuvorderst auf § 132 Abs. 1 Satz 1 KAGB einzugehen. Die Vorschrift selbst ist zwar nur für die offene Inv-KG unmittelbar anwendbar, sie entfaltet allerdings aufgrund der Verweisung in § 149 Abs. 2 Satz 1 KAGB auch für die geschlossene Inv-KG Gültigkeit. Die Vorschrift konstatiert, dass der Gesellschaftsvertrag die Bildung von Teilgesellschaftsvermögen vorsehen „*kann*". Nach dem Wortlaut der Vorschrift ist es demnach nicht verpflichtend, dass der Gesellschaftsvertrag einer Inv-KG eine Regelung über Teilgesellschaftsvermögen vorhält.[479] Hieraus könnte der Schluss gezogen werden, dass es sich bei § 132 Abs. 1 Satz 1 KAGB lediglich um eine klarstellende Vorschrift ohne eigenen Regelungsgehalt handelt und es daher nicht zwingend einer Regelung im Gesellschaftsvertrag bedarf, damit Teilgesellschaftsvermögen gebildet werden könnten. In diesem Fall könnte eine Inv-KG auch dann Teilgesellschaftsvermögen bilden, wenn sich diesbezüglich keine Regelungen im Gesellschaftsvertrag der Inv-KG finden.

Ein solches Verständnis liege jedoch die bisherige Praxis außer Acht, die einen solchen Vorbehalt im Gesellschaftsvertrag gerade fordert. So war unter dem Regime des InvG anerkannt, dass eine Inv-AG nur dann Teilgesellschaftsvermögen bilden durfte, wenn sich entsprechende Regelungen in deren Satzung fanden.[480] Nach dem Willen des Gesetzgebers baut § 132 KAGB gerade auf § 100 InvG auf.[481] Der Wortlaut von § 132 Abs. 1 Satz 1 KAGB ist daher so zu interpretieren, dass ihm ein eigenständiger Regelungsgehalt zukommt und daher ein zwingender Vorbehalt im Gesellschaftsvertrag enthalten sein muss, damit eine Inv-KG Teilgesellschaftsvermögen bilden darf.[482] Aus Sicht der Normanwender ist die Vorschrift somit leider missverständlich formuliert, da durch den Begriff „*kann*" zum Ausdruck gebracht wird, dass Ausführungen zu der Bildung von Teil- gesellschaftsvermögen nicht zu den zwingenden Bestandteilen des Gesellschaftsvertrags einer Inv-KG gehören. Möchte eine Inv-KG allerdings Teilgesellschaftsvermö-

---

479 Vgl. *Kunschke/Klebeck* in Beckmann/Scholtz/Vollmer, KAGB, § 132 Rn. 1.

480 Vgl. *Dornseifer* in Emde/Dornseifer/Dreibus/Hölscher, InvG, § 100 Rn. 5.

481 Vgl. BT-Drs. 17/12294, Seite 244, zu § 132 (Teilgesellschaftsvermögen; Verordnungsermächtigung).

482 So auch *Lorenz* in Weitnauer/Boxberger/Anders, KAGB, § 132 Rn. 2.

gen bilden, ist eine gesellschaftsrechtliche Regelung hierzu aber verpflichtend erforderlich.

Folglich darf eine Inv-KG nur dann Teilgesellschaftsvermögen bilden, wenn im Gesellschaftsvertrag ein entsprechender Vorbehalt enthalten ist. Fehlt eine diesbezügliche Regelung im Gesellschaftsvertrag einer Inv-KG, bedeutet dies, dass sie keine Teilgesellschaftsvermögen bilden darf.

1.4.1.2. Regelung über die Gesellschafterversammlung

Über den Vorbehalt hinaus sieht das KAGB zudem bestimmte Anforderungen an den Gesellschaftsvertrag in Bezug auf die Gesellschafterversammlungen vor, soweit eine Inv-KG sich zur Bildung von Teilgesellschaftsvermögen entscheidet. Anforderungen diesbezüglich finden sich in § 132 Abs. 6 KAGB. Danach hat der Gesellschaftsvertrag einer Inv-KG, welche Teilgesellschaftsvermögen bildet, zwingend vorzusehen, dass zu einer Gesellschafterversammlung, die Angelegenheiten der gesamten Inv-KG zum Gegenstand hat, die Anleger sämtlicher Teilgesellschaftsvermögen zu laden sind. Diese auf den ersten Blick eindeutige Regelung enthält auf den zweiten Blick dennoch ein paar Unklarheiten.

Unstreitig ergibt sich aus § 132 Abs. 6 KAGB die Pflicht zur Aufnahme einer Regelung in den Gesellschaftsvertrag, die Angelegenheiten hinsichtlich der gesamten Inv-KG einer Gesellschafterversammlung vorbehält, zu der alle Gesellschafter der Inv-KG geladen werden.[483] Unklar ist aber, ob der Vorschrift ein darüber hinausgehender Regelungsgehalt innewohnt.

In der Literatur wird hierzu vertreten, dass § 132 Abs. 6 KAGB tatsächlich ein weitergehender Inhalt zukommen soll. So soll sich zusätzlich aus § 132 Abs. 6 KAGB ergeben, dass über Angelegenheiten, die nur ein bestimmtes Teilgesellschaftsvermögen beträfen, auch nur eine Gesellschafterversammlung Beschluss zu fassen habe, zu der lediglich die Komplementäre der Inv-KG sowie die Kommanditisten

---

483 Vgl. *Wallach* in Assmann/Wallach/Zetzsche, KAGB, § 132 Rn. 48; *Eichhorn* in Moritz/Klebeck/Jesch, KAGB, § 132 Rn. 20; *Schott* in Emde/Dornseifer/Dreibus, KAGB, § 132 Rn. 12.

des jeweiligen Teilgesellschaftsvermögens zu laden seien.[484] Dass die Beschlussfassung über die nur ein Teilgesellschaftsvermögen betreffenden Angelegenheiten einer solchen *„Teilgesellschafterversammlung“* vorbehalten sei, ergebe sich aus einem Umkehrschluss, der aus dieser Vorschrift zu ziehen sei.[485]

Gegen diese Ansicht kann jedoch der gesetzgeberische Wille ins Feld geführt werden. Ausweislich der Gesetzesbegründung zu § 132 Abs. 6 KAGB *„kann“* der Gesellschaftsvertrag vorsehen, dass über Angelegenheiten der einzelnen Teilgesellschaftsvermögen in einer Gesellschafterversammlung beschlossen wird, an der lediglich die Komplementäre sowie die Kommanditisten des einzelnen Teilgesellschaftsvermögens teilnehmen.[486] Damit ist gemäß dem historischen Willen die Abhaltung einer solchen Teilgesellschafterversammlung nur dann möglich, wenn dies im Gesellschaftsvertrag vorgesehen ist. Sieht der Gesellschaftsvertrag dagegen keine Möglichkeit vor, eine solche Teilgesellschafterversammlung abzuhalten, ist hieraus zu folgern, dass es auch für die Angelegenheiten von Teilgesellschaftsvermögen bei der Zuständigkeit der *„Gesamtgesellschafterversammlung“* bleibt.[487]

Gegen diese Erwägungen des Gesetzgebers kann wiederum argumentiert werden, dass die in der Gesetzesbegründung zu § 132 Abs. 6 KAGB getätigten Ausführungen in einem Spannungsverhältnis zu § 132 Abs. 1 Satz 2 KAGB und § 132 Abs. 1 Satz 4 KAGB stehen könnten. Hinter § 132 Abs. 1 Satz 2 KAGB steht der Rechtsgedanke der vermögens- und haftungsrechtlichen Trennung der unterschiedlichen Teilgesellschaftsvermögen. Nach § 132 Abs. 1 Satz 4 KAGB sollen sich die Rechte der Anleger auf die Vermögensgegenstände des Teilgesellschaftsvermögens beschränken, an dem sie beteiligt sind. Die mit den beiden genannten Vorschriften verfolgten Intentionen legen somit den Schluss nahe, dass Teilgesellschaftsversammlungen ein

---

484 Vgl. *Wallach* in Assmann/Wallach/Zetzsche, KAGB, § 132 Rn. 50; *Eichhorn* in Moritz/Klebeck/Jesch, KAGB, § 132 Rn. 20.

485 Vgl. *Wallach*, a. a. O; wohl auch *Lorenz* in Weitnauer/Boxberger/Anders, KAGB, § 132 Rn. 19.

486 Vgl. BT-Drs. 17/12294, Seite 244, zu § 132 (Teilgesellschaftsvermögen; Verordnungsermächtigung), zu Absatz 6.

487 Gemeint ist damit eine Gesellschafterversammlung der offenen Inv-KG, zu der sämtliche Gesellschafter zu laden sind.

zwingendes Erfordernis sind, um diese Vorgaben umzusetzen und einzuhalten. Dies spräche dafür, der bisherigen Ansicht in der Literatur zu folgen.

Da der Wille des Gesetzgebers aber gerade ausdrücklich aus der Gesetzesbegründung hervortritt, kann der oben erwähnten Literaturmeinung jedoch nur schwerlich gefolgt werden. Der Gesetzgeber ließ vielmehr explizit Spielraum für die Gestaltung des Gesellschaftsvertrags einer Inv-KG, welche die Bildung von Teilgesellschaftsvermögen beabsichtigt. Aufgrund des eindeutigen gesetzgeberischen Willens sind derartige Teilgesellschafterversammlungen daher nur dann möglich, wenn dies im Gesellschaftsvertrag der Inv-KG mit Teilgesellschaftsvermögen vorbehalten ist.

Die zuvor erwähnte Literaturansicht dürfte vorrangig praktische Erwägungen im Blick haben. Dies ist nachvollziehbar, denn weder ist es praktikabel noch angemessen, die Angelegenheiten einzelner Teilgesellschaftsvermögen in die Verantwortung aller Gesellschafter zu legen. Zum einen sieht üblicherweise der Gesellschaftsvertrag einer KG vor, unter welchen Umständen die Gesellschafterversammlung beschlussfähig ist. Regelmäßig wird dies an das Erreichen eines bestimmten Quorums geknüpft. Betrifft eine Gesellschafterversammlung lediglich Tagesordnungspunkte eines bestimmten Teilgesellschaftsvermögens, ist zu erwarten, dass die Gesellschafter der übrigen Teilgesellschaftsvermögen nur ein untergeordnetes Interesse haben, an einer solchen Gesellschafterversammlung teilzunehmen – ein Phänomen, das sich mit rationaler Apathie umschreiben lässt. Für die Gesellschafter des betroffenen Teilgesellschaftsvermögens besteht so die Gefahr, dass sie – auch im Falle der Teilnahme aller Gesellschafter des betroffenen Teilgesellschaftsvermögens – über einen ihr Teilgesellschaftsvermögen betreffenden Punkt mangels Beschlussfähigkeit keinen Beschluss fassen können. Zum anderen ist nicht ersichtlich, warum sämtliche Gesellschafter einer Inv-KG mit mehreren Teilgesellschaftsvermögen über eine Angelegenheit Beschluss fassen sollen bzw. dürfen, wenn diese lediglich eine kleinere Gesellschaftergruppe betrifft. Die Gesellschafter eines Teilgesellschaftsvermögens laufen so Gefahr, hinsichtlich der Angelegenheiten ihres Teilgesellschaftsvermögens fremdbestimmt zu werden.

Der Praxis ist daher anzuraten, eine ausdrückliche Regelung in den Gesellschaftsvertrag einer offenen Inv-KG aufzunehmen, welche die Abhaltung von Teilgesellschafterversammlungen ermöglicht. Denn eine derartige Regelung liegt regelmäßig im Interesse der jeweiligen Anleger. In gesetzgeberischer Hinsicht wäre eine Klarstellung wünschenswert, indem das Abhalten von Teilgesellschafterversammlungen zum gesetzlichen Regelfall erklärt wird.

1.4.1.3. Keine weiteren zwingenden Anforderungen an den Gesellschaftsvertrag

Weitere zwingende Anforderungen an den Gesellschaftsvertrag sieht § 132 KAGB nicht vor. In Bezug auf die Firma ist allerdings zu berücksichtigen, dass in dieser kenntlich zu machen ist, dass die gegenständliche Inv-KG Teilgesellschaftsvermögen bildet bzw. bilden darf. Zudem können ergänzende Regelungen in Bezug auf Teilgesellschaftsvermögen in den Gesellschaftsvertrag additiv aufgenommen werden. Dies betrifft insbesondere Regelungen über die Ladung zu Teilgesellschafterversammlungen[488] sowie die Auflösung und Liquidation von Teilgesellschaftsvermögen.[489] Es handelt sich hierbei um „Kann"- Vorschriften und sie sind somit nicht von zwingender Natur.

1.4.2. Zuständiges Organ für die Bildung von Teilgesellschaftsvermögen

Nachdem auf die gesellschaftsvertraglichen Anforderungen bzgl. der Bildung von Teilgesellschaftsvermögen eingegangen worden ist, ist abzuklären, welchem Organ die Zuständigkeit für die Bildung von Teilgesellschaftsvermögen obliegt. Aus § 132 KAGB selbst ergibt sich keine ausdrückliche Regelung der Zuständigkeit. Daher sind die übrigen investmentrechtlichen Vorschriften und gegebenenfalls die personengesellschaftsrechtlichen Regelungen dahingehend zu untersuchen.

1.4.2.1. Auslegung anhand von § 117 KAGB

Zum Zwecke der Auslegung ist zunächst § 117 KAGB heranzuziehen, der für die Inv- AG mit veränderlichem Kapital die Regelungen über

---

488 Vgl. § 132 Abs. 2 KAGB argumentum e contrario.
489 Vgl. § 132 Abs. 7 KAGB.

Teilgesellschaftsvermögen enthält. Denn aus der Gesetzesbegründung ergibt sich, dass § 132 KAGB auf § 117 KAGB zurückgeht.[490] Dementsprechend ist eine Auslegung von § 132 KAGB anhand von § 117 KAGB grundsätzlich möglich.

Bei der Inv-AG mit veränderlichem Kapital ist die Bildung von neuen Teilgesellschaftsvermögen ausdrücklich dem Vorstand mit Zustimmung des Aufsichtsrats vorbehalten.[491] Zuständig ist bei der Inv-AG mit veränderlichem Kapital somit das Organ der Gesellschaft, das mit der Leitung der Gesellschaft betraut ist.[492] Bei einer entsprechenden Übertragung auf die Inv-KG wäre demnach das für die Geschäftsführung zuständige Organ für die Bildung von Teilgesellschaftsvermögen zuständig.

Diese Erkenntnis ist allerdings nur bedingt hilfreich. Denn bei einer AG – und damit auch bei der Inv-AG mit veränderlichem Kapital – ist der Vorstand grundsätzlich für alle Maßnahmen der Geschäftsführung zuständig,[493] während sich die Geschäftsführungs- und Vertretungsbefugnis bei der Inv-KG nach den personengesellschaftsrechtlichen Grundsätzen richten.[494] Danach ist bei der Inv-KG zu differenzieren, ob es sich bei der Bildung von Teilgesellschaftsvermögen um eine gewöhnliche Geschäftsführungsmaßnahme im Sinne von § 116 Abs. 2 Satz 1 Hs. 1 HGB[495] oder eine außergewöhnliche Geschäftsführungsmaßnahme nach § 116 Abs. 2 Satz 1 Hs. 2 HGB[496] oder gar um ein Grundlagengeschäft gemäß § 109 Abs. 3 HGB[497] handelt. Eine Zuständigkeitszuweisung zugunsten der geschäftsführenden Gesellschafter ergäbe sich nur dann, wenn die Bildung von Teilgesellschaftsvermögen als gewöhnliche Geschäftsführungsmaßnahme anzusehen wäre. In den übrigen beiden Fällen müssten die übrigen Gesellschafter – und damit auch die Anleger – eingebunden und deren Zustimmung müsste

490 Vgl. BT-Drs. 17/12294, Seitep244, zu § 132 (Teilgesellschaftsvermögen; Verordnungsermächtigung).
491 Vgl. § 117 Abs. 1 Satz 2 1. HS KAGB.
492 Vgl. § 108 Abs. 2 KAGB i. V. m. §§ 76, 78 AktG.
493 Vgl. *Koch* in Koch, AktG, § 77 Rn. 3 f.
494 Siehe hierzu unten in Teil B. Kapitel VI. „Die Geschäftsführung" und Teil B. Kapitel VII. „Das Außenverhältnis".
495 Nach alter Rechtslage: § 116 Abs. 1 HGB a. F.
496 Nach alter Rechtslage: § 116 Abs. 2 HGB a. F.
497 Nach alter Rechtslage: § 119 Abs. 1 HGB a. F.

eingeholt werden. Eine entsprechende systematische Auslegung anhand von § 117 Abs. 1 Satz 2 KAGB wäre daher nur dann möglich, wenn die Bildung neuer Teilgesellschaftsvermögen entweder den geschäftsführenden Gesellschaftern als gewöhnliche Geschäftsführungsmaßnahme oder der Gesellschafterversammlung als außergewöhnliche Geschäftsführungsmaßnahme oder als Grundlagengeschäft zugewiesen werden kann.

Bei der Auslegung, um welche Art von Geschäftsführungsmaßnahme es sich bei der Bildung von Teilgesellschaftsvermögen handelt, ist wiederum auf § 117 Abs. 1 Satz 2 KAGB zurückzugreifen. Aus § 117 Abs. 1 Satz 2 KAGB ergibt sich, dass zwar der Vorstand der Inv-AG mit veränderlichem Kapital an sich für die Bildung neuer Teilgesellschaftsvermögen zuständig ist. Allerdings ist zu berücksichtigen, dass die Bildung neuer Teilgesellschaftsvermögen bei der Inv-AG mit veränderlichem Kapital qua Gesetz unter den Zustimmungsvorbehalt des Aufsichtsrats gestellt wird.[498] Ein solcher Zustimmungsvorbehalt soll es dem Aufsichtsrat ermöglichen, den Vorstand effektiv zu überwachen, wobei im Falle des Zustimmungsvorbehalts die Überwachungstätigkeit durch eine entsprechende Einflussnahme auf den Vorstand von vorbeugender Natur ist.[499] Diese Zustimmungsvor- behalte gemäß § 111 AktG sind dabei auf grundlegende oder außergewöhnliche Geschäfte beschränkt.[500]

Für die Inv-AG mit veränderlichem Kapital hat der Gesetzgeber den Zustimmungsvorbehalt explizit als gesetzlichen Regelfall vorgesehen.[501] Dies legt den Schluss nahe, dass der Gesetzgeber die Bildung neuer eilgesellschaftsvermögen bei der Inv-AG mit veränderlichem Kapital zumindest als außergewöhnliche Geschäftsführungsmaßnahme ansieht. Bei einer entsprechenden Übertragung dieser Erwägungen auf die offene Inv-KG kann hieraus gefolgert werden, dass auch bei der offenen Inv-KG die Bildung von Teilgesellschaftsvermögen zumindest als außergewöhnliche Geschäftsführungsmaßnahme anzusehen ist. Demnach wäre die Bildung neuer Teilgesellschaftsvermögen

498 Vgl. § 117 Abs. 1 Satz 2 1. HS KAGB.
499 Vgl. *Koch* in Koch, AktG, § 111 Rn. 52.
500 Vgl. *Koch* in Koch, AktG, § 111 Rn. 65.
501 Vgl. § 117 Abs. 1 Satz 2 KAGB.

§ 116 Abs. 2 Satz 1 Hs. 2 HGB[502] bzw. § 109 Abs. 3 HGB[503] zu unterwerfen. Da in beiden Fällen sämtliche Gesellschafter einzubeziehen sind, kann eine genaue Abgrenzung dahinstehen.

Damit ergibt sich aus einer systematischen Auslegung eine investmentrechtliche Zuständigkeitsregelung hinsichtlich der Bildung neuer Teilgesellschaftsvermögen zugunsten der Gesellschafter der Inv-KG.[504] Begründen lässt sich dies mit deren Einordnung als eine zumindest außergewöhnliche Geschäftsführungsmaßnahme, bei der auch die Kommanditisten gemäß § 164 HGB bzw. § 109 Abs. 3 HGB[505] eingebunden werden müssen.

1.4.2.2. Sinn und Zweck von § 132 KAGB

Zuletzt ist über den Sinn und Zweck von § 132 KAGB zu ermitteln, welches Organ für die Bildung neuer Teilgesellschaftsvermögen zuständig sein soll. Die Möglichkeit zur Bildung von Teilgesellschaftsvermögen innerhalb eines Investmentvermögens wurde mit dem Investmentmodernisierungsgesetz eingeführt.[506] Einem Sondervermögen sollte es durch die Bildung von Teilgesellschaftsvermögen ermöglicht werden, verschiedene Teilfonds mit unterschiedlichen Anlageschwerpunkten zu schaffen und zugleich die administrativen Kosten zu reduzieren.[507] Zugleich war dem Gesetzgeber klar, dass in diesem Zusammenhang eine Zuordnung und Abgrenzung der Vermögenswerte, Ansprüche und Verbindlichkeiten erforderlich sind. Der Gesetzgeber hat damit in Bezug auf die Zulässigkeit der Bildung von Teilgesellschaftsvermögen eine Stärkung des Fondsstandorts Deutschland unter zeitgleicher Wahrung der Anlegerinteressen im Blick.

Für die Zwecke der Ermittlung, welches Organ einer Inv-KG für die Bildung von Teilgesellschaftsvermögen zuständig ist, fällt dabei

502 Nach alter Rechtslage: § 116 Abs. 2 HGB a. F.

503 Nach alter Rechtslage: § 119 Abs. 1 HGB a. F.

504 Diese haben durch Beschluss nach Maßgabe der jeweiligen gesellschaftsvertraglichen Regelungen (ins- besondere in Bezug auf das Mehrheitserfordernis und das Beschlussverfahren) zu entscheiden.

505 Nach alter Rechtslage: § 119 Abs. 1 HGB a. F.

506 Gesetz zur Modernisierung des Investmentwesens und zur Besteuerung von Investmentvermögen vom 15.12.2003 (BGBl. I 2003 Nr. 62 S. 2676).

507 Vgl. *Beckmann* in Beckmann/Scholtz/Vollmer, KAGB, § 96 Rn. 4.

insbesondere der Anlegerschutzgedanke ins Gewicht. Unter Einbeziehung dieses Schutzgedankens ist zunächst festzuhalten, dass das KAGB eine vermögens- und haftungsrechtliche Trennung der Teilgesellschaftsvermögen vorsieht. Die Risiken eines Teilgesellschaftsvermögens sollen hierdurch nicht die übrigen Teilgesellschaftsvermögen einer Inv-KG infizieren können. Diese haftungs- und vermögensrechtliche Trennung der unterschiedlichen Teilgesellschaftsvermögen könnte dafür sprechen, dass dem Schutz der Anleger der bestehenden Teilgesellschaftsvermögen im ausreichenden Maß Rechnung getragen wird und es daher der Mitbestimmung der bisherigen Gesellschafter einer Inv-KG nicht bedarf. Dementsprechend ließe dies einen Schluss dahingehend zu, die Bildung neuer Teilgesellschaftsvermögen als gewöhnliches Geschäft zu qualifizieren, sodass die Entscheidung über die Bildung neuer Teilgesellschaftsvermögen lediglich den geschäftsführenden Gesellschaftern obläge.

Allerdings muss ebenfalls beachtet werden, dass sich zwar das Haftungsrisiko in Bezug auf ein neues Teilgesellschaftsvermögen auf die Komplementäre der Inv-KG und die Kommanditisten des neuen Teilgesellschaftsvermögens konzentriert und auf diesen Gesellschafterkreis beschränkt ist. Jedoch findet eine Risikosteigerung zulasten der Gesellschafter der bisherigen Teilgesellschaftsvermögen insoweit statt, als die Komplementäre für sämtliche Teilgesellschaftsvermögen haften.[508] Folglich wird durch die Bildung eines neuen Teilgesellschaftsvermögens stets das Existenzrisiko für die Inv-KG selbst gesteigert.[509] Diese Erhöhung des Existenzrisikos für die Inv-KG lässt wiederum darauf schließen, dass die Bildung neuer Teilgesellschaftsvermögen zumindest als außergewöhnliches Geschäft im Sinne von § 116 Abs. 2 HGB anzusehen ist.

Die teleologische Auslegung lässt damit eine Auslegung in beide Richtungen zu.

508 Vgl. § 132 Abs. 5 Satz 1 KAGB.
509 Vgl. *Wallach* in Assmann/Wallach/Zetzsche, KAGB, § 132 Rn. 6.

1.4.3. Pflichten resultierend aus der Bildung von Teilgesellschaftsvermögen

Im Falle der Bildung von Teilgesellschaftsvermögen hat die Inv-KG weitergehende Pflichten zu beachten. Diese finden sich – vorbehaltlich der zuvor dargestellten Anforderungen an den Gesellschaftsvertrag – in § 132 Abs. 2 bis 4 KAGB. Diese darin enthaltenen Regelungen basieren ausweislich der Gesetzesbegründung zu § 132 KAGB auf § 117 KAGB, aus dem sich die entsprechenden Pflichten betreffend die Teilgesellschaftsvermögen für die Inv-AG mit veränderlichem Kapital ergeben und an dem sich die Einführung von § 132 Abs. 2 bis 4 KAGB entsprechend orientierte.[510]

1.4.3.1. Eigene Anlagebedingungen

Eine Regelung hinsichtlich der Anlagebedingungen für die verschiedenen Teilgesellschaftsvermögen findet sich für die offene Inv-KG in § 132 Abs. 2 KAGB und für die geschlossene Inv-KG in § 149 Abs. 2 Satz 2 KAGB sowie in § 149 Abs. 2 Satz 3 KAGB. Möchte eine Inv-KG Teilgesellschaftsvermögen bilden, hat sie für jedes Teilgesellschaftsvermögen gesonderte Anlagebedingungen aufzustellen.[511] Zu sehen ist diese Anordnung vor dem Hintergrund, dass jedes Teilgesellschaftsvermögen ein eigenes Investmentvermögen im Sinne von § 1 Abs. 1 KAGB bildet.[512] Regelmäßig wird für die verschiedenen Investmentvermögen eine unterschiedliche Anlagestrategie vorgesehen, auf die entsprechend hingewiesen wird.[513] Dementsprechend ist das Erfordernis gesonderter Anlagebedingungen für die einzelnen Teilgesellschaftsvermögen konsequent. Zusätzlich ist § 126 KAGB bzw. § 151 KAGB zu beachten, das heißt die Anlagebedingungen sind zusätzlich zum Gesellschaftsvertrag der Inv-KG zu erstellen und werden nicht zu dessen Bestandteil.

---

510 Vgl. BT-Drs. 17/12294, Seite 244, zu § 132 (Teilgesellschaftsvermögen; Verordnungsermächtigung).

511 Vgl. § 132 Abs. 2 Satz 1 KAGB und § 149 Abs. 2 Satz 2 KAGB.

512 Vgl. *Kunschke/Klebeck* in Beckmann/Scholtz/Vollmer, KAGB, § 132 Rn. 12; *Eichhorn* in Mo- ritz/Klebeck/Jesch, KAGB, § 132 Rn. 17.

513 Vgl. *Wallach* in Assmann/Wallach/Zetzsche, KAGB, § 132 Rn. 38.

Die Anlagebedingungen eines jeden Teilgesellschaftsvermögens sind der BaFin vorzulegen.[514] Einer Genehmigung durch die BaFin bedürfen die Anlagebedingungen bei einer offenen Inv-KG dagegen nicht.[515] Bei einer geschlossenen Inv-KG besteht die Genehmigungsbedürftigkeit der Anlagebedingungen lediglich bei Publikumsteilgesellschaftsvermögen.[516]

1.4.3.2. Kostentragung

Der § 132 Abs. 3 KAGB[517] ordnet an, dass die Kosten für die Bildung eines neuen Teilgesellschaftsvermögens nur zulasten des Kapitals dieses neuen Teilgesellschaftsvermögens gehen dürfen und der Wert der einzelnen Gesellschaftsanteile für jedes Teilgesellschaftsvermögen separat zu berechnen ist. Die Vorschrift ist Ausfluss der haftungs- und vermögensrechtlichen Trennung von Teilgesellschaftsvermögen und dient dem Schutz der bisherigen Kommanditisten, die nicht mit den Kosten eines neuen Teilgesellschaftsvermögens belastet werden sollen.[518] Gemäß diesem Trennungsgrundsatz sollen die Kosten und die Verbindlichkeiten, die ausschließlich bei einem bestimmten Teilgesellschaftsvermögen anfallen, auch ausschließlich von diesem Teilgesellschaftsvermögen getragen werden.[519] Die Vorschrift ist damit inhaltlich identisch mit § 117 Abs. 3 Satz 2 KAGB, der diese Anordnung für die Inv-AG mit veränderlichem Kapital trifft. Gemäß der Gesetzesbegründung beruht § 132 Abs. 3 KAGB auf § 117 Abs. 3 KAGB[520]

---

514 Vgl. § 132 Abs. 2 Satz 2 KAGB bei der offenen Inv-KG und § 149 Abs. 2 Satz 5 KAGB bei der geschlossenen Inv-KG.

515 Vgl. *Kunschke/Klebeck* in Beckmann/Scholtz/Vollmer, KAGB, § 132 Rn. 15; *Lorenz* in Weitnau- er/Boxberger/Anders, KAGB, § 132 Rn. 11.

516 Vgl. § 149 Abs. 2 Satz 4 KAGB.

517 Für die offene Inv-KG gilt die Vorschrift unmittelbar, für die geschlossene Inv-KG mittelbar über den Verweis in § 149 Abs. 2 Satz 1 KAGB.

518 Vgl. *Wallach* in Assmann/Wallach/Zetzsche, KAGB, § 132 Rn. 42; *Eichhorn* in Moritz/Klebeck/Jesch, KAGB, § 132 Rn. 15; *Lorenz* in Weitnauer/Boxberger/Anders, KAGB, § 132 Rn. 13.

519 Vgl. *Wallach* in Assmann/Wallach/Zetzsche, KAGB, § 132 Rn. 42 f.

520 Vgl. BT-Drs. 17/12294, Seite 244, zu § 132 (Teilgesellschaftsvermögen; Verordnungsermächtigung), zu Absatz 3.

und daher mittelbar auch auf dessen Vorgängervorschriften aus dem InvG.[521]

1.4.3.3. Bestellung einer Verwahrstelle

Durch § 132 Abs. 4 KAGB[522] wird vorgeschrieben, dass für jedes Teilgesellschaftsvermögen eine separate Verwahrstelle zu benennen ist. Die Benennung obliegt dabei der KVG.[523] Die Entscheidung, welche Verwahrstelle zu benennen ist, liegt im Ermessen der KVG und hat sich bei der offenen Inv-KG wegen § 128 Abs. 1 Satz 3 KAGB und bei der geschlossenen Inv-KG über § 153 Abs. 1 Satz 3 KAGB am Gesellschaftsinteresse und am Interesse der Anleger auszurichten.[524] Zu erwarten ist, dass eine Inv-KG mit mehreren Teilgesellschaftsvermögen regelmäßig aus Gründen der Effizienz ein und dieselbe Verwahrstelle beauftragen wird.[525] Dies ist allerdings nicht zwingend.

Auch § 132 Abs. 4 KAGB kennt mit § 117 Abs. 6 KAGB eine Parallelvorschrift und wurde vom Gesetzgeber bewusst an diese angelehnt.[526] Beide Vorschriften gehen dabei auf § 97 Abs. 4 Satz 3 InvG zurück, der eine derartige Regelung für die Inv-AG mit veränderlichem Kapital unter dem InvG kannte.[527] Folglich ergeben sich auch hier im Verhältnis zur Inv-AG mit veränderlichem Kapital keine Abweichungen.

1.4.3.4. Firmierung und Hinweispflicht

Eine weitere Besonderheit ergibt sich hinsichtlich der Firmierung. Danach hat die Firma einer Inv-KG, die eilgesellschaftsvermögen bildet,

521 Vgl. BT-Drs. 17/12294, Seite 239, zu § 117 (Teilgesellschaftsvermögen; Verordnungsermächtigung), zu Absatz 4.
522 Für die geschlossene Inv-KG gilt die Vorschrift mittelbar über den Verweis in § 149 Abs. 2 Satz 1 KAGB.
523 Siehe § 80 Abs. 1 Satz 1 KAGB.
524 Vgl. *Wallach* in Assmann/Wallach/Zetzsche, KAGB, § 117 Rn. 48.
525 So auch *Wallach* in Assmann/Wallach/Zetzsche, KAGB, § 117 Rn. 48.
526 Vgl. BT-Drs. 17/12294, Seite 244, zu § 132 (Teilgesellschaftsvermögen; Verordnungsermächtigung), zu Absatz 4. Insoweit scheint es im Rahmen der Gesetzesbegründung ein Redaktionsversehen gegeben zu haben, da in der Gesetzesbegründung irrtümlich von § 117 Abs. 5 KAGB als Referenznorm gesprochen wird.
527 Vgl. BT-Drs. 17/12294, Seite 240, zu § 117 (Teilgesellschaftsvermögen; Verordnungsermächtigung), zu Absatz 6.

hierauf einen Hinweis zu enthalten. Wie dieser Hinweis in der Firma auszusehen hat, wird durch § 134 Abs. 2 Satz 1 KAGB[528] konkretisiert. Danach ist der Zusatz „mit Teilgesellschaftsvermögen" oder eine allgemein verständliche Abkürzung in die Firma der Inv-KG aufzunehmen.

Darüber hinaus ist die Geschäftsführung der Inv-KG verpflichtet, dem Rechtsverkehr gegenüber offenzulegen, wenn sie rechtsgeschäftlich für lediglich ein oder mehrere Teilgesellschaftsvermögen tätig wird.[529] Zusätzlich ist darauf hinzuweisen, dass dem jeweiligen Geschäftspartner als Haftungsmasse nur das jeweilige bzw. die jeweiligen Teilgesellschaftsvermögen zur Verfügung steht bzw. stehen. Die Vorschrift hat den Schutz des Rechtsverkehrs im Auge, mit ihr soll auf diese haftungsrechtliche Besonderheit aufmerksam gemacht werden.[530] Eine Hinweis- und Offenlegungspflicht entfällt demnach nur dann, wenn die intern verwaltete Inv-KG nicht für ein Teilgesellschaftsvermögen, sondern für sich selbst tätig wird.[531]

1.4.4. Rechtsfolgen bei der Bildung von Teilgesellschaftsvermögen

Nachdem zunächst auf die Anforderungen und Kompetenzen sowie die damit verbundenen Pflichten eingegangen worden ist, soll nun die Rechtsfolgenseite näher beleuchtet werden. Hierbei wird die Idee einer haftungs- und vermögensrechtlichen Trennung zwischen den einzelnen Teilgesellschaftsvermögen verfolgt.

1.4.4.1. Vermögensrechtliche Rechtsfolgen

Welche vermögensrechtlichen Folgen sich aus der Bildung von Teilgesellschaftsvermögen ergeben, ist in § 132 Abs. 1 Satz 2 bis 6 KAGB geregelt. Diese Rechtsfolgen haben ihre Entsprechung in § 117 Abs. 2

---

528 Für die offene Inv-KG gilt § 132 Abs. 2 KAGB unmittelbar, für die geschlossene Inv-KG ergibt sich die Anwendbarkeit von § 134 Abs. 2 KAGB über den Verweis in § 149 Abs. 2 Satz 1 KAGB.

529 Vgl. § 134 Abs. 2 Satz 2 KAGB.

530 Vgl. *Lorenz* in Weitnauer/Boxberger/Anders, KAGB, § 134 Rn. 5; *Wallach* in Assmann/Wallach/Zetzsche, KAGB, § 134 Rn. 8.

531 So auch *Wallach* in Assmann/Wallach/Zetzsche, KAGB, § 134 Rn. 10.

KAGB,[532] der die jeweiligen Rechtsfolgen für die Inv-AG mit veränderlichem Kapital vorhält.[533]

Konstituiert wird zunächst eine vermögensrechtliche Trennung der Teilgesellschaftsvermögen.[534] Dies ergänzt den oben erwähnten Grundgedanken, wonach das Kommanditanlagevermögen vom Betriebsvermögen zu separieren ist. Dieses Gebot der Trennung der Vermögensmassen gilt aber auch hinsichtlich der verschiedenen Investmentvermögen, in die die Anleger investieren. Dies ist unter anderem deshalb geboten, weil die verschiedenen Teilgesellschaftsvermögen unterschiedliche Anlagestrategien verfolgen können. Fortgesetzt wird diese Trennung dadurch, dass die Rechte der Anleger auf die Vermögenswerte beschränkt werden, die dem Teilgesellschaftsvermögen zuzurechnen sind, in das sie investiert haben.[535] Aus diesem Grund regelt § 132 Abs. 1 Satz 3 KAGB klarstellend, dass jedes Teilgesellschaftsvermögen als eigenständiges Gesellschaftsvermögen zu behandeln ist. Die vermögensrechtliche Trennung ist dabei dauerhaft, das heißt, sie gilt von der Aufsetzung des Teilgesellschaftsvermögens bis zu dessen Auflösung[536] und setzt sich auch im Falle einer Insolvenz fort.[537]

1.4.4.2. Haftungsrechtliche Rechtsfolgen

1.4.4.2.1. Haftung der Gesellschaft für Verbindlichkeiten

Zunächst soll auf die Haftung der Inv-KG hinsichtlich des Teilgesellschaftsvermögens eingegangen werden. Diese ist in § 132 Abs. 1 Satz 5 KAGB geregelt. Die Vorschrift orientiert sich dabei an ihrer Schwesternorm,[538] die sich für die Inv-AG mit veränderlichem Kapital in § 117 Abs. 2 Satz 5 KAGB findet.

532 Vgl. BT-Drs. 17/12294, Seite 244, zu § 132 (Teilgesellschaftsvermögen; Verordnungsermächtigung), zu Absatz 1.

533 Aufgrund dieses Gleichlaufs mit der Inv-AG mit veränderlichem Kapital soll an dieser Stelle nur kurz auf die Haftungsfolgen eingegangen werden.

534 Vgl. § 132 Abs 1 Satz 2 Var. 2 KAGB.

535 Vgl. § 132 Abs. 1 Satz 4 KAGB.

536 Vgl. *Wallach* in Assmann/Wallach/Zetzsche, KAGB, § 132 Rn. 16.

537 Vgl. § 132 Abs. 1 Satz 6 KAGB.

538 Vgl. BT-Drs. 17/12294, Seite 244, zu § 132 (Teilgesellschaftsvermögen; Verordnungsermächtigung), zu Absatz 1.

Gemäß § 132 Abs. 1 Satz 5 KAGB haftet für die Verbindlichkeiten, die auf ein einzelnes Teilgesellschaftsvermögen entfallen, lediglich dieses Teilgesellschaftsvermögen. Dies stellt eine investmentrechtliche Besonderheit dar, da den Gesellschaftsgläubigern – neben der akzessorischen Haftung der Gesellschafter – gemäß den gesellschaftsrechtlichen Grundsätzen grundsätzlich das gesamte Gesellschaftsvermögen zur Verfügung steht, um ihre Ansprüche gegen die Gesellschaft zu befriedigen. Diese Beschränkung der Haftungsmasse ist Ausfluss des Prinzips, nach dem die Teilgesellschaftsvermögen voneinander getrennt bleiben sollen.[539]

1.4.4.2.2. Haftung der Gesellschafter für Verbindlichkeiten

Regelungen über die Haftung der Gesellschafter für Verbindlichkeiten einzelner Teilgesellschaftsvermögen finden sich in § 132 Abs. 5 KAGB. Demnach ist zwischen der Haftung der Komplementäre[540] und der Haftung der Kommanditisten[541] zu unterscheiden. So folgt die Grundkonzeption der Haftung der Gesellschafter einer Inv-KG dem handelsrechtlichen Haftungsregime der Gesellschafter einer KG. Nachfolgend soll auf die unterschiedliche Haftung der Komplementäre und der Kommanditisten eingegangen werden.

Zur Haftung der Komplementäre führt § 132 Abs. 5 Satz 1 KAGB aus, dass diese für die Verbindlichkeiten sämtlicher Teilgesellschaftsvermögen einer Inv-KG haften. Eine weitergehende Konkretisierung der Haftung der Komplementäre einer Inv-KG findet sich nicht in der Vorschrift, dementsprechend sind die personengesellschaftsrechtlichen Haftungsregelungen der KG analog heranzuziehen. In Ermangelung einer abweichenden Regelung im KAGB haften daher die Komplementäre einer Inv-KG gesamtschuldnerisch und persönlich für Gesellschaftsverbindlichkeiten gemäß den personengesellschaftsrechtlichen Grundsätzen nach § 128 HGB. Auch in Bezug auf das Recht zur Erhebung von Einwendungen enthält das KAGB keine Regelungen, sodass es bei der Anwendung von § 129 HGB und § 130 HGB bleibt. Somit ergeben sich keine Unterschiede zwischen dem Haftungsregime der KG bezüglich der Komplementäre und dem Haftungsregime der Inv-

539 Vgl. Lorenz in Weitnauer/Boxberger/Anders, KAGB, § 132 Rn. 5.
540 Vgl. § 132 Abs. 5 Satz 1 KAGB.
541 Vgl. § 132 Abs. 5 Satz 2 KAGB.

KG mit Teilgesellschaftsvermögen bezüglich der Haftung von deren Komplementären. Der § 132 Abs. 5 Satz 1 KAGB hat damit lediglich eine deklaratorische Funktion.

Des Weiteren ist auf die Haftung der Kommanditisten von Teilgesellschaftsvermögen einzugehen. Hierzu findet sich in § 132 Abs. 5 Satz 2 KAGB ein Verweis auf die §§ 171 bis 176 HGB. Der Passus ordnet somit an, dass es grundsätzlich bei der personengesellschaftsrechtlichen Haftung der Kommanditisten bleiben soll. Allerdings wird zugleich klargestellt, dass sich diese Haftung der Kommanditisten nur auf die Verbindlichkeiten desjenigen Teilgesellschaftsvermögens beschränkt, an dem der jeweilige Anleger als Kommanditist beteiligt ist.[542] Für die Verbindlichkeiten der übrigen Teilgesellschaftsvermögen haften sie dagegen nicht. Hiermit wird der Grundgedanke der vermögens- und haftungsrechtlichen Trennung der eilgesellschaftsvermögen fortgesetzt. De facto wird damit jedes Teilgesellschaftsvermögen wie eine eigene Kommanditgesellschaft behandelt.[543] Auf diese Weise wird ein Gleichlauf mit der vermögensrechtlichen Lage gemäß § 132 Abs. 1 Satz 4 KAGB erzielt, wonach sich die Rechte der Anleger auf die Vermögensgegenstände des Teilgesellschaftsvermögens beschränken, an dem sie beteiligt sind.[544] Die Anordnung in § 132 Abs. 5 Satz 2 KAGB ist insoweit konsequent und richtig.

1.4.5. Auflösung von Teilgesellschaftsvermögen

Zudem ist zu untersuchen, wann und unter welchen Voraussetzungen eine Auflösung von Teilgesellschaftsvermögen möglich ist. Im Kern geht es an dieser Stelle um die Frage, welches Organ für die Auflösung eines Teilgesellschaftsvermögens durch Beschluss zuständig ist. Im Übrigen gilt für die Auflösung eines Teilgesellschaftsvermögens dasselbe wie für die Auflösung einer Inv-KG, d.h. auch für die weiteren Auflösungsgründe. Aus diesem Grunde wird an dieser Stelle auf das entsprechende Kapitel verwiesen.[545]

542 Vgl. *Kunschke/Klebeck* in Beckmann/Scholtz/Vollmer, KAGB, § 132 Rn. 22; *Wallach* in Assmann/Wallach/Zetzsche, KAGB, § 132 Rn. 20; *Lorenz* in Weitnauer/Boxberger/Anders, KAGB, § 132 Rn. 6; *Hüwel/Kracke* in Baur/Tappen, KAGB, § 132 Rn. 26.

543 Vgl. *Lorenz* in Weitnauer/Boxberger/Anders, KAGB, § 132 Rn. 18.

544 Vgl. *Wallach* in Assmann/Wallach/Zetzsche, KAGB, § 132 Rn. 20.

545 Siehe Teil B. Kapitel X. „Auflösung und Liquidation".

1.4.5.1. Grundsatz: Beschluss der Gesellschafter des Teilgesellschaftsvermögens

Zunächst ist zu eruieren, welches Organ der offenen Inv-KG grundsätzlich für die Auflösung von Teilgesellschaftsvermögen zuständig ist. Hierzu ist der Blick auf § 132 Abs. 7 Satz 1 KAGB zu richten. Die Vorschrift konstatiert, dass der Geschäftsführung – vorbehaltlich der Zustimmung der Verwahrstelle – im Gesellschaftsvertrag die Kompetenz zur Auflösung von Teilgesellschaftsvermögen zugewiesen werden kann. Demnach ist aus dem Wortlaut der Vorschrift die Schlussfolgerung zu ziehen, dass die Auflösung von Teilgesellschaftsvermögen durch die Geschäftsführung aufgrund der Notwendigkeit eines gesellschaftsvertraglichen Vorbehalts den Ausnahmefall bildet. Hieraus ist im Umkehrschluss zu folgern, dass die Auflösung von Teilgesellschaftsvermögen grundsätzlich der Entscheidung der Gesellschafter unterliegt und es daher deren Beschlussfassung über die Auflösung von Teilgesellschaftsvermögen bedarf. Diese Zuständigkeitsregelung entspricht zugleich der Zuständigkeitsregelung im Hinblick auf die Bildung von Teilgesellschaftsvermögen, die nach der hier vertretenen Ansicht und vorbehaltlich einer gesellschaftsvertraglichen Regelung ebenfalls bei den Gesellschaftern gesehen wird.

Unklar bleibt allerdings, ob an der Beschlussfassung der Gesellschafter über die Auflösung von Teilgesellschaftsvermögen alle Gesellschafter der Inv-KG oder lediglich die am aufzulösenden Teilgesellschaftsvermögen beteiligten Gesellschafter – d. h. die Komplementäre der Inv-KG sowie die Anleger, welche am gegenständlichen Teilgesellschaftsvermögen beteiligt sind – teilnehmen dürfen. Der Wortlaut von § 132 Abs. 7 KAGB enthält hierzu keine Anhaltspunkte. Auch die Gesetzgebungsmaterialien beinhalten insoweit keine Hinweise und helfen daher nicht weiter.

Weiterhelfen könnte aber eine Heranziehung von § 132 Abs. 1 Satz 4 KAGB. Hierin ist geregelt, dass sich die Rechte der Anleger im Hinblick auf ein Teilgesellschaftsvermögen auf die Vermögensgegenstände dieses Teilgesellschaftsvermögens beschränken. Beispielhaft wird dabei die Auflösung eines Teilgesellschaftsvermögens aufgeführt. Folglich ist unter Heranziehung von § 132 Abs. 1 Satz 4 KAGB zu dem Ergebnis zu kommen, dass über die Auflösung eines Teilgesellschaftsvermögens lediglich dessen Gesellschafter zu entscheiden haben.

Gestützt werden könnte dieses Verständnis durch den Rechtsgedanken, der sich durch das Regime der Investmentgesellschaften mit Teilgesellschaftsvermögen zieht. Wie oben bereits dargestellt,[546] bildet die haftungs- und vermögensrechtliche Trennung der in den Teilgesellschaftsvermögen enthaltenen Vermögensmassen ein wesentliches Element, falls sich eine Investmentgesellschaft zur Ausgestaltung mit Teilgesellschaftsvermögen entschließt. Dieser Rechtsgedanke wird nur dann gewahrt, wenn die Anleger eine Teilgesellschaftsvermögens keinen Einfluss auf die Beschlussfassung in Bezug auf ein anderes Teilgesellschaftsvermögen nehmen können. Dies spricht somit ebenfalls dafür, dass über die Auflösung eines Teilgesellschaftsvermögens lediglich die Gesellschafter der Inv-KG befinden, die auch am betroffenen Teilgesellschaftsvermögen beteiligt sind.

Folglich sind nur diejenigen Gesellschafter für die Auflösung von Teilgesellschaftsvermögen zuständig, die am betroffenen Teilgesellschaftsvermögen beteiligt sind

1.4.5.2. Ausnahme: Gesellschaftsvertraglicher Vorbehalt zugunsten der geschäftsführenden Gesellschafter mit Vorbehalt der Verwahrstelle

Vom zuvor dargestellten Grundsatz kann durch gesellschaftsvertragliche Gestaltung abgewichen werden. Der § 132 Abs. 7 Satz 1 KAGB räumt ausdrücklich die Möglichkeit ein, die Auflösung von Teilgesellschaftsvermögen in die Verantwortung der geschäftsführenden Gesellschafter zu legen. Die Wirksamkeit der Entscheidung der geschäftsführenden Gesellschafter hängt dabei sowohl von deren Bekanntgabe an die Anleger als auch vom Ablauf einer Sechs-Monats-Frist ab – den Anlegern wird dabei die Möglichkeit eingeräumt, die sechsmonatige Frist abzukürzen.[547] Zudem bedarf die Entscheidung der geschäftsführenden Gesellschafter über die Auflösung eines Teilgesellschaftsvermögens der Zustimmung der Verwahrstelle.[548]

---

546 Siehe Teil B. Kapitel V. Ziffer 1.4.4. „Rechtsfolgen bei der Bildung von Teilgesellschaftsvermögen“.

547 Vgl. § 132 Abs. 7 Satz 2 KAGB.

548 Vgl. § 132 Abs. 7 Satz 1 KAGB.

Während die Bekanntgabe an die Anleger und der Ablauf der Frist zwingende Wirksamkeitsvoraussetzungen sind, bleibt im letzteren Falle – der Zustimmung der Verwahrstelle – durch § 132 Abs. 7 KAGB offen, ob diese Zustimmungserklärung Einfluss auf die Wirksamkeit der Auflösung hat oder lediglich im Innenverhältnis wirkt. Eine solche rein interne Wirkung einer Zustimmungserklärung ist beispielsweise im Aktienrecht anerkannt, wonach Geschäfte, die gemäß § 111 Abs. 4 AktG der Zustimmung des Aufsichtsrats bedürfen, auch dann im Außenverhältnis regelmäßig wirksam sind, wenn sich der Vorstand entweder keine Zustimmung einholt oder sich über eine Verweigerung der Zustimmung hinwegsetzt.[549] Zu berücksichtigen ist allerdings, dass die Verwahrstelle kein internes Organ der Inv-KG ist, sondern eine externe Einheit. Des Weiteren ist auf den Schutzzweck der Zustimmungserklärung der Verwahrstelle abzustellen. Ausweislich der Gesetzesbegründung soll die Zustimmung der Verwahrstelle dem Anlegerschutz dienen.[550] Diesem Schutzgedanken würde nicht im ausreichenden Maß Rechnung getragen, wenn die Zustimmung der Verwahrstelle gemäß § 132 Abs. 7 Satz 1 KAGB lediglich im Innenverhältnis wirkte. Demnach ist aus Gründen des Anlegerschutzes zu folgern, dass die Entscheidung der geschäftsführenden Gesellschafter über die Auflösung eines Teilgesellschaftsvermögens (schwebend) unwirksam ist, solange die Verwahrstelle ihre Zustimmung hierzu noch nicht erteilt hat. Verweigert die Verwahrstelle ihre Zustimmung, ist die Entscheidung über die Auflösung per se unwirksam.

Außerdem lässt § 132 Abs. 7 KAGB offen, wie die Bekanntgabe an die betroffenen Gesellschafter zu erfolgen hat. Zum Zwecke der Auslegung ist deswegen § 117 Abs. 8 KAGB als Schwestervorschrift heranzuziehen, welche die entsprechenden Regelungen für die Inv-AG mit veränderlichem Kapital enthält. Für diese ergibt sich aus § 117 Abs. 8 Satz 2 KAGB ausdrücklich, dass die Entscheidung über die Auflösung eines Teilgesellschaftsvermögens im Bundesanzeiger bekanntzugeben ist. Für die Inv-AG mit veränderlichem Kapital ist dies konsequent, da für sie subsidiär die aktienrechtlichen Vorschriften gelten[551] und

549 Vgl. *Habersack* in MüKo/AktG, § 111 Rn. 147.
550 Vgl. BT-Drs. 17/12294, Seite 244, zu § 132 (Teilgesellschaftsvermögen; Verordnungsermächtigung), zu Absatz 7.
551 Vgl. § 25 AktG i. V. m. § 108 Abs. 2 Satz 1 KAGB.

das deutsche Aktienrecht mit dem elektronischen Bundesanzeiger eine standardisierte Bekanntmachungsplattform kennt. Eine solche Plattform ist dagegen dem deutschen Personengesellschaftsrecht fremd, weswegen die Heranziehung von § 117 Abs. 8 KAGB vorliegend nicht weiterhilft. In Ermangelung einer expliziten Regelung hinsichtlich der Bekanntgabe ist daher davon auszugehen, dass der Gesetzgeber bei der Inv-KG bewusst auf die Anordnung einer vergleichbaren Publizitätspflicht im Hinblick auf die Auflösung eines Teilgesellschaftsvermögens verzichtet hat und diese Auflösung daher gegenüber jedem betroffenen Gesellschafter einzeln zu erfolgen hat. Aufgrund des Umstands, dass die Wirksamkeit der Auflösung eines Teilgesellschaftsvermögens unter anderem von deren ordnungsgemäßer Bekanntgabe an die Anleger abhängt, birgt dies für die Inv-KG ein Risiko.

1.4.5.3. Kritik

Kritisch zu sehen ist, dass nach derzeitiger Rechtslage ein Beschluss über die Auflösung eines Teilgesellschaftsvermögens – und zwar unabhängig davon, ob dieser von den Gesellschaftern des betroffenen Teilgesellschaftsvermögens oder den geschäftsführenden Gesellschaftern mit Zustimmung der Verwahrstelle gefasst wird – bei einer offenen Inv-KG nicht gegenüber dem Rechtsverkehr publiziert werden muss. Dies stellt einen wesentlichen Unterschied zur Inv-AG mit veränderlichem Kapital dar. Bei der Inv-AG mit veränderlichem Kapital wird eine Publizität über die Auflösung eines Teilgesellschaftsvermögens sowohl bei einer Beschlussfassung durch die Hauptversammlung als auch bei einem Beschluss durch den Vorstand gewährleistet. Beschließt die Hauptversammlung der Inv-AG mit veränderlichem Kapital über die Auflösung eines Teilgesellschaftsvermögens, ist hierüber eine Niederschrift auszufertigen, die beim Handelsregister einzureichen ist.[552] Wird die Entscheidung über die Auflösung eines Teilgesellschaftsvermögens durch den Vorstand unter Mitwirkung der Verwahrstelle getroffen, ist dieser Beschluss des Vorstands im Bundesanzeiger bekanntzumachen.[553] Bei einer Inv-KG findet dagegen eine vergleichbare Publikation nicht statt, da die Protokolle über die von Gesellschaftern gefassten Beschlüsse weder beim Handelsregister

552 Vgl. § 130 Abs. 5 AktG i. V. m. § 108 Abs. 2 Satz 1 KAGB.
553 Vgl. § 117 Abs. 8 Satz 2 KAGB.

einzureichen noch im Bundesanzeiger oder auf einer vergleichbaren Plattform zu veröffentlichen sind. Eine Transparenz findet lediglich dahingehend statt, dass der Auflösungsbeschluss in den nächsten Jahresbericht im Sinne von § 135 KAGB aufzunehmen ist.[554] Selbiges gilt für Beschlussfassungen der geschäftsführenden Gesellschafter.

Des Weiteren scheint auch eine Transparenz durch das Handelsregister nicht erforderlich zu sein. Im Falle der Auflösung und Liquidation der Inv-KG selbst ist diese Auflösung beim Handelsregister anzumelden.[555] Jedoch ist bei der Auflösung eines Teilgesellschaftsvermögens nicht die Inv-KG als solche betroffen, sondern lediglich ein Teil ihres Gesellschaftsvermögens. Dies spricht dafür, dass § 143 Abs. 1 Satz 1 HGB nicht auf die Auflösung von Teilgesellschaftsvermögen anwendbar ist. Folglich wird eine Publikation hinsichtlich der Auflösung eines Teilgesellschaftsvermögens auch nicht durch eine entsprechende Eintragung in das Handelsregister erreicht.

Demnach bleibt der Rechtsverkehr über die Auflösung eines Teilgesellschaftsvermögens weitgehend uninformiert. Dabei hat der Rechtsverkehr ebenfalls ein Interesse und ein Bedürfnis daran, über die Auflösung eines Teilgesellschaftsvermögens aufgeklärt zu werden. Denn schließlich sind die Ansprüche der jeweiligen Gläubiger lediglich auf das entsprechende Teilvermögen beschränkt.[556] Zwar findet eine entsprechende Publikation im Jahresbericht statt,[557] allerdings kann insoweit eine starke zeitliche Verzögerung zwischen dem Auflösungsbeschluss und der Publikation im Jahresbericht einhergehen. Daher wird die aktuelle Rechtslage in Bezug auf die Bekanntmachung einer Auflösung eines Teilgesellschaftsvermögens allenfalls bedingt gerecht.

1.4.6. Abwicklung

Zuletzt ist darauf einzugehen, welche Vorschriften für die Abwicklung eines Teilgesellschaftsvermögens anzuwenden sind. Gesonderte Regelungen zur Abwicklung eines Teilgesellschaftsvermögens finden sich in § 132 KAGB nicht. Dementsprechend bleibt es bei denjenigen

---

554 Vgl. § 132 Abs. 7 Satz 3 KAGB.
555 Vgl. § 143 Abs. 1 Satz 1 HGB.
556 Vgl. § 132 Abs. 1 Satz 4 KAGB.
557 Vgl. § 132 Abs. 7 Satz 3 KAGB i. V. m. § 135 KAGB.

Regelungen, welche auch für die Abwicklung einer Inv-KG gelten. Auch insoweit wird auf das entsprechende Kapitel verwiesen.[558]

Eine aufsichtsrechtlich begründete Abweichung von den personengesellschaftsrechtlichen Vorschriften in Bezug auf die Abwicklung ergibt sich allerdings hinsichtlich der Zuständigkeit. Aus personengesellschaftsrechtlicher Sicht sind gemäß § 144 Abs. 1 HGB i. V. m. § 178 HGB[559] bei einer KG regelmäßig die Komplementäre als Liquidatoren berufen. Für die Abwicklung eines Teilgesellschaftsvermögens sieht das KAGB dagegen die Zuständigkeit der Verwahrstelle vor.[560] Die Abwicklung eines Teilgesellschaftsvermögens wird diesbezüglich gleich behandelt wie die Abwicklung eines Sondervermögens.

1.5. Fazit zur Zusammensetzung des Gesellschaftsvermögens

1.5.1. Fazit bzgl. der Zusammensetzung des Gesellschaftsvermögens einer Inv-KG

Bei der intern verwalteten Inv-KG wird korrekterweise angeordnet, dass das Gesellschaftsvermögen in ein Betriebsvermögen und ein Kommanditanlagevermögen zu untergliedern ist. Auf diese Weise sollen das Vermögen, das die KVG zur Erbringung der Verwaltungstätigkeit benötigt, und das von den Anlegern eingesammelte Kapital separat gehalten werden. Das Betriebsvermögen muss dabei mindestens 300.000 EUR betragen – es kann sich in Abhängigkeit vom durch die KVG verwalteten Vermögen weiter erhöhen – und kann sich sowohl aus Eigenmitteln als auch Fremdmitteln zusammensetzen. Das Eigenkapital ist dabei durch die geschäftsführenden Gesellschafter aufzubringen, die nicht als Anleger zu qualifizieren sind. Wie sich das Betriebsvermögen zusammensetzt, bestimmt sich dabei nach den personengesellschaftsrechtlichen Vorschriften. Für die Zusammensetzung des Kommanditanlagevermögens verbleibt es dagegen bei der Anwendbarkeit der investmentrechtlichen Vorschriften gemäß § 131 Abs. 2 Satz 1 KAGB bzw. § 156 Abs. 2 Satz 1 KAGB. Für die extern verwaltete Inv-KG bedarf es dagegen einer solchen Unterscheidung zwischen einem Betriebsvermögen und einem Kommanditanlagevermögen nicht.

558 Siehe Teil B. Kapitel X. „Auflösung und Liquidation“.
559 Nach alter Rechtslage: § 146 Abs. 1 Satz 1 Hs. 1 HGB.
560 Vgl. § 132 Abs. 7 Satz 3 KAGB i. V. m. § 100 Abs. 2 KAGB.

Zu hinterfragen ist allerdings, warum sich der Gesetzgeber bemüßigt fühlte, die Zusammensetzung des Gesellschaftsvermögens einer Inv-KG eigenständig zu regeln. Dies ist zunächst dem Umstand geschuldet, weil § 131 Abs. 2 Satz 1 KAGB und § 156 Abs. 2 Satz 1 KAGB als die einschlägigen investmentrechtlichen Vorschriften keinen eigenständigen Regelungsgehalt gegenüber den personengesellschaftsrechtlichen Vorschriften haben. Hieraus resultierend ist weitergehend zu kritisieren, dass hierdurch das mit dem KAGB verfolgte Konzept – nämlich nur dann von den personengesellschaftsrechtlichen Vorschriften abzuweichen, wenn dies aufsichtsrechtlich geboten ist – ad absurdum geführt wird. Weiterhin werden nach derzeitiger Rechtslage in den investmentrechtlichen Vorschriften Begrifflichkeiten verwendet, die nach dem MoPeG als überholt zu bewerten sind. Hilfreich wäre es daher, sowohl § 131 KAGB als auch § 156 KAGB neu zu fassen. Dabei hat die Neufassung in dem Kontext zu erfolgen, den der Gesetzgeber ursprünglich im Blick hatte – nämlich die Abgrenzung zwischen dem Betriebsvermögen einerseits und dem Kommanditanlagevermögen andererseits.

Da der Gesetzgeber den Wunsch zeigte, eigenständige investmentrechtliche Vorschriften vorzuhalten, wird daher eine Ausrichtung der Neufassung von § 131 KAGB und § 156 KAGB nach Maßgabe von § 713 BGB vorgeschlagen. Diese könnte für die intern verwaltete offene Inv-KG wie folgt aussehen:

„(1) Eine intern verwaltete offene Investmentkommanditgesellschaft darf Vermögensgegenstände erwerben, die für den Betrieb der Investmentkommanditgesellschaft notwendig sind."

„(2) Die Beiträge der geschäftsführenden Gesellschafter sowie diejenigen Rechte und Verbindlichkeiten, die für den Betrieb der offenen Investmentkommanditgesellschaft erworben bzw. begründet wurden, bilden das Betriebsvermögen. Das Betriebsvermögen ist bilanziell bei den geschäftsführenden Gesellschaftern zu erfassen."

(3) „Die Beiträge der als Kommanditisten beteiligten Anleger sowie diejenigen Rechte und Verbindlichkeiten, die im Zusammenhang mit der Anlage und Verwaltung der eingeworbenen Mittel erworben bzw. begründet wurden, bilden das Kommanditanlagevermögen."

Für die intern verwaltete geschlossene Inv-KG würde die vorgeschlagene Neufassung entsprechend anzuwenden sein. Auf diese Weise wäre die klare Abgrenzung zwischen Betriebsvermögen und dem Kommanditanlagevermögen gewährleistet. Zudem würde durch die Verwendung der personengesellschaftsrechtlichen Erwerbsvorgänge klargestellt, dass diesbezüglich ein einheitliches Verständnis vom Gesetzgeber zugrunde gelegt wird.

1.5.2. Fazit bzgl. der Teilgesellschaftsvermögen

In Abweichung von den personengesellschaftsrechtlichen Grundsätzen darf eine Inv-KG Teilgesellschaftsvermögen bilden. Hierfür erforderlich sind eine Kenntlichmachung in der Firmierung sowie ein entsprechender Vorbehalt im Gesellschaftsvertrag. Diesbezüglich ist der Gesetzestext allerdings missverständlich formuliert. Hier wäre eine Klarstellung der Vorschrift wünschenswert. Eine entsprechende Neuformulierung von § 132 Abs. 1 Satz 1 KAGB könnte dabei wie folgt aussehen:

„*Eine offene Investmentkommanditgesellschaft darf ein oder mehrere Teilgesellschaftsvermögen bilden, wenn der Gesellschaftsvertrag der offenen Investmentkommanditgesellschaft die Bildung von Teilgesellschaftsvermögen vorsieht.*"

Im Gesellschaftsvertrag muss ferner geregelt werden, dass in Angelegenheiten der Inv-KG sämtliche Anleger aller Teilgesellschaftsvermögen geladen werden. Da sich diese Angelegenheiten auf sämtliche Teilgesellschaftsvermögen auswirken können, ist die dahinter stehende Überlegung konsequent. Es ist allerdings unklar, warum der Gesetzgeber dies als Anforderung an den Gesellschaftsvertrag normierte. Naheliegender wäre eine fixe Normierung dieser Ladungspflicht gewesen. Dagegen hält das KAGB keine Regelung hinsichtlich des Kreises der zu ladenden Anleger vor, wenn bestimmte Angelegenheiten nur ein einzelnes Teilgesellschaftsvermögen betreffen. Hier bleibt es – entgegen einer Literaturmeinung – dabei, dass auch zu einer solchen Gesellschafterversammlung alle Gesellschafter zu laden sind. Aus praktischer Sicht ist dies zwar unbefriedigend, aufgrund der bestehenden Rechtslage nach der hier vertretenen Ansicht aber zwingend. Der Gestaltungspraxis ist daher zu raten, eine hiervon abweichende Regelung im Gesellschaftsvertrag vorzusehen, die nur eine Teilnahme der am Teilgesellschaftsvermögen beteiligten Gesellschafter vorsieht. Insgesamt wäre somit eine Anpassung der einschlägigen Norm – mithin von § 132 Abs. 6 KAGB – einschließlich einer Ergänzung um einen Satz 2 im Hinblick auf die Abhaltung von Teilgesellschaftsversammlungen wünschenswert. Hierzu wird folgender Vorschlag gemacht:

„Über die Angelegenheiten, die die offene Investmentkommanditgesellschaft insgesamt betreffen, ist in einer Gesellschafterversammlung zu entscheiden, zu der sämtliche Gesellschafter der offenen Investmentkommanditgesellschaft zu laden sind. Angelegenheiten, die ein einzelnes Teilgesellschaftsvermögen betreffen, sind in einer Gesellschafterversammlung zu entscheiden, zu der die geschäftsführenden Gesellschafter der offenen Investmentkommanditgesellschaft und die am Teilgesellschaftsvermögen beteiligten Anleger zu laden sind (Teilgesellschaftsversammlung); der Gesellschaftsvertrag der offenen Investmentkommanditgesellschaft kann eine hiervon abweichende Regelung treffen."

Welches Organ für die Bildung von Teilgesellschaftsvermögen zuständig ist, wurde nicht ausdrücklich im KAGB geregelt. Leider ergibt sich auch nach entsprechender Auslegung weder aus den investmentrechtlichen Vorschriften noch aus den personengesellschaftsrechtlichen Bestimmungen ein klares Bild über die Zuständigkeit im Hinblick auf die Bildung von Teilgesellschaftsvermögen. Die besseren Gründe sprechen allerdings dafür, in der Bildung von Teilgesellschaftsvermögen zumindest eine außergewöhnliche Geschäftsführungsmaßnahme zu sehen, sodass grundsätzlich alle Gesellschafter der Inv-KG für die Bildung eines Teilgesellschaftsvermögens zuständig sind. Den Gesellschaftern steht es zudem frei, durch eine gesonderte gesellschaftsvertragliche Regelung Abweichendes zu bestimmen, wozu der Praxis anzuraten ist. Für eine Inv-KG hätte diese Ansicht die Konsequenz, dass sie – gemessen am gesetzlichen Leitbild – kaum in der Lage sein dürfte, neue Teilgesellschaftsvermögen zu bilden. Denn es ist nicht zu erwarten, dass die bereits beteiligten Anleger der Bildung neuer Teilgesellschaftsvermögen (mehrheitlich oder gar einstimmig) zustimmen, wenn hierdurch das Existenzrisiko der Inv-KG steigt. Eine Inv-KG, die sich für die Bildung von Teilgesellschaftsvermögen entscheidet und dies in ihrem Gesellschaftsvertrag verankert hat, hat daher grundsätzlich ein Interesse daran, dass die Entscheidung zur Bildung neuer Teilgesellschaftsvermögen in die Kompetenz der geschäftsführenden Gesellschafter fällt. Um zu einer Kompetenzzuweisung zugunsten der geschäftsführenden Gesellschafter zu gelangen, ist daher anzuraten, eine entsprechende Regelung in den Gesellschaftsvertrag der Inv-KG aufzunehmen. In Ermangelung einer klaren und abschließenden Regelung in den Gesetzesbestimmungen diesbezüglich bietet das KAGB Raum für eine entsprechende Gestaltung des Gesellschaftsvertrags. Wünschenswert wäre es jedoch, wenn der Gesetzgeber § 132 KAGB um eine eindeutige Zuständigkeitsregelung ergänzte.

Bildet eine Inv-KG mehrere Teilgesellschaftsvermögen, führt dies zu einer vermögens- und haftungsrechtlichen Trennung dieser Teilgesellschaftsvermögen. Jedes Teilgesellschaftsvermögen wird dabei wie ein eigenständiges Gesellschaftsvermögen behandelt. Auf haftungsrechtlicher Ebene haften die persönlich haftenden Gesellschafter der Inv-KG für die Verbindlichkeiten sämtlicher Teilgesellschaftsvermögen, während die Kommanditisten jeweils nur für die Verbindlichkeiten desjenigen Teilgesellschaftsvermögen einzustehen haben, an dem sie beteiligt sind. Hierdurch entsteht ein vermögens- und haftungsrechtlicher Gleichlauf, sodass dieses Vorgehen konsequent ist.

Über die Auflösung eines Teilgesellschaftsvermögens beschließen diejenigen Gesellschafter, die am aufzulösenden Teilgesellschaftsvermögen beteiligt sind. Alternativ hierzu kann der Gesellschaftsvertrag vorsehen, dass die geschäftsführenden Gesellschafter mit Zustimmung der Verwahrstelle über die Auflösung bestimmen können. Kritisch zu sehen ist, dass die Beschlussfassung über die Auflösung eines Teilgesellschaftsvermögens nicht im Bundesanzeiger zu veröffentlichen ist. Hierdurch wird insbesondere der Rechtsverkehr benachteiligt, da dieser erst nach Veröffentlichung des nächsten Jahresabschlusses über den Auflösungsbeschluss Kenntnis erlangen kann. Wünschenswert wäre es daher, dass der Gesetzgeber den Wortlaut von § 132 Abs. 7 Satz 2 KAGB an denjenigen von § 117 Abs. 8 Satz 2 KAGB angleicht.

Die Abwicklung eines Teilgesellschaftsvermögens wurde nicht gesondert im KAGB geregelt, sodass es diesbezüglich bei der Anwendung der personengesellschaftsrechtlichen Regelungen verbleibt. In Abweichung von den personengesellschaftsrechtlichen Vorschriften obliegt die Abwicklung nicht den Komplementären, sondern der für das betroffene Teilgesellschaftsvermögen zuständigen Verwahrstelle.

2. Die Beteiligung der Gesellschafter am Gesellschaftsvermögen einer Inv-KG

Nachdem die vorangehenden Ausführungen gezeigt haben, wie sich das Gesellschaftsvermögen bei einer Inv-KG zusammensetzt, soll das Gesellschaftsvermögen nachfolgend aus dem Blickwinkel der Gesellschafter betrachtet werden. Aufgrund der vorgenannten Unterschiede zwischen der intern verwalteten Inv-KG und der extern verwalteten Inv-KG hinsichtlich der Zuordnung des Gesellschaftsvermögens wird diese Unterscheidung bei der Suche nach der Antwort auf die Frage, wie die Gesellschafter am Gesellschaftsvermögen einer Inv-KG beteiligt sind, beibehalten. Umgekehrt bleibt es auch hier bei der gemeinsamen Betrachtung von offener Inv-KG und geschlossener Inv-KG diesbezüglich.

2.1. Die Beteiligung der Gesellschafter am Gesellschaftsvermögen einer extern verwalteten Inv-KG

2.1.1. Keine eigenständigen investmentrechtlichen Regelungen über die Beteiligung bei einer extern verwalteten Inv-KG

Zunächst ist zu klären, wie die Gesellschafter an einer extern verwalteten Inv-KG beteiligt sind. Der Wortlaut von § 131 KAGB und § 156 KAGB, welche investmentrechtliche Regelungen über das Gesellschaftsvermögen einer Inv-KG enthalten, hilft dabei nicht weiter. Denn in den beiden genannten Vorschriften finden sich zwar Regelungen über die Zusammensetzung des Gesellschaftsvermögens an sich, nicht aber über die Zusammensetzung der Gesellschaftsanteile sowie deren potenzielle Veränderungsmöglichkeiten. Allerdings legt der Verzicht auf entsprechende Regelungen diesbezüglich den Schluss nahe, es bei dem Verweis in § 124 Abs. 1 Satz 2 KAGB bzw. § 149 Abs. 1 Satz 2 KAGB zu belassen und die Vorschriften des HGB entsprechend anzuwenden.

Zusätzlich ist § 136 KAGB zu Auslegungszwecken heranzuziehen. Die Vorschrift regelt die Abschlussprüfung bei einer Inv-KG und gilt für die offene Inv-KG unmittelbar und für die geschlossene Inv-KG mittelbar.[561] Danach hat der Abschlussprüfer *„die Zuweisung von Gewinnen, Verlusten, Entnahmen, Ausgaben, Einlagen und Entnahmen zu den einzelnen Kapitalkonten"* zu prüfen und deren Ordnungsmäßigkeit zu bestätigen.[562] Damit wird in § 136 KAGB explizit auf die Kapitalkonten hingewiesen. Zwar lässt sich dem KAGB keine weitere Konkretisierung des Begriffs der Kapitalkonten entnehmen, aufgrund der Verweisungen in § 124 Abs. 1 Satz 2 KAGB und § 149 Abs. 1 Satz 2 KAGB sowie des Umstands, dass die investmentrechtlichen Vorschriften über die Inv-KG die Vorschriften des HGB modifizieren, drängt sich aber ein personengesellschaftsrechtliches Verständnis des Terminus auf. Dieses Verständnis wird durch die Gesetzesbegründung zu § 136 KAGB gestützt. In dieser wird die Bedürftigkeit der Prüfung und Bestätigung durch den Abschlussprüfer mit dem Interesse der Anleger an einem ordnungsgemäßen Ausweis der Kapitalkonten, die für den Wert der Anteile an der Inv-KG entscheidend sind, begründet.[563] Auch hier wird somit der handelsrechtliche Begriff des Kapitalkontos verwendet. Weitere Anhaltspunkte für ein personengesellschaftsrechtliches Verständnis sind in § 24 Abs. 1 KARBV angelegt. In dieser Vorschrift ist die Gliederung der Verwendungsrechnung enthalten. In dieser Gliederung wird eine Aufschlüsselung der Verwendungsrechnung nach Rücklagenkonten und Kapitalkonten sowie Verbindlichkeitenkonten vorgegeben. Bei diesen genannten Konten handelt es sich um Gesellschafterkonten, wie sie aus Drei-Konten-Modellen oder anderen Mehr-Konten-Modellen bekannt und in der Praxis gängig sind. Ausweislich der Begründung zur KARBV ist diese Untergliederung *„den Besonderheiten der gesellschaftsrechtlichen Struktur der Investmentkommanditgesellschaft"* geschuldet.[564] Somit sprechen die Gesetzessystematik sowie die Historie des KAGB und der KARBV dafür,

561 Die mittelbare Anwendbarkeit von § 136 KAGB ergibt sich über den Verweis in § 159 Satz 1 KAGB, wobei die Vorschrift zum Teil durch § 159 Satz 2 KAGB modifiziert wird.

562 Vgl. § 136 Abs. 2 KAGB.

563 Vgl. BT-Drs. 17/12294, Seite 246, zu § 136 (Abschlussprüfung; Verordnungsermächtigung), zu Ab- satz 2.

564 Vgl. *BaFin*, Begründung zur Kapitalanlage-Rechnungslegungs- und -Bewertungsverordnung vom 22.07.2013, zu § 24 KARBV (Verwendungsrechnung und Entwicklungsrechnung bei der Investmentkommanditgesellschaft).

es bei der Anwendung der personengesellschaftsrechtlichen Vorschriften des HGB zu belassen.

Somit gelten die gesetzlich vorgesehenen Kontenmodelle auch für die extern verwaltete Inv-KG, sofern nicht durch gesellschaftsvertragliche Vereinbarung Abweichendes vereinbart wird.[565]

2.1.2. Anwendung der personengesellschaftsrechtlichen Vorschriften über die Beteiligung der Gesellschafter einer extern verwalteten Inv-KG

Nachdem zuvor festgestellt worden ist, dass es bei der Anwendung der personengesellschaftsrechtlichen Vorschriften bleibt, ist entsprechend darzustellen, wie die personengesellschaftsrechtliche Beteiligungsstruktur der Gesellschafter aussieht.

In welchem Umfang ein Gesellschafter an einer KG beteiligt ist, richtet sich nach seinem Kapitalanteil. Der Begriff des Kapitalanteils ist gesetzlich nicht definiert, sondern wird vom Gesetz lediglich vorausgesetzt.[566] Nach heutigem Verständnis handelt es sich beim Kapitalanteil um eine bilanzielle Rechnungsziffer, die den Wert der wirtschaftlichen Beteiligung des Gesellschafters an der Gesellschaft zum Ausdruck bringen soll.[567] Der Kapitalanteil spiegelt somit die verhältnismäßige Beteiligung des einzelnen Gesellschafters am Gesellschaftsvermögen wider.[568] Abgebildet werden diese Beteiligungen durch buchhalterische Konten. Dieser Grundsatz bleibt auch nach Inkrafttreten des MoPeG unangetastet.[569]

Dabei ist zu unterscheiden, ob ein Gesellschafter als Komplementär oder als Kommanditist an der Gesellschaft beteiligt ist.

---

565 So wohl auch *Kunschke/Klebeck* in Beckmann/Scholtz/Vollmer, KAGB, § 131 Rn. 12; Könnecke in Baur/Tappen, KAGB, § 156 Rn. 7.

566 Vgl. *Schäfer* in Staub, HGB, § 120 Rn. 49.

567 Vgl. *Priester* in MüKo/HGB, § 120 Rn. 86; *Schäfer* in Staub, HGB, § 120 Rn. 50.

568 Vgl. *Schäfer*, a. a. O; *Priester* in MüKo/HGB, § 120 Rn. 84.

569 Vgl. BT-Drs. 19/27635, Seiten 142 f., zu § 709 (Beiträge; Stimmkraft; Anteil am Gewinn und Verlust), zu Absatz 3.

2.1.2.1. Beteiligung der Komplementäre am Gesellschaftsvermögen

Der Gesetzgeber geht hinsichtlich der Beteiligung der Komplementäre am Kapitalanteil von einem Ein-Konten-Modell aus. Dies hat zur Folge, dass der Kapitalanteil der Komplementäre variabel ist.[570] Die Ausgangsgröße für die Bemessung des Kapitalanteils ist die im Gesellschaftsvertrag vereinbarte Einlage, die durch das anteilige Jahresergebnis[571] und durch Entnahmen[572] verändert wird.[573]

Nach der gesetzgeberischen Konzeption ist der Kapitalanteil für die Komplementäre primär in vermögensrechtlicher Hinsicht von Bedeutung.[574] So wird der anteilige Jahresüberschuss eines jeden Komplementärs seinem Kapitalanteil gutgeschrieben bzw. der anteilige Jahresfehlbetrag vom Kapitalanteil abgezogen.[575] Zudem ist der Kapitalanteil dafür maßgeblich, in welchem Verhältnis die Komplementäre am Liquidationsergebnis zu beteiligen sind.[576] Mit dem Inkrafttreten des MoPeG ist die Höhe des Kapitalanteils zudem für die Stimmkraft relevant geworden.[577] Das bislang geltende Prinzip, wonach sich die Stimmkraft nach der Zahl der Köpfe bestimmt, gilt dagegen nur noch hilfsweise.[578]

2.1.2.2. Beteiligung der Kommanditisten am Gesellschaftsvermögen

Bei den Kommanditisten kommt nach dem gesetzgeberischen Willen dagegen ein Zwei- Konten-Modell zur Anwendung,[579] hieran hat sich auch nach dem Inkrafttreten des MoPeG nichts geändert. Demnach ist auch der Kapitalanteil der Kommanditisten nach dem gesetzlichen

570 Vgl. *Schäfer* in Staub, HGB, § 120 Rn. 48.
571 Vgl. § 120 Abs. 2 HGB.
572 Vgl. § 120 Abs. 2 HGB.
573 Vgl. *Ehricke* in Ebenroth/Boujong/Joost/Strohn, HGB § 120 Rn. 71; *Schäfer* in Staub, HGB, § 120 Rn. 48; *Priester* in MüKo/HGB, § 120 Rn. 96 f.
574 Vgl. *Priester* in MüKo/HGB, § 120 Rn. 88.
575 Vgl. § 120 Abs. 2 HGB.
576 Vgl. § 148 Abs. 8 HGB bzw. nach alter Rechtslage § 155 Abs. 1 HGB a. F.
577 Vgl. § 709 Abs. 3 Satz 1 BGB.
578 Vgl. § 709 Abs. 3 Satz 3 BGB.
579 Vgl. *Casper* in Staub, HGB, § 167 Rn. 21.

Leitbild variabel.[580] Folglich besteht der Kapitalanteil eines Kommanditisten zunächst aus seiner Einlage, die entsprechend auf einem Konto verbucht wird und die sich durch die Zuweisung von Gewinnen sowie den Abzug von Verlusten und Entnahmen verändert.[581]

In Abweichung von § 120 Abs. 2 HGB ist die Gewinnzuweisung an das Kapitalkonto der Kommanditisten allerdings der Höhe nach beschränkt und folglich nach oben hin gedeckelt. Nach alter Rechtslage ergab sich dies aus § 167 Abs. 2 HGB a. F., während diese Folge nach neuer Rechtslage aus § 169 Abs. 1 HGB zu schließen ist. Denn eine solche Gewinnzuweisung darf nur so lange erfolgen, bis die im Gesellschaftsvertrag verankerte Pflichteinlage des Kommanditisten erreicht wird -[582] anders formuliert erfolgt dann keine Gewinnzuweisung an das Kapitalkonto mehr, sobald der Kommanditist die Pflichteinlage vollständig geleistet hat.[583] Sobald der Kapitalanteil des Kommanditisten die Pflichteinlage übersteigt, sind diese übersteigenden Gewinnzuweisungen auf einem separaten Konto zu buchen.[584]

Erwirtschaftet die KG einen Jahresfehlbetrag, wird den Kommanditisten dieser Fehlbetrag anteilig zugewiesen. Nach alter Rechtslage erfolgte die Zurechnung in einem angemessenen Verhältnis zur Beteiligung, sofern der Gesellschaftsvertrag nichts Abweichendes vorsah.[585] Nach neuer Rechtslage erfolgt die Zuweisung dagegen nach Maßgabe der Beteiligung der Kommanditisten und hilfsweise nach Köpfen.[586] Verlustzuweisungen sind dabei in unbeschränkter Höhe möglich, das heißt eine Deckelung findet hier nicht statt.[587] Dies kann im Einzelfall dazu führen, dass durch entsprechende Verlustzuweisungen das Kapitalkonto eines Kommanditisten negativ wird; der Wortlaut von § 167 Abs. 3 HGB a. F. war insoweit missverständlich.[588] Allerdings

---

580 Vgl. *Grunewald* in MüKo/HGB, § 167 Rn. 14.
581 Vgl. *Weipert* in Ebenroth/Boujong/Joost/Strohn, HGB, § 167 Rn. 6.
582 Vgl. § 167 Abs. 2 HGB a. F., nach neuer Rechtslage wiederum eine Schlussfolgerung aus § 169 Abs. 1 HGB.
583 Vgl. *Gummert* in Henssler/Strohn, HGB, § 167 Rn. 6.
584 Vgl. *Casper* in Staub, HGB, § 167 Rn. 21.
585 Vgl. § 168 Abs. 2 HGB.
586 Vgl. § 122 Abs. 1 HGB i. V. m. § 709 Abs. 3 BGB.
587 Vgl. *Casper* in Staub, HGB, § 167 Rn. 23.
588 Vgl. *Gummert* in Henssler/Strohn, HGB, § 167 Rn. 7; Oetker in Oetker, HGB, § 167 Rn. 18.

ist ein Kommanditist nicht verpflichtet, im Falle seines Ausscheidens oder im Falle der Liquidation dieses negativ gewordene Kapitalkonto auszugleichen.[589] Diese Rechtsfolge wird nach wie vor durch § 167 HGB[590] klargestellt. Ohne Liquidation der Gesellschaft bzw. Ausscheiden eines Kommanditisten sind dagegen künftige Gewinne mit einem negativen Kapitalkonto zu verrechnen, bis dieses wieder aufgefüllt ist.[591]

2.1.2.3. Gesellschaftsvertragliche Abweichungen

Da regelmäßig die Gesellschafter einer KG in unterschiedlicher Höhe Einlagen zu leisten haben, besteht das praktische Bedürfnis, die Stimmkraft und die Verteilung von Gewinn und Verlust anhand der tatsächlichen Beteiligungsverhältnisse auszurichten, um eine Verteilung des Jahresergebnisses nach Köpfen zu vermeiden. Des Weiteren wird meist von der gesetzlich vorgesehenen einstimmigen Beschlussfassung bei außergewöhnlichen Geschäften und bei Grundlagengeschäften abgewichen und das Stimmrecht der einzelnen Gesellschafter an ihre verhältnismäßige Beteiligung an der Gesellschaft geknüpft. In einem solchen Falle würde das Führen eines variablen Kapitalkontos für jeden Gesellschafter dazu führen, dass aufgrund der Zuweisung von Gewinnen und Verlusten sowie von Entnahmen sich das Stimmrecht eines Gesellschafters in regelmäßigen Abständen verändern würde.[592] Die Gesellschafter haben daher ein Interesse daran, die Beteiligungsverhältnisse explizit gesellschaftsvertraglich zu regeln und § 709 Abs. 3 Satz 1 BGB zur Anwendung zu verhelfen. In der Praxis wird daher in den Gesellschaftsverträgen regelmäßig von den gesetzlich vorgesehenen und gemäß § 109 HGB dispositiven Regelungen abgewichen. Üblich sind – sowohl für die Komplementäre als auch für die Kommanditisten – Mehr-Konten-Modelle, wobei sich vor allem das Drei-Konten-Modell als gängig zeigt.[593] Alle Mehr-Konten-Modelle haben dabei gemeinsam, dass für jeden Gesellschafter ein festes Kapitalkonto gebildet wird, das sich meist nach der gesellschaftsver-

589 Vgl. *Grunewald* in MüKo/HGB, § 167 Rn. 16.
590 Nach alter Rechtslage: § 167 Abs. 3 HGB a. F.
591 Vgl. *Casper* in Staub, HGB, § 167 Rn. 23.
592 Vgl. *Sassenrath* in Westermann/Wertenbruch, Handbuch Personengesellschaften, § 26 Rn. 586.
593 Vgl. *Schäfer* in Staub, HGB, § 120 Rn. 64.

traglich vereinbarten Einlage bemisst und das für die Verteilung des Jahresergebnisses und für das Stimmrecht maßgeblich sein soll.[594] Im Übrigen erfolgt die Zuweisung von Gewinnen, Verlusten und Entnahmen auf einem weiteren Konto oder auf mehreren weiteren Konten.[595]

2.1.3. Einschränkung der personengesellschaftsrechtlichen Grundsätze aufgrund aufsichtsrechtlicher Besonderheiten

Zuletzt ist zu prüfen, ob eine Abweichung von den personengesellschaftsrechtlichen Grundsätzen über die Beteiligung der Gesellschafter am Vermögen einer extern verwalteten Inv-KG aufgrund aufsichtsrechtlicher Besonderheiten geboten ist. In Betracht kommt eine solche Beschränkung nach Maßgabe des investmentrechtlichen Grundsatzes, wonach alle Anleger eines Investmentvermögens fair zu behandeln sind. Niedergelegt ist dieser Grundsatz in Art. 12 Abs. 1 lit. f der AIFM-Richtlinie, der durch § 26 Abs. 2 Nr. 6 und Abs. 3 KAGB in deutsches Recht umgesetzt wurde. Danach ist eine faire Behandlung aller Anleger eines Investmentvermögens zu gewährleisten und in diesem Zusammenhang sind nur dann bestimmte Anleger eines AIF zu bevorzugen, wenn diese Vorzugsbehandlung in den Anlagebedingungen oder im Gesellschaftsvertrag des AIF vorgesehen ist.

Eine solche Vorzugsbehandlung kann sich vorliegend dann ergeben, wenn dieses im Gesellschaftsvertrag einer Inv-KG abweichend vom gesetzlichen Leitbild gestaltet wird. Dagegen ist eine Bevorzugung von bestimmten Anlegern faktisch ausgeschlossen, wenn dem gesetzlichen Leitbild gefolgt wird, da zum einen sich die Verteilung nach den vereinbarten Beteiligungsverhältnissen richten wird[596] und zum anderen die Jahresgewinne der Inv-KG nach Maßgabe dieser Beteiligungsverhältnisse vollständig an die Gesellschafter ausgezahlt werden,[597] sodass eine Gleichbehandlung der Gesellschafter gewährleistet ist.

Im Falle einer von den gesetzlichen Vorschriften abweichenden Vereinbarung zum Beteiligungsverhältnis und/oder zur Verteilung des

594 Vgl. *Sassenrath* in Westermann/Wertenbruch, Handbuch Personengesellschaften, § 26 Rn. 587; *Priester* in MüKo/HGB, § 120 Rn. 103 und Rn. 105.
595 Vgl. *Priester* in MüKo/HGB, § 120 Rn. 106 ff.
596 Vgl. § 709 Abs. 3 Satz 1 BGB.
597 Vgl. § 122 Satz 1 HGB.

Jahresergebnisses wäre beispielsweise vorstellbar, dass die Gesellschafter eine disquotale Verteilung des Jahresergebnisses zugunsten bestimmter Gesellschafter vereinbaren oder zumindest für den Einzelfall zulassen. Auf der Grundlage von § 26 Abs. 3 KAGB wäre eine solche gesellschaftsvertragliche Vereinbarung zulässig, da der Vorbehalt des Gesellschaftsvertrags eingehalten und damit die formelle Voraussetzung der Vorschrift erfüllt wäre.

Allerdings ist die Einhaltung der formalen Hürde nur eine der Voraussetzungen, welche der Transparenz von bestehenden Vorzugsbehandlungen dient und potenziellen Anlegern bei ihrer Anlageentscheidung helfen soll. Zusätzlich dazu kann aber nicht jede Vorzugsbehandlung dann gerechtfertigt sein, wenn sie in den Anlagebedingungen oder im Gesellschaftsvertrag offengelegt wird. Vielmehr muss sich die beabsichtigte Vorzugsbehandlung insbesondere an den allgemeinen Rechtsgrundsätzen sowie den teleologischen Erwägungen hinter dem Investmentrecht messen lassen. Auch auf europäischer Ebene wurde diese Thematik bereits aufgegriffen. So konkretisierte die Europäische Kommission den Grundsatz der fairen Behandlung der Anleger dahingehend, dass im Falle einer Bevorzugung von bestimmten Anlegern die übrigen Anleger im Gegenzug nicht wesentlich benachteiligt werden dürfen.[598] Damit wurde in materieller Hinsicht eine Wesentlichkeitsschwelle implementiert, bei deren Überschreiten auch die Publizität der Vorzugsbehandlung in den Anlagebedingungen oder im Gesellschaftsvertrag dieser nicht mehr zur Legitimation verhelfen kann.

Wann eine Benachteiligung nicht oder nicht mehr wesentlich ist, ist durch Auslegung zu ermitteln. Für den Bereich der Publikums-AIF wurde dieser unbestimmte Rechtsbegriff durch Art. 2 Abs. 2 Satz 2 KAVerOV konkretisiert. Danach ist eine wesentliche Benachteiligung insbesondere dann einschlägig, „*wenn die Anleger in Bezug auf die Gewinn- oder Verlustbeteiligung am Investmentvermögen ungleich behandelt werden*“. Für die gesellschaftsvertragliche Vereinbarung einer disquotalen Ergebnisverwendung verbleibt somit zumindest im Bereich der Publikums-AIF kein Raum mehr. Zu fragen ist, ob dies auch für entsprechende Vereinbarungen gilt, die im Gesellschafts-

598 Vgl. Art. 23 Abs. 2 der Delegierten Verordnung (EU) Nr. 231/2013 der Kommission vom 19. Dezember 2012.

vertrag eines Spezial-AIF getroffen werden. Vom Wortlaut von § 2 Abs. 2 Satz 2 KAVerOV wird lediglich auf Publikums-AIF referiert, nicht aber auf Spezial-AIF. Allerdings ist dabei zu berücksichtigen, dass die in § 26 Abs. 8 Satz 1 KAGB enthaltene Verordnungsermächtigung lediglich auf Publikums-AIF Bezug nimmt und damit dem Verordnungsgeber die Möglichkeit verwehrte, Entsprechendes für Spezial-AIF zu regeln. Allerdings ist zu berücksichtigen, welcher Zweck hinter der Anlage in Investmentvermögen steht. Die Grundidee von Fonds besteht primär darin, dass Anleger Geld zum Zwecke des gemeinsamen Anlegens zur Verfügung stellen, um hieraus eine angemessene Rendite zu erwirtschaften. Der Anlagezweck ist folglich in erster Linie die Vermögensmehrung. Da das primäre Anlegerinteresse im Erwirtschaften eines Ertrags liegt, ist hieraus zu folgern, dass auch auf Ebene der Spezial-AIF eine disquotale Ergebnisverwendung zugunsten bestimmter Anleger zeitgleich zu einer wesentlichen Benachteiligung der übrigen Anleger führt.

Folglich ist zu sagen, dass der Grundsatz der fairen Behandlung der Anleger die personengesellschaftsrechtlichen Vorschriften über das Beteiligungsverhältnis und die Ergebnisverteilung grundsätzlich einschränken kann, und zwar insbesondere dann, wenn durch gesellschaftsrechtliche Gestaltung vom gesetzlichen Leitbild des Entnahmerechts abgewichen wird. Dies ist allerdings stets eine Frage des Einzelfalls und muss für einen solchen entsprechend bewertet werden. Allerdings ist davon auszugehen, dass disquotale Ergebnisverteilung regelmäßig dem Grundsatz der fairen Anlegerbehandlung entgegensteht.

2.2. Die Beteiligung der Gesellschafter an einer intern verwalteten Inv-KG

2.2.1. Allgemeines

Bei der Untersuchung, wie die Gesellschafter einer intern verwalteten Inv-KG beteiligt sind, ist wiederum auf § 131 und § 156 KAGB sowie § 136 KAGB einzugehen. Die genannten investmentrechtlichen Vorschriften unterscheiden diesbezüglich nicht zwischen der internen und externen Verwaltung, sondern lediglich danach, ob die Inv-KG als offene oder geschlossene Gesellschaft ausgestaltet wird. Demnach sind die beiden Arten der Inv-KG – d. h. intern und extern verwaltete

Inv-KG – insoweit gleich zu behandeln. Folglich sind die Vorschriften des HGB diesbezüglich auch auf die intern verwaltete Inv-KG anzuwenden; es kann auf das Gesagte zur extern verwalteten Inv-KG verwiesen werden.[599] Dementsprechend richten sich die Erfassung der Gesellschaftsanteile und die Zuweisung des Jahresergebnisses an die Gesellschafter nach den Vorschriften des HGB. Ebenso gelten auch hier die Bedenken, wenn gesellschaftsvertraglich disquotale Ergebnisverwendungen vereinbart werden.

2.2.2. Besonderheiten aufgrund der Bildung von Betriebsanlagevermögen und Kommanditanlagevermögen

2.2.2.1. Besonderheiten aufgrund der Bildung von Betriebsanlagevermögen

Zunächst ist auf die Zuordnung des Betriebsanlagevermögens einzugehen. Entsprechende Regelungen hierüber finden sich für die offene Inv-KG in § 131 Abs. 1 Satz 2 KAGB und für die geschlossene Inv-KG in § 156 Abs. 1 Satz 2 KAGB. Hieraus ergibt sich, dass das Betriebsvermögen *„rechnerisch bei den Kapitalanteilen der geschäftsführenden Gesellschafter zu erfassen ist*“. Auf diese Weise wird das Betriebsvermögen rechnerisch vom Kommanditanlagevermögen abgegrenzt.[600] Damit ist das Betriebsvermögen per Gesetz bei den Komplementären und, soweit vorhanden, bei den geschäftsführenden Kommanditisten zu erfassen. Dementsprechend hält das KAGB eine eindeutige Regelung diesbezüglich parat. Weitergehende Regelungen finden sich nicht, sodass es im Übrigen in Ermangelung weiterer Regelungen bei der Anwendung der Vorschriften des HGB bleibt.

2.2.2.2. Besonderheiten aufgrund der Bildung von Kommanditanlagevermögen

Im Anschluss daran ist zu klären, wie die Beteiligung der Kommanditisten einer intern verwalteten Inv-KG rechnerisch zu erfassen ist. Hierzu sind § 131 Abs. 2 Satz 1 KAGB und § 156 Abs. 2 Satz 1 KAGB

599 Vgl. Teil B. Kapitel V. Ziffer 2.1.2. „Anwendung der personengesellschaftsrechtlichen Vorschriften über die Beteiligung der Gesellschafter einer extern verwalteten Inv-KG“.

600 Vgl. *Wallach* in Assmann/Wallach/Zetzsche, KAGB, § 156 Rn. 28; *Paul* in Weitnauer/Boxberger/Anders, KAGB, § 156 Rn. 2.

zu untersuchen. Gemäß diesen Vorschriften wird das Kommanditanlagevermögen „*rechnerisch dem Kommanditkapital zugeordnet*". Gemeint ist damit, dass das Kommanditanlagevermögen rechnerisch bei den Anteilen der Kommanditisten zu erfassen ist.[601] Damit hält das KAGB auch hinsichtlich der rechnerischen Erfassung des Kommanditanlagevermögens eine entsprechende Regelung bereit. Auch hier bleibt es mangels weitergehender Bestimmungen im Übrigen bei der Anwendung der Vorschriften nach dem HGB.

Fraglich ist allerdings, ob bei § 156 Abs. 2 Satz 1 KAGB in Bezug auf den genannten Gesellschafterkreis der Anwendungsbereich der Vorschrift nicht zu weit gefasst wurde und diese somit eine überschiegende Wirkung hat. Denn während für § 131 Abs. 2 Satz 1 KAGB die Anwendung auf Kommanditisten, die als Anleger an der intern verwalteten Inv-KG beteiligt sind, beschränkt ist, findet sich eine derartige Regelung nicht im Wortlaut von § 156 Abs. 2 Satz 1 KAGB wieder. Es stellt sich daher die Frage, ob auch bei § 156 Abs. 2 Satz 1 KAGB nur die als Kommanditisten beteiligten Anleger erfasst werden sollen und die Norm daher teleologisch zu reduzieren ist.

Für eine solche teleologische Reduktion spricht dabei der Sinn und Zweck, der hinter der vermögensrechtlichen Trennung des Gesellschaftsvermögens einer intern verwalteten Inv-KG in ein Betriebsvermögen und ein Kommanditanlagevermögen steht. Wie zuvor dargestellt,[602] soll das von den Anlegern eingesammelte Kapital ausschließlich und unmittelbar zur Vermögensanlage genutzt werden. Die Separierung von Betriebsvermögen und Kommanditanlagevermögen dient damit dem Schutz der Anleger, indem die Vermischung beider Vermögensarten verhindert werden soll. Vor diesem Hintergrund ist es folgerichtig, das Kommanditanlagevermögen auch nur bei den Anlegern zu erfassen und nicht auch bei den strukturgebenden Kommanditisten. Dies spricht dafür, dass bei der Ausgestaltung von § 156 Abs. 2 Satz 1 KAGB nicht hinreichend differenziert wurde und tatsächlich die Zurechnung des Kommanditanlagevermögens nur bei denjenigen

601 So auch *Wallach* in Assmann/Wallach/Zetzsche, KAGB, § 156 Rn. 48.

602 Siehe Teil B. Kapitel V. Ziffer 1.3. „Das Gesellschaftsvermögen der intern verwalteten Inv-KG".

Gesellschaftern erfolgen soll, welche als Anleger an der intern verwalteten Inv-KG beteiligt sind.[603]

Folglich ist § 156 Abs. 2 Satz 1 KAGB hinsichtlich der rechnerischen Erfassung des Kommanditanlagevermögens so zu verstehen, dass das Kommanditanlagevermögen den „*Anlegern*“ zuzuordnen ist. Insoweit ist eine teleologische Reduktion des Gesetzeswortlauts geboten.

2.3. Fazit bzgl. der Beteiligung der Gesellschafter

Die rechnerische Erfassung der Beteiligungen der Gesellschafter einer Inv-KG folgt grundsätzlich den Regelungen des HGB. Danach ist der gesetzliche Regelfall bei den Komplementären die Ausweisung ihrer Beteiligung im Rahmen eines variablen Ein-Konten-Modells, während bei den Kommanditisten ein variables Zwei-Konten-Modell den gesetzlichen Standard darstellt. Gesellschaftsvertraglich können abweichende Regelungen diesbezüglich getroffen werden, was in der Praxis ratsam und auch gängiger Standard ist.

Für die extern verwalteten Inv-KG gibt es insoweit keine weiteren Besonderheiten; es bleibt daher bei den Grundsätzen nach dem HGB. Bei der intern verwalteten Inv-KG ergeben sich aufgrund der Bildung eines Betriebsvermögens einerseits und eines Kommanditanlagevermögens andererseits Besonderheiten. So ist das Betriebsvermögen bei den Komplementären und den geschäftsführenden Kommanditisten zu erfassen, das Kommanditanlagevermögen dagegen bei denjenigen Kommanditisten, die als Anleger an der intern verwalteten Inv-KG beteiligt sind. Für die offene intern verwaltete Inv-KG ergibt sich dies bereits aus dem Gesetz. Bei der geschlossenen intern verwalteten Inv-KG ist dagegen eine teleologische Reduktion erforderlich, um zu diesem Ergebnis zu gelangen.

Zudem ist zu berücksichtigen, dass disquotale Beteiligungsverhältnisse regelmäßig als unzulässig anzusehen sind. Hintergrund hierfür ist, dass bei der Inv-KG der Grundsatz der fairen Behandlung der Anleger zu wahren ist. Dieser würde bei disquotalen Beteiligungsverhältnissen regelmäßig verletzt.

---

603 So auch *Wallach* in Assmann/Wallach/Zetzsche, KAGB, § 131 Rn. 15; *Paul* in Weitnauer/Boxberger/Anders, KAGB, § 156 Rn. 3 f.

3. Entnahmen durch die Gesellschafter

Zuletzt soll im Rahmen der Betrachtung des Gesellschaftsvermögens auf das Recht der Gesellschafter zur Vornahme von Entnahmen eingegangen werden. Aufgrund der zuvor festgestellten Tatsache, dass sowohl die extern verwaltete Inv-KG als auch die intern verwaltete Inv-KG den personengesellschaftsrechtlichen Grundsätzen in Bezug auf die Vermögenszuordnung folgt, sollen beide Arten der Inv-KG gemeinsam betrachtet werden.

3.1. Keine eigenständigen investmentrechtlichen Regelungen über das Entnahmerecht

Zunächst ist zu prüfen, ob das KAGB eigenständige Regelungen über das Entnahmerecht kennt. Hierbei ist festzustellen, dass die §§ 124 ff. KAGB und §§ 149 ff. KAGB keine Vorschriften vorhalten, die das Entnahmerecht eigenständig regelten. Allerdings fallen bei Durchsicht der investmentrechtlichen Vorschriften über die Inv-KG im Hinblick auf das Entnahmerecht sowohl § 127 Abs. 2 Satz 1 KAGB als auch § 152 Abs. 2 Satz 1 KAGB auf. In diesen beiden Vorschriften ist niedergelegt, dass Ausschüttungen nur mit Zustimmung eines Kommanditisten vorgenommen werden dürfen, wenn der Wert von dessen Kommanditeinlage im Falle der Durchführung der Entnahme unter den Betrag der Einlage absinken würde. Wenngleich in diesen investmentrechtlichen Vorschriften – aus personengesellschaftsrechtlicher Warte – inkorrekt von „*Ausschüttung*" statt von „*Entnahme*" gesprochen wird, so wird zumindest aus diesen Vorschriften deutlich, dass das Recht der Gesellschafter zur Entnahme wenigstens im KAGB angelegt ist und das Entnahmerecht voraussetzt.

Umgekehrt ist in den investmentrechtlichen Vorschriften nicht geregelt, wie das Entnahmerecht zugunsten der Gesellschafter nach dem gesetzlichen Leitbild ausgestaltet sein soll. Insbesondere ist aus den investmentrechtlichen Vorschriften nicht erkennbar, ob die den Gesellschaftern zugewiesenen Gewinne grundsätzlich voll ausgezahlt oder voll thesauriert oder je anteilig ausgekehrt und thesauriert werden sollen. Insoweit helfen die Vorschriften des KAGB daher nicht weiter und folglich sind die personengesellschaftsrechtlichen Vorschriften subsidiär anzuwenden.

3.2. Anwendung der personengesellschaftsrechtlichen Vorschriften über das Entnahmerecht auf die Inv-KG

3.2.1. Das Entnahmerecht der Komplementäre nach dem gesetzlichen Leitbild

In Bezug auf die Entnahme wurde nach der alten Rechtslage der anteilige Jahresüberschuss eines jeden Komplementärs dessen Kapitalanteil gutgeschrieben bzw. der anteilige Jahresfehlbetrag vom Kapitalanteil abgezogen.[604] Für den Fall, dass die Gesellschaft einen Jahresüberschuss erwirtschaftete, war der Kapitalanteil eines jeden Komplementärs – quasi als Vorabdividende – mit 4 % jährlich zu verzinsen, sofern der Jahresüberschuss hierfür ausreichte.[605] Zudem wurde den Komplementären ein Entnahmerecht zugestanden, das in seiner Höhe von deren Kapitalanteil abhängig war.[606] So durfte ein Komplementär einen Betrag in Höhe von bis zu 4 % seines für das letzte Geschäftsjahr festgestellten Kapitalanteils entnehmen. Zudem hatte ein Komplementär Anspruch auf die Entnahme des übrigen ihm zugewiesenen Jahresergebnisses, soweit hierdurch nicht die Gesellschaft geschädigt wurde.

Mit dem Inkrafttreten des MoPeG wurde sowohl das Recht auf die Entnahme der Vorabdividende als auch das vom Kapitalanteil abhängige Entnahmerecht der Komplementäre ersatzlos gestrichen. Hintergrund für diese Streichung war, dass die Praxis diese Entnahmerechte als unpassend empfand und daher regelmäßig abbedang.[607] Zudem hatte die bisherige Rechtslage die personalistisch geprägte Personengesellschaft im Blick, bei der die Gesellschafter auf die Entnahme zum Zwecke der Finanzierung ihres Lebensunterhalts angewiesen waren.[608] Die Absicherung des Lebensunterhalts der Gesellschafter wird heutzutage von der Praxis aber regelmäßig über Dienst- und Anstellungsverträge sichergestellt, sodass die bisherige Rechtslage zu Recht als überholt angesehen werden konnte. Nach dem neuen gesetzlichen Leitbild haben die Komplementäre nun Anspruch auf die vollständige

604 Vgl. § 120 Abs. 2 HGB a. F.
605 Vgl. § 161 Abs. 2 HGB i. V. m. § 121 Abs. 1 HGB.
606 Vgl. § 122 Abs. 1 HGB a. F.
607 Vgl. BT-Drs. 19/27635, Seite 239, zu § 120 (Ermittlung von Gewinn- und Verlustanteilen, zu Absatz 2.
608 Vgl. BT-Drs. 19/27635, Seite 240, zu § 122 (Gewinnauszahlung).

Entnahme des ihnen zugewiesenen Jahresgewinns.[609] Das Recht zur Entnahme der Komplementäre wird nur dann suspendiert, soweit die Entnahme „*zum offenbaren Schaden der Gesellschaft gereicht oder der Gesellschafter seinen vereinbarten Betrag trotz Fälligkeit nicht geleistet hat*".

3.2.2. Das Entnahmerecht der Kommanditisten nach dem gesetzlichen Leitbild

Nach der bisherigen Rechtslage war auch beim Entnahmerecht zugunsten der Kommanditisten zwischen der Entnahme einer Vorabdividende und der Gewinnentnahme zu unterscheiden. Das Recht auf Entnahme der Vorabdividende folgte dabei § 121 HGB a. F.[610] Somit stand auch den Kommanditisten eine Vorabdividende in Höhe von 4 % ihres Kommanditanteils zu, sofern der Jahresüberschuss hierfür ausreichte.[611] Für den Fall, dass der Jahresüberschuss diesbezüglich nicht ausreichte, war die Zuweisung des Jahresüberschusses entsprechend zu mindern.[612] Ein Mehrgewinn war dagegen den Kommanditisten in einem angemessenen Verhältnis zuzuweisen.[613] Zudem wurde den Kommanditisten – in Abweichung von den Komplementären – kein gewinnunabhängiges Entnahmerecht in Höhe von 4 % zugestanden. Diese hatten nur Anspruch auf den ihnen zugewiesenen Gewinnanteil.[614] Allerdings bestand dieses Entnahmerecht dann nicht, wenn der Kapitalanteil eines Kommanditisten durch Verlust unter den Betrag von dessen Einlage abgesunken war und im Falle einer Entnahme unter den Betrag der Einlage abgesunken wäre.[615]

Nachdem das Recht auf die Entnahme einer Vorabdividende für die Komplementäre gestrichen worden ist, entfällt diese konsequenterweise auch für die Kommanditisten, indem § 168 HGB a. F. ersatzlos aufgehoben worden ist. Im Hinblick auf die Entnahme von Gewinnbeteiligungen wurde im Zuge des MoPeG sowohl § 169 Abs. 1 Satz 1 HGB a. F. als auch § 169 Abs. 1 Satz 2 Hs. 1 HGB a. F. gestri-

609 Vgl. § 122 Satz 1 HGB.
610 Vgl. § 168 Abs. 1 HGB a. F.
611 Vgl. § 167 Abs. 1 HGB a. F. i. V. m. § 121 Abs. 1 Satz 1 HGB a. F.
612 Vgl. § 167 Abs. 1 HGB a. F. i. V. m. § 121 Abs. 1 Satz 2 HGB a. F.
613 Vgl. § 168 Abs. 2 HGB a. F.
614 Vgl. § 169 Abs. 1 Satz 2 1. HS HGB a. F.
615 Vgl. § 169 Abs. 1 Satz 2 2. HS HGB a. F.

chen. Während die erstere Aufhebung aufgrund der Neufassung von § 122 HGB unter Wegfall von dessen bisherigem Wortlaut konsequent ist, erscheint die Streichung von § 169 Abs. 1 Satz 2 Hs. 1 HGB a.F. wohl auf einem Fehler des Gesetzgebers zu beruhen. Denn mit der Aufhebung von § 169 Abs. 1 Satz 2 Hs. 1 HGB a.F. ist das Entnahmerecht der Kommanditisten hinsichtlich ihres Gewinnanteils nicht mehr selbstständig geregelt. In Ermangelung eigener Vorschriften führt dies über § 161 Abs. 2 HGB zur Anwendung von § 122 HGB. Damit dürften nach neuer Rechtslage die Kommanditisten ihren gesamten Jahresgewinn entnehmen, soweit die Entnahmen nicht zu einem offenbaren Schaden bei der Gesellschaft führen oder der jeweilige Kommanditist seine fällige Einlage noch nicht geleistet hat[616] oder der Kapitalanteil des Kommanditisten unter den Betrag seiner Einlage abgemindert ist oder würde.[617] Ausweislich der Gesetzesbegründung zu § 169 HGB sollen Kommanditisten aber auch dann ihren Anspruch auf die Entnahme ihres Gewinnes geltend machen können, wenn sie ihre Einlageschuld noch nicht beglichen haben.[618] Diese Gesetzesbegründung steht damit im Widerspruch zu § 122 Satz 2 HGB, der eigentlich zur Anwendung gelangen würde und die Entnahme in einem solchen Falle untersagt.

Lösen lässt sich dieser Widerspruch durch eine teleologische Reduktion von § 122 Satz 2 HGB in Bezug auf die Kommanditisten, indem § 122 Satz 2 Var. 2 HGB nicht auf das Entnahmerecht der Kommanditisten angewendet wird. Wie gesehen, ist nach der Änderung von § 169 HGB durch das MoPeG § 122 Satz 2 HGB vollumfänglich auf das Entnahmerecht der Kommanditisten anzuwenden. Damit wäre die Entnahme durch Kommanditisten entgegen dem gesetzgeberischen Willen dann ausgeschlossen, wenn sie ihre fällige Einlage nicht geleistet haben. Aufgrund der klar formulierten Gesetzesbegründung zu § 169 Abs. 1 HGB drängt sich der Schluss regelrecht auf, dass der Gesetzgeber diesen Fall gerade nicht regeln wollte und § 122 Satz 2 HGB somit überschießende Wirkung hat. Folglich sind die Voraussetzungen für eine teleologische Reduktion vorliegend gegeben.

616 Vgl. § 122 Satz 2 HGB.
617 Vgl. § 169 Abs. 1 HGB.
618 Vgl. BT-Drs. 19/27635, Seite 255, zu Nummer 9 (§ 169 Absatz 1).

3.2.3. Abweichende Regelungen im Gesellschaftsvertrag

Die personengesellschaftsrechtlichen Vorschriften über das Entnahmerecht sind disponibel, sodass die Gesellschafter durch gesellschaftsrechtliche Vereinbarungen vom gesetzlichen Leitbild abweichen können. Dies ergibt sich unmittelbar aus § 108 HGB,[619] der die Vorschriften über das Rechtsverhältnis der Gesellschafter untereinander und der Gesellschafter zur Gesellschaft ausdrücklich für abdingbar erklärt.

In der Praxis sind gesonderte und vom gesetzlich vorgesehenen Regelfall abweichende Vereinbarungen dabei die Regel. So ist es gerade im Bereich der geschlossenen Fonds gang und gäbe, dass nicht der Jahresgewinn an die Gesellschafter ausgezahlt wird – gerade in den ersten Jahren erzielen geschlossene Fonds in aller Regel noch keine Jahresüberschüsse –, sondern ein festgelegter Prozentsatz der vom Gesellschafter geleisteten Einlage. Auch finden sich regelmäßig in den Gesellschaftsverträgen Regelungen darüber, unter welchen Voraussetzungen keine Entnahmen durch die Gesellschafter möglich sein sollen, auch wenn ein Jahresüberschuss erzielt wird.

Die Grenzen der Gestaltungsfreiheit finden sich in den allgemeingültigen zivilrechtlichen Beschränkungen.

3.3. Einschränkung der personengesellschaftsrechtlichen Vorschriften aufgrund aufsichtsrechtlicher Besonderheiten

Wie zuvor gesehen gelten die personengesellschaftsrechtlichen Vorschriften über das Entnahmerecht auch für die Gesellschafter einer Inv-KG. Allerdings könnten aufsichtsrechtliche Besonderheiten zu einer Beschränkung dieser personengesellschaftsrechtlichen Vorschriften über das Entnahmerecht führen. Dies gilt zumindest dann, wenn aufgrund gesellschaftsvertraglicher Vereinbarungen vom gesetzlichen Leitbild abgewichen werden soll.

Unproblematisch sind dabei diejenigen Fälle, in denen zwar von personengesellschaftsrechtlichen Vorschriften über das Entnahmerecht abgewichen wird, diese gesellschaftsvertraglich festgelegte Abweichung sich aber auf alle Gesellschafter erstreckt. So kann beispiels-

619 Nach alter Rechtslage: § 109 HGB a. F.

weise die Inv-KG vollständig als thesaurierender Fonds[620] ausgestaltet werden oder der Gesellschaftsvertrag eine jährliche Entnahme an alle Gesellschafter zulassen, die sich prozentual am Kapitalanteil eines jeden Gesellschafters orientiert.[621] Kritisch könnten dagegen solche gesellschaftsvertraglichen Vereinbarungen sein, nach denen der Gesellschaftsvertrag bestimmte Gesellschafter in Bezug auf das Entnahmerecht begünstigt. Entsprechende Beschränkungen könnten sich in diesem Fall wiederum aus dem Grundsatz der fairen Behandlung sämtlicher Anleger gemäß § 26 Abs. 2 Nr. 6 und Abs. 3 KAGB ergeben. Auch hier stellt sich daher die Frage, ob ein Abweichen vom gesetzlich vorgesehenen Entnahmeregime zulässig ist oder nicht. Wie erwähnt kann eine gesellschaftsvertragliche Regelung dann bestimmte Anleger begünstigen, wenn hierdurch die übrigen Anleger nicht wesentlich benachteiligt werden.

Ob ein unterschiedlich geregeltes Entnahmerecht eine wesentliche Benachteiligung für die übrigen Anleger darstellen kann, ist durch Auslegung zu ermitteln. Der § 2 Abs. 2 Satz 2 KAVerOV hilft hier auf den ersten Blick nicht weiter, da die Vorschrift lediglich die unterschiedliche Ausgestaltung der Gewinn- und Verlustbeteiligung als Regelbeispiel dafür nennt, wann eine wesentliche Benachteiligung vorliegt. Auf den zweiten Blick kann aber zumindest die in § 2 Abs. 2 Satz 2 KAVerOV geregelte Wesentlichkeitsschwelle zu Auslegungszwecken herangezogen werden. So ist die unterschiedliche Ergebniszuweisung für Gesellschafter als sehr starker Eingriff zu werten, was der Grund dafür gewesen sein dürfte, dass er beispielhaft in § 2 Abs. 2 Satz 2 KAVerOV aufgenommen wurde. Da die Ergebnisverteilung im Zeitpunkt der Entnahme nachgelagert ist, ist die unterschiedliche Regelung des Entnahmerechts nicht als so schwerwiegend zu betrachten wie die disquotale Ergebnisverwendung. Dementsprechend ist es vertretbar, in einem unterschiedlich ausgestalteten Entnahmerecht grundsätzlich keine wesentliche Benachteiligung zu sehen. Etwas anderes muss aber dann gelten, wenn bestimmten Gesellschaftern Entnahmen von ihren Gesellschafterkonten generell unverhältnismäßig erschwert oder gar

---

620 Das heißt, der Fonds lässt über die gesamte Laufzeit keine Entnahmen zu, sondern kehrt die Liquidität erst am Ende der Laufzeit an die Gesellschafter aus.
621 Dies dürfte in der Praxis der Regelfall sein.

unmöglich gemacht werden, während anderen Gesellschaftern regelmäßig die Entnahme ermöglicht wird.

Dementsprechend ist zu konstatieren, dass eine unterschiedliche Regelung des Entnahmerechts nicht zwingend eine wesentliche Benachteiligung darstellt. Abweichendes gilt allerdings dann, wenn Gesellschaftern umfassend das Entnahmerecht beschnitten wird. Folglich ist im Hinblick auf das Entnahmerecht eine Einzelfallbetrachtung erforderlich, ob die gesellschaftsvertraglich getroffene Regelung über das Entnahmerecht eine wesentliche Benachteiligung für bestimmte Gesellschafter darstellt oder nicht.

3.4. Fazit bzgl. des Entnahmerechts

Das Entnahmerecht der Gesellschafter einer Inv-KG ist nicht eigenständig im Gesetz geregelt. Dementsprechend ist insoweit auf die personengesellschaftsrechtlichen Vorschriften über die Entnahme zurückzugreifen, sofern der Gesellschaftsvertrag einer Inv-KG keine abweichenden Regelungen über das Entnahmerecht enthält. Nach neuer Rechtslage haben die Gesellschafter damit Anspruch auf die volle Entnahme des Jahresgewinns. Das Recht auf die Entnahme einer Vorabdividende, wie sie nach altem Recht bekannt war, steht den Gesellschaftern dagegen nicht mehr zu.

Während bei den Komplementären sich aus dem Gesetz ergibt, wann deren Entnahmerecht ausgeschlossen ist, ist dies in Bezug auf die Kommanditisten nicht eindeutig geregelt. Denn diesbezüglich sind die derzeitige Rechtslage einerseits und die Gesetzesbegründung zu § 169 HGB andererseits konträr und widersprüchlich. Eine adäquate Lösung dieses Widerspruchs kann dadurch erreicht werden, dass § 122 Satz 2 HGB für die Kommanditisten teleologisch reduziert und dessen zweite Variante nicht angewendet wird. Im Hinblick auf das Entnahmerecht der Kommanditisten in Bezug auf die Gewinnanteile wäre aber eine Klarstellung im Gesetz wünschenswert, ob uneingeschränkt § 122 HGB zur Anwendung gelangen soll oder ob es bei der bisherigen Rechtslage – d. h. der Anwendung von § 169 Abs. 1 Satz 2 Hs. 1 HGB a. F. – bleiben soll. Im letzteren Falle wäre § 169 Abs. 1 Satz 2 Hs. 1 HGB a. F. wieder ins Gesetz einzufügen.

Das Entnahmerecht kann durch gesellschaftsvertragliche Vereinbarung abweichend vom gesetzlich vorgesehenen Regelfall ausgestaltet werden. Diesbezüglich bestehen keine Bedenken, wenn die im Gesellschaftsvertrag getroffene Regelung eine Gleichbehandlung aller Gesellschafter gewährleistet. Wird dagegen das Entnahmerecht zugunsten bestimmter Anleger formuliert, muss sich die gesellschaftsvertragliche Regelung am Grundsatz der fairen Anlegerbehandlung messen lassen. Dieser ist dann verletzt, wenn die Entnahmeregelung die übrigen Gesellschafter wesentlich benachteiligt. Ob die jeweils vereinbarte Entnahmevorschrift eine wesentliche Benachteiligung der übrigen Gesellschafter darstellt, ist dabei eine Frage des jeweiligen Einzelfalls.

VI. Die Geschäftsführung

Nachfolgend soll die Geschäftsführung bei einer Inv-KG untersucht werden. Dabei wird zuerst darauf eingegangen, ob der Grundsatz der Verbandssouveränität und der Grundsatz der Selbstverwaltung gilt oder ob für die Inv-KG Ausnahmen hiervon zugelassen werden. Im Anschluss daran wird der Frage nachgegangen, welcher Personenkreis tatsächlich berechtigt ist, die Geschäftsführung zu übernehmen, und welche persönlichen und fachlichen Anforderungen dieser Personenkreis zu erfüllen hat. Zuletzt wird auf die Reichweite und den Umfang der Geschäftsführungsbefugnis bei der Inv-KG eingegangen.

1. Anwendbarkeit des Grundsatzes der Verbandssouveränität auf die Inv-KG

Zuerst soll die Anwendbarkeit des Grundsatzes der Verbandssouveränität auf die Inv-KG geklärt werden. Zu klären ist, ob auch für die Inv-KG dieser Grundsatz Anwendung findet oder ob er aufgrund investmentrechtlicher Besonderheiten modifiziert oder gar gänzlich verdrängt wird. Hierbei soll eine separate Betrachtung zwischen der intern verwalteten Inv-KG und der extern verwalteten Inv-KG vorgenommen werden. Relevanz kann diese Untersuchung vorrangig bei der extern verwalteten Inv-KG erfahren, da insoweit die Verwaltung des eingesammelten Kapitals durch eine externe KVG übernommen und somit gerade nicht von der Inv-KG selbst erbracht wird

1.1. Anwendbarkeit des Grundsatzes der Verbandssouveränität auf die intern verwaltete Inv-KG

Zunächst soll auf die Anwendbarkeit des Grundsatzes der Verbandssouveränität auf die intern verwaltete Inv-KG eingegangen werden.

1.1.1. Grundsätzliche Anwendung des allgemeingültigen gesellschaftsrechtlichen Grundsatzes der Verbandssouveränität auf die intern verwaltete Inv-KG

Der gesellschaftsrechtliche Grundsatz der Verbandssouveränität hat keine eigenständige gesetzliche Regelung erfahren. Es handelt sich vielmehr um einen ungeschriebenen gesellschaftsrechtlichen Grundsatz, der allgemein anerkannt ist und unabhängig von der jeweiligen Rechtsform Gültigkeit hat.[622] Über den Grundsatz der Verbandssouveränität soll sichergestellt werden, dass eine Gesellschaft keiner zu starken Einflussnahme durch Dritte ausgesetzt ist. Er hat insbesondere den Schutz der Gesellschafter im Blick.[623]

Der Grundsatz der Verbandssouveränität sagt aus, dass die Gesellschafter über die Geschicke der Gesellschaft selbst zu entscheiden haben. Das bedingt, dass die Gesellschafter über die wesentlichen Fragen ihrer Gesellschaft selbst bestimmen müssen und dürfen. Folglich dient der Grundsatz der Verbandssouveränität dem Schutz gegen Einwirkungen Dritter auf die Geschäftsgrundlagen einer Gesellschaft.[624] Übergeordnet gibt dieser Grundsatz daher vor, dass ausschließlich die Gesellschafter für die Festlegung der Unternehmensziele und der Überwachung von deren Umsetzung verantwortlich sind. Zwar schließt der Grundsatz der Verbandssouveränität die Mitwirkung Dritter bei Fragen und Entscheidungen über die Grundlagen der Gesellschaft nicht umfänglich aus, allerdings dürfen die Gesellschafter die Letztentscheidung über diese Fragen nicht Dritten überlassen. Mit diesem Grundsatz sollen folglich die Gesellschafter einer Gesellschaft vor ihrer Selbstentmündung geschützt werden.[625] Dritten dürfen daher keine Mitwirkungs- und Zustimmungsrechte eingeräumt werden, welche diese Kompetenz der Gesellschafter überlagern.[626]

Vor dem Hintergrund der vorstehenden Ausführungen steht insbesondere die Entscheidung über die Änderung des Gesellschaftsvertrags einer Gesellschaft deren Gesellschaftern zu.[627] Der Grundsatz der Verbandssouveränität ist jedoch nicht auf die Änderung von Gesellschaftsverträgen beschränkt, sondern gilt generell für die Entscheidungen über die Grundlagengeschäfte einer Personengesellschaft.[628] Der Begriff der Grundlagengeschäfte umfasst zum einen Rechts-

622 Vgl. *Enzinger* in MüKo/HGB, § 109 Rn. 15; *Schäfer* in Staub, HGB, § 108 Rn. 27 m. w. N.

623 Vgl. *Enzinger* in MüKo/HGB, § 109 Rn. 15.

624 Vgl. *Lieder* in Oetker, HGB, § 108 Rn. 28.

625 *Lieder* in Oetker, HGB, § 109 Rn. 24; *Schäfer* in Staub, HGB, § 109 Rn. 24.

626 *Schäfer* in Staub, HGB, § 108 Rn. 28.

627 Vgl. *Enzinger* in MüKo/HGB, § 109 Rn. 16.

628 Vgl. *Enzinger* in MüKo/HGB, § 109 Rn. 16.

verhältnisse der Gesellschafter untereinander und zum anderen diejenigen Geschäfte, welche die Zusammensetzung und die Organisation der Gesellschaft betreffen.[629] Außerdem werden vom Begriff der Grundlagengeschäfte auch Organisationsgeschäfte erfasst, sofern Dritten diesbezüglich unentziehbare Mitwirkungsrechte eingeräumt werden sollen.[630]

Als Grundlagengeschäfte einer handelsrechtlichen Kommanditgesellschaft im zuvor dargestellten Sinne gelten – neben der Änderung des Gesellschaftsvertrags – insbesondere der Abschluss von Unternehmensverträgen im Sinne der §§ 293 ff. AktG,[631] die Aufnahme neuer Gesellschafter,[632] der Ausschluss von Gesellschaftern[633] und die Auflösung der Gesellschaft[634] sowie – als Organisationsgeschäfte – die Entlastung der geschäftsführenden Gesellschafter, die Wahl der Abschlussprüfer[635] und die Feststellung des Jahresabschlusses.[636] Die soeben vorgenommene Aufzählung ist dabei nicht abschließend. Ob ein konkretes Geschäft als Grundlagengeschäft anzusehen ist, hängt vielmehr davon ab, ob es das Verhältnis der Gesellschafter untereinander betrifft.[637]

Aus dem gemäß § 124 Abs. 1 Satz 2 KAGB und § 149 Abs. 1 Satz 2 KAGB abzuleitenden Grundsatz, wonach die gesellschaftsrechtlichen Vorschriften dann gelten, soweit sich aus den investmentrechtlichen Vorschriften über die Inv-KG nichts Abweichendes ergibt, ist zunächst die Anwendbarkeit des Grundsatzes der Verbandssouveränität auf die Inv-KG abzuleiten. Zwar beschränken sich § 124 Abs. 1 Satz 2 KAGB und § 149 Abs. 1 Satz 2 KAGB nach ihrem Wortlaut auf die Anwendbarkeit der Bestimmungen des HGB. Unter Berücksichtigung der Erwägungen des Gesetzgebers, wonach Abweichungen von den

629 Vgl. *Drescher* in Ebenroth/Boujong/Joost/Strohn, HGB, § 114 Rn. 6.
630 Vgl. *Enzinger* in MüKo/HGB, § 109 Rn. 18; *Drescher* in Ebenroth/Boujong/Joost/Strohn, HGB, § 114 Rn. 6.
631 Vgl. *Roth* in Hopt, HGB, § 124 Rn. 29.
632 Vgl. *BGH*, Urteil vom 06.02.1958 – II ZR 210/56.
633 Vgl. *Roth* in Hopt, HGB, § 124 Rn. 29.
634 Vgl. *Roth* in Hopt, HGB, § 116 Rn. 3.
635 Vgl. *BGH*, Urteil vom 24.03.1980 – II ZR 88/79 = NJW 1980, 1689.
636 Vgl. *BGH*, Urteil vom 29.03.1996 – II ZR 263/94 = NJW 1996, 1678 (1679); *BGH*, Urteil vom 15.01.2007 – II ZR 245/05 = NJW 2007, 1685 (1686 f.).
637 Vgl. *Jickeli* in MüKo/HGB, § 116 Rn. 7.

gesellschaftsrechtlichen Vorschriften nur aufgrund der investmentrechtlichen Besonderheiten beabsichtigt sind,[638] sind in diese Verweisungen auch die ungeschriebenen gesellschaftsrechtlichen Grundsätze einzubeziehen. Ob sich aus den investmentrechtlichen Vorschriften über die Inv-KG Besonderheiten ergeben, die eine Abweichung vom Grundsatz der Verbandssouveränität vorgeben oder erforderlich machen, wird nachfolgend untersucht.

1.1.2. Keine ausdrücklichen investmentrechtlichen Regelungen über den Grundsatz der Verbandssouveränität

Zu klären ist, ob durch die investmentrechtlichen Vorschriften über die intern verwaltete Inv-KG Regelungen getroffen werden, die eine Abweichung des zuvor dargestellten Grundsatzes der Verbandssouveränität darstellen. In diesem Zusammenhang ist auch das Wesensmerkmal der intern verwalteten Inv-KG zu berücksichtigen, die sich dadurch auszeichnet, dass sie gerade selbst über eine Erlaubnis als KVG verfügt. In dieser Eigenschaft als interne KVG überlässt sie nicht einer extern verwalteten KVG die Anlage und Verwaltung ihres Kommanditanlagevermögens, sondern sie übernimmt die Aufgaben selbst.

Hierfür ist eine Beurteilung der §§ 124 ff. KAGB bzw. §§ 149 ff. KAGB dahingehend erforderlich, ob über diese investmentrechtlichen Vorschriften eine Kompetenzverlagerung über grundlegende Geschäfte der intern verwalteten Inv-KG stattfindet, welche von der gesellschaftsrechtlich vorgesehenen Kompetenzverteilung des HGB abweicht. Hierfür bedürfte es einer gesetzlichen Verlagerung von Kompetenzen, die aufgrund der Berührung von Grundlagen der Gesellschaft gerade den Gesellschaftern zustehen, hin zu den geschäftsführenden Gesellschaftern oder dem Beirat oder externen Dritten. Eine solche Kompetenzverlagerung weg von den Gesellschaftern lässt sich den §§ 124 ff. KAGB bzw. §§ 149 ff. KAGB aber grundsätzlich nicht entnehmen.

---

638 Vgl. BT-Drs. 17/12294, Seite 241, Zu § 124 (Rechtsform, anwendbare Vorschriften), Zu Absatz 1 und Seite 249, Zu § 149 (Rechtsform, anwendbare Vorschriften), Zu Absatz 1.

Eine aufsichtsrechtliche Kompetenzverlagerung kann allenfalls für die intern verwaltete geschlossene Inv-KG, die als Vehikel für ein Publikumsinvestmentvermögen dient, im gesetzlich vorgeschriebenen Beirat gesehen werden (vgl. § 153 Abs. 3 Satz 1 KAGB). Hierdurch wird die Überwachung der geschäftsführenden Gesellschafter durch den Beirat angeordnet. Hierin könnte eine Kompetenzverlagerung weg von der Gesellschafterversammlung und hin zum Beirat gesehen werden. Hierzu ist auszuführen, dass bei der handelsrechtlichen Kommanditgesellschaft die Einrichtung eines fakultativen Beirats generell als zulässig angesehen wird.[639] Eine Kompetenzverlagerung von den Gesellschaftern bzw. der Gesellschafterversammlung hin zum Beirat wird dabei in den Grenzen des Grundsatzes der Verbandssouveränität als zulässig erachtet.[640] Als unproblematisch gilt hierbei die Übertragung von Kontrollbefugnissen auf den Beirat.[641] In einem „Erst-Recht-Schluss" ist daher die Wahrnehmung von Kontrollbefugnissen, die bereits für einen fakultativen Beirat als rechtlich unbedenklich beurteilt werden, durch den obligatorischen Beirat gemäß § 153 Abs. 3 Satz 1 KAGB als unkritisch anzusehen.

Folglich ist zu sagen, dass es für die intern verwaltete Inv-KG keine ausdrücklichen investmentrechtlichen Vorschriften finden lassen, welche die Kompetenzverteilung über die grundlegenden Geschicke der intern verwalteten Inv-KG abweichend von den gesellschaftsrechtlichen Vorschriften regeln.

1.1.3. Keine Abweichung vom Grundsatz der Verbandssouveränität aufgrund aufsichtsrechtlicher Besonderheiten

Abschließend ist zu untersuchen, ob bei der intern verwalteten Inv-KG aufgrund aufsichtsrechtlicher Besonderheiten Abweichungen vom Grundsatz der Verbandssouveränität geboten sind. Das könnte dann der Fall sein, wenn der Grundsatz der Verbandssouveränität einen anderen Zweck verfolgt als die Vorschriften des KAGB und diese nicht in Übereinstimmung gebracht werden können.

---

639 Vgl. *BGH*, Urteil vom 23.10.1967 – II ZR 164/55.
640 Vgl. *Schäfer* in Staub, HGB, § 108 Rn. 49.
641 Vgl. *Schäfer* in Staub, HGB, § 108 Rn. 50; *Oetker* in Oetker, § 161 Rn. 54.

Im Hinblick auf diese Ziele ist zu sagen, dass der Grundsatz der Verbandssouveränität die Gesellschafter vor Selbstentmündigung schützen möchte, während die investmentrechtlichen Vorschriften über die Inv-KG vorrangig den Anlegerschutz im Blick haben. In Bezug auf die intern verwaltete Inv-KG ergeben sich hinsichtlich des Grundsatzes der Verbandssouveränität keine Besonderheiten. Da die Inv-KG selbst als KVG zugelassen ist, werden die Anlage- und Verwaltungsentscheidungen durch die geschäftsführenden Gesellschafter getroffen. Die Grundlagen der Inv-KG verbleibt deren Kompetenz bei den Gesellschaftern, sodass insoweit die gesellschaftsrechtlichen Überlegungen zum Grundsatz der Verbandssouveränität auch hier gelten.

Der Anwendung des Grundsatzes der Verbandssouveränität auf die intern verwaltete Inv-KG nach dem gesellschaftsrechtlichen Verständnis stehen auch keine aufsichtsrechtlichen Erwägungen entgegen, insbesondere nicht aufgrund des Anlegerschutzes. Vielmehr ist festzuhalten, dass dem Anlegerschutz gerade nicht gedient wäre, wenn der Grundsatz der Verbandssouveränität aufgeweicht würde und externe Dritte Einfluss auf die Grundlagen der intern verwalteten Inv-KG nehmen könnten. Die Verhinderung einer Kompetenzverlagerung zugunsten externer Dritter ist daher auch im Interesse des Anlegerschutzes, sodass auch aus aufsichtsrechtlichen Aspekten der Grundsatz der Verbandssouveränität für die intern verwaltete Inv-KG beizubehalten ist. Ferner ist nicht ersichtlich, dass die Aufweichung des Grundsatzes der Verbandssouveränität bei der intern verwalteten Inv-KG zur Erreichung anderer aufsichtsrechtlicher Ziele, wie das Stärken des Vertrauens in den Kapitalmarkt oder das Interesse an einer wirksamen Beaufsichtigung, dienlich sein könnte.

Folglich ist zu festzustellen, dass der Grundsatz der Verbandssouveränität diesbezüglich im Einklang mit den aufsichtsrechtlichen Vorschriften über die Inv-KG steht und es bei der intern verwalteten Inv-KG keiner Abweichung von diesem Grundsatz aufgrund aufsichtsrechtlicher Besonderheiten bedarf.

1.1.4. Fazit bzgl. intern verwaltete Inv-KG

Bei der intern verwalteten Inv-KG bleibt es bei der Anwendung des Grundsatzes der Verbandssouveränität. Da in diesem Falle die Inv-KG selbst über eine Erlaubnis als KVG verfügt, ergeben sich im Verhältnis zwischen dem Investmentvehikel und der verwaltenden KVG keine Besonderheiten. Für die intern verwaltete Inv-KG kann es daher in denjenigen Fällen zu einer Verletzung des Grundsatzes der Verbandssouveränität kommen, die bereits für das Gesellschaftsrecht herausgearbeitet wurden. Aufsichtsrechtliche Besonderheiten ergeben sich aus der Anwendbarkeit des Grundsatzes der Verbandssouveränität auf die intern verwaltete Inv-KG dagegen nicht.

1.2. Anwendbarkeit des Grundsatzes der Verbandssouveränität auf die extern verwaltete Inv-KG

Auch für die extern verwaltete Inv-KG ist zu prüfen, ob es beim Grundsatz der Verbandssouveränität verbleibt oder ob aufgrund der investmentrechtlichen Vorschriften bzw. aufgrund aufsichtsrechtlicher Besonderheiten Abweichendes gilt. Im Hinblick auf die grundsätzliche Anwendbarkeit des Grundsatzes der Verbandssouveränität ist auf die obigen Ausführungen zur intern verwalteten Inv-KG zu verweisen, da für die extern verwaltete Inv-KG insoweit dieselben Grundsätze gelten. Klärungsbedürftig ist jedoch, ob sich aus den besonderen investmentrechtlichen Regelungen über die extern verwaltete Inv-KG Abweichungen zur intern verwalteten Inv-KG ergeben.

1.2.1. Keine ausdrücklichen investmentrechtlichen Regelungen über den Grundsatz der Verbandssouveränität

Fraglich ist, ob es für die extern verwaltete Inv-KG explizite investmentrechtliche Vorschriften vorgehalten werden, die entweder den Grundsatz der Verbandssouveränität gänzlich suspendieren oder ihn zumindest einschränken bzw. zurückdrängen. Dies wäre dann der Fall, wenn es durch eine investmentrechtliche Norm zu einer Übertragung von Aufgaben einer Inv-KG kommt und diese zu übertragenden Aufgaben den Grundlagen einer Gesellschaft im gesellschaftsrechtlichen Sinne zuzurechnen sind. Eine derartige Regelung könnte § 129 Abs. 1 Satz 1 KAGB bzw. § 154 Abs. 1 Satz 1 KAGB darstellen, in welcher die Bestellung einer externen KVG durch eine Inv-KG enthalten ist.

1.2.1.1. Aufgabenübertragung bei der Bestellung einer externen KVG durch eine Inv-KG

In § 129 Abs. 1 Satz 1 KAGB bzw. § 154 Abs. 1 Satz 1 KAGB ist geregelt, dass einer Inv-KG das Recht zusteht eine externe KVG zu bestellen. Dieser KVG obliegt sodann „*insbesondere die Anlage und Verwaltung des Kommanditanlagevermögens*“ gemäß § 129 Abs. 1 Satz 2 KAGB bzw. § 154 Abs. 1 Satz 2 KAGB. Hierin könnte eine entsprechende Kompetenzverlagerung gesehen werden. Abhängig ist dies davon, welche Aufgaben zur Anlage und Verwaltung des Kommanditanlagevermögens zu rechnen sind.

Somit ist untersuchen, welche Aufgaben im Falle der Bestellung einer extern KVG von der Inv-KG auf die KVG übertragen werden (können). Abhängig ist dies davon, welche Aufgaben vom Wortlaut von § 129 Abs. 1 Satz 2 KAGB bzw. § 154 Abs. 1 Satz 2 KAGB umfasst werden und damit auf die KVG übergehen. Der Wortlaut der Normen spricht davon, dass insbesondere die Anlage und Verwaltung des Kommanditanlagevermögens auf die KVG übergehen. Allerdings wird lediglich der Begriff des Kommanditanlagevermögens in § 131 Abs. 2 KAGB bzw. § 156 Abs. 2 KAGB definiert,[642] während sich im KAGB keine Legaldefinition dazu findet, was unter „*Anlage und Verwaltung*“ zu verstehen ist. Die Normen sind insoweit auslegungsbedürftig. Hinzu kommt, dass die Übertragung von Anlage und Verwaltung des Kommanditanlagevermögens nicht abschließend die Aufgaben der übertragbaren Aufgaben auf die KVG darstellt, sondern aufgrund des verwendeten Begriffs „*insbesondere*“ auch weitere Aufgaben umfassen kann.

Bei der Auslegung ist zunächst zu berücksichtigen, dass bei einer KVG der Grundsatz der Spezialität gilt, wonach eine KVG im Rahmen ihrer Geschäftstätigkeit nur die im KAGB aufgeführten Leistungen erbringen darf.[643] In der Folge begrenzt dieser Spezialitätsgrundsatz den Umfang der übertragbaren Aufgaben im Sinne von § 129 Abs. 1 Satz 2 KAGB bzw. § 154 Abs. 1 Satz 2 KAGB. Folglich ist das Verständnis

642 In Bezug auf das Verständnis des Kommanditanlagevermögens bei der extern verwalteten Inv-KG wird auf die obigen Ausführungen zum Gesellschaftsvermögen verwiesen (Vgl. Teil B. Kapitel V. Ziffer 1.2. „Das Gesellschaftsvermögen der extern verwalteten Inv-KG“).

643 Vgl. *Winterhalter* in Weitnauer/Boxberger/Anders, KAGB, § 17 Rn. 18 f.

anhand der zulässigen Leistungen einer KVG zu konkretisieren. Eine KVG zeichnet sich gemäß § 17 Abs. 1 Satz 1 KAGB dadurch aus, dass sie Investmentvermögen verwaltet. Für das Vorliegen der Verwaltung eines Investmentvermögens wird wiederum gemäß § 17 Abs. 1 Satz 2 KAGB verlangt, dass entweder die Portfolioverwaltung oder das Risikomanagement für ein oder mehrere Investmentvermögen erbracht wird. Dies könnte zu der Annahme verleiten, dass es für die Bestellung einer externen KVG ausreichend ist, wenn lediglich eine dieser beiden Tätigkeiten – d. h. entweder die Portfolioverwaltung oder das Risikomanagement – von der Inv-KG auf die KVG übertragen wird.

Ein derartiges Verständnis greift jedoch zu kurz. Ein solches Verständnis würde außer Acht lassen, dass über § 17 Abs. 1 KAGB angeordnet wird, wann ein Unternehmen als KVG anzusehen ist und damit einer Erlaubnis nach dem KAGB bedarf. Für die Erteilung der Erlaubnis ist es dagegen erforderlich, dass die KVG sowohl die Portfolioverwaltung als auch das Risikomanagement erbringt, da andernfalls die beantragte KAGB-Erlaubnis zu versagen ist.[644] Dies steht im Einklang mit Art. 6 Abs. 5 lit. d der AIFM-Richtlinie, wonach eine KVG beide Leistungen erbringen muss. Hieraus wird von der einhelligen Literatur zutreffenderweise gefolgert, dass im Falle der Bestellung einer externen KVG beide Funktionen von der Inv-KG auf die KVG übertragen werden müssen.[645]

Während also die Portfolioverwaltung und das Risikomanagement zwingend der Anlage und Verwaltung des Kommanditanlagevermögens im Sinne § 129 Abs. 1 Satz 2 KAGB bzw. § 154 Abs. 1 Satz 2 KAGB unterfallen, ist umstritten, ob und gegebenenfalls welche Aufgaben von der Inv-KG auf die KVG übertragen werden müssen. Der Meinungsstreit entzündet sich dabei um die weiteren Aufgaben, die vom Begriff der kollektiven Vermögensverwaltung gemäß § 1 Abs. 19 Nr. 24 KAGB erfasst werden. Neben der Portfolioverwaltung und dem Risikomanagement sind dies administrative Tätigkeiten sowie der Vertrieb der Investmentanteile und Tätigkeiten im Zusammenhang mit

644 Vgl. § 23 Nr. 10 KAGB).

645 Vgl. *Klebeck/Kunschke* in Beckmann/Scholtz/Vollmer, KAGB, § 154 Rn. 24; *Wallach* in Assmann/Wallach/Zetzsche, KAGB, § 154 Rn. 25; *Schott/Lochen* in Emde/Dornseifer/Dreibus, KAGB, § 154 Rn. 8; *Hofert* in Moritz/Klebeck/Jesch, KAGB, § 154 Rn. 18; *Hüwel/Kracke* in Baur/Tappen, § 129 Rn. 38.

den Vermögensgegenständen der von der externen KVG zu verwalteten Inv-KG.[646] Einigkeit besteht noch insofern, als dass eine externe KVG die weiteren Tätigkeitsbereiche der kollektiven Vermögensverwaltung erbringen darf. Gerungen wird dagegen darum, ob diese weiteren Aufgaben der kollektiven Vermögensverwaltung ebenfalls notwendigerweise auf die KVG übergehen müssen.[647]

Die Ansicht, welche eine notwendige Übertragung der weiteren Tätigkeitsbereiche der kollektiven Vermögensverwaltung im Falle der Bestellung einer externen KVG ablehnt, begründet ihre Ansicht vor allem mit dem gesetzlich vorgesehenen Mindestumfang der zu erbringenden Tätigkeiten für die Erteilung der KAGB-Erlaubnis. So sei lediglich die Darlegung der Erbringung der Portfolioverwaltung und das Risikomanagement erforderlich, um die gewünschte KAGB-Erlaubnis beantragen zu können.[648] Dieses Verständnis ergebe sich auch aus der AIFM-Richtlinie, die davon spreche, dass eine KVG die weiteren Tätigkeitsbereiche der kollektiven Vermögensverwaltung erbringen dürfe und gerade nicht müsse.[649] Eine richtlinienkonforme Auslegung von § 129 Abs. 1 Satz 2 KAGB bzw. § 154 Abs. 1 Satz 2 KAGB ergäbe somit, dass lediglich die Portfolioverwaltung und das Risikomanagement vom Begriff der Anlage und Verwaltung des Kommanditanlagevermögens erfasst sei.[650]

Dagegen wird von der anderen Ansicht – zu dieser zählt auch die BaFin – primär der Anlegerschutz ins Feld geführt, der es gebiete, dass auch die übrigen Tätigkeitsbereiche der kollektiven Vermögensverwaltung vom Begriff der Anlage und Verwaltung des Kommanditanlagevermögens im Sinne von § 129 Abs. 1 Satz 1 KAGB bzw. § 154

646 Da eine Inv-KG nicht Investmentvehikel für einen OGAW sein kann und es sich bei einer Inv-KG daher zwingend um einen AIF handelt, bezieht sich der Begriff der kollektiven Vermögensverwaltung bei einer Inv-KG stets auf alle fünf Tätigkeitsbereiche, die in § 1 Abs. 19 Nr. 24 KAGB genannt sind.

647 Vgl. *Wallach* in Assmann/Wallach/Zetzsche, KAGB, § 154 Rn. 26; *Schott/Lochen* in Emde/Dornseifer/Dreibus, KAGB, § 154 Rn. 8.

648 Vgl. *Wallach* in Assmann/Wallach/Zetzsche, KAGB, § 154 Rn. 29; *Hofert* in Moritz/Klebeck/Jesch, KAGB, § 154 Rn. 21 ff.

649 Vgl. *Wallach* in Assmann/Wallach/Zetzsche, KAGB, § 154 Rn. 31; *Hofert* in Moritz/Klebeck/Jesch, KAGB, § 154 Rn. 22.

650 Vgl. *Wallach* in Assmann/Wallach/Zetzsche, KAGB, § 154 Rn. 32; *Hofert* in Moritz/Klebeck/Jesch, KAGB, § 154 Rn. 21 ff.

Abs. 1 Satz 1 KAGB erfasst werde.[651] Dementsprechend seien diese Tätigkeiten originäre Aufgaben einer KVG, auch wenn die KVG diese Aufgaben in Übereinstimmung mit der AIFM-Richtlinie nicht selbst erbringen müsse.[652] Zudem sei eine extern verwaltete Investmentgesellschaft im Sinne von § 1 Abs. 11 KAGB dem Wesen nach an das Sondervermögen angenähert, weswegen deren Anleger keinen operationellen Risiken ausgesetzt sein sollen, indem operative Tätigkeiten – in diesem Falle der Vertrieb, administrative Tätigkeiten oder Tätigkeiten im Zusammenhang mit den Vermögensgegenständen – bei der Investmentgesellschaft zurückbleiben.[653]

Die besseren Argumente sprechen für die zweitgenannte Auffassung. Für diese Auffassung spricht, dass auch für die Bewertung der von der Inv-KG gehaltenen Vermögensgegen- stände die Letztverantwortung bei der KVG verbleibt. Diese Anordnung der Letztverantwortung für die Bewertung ergibt sich aus § 216 Abs. 7 KAGB, wobei die Norm auf Art. 19 Abs. 10 der AIFM-Richtlinie zurückgeht. Nachdem die Tätigkeit der Bewertung in Nummer 2 lit. a lit. iii des Anhangs I der AIFM-Richtlinie den administrativen Tätigkeiten zugeordnet wird, spricht dies dafür, die Anlage und Verwaltung des Kommanditanlagevermögens nicht nur auf die Portfolioverwaltung und das Risikomanagement zu beschränken.[654] Zudem ergeben sich für die erste Ansicht dann Schwierigkeiten, wenn die Portfolioverwaltung und das Risikomanagement auf eine externe KVG übertragen wurden, ohne auch die weiteren Tätigkeiten der kollektiven Vermögensverwaltung zu übernehmen und die extern verwaltete Inv-KG nun diese Tätigkeiten auf einen Dritten übertragen möchte.[655] Im Ergebnis erfasst die Anlage und Verwaltung des Kommanditanlagevermögens nach hier vertretener Auffassung die Tätigkeiten der kollektiven Vermögensverwaltung im Sinne von § 1 Abs. 19 Nr. 24 KAGB.

651 Vgl. Hüwel/Kracke in Baur/Tappen, KAGB, § 129 Rn. 40.

652 Vgl. *BaFin*, Häufige Fragen zum Thema Auslagerung gemäß § 36 KAGB vom 10.07.2013 in der Fassung vom 15.11.2017, Ziffer 1.

653 Vgl. *BaFin*, Häufige Fragen zum Thema Auslagerung gemäß § 36 KAGB vom 10.07.2013 in der Fassung vom 15.11.2017, Ziffer 2.

654 Vgl. *Hüwel/Kracke* in Baur/Tappen, KAGB, § 129 Rn. 42; *Wallach* in Assmann/Wallach/Zetzsche, KAGB, § 154 Rn. 30, welcher hierin jedoch eine Inkonsistenz der AIFM-Richtlinie sieht und sich für eine Beschränkung auf die Portfolioverwaltung und das Risikomanagement ausspricht.

655 Vgl. *Wallach* in Assmann/Wallach/Zetzsche, KAGB, § 154 Rn. 34.

1.2.1.2. Einordnung der Anlage und Verwaltung des Kommanditanlagevermögens in den gesellschaftsrechtlichen Kontext

Die vorstehenden Ausführungen zeigen, dass mit der Bestellung einer externen KVG die Aufgaben der kollektiven Vermögensverwaltung im Sinne von § 1 Abs. 19 Nr. 24 KAGB von der Inv-KG auf die externe KVG übergehen. Hieran anschließend ist zu prüfen, ob die Übertragung dieser Aufgaben die Grundlagen einer Inv-KG berührt. Soweit die Grundlagen der extern verwalteten Inv-KG durch die Bestellung einer externen KVG tangiert würden, wäre hierin eine Einschränkung des Grundsatzes der Verbandssouveränität zu sehen.

Wie bereits zur intern verwalteten Inv-KG ausgeführt, schützt der Grundsatz der Verbandssouveränität die Gesellschafter dahingehend, als dass sie über die Grundlagen der Gesellschaft zu befinden haben. Dies umfasst bei einer Kommanditgesellschaft die Grundlagengeschäfte, insbesondere die Änderung des Gesellschaftsvertrags.[656] Zu klären ist daher, ob die Tätigkeiten der kollektiven Vermögensverwaltung im Sinne von § 1 Abs. 19 Nr. 24 KAGB als Grundlagengeschäft im gesellschaftsrechtlichen Sinne angesehen werden können. Dies ist dann zu verneinen, wenn die Aufgaben der kollektiven Vermögensverwaltung entweder den gewöhnlichen Geschäften im Sinne § 116 Abs. 2 Satz 1 Hs. 1 HGB[657] oder als ungewöhnliche Geschäfte im Sinne von § 116 Abs. 2 Satz 1 Hs. 2 HGB[658] zuzuordnen sind. Als gewöhnlich gelten dabei diejenigen Geschäfte, die bei der unternehmerischen Betätigung, wie sie von der konkreten Inv-KG betrieben wird, regelmäßig vorkommt und demnach nach Art und Umfang für die konkrete Inv-KG üblich ist.[659] Ungewöhnlich sind dagegen Geschäfte, die zwar auf die Verfolgung des Gesellschaftszwecks gerichtet sind, jedoch die Grenzen zu den gewöhnlich anfallenden Geschäften überschreiten.[660] Im Zweifel ist von einer gewöhnlichen Geschäftsmaßnahme auszugehen.[661]

656 In Bezug auf die beispielhafte Aufzählung von Grundlagengeschäften wird auf die vorstehenden Ausführungen zur intern verwalteten Inv-KG verwiesen.
657 Nach alter Rechtslage: § 116 Abs. 1 HGB a. F.
658 Nach alter Rechtslage: § 116 Abs. 2 HGB a. F.
659 Vgl. *Lieder* in Oetker, HGB, § 116 Rn. 4.
660 Vgl. *BGH*, Urteil vom 13.01.1954 – II ZR 6/53.
661 Vgl. *Jickeli* in MüKo/HGB, § 116 Rn. 10.

Dies erfordert eine Einordnung der Tätigkeitsbereiche der kollektiven Vermögensverwaltung – gemäß der in § 1 Abs. 19 Nr. 24 KAGB enthaltenen Definition bestehend aus Portfolioverwaltung, Risikomanagement, administrative Tätigkeiten, Vertrieb eigener Investmentanteile und Tätigkeiten im Zusammenhang mit den Vermögensgegenständen des AIF – in den gesellschaftsrechtlichen Kontext. Hierbei ist zu berücksichtigen, dass die Anlage und Verwaltung des Kommanditanlagevermögens schon aufgrund ihres gesetzlich vorgeschriebenen Unternehmensgegenstands einer vorab festgelegten Anlagestrategie zu folgen hat.[662] Diese Anlagestrategie ist eil der Anlagebedingungen, welche neben dem Gesellschaftsvertrag die Grundlage für die Rechtsbeziehungen zu den Anlegern bildet.[663]Da hierdurch unter anderem die zulässigen Vermögensgegenstände als auch deren zulässiger Umfang festgelegt werden, wird hierdurch der Handlungsspielraum im Hinblick auf die Anlage und Verwaltung des Kommanditanlagevermögens eingeschränkt.[664] Dies hat Auswirkungen auf die gesellschaftsrechtliche Einwertung der Tätigkeiten der kollektiven Vermögensverwaltung.

Zuvorderst ist auf die Portfolioverwaltung einzugehen, die gemeinsam mit dem Risikomanagement zu den beiden Kernaufgaben einer KVG gehört. Sie umfasst den Erwerb und die Veräußerung von Vermögensgegenständen für das Investmentvermögen sowie die Einkünfteerzielung für das Investmentvermögen (hier: für die extern verwaltete Inv-KG).[665] Als Annex zu den Erwerbsgeschäften dürfte auch die Aufnahme von Fremdmitteln einschließlich deren Besicherung zu zählen sein, die gerade der Finanzierung des Erwerbsgeschäfts dienen. Der Erwerb und die Veräußerung von Vermögensgegenständen stellt damit ein Geschäft dar, das auf die Verfolgung des Gesellschaftszwecks einer Inv-KG gerichtet ist und daher entweder als gewöhnliches Geschäft oder als ungewöhnliches Geschäft anzusehen ist, nicht

662 Vgl. § 125 Abs. 2 Satz 1 KAGB bzw. § 150 Abs. 2 Satz 1 KAGB.

663 Für die geschlossene Publikums-Inv-KG ergibt sich dies aus §§ 266 Abs. 1 Nr. 2 KAGB sowie für offene und geschlossene Spezial-Inv-KG aus § 273 Nr. 3 KAGB.

664 Vgl. *Polifke* in Weitnauer/Boxberger/Anders, KAGB, § 162 Rn. 13.

665 Vgl. *Kunschke/Bachmann* in Beckmann/Scholtz/Vollmer, KAGB, § 1 Rn. 247; *Gottschling* in Moritz/Klebeck/Jesch, KAGB, § 1 Rn. 354; *Winterhalder* in Weitnauer/Boxberger/Anders, § 17 Rn. 20.

aber als Grundlagengeschäft. Grundsätzlich sind Erwerbs- und Veräußerungsmaßnahmen als Geschäfte anzusehen, die der gewöhnliche Geschäftsbetrieb mit sich bringt und zählen daher zu den gewöhnlichen Geschäften.[666] Selbiges gilt für die Finanzierungsgeschäfte der Erwerbsvorgänge.[667] Zwar ist auch denkbar, dass einzelne Erwerbs- und Veräußerungsgeschäfte oder Finanzierungsgeschäfte auch als ungewöhnliche Geschäfte einzustufen sind, bei einer Inv-KG ist eine derartige Einordnung eher von theoretischer Natur und dürfte – sofern dies überhaupt vorkommen sollte – die absolute Ausnahme bilden. Hintergrund hierfür ist, dass in den Anlagebedingungen neben den zulässigen Vermögensgegenständen auch Anlagegrenzen sowie Techniken und Instrumente der Portfolioverwaltung aufzuführen sind.[668] Da die in den Anlagebedingungen dargestellte Anlagestrategie einer Inv-KG gerade die zulässigen Maßnahmen der Portfolioverwaltung konkretisiert und sich daher die Erwerbs- und Voräußerungsvorgänge einer Inv-KG innerhalb dieser Grenzen zu bewegen haben, werden diese Maßnahmen kaum die Grenze der gewöhnlichen Geschäfte überschreiten können. Somit gehen durch die Übertragung der Portfolioverwaltung auf die externe KVG keine Entscheidungen über die Grundlagen der Inv-KG über.

Weitere Kernaufgabe neben der Portfolioverwaltung ist das Risikomanagement zu nennen. Es handelt sich um einen Oberbegriff, welcher aus investmentrechtlicher Sicht durch § 29 KAGB konkretisiert wird.[669] Das Risikomanagement umfasst gemäß § 29 Abs. 2 Satz 1 KAGB insbesondere die Risikoanalyse, die Risikoerfassung, die Risikomessung, die Risikosteuerung und die Risikoüberwachung. Die Einrichtung und Aufrechterhaltung eines angemessenen Risikomanagementsystems ist Teil der Organisationsmaßnahmen. Bei der extern verwalteten Inv-KG wird dieses von der externen KVG übernommen, für die sich diese Pflicht aus § 28 Abs. 1 Satz 2 Nr. 1 KAGB i. V. m. § 29 KAGB ergibt. Organisationsmaßnahmen sind Teil der operativen Tätigkeiten und Prozesse, die zu den gewöhnlichen Geschäften gehören.[670] Folglich ist auch in Bezug auf das Risikomanage-

666 Vgl. *Jickeli* in MüKo/HGB, § 116 Rn. 23.
667 Vgl. *Jickeli* in MüKo/HGB, § 116 Rn. 25.
668 Vgl. *Pofike* in Weitnauer/Boxberger/Anders, KAGB, § 162 Rn. 13.
669 Vgl. *Winterhalder* in Weitnauer/Boxberger/Anders, § 17 Rn. 20.
670 Vgl. *Jickeli* in MüKo/HGB, § 116 Rn. 26 ff.

ment zu sagen, dass durch die Bestellung einer externen KVG keine Kompetenzen der Gesellschafter über die Grundlagen der Inv-KG verlagert werden.

Neben den vorgenannten Kernaufgaben sind die administrativen Tätigkeiten Gegenstand der kollektiven Vermögensverwaltung. Konkretisiert werden die administrativen Tätigkeiten durch Ziffer 2 lit. a des Anhangs I der AIFM-Richtlinie. Hierzu gehören insbesondere die Aufgaben aus den Bereichen des Middle Office und Back Office.[671] Es handelt sich hierbei um klassische operative Tätigkeiten, die Teil einer geschäftlichen Organisation sind. In der Konsequenz sind diese Tätigkeiten ebenfalls zu den gewöhnlichen Geschäften zu zählen. Ergänzend ist hierzu ausführen, dass die Nennung der rechtlichen Dienstleistungen in diesem Anhang I der AIFM-Richtlinie auf einem Übersetzungsfehler aus der englischen Fassung beruhen dürfte, da die Erbringung von Rechtsdienstleistungen nur besonders zugelassenen Personen und Unternehmen obliegt.[672] Deren Übertragung auf eine externe KVG führen daher nicht dazu, dass es zu Einschränkungen der Kompetenzen der Gesellschafter hinsichtlich der Grundlagen der Inv-KG kommt.

Des Weiteren stellt der Vertrieb eigener Investmentanteile einen Teilbereich der kollektiven Vermögensverwaltung dar.[673] Der Begriff des Vertriebs ist in § 293 Abs. 1 Satz 1 KAGB legaldefiniert und meint das direkte oder indirekte Anbieten oder Platzieren von Anteilen oder Aktien eines Investmentvermögens. Im Sinne der kollektiven Vermögensverwaltung bezieht sich diese Tätigkeit – und in Abgrenzung zum Vertrieb von Anteilen fremder Investmentvermögen im Sinne von § 20 Abs. 2 Nr. 4 KAGB und § 20 Abs. 3 Nr. 6 KAGB – auf den Vertrieb von Anteilen von Investmentvermögen, welche von der KVG selbst verwaltet werden. Somit hat der Vertrieb eigener Investmentanteile konkret das Ziel, die Anteile der von der KVG verwalteten Investmentvermögen bei Anlegern zu platzieren und damit das Kapital für

671 Ebenso *Jesch* in Moritz/Klebeck/Jesch, KAGB, § 1 Rn. 159 KAGB.

672 Ebenso *Verfürth/Emde* in Emde/Dornseifer/Dreibus, KAGB, § 1 Rn. 310.

673 Eine Auseinandersetzung, ob der Vertrieb zu den originären Aufgaben einer KVG gehört oder nicht, erfolgt mangels Relevanz für die gegenständliche Fragestellung und deren Beantwortung an dieser Stelle nicht. Auf die einschlägige Literatur hierzu wird verwiesen.

die Zwecke der gemeinsamen Anlage einzusammeln. Gegenstand dieser Tätigkeit ist damit die Ansprache von potenziellen Anlegern und die konkrete Ermöglichung zur Zeichnung von Anteilen der verwalteten Investmentvermögen.[674] Beim Vertrieb von Investmentanteilen erfolgt dabei unter Verwendung der standardisierten Fondsdokumentation, d. h. des Verkaufsprospekts bzw. des Dokuments gemäß § 307 KAGB, den Anlagebedingungen und dem Zeichnungsschein sowie gegebenenfalls des Basisinformationsblatts. Gemeinsam mit dem zu beachtenden Grundsatz der Gleichbehandlung gemäß § 27 Abs. 3 KAGB führt dies dazu, dass beim Vertrieb der Investmentanteile wenig Gestaltungsspielraum verbleibt. Dementsprechend ist der Vertrieb von Anteilen eigener Investmentvermögen Teil der gewöhnlichen Geschäfte. Somit hat auch die Vertriebstätigkeit keine Anknüpfungspunkte zu den Grundlagen der Gesellschaft.

Zuletzt ist auf die Tätigkeiten im Zusammenhang mit den Vermögensgegenständen eines AIF einzugehen. Die Aufgaben dieses Bereichs werden beispielhaft in Ziffer 2 lit. c des Anhangs I der AIFM-Richtlinie aufgelistet. Alle in diesem Anhang I der AIFM-Richtlinie aufgeführten Beispiele lassen sich faktisch einem der vorgenannten Tätigkeiten zuordnen, sodass dieser Tätigkeitsbereich primär Auffangfunktion haben dürfte.[675] Soweit den Aufgaben diesen eine eigene Funktion zukommt, sind diese hinter der Portfolioverwaltung und dem Risikomanagement einzuordnen, sodass auch diese Aufgaben zu den gewöhnlichen Geschäften gehören. Folglich werden auch insoweit die Grundlagen der Gesellschaft nicht berührt, sofern diese auf eine externe KVG übertragen werden.

Alle Teilbereiche der kollektiven Vermögensverwaltung haben damit gemeinsam, dass sie per se nicht als Grundlagengeschäfte einzuordnen sind. In der Folge berührt die Anlage und Verwaltung des Kommanditanlagevermögens nicht die Grundlagen der Inv-KG, sodass es auch zu keiner Überschneidung mit dem Grundsatz der Verbandssouveränität kommt. Etwas anderes könnte sich jedoch für den Ausnahmefall ergeben, dass es bei einer extern verwalteten Inv-KG zu einer Geschäftsveräußerung im Ganzen kommt. Dies ist insbesondere ein realistisches Szenario für Investmentvermögen, die als sogenannte Ein-Objekt-

---

674 Vgl. *Zingel/Oppenheim* in Baur/Tappen, KAGB, § 293 Rn. 13.
675 Ebenso *Verfürth/Emde* in Emde/Dornseifer/Dreibus, KAGB, § 1 Rn. 314.

Fonds konzipiert werden. Ein-Objekt-Fonds sind Investmentvermögen, welche das eingesammelte Kapital lediglich in einen einzigen Vermögensgegenstand investieren. Regelmäßig handelt es sich hierbei um einen Sachwert, meist eine Immobilie, aber auch andere Sachwerte (z.B. Schiffe, Flugzeuge u.Ä.) kommen als Anlagegegenstand in Betracht. Meist werden derartige Ein-Objekt-Fonds als geschlossene Investmentvermögen aufgelegt. Im Falle der beabsichtigten Veräußerung des einzigen Vermögensgegenstands kommt es faktisch zu einer Vermögensveräußerung im Ganzen, bei einer geschlossenen Inv-KG folgt der Veräußerung des einzigen Vermögensgegenstands in der Regel auch die Auflösung und Abwicklung der Gesellschaft. Ein solches Verkaufsszenario kann dann eintreten, wenn bei der externen KVG ein Angebot zum einzigen Vermögensgegenstands eines Investmentvermögens eingeht und die KVG zu dem Ergebnis kommt, dass die Veräußerung nebst Auflösung und Abwicklung des Investmentvermögens für die Anleger wirtschaftlich interessanter ist als ihre Fortführung bis zum avisierten Laufzeitende.

Während die Entscheidung über die Auflösung einer extern verwalteten Inv-KG stets zu den Grundlagengeschäften gehört und damit einer Beschlussfassung durch die Gesellschafter bedarf, ist die Beurteilung der Veräußerung des einzigen Vermögensgegenstands nicht derartig eindeutig. Hintergrund hierfür ist, dass der Erwerb und die Veräußerung von Vermögensgegenständen zur Portfolioverwaltung zählt und damit gerade als Teil der kollektiven Vermögensverwaltung im Sinne von § 1 Abs. 19 Nr. 24 KAGB der Zuständigkeit der externen KVG obliegt. Diese Kompetenzregelung zugunsten der KVG könnte daher im Spannungsverhältnis zur Zuständigkeit der Gesellschafter stehen, sofern diese über die Veräußerung des Vermögens als Ganzes zu entscheiden haben. Abhängig ist dies davon, ob der hinter § 179a AktG stehende Rechtsgedanke auch auf die extern verwaltete Inv-KG übertragen werden kann. In einer früheren Entscheidung hatte der BGH dies noch bejaht und die Veräußerung des Vermögens als Ganzes der Entscheidung der Gesellschafter unterworfen.[676] In einer jüngeren Entscheidung wurde diese Rechtsprechung zumindest für die personalistisch geprägte Kommanditgesellschaft explizit aufgegeben, da es sich bei § 179a AktG um einen aktienrechtlichen Sonderfall hande-

676 Vgl. BGH, Urteil vom 09.01.1995 – II ZR 24/94 = NJW 1995, 596.

le.[677] Allerdings ließ der BGH in diesem jüngeren Urteil ausdrücklich offen, ob sich diese geänderte Rechtsprechung auch auf Publikumsgesellschaften erstrecken solle oder nicht. Für die Einordnung einer Personengesellschaft als Publikumsgesellschaft stellt der BGH in seiner Rechtsprechung darauf ab, ob die Gesellschaft kapitalistisch strukturiert ist, die Gesellschaft auf Aufnahme einer noch nicht genauen Anzahl von Gesellschaftern ausgerichtet ist und die Gesellschafter mehr oder weniger zufällig miteinander zusammengeführt werden.[678] Unter Berücksichtigung der Definition des Investmentvermögens gemäß § 1 Abs. 1 KAGB ist daher davon auszugehen, dass das jüngste Urteil zur Anwendbarkeit von § 179a AktG für die Inv-KG generell keine Rechtssicherheit bietet, für sie diesem Vorbehalt unterfallen dürfte. Es ist daher zu klären, ob das Urteil des BGH auch auf die Inv-KG zur Anwendung gelangen sollte oder nicht.

Für eine analoge Anwendung – und damit die Einbindung der Gesellschafter in eine derartige Verkaufsentscheidung – spricht die kapitalistische Struktur einer Inv-KG, die stärkere Bezüge zur AG aufweist als zur personalistisch geprägten Kommanditgesellschaft. Dies zeigt sich unter anderem der geringen Einflussmöglichkeit der Gesellschafter einer kapitalistisch geprägten Kommanditgesellschaft auf die geschäftsführenden Gesellschafter, die bei einer personalistisch geprägten KG ungleich stärker ausgeprägt ist und einer der Gründe war, warum der BGH die analoge Anwendung von § 179a AktG auf für diese Personengesellschaften verneinte. Dennoch sprechen die besseren Gründe dafür, die analoge Anwendung von § 179a AktG auf die Inv-KG generell abzulehnen, sodass eine externe KVG auch in einem solchen Falle die Verkaufsentscheidung treffen kann, ohne die Zustimmung der Gesellschafter einzuholen. Zunächst ist zu berücksichtigen, dass der BGH in seinem Urteil bereits das Fehlen einer Regelungslücke verneinte. Trotz des BGH-Urteils vom 09.11.1987 war dem Gesetzgeber bei Einführung des KAGB bekannt, die analoge Anwendung von § 179a AktG auf die GmbH und Personengesellschaften durch Gegenstand von Meinungsstreitigkeiten war. Hätte der Gesetzgeber für die Inv-KG eine zu § 179a AktG vergleichbare Vorschrift gewünscht, wäre zu erwarten gewesen, dass er eine derartige Regelung in die §§ 124 ff.

677 Vgl. BGH, Urteil vom 15.02.2022 – II ZR 235/20 = NJW 2022, 1878.
678 Vgl. BGH, Urteil vom 09.11.1987 – II ZR 100/87 = NJW 1988, 969 (971).

KAGB bzw. §§ 149 ff. KAGB aufgenommen hätte. Ferner hat die externe KVG aufgrund des im KAGB geltenden Spezialitätsgrundsatz und als der Verwalterin der Vermögensgegenstände der von ihr verwalteten Inv-KG sowohl eine größere Nähe zum zu beurteilenden Vermögensgegenstand als auch regelmäßig eine höhere Expertise, um eine Verkaufsentscheidung – sei es in die eine oder andere Richtung – treffen zu können. Des Weiteren ist zu berücksichtigen, dass die KVG gemäß § 27 Abs. 1 und Abs. 2 Nr. 2 KAGB ausschließlich und im besten Interesse der Anleger zu handeln hat. Dieses Anlegerinteresse hat die externe KVG auch dann anzuwenden, wenn sie eine derartige Verkaufsentscheidung über das gesamte Vermögen einer von ihr zu verwalteten Inv-KG zu treffen hat. In diesem Kontext ist zu berücksichtigen, dass die Interessenlage der Gesellschafter einer Inv-KG – und damit in Abgrenzung zu einer gewerblichen Personengesellschaft, wie sie auch Gegenstand des genannten BGH-Urteils war – unter Berücksichtigung der Definition des Investmentvermögens gemäß § 1 Abs. 1 KAGB sehr homogen ist: Danach besteht das Interesse der Anleger in der Erzielung einer gemeinsamen Rendite unter Berücksichtigung der Anlagestrategie, wie sie in den Anlagebedingungen festgelegt ist.[679] Der Schutz der Anleger wird auch nicht dadurch beeinträchtigt, dass die Kompetenz in Bezug auf Verkaufsentscheidungen über das Vermögen als Ganzes zugunsten der KVG verschoben wird. Denn die Pflicht zum Handeln im ausschließlichen und besten Interesse ist aufgrund der Verankerung in § 27 Abs. 1 und Abs. 2 Nr. 2 KAGB eine ausdrückliche Pflicht einer KAGB nach Maßgabe des KAGB. Verletzt die externe KVG nun diese Pflicht gegenüber den Anlegern, macht sie sich gegenüber den Anlegern bzw. der Inv-KG schadensersatzpflichtig, welcher sodann von der Verwahrstelle gemäß § 89 Abs. 1 Satz 1 Nr. 1 KAGB geltend zu machen ist.

Bleibt zu klären, ob es sich bei der Veräußerung des gesamten Vermögens einer Inv-KG um eine gewöhnliche oder ungewöhnliche Maßnahme handelt. Meist werden Entscheidungen über derartige Vermögensveräußerungen als Geschäfte anzusehen sein, die nicht typischerweise anfallen. In der Konsequenz sind sie als ungewöhnliche Geschäfte im Sinne von § 116 Abs. 2 Hs. 2 HGB einzustufen. Dies führt im Ergebnis dazu, dass eine derartige Veräußerungsentscheidung

679 Vgl. *Verfürth/Emde* in Emde/Dornseifer/Dreibus, KAGB, § 1 Rn. 70 ff.

einer Beschlussfassung durch die Gesellschafter bedarf, obwohl die Veräußerung des gesamten Vermögens kein Grundlagengeschäft darstellt – dies gilt zumindest dann, wenn im Gesellschaftsvertrag abweichende Vereinbarung diesbezüglich getroffen wurde. Für den BGH war übrigens der Umstand, dass die Veräußerung des Vermögens der Gesellschaft als Ganzes zumindest regelmäßig als ungewöhnliches Geschäft zu beurteilen ist, ein weiterer Grund zur Ablehnung der analogen Anwendung von § 179a AktG. Aus investmentrechtlicher Sicht ist dies kein besonderes glückliches Ergebnis, da hieraus Rechtsunsicherheiten in der Praxis resultieren und es aus investmentrechtlicher Sicht gerade gewünscht ist, dass sämtliche Anlageentscheidungen in einer Hand – nämlich der der KVG – liegen. Ein derartiges Ergebnis erlangt auch für den Schutz des Rechtsverkehrs an Bedeutung, da hierdurch sichergestellt wird, dass es zu einem wirksamen Erwerb des zu veräußernden Vermögensgegenstands kommt. Da die obigen Ausführungen zeigen, dass es in einem solchen Falle auch der Anlegerschutz nicht beeinträchtigt gesamten Vermögens einer Inv-KG diesen Geschäftsvorfall als gewöhnliches Geschäft zu klassifizieren und der Kompetenz der externen KVG zuzuweisen.

Folglich ist zu sagen, dass sich die Tätigkeiten der kollektiven Vermögensverwaltung im Sinne von § 1 Abs. 19 Nr. 24 KAGB auf die operativen Geschäfte und Maßnahmen beziehen und damit aus personengesellschaftsrechtlicher Sicht den gewöhnlichen zuzuordnen sind, nicht aber den Grundlagengeschäften. In Ermangelung eines „Aufgabenkonflikts“ zwischen dem gesellschaftsrechtlichen Grundsatz der Verbandssouveränität und der Übertragung von Aufgaben auf die externe KVG auf der Grundlage von § 129 Abs. 1 Satz 1 und Satz 2 KAGB bzw. § 154 Abs. 1 Satz 1 und Satz 2 KAGB ist daher eine Einschränkung des Grundsatzes der Verbandssouveränität im Falle der Bestellung einer externen KVG zu verneinen

1.2.1.3. Fazit

Festzuhalten ist, dass die Anlage und Verwaltung des Kommanditanlagevermögens im Sinne von § 129 Abs. 1 Satz 2 KAGB bzw. § 154 Abs. 1 Satz 2 KAGB keine Aufgaben umfasst, die den Grundlagen einer Gesellschaft nach gesellschaftsrechtlichem Verständnis zuzurechnen sind. Folglich wird der Grundsatz der Verbandssouveränität nicht durch § 129 Abs. 1 Satz 2 KAGB bzw. § 154 Abs. 1 Satz 2 KAGB eingeschränkt. Da keine weiteren Vorschriften des KAGB in Betracht kommen, die auf den Grundsatz der Verbandssouveränität Einfluss nehmen könnten, ist zu konstatieren, dass dieser Grundsatz nicht explizit durch investmentrechtliche Vorschriften eingeschränkt oder gar in Gänze ausgeschlossen wird.

1.2.2. Keine Abweichung vom Grundsatz der Verbandssouveränität aufgrund aufsichtsrechtlicher Besonderheiten

Abschließend ist zu klären, ob trotz des Fehlens ausdrücklicher investmentrechtlicher Regelungen eine Abweichung vom Grundsatz der Verbandssouveränität oder zumindest dessen Aufweichung für die extern verwaltete Inv-KG geboten ist. Ebenso wie bei der intern verwalteten Inv-KG ist dies abhängig davon, ob dies aufgrund aufsichtsrechtlicher Besonderheiten notwendig ist oder nicht. Im Hinblick auf die extern verwaltete Inv-KG ist hierbei zu sagen, dass den aufsichtsrechtlichen Schutzzwecken über die Abgrenzung zwischen den Kompetenzen zwischen den geschäftsführenden Gesellschaftern – und gegebenenfalls des Beirats – einerseits und den Gesellschaftern bzw. der Gesellschafterversammlung andererseits durch die Auslegung des Merkmals „*Anlage und Verwaltung des Kommanditanlagevermögens*" gemäß § 129 Abs. 1 Satz 2 KAGB bzw. § 154 Abs. 1 Satz 2 KAGB Rechnung zu tragen ist; insoweit wird auf die vorstehenden Ausführungen verwiesen. Im Übrigen bleibt es wie bei der intern verwalteten Inv-KG bei der Feststellung, dass die aufsichtsrechtlichen Ziele und der gesellschaftsrechtliche Grundsatz der Verbandssouveränität insoweit gleichgerichtete Interessen verfolgen. Demgemäß bedarf es auch bei der extern verwalteten Inv-KG keiner Ein- oder Beschränkung des Grundsatzes der Verbandssouveränität.

1.2.3. Fazit bzgl. extern verwaltete Inv-KG

Auch bei der extern verwalteten Inv-KG ist der Grundsatz der Verbandssouveränität anzuwenden. Eine Einschränkung dieses Grundsatzes aufgrund investmentrechtlicher Sondervorschriften oder aufgrund aufsichtsrechtlicher Besonderheiten ist nicht geboten. Insbesondere kann eine derartige Einschränkung oder gar Verdrängung nicht in

§ 129 Abs. 1 Satz 1 und Satz 2 KAGB bzw. § 154 Abs. 1 Satz 1 und Satz 2 KAGB hineingelesen werden. Zwar kommt es bei der extern verwalteten Inv-KG zu einer Kompetenzverlagerung zugunsten der KVG, die Kompetenzverlagerung betrifft jedoch nicht die Kompetenzen der Gesellschafter im Hinblick auf die Grundlagen der Inv-KG. Vielmehr werden durch die Bestellung der externen KVG die Kompetenzen der geschäftsführenden Gesellschafter hinsichtlich der operativen Tätigkeiten – nämlich der Anlage und Verwaltung der Mittel der externen Inv-KG – weitreichend eingeschränkt.

2. Anwendbarkeit des Grundsatzes der Selbstorganschaft auf die Inv-KG

Zudem stellt sich die Frage, wer zum Kreis der zur Geschäftsführung berechtigten Personen zählen kann. Namentlich geht es darum, ob der Grundsatz der Selbstverwaltung auch bei der Inv-KG gilt oder ob auch Dritte – d. h. nicht zum Kreis der Gesellschafter zählende Personen – mit der Geschäftsführung der Inv-KG betraut werden können. Eine dezidierte Auseinandersetzung mit dieser Fragestellung findet sich in der Literatur zur Inv-KG bislang nicht. Allgemein geht die wohl herrschende Literaturmeinung davon aus, dass sich an der grundsätzlichen Ausrichtung diesbezüglich auch für die Inv-KG nichts ändere und demnach der Grundsatz der Selbstorganschaft somit auch bei ihr zur Anwendung gelange.[680]

In der Literatur findet sich aber auch eine Stimme, die als Abweichung von der wohl herrschenden Lehre interpretiert werden kann und somit den Grundsatz der Selbstorganschaft bei der Inv-KG aufweichen möchte.[681] Nach dieser Ansicht müsse die Geschäftsführung bei der Inv-KG gerade nicht zwingend von einem „Gesellschafter“ wahrgenommen werden. Allerdings bleibt diese Stimme in der Literatur nicht eindeutig, denn nach ihren weiteren Ausführungen könnte es sich bei der Verwendung des Begriffs „Gesellschafter“ in diesem Zusammenhang auch um ein redaktionelles Versehen handeln.

---

680 Vgl. *Casper*, ZHR 2015, 44 (57); *Kunschke/Klebeck* in Beckmann/Scholtz/Vollmer, KAGB, § 128 Rn. 13 und § 153 Rn. 15.
681 Vgl. *Eichhorn*, WM 2016, 145.

2.1. Keine ausdrücklichen investmentrechtlichen Regelungen zugunsten der Selbstverwaltung oder der Fremdverwaltung

Zunächst ist der Wortlaut von § 128 KAGB und § 153 KAGB heranzuziehen. Gemäß § 128 Abs. 1 Satz 1 KAGB und § 153 Abs. 1 Satz 1 KAGB hat die Geschäftsführung der Inv-KG aus wenigstens zwei Personen zu bestehen. Zusätzlich wird der Inv-KG auch die Möglichkeit eingeräumt, eine juristische Person als Geschäftsführerin zu bestellen, wenn bei ihr die Geschäftsführung von zwei Personen wahrgenommen wird.[682] Hieraus ergeben sich allerdings keine Anhaltspunkte dafür, ob bei der Inv-KG der Grundsatz der Selbstorganschaft zur Anwendung kommt oder nicht. Es lässt vielmehr offen, ob für die Inv-KG am Grundsatz der Selbstorganschaft festgehalten wird oder ob eine Fremdgeschäftsführung möglich sein soll.

2.2. Anwendung des personengesellschaftsrechtlichen Grundsatzes der Selbstverwaltung auf die Inv-KG

Im Personengesellschaftsrecht gilt der Grundsatz der Selbstorganschaft. Demnach können bei einer Personengesellschaft lediglich solche (natürlichen oder juristischen) Personen mit der Geschäftsführung der KG beauftragt werden, die zum Kreis der Gesellschafter gehören. Die Übertragung der originären Geschäftsführung auf Dritte ist dagegen nicht möglich. Eine Fremdgeschäftsführung kann bei der handelsrechtlichen KG nur dadurch erreicht werden, dass einer Kapitalgesellschaft – bei diesen ist die Fremdgeschäftsführung anerkannt – die Stellung des Komplementärs eingeräumt wird.

Dieser Grundsatz der Selbstorganschaft wurde durch die Rechtsprechung etwas aufgelockert.[683] Danach ist es zulässig, einen Dritten bereits durch eine gesellschaftsvertragliche Regelung weitgehend mit der Geschäftsführung der Gesellschaft zu betrauen.[684] Eine Abkehr vom Grundsatz der Selbstorganschaft ist hierin aber nicht zu sehen, da die zur Geschäftsführung berechtigten Dritten ihre Geschäftsfüh-

682 Vgl. § 128 Abs. 1 Satz 2 KAGB und § 153 Abs. 1 Satz 2 KAGB.

683 Vgl. *BGH*, Urteil vom 16.11.1981 – II ZR 213/80; *BGH*, Urteil vom 22.03.1982 – II ZR 74/81.

684 Vgl. *BGH*, Urteil vom 22.03.1982 – II ZR 74/81 = NJW 1982, 2495 f.

rungsbefugnis von Dritten ableiten.[685] Es handelt sich vielmehr um eine schuldrechtliche Regelung zugunsten des Dritten, die bereits im Gesellschaftsvertrag getroffen wurde.[686] Die organschaftliche Geschäftsführungsbefugnis verbleibt daher auch in diesen Fällen bei den Gesellschaftern.[687]

Der Grundsatz der Selbstorganschaft gilt über den Verweis in § 124 Abs. 1 Satz 2 KAGB sowie § 149 Abs. 1 Satz 2 KAGB zunächst auch für die Inv-KG. Eine Ausdehnung der Geschäftsführungsbefugnis der Inv-KG außerhalb der GmbH & Co. KG auf Dritte wäre nur dann möglich, wenn sich aus den investmentrechtlichen Vorschriften für die Inv-KG eine Abkehr vom Grundsatz der Selbstorganschaft ermitteln liege. Relevant ist dies vor allem für eine extern verwaltete Inv-KG hinsichtlich der Frage, ob es für das Tätigwerden der KVG empfehlenswert ist, als Gesellschafterin der Inv-KG beizutreten und sich organschaftliche Geschäftsführungsbefugnis einräumen zu lassen. Denn durch den Investmentvertrag – in der Regel ein Geschäftsbesorgungsvertrag mit dienstvertraglichem Charakter – wird keine organschaftliche Geschäftsführungsbefugnis von der Inv-KG auf die KVG übertragen.[688]

Die Durchsicht von § 128 KAGB und § 153 KAGB, die sich mit der Geschäftsführung innerhalb einer Inv-KG beschäftigen, zeigt allerdings, dass sich deren Wortlaut nicht ausdrücklich zum Grundsatz der Selbstorganschaft äußert. Denn die Vorschriften setzen sich zwar mit der Zusammensetzung und der Eignung der Geschäftsführer auseinander. Sie ordnen aber nicht ausdrücklich an, ob die zum Kreis der Geschäftsführung gehören- den Personen Gesellschafter sein müssen oder nicht. Demzufolge ist nach Maßgabe des investmentrechtlichen Verweises auf die Vorschriften des Personengesellschaftsrechts zunächst weiterhin davon auszugehen, dass der Grundsatz der Selbstorganschaft auch für die Inv-KG gilt

685 Vgl. *BGH*, Urteil vom 16.11.1981 – II ZR 213/80 = NJW 1982, 877 ff.

686 Vgl. *BGH*, Urteil vom 22.03.1982 – II ZR 74/81 = NJW 1982, 2495 f.

687 Vgl. *BGH*, Urteil vom 16.11.1981 – II ZR 213/80; *BGH*, Urteil vom 22.03.1982 – II ZR 74/81.

688 Vgl. *Fischer/Friedrich*, ZBB 2013, 153 ff.; *Kunschke/Klebeck* in Beckmann/Scholtz/Vollmer, KAGB, § 129 Rn. 22 m. w. N.

2.3. Abweichung vom Grundsatz der Selbstverwaltung bei der Inv-KG aufgrund aufsichtsrechtlicher Besonderheiten

Es bleibt zu prüfen, ob sich aus den investmentrechtlichen Regelungen – wenngleich nicht ausdrücklich, so zumindest durch Auslegung – aufgrund besonderer Umstände, die aus der Beaufsichtigung resultieren, nicht doch eine Abweichung vom an sich geltenden Grundsatz der Selbstverwaltung ergibt.

2.3.1. Heranziehung von §6 Abs.3 GmbHG und investmentrechtlicher Vorschriften

Zunächst ist §6 Abs.3 Satz 1 GmbHG heranzuziehen. Danach können sowohl Gesellschafter als auch Dritte zu Geschäftsführern bestellt werden. Eine vergleichbare Regelung findet sich in den personengesellschaftsrechtlichen Vorschriften über die Geschäftsführung nicht und auch für die Regelung bei der Inv-KG wurde eine solche mit §6 Abs.3 Satz 1 GmbHG vergleichbare Regelung nicht aufgenommen. Dies könnte zunächst dafür sprechen, dass für die Inv-KG am Grundsatz der Selbstorganschaft festgehalten werden soll. Allerdings kann alleine aus dem Fehlen einer klarstellenden gesetzlichen Regelung, wie sie gerade in §6 Abs.3 Satz 1 GmbHG enthalten ist, nicht auf das Festhalten am Grundsatz der Selbstorganschaft für die Inv-KG gefolgert werden, wenngleich dies zumindest ein Indiz hierfür darstellt.

Weiterhin sind bei der Auslegung §128 Abs.1 Satz 3 Nr.1 und Nr.3 KAGB sowie §153 Abs.1 Satz 3 Nr.1 und Nr.3 KAGB einzubeziehen. Demnach ist die Geschäftsführung der Inv-KG dazu verpflichtet, ausschließlich im Interesse der Gesellschafter und der Integrität des Marktes zu handeln sowie unvermeidbare Interessenkonflikte unter Wahrung der Gesellschafterinteressen aufzulösen. Die Normierung könnte daher so verstanden werden, dass die aus dem Handelsrecht bekannte Treuepflicht, aus der sich eine Beschränkung der Geschäftsführungsbefugnis ergibt, durch §128 Abs.1 Satz 3 KAGB und §153 Abs.1 Satz 3 KAGB gesetzlich verankert wird. Dementsprechend könnten die Vorschriften dahingehend interpretiert werden, dass für die Inv-KG auf den Grundsatz der Selbstorganschaft verzichtet wurde und auch Dritten die Führung der Geschäfte einer Inv-KG eingeräumt werden kann.

Allerdings ist zu berücksichtigen, dass die gesellschaftliche Treuepflicht die Geschäftsführungsbefugnis der zur Geschäftsführung befugten Gesellschafter dahingehend einschränkt, dass diese ihr Tätigwerden am Wohl der Gesellschaft auszurichten haben.[689] Hiervon weichen § 128 Abs. 1 Satz 3 Nr. 1 KAGB und § 153 Abs. 1 Satz 3 Nr. 1 KAGB ab, indem der Fokus des Tätigwerdens der Geschäftsführung auf das Wohl der Gesellschafter – nicht der Gesellschaft – gerückt wird. Dementsprechend wird die gesellschaftliche Treuepflicht nicht (nur) im KAGB normiert, sondern in Abweichung vom personengesellschaftsrechtlichen Verständnis (auch) modifiziert. Erst diese Verengung der geschäftsführerischen Tätigkeit auf das Interesse der Gesellschafter – und damit vor allem der Anleger – macht § 128 Abs. 1 Satz 3 Nr. 1 KAGB und § 153 Abs. 1 Satz 3 Nr. 1 KAGB erforderlich. Dass dagegen eine Abkehr vom Grundsatz der Selbstorganschaft hinter der Aufnahme der Regelungen stehen könnte, ist allerdings nicht ersichtlich.

Aus diesem Grunde ist die Normierung der Pflichten der Geschäftsführung einer Inv-KG hinsichtlich des Tätigwerdens ausschließlich im Interesse der Gesellschafter als Klarstellung und Modifizierung der gesellschaftlichen Treuepflicht zu verstehen. Dagegen kann hieraus nicht gefolgert werden, dass für die Inv-KG vom Grundsatz der Selbstorganschaft abgewichen werden soll.

2.3.2. Gesetzgeberischer Wille bei der Einführung des KAGB

Weitere Anhaltspunkte zur Auslegung könnten dem gesetzgeberischen Willen zu entnehmen sein. Mit der Inv-KG wollte der Gesetzgeber keine neue Gesellschaftsform, sondern lediglich eine modifizierte Form der personengesellschaftsrechtlichen KG schaffen.[690] Abweichungen von den personengesellschaftsrechtlichen Vorschriften sollen nach dem gesetzgeberischen Willen im KAGB geregelt sein, soweit dies aus aufsichtsrechtlichen Gründen erforderlich ist.[691] Wie zuvor

689 Vgl. *Lieder* in Oetker, HGB, § 114 Rn. 30.

690 Vgl. BT-Drs. 17/12294, Seite 241, zu § 124 (Rechtsform, anwendbare Vorschriften), zu Absatz 1 und Seite 249, zu § 149 (Rechtsform, anwendbare Vorschriften), zu Absatz 1.

691 Vgl. BT-Drs. 17/12294, Seite 241, zu § 124 (Rechtsform, anwendbare Vorschriften), zu Absatz 1 und Seite 249, zu § 149 (Rechtsform, anwendbare Vorschriften), zu Absatz 1.

gesehen findet sich in den Vorschriften über die Inv-KG keine Regelung, die eine Abweichung vom Grundsatz der Selbstorganschaft zuließe oder gar anordnete. Auch aus der Gesetzessystematik lassen sich keine eindeutigen Anhaltspunkte dafür finden, dass für die Inv-KG auf den Grundsatz der Selbstorganschaft verzichtet werden sollte. Dementsprechend kann der Wille des Gesetzgebers so interpretiert werden, dass bewusst auf eine abweichende Regelung verzichtet wurde und am Grundsatz der Selbstorganschaft auch für die Inv-KG gerade festgehalten werden soll.

2.3.3. Sinn und Zweck des Grundsatzes der Selbstverwaltung

Zuletzt ist auf den Sinn und Zweck abzustellen. Der Grundsatz der Selbstverwaltung dient dem Schutz der Gesellschafter, insbesondere der Komplementäre. Das Recht zur Geschäftsführung soll nur denjenigen Personen zustehen, die auch das wirtschaftliche Risiko der Gesellschaft tragen. Hinter der Erwägung, gegebenenfalls auf den Grundsatz der Selbstverwaltung bei der Inv-KG zu verzichten, steht vor allem eine praktische Überlegung. Denn durch die Anwendung des Grundsatzes der Fremdorganschaft könnte eine KVG, die eine externe KVG verwaltet, unmittelbar als Fremdgeschäftsführerin bestellt werden. Auf diese Weise könnte die KVG originär für die Inv-KG geschäftsführungs- und vertretungsberechtigt werden. Eine Beteiligung als Gesellschafterin der Inv-KG wäre nicht erforderlich, soweit der Wunsch besteht, dass die KVG originär geschäftsführungsbefugt sein soll. Anerkanntermaßen soll der Grundsatz der Selbstorganschaft aber unter anderem Schutz dafür bieten, dass Geschäftsführungshandlungen aufgrund des eigenen Haftungsinteresses der Handelnden nicht leichtsinnig getroffen werden, sondern eine angemessene Risikoabwägung erfolgt.[692] Dieses Schutzbedürfnis besteht auch für den Gesellschafterkreis der Inv-KG, der sich zu einem wesentlichen Teil aus den Anlegern zusammensetzt, und den Rechtsverkehr.

Zu beachten ist zudem, dass die Einräumung der Geschäftsführungsbefugnis zugunsten der KVG auch dann möglich ist, wenn sich die KVG mit einer Minimalbeteiligung als Kommanditistin beteiligt und ihr im Wege der gesellschaftsrechtlichen Gestaltung das Recht zur

692 Vgl. *Enzinger* in MüKo/HGB, § 109 Rn. 19; *Lieder* in Oetker, HGB, § 109 Rn. 23; *Schäfer* in Staub, HGB, § 109 Rn. 33.

Geschäftsführung eingeräumt wird. Auf diese – wenngleich gestalterische – Weise kann der KVG einer extern verwalteten Inv-KG ebenfalls organschaftliche Geschäftsführungsbefugnis eingeräumt werden. Einer Aufweichung des Schutzes, den der Grundsatz der Selbstorganschaft den Komplementären gewährt, bedarf es deswegen aber nicht. Folglich ist nach der teleologischen Auslegung am Grundsatz der Selbstorganschaft, wie er den Personengesellschaften zu eigen ist, auch bei der Inv-KG festzuhalten.

2.4. Fazit bzgl. des Grundsatzes der Selbstverwaltung

Für die Inv-KG ist an der Anwendung des Grundsatzes der Selbstorganschaft festzuhalten und keine Ausnahme für das Investmentrecht zuzulassen.[693] Für eine extern verwaltete Inv-KG bedeutet das, dass die verwaltende KVG als Gesellschafterin der Inv-KG beitreten muss, sofern sie organschaftliche Geschäftsführungsbefugnis erhalten soll. Im Übrigen kann der KVG oder anderen Dritten nur auf schuldrechtlichem Wege unter Beachtung der Vertretungsregeln Geschäftsführungsbefugnis eingeräumt werden. An der bisherigen Rechtsprechung hinsichtlich der schuldrechtlichen Übertragung der Geschäftsführungsbefugnis auf Dritte kann somit festgehalten werden.[694]

3. Der zur Geschäftsführung befugte Personenkreis

3.1. Komplementäre als zur Geschäftsführung berechtigte Personen

Die uneingeschränkte Anwendung des Grundsatzes der Selbstorganschaft führt dazu, dass zunächst alle Komplementäre nach Maßgabe von § 116 Abs. 1 HGB[695] zur Geschäftsführung bei der Inv-KG berechtigt und verpflichtet sind. Es zeigt sich das gesetzliche Leitbild, wonach die Komplementäre als die von Gesetzes wegen vorgesehenen persönlich haftenden Gesellschafter gleichberechtigt die Organ-

693 So auch *Kunschke/Klebeck* in Beckmann/Scholtz/Vollmer, KAGB, § 128 Rn. 13 bzw. § 153 Rn. 15; *Wagner*, BKR 2015, 410 (412); *Freitag*, NZG 2013, 329 (334).
694 So auch *Lorenz* in Weitnauer/Boxberger/Anders, KAGB, § 128 Rn. 5.
695 Nach alter Rechtslage: § 114 Abs. 1 HGB a. F.

befugnisse ausüben sollen.[696] Der § 114 HGB ist dabei weitestgehend dispositiv.[697]

Nachfolgend ist zu untersuchen, ob das Investmentrecht von den erwähnten personengesellschaftsrechtlichen Vorschriften abweicht oder diese modifiziert. Dies betrifft insbesondere die Frage, wer Komplementär einer Inv-KG werden kann.

3.1.1. Juristische Personen als Komplementäre der Geschäftsführung der Inv-KG

In einem ersten Schritt ist zu bestimmen, ob eine juristische Person als Komplementär in eine Inv-KG eintreten kann. Zuvorderst ist der Wortlaut von § 128 Abs. 1 Satz 1 KAGB und § 153 Abs. 1 Satz 1 KAGB zu untersuchen. Die Vorschriften sprechen lediglich davon, dass die Geschäftsführung aus „*mindestens zwei Personen*" zu bestehen hat. Eine weitergehende Konkretisierung, ob es sich hierbei nur um natürliche Personen oder nur um juristische Personen handeln darf, findet sich in den Vorschriften nicht. Dies spricht dafür, dass der Begriff „*Person*" im Sinne von § 128 Abs. 1 Satz 1 KAGB und § 153 Abs. 1 Satz 1 KAGB sowohl die juristische als auch die natürliche Person umfasst. Demnach kann nach der Wortlautauslegung die Komplementärstellung bei der Inv-KG auch durch eine juristische Person ausgeübt werden.

Für eine Ausübung der Komplementärstätigkeit durch eine juristische Person könnte ferner die Gesetzessystematik sprechen. Gemäß § 128 Abs. 1 Satz 2 KAGB und § 153 Abs. 1 Satz 2 KAGB wird die geforderte Mindestanzahl an Geschäftsführern auch dann gewahrt, wenn die Geschäftsführung durch eine juristische Person ausgeübt wird, sofern diese ihrerseits zwei Geschäftsführer hat. Wie gesehen, ist der Grundsatz der Selbstorganschaft auf die Inv-KG anzuwenden. Damit steht die organschaftliche Geschäftsführung ausschließlich den Gesellschaftern und, von Gesetzes wegen, insbesondere den Komplementären zu. Mit der Anordnung, dass die quantitative Komponente auch dann gewahrt wird, wenn die Geschäftsführung der Inv-KG durch

---

696 Vgl. *Grunewald* in MüKo/HGB, § 164 Rn. 2; *Lieder* in Oetker, HGB, § 114 Rn. 2.

697 Vgl. *Roth* in Hopt, HGB, § 114 Rn. 20.

eine juristische Person erbracht wird, sofern diese wiederum von zwei natürlichen Personen vertreten ist, wird zugleich mittelbar zum Ausdruck gebracht, dass auch juristische Personen als Gesellschafter der Inv-KG zugelassen sind. Eine Beschränkung auf eine bestimmte Gesellschafterstellung ist damit nicht verbunden. Aus der Formulierung von § 128 Abs. 1 Satz 2 KAGB und § 153 Abs. 1 Satz 2 KAGB lässt sich daher folgern, dass eine juristische Person die Stellung des Komplementärs bei der Inv-KG bekleiden kann.

Weiterhin sind in die Auslegung die historischen Überlegungen einzubeziehen. Der Gesetzgeber führte zu den Fondsvehikeln aus, dass sich die bisherige Fondspraxis dazu entschieden habe, geschlossene Fonds in der Rechtsform der GmbH & Co. KG aufzulegen.[698] Aus diesem Grunde hielt es der Gesetzgeber unter anderem für geboten, die KG als weiteres Fondsvehikel aufzunehmen. Der Gesetzgeber brachte damit zum Ausdruck, dass an den für Fondsvehikel erlaubten Rechtsformen festgehalten werden solle. Dies setzt gerade voraus, dass die Aufnahme von juristischen Personen als Gesellschafter – insbesondere als Komplementäre – gestattet ist, da andernfalls die Konstruktion der GmbH & Co. KG verloren ginge. Die historische Auslegung spricht daher ebenfalls dafür, dass juristische Personen generell nach dem gesetzgeberischen Willen in der Lage sein sollen, der Inv-KG als (persönlich haftende) Gesellschafter beizutreten.

Zuletzt könnte auch der Zweck, der hinter der Einführung der Inv-KG steht, für ein solches Verständnis sprechen. Durch die Aufnahme der Inv-KG als weiteres Investmentvehikel sollte den Fondsinitiatoren die Möglichkeit gegeben werden, eine Personengesellschaft weiterhin als Rechtsträgerin von geschlossenen Fonds zu nutzen.[699] Diese wurden bislang zumeist in der Rechtsform der GmbH & Co. KG aufgelegt. Die Strukturierung von Fonds in der bisher bekannten Form ist jedoch nur dann möglich, wenn auch bei der Inv-KG juristische Personen als Komplementärinnen der Inv-KG auftreten können. Aufgrund der soeben dargestellten Erwägungen kann die Stellung eines Komplementärs bei der Inv-KG durch eine juristische Person ausgeübt werden.

698 Vgl. BT-Drs. 17/12294, Seite 190.
699 Vgl. BT-Drs. 17/12294, Seite 190.

3.1.2. Natürliche Personen als Komplementäre der Geschäftsführung der Inv-KG

Zu klären bleibt, ob auch natürliche Personen die Gesellschafterstellung des Komplementärs in einer Inv-KG ausüben können.

3.1.2.1. Auslegung am Wortlaut von § 128 KAGB und § 153 KAGB

Hierzu ist zunächst der Wortlaut von § 128 KAGB und § 153 KAGB zu untersuchen. Wie zuvor festgestellt, kann unter dem Begriff „*Person*" gemäß § 128 Abs. 1 Satz 1 KAGB und § 153 Abs. 1 Satz 1 KAGB sowohl eine natürliche als auch eine juristische Person gefasst werden. Die obigen Ausführungen gelten auch hier, sodass hierauf verwiesen werden kann. Demnach spricht die Auslegung nach dem Wortlaut der genannten Vorschriften dafür, dass auch natürliche Personen als Komplementäre in eine Inv-KG eintreten können.

3.1.2.2. Systematische Auslegung anhand der investmentrechtlichen Vorschriften

Außerdem sind die übrigen Vorschriften des KAGB zum Zwecke der Auslegung heranzuziehen. Hierbei ist zunächst auf § 128 Abs. 1 Satz 2 KAGB und § 153 Abs. 1 Satz 2 KAGB einzugehen. Danach ist es für die Wahrung des Vier-Augen-Prinzips ausreichend, wenn die Geschäftsführung der Inv-KG aus einer juristischen Person besteht, deren Geschäftsführung wiederum von zwei Personen wahrgenommen wird. Die Formulierung von § 128 Abs. 1 Satz 2 KAGB und § 153 Abs. 1 Satz 2 KAGB macht deutlich, dass mit „*Person*" im Sinne von § 128 Abs. 1 Satz 1 KAGB und § 153 Abs. 1 Satz 1 KAGB nur natürliche Personen gemeint sind.[700] Ebenfalls ist zu berücksichtigen, dass der Gesetzgeber überhaupt die Notwendigkeit sah, § 128 Abs. 1 Satz 2 KAGB und § 153 Abs. 1 Satz 2 KAGB aufzunehmen. Denn die Vorschriften würden sich erübrigen, wenn ausschließlich juristische Personen als Komplementäre zugelassen wären. Auch dies spricht dafür, dass neben juristischen Personen auch natürliche Personen geschäftsführend für eine Inv-KG tätig sein können.

---

700 So auch *Freitag*, NZG 2013, 329 (334); Eichhorn, WM 2016, 145; *Könnecke* in Baur/Tappen, KAGB, § 153 Rn. 11.

Zu einem anderen Ergebnis kann man allerdings gemäß § 127 KAGB und § 152 KAGB gelangen. Danach dürfen sich Anleger ausschließlich als Kommanditisten an einer Inv-KG beteiligen.[701] Allerdings schließen die beiden Vorschriften nur Anleger von der Stellung des Komplementärs aus. So ist es – zumindest theoretisch – vorstellbar, dass natürliche Personen in die Stellung des Komplementärs einer Inv-KG eintreten, die dem Kreis der Fondsinitiatoren zuzurechnen sind. Demgemäß sprechen § 127 Abs. 1 Satz 2 KAGB und § 152 Abs. 1 Satz 1 KAGB nicht gegen eine Auslegung, wonach auch natürliche Personen als Komplementäre einer Inv-KG beitreten können. Allerdings schränken die Normen sowohl § 128 Abs. 1 KAGB als auch § 153 Abs. 1 KAGB dahingehend ein, dass es sich bei diesen natürlichen Personen nicht um Anleger handeln darf. Dementsprechend ist die Stellung des Komplementärs denjenigen natürlichen Personen vorbehalten, die nicht zum Kreis der Anleger im Sinne der §§ 127, 152 KAGB zählen.

Eine Heranziehung von § 153 Abs. 1 Satz 2 KAGB und § 153 Abs. 1 Satz 2 KAGB ergibt somit, dass im Umkehrschluss auch natürliche Personen mit der Geschäftsführung der Inv-KG betraut werden können[702] und daher zum Kreis der Komplementäre einer Inv-KG gehören können.

3.1.2.3. Gesetzgeberischer Wille zu § 128 Abs. 1 KAGB und § 153 Abs. 1 KAGB

Weiterhin ist der gesetzgeberische Wille zu § 128 Abs. 1 KAGB und § 153 Abs. 1 KAGB zu berücksichtigen. In der Gesetzesbegründung hierzu wird ausgeführt, dass die Anforderung an das Vier-Augen-Prinzip unter anderem auch dann erfüllt wird, wenn *„mindestens zwei* ***natürliche*** *Personen die Geschäftsführung übernehmen"*.[703] Der Gesetzgeber bringt damit deutlich zum Ausdruck, dass auch natürliche Personen Geschäftsführer einer Inv- KG sein können. Zwar kann die Gesetzesbegründung auch so verstanden werden, dass auch natürliche

701 Vgl. § 127 Abs. 1 Satz 2 KAGB und § 152 Abs. 1 Satz 1 KAGB.

702 So auch *Kunschke/Klebeck* in Beckmann/Scholtz/Vollmer, KAGB, § 128 Rn. 15 und § 153 Rn. 17.

703 Vgl. BT-Drs. 17/12294, Seite 243, zu § 128 (Geschäftsführung), zu Absatz 1 und Seite 251, zu § 153 (Geschäftsführung, Beirat), zu Absatz 1.

Personen, die der Inv-KG als Kommanditisten beigetreten sind, originär geschäftsführend für die Inv-KG tätig werden dürfen. Allerdings liegt der Schluss nahe, dass sich der Gesetzgeber mit seinen Ausführungen zu § 128 Abs. 1 KAGB und § 153 Abs. 1 KAGB auf die geschäftsführenden Komplementäre bezog. Damit spricht ebenfalls die historische Auslegung dafür, dass auch natürliche Personen Komplementäre einer Inv-KG sein können.

3.1.2.4. Sinn und Zweck

Zuletzt sind teleologische Gesichtspunkte einzubeziehen. Wie bereits erwähnt, dient die Einführung der Inv-KG als weiteres Investmentvehikel dem Willen des Gesetzgebers, unter anderem der bisherigen Fondspraxis weiterhin die Möglichkeit zu geben, insbesondere geschlossene Fonds in der Rechtsform einer Personengesellschaft auszugestalten.[704] Diese Praxis nutzte vor allem die Rechtsform der KG, an der die Anleger als Kommanditisten beteiligt waren. Im Übrigen divergierte die weitere Strukturierung der einzelnen Fonds – je nach Initiator, Anlageobjekt und Anlegerkreis – stark. Insofern wurde von dem Umstand, dass die personengesellschaftsrechtlichen Vorschriften über die KG weitestgehend dispositiv sind, reger Gebrauch gemacht. Eine enge Auslegung von § 128 Abs. 1 KAGB und § 153 Abs. 1 KAGB würde die Fondsgestaltung in der Praxis unangemessen beeinträchtigen, was unter Berücksichtigung der Beibehaltung existierender Fondsstrukturen aber nicht gewollt ist. Freilich dürfte die Aufnahme natürlicher Personen als Komplementäre in der Praxis aber die Ausnahme bleiben.

Allerdings sind auch im Rahmen der Erwägungen zu einer möglichst freizügigen Ausgestaltung von Fonds ebenfalls die Überlegungen des Anlegerschutzes zu berücksichtigen. Wie zuvor erwähnt, soll den Anlegern im Sinne der §§ 127, 152 KAGB eine Beteiligung als Komplementäre verwehrt sein. Auf diese Weise soll verhindert werden, dass Anleger dem unbegrenzten Haftungsrisiko ausgesetzt werden. Dementsprechend gilt auch hier die Einschränkung, dass der hinter dem KAGB und der AIFM-Richtlinie stehende Anlegerschutz die bisherige Fondspraxis überlagert.

---

704 Vgl. BT-Drs. 17/12294, Seite 190, zu 5. Fondsvehikel; Beckmann in Beckmann/Scholtz/Vollmer, KAGB, § 91 Rn 72.

Somit kommt auch die teleologische Auslegung zu dem Ergebnis, dass sich natürliche Personen als Komplementäre an einer Inv-KG beteiligen können. Auch hier gilt jedoch einschränkend, dass die Stellung des Komplementärs den Anlegern vorenthalten bleibt.

3.1.2.5. Kritik durch die Literatur daran, dass natürliche Personen Komplementär einer Inv-KG werden können

Die Möglichkeit, auch natürliche Personen mit der Ausübung der Geschäftsführung der Inv-KG zu betrauen, wird von Teilen der Literatur kritisch gesehen.[705] Vielmehr solle die Komplementärstellung in der Inv-KG juristischen Personen vorbehalten bleiben.[706] Angeführt wird insbesondere das Haftungsrisiko für den Anleger, das aus der Stellung als Komplementär resultiere.[707] Hintergrund dieser Überlegung dürfte sein, dass die Befugnis zur Geschäftsführung regelmäßig – d. h. vorbehaltlich einer abweichenden gesellschaftsvertraglichen Vereinbarung – an die Komplementärstellung gekoppelt ist.[708] Vor diesem Risiko sollten demnach die Anleger geschützt werden.

Dabei bleibt jedoch unberücksichtigt, dass Anleger, die sich über eine Inv-KG an einem Investmentvermögen beteiligen, ausschließlich über die Stellung eines Kommanditisten in eine Inv-KG eintreten können.[709] Ein Eintritt in die Inv-KG als Komplementär ist den Anlegern dagegen verwehrt. Das für den Komplementär existierende Haftungsrisiko besteht daher für einen Anleger im Sinne des KAGB nicht. Zugleich lässt sich hieraus folgern, dass die Komplementärstellung entweder einer juristischen Person oder einer natürlichen Person, die zum Kreis der Fondsinitiatoren zu rechnen ist, vorbehalten bleibt.

Der Literaturansicht ist zugutezuhalten, dass keine einschränkende Auslegung der Vorschriften angestrebt wird, sondern für eine Überarbeitung des (damals noch im Entwurf befindlichen) Gesetzestextes eingetreten wird. Eine solche einschränkende Auslegung wäre vorliegend auch gar nicht möglich. Denn ungeachtet der voranstehenden Ausführungen ist bezüglich dieser Fragestellung der gesetzgeberische

705 Vgl. *Freitag*, NZG 2013, 329 (334).
706 *Freitag*, a. a. O.
707 Vgl. *Freitag*, a. a. O.
708 Vgl. § 161 Abs. 2 HGB i. V. m. § 114 HGB sowie § 164 HGB.
709 Vgl. § 127 Abs. 1 Satz 2 KAGB und § 152 Abs. 1 Satz 1 KAGB.

Wille zu berücksichtigen. Aufgrund der expliziten Ausführung in der Gesetzesbegründung, wonach das Vier-Augen-Prinzip gewahrt wird, wenn die Geschäftsführung durch wenigstens zwei natürliche Personen wahrgenommen wird, ist eine einschränkende Auslegung der Vorschriften nicht möglich. Einer solchen Auslegung stünde daher der ersichtliche anderslautende Wille des Gesetzgebers entgegen.

3.1.2.6. Einschränkung bei einer intern verwalteten Inv-KG aufgrund europarechtskonformer Auslegung

Einschränkungen hinsichtlich der Bestellung von natürlichen Personen ergeben sich jedoch aus den europarechtlichen Regelungen. In der Literatur wird insoweit ausgeführt, dass die Stellung des Komplementärs der Inv-KG dann nicht (nur) von natürlichen Personen ausgefüllt werden könne, soweit es sich um eine intern verwaltete Inv-KG handle.[710] Dies ergebe sich aus der AIFM-Richtlinie, deren Vorschriften insoweit enger seien als die deutschen Vorschriften. Dieser Literaturansicht ist beizupflichten.

Der Art. 4 Abs. 1 lit. b der AIFM-Richtlinie sieht vor, dass nur eine juristische Person eine KVG für einen AIF sein kann. Zwar ist die Inv-KG eine Personengesellschaft und daher selbst keine juristische Person, allerdings wird diese Voraussetzung nach Art. 4 Abs. 1 lit. b der AIFM-Richtlinie dann erfüllt, wenn die Funktion des Komplementärs durch eine juristische Person ausgeübt wird.[711] Grund hierfür ist, dass die Aufgaben der Inv-KG durch ihre persönlich haftenden Gesellschafter als das zuständige Organ wahrgenommen werden.[712]

Diese mittelbare Verwaltung der intern verwalteten Inv-KG ist dagegen dann nicht mehr gegeben, wenn die Stellung des Komplementärs ausschließlich durch natürliche Personen wahrgenommen wird. Die Regelung nach Art. 4 Abs. 1 lit. b der AIFM-Richtlinie wird zwar auch dann gewahrt, wenn neben einer juristischen Person eine weitere

710 Vgl. *Casper*, ZHR 2015, 44 (57); *Stöber* in Westermann/Wertenbruch, Handbuch Personengesellschaften, § 54a Rn. 3169a.

711 Vgl. *Stöber* in Westermann/Wertenbruch, Handbuch Personengesellschaften, § 54a Rn. 3168a.

712 Vgl. *Casper*, ZHR 2015, 44 (58); *Stöber* in Westermann/Wertenbruch, Handbuch Personengesellschaften, § 54a Rn. 3168a.

natürliche Person als Komplementär bestellt wird.[713] Für diesen Fall ist jedoch zu fordern, dass die natürliche Person, die ebenfalls Komplementär ist, ausschließlich gemeinsam mit einem Komplementär, bei dem es sich um eine juristische Person handelt, tätig werden darf. Denn im Falle der Einzelgeschäftsführungsbefugnis zugunsten eines solchen natürlichen, persönlich haftenden Gesellschafters käme es wiederum zu einer Umgehung von Art. 4 Abs. 1 lit. b der AIFM-Richtlinie.

Eine richtlinienkonforme Auslegung von § 128 Abs. 1 KAGB und § 153 Abs. 1 KAGB ist daher für die intern verwaltete Inv-KG geboten. Eine Bestellung von natürlichen Personen als Komplementäre der Inv-KG ist somit uneingeschränkt nur dann möglich, wenn die zu beurteilende Inv-KG als Vehikel für ein extern verwaltetes Investmentvermögen dient. Handelt es sich dagegen um eine intern verwaltete Inv-KG, ist ein Verzicht auf die Ernennung einer juristischen Person als Komplementär unumgänglich. Insoweit ist in der Tat eine richtlinienkonforme Auslegung geboten. Allerdings besteht nach der hier vertretenen Ansicht die Möglichkeit, eine natürliche Person zusätzlich und neben der juristischen Person als Geschäftsführer zu bestellen, sofern diese nicht einzelgeschäftsführungsbefugt ist. Denn andernfalls würde die Anordnung nach Art. 4 Abs. 1 lit. b der AIFM-Richtlinie wiederum unterlaufen.

3.2. Kommanditisten als geschäftsführende Gesellschafter einer Inv-KG

Aus der Anwendung des personengesellschaftsrechtlichen Grundsatzes der Selbstorganschaft resultiert, dass die Kommanditisten gemäß § 164 Hs. 1 HGB[714] grundsätzlich von der Geschäftsführung bei der Inv-KG ausgeschlossen sind. Abweichende Vereinbarungen im Gesellschaftsvertrag werden allerdings über § 163 HGB ausdrücklich zugelassen, sodass nach dem personengesellschaftsrechtlichen Verständnis einem oder mehreren Kommanditisten das Recht zur Geschäftsführung durch eine entsprechende Vereinbarung im Gesellschaftsvertrag

---

713 Andere Ansicht wohl *Casper*, ZHR 2015, 44 (58), wonach generell keine natürliche Person einer intern verwalteten Inv-KG beitreten könne.

714 Nach alter Rechtslage: § 164 Satz 1 Hs. 1 HGB a. F.

eingeräumt werden kann.[715] Für die Inv-KG ist zu klären, ob § 164 Hs. 1 HGB für die Inv-KG zwingend ist oder ob es bei der Anwendbarkeit von § 163 HGB bleibt und im Gesellschaftsvertrag einer Inv-KG eine abweichende Regelung getroffen werden kann.

3.2.1. Systematische Auslegung

Aus dem Wortlaut von § 128 Abs. 1 KAGB und § 153 Abs. 1 KAGB selbst ergeben sich keine Anhaltspunkte, weswegen zum Zwecke der Auslegung auf die weiteren investmentrechtlichen Vorschriften zurückzugreifen ist. Hierbei sind vor allem § 128 Abs. 3 KAGB und § 153 Abs. 4 KAGB zu berücksichtigen. Danach dürfen Mitglieder der Geschäftsführung der Inv-KG – und bei einer geschlossenen Inv-KG auch die Mitglieder des Beirats – grundsätzlich Vermögensgegenstände weder an die Inv-KG verkaufen noch von dieser erwerben.[716] Von diesem Verbot ausgenommen sind der Erwerb und die Veräußerung von Kommanditanteilen durch die Mitglieder der Geschäftsführung.[717] Im Zusammenhang mit § 128 Abs. 3 Satz 1 KAGB bzw. § 153 Abs. 4 Satz 1 KAGB wird deutlich, dass sich die Ausnahme vom generellen Erwerbs- und Veräußerungsverbot auf die Kommanditanteile der Inv-KG selbst bezieht. Dies entspricht inhaltlich auch § 119 Abs. 4 Satz 2 KAGB[718] und § 106b Satz 2 InvG,[719] die als Vorlage für § 128 Abs. 3 Satz 2 KAGB und § 153 Abs. 4 Satz 2 KAGB dienten.[720] Mit der Anordnung von § 128 Abs. 3 Satz 2 KAGB und § 153 Abs. 4 Satz 2 KAGB wird es somit den Mitgliedern der Geschäftsführung einer Inv-KG gestattet, Kommanditanteile der Inv-KG zu erwerben und zu veräußern. Aus § 128 Abs. 3 Satz 2 KAGB und § 153 Abs. 4 Satz 2 KAGB kann daher gefolgert werden, dass es auch Kommanditisten möglich ist, sich organschaftliche Geschäftsführungsbefugnisse übertragen zu lassen. Denn aufgrund des Grundsatzes der Selbstorganschaft können § 128 Abs. 3 Satz 2 KAGB und § 153 Abs. 4 Satz 2 KAGB nur für den Zweiterwerb von Gesellschaftsanteilen der Inv-KG durch die Mitglie-

715 Vgl. *Gummert* in Henssler/Strohn, HGB, § 164 Rn. 16.
716 Vgl. § 128 Abs. 3 Satz 1 KAGB und § 153 Abs. 4 Satz 1 KAGB.
717 Vgl. § 128 Abs. 3 Satz 2 KAGB und § 153 Abs. 4 Satz 2 KAGB.
718 Vgl. *Lorenz* in Weitnauer/Boxberger/Anders, KAGB, § 119 Rn. 17.
719 Vgl. *Fischer/Steck* in Berger/Steck/Lübbehüsen, InvG, § 106b Rn. 2.
720 Vgl. BT-Drs. 17/12294, Seite 243, zu § 128 (Geschäftsführung), zu Absatz 3 und Seite 251, zu § 153 (Geschäftsführung, Beirat), zu Absatz 4.

der der Geschäftsführung von Bedeutung sein. Daher spricht die systematische Auslegung dafür, dass es bei der Abdingbarkeit von§ 164 Hs. 1 HGB bleibt und auch Kommanditisten der Inv-KG Geschäftsführungsbefugnis eingeräumt werden kann.

3.2.2. Historische Auslegung

Außerdem ist die Gesetzesbegründung von § 124 KAGB und § 149 KAGB heranzuziehen, wobei in diesem Zusammenhang auch frühere Fassungen der Vorschriften zu betrachten sind. Diesbezüglich ordnete § 124 Abs. 1 KAGB-E an, dass die Geschäftsführung der intern verwalteten offenen Inv-KG durch einen oder mehrere Komplementäre wahrgenommen wird.[721] Die gleiche Anordnung im Hinblick auf die Geschäftsführung bei der intern verwalteten geschlossenen Inv-KG sah § 149 Abs. 1 KAGB vor.[722] Hierzu wurde ausgeführt, dass das gesetzliche Leitbild des § 164 HGB zwingend vorgeschrieben werden solle.[723] Von diesem Diskussionsentwurf wurde bei der Beschlussfassung schlussendlich abgesehen und die Regelung über die Geschäftsführung wurde in der derzeitigen Fassung getroffen. Dies zeigt auf, dass sich der Gesetzgeber dieser Thematik bewusst war und bewusst die Geschäftsführungsbefugnis nicht auf die Komplementäre der Inv-KG begrenzt hat.[724] Folglich spricht auch die historische Auslegung dafür, dass es bei der Anwendung von § 163 HGB bleiben soll und eine von § 164 HGB abweichende Vereinbarung im Gesellschaftsvertrag der Inv-KG zugunsten von Kommanditisten getroffen werden kann.

3.2.3. Sinn und Zweck

Zuletzt ist auf teleologische Gesichtspunkte abzustellen. Bislang wurden insbesondere geschlossene Fonds aus steuerlichen Gründen in der Rechtsform der KG konzeptioniert und zur Reduzierung von Haftungsrisiken wurde die Stellung des Komplementärs regelmäßig

---

721 Vgl. *BMF*, Diskussionsentwurf vom 20.07.2012, Seite 133.
722 Vgl. *BMF*, Diskussionsentwurf vom 20.07.2012, Seite 144.
723 Vgl. *BMF*, Diskussionsentwurf vom 20.06.2012, Seite 414, zu § 124 (Geschäftsführung), zu Absatz 1 und Seite 428, zu § 149 (Geschäftsführung, Aufsichtsrat), zu Absatz 1.
724 Vgl. *Kunschke/Klebeck* in Beckmann/Scholtz/Vollmer, KAGB, § 128 Rn. 16.

auf eine Kapitalgesellschaft – in der Regel eine GmbH – übertragen, sodass die Fonds zumeist als GmbH & Co. KG aufgelegt wurden. Um das Entstehen der Gewerbesteuerpflicht zu vermeiden, war und ist es erforderlich, neben den Komplementären zusätzlich zumindest einen Kommanditisten mit der Geschäftsführung zu beauftragen. Auf diese Weise lässt das Steuerrecht zu, dass eine Personengesellschaft gewerblich entprägt wird.[725]

Mit der Neugliederung des deutschen Investmentrechts durch das KAGB und der Einführung der Inv-KG sollte es den Fondsinitiatoren unter anderem ermöglicht werden, die bisherige Fondspraxis beizubehalten.[726] Eine Fortführung der bisherigen Fondspraxis ist jedoch nur dann möglich, wenn es bei der Anwendung von § 163 HGB bleibt und vom gesetzlichen Regelfall gemäß § 164 Hs. 1 HGB durch eine gesellschaftsvertragliche Vereinbarung abgesehen werden kann. Im umgekehrten Falle wäre eine gewerbliche Entprägung der Inv-KG nicht mehr möglich und die Fonds, die als Personengesellschaft ausgestaltet sind, verlören an Attraktivität.

Zwar könnte die Erzielung von gewerblichen Einkünften auch dann verhindert werden, wenn neben einer Kapitalgesellschaft eine natürliche Person als Komplementär eingesetzt würde – auf diese Weise werden die Voraussetzungen von § 15 Abs. 3 Nr. 2 EStG ebenfalls erfüllt. Diese natürliche Person wäre jedoch dem Totalverlust ihres Vermögens ausgesetzt. Die Fortführung der bisherigen Fondspraxis wäre unter diesen Gegebenheiten faktisch nicht mehr zu erwarten, zumindest aber erheblich erschwert.

Demgemäß spricht auch die teleologische Auslegung dafür, dass es bei der Anwendbarkeit von § 163 HGB auch für die Inv-KG bleibt und somit durch gesellschaftsvertragliche Regelung von den Bestimmungen in § 164 HGB abgewichen werden kann.

---

725 Vgl. § 15 Abs. 3 Nr. 2 EstG.

726 Vgl. BT-Drs. 17/12294, Seite 190, zu 5. Fondsvehikel, zu lit. b Fondsvehikel für geschlossene Fonds.

3.3. Ausschluss einzelner oder mehrerer Gesellschafter von der Geschäftsführung

Beabsichtigen die Gesellschafter, durch entsprechende Vereinbarungen im Gesellschaftsvertrag von den gesetzlichen Bestimmungen abzuweichen, ist der Grundsatz der Selbstorganschaft zu beachten.[727] Danach ist der Ausschluss aller Gesellschafter von der Geschäftsführung nicht möglich. Für eine Personenhandelsgesellschaft bedeutet das, dass die Ausübung der Geschäftsführung durch einen einzelnen Komplementär ausreichend ist, auch wenn die übrigen Komplementäre von der Geschäftsführung ausgeschlossen sind. Zudem ist es denkbar, dass alle Komplementäre von der Geschäftsführung ausgeschlossen werden und die Geschäftsführung ausschließlich durch einen Kommanditisten ausgeübt wird.[728] Ein Verstoß gegen den Grundsatz der Selbstorganschaft wird hierin nicht erkannt, weil der geschäftsführende Kommanditist nicht als externer Dritter angesehen werden kann.[729] Aufgrund seiner persönlichen Haftung muss in diesen Fällen jedoch ein ausreichender Schutz des Komplementärs sichergestellt sein.[730]

Die Übertragung der Geschäftsführung auf einen externen Geschäftsführer ist bei der Inv-KG nur durch entsprechende rechtliche Gestaltung möglich. Diese Fremdorganschaft kann insbesondere dadurch erreicht werden, dass die Stellung des Komplementärs ausschließlich von einer juristischen Person – in der Praxis ist dies meist eine GmbH – ausgeübt wird. Der Grundsatz der Selbstorganschaft wird hier beachtet, wenngleich bei der juristischen Person der Grundsatz der Fremdorganschaft gilt.[731] Dass eine juristische Person oder eine rechtsfähige Personengesellschaft als alleinige Komplementärin einer KG auftreten kann, ist inzwischen anerkannt.[732] Auch seitens des Gesetzgebers wurde eine solche Konstruktion spätestens mit der Einführung von § 172 Abs. 6 und § 177a HGB gebilligt.

---

727 Vgl. *Jickeli* in MüKo/HGB, § 114 Rn. 23 m. w. N.; *Lieder* in Oetker, HGB, § 114 Rn. 18; *Roth* in Baumbach/Hopt, HGB, § 114 Rn. 20.

728 Vgl. *Grunewald* in MüKo/HGB, § 164 Rn. 25; *Roth* in Hopt, HGB, § 164 Rn. 7.

729 Vgl. *Grunewald* in MüKo/HGB, § 164 Rn. 25.

730 Vgl. *Grunewald* in MüKo/HGB, § 164 Rn. 25; *Roth* in Hopt, HGB, § 164 Rn. 7.

731 Vgl. *Grunewald* in MüKo/HGB, § 161 Rn. 51.

732 Vgl. *Oetker* in Oetker, HGB, § 161 Rn. 72; Grunewald in MüKo/HGB, § 161 Rn. 49.

3.4. Quantitative Anforderungen an die Geschäftsführung

In den personengesellschaftsrechtlichen Vorschriften finden sich keinerlei Vorgaben im Hinblick auf die Anzahl der zur Geschäftsführung bestellten Gesellschafter. Wie bereits erwähnt kennt das Personengesellschaftsrecht lediglich den Grundsatz der Selbstverwaltung, aus dem sich ergibt, dass wenigstens ein Gesellschafter auch mit der Führung der Gesellschaft betraut ist.

In Abweichung hiervon macht das Investmentrecht dagegen Vorgaben im Hinblick auf die Anzahl der Geschäftsführer. Gemäß dem Wortlaut § 128 Abs. 1 KAGB und § 153 Abs. 1 KAGB hat die Geschäftsführung der Inv-KG aus wenigstens zwei Personen zu bestehen.[733] Diesbezüglich wird somit von den personengesellschaftsrechtlichen Regelungen abgewichen, die keine Vorgaben zur Zahl der zur Geschäftsführung berufenen Personen enthalten. Durch diese quantitative Mindestanforderung wird das Vier-Augen-Prinzip für die Inv-KG statuiert, welches ein gängiges Element im Aufsichtsrecht ist.[734] Folglich werden die personengesellschaftsrechtlichen Bestimmungen über die Geschäftsführung dahingehend ergänzt, dass der zur Geschäftsführung berechtigte Gesellschafterkreis einer quantitativen Komponente genügen muss.

Wie zuvor gesehen, bleibt es beim Grundsatz der Selbstorganschaft, sodass sich insoweit keine Abweichungen zu den personengesellschaftsrechtlichen Grundsätzen ergeben. Dementsprechend wird das in § 128 Abs. 1 Satz 1 KAGB und § 153 Abs. 1 Satz 1 KAGB verankerte Vier-Augen-Prinzip – nach dem gesetzlichen Leitbild und vorbehaltlich ab- weichender gesellschaftsvertraglicher Regelung – dann gewahrt, wenn wenigstens zwei Personen als Komplementäre an der Inv-KG beteiligt sind und ihre Geschäftsführungsbefugnis nicht ausgeschlossen wurde.[735]

3.5. Persönliche Anforderungen an die Geschäftsführer

Nachdem der zur Geschäftsführung berechtigte Personenkreis bestimmt worden ist, ist im Anschluss daran zu klären, inwieweit die zur

733 Vgl. § 128 Abs. 1 Satz 1 KAGB und § 153 Abs. 1 Satz 1 KAGB.
734 Vgl. *Eichhorn* in Moritz/Klebeck/Jesch, KAGB, § 128 Rn. 3.
735 Vgl. § 114 Abs. 1 HGB.

Geschäftsführung bestimmten Personen außerdem bestimmte persönliche Voraussetzungen erfüllen müssen.

Das HGB sieht für die zur Geschäftsführung berechtigten Gesellschafter derartige Voraussetzungen nicht vor. Für die Geschäftsführer einer Inv-KG ergeben sich jedoch solche persönlichen Anforderungen aus § 128 Abs. 2 KAGB und § 153 Abs. 2 KAGB. Diese Vorschriften schreiben vor, dass die Geschäftsführer „*zuverlässig*“ sein und die „*erforderliche fachliche Eignung*“ mitbringen müssen. In Abweichung von den personengesellschaftsrechtlichen Vorschriften stellt das KAGB somit Anforderungen an die fachliche und persönliche Eignung der Mitglieder der Geschäftsführung bei der Inv-KG.[736]

Eine weitergehende Konkretisierung dieser persönlichen Anforderungen an die Geschäftsführung erfolgt durch das Gesetz jedoch nicht. Die Anforderungen an die Person eines zur Geschäftsführung bestimmten Gesellschafters sind daher auslegungsbedürftig.

3.5.1. Zuverlässigkeit

Zunächst ist zu untersuchen, wie der Begriff der Zuverlässigkeit zu verstehen ist. Weder § 128 Abs. 2 KAGB noch § 153 Abs. 2 KAGB bieten Anhaltspunkte dafür, wann ein Gesellschafter als für die Führung der Geschäfte einer Inv-KG zuverlässig gilt. Allerdings wird die gleiche Begrifflichkeit in § 21 Abs. 1 Nr. 3 KAGB und § 22 Abs. 1 Nr. 3 KAGB verwendet, wonach auch ein Geschäftsleiter einer KVG zuverlässig zu sein hat. In Betracht kommt daher, den Begriff in § 128 Abs. 2 KAGB und § 153 Abs. 2 KAGB gleich auszulegen wie in den beiden vorgenannten Normen. Für eine solche Heranziehung spricht, dass § 22 Abs. 1 Nr. 3 KAGB für eine intern verwaltete Inv-KG unmittelbar zur Anwendung gelangt und die Regelungen in § 128 Abs. 2 KAGB bzw. § 153 Abs. 2 KAGB daher für sie eine Wiederholung darstellen.[737]

Zum gleichen Ergebnis kommt der Gesetzgeber, der in der Gesetzesbegründung ausführt, dass für die intern verwaltete Inv-KG die in § 128 Abs. 2 KAGB enthaltenen Voraussetzungen nur von klarstellen-

---

736 Vgl. § 128 Abs. 2 KAGB und § 153 Abs. 2 KAGB.
737 Vgl. *Eichhorn*, WM 2016, 145 (146).

der Natur seien.[738] Für die intern verwaltete Inv-KG ergibt sich somit, dass ein Gleichlauf des Verständnisses zwischen § 22 Abs. 1 Nr. 3 KAGB sowie § 128 Abs. 2 KAGB und § 153 Abs. 2 KAGB herrscht. Für die extern verwaltete Inv-KG kann hinsichtlich des Begriffsverständnisses jedoch nichts anderes gelten. Dementsprechend sind die Begriffe in § 21 Abs. 1 Nr. 3 KAGB und § 22 Abs. 1 Nr. 3 KAGB sowie in § 128 Abs. 2 KAGB und § 153 Abs. 2 KAGB einheitlich auszulegen.

Allerdings wird der Begriff der Zuverlässigkeit im KAGB selbst nicht definiert. Im Zusammenhang mit der Erlaubniserteilung ergibt sich aus § 23 Nr. 3 KAGB lediglich, dass die begehrte Erlaubnis zu versagen ist, wenn es an der erforderlichen Zuverlässigkeit der Geschäftsleiter fehlt. Aus dem Gesetzeswortlaut ergibt sich somit, dass die Prüfung der Zuverlässigkeit negativ erfolgt, d. h. ein Gesellschafter, der mit der Geschäftsführung betraut werden soll, wird auf seine Unzuverlässigkeit hin überprüft. Der Begriff der Zuverlässigkeit ist daher anhand des gewerberechtlichen Verständnisses zu bestimmen.[739]

Ein Kandidat ist dann unzuverlässig, wenn er nach der Gesamtschau seines Verhaltens keine Gewähr dafür bietet, dass er sein Gewerbe in Zukunft ordnungsgemäß ausüben wird.[740] Erforderlich ist somit eine Prognoseentscheidung, die auf dem bisherigen Verhalten des Betroffenen basiert. Der Maßstab hierfür ist die Rechtstreue des potenziellen Kandidaten.[741] Die Unzuverlässigkeit kann sich sowohl aus einer einmaligen schwerwiegenden Verfehlung als auch aus mehrmaligen kleineren Gesetzesverstößen ergeben.[742] Die Prognose braucht nicht dahingehend entschieden zu werden, ob ein potenzieller Kandidat tatsächlich unzuverlässig ist oder nicht. Um zu einer Unzuverlässigkeit des Betroffenen zu gelangen, ist es vielmehr ausreichend, wenn die festgestellten Tatsachen künftiges weiteres Fehlverhalten erwarten lassen.[743] Im Investmentrecht sind dabei strenge Anforderungen zu

---

738 Vgl. BT-Drs. 17/12294, Seite 243, zu § 128 (Geschäftsführung), zu Absatz 2.

739 Vgl. *Bentele* in Baur/Tappen, KAGB, § 23 Rn. 8; *Thole* in Emde/Dornseifer/Dreibus, KAGB, § 23 Rn. 15; *Reiff* in Weitnauer/Boxberger/Anders, KAGB, § 23 Rn. 10.

740 Vgl. *BVerwG*, Beschluss vom 26.2.1997 – 1 B 34.97.

741 Vgl. *Reiff* in Weitnauer/Boxberger/Anders, KAGB, § 23 Rn. 10.

742 Vgl. *Beckmann* in Beckmann/Scholtz/Vollmer, KAGB, § 23 Rn. 70 ff.; *Thole* in Emde/Dornseifer/Dreibus, KAGB, § 23 Rn. 15.

743 Vgl. *BVerwG*, Beschluss vom 29.3.1966 – 1 C 62.65.

stellen, da durch die Kapitalverwaltungsgesellschaften große Volumina fremder Mittel verwaltet werden.[744]

Vor dem Hintergrund der vorstehenden Ausführungen ist es daher mehr als unglücklich, dass der Gesetzgeber im Rahmen des Sanktionsdurchsetzungsgesetzes II den Begriff der Unzuverlässigkeit in die Begriffsbestimmungen gemäß § 1 KAGB aufnahm.[745] Danach gilt eine Person oder rechtsfähige Personengesellschaft dann als unzuverlässig, wenn gegen sie EU-Sanktionsmaßnahmen erlassen wurden. Denn zum einen fügt sich die Begrifflichkeit nicht ins KAGB ein, da dieser Terminus tatsächlich nur in § 1 Abs. 19 Nr. 1a KAGB und damit in der Definition selbst verwendet wird.[746] Anhand der Gesetzesbegründung lässt sich aber zumindest erahnen, dass die Definition auch im Zusammenhang mit der Beurteilung Relevanz erlangt, wann ein Geschäftsleiter im Sinne des KAGB als nicht zuverlässig anzusehen ist.[747] Zum anderen ist die Definition nicht von abschließender Natur, sondern enthält lediglich eine Regelfiktion für einen konkreten Sachverhalt. Dementsprechend kann zwar bei Vorliegen der Voraussetzungen gemäß § 1 Abs. 19 Nr. 1a KAGB auf das Fehlen der Zuverlässigkeit eines aktuellen oder potenziellen Geschäftsleiters geschlossen werden, nicht aber umgekehrt. Dies dürfte in der Praxis dazu führen, dass die Beurteilung der Zuverlässigkeit eines bereits bestellten oder eines potenziellen Geschäftsleiters weiterhin nach dem gewerberechtlichen Verständnis zu erfolgen hat, sich der Ermessensspielraum der Aufsichtsbehörde jedoch auf Null reduziert, wenn die Voraussetzungen von § 1 Abs. 19 Nr. 1a KAGB vorliegen.

Somit ist festzuhalten, dass es für das Verständnis der Zuverlässigkeit im Sinne von § 21 Abs. 1 Nr. 3 KAGB und § 22 Abs. 1 Nr. 3 KAGB bzw. dem Fehlen dieser Zuverlässigkeit gemäß § 23 Nr. 3 KAGB beim begrifflichen Verständnis vor Einführung von § 1 Abs. 19 Nr. 1a KAGB verbleibt und nach dem gewerberechtlichen Verständnis zu bestimmen ist. Bei dieser Bestimmung kann die Legaldefinition der

---

744 Vgl. *Beckmann* in Beckmann/Scholtz/Vollmer, KAGB, § 23 Rn. 69.

745 So auch *Verfürth/Emde* in Emde/Dornseifer/Dreibus, KAGB, § 1 Rn. 205b.

746 Dagegen wird KAGB im Übrigen von „zuverlässig" und „nicht zuverlässig" gesprochen.

747 Vgl. BR-Drs. 541/22, Seite 51 Nr. 11 Anpassung der Zuverlässigkeitsregelungen in den Finanzaufsichtsgesetzen.

Unzuverlässigkeit gemäß § 1 Abs. 19 Nr. 1a KAGB mit seiner Fiktion unterstützen, sie ersetzt oder verdrängt das bisherige Verständnis aber nicht. Besonders gelungen ist dies jedoch nicht, vielmehr zeigt dieses Beispiel die Schwierigkeiten für die Gesetzesanwendung und Gesetzesauslegung auf, wenn sich der Gesetzgeber bemüßigt fühlt, über Gesetzesänderungen für Einzelfallgerechtigkeit sorgen zu wollen. Der praktikablere Weg wäre in diesem Falle gewesen, dass das Bundesministerium für Finanzen in seiner Eigenschaft als Fachaufsichtsbehörde gemäß § 2 FinDAG eine Weisung erteilt, wonach EU-Sanktionen dazu führen sollen, dass die finanzaufsichtsrechtliche Zuverlässigkeit zu verneinen ist. Die BaFin hätte in diesem Falle die Möglichkeit gehabt, ihre Aufsicht nach dieser Weisung anzupassen und auszuüben.[748]

3.5.2. Erforderliche Fachliche Eignung

Weiterhin ist zu prüfen, was unter der erforderlichen fachlichen Eignung zu fassen ist. Auch hier fehlt es an einer Konkretisierung des Begriffs durch das KAGB.[749] Allerdings wird auch vom Geschäftsleiter einer KVG verlangt, dass er die erforderliche fachliche Eignung mitbringt.[750] Wie zuvor dargestellt kann das Verständnis der KVG zu Auslegungszwecken für die fachliche Eignung eines Gesellschafters, der mit der Führung der Geschäfte einer Inv-KG betraut werden soll, herangezogen werden.

Unter Berücksichtigung des Verständnisses gemäß § 23 Nr. 3 KAGB ist die fachliche Eignung somit dann gegeben, wenn der zur Geschäftsführung berufene Gesellschafter in ausreichendem Maß Leitungserfahrung sowie theoretische und praktische Kenntnisse in den betreffenden Geschäften aufweist.[751] Die fachliche Eignung wird vermutet, wenn der geschäftsführende Gesellschafter nachweisen kann, dass er mindestens drei Jahre einer leitenden Tätigkeit bei einer vergleichbaren Gesellschaft nachging.[752] Diese Vermutung ist allerdings

748 Zum Beispiel auch durch Anpassung ihres Merkblatts zu den Geschäftsleitern gemäß KWG, ZAG und KAGB vom 29.12.2020.
749 Vgl. *Eichhorn*, WM 2016, 145 (146).
750 Vgl. § 23 Nr. 3 KAGB.
751 Vgl. § 25c Abs. 1 Satz 2 KWG i. V. m. § 23 Nr. 3 KAGB.
752 Vgl. § 25c Abs. 1 Satz 3 KWG i. V. m. § 23 Nr. 3 KAGB.

widerlegbar.[753] Die fachliche Eignung eines zur Geschäftsführung befugten Gesellschafters muss dabei in Bezug auf eine fondsspezifische Geschäftstätigkeit vorliegen. Insoweit ist auf den Unternehmensgegenstand der Gesellschaft abzustellen.[754]

Ungeachtet der Regelvermutung ist die fachliche Eignung eines Gesellschafters, der mit der Führung der Geschäfte der Inv-KG betraut werden soll, stets individuell zu prüfen. So hat insbesondere ein potenzieller geschäftsführender Gesellschafter, bei dem die Regelvermutung nicht eingreift, die Möglichkeit zur Nachweisführung bezüglich seiner fachlichen Eignung. Diese hat er anhand von Unterlagen gegenüber der BaFin nachzuweisen. Umgekehrt kann bei einem potenziellen geschäftsführenden Gesellschafter, auf den die Regelvermutung anzuwenden ist, durch die individuelle Prüfung dessen fehlende fachliche Eignung nachgewiesen und die Vermutung zerstört werden. Dadurch, dass die Prüfung der fachlichen Eignung für den jeweiligen zur Geschäftsführung berufenen Gesellschafter individuell vorzunehmen ist, ist von einer inhaltlichen Prüfung der BaFin auszugehen.[755]

Dementsprechend ist die erforderliche fachliche Eignung, die ein geschäftsführungsberechtigter Gesellschafter mitzubringen hat, in gleicher Weise zu bestimmen wie bei § 25c Abs. 1 Satz 2 und 3 KWG. Die Anwendung von § 25c KWG ergibt sich dabei aus dem Verweis in § 23 Nr. 3 KAGB, der entsprechend anzuwenden ist.

3.6. Fazit bzgl. der geschäftsführungsberechtigten Personen

Komplementäre der Inv-KG können sowohl natürliche als auch juristische Personen sein. Eine einschränkende Auslegung, wonach natürliche Personen nicht Komplementäre einer Inv-KG sein können, ist grundsätzlich nicht geboten.[756] Jedoch wurde der Gesetzeswortlaut

753 Vgl. *Beckmann* in Beckmann/Scholtz/Vollmer, KAGB, § 23 Rn. 126; *Wieland* in Assmann/Wallach/Zetzsche, KAGB, § 23 Rn. 13; *Bentele* in Baur/Tappen, KAGB, § 23 Rn. 14.

754 Vgl. § 21 Abs. 1 Nr. 7 und Nr. 8 sowie § 22 Abs. 1 Nr. 7 und Nr. 12 KAGB.

755 Vgl. *Beckmann* in Beckmann/Scholtz/Vollmer, KAGB, § 23 Rn. 126; *Wieland* in Assmann/Wallach/Zetzsche, KAGB, § 23 Rn. 14; *Bentele* in Baur/Tappen, KAGB, § 23 Rn. 14; *Reiff* in Weitnauer/Boxberger/Anders, KAGB, § 21 Rn. 22.

756 Zu berücksichtigen ist allerdings, dass Anleger nicht in die Stellung eines Komplementärs eintreten können, sondern auf die Kommanditistenstellung beschränkt sind.

von § 128 Abs. 1 KAGB und § 153 Abs. 1 KAGB zumindest missverständlich gefasst, indem lediglich der Begriff „*Person*" verwendet wurde. Da dieser Terminus sowohl natürliche Personen als auch juristische Personen erfassen kann, wäre hier eine Klarstellung des Gesetzeswortlauts wünschenswert.[757] Hinsichtlich einer intern verwalteten Inv-KG ist allerdings eine europarechtskonforme Auslegung geboten. Bei der intern verwalteten Inv-KG ist die Stellung des Komplementärs zudem regelmäßig einer juristischen Person vorbehalten, während natürliche Personen nicht (ausschließlich) als Komplementäre an einer solchen Inv-KG beteiligt sein dürfen. Insoweit steht mit Art. 4 der AIFM-Richtlinie eine europarechtliche Vorschrift den §§ 128, 153 KAGB entgegen, die insoweit ein weites Verständnis zulassen.

Zusätzlich bedarf jede Inv-KG mindestens zweier Geschäftsführer. Diese erforderliche Mindestanzahl der Geschäftsführungsmitglieder wird auch dann gewahrt, wenn Geschäftsführer der Inv-KG eine juristische Person ist, deren Geschäftsführung ihrerseits von zwei Personen wahrgenommen wird. Insofern weicht das KAGB von den personengesellschaftsrechtlichen Vorschriften ab, die keine quantitativen Vorgaben kennen.

Die Kommanditisten einer Inv-KG sind dagegen grundsätzlich von der Geschäftsführung einer Inv-KG ausgeschlossen. Allerdings bleibt es bei der Anwendbarkeit von § 163 HGB, sodass es den Gesellschaftern einer Inv-KG freisteht, vom Regelungsinhalt des § 164 HGB abzuweichen und auch Kommanditisten mit der Führung der Geschäfte der Inv-KG zu beauftragen.[758]

Im Gegensatz zu den personengesellschaftsrechtlichen Vorschriften, die keine generellen Voraussetzungen an die geschäftsführenden Gesellschafter stellen, wird von den investmentrechtlichen Vorschriften die Erfüllung bestimmter persönlicher Anforderungen von den zur Geschäftsführung berufenen Gesellschaftern einer Inv-KG verlangt. Gesellschafter, die mit der Führung der Geschäfte bei der Inv-KG betraut werden sollen, müssen dabei als zuverlässig gelten und die erforderliche fachliche Eignung mitbringen. Dies ist konsequent, da sich dies in das aufsichtsrechtliche Leitbild einfügt. Entsprechende Ver-

757 So auch Eichhorn, WM 2016, 145.

758 So auch *Kunschke/Klebeck* in Beckmann/Scholtz/Vollmer, KAGB, § 128 Rn. 15 und § 153 Rn. 17.

gleichsvorschriften sind sowohl für Institute nach dem KWG[759] als auch für Institute nach dem WpIG[760] sowie für Versicherungsunternehmen nach dem VAG[761] bekannt. Im Rahmen der Auslegung der beiden nicht weiter erläuterten Begriffe kann dabei auf das Verständnis zu § 25c KWG zurückgegriffen werden, auf den § 23 Nr. 3 KAGB verweist. Die Auslegung der beiden Begriffe erfolgt somit anhand der gleichen Kriterien, was eine praxisnahe Anwendung der Vorschrift erlaubt.

4. Umfang der Geschäftsführungsbefugnis bei der Inv-KG

Weiter ist zu untersuchen, ob und gegebenenfalls inwieweit die investmentrechtlichen Vorschriften eigenständige Vorschriften zum Umfang der Geschäftsführungsbefugnis bei der Inv-KG vorsehen. Bei dieser Untersuchung ist dabei zwischen der Geschäftsführungsbefugnis bei der intern verwalteten Inv-KG auf der einen Seite und der extern verwalteten Inv-KG auf der anderen Seite zu unterscheiden, die nachfolgend gesondert betrachtet werden.

4.1. Umfang der Geschäftsführungsbefugnis bei intern verwalteter Inv-KG

Zu betrachten ist zuerst die intern verwaltete Inv-KG. Diese ist zunächst das Vehikel für das Investmentvermögen und zugleich selbst als KVG zugelassen bzw. registriert.[762] Sie verwaltet daher sich und das Investmentvermögen selbst.[763] Bei der intern verwalteten Inv-KG werden somit die Funktion als Vehikel des Investmentvermögens und die Eigenschaft als KVG miteinander vereint. Aufgrund dessen erübrigt sich eine weitergehende Differenzierung zwischen Geschäftsführungsmaßnahmen hinsichtlich der Anlage und der Verwaltung des Investmentvermögens – genauer: des Kapitalanlagevermögens – und sonstigen Geschäftsführungsmaßnahmen der Inv-KG. Denn für beides bleibt originär die intern verwaltete Inv-KG zuständig.

759 Vgl. § 25c Abs. 1 KWG.
760 Vgl. § 20 Abs. 1 WpIG.
761 Vgl. § 24 Abs. 1 VAG.
762 Vgl. § 17 Abs. 2 Nr. 2 KAGB.
763 Vgl. *Volhard/Jang* in Weitnauer/Boxberger/Anders, KAGB, § 1 Rn. 50.

Dementsprechend ist für die intern verwaltete Inv-KG lediglich zu prüfen, ob und gegebenenfalls inwieweit die investmentrechtlichen Vorschriften von den personengesellschaftsrechtlichen Regelungen abweichen. Allerdings enthalten weder § 128 KAGB noch § 153 KAGB gesonderte Regelungen über die Geschäftsführungsbefugnis. Auch in den weiteren Regelungen über die offene Inv-KG und die geschlossene Inv-KG finden sich keine Ausführungen zur Geschäftsführungsbefugnis. Folglich bleibt es in Ermangelung eigenständiger Regelungen über die Geschäftsführungsbefugnis bei der Anwendbarkeit der personengesellschaftsrechtlichen Bestimmungen. Gemäß den personengesellschaftsrechtlichen Vorschriften zur Geschäftsführung wird dabei zwischen unterschiedlichen Geschäftsführungsmaßnahmen unterschieden. Je nach Lesart kennt das Personengesellschaftsrecht drei bzw. vier verschiedene Stufen der Geschäftsführungsmaßnahmen. Dabei stellen die gewöhnlichen Geschäftsführungsmaßnahmen gemäß § 116 Abs. 2 Satz 1 Hs. 1 HGB[764] die erste Stufe dar und werden gefolgt von den Geschäftsführungsmaßnahmen, die über den gewöhnlichen Geschäftsbetrieb einer KG hinausgehen und auch als außergewöhnliche Geschäftsführungsmaßnahmen bezeichnet werden.[765] Auf der letzten Stufe sind die Grundlagengeschäfte angesiedelt. Je nach Lesart können zudem die Erteilung und der von Prokura gemäß § 116 Abs. 2 Satz 2 und Satz 3 HGB[766] als eine eigenständige Geschäftsführungsmaßnahme gesehen werden.[767]

Zu beachten ist, dass es sich bei den personengesellschaftsrechtlichen Vorschriften zur Geschäftsführung um dispositive Vorschriften handelt. Der dispositive Charakter der Regelung ergibt sich dabei aus § 108 HGB,[768] wonach die Vorschriften über das Rechtsverhältnis der Gesellschafter untereinander und der Gesellschafter zur Gesellschaft nur dann Anwendung finden, soweit der Gesellschaftsvertrag nichts Abweichendes bestimmt. Es steht den Gesellschaftern somit frei, den Umfang und die Grenzen der Geschäftsführungsbefugnis abweichend

764 Nach alter Rechtslage: § 116 Abs. 1 HGB a. F.

765 Nach neuer Rechtslage: § 116 Abs. 2 Satz 1 2. HS HGB; nach alter Rechtslage: § 116 Abs. 2 HGB a. F.

766 Nach alter Rechtslage: § 116 Abs. 3 HGB a. F.

767 Vgl. *Jickeli* in MüKo/HGB, § 116 Rn. 1; *Roth* in Hopt, HGB, § 116 Rn. 1 ff.; *Kindler* in Koller/Kindler/Roth/Drüen, HGB, § 116 Rn. 1 ff.

768 Nach alter Rechtslage: § 109 HGB a. F.

von den personengesellschaftsrechtlichen Vorschriften über die Geschäftsführung zu regeln.

4.1.1. Gewöhnliche Geschäftsführungsmaßnahmen

Nach den personengesellschaftsrechtlichen Vorschriften – und vorbehaltlich abweichender Vereinbarungen im Gesellschaftsvertrag – obliegt die Zuständigkeit für die gewöhnlichen Geschäftsführungsmaßnahmen Komplementären als den von Gesetzes wegen zur Geschäftsführung berechtigten Gesellschaftern, während die Kommanditisten hiervon ausgeschlossen sind. Für die Komplementäre ergibt sich diese Rechtsfolge aus § 116 Abs. 1 HGB,[769] für die Kommanditisten wiederum aus § 164 Hs. 1 HGB.[770]

Welche Maßnahmen zu den gewöhnlichen Geschäften des Geschäftsbetriebs zu zählen sind, ist durch Auslegung zu ermitteln. Gewöhnlich sind solche Geschäfte, die im Geschäftsbetrieb der konkret zu beurteilenden Gesellschaft üblicherweise vorkommen, d.h. die von Zeit zu Zeit zu erwarten sind.[771] Entscheidend ist demnach eine einzelfallbezogene – und nicht eine typisierte – Betrachtungsweise.[772] Es ist somit stets individuell zu ermitteln, welche Geschäfte der zu beurteilende Betrieb nach Art und Umfang konkret mit sich bringt.[773]

Ob eine Maßnahme als gewöhnlich oder als ungewöhnlich anzusehen ist, ist anhand einer unternehmerischen Betrachtung zu beurteilen.[774] Bei der Einordnung einer Maßnahme hinsichtlich ihrer Gewöhnlichkeit bzw. Außergewöhnlichkeit sind als Kriterien der Inhalt des Gesellschaftsvertrags, die Art und Größe des konkreten Unternehmens und die bisher gelebte Praxis in der Gesellschaft heranzuziehen.[775] Des Weiteren sind die Bedeutung und das Risiko, das das jeweilige Geschäft für die konkrete Gesellschaft darstellt, bei der Abgrenzungs-

---

769 Nach alter Rechtslage: § 114 Abs. 1 HGB a.F.
770 Nach alter Rechtslage: § 164 Satz 1 Hs. 1 HGB a.F.
771 Vgl. *Kindler* in Koller/Kindler/Roth/Drüen, HGB, § 116 Rn. 1; *Lieder* in Oetker, HGB, § 116 Rn. 4.
772 Vgl. *Jickeli* in MüKo/HGB, § 116 Rn. 10; *Drescher* in Ebenroth/Boujong/Joost/Strohn, HGB, § 116 Rn. 3; *Lieder* in Oetker, HGB, § 116 Rn. 4.
773 *Lieder* in Oetker, HGB, § 116 Rn. 4.
774 Vgl. Jickeli in MüKo/HGB, § 116 Rn. 8.
775 Vgl. *Finckh* in Henssler/Strohn, HGB, § 116 Rn. 7; *Lieder* in Oetker, HGB, § 116 Rn. 4; *Drescher* in Ebenroth/Boujong/Joost/Strohn, HGB, § 11 Rn. 3.

beurteilung miteinzubeziehen.[776] Im Zweifel neigen die herrschende Literaturansicht[777] und wohl auch die Rechtsprechung[778] dazu, eine Maßnahme der gewöhnlichen Geschäftstätigkeit zuzuordnen.

4.1.2. Geschäftsführungsmaßnahmen, die über den gewöhnlichen Betrieb hinausgehen

Geschäftsführungsmaßnahmen, die über den gewöhnlichen Betrieb der Gesellschaft hinausgehen, können nach Maßgabe der personengesellschaftsrechtlichen Vorschriften zur Geschäftsführung nicht alleine von den Komplementären als den geschäftsführenden Gesellschaftern vorgenommen werden, sondern bedürfen eines Beschlusses aller Gesellschafter.[779] Geschäftsführungsmaßnahmen, die als außergewöhnlich anzusehen sind, bedürfen nicht nur der Mitwirkung der von der Geschäftsführung ausgeschlossenen Komplementäre oder – im Falle einer Einzelgeschäftsführungsbefugnis – der Mitwirkung der übrigen geschäftsführungsberechtigten Gesellschafter, sondern auch der Mitwirkung der (übrigen) Kommanditisten. Dieses Mitwirkungsrecht durch alle Gesellschafter bei außergewöhnlichen Geschäftsführungsmaßnahmen ergibt sich dabei aus § 116 Abs. 2 Satz 1 Hs. 2 HGB[780] sowie § 164 Hs. 1 HGB[781].

Bis zum Inkrafttreten des MoPeG war das Mitwirkungsrecht der Kommanditisten bei außergewöhnlichen Geschäftsführungsmaßnahmen missverständlich formuliert. Gemessen am Wortlaut von § 164 Satz 1 Hs. 2 HGB a. F. konnte die Norm so verstanden werden, dass den Kommanditisten bei außergewöhnlichen Geschäften ein bloßes Widerspruchsrecht zustehe. Tatsächlich handelte es sich aber nach herrschender Meinung um ein Zustimmungsrecht der Kommanditisten, sodass es bei der Anwendung von § 116 Abs. 2 HGB a. F. ver-

---

776 Vgl. *Drescher* in Ebenroth/Boujong/Joost/Strohn, HGB, § 116 Rn. 3; *Finckh* in Henssler/Strohn, HGB, § 116 Rn. 7.

777 Vgl. *Jickeli* in MüKo/HGB, § 116 Rn. 8; *Finckh* in Henssler/Strohn, HGB, § 116 Rn. 7; *Lieder* in Oetker, HGB, § 116 Rn. 4.

778 Vgl. *BGH*, Urteil vom 13.01.1954 – II ZR 6/53 = BB 1954, 143.

779 Vgl. *Jickeli* in MüKo/HGB, § 116 Rn. 36.

780 Nach alter Rechtslage: § 116 Abs. 2 HGB a. F.

781 Nach alter Rechtslage: § 164 Satz 1 Hs. 2 HGB.

blieb.[782] Mit dem MoPeG wurde § 164 Satz 1 Hs. 2 HGB a. F. aufgehoben. Hierdurch wurde ausweislich der Gesetzesbegründung zu § 164 HGB der Wortlaut der Vorschrift an die tatsächlich gewollte Rechtslage angeglichen.[783]

Aus dem Mitwirkungsrecht aller Gesellschafter an außergewöhnlichen Geschäftsführungsmaßnahmen resultieren umgekehrt eine Teilnahmepflicht bei der Beschlussfassung und die Pflicht zu einer Stimmabgabe, die am Interesse der Gesellschaft ausgerichtet ist.[784] Verletzt ein Gesellschafter diesbezüglich seine Pflichten, kann dies dazu führen, dass er sein Stimmrecht verwirkt. Hieran hat sich auch durch das MoPeG nichts geändert.

Welche Geschäfte als außergewöhnlich anzusehen sind, ist ebenfalls nicht definiert, sondern ergibt sich wiederum erst aus einer Abgrenzung zu den gewöhnlichen Geschäften.[785] Maßnahmen sind dann nicht mehr als gewöhnlich anzusehen, wenn sie *„nach ihrem Inhalt und Zweck oder durch ihre Bedeutung und die mit ihnen verbundene Gefahr über den Rahmen des gewöhnlichen Geschäftsbetriebes der Gesellschaft hinausgehen"*.[786] Die außergewöhnlichen Geschäfte gehen damit über die Geschäfte des gewöhnlichen Betriebs der konkreten Gesellschaft hinaus, d. h. sie haben für den Geschäftsbetrieb der konkreten Gesellschaft Ausnahmecharakter.[787]

4.1.3. Erteilung und Widerruf von Prokura

Ein Sonderrecht im Hinblick auf die Geschäftsführungsbefugnis regelt § 116 Abs. 2 Satz 2 HGB[788] für die Erteilung von Prokura. Danach ist für die Bestellung von Prokuristen die Zustimmung aller geschäftsführenden Gesellschafter erforderlich. Dabei kommt es nicht darauf an, ob die zur Geschäftsführung berechtigten Gesellschafter einzel- oder

---

782 Vgl. *Roth* in Hopt, HGB, § 164 Rn. 2; *Gummert* in Henssler/Strohn, HGB, § 164 Rn. 5; *Oetker* in Oetker, HGB, § 164 Rn. 1.

783 Vgl. BT-Drs. 19/27635, Seite 253, zu Nummer 6 (§ 164).

784 Vgl. *Jickeli* in MüKo/HGB, § 116 Rn. 36 f.; *Finckh* in Henssler/Strohn, HGB, § 116 Rn. 23.

785 Vgl. *Psaroudakis* in Heidel/Schall, HGB, § 116 Rn. 1.

786 *BGH*, Urteil vom 13.01.1954 – II ZR 6/53 = BB 1954, 143.

787 Vgl. *Drescher* in Ebenroth/Boujong/Joost/Strohn, HGB, § 116 Rn. 4.

788 Nach alter Rechtslage: § 116 Abs. 3 Satz 1 HGB a. F.

nur gesamtgeschäftsführungsberechtigt sind.[789] Vielmehr wird für die Erteilung von Prokura gesetzlich die Gesamtgeschäftsführungsbefugnis angeordnet. Der § 116 Abs. 2 Satz 2 HGB[790] geht somit – vorbehaltlich abweichender Vereinbarungen im Gesellschaftsvertrag – den Kompetenzzuweisungen gemäß § 116 Abs. 3 HGB[791] vor. Grund für die explizite Anordnung der Gesamtgeschäftsführungsbefugnis hinsichtlich der Erteilung von Prokura ist die weitreichende Vertretungsmacht, die dem Prokuristen gemäß § 49 HGB eingeräumt wird.[792]

Nicht zur Mitwirkung an der Erteilung von Prokura berechtigt sind dagegen regelmäßig die Kommanditisten.[793] Angelegt war diese Rechtsfolge bereits nach bisheriger Rechtslage durch den Verweis auf § 116 Abs. 3 HGB a. F., der in § 164 Satz 2 HGB a. F. enthalten war. Das Gesetz ging nach bisheriger Rechtslage somit davon aus, dass es sich bei der Erteilung von Prokura um ein gewöhnliches Geschäft im Sinne von § 116 Abs. 1 HGB handelte.[794] Allerdings kann die Bestellung eines Prokuristen ausnahmsweise auch ein außergewöhnliches Geschäft darstellen, was nach alter Rechtslage dazu führte, dass § 116 Abs. 3 Satz 1 HGB a. F. durch § 116 Abs. 2 HGB a. F. verdrängt wurde.[795] Ob ein solcher Ausnahmefall vorlag, war dabei anhand objektiver Gesichtspunkte zu bestimmen.[796] Gerade dieser Vorrang von § 116 Abs. 2 HGB a. F. wurde im Übrigen als Argument dafür herangezogen, dass es sich bei der Erteilung von Prokura regelmäßig um ein gewöhnliches Geschäft im Sinne von § 115 Abs. 1 HGB a. F. handelte, da andernfalls § 116 Abs. 3 Satz 1 HGB a. F. ins Leere gelaufen wäre.[797] Nach neuer Rechtslage wird in § 164 Hs. 2 HGB nur noch auf § 116 Abs. 2 Satz 1 HGB verwiesen, nicht aber auf § 116 Abs. 2 Satz 2 und Satz 3 HGB, in dem die Geschäftsführungsbefugnis in Bezug auf die Gewährung der Prokura enthalten ist. Der Gesetzgeber brachte somit zum Ausdruck,

---

789 Vgl. *Finckh* in Henssler/Strohn, HGB, § 116 Rn. 32; *Drescher* in Ebenroth/Boujong/Joost/Strohn, HGB, § 116 Rn. 20.
790 Nach alter Rechtslage: § 116 Abs. 3 Satz 1 HGB a. F.
791 Nach alter Rechtslage: § 115 HGB a. F.
792 Vgl. *Drescher* in Ebenroth/Boujong/Joost/Strohn, HGB, § 116 Rn. 20.
793 Vgl. *Grunewald* in MüKo/HGB, § 164 Rn. 19; *Roth* in Hopt, HGB, § 164 Rn. 5.
794 Vgl. *Roth* in Hopt, HGB, § 116 Rn. 8.
795 Vgl. *Weipert* in Ebenroth/Boujong/Joost/Strohn, HGB, § 164 Rn. 8; *Gummert* in Henssler/Strohn, HGB, § 164 Rn. 10; *Roth* in Hopt, HGB, § 164 Rn. 5.
796 Vgl. Jickeli in MüKo/HGB, § 116 Rn. 48.
797 Vgl. Jickeli in MüKo/HGB, § 116 Rn. 48.

dass hierfür nun stets die geschäftsführenden Gesellschafter zuständig sind, und zwar unabhängig davon, ob es sich bei der Bestellung der Prokura um ein gewöhnliches oder ein außergewöhnliches Geschäft handelt.[798] Dementsprechend sind nach neuer Rechtslage die Kommanditisten nur noch dann bei der Gewährung von Prokura mitwirkungsberechtigt, wenn dies im Gesellschaftsvertrag vorgesehen ist.

Auch der Widerruf von Prokura wurde mit § 116 Abs. 2 Satz 3 HGB[799] eigenständig geregelt. Zum Widerruf im Innenverhältnis ist jeder zur Geschäftsführung berechtigte Gesellschafter berechtigt.[800] Dies gilt auch dann, wenn dem die Prokura widerrufenden geschäftsführenden Gesellschafter im Übrigen nur Gesamtgeschäftsführungsbefugnis zusteht.[801] Zu beachten ist jedoch, dass die Wirksamkeit des Widerrufs nach außen hin von der Vertretungsmacht abhängt.[802]

Der § 116 Abs. 2 Satz 2 und Satz 3 HGB[803] gilt nach herrschender Meinung auch dann, wenn die Prokura erweitert oder begrenzt werden soll.[804] Dementsprechend gilt § 116 Abs. 2 Satz 2 HGB[805] auch für die Erweiterung der Prokura und § 116 Abs. 2 Satz 3 HGB[806] für die Beschränkung der Prokura.[807]

4.1.4. Grundlagengeschäfte

Von den gewöhnlichen und außergewöhnlichen Geschäftsführungsmaßnahmen sind die Grundlagengeschäfte abzugrenzen.[808] Während die Wahrnehmung gewöhnlicher und außergewöhnlicher Geschäfte zur Geschäftsführung im Sinne von § 116 HGB gehört, werden

---

798 Vgl. BT-Drs. 19/27635, Seite 253, zu Nummer 6 (§ 164).
799 Nach alter Rechtslage: § 116 Abs. 3 Satz 2 HGB a. F.
800 Vgl. *Roth* in Hopt, HGB, § 116 Rn. 9; *Drescher* in Ebenroth/Boujong/Joost/Strohn, HGB, § 116 Rn. 25.
801 Vgl. *Lieder* in Oetker, HGB, § 116 Rn. 27; *Drescher* in Ebenroth/Boujong/Joost/Strohn, HGB, § 116 Rn. 25.
802 Vgl. Finckh in Henssler/Strohn, HGB, § 116 Rn. 37; Drescher in Ebenroth/Boujong/Joost/Strohn, HGB, § 116 Rn. 25.
803 Nach alter Rechtslage: § 116 Abs. 3 HGB a. F.
804 Vgl. *Roth* in Hopt, HGB, § 116 Rn. 10; *Finckh* in Henssler/Strohn, HGB, § 116 Rn. 38.
805 Nach alter Rechtslage: § 116 Abs. 3 Satz 1 HGB a. F.
806 Nach alter Rechtslage: § 116 Abs. 3 Satz 2 HGB a. F.
807 Vgl. *Finckh* in Henssler/Strohn, HGB, § 116 Rn. 38 m. w. N.
808 Vgl. *Jickeli* in MüKo/HGB, § 116 Rn. 6.

Grundlagengeschäfte hiervon nicht erfasst.[809] Bei Grundlagengeschäften handelt es sich vielmehr um Maßnahmen, die das Gesellschaftsverhältnis – und damit die Grundlagen der Gesellschaft – berühren.[810]

Maßnahmen, die das Verhältnis der Gesellschafter zueinander berühren, sind zunächst Änderungen des Gesellschaftsvertrags.[811] Des Weiteren gehören hierzu Änderungen im Gesellschafterbestand der Gesellschaft.[812] Zusätzlich werden zu den Grundlagengeschäften auch Maßnahmen gezählt, welche die Organisation der Gesellschaft betreffen.[813] Beliebtestes Beispiel für eine Organisationsmaßnahme, die den Grundlagengeschäften zugerechnet wird, ist die Feststellung der Bilanz.[814] Weitere Beispiele für Grundlagengeschäfte – ohne abschließend zu sein – sind die Wahl der Abschlussprüfer sowie die Gewährung und der Entzug der Geschäftsführungs- und Vertretungsbefugnis.[815]

Für Grundlagengeschäfte gilt, dass für sie die Zustimmung aller Gesellschafter gemäß § 109 Abs. 3 HGB[816] erforderlich ist. Allerdings ist auch für sie zulässig, im Gesellschaftsvertrag eine abweichende Gesellschaftervereinbarung zu treffen.[817]

4.2. Umfang der Geschäftsführungsbefugnis bei extern verwalteter Inv-KG

Ein anderes Bild könnte sich allerdings bei der extern verwalteten Inv-KG ergeben. Die extern verwaltete Inv-KG ist nicht selbst als KVG zugelassen oder registriert, sondern es wird vielmehr eine externe KVG mit der Anlage und der Verwaltung des Kapitalanlagevermögens beauftragt.[818]

---

809 Vgl. *Drescher* in Ebenroth/Boujong/Joost/Strohn, HGB, § 114 Rn. 6. 1.
810 Vgl. *Jickeli* in MüKo/HGB, § 114 Rn. 9; *Roth* in Hopt, HGB, § 114 Rn. 3.
811 Vgl. *Drescher* in Ebenroth/Boujong/Joost/Strohn, HGB, § 114 Rn. 7.
812 Vgl. *Rawert* in MüKo/HGB, § 114 Rn. 9.
813 Vgl. *Drescher* in Ebenroth/Boujong/Joost/Strohn, HGB, § 114 Rn. 6.
814 Vgl. *BGH*, Urteil vom 29.03.1996 – II ZR 263/94 = NJW 1996, 1678.
815 Vgl. *Finckh* in Henssler/Strohn, HGB, § 114 Rn. 7 m. w. N.; *Drescher* in Ebenroth/Boujong/Joost/Strohn, HGB, § 114 Rn. 7.
816 Nach alter Rechtslage: § 119 Abs. 1 HGB a. F.
817 Vgl. *Drescher* in Ebenroth/Boujong/Joost/Strohn, HGB, § 114 Rn. 8.
818 Vgl. § 129 Abs. 1 Satz 1 KAGB und § 154 Abs. 1 Satz 1 KAGB.

Auch für die extern verwaltete Inv-KG halten die Vorschriften über die geschlossene Inv-KG und die offene Inv-KG keine spezialgesetzlichen Vorschriften über die Geschäftsführungsbefugnis bereit. Folglich bleibt es auch bei der extern verwalteten Inv-KG bei der Anwendbarkeit der personengesellschaftsrechtlichen Vorschriften über die Geschäftsführung. Fraglich ist aber, ob sich die Bestellung einer externen KVG auf die Organisationsstruktur der Inv-KG hinsichtlich der Geschäftsführung auswirkt. Dies ist dann zu bejahen, wenn hierdurch die externe KVG organschaftliche Geschäftsführungsbefugnis erlangen würde.

4.2.1. Organschaftliche Geschäftsführungsbefugnis zugunsten der KVG

Literatur findet sich nur eingeschränkt, die sich dezidiert mit der Fragestellung im Hinblick auf die Übertragung der organschaftlichen Geschäftsführungsbefugnis von der Inv-KG auf die KVG hinsichtlich der Aufgaben im Zusammenhang mit der Anlage und Verwaltung des Kommanditanlagevermögens auseinandersetzte. Eine thematische Auseinandersetzung hinsichtlich der Kompetenzverteilung zwischen KVG und Inv-KG erfolgt schwerpunktmäßig entweder zur Vertretungsbefugnis der KVG[819] oder zur Frage, welche Aufgaben unter dem Begriff „*Anlage und Verwaltung*“ zu fassen sind.[820] In Teilen der Literatur wird zumindest kursorisch ausgeführt, dass die KVG keine organschaftliche Geschäftsführungsbefugnis erlange, sondern lediglich aufgrund des Bestellungsvertrags auf rechtsgeschäftlichem Wege zur Geschäftsführung befugt sei.[821] In der Literatur, die sich mit der Vertretung der extern verwalteten Inv-KG befasst, begnügt man sich hinsichtlich der Geschäftsführungsbefugnis der KVG dagegen mit dem Hinweis, dass die KVG durch die Bestellung zur „*Geschäftsführung berufen*“[822] sei bzw. „*die Verwaltung nur die Geschäftsführung*“[823] umfasse. Es scheint daher in Teilen der Literatur auch die Meinung vorzuherrschen, dass im Zuge der Bestellung einer externen

819 Vgl. *Böhme*, BB 2014, 2380 ff.; *Boxberger*, GWR 2016, 1 ff.

820 Vgl. *Casper*, ZHR 2015, 44 ff.; *Eichhorn*, WM 2016, 110 ff.; *Wallach*, ZGR 2014, 289 ff.

821 Vgl. *Wallach* in Assmann/Wallach/Zetzsche, KAGB, § 154 Rn. 37.

822 *Böhme*, BB 2014, 2380 (2382).

823 *Casper*, ZHR 2015, 44 (58).

KVG die gesetzliche Geschäftsführungsbefugnis hinsichtlich der Aufgaben, die zur Anlage und Verwaltung des Kommanditanlagevermögens gehören, von der externen Inv-KG auf die KVG übergehe und infolgedessen sich die Kompetenz der geschäftsführenden Komplementäre der Inv-KG reduziere. Daher soll nachfolgend untersucht werden, ob durch die Bestellung einer externen KVG durch eine Inv-KG tatsächlich die organschaftliche Geschäftsführungsbefugnis auf die KVG übertragen wird.

4.2.1.1. Auslegung am Wortlaut von § 129 Abs. 1 KAGB und § 154 Abs. 1 KAGB

Zunächst ist der Wortlaut von § 129 Abs. 1 KAGB und § 154 Abs. 1 KAGB zu untersuchen, die insoweit die maßgeblichen investmentrechtlichen Vorschriften beinhalten könnten. Durch § 129 Abs. 1 Satz 1 und Satz 4 KAGB sowie § 154 Abs. 1 Satz 1 und Satz 4 KAGB wird bestimmt, dass eine Inv-KG eine externe KVG „*bestellen*" kann und dieses Bestellungsverhältnis auch wieder „*kündigen*" kann und darf. Hieraus könnte der Schluss gezogen werden, dass die Letztentscheidungskompetenz hinsichtlich der Anlage und Verwaltung des Kommanditanlagevermögens bei der Inv-KG verbleibe, wenngleich sich diese Letztentscheidungskompetenz in diesem Fall einzig darauf beschränke, ob Aufgaben zur Anlage und Verwaltung des Kommanditanlagevermögens durch die Bestellung auf eine externe KVG übertragen werden sollten und ob sie diese Kompetenzen durch Kündigung des Bestellungsverhältnisses – und das gleichzeitige Durchlaufen des Zulassungs- oder Registrierungsverfahrens -[824] an sich ziehen möchte.

Umgekehrt wird durch § 129 Abs. 1 Satz 2 KAGB und § 154 Abs. 1 Satz 2 KAGB angeordnet, dass die Anlage und Verwaltung des Kapitalanlagevermögens der KVG „*obliegt*". Dies kann so verstanden werden, dass bei der Inv-KG insoweit keine Geschäftsführungsbefugnis zurückbleiben darf. In diesem Falle könnten die Vorschriften so interpretiert werden, dass die organschaftliche Geschäftsführungsbefugnis diesbezüglich tatsächlich von der Inv-KG auf die KVG übergehen soll.

---

824 Vgl. § 129 Abs. 2 Satz 1 KAGB und § 154 Abs. 2 Satz 1 Nr. 1 KAGB.

Der Wortlaut der §§ 129, 154 KAGB lässt somit mehrere Interpretationsarten zu, weswegen die Auslegung anhand des Wortlauts vorliegend nicht weiterhilft.

4.2.1.2. Systematische Auslegung anhand der Vorschriften zur Inv-AG

Zur Beantwortung der Frage, ob durch die Bestellung einer externen KVG die organschaftliche Geschäftsführungsbefugnis auf die KVG übertragen wird und infolgedessen der Geschäftsführungsbereich der zur Geschäftsführung berechtigten Gesellschafter beschränkt wird, könnte zudem die Behandlung der externen KVG bei der Inv-AG herangezogen werden.

Hierfür wäre zum Zwecke der Auslegung von § 129 Abs. 1 KAGB und § 154 Abs. 1 KAGB auf das Verständnis von § 112 Abs. 1 KAGB und § 144 KAGB zurückzugreifen. Die §§ 112, 144 KAGB enthalten die entsprechenden Regelungen zur Anlage und Verwaltung der Mittel der Inv-AG durch die externe KVG und dienten den §§ 129, 154 KAGB als Vorlage.[825] Für die Inv-AG ist anerkannt, dass die externe KVG durch ihre Bestellung keinerlei Organfunktionen erlangt, sondern diese Funktionen ausschließlich beim jeweils zuständigen Organ (Vorstand, Aufsichtsrat oder Hauptversammlung) verbleiben.[826]

Soweit erkennbar beziehen sich diese Überlegungen regelmäßig auf die Übertragung der Vertretungsbefugnis auf die KVG. Jedoch ist zu berücksichtigen, dass auch die Geschäftsführung gerade zu den Aufgaben der Organe einer Gesellschaft gehört.[827] Dementsprechend sind diese Überlegungen, wonach die KVG keinerlei Organfunktionen übernimmt, von allgemeiner Natur.[828] Folglich ist hieraus ein allgemeiner Grundsatz für alle Organfunktionen eines Investmentvehikels

---

825 Vgl. BT-Drs. 17/12294, Seite 243, zu § 129 (Verwaltung und Anlage), zu Absatz 1.

826 Vgl. *Dornseifer* in Emde/Dornseifer/Dreibus/Hölscher, InvG, § 96 Rn. 69; *Lorenz* in Weitnauer/Boxberger/Anders, KAGB, § 112 Rn. 4.

827 So auch *Böhme*, BB 2014, 2380 (2381).

828 Vgl. *Dornseifer* in Emde/Dornseifer/Dreibus, KAGB, § 112 Rn. 11; *Wallach* in Assmann/Wallach/Zetzsche, KAGB, § 112 Rn. 18; wohl auch *Lorenz* in Weitnauer/Boxberger/Anders, KAGB, § 112 Rn. 4.

in der Rechtsform der Investmentgesellschaft[829] herzuleiten, wonach diese bei den Organen der jeweiligen Investmentgesellschaft verbleiben und gerade nicht mit der Bestellung durch die KVG übernommen werden. Dementsprechend sind diese zur Vertretungsbefugnis vorgenommenen Erwägungen auch auf die Geschäftsführungsbefugnis des geschäftsführenden Organs auszudehnen. Die systematische Auslegung spricht somit zunächst dafür, dass der KVG durch ihre Bestellung keine organschaftliche Geschäftsführungsbefugnis eingeräumt wird.

Fraglich ist aber, ob dieses Verständnis auf die §§ 129, 154 KAGB übertragen werden kann. Denn regelmäßig ist eine Auslegung einer personengesellschaftsrechtlichen Vorschrift anhand einer kapitalgesellschaftsrechtlichen Norm nicht möglich, da Personen- und Kapitalgesellschaften nicht hinreichend miteinander vergleichbar sind. Hier ist allerdings die Besonderheit zu beachten, dass es vorliegend nicht um die Frage geht, ob eine einzelne Vorschrift über eine Kapitalgesellschaft auf eine Personengesellschaft – oder umgekehrt – übertragen oder zu Auslegungszwecken herangezogen werden kann. Im Vordergrund steht vielmehr die Abgrenzung zwischen den Aufgaben eines gesellschaftsrechtlichen Fondsvehikels und den Aufgaben der externen KVG, die ihr durch die Bestellung übertragen werden. Insofern kommt es vorliegend nicht auf die Einordnung der Inv-AG als Kapital- bzw. der Inv-KG als Personengesellschaft an, sondern vielmehr auf ihre jeweilige Eigenschaft als Investmentgesellschaft im Sinne von § 1 Abs. 11 KAGB. Dies spricht dafür, den hinter den §§ 112, 144 KAGB stehenden Rechtsgedanken auf die §§ 129, 154 KAGB zu übertragen.

Folglich bleibt es dabei, dass die systematische Auslegung zu dem Ergebnis gelangt, dass die Geschäftsführungsbefugnis nicht durch die Bestellung einer externen KVG von der Inv-KG auf diese KVG übertragen wird.

4.2.1.3. Historische Auslegung

Des Weiteren ist die Gesetzesbegründung zu § 129 Abs. 1 KAGB und § 154 Abs. 1 KAGB zu Auslegungszwecken heranzuziehen. Diese

829 Vgl. § 1 Abs. 11 KAGB.

beschränkt sich jedoch weitestgehend darauf, dass für § 129 Abs. 1 KAGB und § 154 Abs. 1 KAGB der § 112 KAGB Modell stand.[830] Dieser wiederum übernahm – vorbehaltlich sprachlicher Abweichungen – den § 96 Abs. 4 InvG sowie § 95 Abs. 3 InvG.[831] Zur historischen Auslegung von § 129 Abs. 1 KAGB und § 154 Abs. 1 KAGB ist daher auf die Erwägungen des Gesetzgebers zu § 96 Abs. 4 InvG abzustellen.

Bei der Einführung von § 96 Abs. 4 InvG stellte der Gesetzgeber klar, dass die Fremdverwaltung durch die KVG *„im Übrigen die Organisationsstruktur der Inv-AG, aber auch die allgemeinen Rechte und Pflichten der Organe der Gesellschaft unberührt*" lässt.[832] Ferner beinhaltet die Gesetzesbegründung den Hinweis, dass die KVG *„auch keine aktienrechtlichen oder sonstigen allgemeinen Zuständigkeiten oder Aufgaben der Inv-AG, insbesondere nicht deren Vertretung*"[833], übernimmt. Aus den Ausführungen des Gesetzgebers lässt sich schließen, dass keinerlei organschaftliche Rechte durch die Bestellung einer KVG übertragen werden sollen, was die Geschäftsführungsbefugnis mit einschließt.

Die starken sprachlichen Übereinstimmungen zwischen den §§ 129, 154 KAGB und §§ 112, 144 KAGB mit § 96 Abs. 4 InvG lassen darauf schließen, dass der Gesetzgeber für die Inv-KG hinsichtlich der Übertragung der Aufgaben *„Anlage und Verwaltung*" auf eine externe KVG – und damit verbunden der Abgrenzung der Kompetenzen zwischen dem Fondsvehikel und der externen KVG – einen Gleichlauf mit der Inv-AG wünschte. Hieraus kann gefolgert werden, dass den §§ 112, 144 KAGB und den § 129, 154 KAGB die gleichen rechtlichen Erwägungen zugrunde gelegt wurden.[834] Aus diesem Grunde sind die Erwägungen des Gesetzgebers, die dieser bei der Einführung von § 96 Abs. 4 InvG zugrunde legte, auf § 129 Abs. 1 KAGB und § 154 Abs. 1 KAGB zu übertragen.

---

830 Vgl. BT-Drs. 17/12294, Seite 243, zu § 129 (Verwaltung und Anlage), zu Absatz 1.

831 Vgl. BT-Drs. 17/12294, Seite 238, zu § 112 (Verwaltung und Anlage), zu Absatz 1.

832 BT-Drs. 16/5576, Seite 85, zu Nummer 75 (§ 96), zu Buchstabe d.

833 BT-Drs. 16/5576, Seite 85, zu Nummer 75 (§ 96), zu Buchstabe d.

834 Ebenso *Reiner*, GWR 2016, 136 (139). *Reiner* stellt zudem auf den Umstand ab, dass die genannten Vorschriften europäische Vorgaben umsetzen.

Somit spricht auch die historische Auslegung für eine nur rechtsgeschäftliche Übertragung der Geschäftsführungsbefugnis auf die externe KVG hinsichtlich der Aufgaben, die im Zusammenhang mit der Anlage und Verwaltung des Kommanditanlagevermögens stehen

4.2.1.4. Sinn und Zweck der Bestellung einer externen KVG

Mit Einführung der extern verwalteten Investmentgesellschaften erhielt die Fremdverwaltung Einzug ins deutsche Investmentrecht.[835] Durch die Fremdverwaltung entsteht ein Nebeneinander von Kompetenzen, wenn die Inv-KG organschaftlich allzuständig bleibt und zugleich die KVG rechtsgeschäftlich mit der Geschäftsführung für die Anlage und Verwaltung des Kapitalanlagevermögens beauftragt wird. Auf der Grundlage von § 129 Abs. 1 Satz 2 KAGB und § 154 Abs. 1 Satz 2 KAGB sowie der Entscheidung der Inv-KG, eine externe KVG mit der Wahrnehmung der Aufgaben zu betrauen, ist dieses Spannungsverhältnis zugunsten der KVG aufzulösen. Dementsprechend muss die Bestellung der KVG dazu führen, dass der Inv-KG die Letztentscheidungsmacht für Aufgaben entzogen wird, soweit diese im Zusammenhang mit der Anlage und Verwaltung ihrer Mittel stehen.[836] Dies wird unstreitig dann erreicht, wenn die organschaftliche Geschäftsführungsbefugnis diesbezüglich von der Inv-KG auf die KVG übertragen wird.

Allerdings ist zu berücksichtigen, dass dieses Spannungsverhältnis gegebenenfalls auch anderweitig aufgelöst werden kann, ohne dass auf eine Übertragung von organschaftlichen Befugnissen zurückgegriffen werden muss, zumal eine derartige Übertragung von organschaftlichen Befugnissen dem Gesellschaftsrecht fremd ist. Dies wäre dann der Fall, wenn § 129 Abs. 1 Satz 2 KAGB und § 154 Abs. 1 Satz 2 KAGB neben der Kompetenzzuweisung an die KVG einen weiteren Regelungsinhalt besitzen, durch den die Kompetenz der Inv-KG insoweit ausgeschlossen wird.

835 Vgl. *Dorenkamp* in Beckmann/Scholtz/Vollmer, KAGB, § 144 Rn. 10; *Wallach* in Assmann/Wallach/Zetzsche, KAGB, § 112 Rn. 1; *Dornseifer* in Emde/Dornseifer/Dreibus, KAGB, § 144 Rn. 7.

836 Vgl. *Dorenkamp* in Beckmann/Scholtz/Vollmer, KAGB, § 144 Rn. 21; *Lorenz* in Weitnauer/Boxberger/Anders, KAGB, § 112 Rn. 5.

Zunächst umfasst der Inhalt der beiden genannten Regelungen die Befugnis zugunsten einer externen KVG, im Falle ihrer Bestellung ausschließlich die Geschäfte der KVG führen zu dürfen, soweit es sich hierbei um Aufgaben der Anlage und Verwaltung des Kommanditanlagevermögens handelt. Eine Beschränkung des Rechts ist nicht möglich. Die Inv-KG hat somit nur die Befugnis zu entscheiden, ob sie eine externe KVG bestellen möchte oder nicht[837] bzw. ob sie die auf die KVG übertragenen Kompetenzen durch die Kündigung wieder an sich ziehen möchte oder nicht.[838] Soweit sich die Inv-KG zu einer Bestellung einer KVG entscheidet, hat sie dieser umfassend die diesbezügliche Kompetenz einzuräumen. Nach der hier vertretenen Ansicht, wonach die Übertragung der Geschäftsführungsbefugnis auf die KVG durch Abschluss eines rechtsgeschäftlichen Vertrags erfolgt, resultiert aus den Vorschriften die Pflicht der Inv-KG, die notwendigen Befugnisse auf die KVG zu übertragen. Umgekehrt hat die KVG einen Anspruch auf entsprechende Kompetenzübertragungen, soweit die übertragenen Befugnisse hinter den notwendigen, die zur Erfüllung der Aufgaben hinsichtlich der Anlage und der Verwaltung des Kommanditanlagevermögens benötigt werden, zurückbleiben.

Zugleich kann in der Kompetenzzuweisung zugunsten der KVG nach § 129 Abs. 1 Satz 2 KAGB und § 154 Abs. 1 Satz 2 KAGB die Anordnung an die Inv-KG gesehen werden, wonach sie im Falle der Bestellung einer externen KVG nicht mehr von ihrer originären Geschäftsführungsbefugnis hinsichtlich der Aufgaben Gebrauch machen darf, soweit diese der Anlage und Verwaltung des Kommanditanlagevermögens zuzurechnen sind. Nach diesem Verständnis behalten die geschäftsführenden Organe zwar ihre umfassenden organschaftlichen Befugnisse, sie können von diesen jedoch nur noch insoweit Gebrauch machen, als sie nicht der KVG zugewiesen sind. Zu einem angemessenen Ergebnis kommt man insbesondere dann, wenn der Regelungsinhalt von § 129 Abs. 1 Satz 2 KAGB und § 154 Abs. 1 Satz 2 KAGB, soweit er sich an die Inv-KG richtet, zugleich als ein Verbotsgesetz im Sinne von § 134 BGB verstanden wird. In diesem Falle wären die Geschäftsführungsmaßnahmen der Inv-KG nichtig, soweit sie im Zu-

837 Vgl. § 129 Abs. 1 Satz 1 KAGB und § 154 Abs. 1 Satz 1 KAGB.
838 Vgl. § 129 Abs. 1 Satz 4 KAGB und § 154 Abs. 1 Satz 4 KAGB.

sammenhang mit der Anlage und Verwaltung des Kommanditanlagevermögens stehen.

Für die Einordnung als Verbotsgesetz ist insbesondere darauf abzustellen, ob es sich bei der gegenständlichen Norm um eine zwingende Bestimmung handelt und ein bestimmtes Geschäft – und nicht nur dessen Umstände für sein Zustandekommen – untersagen möchte.[839] Für die Einordnung als Verbotsgesetz im Sinne von § 134 BGB ist zunächst der Wortlaut heranzuziehen.[840] Danach „*obliegt*“ die Anlage und Verwaltung der KVG. Hierin kann eine ausschließliche Kompetenzzuweisung zugunsten der KVG gesehen werden und zeitgleich ein Verbot für die zuständigen Organe der Inv-KG. Außerdem ist bei der Abwägung einzubeziehen, ob die Vorschrift abbedungen werden kann.[841] Bei den §§ 129, 154 KAGB handelt es sich um investmentrechtliche Vorschriften, die auch dem Anlegerschutz dienen. Dementsprechend ist eine Abdingbarkeit der Vorschriften nicht möglich. Zuletzt ist eine Einzelfallbetrachtung vorzunehmen, bei der teleologische Gesichtspunkte zu berücksichtigen sind.[842] Durch die Rechtsfolge der Nichtigkeit des § 134 BGB werden widersprüchliche Geschäftsführungsmaßnahmen verhindert und zugleich zugunsten der KVG aufgelöst, da die Nichtigkeitsfolge die Maßnahmen der Inv-KG betrifft. Aufgrund der Notwendigkeit, dass die Maßnahmen der Inv-KG insoweit unwirksam sind, ergibt sich auch keine andere Rechtsfolge aus dem Gesetz.[843]

Die voranstehenden Ausführungen zeigen somit, dass § 129 Abs. 1 Satz 2 KAGB und § 154 Abs. 1 Satz 2 KAGB als Verbotsgesetze gemäß § 134 BGB anzusehen sind, soweit sie sich an die Organe der Inv-KG richten und diese bei der Wahrnehmung der Aufgaben im Zusammenhang mit der Anlage und der Verwaltung des Kommanditanlagevermögens beschränken. Demgemäß sprechen auch nach der teleologischen Auslegung die besseren Gründe dafür, in der Bestellung einer KVG keine organschaftliche Übertragung von Kompetenzen zu sehen, was die Geschäftsführungsbefugnis einschließt.

---

839 Vgl. *Armbrüster* in MüKo/BGB, § 134 Rn. 59 und 63.
840 Vgl. *Armbrüster* in MüKo/BGB, § 134 Rn. 60.
841 Vgl. *Armbrüster* in MüKo/BGB, § 134 Rn. 63.
842 Vgl. *Armbrüster* in MüKo/BGB, § 134 Rn. 66.
843 Vgl. *Armbrüster* in MüKo/BGB, § 134 Rn. 177.

4.2.2. Rechtsgeschäftliche Geschäftsführungsbefugnis zugunsten der KVG

Wie zuvor dargestellt, hat die Ausgestaltung eines Investmentvermögens als extern verwaltete Inv-KG unter der Bestellung einer externen KVG keinen Einfluss auf den Umfang der Geschäftsführungsbefugnis der geschäftsführenden Gesellschafter der Inv-KG. Hiervon losgelöst stellt sich jedoch die Frage, inwieweit die geschäftsführenden Gesellschafter einer extern verwalteten Inv-KG von ihrer organschaftlichen Geschäftsführungsbefugnis hinsichtlich der Anlage und Verwaltung des Kommanditanlagevermögens Gebrauch machen dürfen.

Wie erwähnt steht die organschaftliche Befugnis zur Geschäftsführung uneingeschränkt den geschäftsführenden Gesellschaftern zu. Hiervon umfasst werden somit auch alle Geschäftsführungsmaßnahmen hinsichtlich der Anlage und der Verwaltung des Kommanditanlagevermögens. Nach erfolgter Bestellung der externen KVG gehen gemäß § 128 Abs. 1 Satz 2 KAGB und § 154 Abs. 1 Satz 2 KAGB insbesondere das Recht und die Pflicht zur Anlage und Verwaltung des Kommanditanlagevermögens auf diese über. Insoweit führt die Bestellung einer externen KVG dazu, dass der Zuständigkeitsbereich der geschäftsführenden Gesellschafter der Inv-KG verringert wird.[844] Der Kompetenzbereich der geschäftsführenden Gesellschafter der Inv-KG beschränkt sich aufgrund der Bestellung der KVG auf diejenigen Aufgaben, die in keinem Zusammenhang mit der Anlage und Verwaltung des Kommanditanlagevermögens stehen, wie z. B. der Abschluss und die Kündigung des Investmentvertrags mit der KVG sowie die Aufnahme neuer Anleger als Kommanditisten und die Abwicklung von deren Ausscheiden.[845]

Die Bestellung einer externen KVG durch eine Inv-KG erfolgt durch Abschluss eines Bestellungsvertrags, bei dem es sich üblicherweise um einen Geschäftsbesorgungsvertrag handelt.[846] Im Zuge dessen wird der KVG auf rechtsgeschäftlichem Wege die Geschäftsführungs-

---

844 So auch *Wallach*, ZGR 2014, 289 (300).

845 Vgl. *Wallach*, ZGR 2014, 289 (300).

846 Vgl. *Reiner*, GWR 2016, 136 (139); *Kunschke/Klebeck* in Beckmann/Scholtz/Vollmer, KAGB, § 129 Rn. 10; *Paul* in Weitnauer/Boxberger/Anders, KAGB, § 154 Rn. 3; *Wallach* in Assmann/Wallach/Zetzsche, KAGB, § 154 Rn. 7; *Hofert* in Moritz/Klebeck/Jesch, KAGB, § 154 Rn. 9.

befugnis hinsichtlich der Anlage und Verwaltung des Kommanditanlagevermögens eingeräumt. Aus der rechtsgeschäftlichen Beauftragung der KVG ist der Schluss zu ziehen, dass die geschäftsführenden Gesellschafter der Inv-KG hinsichtlich der Anlage und Verwaltung des Kapitalanlagevermögens die organschaftliche Geschäftsführungsbefugnis behalten und somit theoretisch weiterhin neben der KVG tätig werden können. Die Wahrnehmung dieser Geschäftsführungsbefugnis durch die geschäftsführenden Gesellschafter wird insofern jedoch durch § 129 Abs. 1 Satz 2 KAGB und § 154 Abs. 1 Satz 2 KAGB begrenzt. Zwar handelt es sich bei diesen beiden Vorschriften primär um eine Kompetenzzuweisung zugunsten der externen KVG. Hierin ist jedoch zugleich ein Verbot diesbezüglich gegenüber der Inv-KG zu sehen, um die gesetzlich angeordnete Trennung zwischen der Vermögensverwaltung, die ausschließlich durch die KVG erfolgt, und der Inv-KG zu gewährleisten.

Dagegen kann ein Untergang der organschaftlichen Geschäftsführungsbefugnis hinsichtlich der Anlage und Verwaltung des Kapitalanlagevermögens nicht in § 129 Abs. 1 Satz 2 KAGB und § 154 Abs. 1 Satz 2 KAGB hineingelesen werden. Machen die geschäftsführenden Gesellschafter dennoch von ihren organschaftlichen Kompetenzen diesbezüglich Gebrauch, ist hierin zum einen ein unerlaubtes Investmentgeschäft im Sinne von § 15 Abs. 1 KAGB zu sehen, da die Maßnahmen ohne die erforderliche Zulassung bzw. Registrierung erfolgten. Zum anderen sind nach hier vertretener Auffassung derartige Geschäfte durch die vertretungsberechtigten Gesellschafter der extern verwalteten Inv-KG gemäß § 134 BGB unwirksam.[847] Soweit dieser hier vertretenen Auffassung nicht gefolgt wird, machen sich die geschäftsführenden Gesellschafter der extern verwalteten Inv-KG gegenüber der Inv-KG schadensersatzpflichtig.

Im Ergebnis bleiben die geschäftsführenden Gesellschafter einer extern verwalteten Inv- KG auch hinsichtlich der Anlage und der Verwaltung des Kommanditanlagevermögens organschaftlich geschäftsführungsbefugt. Diese Kompetenz geht auch im Falle der Bestellung der externen KVG nicht unter. Allerdings dürfen die geschäftsführenden Gesellschafter der externen Inv-KG diese Kompetenz nicht aus-

847 Vgl. Teil B. Kapitel VI. Ziffer 4.2.1.4. „Sinn und Zweck der Bestellung einer externen KVG".

üben, da insoweit § 129 Abs. 1 Satz 2 KAGB und § 154 Abs. 1 Satz 2 KAGB entgegenstehen.

4.3. Fazit

Für die intern verwaltete Inv-KG richtet sich der Umfang der Geschäftsführungsbefugnis nach den personengesellschaftsrechtlichen Regelungen; besondere investmentrechtliche Anforderungen brauchen nicht beachtet zu werden. Somit sind die geschäftsführenden Gesellschafter einer intern verwalteten Inv-KG für die gewöhnlichen Geschäftsführungsmaßnahmen zur Geschäftsführung befugt. Bei außergewöhnlichen Geschäftsführungsmaßnahmen und bei Grundlagengeschäften sind dagegen die übrigen Gesellschafter miteinzubeziehen.

Auch bei der extern verwalteten Inv-KG bleibt es bei der Anwendung der personengesellschaftsrechtlichen Vorschriften über die Geschäftsführung. Der gesetzliche Regelfall ist somit auch nach den Vorschriften des KAGB, dass die organschaftliche Geschäftsführungsbefugnis für Geschäftsführungsmaßnahmen den zur Geschäftsführung berechtigten Gesellschaftern der Inv-KG zusteht. Zusätzlich ist festzuhalten, dass die Bestellung einer externen KVG die organschaftliche Geschäftsführungsbefugnis der geschäftsführenden Gesellschafter dahingehend unberührt lässt, dass die organschaftliche Geschäftsführungsbefugnis in Bezug auf die Anlage und Verwaltung des Kommanditanlagevermögens nicht auf die KVG übertragen wird. Soweit eine Inv-KG sich dazu entschied, eine externe KVG zu bestellen, dürfen die zur Geschäftsführung berechtigten Gesellschafter allerdings von ihren organschaftlichen Befugnissen zur Geschäftsführung hinsichtlich der Anlage und Verwaltung des Kommanditanlagevermögens keinen Gebrauch mehr machen. Werden die zur Geschäftsführung berechtigten Gesellschafter dennoch geschäftsführend in Bereichen tätig, die der KVG zugewiesen sind, so sind diese Maßnahmen nach hier vertretener Meinung über § 134 BGB nichtig.

Damit die externe KVG in der Lage ist, ihren Verpflichtungen im Hinblick auf die Anlage und Verwaltung des Vermögens der Inv-KG nachzukommen, wird es regelmäßig geboten sein, dass die Inv-KG der KVG auf rechtsgeschäftlichem Wege das Recht zur Geschäftsführung einräumt. Die rechtsgeschäftliche Einräumung der Geschäftsführungsbefugnis geschieht dabei durch Abschluss des Bestellungsvertrags zwischen KVG und der Inv-KG, durch den das Bestellungsverhältnis konkretisiert wird.

5. Reichweite der Geschäftsführungsbefugnis bei der Inv-KG

Zuletzt ist darauf einzugehen, wie weit die Geschäftsführungsbefugnis bei der Inv-KG reicht.

5.1. Keine eigenständige investmentrechtliche Regelung über die Reichweite der Geschäftsführungsbefugnis bei der Inv-KG

5.1.1. Untersuchung des Wortlauts von § 128 KAGB und § 153 KAGB

Auch hier ist zunächst auf § 128 KAGB und § 153 KAGB einzugehen, die sich mit der Geschäftsführung bei der Inv-KG auseinandersetzen. Wie bereits zuvor ausgeführt, erstreckt sich der Wortlaut von § 128 Abs. 1 Satz 1 und Satz 2 KAGB und § 153 Abs. 1 Satz 1 und Satz 2 KAGB auf die Zusammensetzung der Geschäftsführung einer Inv-KG, wobei sich aus den Vorschriften ableiten lässt, welche Personen zum Kreis der Geschäftsführung gehören können. Weitergehende Ausführungen, welche das Verhältnis der geschäftsführenden Gesellschafter zueinander regeln, sind in den §§ 128, 153 KAGB dagegen nicht enthalten.[848] Insbesondere finden sich in den beiden Vorschriften keinerlei Regelungen, welche sich mit der Reichweite der Geschäftsführungsbefugnis bei der Inv-KG auseinandersetzen. Vor allem wird in diesen investmentrechtlichen Vorschriften nicht erwähnt, ob die zur Geschäftsführung berufenen Gesellschafter jeweils einzeln oder nur gemeinschaftlich zur Geschäftsführung befugt sein sollen.

Das Fehlen von Regelungen über die Reichweite der Geschäftsführungsbefugnis bei der Inv-KG lässt dabei darauf schließen, dass es bei der Anwendung der personengesellschaftsrechtlichen Vorschriften

---

848 So auch *Kunschke/Klebeck* in Beckmann/Scholtz/Vollmer, KAGB, § 128 Rn. 18 und § 153 Rn. 18; *Eichhorn* in Moritz/Klebeck/Jesch, KAGB, § 128 Rn. 5; *Wallach* in Assmann/Wallach/Zetzsche, KAGB, § 153 Rn. 3; *Könnecke* in Baur/Tappen, KAGB, § 153 Rn. 18.

bleiben soll.[849] Denn in Ermangelung entsprechender Anhaltspunkte für eine von den personengesellschaftsrechtlichen Vorschriften abweichende Regelungsanordnung bleibt es bei der Anwendung der Verweisungsketten in § 124 Abs. 1 Satz 2 KAGB und § 149 Abs. 1 Satz 2 KAGB.

5.1.2. Systematische Auslegung anhand der investmentrechtlichen Vorschriften

Zur Auslegung von § 128 Abs. 1 KAGB und § 153 Abs. 1 KAGB hinsichtlich der Reichweite der Geschäftsführungsbefugnis könnten die Vorschriften über die Inv-AG heranzuziehen sein. Die Regelungen über den Vorstand und den Aufsichtsrat finden sich in § 119 KAGB und § 147 KAGB. Allerdings treffen auch diese Vorschriften keine Regelungen darüber, wie weit die Geschäftsführungsbefugnis des Vorstands der Inv-AG reicht. Eine eigenständige Regelung, wie die Geschäftsführungsbefugnis des Vorstands bei der Inv-AG ausgestaltet ist, hält das KAGB somit nicht parat. Folglich gilt auch für die In-AG, dass zur Bestimmung der Reichweite der Geschäftsführungsbefugnis über die Verweisvorschriften auf die allgemeinen Bestimmungen – in diesem Falle auf die Vorschriften des AktG -[850] zurückzugreifen ist. Dementsprechend stellt bei der Inv-AG die Gesamtgeschäftsführungsbefugnis den gesetzlichen Regelfall dar.[851]

Somit würde die systematische Auslegung nur dann zu einer von den personengesellschaftsrechtlichen Vorschriften abweichenden Reichweite bei der Geschäftsführungsbefugnis einer Inv-KG führen, wenn hierfür auf die Vorschriften der Verweisungskette für die Inv-KG zurückgegriffen werden könnte. Hierbei ist allerdings zu berücksichtigen, dass sowohl die Inv-KG als auch die Inv-AG jeweils eigene Verweisungsketten kennen, die auf das jeweils für sie geltende Regelungsregime verweisen. Diese beiden Regelungsregime unterscheiden sich grundsätzlich. Zudem handelt es sich bei der Anordnung über die

849 Vgl. *Eichhorn* in Moritz/Klebeck/Jesch, § 153 Rn. 5; *Könnecke* in Baur/Tappen, KAGB, § 153 Rn. 18.

850 Vgl. § 108 Abs. 2 Satz 1 KAGB und § 140 Abs. 1 Satz 2 KAGB.

851 Vgl. § 77 Abs. 1 Satz 1 AktG, der über § 108 Abs. 2 Satz 1 KAGB für die offene Inv-AG bzw. § 140 Abs. 1 Satz 2 KAGB für die geschlossene Inv-AG entsprechend anzuwenden ist.

subsidiäre Anwendbarkeit der Vorschriften aus der jeweiligen Verweisungskette um eine bewusste Entscheidung des Gesetzgebers. Ein Rückgriff auf die Vorschriften der jeweils anderen Verweisungskette ist daher nicht möglich.

Eine Auslegung anhand der Vorschriften über die Inv-AG ist daher nicht möglich. Es bleibt folglich nach der systematischen Auslegung bei der Anwendung der Verweisungskette nach § 124 Abs. 1 Satz 2 KAGB sowie § 149 Abs. 1 Satz 2 KAGB. Dass sich aus den Vorschriften des KAGB etwas Abweichendes ergeben könnte, kann durch die Hinzuziehung der Vorschriften über die Inv-AG hinsichtlich der Reichweite der Geschäftsführungsbefugnis nicht ermittelt werden.

5.1.3. Gesetzgeberischer Wille zu § 128 KAGB und § 153 KAGB

In der Gesetzesbegründung wird zu § 128 KAGB und § 153 KAGB ausgeführt, dass diese Vorschriften dem § 119 Abs. 1 KAGB entsprechen.[852] Der § 119 KAGB enthält dabei die Bestimmungen über den Vorstand und den Aufsichtsrat der offenen Inv-AG. Dies könnte so verstanden werden, dass der Gesetzgeber im Hinterkopf hatte, dass auch bei der Inv-KG die Gesamtgeschäftsführungsbefugnis gelten soll.[853] Nach einem solchen Verständnis wäre in § 128 Abs. 1 KAGB und § 153 Abs. 1 KAGB hineinzulesen, dass sich die Gesamtgeschäftsführungsbefugnis als gesetzlicher Regelfall darstellen würde. Zu diesem Ergebnis kommt auch eine Ansicht in der Literatur.[854]

Zu berücksichtigen ist aber, dass § 119 Abs. 1 KAGB – wie auch dessen Vorgängervorschrift § 106 InvG – keine Regelung über die Geschäftsführung enthält, sondern es bei der Anwendung der aktienrechtlichen Regelungen belässt. Daher kann die Gesetzesbegründung auch so verstanden werden, dass § 119 Abs. 1 KAGB nur so weit als Vorlage für § 128 Abs. 1 KAGB und § 153 Abs. 1 KAGB diente, wie dieser tatsächlich eine eigenständige Regelung trifft, und im Übrigen aber die Anwendung der jeweiligen allgemeinen Regelungen beibehalten werden soll. Für dieses Verständnis spricht, dass sich der Regelungs-

---

852 Vgl. BT-Drs. 17/12294, Seite 243, zu § 128 (Geschäftsführung), zu Absatz 1 und Seite 251, zu § 153 (Geschäftsführung, Beirat), zu Absatz 1.

853 So *Freitag*, NZG 2013, 329 (334).

854 Vgl. *Kunschke/Klebeck* in Beckmann/Scholtz/Vollmer, KAGB, § 128 Rn. 19 und § 153 Rn. 18; *Wallach* in Assmann/Wallach/Zetzsche, KAGB, § 153 Rn. 3.

gehalt von § 119 Abs. 1 KAGB auf die Mindestanzahl der Vorstände und auf investmentrechtliche Pflichten des Vorstands beschränkt. Ein weites Verständnis des gesetzgeberischen Willens würde dazu führen, dass nicht nur die aktienrechtliche Regelung über die Reichweite der Geschäftsführungsbefugnis auf die Inv-KG zu übertragen wäre, sondern alle Vorschriften über den Vorstand. Dies kann nicht gewollt sein. Dies gilt umso mehr, als es sich mit der Inv-AG und der Inv-KG um unterschiedliche Rechtsformen handelt und die aktienrechtlichen Vorschriften über den Vorstand generell auf eine Personengesellschaft allenfalls eingeschränkt passen.

Somit sprechen auch bei der historischen Auslegung die besseren Gründe dafür, es bei der Anwendung der allgemeinen personengesellschaftsrechtlichen Vorschriften über die Verweisungsketten gemäß § 124 Abs. 1 Satz 2 KAGB und § 149 Abs. 1 Satz 2 KAGB zu belassen.

5.1.4. Sinn und Zweck

Wie gesehen wird für die Geschäftsführung der Inv-KG das Vier-Augen-Prinzip angeordnet. Die damit verfolgte Intention ist eine gegenseitige Kontrolle der geschäftsführenden Gesellschafter. Zum Vier-Augen-Prinzip scheint die Einzelgeschäftsführungsbefugnis nicht zu passen, da hier die übrigen zur Geschäftsführung berechtigten Gesellschafter an einer durch einen anderen geschäftsführenden Gesellschafter getroffenen Geschäftsführungsmaßnahme gerade nicht mitwirken. Dementsprechend könnte hieraus gefolgert werden, dass für die Inv-KG die Gesamtgeschäftsführungsbefugnis gelten müsse, um eine wirksame Implementierung des Vier-Augen-Prinzips zu gewährleisten.

Gegen dieses Verständnis spricht jedoch, dass nach dem personengesellschaftsrechtlichen Regelfall den anderen zur Geschäftsführung berechtigten Gesellschaftern das Recht zusteht, einer Geschäftsführungsmaßnahme zu widersprechen.[855] Dies stellt zwar ein Minus zur Mitwirkungspflicht im Rahmen der Gesamtgeschäftsführungsbefugnis dar, führt aber dennoch zu einer gegenseitigen Kontrolle durch die geschäftsführenden Gesellschafter der Inv-KG. Bei Anwendung der rechtlichen Vorschriften wird somit auch dann das Vier-Augen-Prin-

855 Vgl. § 115 Abs. 1 HGB.

zip gewahrt, wenn die Gesamtgeschäftsführungsbefugnis nicht als gesetzlicher Regelfall angeordnet wird.

Zudem müssten sich für eine Auslegung, wonach die Gesamtgeschäftsführungsbefugnis der Regelfall für die Inv-KG sein soll, unmittelbare Anhaltspunkte aus § 128 HGB und § 153 HGB ergeben. Wie zuvor erwähnt, fehlen jedoch Anhaltspunkte dafür, dass in diesen Vorschriften überhaupt Regelungen über die Geschäftsführungsbefugnis getroffen wurden. Alleine die Anordnung des Vier-Augen-Prinzips ist nicht ausreichend, um eine anderweitige Schlussfolgerung hieraus zu ziehen. Ein entsprechendes Verständnis würde daher den Gesetzeswortlaut der §§ 128, 153 KAGB überstrapazieren.

Daher spricht auch die teleologische Auslegung dafür, es bei den personengesellschaftsrechtlichen Regelungen über die Geschäftsführung zu belassen.

5.2. Anwendung der personengesellschaftsrechtlichen Vorschriften auf die Inv-KG

Da das KAGB die Reichweite der Geschäftsführungsbefugnis bei der Inv-KG nicht eigens regelt, ist im Nachgang auf die personengesellschaftsrechtlichen Vorschriften einzugehen, die entsprechend auf die Inv-KG anzuwenden sind. Wie weit die Geschäftsführungsbefugnis zugunsten der zur Geschäftsführung berechtigten Gesellschafter nach Maßgabe der personengesellschaftsrechtlichen Vorschriften reicht, ergibt sich aus § 116 Abs. 3 und Abs. 4 HGB.[856] Von Relevanz ist dies insbesondere, wenn mehrere Komplementäre der KG zur Geschäftsführung berechtigt sind. Gesetzliche Erwähnung finden dabei zwei Arten hinsichtlich der Ausgestaltung der Kompetenzverteilung zwischen den geschäftsführungsberechtigten Gesellschaftern: die Einzelgeschäftsführungsbefugnis mit Widerspruchsrecht zugunsten der zur Geschäftsführung berechtigten Gesellschafter und die Gesamtgeschäftsführungsbefugnis. Da die personengesellschaftsrechtlichen Vorschriften zur Geschäftsführungsbefugnis gemäß § 108 HGB[857] dis-

---

856 Nach alter Rechtslage: § 115 HGB a. F.
857 Nach alter Rechtslage: § 109 HGB a. F.

positiv sind, können zwischen den Gesellschaftern auch abweichende Regelungen getroffen werden.[858]

5.2.1. Einzelgeschäftsführungsbefugnis mit Widerspruchsrecht

Als gesetzlicher Regelfall ist die Einzelgeschäftsführungsbefugnis gemäß § 116 Abs. 3 HGB[859] vorgesehen. Danach ist jeder geschäftsführungsberechtigte Gesellschafter berechtigt, alle Maßnahmen alleine vorzunehmen.[860] Auf die Einholung einer Zustimmung der übrigen Gesellschafter, die zur Geschäftsführung berechtigt sind, kommt es nicht an, es sei denn, bei der maßgeblichen Maßnahme handelt es sich um eine außergewöhnliche Geschäftsführungsmaßnahme.[861] Der Zweck hinter der gesetzlich vorgesehenen Einzelgeschäftsführungsbefugnis ist die größere Flexibilität, die für den Betrieb einer Personenhandelsgesellschaft regelmäßig benötigt wird.[862]

Soweit es sich bei einer Handlung eines zur Einzelgeschäftsführung befugten Gesellschafters nicht um ein außergewöhnliches Geschäft handelt – für ein solches Geschäft bedarf es der Mitwirkung der übrigen zur Geschäftsführung berechtigten Gesellschafter –, können die übrigen geschäftsführungsbefugten Gesellschafter einer Geschäftsführungsmaßnahme jedoch widersprechen. Das Widerspruchsrecht steht allen Gesellschaftern zu, die zur Geschäftsführung berufen sind.[863] Durch das Widerspruchsrecht soll eine gegenseitige Kontrolle sichergestellt werden und es soll den zur Geschäftsführung befugten Gesellschaftern den gleichen Einfluss auf die Geschäftsführung sichern.[864] Das Widerspruchsrecht ist auf Maßnahmen der Geschäftsführung beschränkt und kann grundsätzlich nur gegen konkrete ein-

---

858 Vgl. *Roth* in Hopt, HGB, § 115 Rn. 7; *Drescher* in Ebenroth/Boujong/Joost/Strohn, HGB, § 115 Rn. 35; *Lieder* in Oetker, HGB, § 115 Rn. 26 ff.

859 Nach alter Rechtslage: § 115 Abs. 1 HGB a. F.

860 Vgl. *Jickeli* in MüKo/HGB, § 115 Rn. 5; *Finckh* in Henssler/Strohn, HGB, § 115 Rn. 5.

861 Vgl. *Drescher* in Ebenroth/Boujong/Joost/Strohn, HGB, § 115 Rn. 3; *Lieder* in Oetker, HGB, § 115 Rn. 3.

862 Vgl. *Lieder* in Oetker, HGB, § 115 Rn. 2.

863 Vgl. *Lieder* in Oetker, HGB, § 115 Rn. 6; *Finckh* in Henssler/Strohn, HGB, § 115 Rn. 9; *Drescher* in Ebenroth/Boujong/Joost/Strohn, HGB, § 115 Rn. 7.

864 24ÜVgl. *BGH*, Urteil vom 11.01.1988 – II ZR 192/87 = NJW-RR 1988, 995; *Finckh* in Henssler/Strohn, HGB, § 115 Rn. 8.

zelne Maßnahmen erhoben werden.[865] Ein genereller Widerspruch gegen sämtliche Geschäftsführungsmaßnahmen eines anderen zur Geschäftsführung berechtigten Gesellschafters ist dagegen regelmäßig unzulässig, da diesem damit seine Einzelgeschäftsführungsbefugnis faktisch entzogen würde.[866] Eine solche Entziehung ist jedoch nur unter den Voraussetzungen von § 116 Abs. 5 HGB[867] zulässig.

Nur dann, wenn keiner der übrigen geschäftsführungsberechtigten Gesellschafter rechtzeitig und ordnungsgemäß Widerspruch einlegt, darf eine beabsichtigte Geschäftsführungsmaßnahme vom betroffenen zur Geschäftsführung berufenen Gesellschafter durchgeführt werden.[868] Wurde dagegen rechtzeitig und ordnungsgemäß Widerspruch gegen eine geplante Geschäftsführungsmaßnahme erhoben, hat diese zu unterbleiben.[869] Führt der zur Geschäftsführung berechtigte Gesellschafter die Maßnahme trotz ordnungsgemäßen Widerspruchs aus, macht er sich schadenersatzpflichtig und hat zudem die Maßnahme wieder zu beseitigen.[870]

5.2.2. Gesamtgeschäftsführungsbefugnis

Wie bereits aus § 108 HGB[871] deutlich wird, kann von der Einzelgeschäftsführungsbefugnis mit Widerspruchsrecht als dem gesetzlich vorgesehenen Regelfall im Hinblick auf die Geschäftsführungsbefugnis durch gesellschaftsvertragliche Vereinbarung abgewichen werden. Der Gesellschaftsvertrag kann insbesondere vorsehen, dass alle oder einzelne geschäftsführungsbefugten Gesellschafter gemäß § 116 Abs. 4 HGB[872] nur gemeinsam zur Geschäftsführung befugt sein sollen.

---

865 Vgl. *Finckh* in Henssler/Strohn, HGB, § 115 Rn. 13; *Lieder* in Oetker, HGB, § 115 Rn. 7; *Jickeli* in MüKo/HGB, § 115 Rn. 17.

866 Vgl. *Drescher* in Ebenroth/Boujong/Joost/Strohn, HGB, § 115 Rn. 9.

867 Nach alter Rechtslage: § 117 HGB a. F.

868 Vgl. *Lieder* in Oetker, HGB, § 115 Rn. 15; *Drescher* in Ebenroth/Boujong/Joost/Strohn, HGB, § 115 Rn. 21.

869 Vgl. *Roth* in Hopt, HGB, § 115 Rn. 4; *Jickeli* in MüKo/HGB, § 115 Rn. 29; *Lieder* in Oetker, HGB, § 115 Rn. 13.

870 Vgl. *Drescher* in Ebenroth/Boujong/Joost/Strohn, HGB, § 115 Rn. 21.

871 Nach alter Rechtslage: § 109 HGB a. F.

872 Nach alter Rechtslage: § 115 Abs. 2 HGB a. F.

Möchte ein geschäftsführender Gesellschafter, der nur gemeinsam mit anderen zur Geschäftsführung befugt ist, eine zu den gewöhnlichen Geschäften der Gesellschaft zählende Maßnahme durchführen, hat er – in Ermangelung abweichender Bestimmungen – die Zustimmung aller übrigen zur Gesamtgeschäftsführung befugten Gesellschafter einzuholen.[873] Im Zweifel ist die Zustimmung aller zur Geschäftsführung befugten Gesellschafter erforderlich.[874]

Regelmäßig ist die Zustimmung für eine einzelne konkrete Geschäftsmaßnahme einzuholen. Es ist jedoch ebenfalls denkbar und möglich, dass der nur gemeinschaftlich zur Geschäftsführung befugte Gesellschafter die Zustimmung für mehrere Einzelmaßnahmen oder für eine bestimmte Gattung von Geschäften einholt.[875] Dagegen ist es nicht zulässig, wenn einem nur zur Gesamtgeschäftsführung befugten Gesellschafter im Voraus die Zustimmung für alle Geschäftsführungsmaßnahmen erteilt wird, da in diesem Falle der Sinn der Gesamtgeschäftsführungsbefugnis ausgehebelt würde.[876]

Wird die Zustimmung zur Vornahme einer Maßnahme, deren Durchführung ein nur zur Gesamtgeschäftsführung berechtigter Gesellschafter beabsichtigt, verweigert, hat die Maßnahme zu unterbleiben.[877] Wird die Maßnahme dennoch ausgeführt, ist hierin ein Verstoß zu sehen, der gegenüber dem betroffenen zur gemeinschaftlichen Geschäftsführung befugten Gesellschafter Schadensersatzansprüche erwachsen lässt.[878] Eine Ausnahme von der grundsätzlichen Zustimmungspflicht ist bei Gefahr in Verzug vorgesehen. Danach darf bei Gefahr in Verzug auch ein nur mit Gesamtgeschäftsführungsbefugnis ausgestatteter Gesellschafter ausnahmsweise alleine handeln. Gefahr in Verzug setzt voraus, dass der Gesellschaft mit Wahrscheinlichkeit ein Schaden droht, wenn nicht sofortige Geschäftsführungsmaßnah-

873 Vgl. *Jickeli* in MüKo/HGB, § 115 Rn. 49; *Drescher* in Ebenroth/Boujong/Joost/Strohn, HGB, § 115 Rn. 24.
874 Vgl. *Lieder* in Oetker, HGB, § 115 Rn. 19; *Drescher* in Ebenroth/Boujong/Joost/Strohn, HGB, § 115 Rn. 24.
875 Vgl. *Drescher* in Ebenroth/Boujong/Joost/Strohn, HGB, § 115 Rn. 26; *Finckh* in Henssler/Strohn, HGB, § 115 Rn. 33.
876 Vgl. *BGH*, Urteil vom 12.12.1960 – II ZR 255/59 = NJW 1961, 506.
877 Vgl. *Lieder* in Oetker, HGB, § 115 Rn. 24.
878 Vgl. *Lieder* in Oetker, HGB, § 115 Rn. 24.

men ergriffen werden.[879] Derjenige Gesellschafter, der die erforderliche Geschäftsführungsmaßnahme zur Gefahrenabwehr ergreift, hat sich jedoch vor Durchführung der Maßnahme darum zu bemühen, die notwendige Zustimmung einzuholen.[880] Zu beachten ist, dass die Geschäftsführungsbefugnis bei Gefahr in Verzug ausschließlich auf gewöhnliche Geschäfte der Gesellschaft beschränkt ist; außergewöhnliche Geschäftsführungsmaßnahmen im Sinne von § 116 Abs. 2 HGB werden dagegen nicht begünstigt.[881]

5.2.3. Notgeschäftsführungsbefugnis

Von der Geschäftsführungsbefugnis bei Gefahr in Verzug ist die Notgeschäftsführungsbefugnis zu unterscheiden. Diese ist generell in § 744 Abs. 2 BGB geregelt und ist entsprechend auf die Personenhandelsgesellschaften anwendbar.[882] Danach kann jeder Gesellschafter diejenigen Geschäftsführungsmaßnahmen ergreifen, die zur Erhaltung eines Gegenstands der Gesellschaft erforderlich sind. Dieses Notgeschäftsführungsbefugnis steht allen Gesellschaftern zu, d. h. auch den von der Geschäftsführung ausgeschlossenen Gesellschaftern.[883] Die Notgeschäftsführungsbefugnis wird dabei auch den Kommanditisten zugestanden.[884]

5.3. Von den personengesellschaftsrechtlichen Grundsätzen abweichende Auslegung aufgrund aufsichtsrechtlicher Besonderheiten

Wie gesehen bleibt es bei der Inv-KG in Bezug auf die Reichweite der Geschäftsführungsbefugnis bei der Anwendbarkeit der personengesellschaftsrechtlichen Vorschriften. Dies führt dazu, dass die geschäftsführungsberechtigten Gesellschafter einzeln zur Geschäfts-

879 Vgl. *Jickeli* in MüKo/HGB, § 115 Rn. 58.
880 Vgl. *Lieder* in Oetker, HGB, § 115 Rn. 25; *Jickeli* in MüKo/HGB, § 115 Rn. 57.
881 Vgl. *Drescher* in Ebenroth/Boujong/Joost/Strohn, HGB, § 115 Rn. 33; *Lieder* in Oetker, HGB, § 115 Rn. 25.
882 Vgl. *Drescher* in Ebenroth/Boujong/Joost/Strohn, HGB, § 115 Rn. 34; *Jickeli* in MüKo/HGB, § 115 Rn. 60.
883 Vgl. *Jickeli* in MüKo/HGB, § 115 Rn. 60.
884 Vgl. Grunewald in MüKo/HGB, § 164 Rn. 21.

führung berechtigt sind, sofern gesellschaftsvertraglich nichts Abweichendes vereinbart wurde.

Allerdings lässt die Anwendung der personengesellschaftsrechtlichen Vorschriften diesbezüglich unberücksichtigt, dass in der Praxis die Stellung des Komplementärs einer Inv-KG zumeist einzig durch eine Kapitalgesellschaft[885] ausgeübt wird. Hierdurch kann ein Spannungsverhältnis zu den kapitalgesellschaftsrechtlichen Vorschriften entstehen. Denn für diese wird in Ermangelung abweichender gesellschaftsvertraglicher Vereinbarungen die Gesamtgeschäftsführungsbefugnis angeordnet.[886] Wie voranstehend aufgezeigt, kann diese nicht durch entsprechende Auslegung der investmentrechtlichen Vorschriften aufgelöst werden, da es für die Inv-KG beim Grundsatz der Einzelgeschäftsführungsbefugnis bleibt. Derzeit kann dieses Spannungsverhältnis daher nur durch Gestaltung der Gesellschaftsverträge beseitigt werden, indem für die Inv-KG und die Komplementärgesellschaft aufeinander abgestimmte Regelungen über die Geschäftsführung getroffen werden.

Da es der Gesetzgeber allerdings insoweit wohl bewusst bei der Anwendung der personengesellschaftsrechtlichen Vorschriften beließ – und es damit bei der Anwendung der Einzelgeschäftsführungsbefugnis als gesetzlicher Regelfall bleibt – und sich im KAGB auch keine Anhaltspunkte dafür finden, die eine Abweichung hiervon rechtfertigten, kann über den gesetzgeberischen Willen nicht hinweggegangen werden. Um ein einheitliches Verständnis in Bezug auf die Reichweite der Geschäftsführungsbefugnis bei der Inv-KG zu gewährleisten, wird in der Literatur daher angeregt, eine Regelung über die Ausgestaltung der Geschäftsführungsbefugnis für die Inv-KG ins KAGB aufzunehmen.[887] Allerdings herrscht Uneinigkeit darüber, welche Anordnung in einer derartigen Regelung am geeignetsten wäre.

Eine Ansicht in der Literatur macht sich dafür stark, die Gesamtgeschäftsführungsbefugnis als gesetzlichen Regelfall vorzugeben. Als Argument dient dieser Ansicht der Anlegerschutz, der auf diese Wei-

---

885 In der Regel in der Rechtsform der GmbH.

886 Vgl. §§ 77 Abs. 1 Satz 1 AktG für die AG, § 35 Abs. 2 Satz 1 GmbHG für die GmbH.

887 Vgl. *Freitag*, NZG 2013, 329 (334).

se gestärkt werden könnte.[888] Eine andere Ansicht bevorzugt dagegen die Einzelgeschäftsführung als gesetzlichen Regelfall. Begründet wird dies damit, dass die Gesamtgeschäftsführung für die Inv-KG unpraktikabel sei.[889] Weitergehende Erläuterungen zur fehlenden Praktikabilität werden jedoch nicht vorgebracht.

Für die erstgenannte Ansicht spricht, dass die Einzelgeschäftsführungsbefugnis nicht zum Vier-Augen-Prinzip passt, das gerade durch § 128 Abs. 1 KAGB und § 153 Abs. 1 KAGB angeordnet wird.[890] Zudem ist zu berücksichtigen, dass den investmentrechtlichen Vorschriften ein starker Anlegerschutzgedanke zugrunde liegt. Diesem Gedanken des Anlegerschutzes wird die Gesamtgeschäftsführungsbefugnis besser gerecht.

Wünschenswert wäre somit eine Anpassung des Gesetzes durch den Gesetzgeber, indem die Gesamtgeschäftsführungsbefugnis als gesetzlicher Regelfall angeordnet wird. Derzeit muss sich die Praxis weiter damit behelfen, entsprechende Regelungen im Gesellschaftsvertrag zu treffen.

5.4. Fazit bzgl. der Reichweite der Geschäftsführungsbefugnis

Das KAGB regelt somit die Reichweite der Geschäftsführungsbefugnis nicht selbst. Mangels abweichender investmentrechtlicher Bestimmungen bleibt es daher bei der Anwendung der personengesellschaftsrechtlichen Vorschriften.

Aus der Anwendung der personengesellschaftsrechtlichen Vorschriften resultiert, dass die geschäftsführungsberechtigten Gesellschafter einer Inv-KG bei der Wahrnehmung von gewöhnlichen Geschäftsführungshandlungen nach dem gesetzlichen Regelfall einzelgeschäftsführungsbefugt sind, wobei den übrigen Geschäftsführern ein Widerspruchsrecht zusteht.[891] Da die Vorschriften über die Geschäftsführung dispositiv sind, können die Gesellschafter einer Inv-KG hiervon abweichende Vereinbarungen treffen.[892]

---

888 Vgl. *Freitag*, NZG 2013, 329 (334).
889 Vgl. *Lorenz* in Weitnauer/Boxberger/Anders, KAGB, § 128 Rn. 7.
890 So auch *Casper* in Staub, HGB, § 161 Rn. 268.
891 Vgl. § 161 Abs. 2 HGB i. V. m. §§ 115 Abs. 1, 116 Abs. 1 HGB.
892 Vgl. § 161 Abs. 2 HGB i. V. m. § 109 HGB.

Wünschenswert wäre es allerdings, wenn der Gesetzgeber eine eigene Regelung zur Reichweite der Geschäftsführungsbefugnis bei der Inv-KG in das KAGB aufnehmen würde. Vorzugswürdig wäre dabei eine Abweichung vom personengesellschaftsrechtlichen gesetzlichen Regelfall, indem die Gesamtgesamtgeschäftsführungsbefugnis zur Anwendung gelangt, sofern die Gesellschafter nicht eine abweichende Regelung treffen.

VII. Das Außenverhältnis

Nachdem vorstehend die Geschäftsführungsbefugnis beleuchtet worden ist, soll nachfolgend auf die organschaftliche Vertretungsbefugnis bei der Inv-KG eingegangen werden.

1. Die Anwendung des Grundsatzes der Selbstorganschaft auf die Inv-KG im Außenverhältnis

Zu beachten ist, dass sich der Grundsatz der Selbstorganschaft auch auf die Vertretungsbefugnis auswirkt.[893] Somit ist die organschaftliche Vertretungsbefugnis zwingend mit der Stellung als Gesellschafter verbunden.[894] Eine organschaftliche Vertretung durch nicht zum Gesellschafterkreis gehörende Personen ist daher, ebenso wie im Rahmen der Geschäftsführungsbefugnis, grundsätzlich ausgeschlossen. Eine Ausnahme ist lediglich bei der Auflösung der KG vorgesehen, wonach gemäß § 146 Abs. 2 Satz 1 HGB die Liquidatoren auch Personen sein können, die nicht zum Gesellschafterkreis gehören.[895] Soweit gesellschaftsfremde Dritte die Inv-KG vertreten sollen, ist dies nur durch die Einräumung einer rechtsgeschäftlichen Vollmacht, insbesondere die Erteilung von Prokura oder als Handlungsvollmacht, möglich.[896]

2. Der zur Vertretung berechtigte Personenkreis

2.1. Organschaftliche Vertretung durch die Komplementäre

Das KAGB hält keinerlei eigenständige Regelungen darüber bereit, ob und gegebenenfalls wie Komplementäre organschaftlich zur Vertretung der Inv-KG befugt sind.[897] In Ermangelung eigenständiger investmentrechtlicher Vorschriften bleibt es daher bei der Anwendbarkeit der personengesellschaftsrechtlichen Vorschriften. Danach steht

---

893 Vgl. *Haas* in Röhricht/Graf von Westphalen/Haas, HGB, § 109 Rn. 5.

894 Vgl. *Boesche* in Oetker, HGB, § 125 Rn. 6.

895 Vgl. *Hillmann* in Ebenroth/Boujong/Joost/Strohn, HGB, § 125 Rn. 5; *Boesche* in Oetker, HGB, § 125 Rn. 8; Roth in Hopt, HGB, § 125 Rn. 8.

896 Vgl. *K. Schmidt/Drescher* in MüKo/HGB, § 125 Rn. 10; *Haas* in Röhricht/Graf von Westphalen/Haas, HGB, § 125 Rn. 4.

897 Vgl. *Freitag*, NZG 2013, 329 (334).

grundsätzlich den Komplementären als den vertretungsberechtigten Gesellschaftern einer Inv- KG die organschaftliche Vertretungsbefugnis gemäß § 124 Abs. 1 HGB[898] zu. Wie bereits bei den Ausführungen zur Geschäftsführungsbefugnis erwähnt, können dabei sowohl natürliche als auch juristische Personen sowie andere rechtsfähige Personengesellschaften Gesellschafter einer Personenhandelsgesellschaft sein.[899]

Der gesetzliche Regelfall gemäß § 124 Abs. 1 HGB[900], wonach alle Komplementäre zur Vertretung der KG berufen sind, ist dabei dispositiv. Folglich können einzelne oder mehrere Komplementäre durch gesellschaftsvertragliche Vereinbarung von der organschaftlichen Vertretung der KG ausgeschlossen werden. Die Möglichkeit zum Ausschluss endet jedoch dort, wo der Grundsatz der Selbstorganschaft tangiert würde. Damit ist ein weitgehender Ausschluss der Komplementäre von der Vertretung der KG zwar möglich, allerdings muss wenigstens ein Komplementär vertretungsberechtigt bleiben.[901]

Folglich sind auch bei der Inv-KG zunächst die Komplementäre zur Vertretung berechtigt. Aufgrund der Anwendbarkeit der personengesellschaftsrechtlichen Grundsätze können auch hier durch gesellschaftsvertragliche Vereinbarung einzelne oder mehrere Komplementäre von der Vertretung ausgeschlossen werden, sofern es hierdurch zu keiner Verletzung des Grundsatzes der Selbstorganschaft kommt.

2.2. Keine organschaftliche Vertretung durch die Kommanditisten

Auch dazu, ob die Kommanditisten zur Vertretung einer Inv-KG berechtigt sein könnten, äußert sich das KAGB nicht. Insbesondere enthalten § 128 KAGB und § 153 KAGB, die sich mit der Geschäftsführung bei der Inv-KG auseinandersetzen, keine Regelungen zur organschaftlichen Vertretung.[902] Eine Auslegung anhand dieser Vorschriften ist somit nicht zielführend.

---

898 Nach alter Rechtslage: § 125 Abs. 1 HGB a. F.

899 Vgl. *K. Schmidt/Drescher* in MüKo/HGB, § 125 Rn. 19 m. w. N.

900 Nach alter Rechtslage: § 125 Abs. 1 HGB a. F.

901 Vgl. *Wertenbruch* in Westermann/Wertenbruch, Handbuch Personengesellschaften, § 13 Rn. 234; *Roth* in Hopt, HGB, § 125 Rn. 12.

902 Vgl. Freitag, NZG 2013, 329 (334).

Folglich ist die Frage, ob den Kommanditisten einer Inv-KG das Recht zu deren organschaftlicher Vertretung eingeräumt werden kann, nach Maßgabe der personengesellschaftsrechtlichen Vorschriften zu beantworten. Die einschlägige Vorschrift diesbezüglich findet sich in § 170 Abs. 1 HGB[903]. Nach dieser Vorschrift steht den Kommanditisten gerade nicht das Recht zu, die Gesellschaft zu vertreten. Da es sich bei § 170 Abs. 1 HGB[904] um eine zwingende Vorschrift handelt, kann hiervon auch nicht durch gesellschaftsvertragliche Vereinbarungen abgewichen werden. Demnach wäre es nicht möglich, den Kommanditisten eine organschaftliche Vertretungsbefugnis einzuräumen.

Zu klären bleibt, ob aufsichtsrechtliche Besonderheiten gegen die Anwendbarkeit von § 170 Abs. 1 HGB[905] sprechen. Dies ist allerdings zu verneinen. Zum einen besteht auch bei der Inv-KG das Bedürfnis, das Risiko seitens der Komplementäre einer persönlichen und unbeschränkten Inanspruchnahme durch die Gläubiger der Gesellschaft nicht dadurch überzustrapazieren, dass auch andere Gesellschafter Verbindlichkeiten im Namen und für Rechnung der Inv-KG begründen könnten. Zum anderen wäre die Nichtanwendung von § 170 Abs. 1 HGB[906] auf die Inv-KG auch aus Gründen des Anlegerschutzes nicht vertretbar. Anleger, die ihr Kapital in ein Investmentvermögen investieren, sollen nicht einem Haftungsrisiko ausgesetzt sein, das über ihre Einlage hinausgeht. Eine solche Gefahr bestünde aber für diejenigen Kommanditisten, die sich zur Übernahme der Vertretungsbefugnis bei der Inv-KG bereiterklären würden. Zwar ist deren Haftung auf ihre Einlage beschränkt, allerdings ist zu berücksichtigen, dass auch aus Vertretungshandlungen[907] Haftungsrisiken erwachsen können. Hierdurch kann für einen Kommanditisten ein Haftungsrisiko entstehen, das über das seiner Hafteinlage hinausginge. Könnte den Kommanditisten einer Inv-KG das Recht zur Vertretung eingeräumt werden, würde diesen vertretungsberechtigten Kommanditisten ein gesteigertes Haftungsrisiko entstehen.

---

903 Nach alter Rechtslage: § 170 HGB a. F.
904 Nach alter Rechtslage: § 170 HGB a. F.
905 Nach alter Rechtslage: § 170 HGB a. F.
906 Nach alter Rechtslage: § 170 HGB a. F.
907 Insbesondere aus deliktischen Handlungen.

Somit bleibt es bei der Anwendung von § 170 Abs. 1 HGB[908]. Kommanditisten einer Inv-KG kann daher nicht aufgrund einer gesellschaftsvertraglichen Vereinbarung organschaftliche Vertretungsbefugnis eingeräumt werden.

2.3. Organschaftliche Vertretung durch die KVG

Zudem kommt bei einer extern verwalteten Inv-KG auch die extern zu bestellende KVG als organschaftliche Vertreterin der Inv-KG in Betracht. Denn im Falle der extern verwalteten Inv-KG wird gemäß § 129 Abs. 1 Satz 2 KAGB bzw. § 154 Abs. 1 Satz 2 KAGB gerade die KVG mit der Anlage und Verwaltung des Kommanditanlagevermögens beauftragt. Es ist daher zu untersuchen, ob durch den Umstand, dass Aufgaben der Inv-KG auf die KVG übertragen werden, von den personengesellschaftsrechtlichen Grundsätzen über die Selbstverwaltung und die Vertretungsbefugnis abgewichen wird.

2.3.1. Untersuchung von § 129 Abs. 1 Satz 1 KAGB und § 154 Abs. 1 Satz 1 KAGB

Zunächst ist der Wortlaut der investmentrechtlichen Vorschriften zu untersuchen. Insoweit ist insbesondere auf § 129 Abs. 1 Satz 1 KAGB und § 154 Abs. 1 Satz 1 KAGB abzustellen, in denen die Bestellung der KVG durch die Inv-KG geregelt ist.

Danach besteht die Möglichkeit für die Inv-KG, eine KVG zu „*bestellen*“. Mit dieser begrifflichen Verwendung kann dabei eine organschaftliche Bestellung gemeint sein. So wird beispielsweise in § 84 Abs. 1 AktG der gleiche Terminus für den Ernennungsakt verwendet, mit dem eine Person in den Vorstand der AG berufen wird und infolgedessen die organschaftlichen Kompetenzen ausüben kann.[909] Entsprechendes findet sich für die GmbH, wonach die Erlangung der organschaftlichen Befugnisse zugunsten des Geschäftsführers an dessen Bestellung geknüpft ist.[910] Die identische Begriffsverwendung könnte daher darauf schließen lassen, dass mit der Bestellung auch die organschaftlichen Vertretungsbefugnisse auf die KVG übergehen sollen.

---

908 Nach alter Rechtslage: § 170 HGB a.F.

909 Vgl. *Koch* in Koch, AktG, § 84 Rn. 9.

910 Vgl. *Schneider/Schneider* in Scholz, GmbHG, § 35 Rn. 23.

Zu berücksichtigen ist allerdings, dass für Kapitalverwaltungsgesellschaften die Ernennung eines Leitungsorgans aufgrund der Anwendbarkeit des Grundsatzes der Fremdverwaltung mit der Durchführung eines formalen Akts – ebenjener Bestellung – verbunden ist. Bei der Personengesellschaft ist dagegen die Organstellung an die Eigenschaft als Gesellschafter geknüpft. Dementsprechend wird hier die organschaftliche Stellung mangels abweichender gesellschaftsvertraglicher Vereinbarung mit Beitritt zur Gesellschaft erlangt.[911] Mit einem gleichen begrifflichen Verständnis würde dies bedeuten, dass die KVG – in Abweichung vom personengesellschaftsrechtlichen Grundsatz der Selbstverwaltung – durch die Bestellung ebenfalls ein Leitungsorgan der Inv-KG würde. Einem derartigen Verständnis stehen allerdings § 112 Abs. 1 Satz 1 KAGB und § 144 Abs. 1 Satz 1 KAGB entgegen, die die entsprechenden Regelungen für die Bestellung einer externen KVG für eine extern verwaltete Inv-AG parat halten. Für die extern verwaltete Inv-KG ist anerkannt, dass durch die Bestellung keinerlei Organfunktionen von der Inv- AG auf die KVG übergehen.[912] Dies spricht dafür, dass das investmentrechtliche und das kapitalgesellschaftsrechtliche Verständnis des Begriffs „*Bestellung*“ unterschiedlich ausfallen.

Folglich ist der investmentrechtliche Begriff der Bestellung abweichend vom gesellschaftsrechtlichen Verständnis zu interpretieren.[913] Damit kann keine Übertragung organschaftlicher Vertretungsbefugnisse von der Inv-KG auf die KVG aus dem Begriff der Bestellung hergeleitet werden. Dementsprechend spricht die Auslegung von § 129 Abs. 1 Satz 1 KAGB und § 154 Abs. 1 Satz 1 KAGB dafür, dass keine organschaftliche Vertretungsbefugnis von der Inv-KG auf die KVG übergeht.

---

911 Bei der KG ist dies zusätzlich an den Beitritt in die Stellung des Komplementärs geknüpft.

912 Vgl. *Lorenz* in Weitnauer/Boxberger/Anders, KAGB, § 12 Rn. 4.

913 Vgl. *OLG München*, Urteil vom 01.10.2015 – 23 U 1570/15 = BKR 2016, 42.

2.3.2. Systematische Auslegung der investmentrechtlichen Vorschriften

Allerdings könnte eine Heranziehung weiterer investmentrechtlicher Vorschriften für eine Übertragung der organschaftlichen Vertretungsbefugnis zugunsten der KVG sprechen.

Für ein solches Verständnis können § 129 Abs. 2 KAGB und § 154 Abs. 2 KAGB sowie § 84 Abs. 1 Nr. 3 KAGB ins Feld geführt werden. Danach kann argumentiert werden, dass der externen KVG die Verfügungsbefugnis über die von ihr verwalteten Vermögensgegenstände der Inv-KG zusteht.[914] Von dieser vermeintlichen Verfügungsbefugnis zugunsten der KVG bezüglich der verwalteten Vermögensgegenstände sei auf eine Vertretungsbefugnis zugunsten der KVG zu schließen.[915]

Allerdings ist zu beachten, dass Verfügungsbefugnis und Vertretungsbefugnis einen unterschiedlichen Regelungsgehalt haben.[916] Beide können Hand in Hand gehen, jedoch ist dieser Schluss nicht zwingend. Deutlich wird dies insbesondere an § 366 HGB, der das Vertrauen des Vertragspartners eines Kaufmanns dahingehend schützt, dass der Kaufmann auch als Nichtberechtigter über eine bewegliche Sache dennoch verfügen darf.[917] In diesen Fällen des Handelsgeschäfts verfügt der Kaufmann meist nicht im fremden Namen, sondern im eigenen Namen über eine fremde Sache.[918] Als Beispiel hierfür sei der verlängerte Eigentumsvorbehalt genannt.[919] Alleine aus dem Umstand, dass ein Handelnder über einen Vermögensgegenstand verfügen darf, kann daher nicht auch auf die Vertretungsbefugnis geschlossen werden.[920] Es ist vielmehr trennscharf zwischen Geschäftsführungsbefugnis, Vertretungsbefugnis und Verfügungsbefugnis zu unterscheiden.[921]

---

914 Siehe hierzu die Ausführungen – diese Ansicht jedoch ablehnend – durch *Böhme*, BB 2014, 2380, (2383 f).

915 Siehe hierzu die Ausführungen durch *Böhme*, a. a. O.

916 Vgl. *Wallach* in Assmann/Wallach/Zetzsche, KAGB, § 154 Rn. 44; *Schott* in Emde/Dornseifer/Dreibus, KAGB, § 154 Rn. 13.

917 Vgl. *Leyens* in Hopt, HGB, § 366 Rn. 2.

918 Vgl. *Welter* in MüKo/HGB, § 366 Rn. 37.

919 Vgl. *Maultzsch* in Oetker, HGB, § 366 Rn. 23.

920 So auch *OLG München*, Urteil vom 01.10.2015 – 23 U 1570/15 = BKR 2016, 42.

921 29 Vgl. *OLG München*, Urteil vom 01.10.2015 – 23 U 1570/15 = BKR 2016, 42; *Böhme*, BB 2014, 2380 (2381).

Zudem ist zu berücksichtigen, dass Eingriffe in die an sich geltenden Regelungen zur Vertretungsbefugnis und zur Verfügungsbefugnis ausdrücklich angeordnet werden müssen.[922] Eine derartig eindeutige Herleitung findet sich in den investmentrechtlichen Vorschriften zur Inv-KG – aber auch zur Inv-AG, die etwaig übertragbar sein könnten – gerade nicht. Dies legt den Schluss nahe, dass keinerlei organschaftliche Vertretungsmacht auf die externe KVG übergehen soll.

Weitere investmentrechtliche Vorschriften, aus denen auf eine Übertragung der organschaftlichen Vertretungsbefugnis auf eine externe KVG geschlossen werden könnte, sind nicht ersichtlich. Somit ist davon auszugehen, dass in den investmentrechtlichen Vorschriften über die Inv-KG in keiner Weise Regelungen hinsichtlich der Vertretungsbefugnis getroffen wurden.[923] Das Fehlen einer solchen Anordnung, die die organschaftliche Vertretungsbefugnis zumindest teilweise der KVG zuwiese, legt folglich den Schluss nahe, dass es bei der organschaftlichen Vertretungsbefugnis der Inv-KG bzw. deren zur Vertretung befugter Komplementäre bleiben soll.[924]

Dementsprechend kann aus § 129 Abs. 2 KAGB und § 154 Abs. 2 KAGB sowie § 84 Abs. 1 Nr. 3 KAGB nicht auf eine Übertragung der organschaftlichen Vertretungsbefugnis auf die externe KVG gefolgert werden. Somit spricht auch die systematische Auslegung gegen eine Übertragung der organschaftlichen Vertretungsbefugnis auf die KVG durch deren Bestellung.

2.3.3. Historische Auslegung

Ob die KVG zur organschaftlichen Vertretung hinsichtlich der Anlage und der Verwaltung des Kommanditanlagevermögens berechtigt sein soll oder nicht, könnte sich zudem aus einer historischen Auslegung ergeben. Zwar sind die Erwägungen zu § 129 Abs. 1 KAGB und § 154 Abs. 1 KAGB selbst nicht zielführend, da sich diese lediglich auf ei-

922 So auch *Wallach* in Assmann/Wallach/Zetzsche, KAGB, § 154 Rn. 45 zur Verfügungsbefugnis.

923 So auch *Böhme*, BB 2014, 2380 (2383); *Freitag*, NZG 2013, 329 (334) bezogen auf alle Vorschriften des KAGB.

924 Vgl. *Böhme*, BB 2014, 2380 (2383).

nen Verweis zu § 112 Abs. 1 KAGB beschränken.[925] Auch die Gesetzesbegründung zu § 112 Abs. 1 KAGB trägt einzig mit dem Verweis auf § 96 Abs. 4 InvG inhaltlich nicht zur Klarstellung bei.

Allerdings wird zu dessen Vorgängervorschrift, namentlich § 96 Abs. 4 InvG, ausgeführt, dass die Fremdverwaltung durch die KVG „*die Organstruktur […], aber auch die allgemeinen Rechte und Pflichten der Organe der Gesellschaft unberührt*“ lässt.[926] Weiterhin wird ausgeführt, dass die KVG keine Zuständigkeiten und Aufgaben der Investmentgesellschaft übernimmt, „*insbesondere nicht die Vertretung*“.[927] Der Gesetzgeber bringt somit deutlich zum Ausdruck, dass die organschaftliche Vertretungsbefugnis ausschließlich bei der Investmentgesellschaft – in diesem Falle der Inv-KG – bleiben soll. Eine Auslegung, wonach der KVG durch die Bestellung die organschaftliche Vertretungsbefugnis zumindest teilweise übertragen werden sollte, stünde diesem gesetzgeberischen Willen entgegen.[928]

Die historische Auslegung spricht daher dafür, dass der KVG im Falle ihrer Bestellung keine organschaftlichen Vertretungsbefugnisse übertragen werden.

2.3.4. Sinn und Zweck

Zuletzt sind die investmentrechtlichen Vorschriften diesbezüglich teleologisch auszulegen. Bei der organschaftlichen Vertretungsbefugnis handelt es sich um eine durch Gesetz an die Organe einer Gesellschaft – in diesem Fall der Inv-KG – zugewiesene Aufgabe.[929] Insoweit ist anerkannt, dass die Befugnis des zuständigen Organs zur Willensbildung und Willenserklärung sowie die daraus resultierende Verantwortung nicht übertragbar sind.[930] Für Personengesellschaften ergibt sich zudem der Grundsatz der Selbstorganschaft, der unterlaufen würde, wenn eine Übertragung organschaftlicher Befugnisse

925 Vgl. BT-Drs. 17/12294, Seite 243, zu § 129 (Verwaltung und Anlage), zu Absatz 1.
926 BT-Drs. 16/5576, Seite 85, zu Nummer 75 (§ 96), zu Buchstabe d.
927 BT-Drs. 16/5576, Seite 85, zu Nummer 75 (§ 96), zu Buchstabe d.
928 Vgl. Böhme, BB 2014, 2380 (2384).
929 Vgl. OLG München, Urteil vom 01.10.2015 – 23 U 1570/15 = BKR 2016, 42.
930 Vgl. BGH, Urteil vom 18.10.1976 – II ZR 9/75 = NJW 1977, 199 ff.; Weipert in Ebenroth/Boujong/Joost/Strohn, HGB, § 164 Rn. 3.

möglich wäre.[931] Demgemäß sprechen gesellschaftsrechtliche Erwägungen gegen eine Übertragung der organschaftlichen Vertretungsbefugnis von der Inv-KG auf die KVG.

Zugleich ergibt sich aus den vorgenannten Grundsätzen auch eine Beschränkung hinsichtlich der Übertragung der Vertretungsbefugnis auf die KVG auf rechtsgeschäftlichem Wege. So darf die organschaftliche Vertretungsbefugnis der zur Vertretung berechtigten Komplementäre nicht durch die Vollmacht zugunsten der KVG ausgehöhlt werden. Eine solche Gefahr besteht, da die Inv-KG nicht darauf beschränkt ist, die Anlage und die Verwaltung des Kommanditanlagevermögens auf die KVG zu übertragen. Dies ergibt sich aus dem Wortlaut von § 129 Abs. 1 Satz 2 KAGB und § 154 Abs. 1 Satz 2 KAGB, wonach die KVG „*insbesondere*" für die Anlage und Verwaltung des Kommanditanlagevermögens zuständig ist. Dementsprechend sind die Vorschriften nicht abschließend, soweit es um die Übertragung von Aufgaben von der Inv-KG auf die KVG geht.

Demzufolge spricht auch die teleologische Auslegung dafür, dass es bei der ausschließlichen organschaftlichen Vertretungsbefugnis der Inv-KG bleibt und die KVG durch die Bestellung keine organschaftlichen Vertretungsbefugnisse erhält.

3. Reichweite der Vertretungsbefugnis bei der Inv-KG

Weiter stellt sich die Frage, wie für die Inv-KG die Reichweite der Vertretungsbefugnis geregelt ist.

3.1. Keine eigenständigen investmentrechtlichen Regelungen zur Reichweite der Vertretungsbefugnis bei der Inv-KG

Auch hier geht der Blick zunächst in das KAGB. Dabei ist nach Durchsicht der Vorschriften über die Inv-KG festzustellen, dass das KAGB keine eigenständigen Regelungen über die organschaftliche Vertretungsbefugnis der Inv-KG parat hält. Demzufolge bleibt es bei der Anwendung der allgemeinen personengesellschaftsrechtlichen Vorschriften über die Reichweite der Vertretungsbefugnis.

---

931 Vgl. Weipert in Ebenroth/Boujong/Joost/Strohn, HGB, § 164 Rn. 3.

3.2. Anwendbarkeit der personengesellschaftsrechtlichen Vorschriften

Aufgrund des Fehlens von investmentrechtlichen Vorschriften zur Reichweite der Vertretungsbefugnis ist auf die personengesellschaftsrechtlichen Vorschriften diesbezüglich zurückzugreifen.

Wie auch bei der Geschäftsführung ist aus personengesellschaftsrechtlicher Perspektive gesetzlich mehr als nur eine Art der organschaftlichen Vertretungsbefugnis geregelt. Das HGB sieht für die KG drei Arten von Vertretungsbefugnis vor: die Einzelvertretungsbefugnis gemäß § 124 Abs. 1 HGB[932] sowie die echte Gesamtvertretungsbefugnis gemäß § 124 Abs. 2 HGB[933] und die unechte Gesamtvertretungsbefugnis gemäß § 124 Abs. 3 HGB[934]. Die Regelungen des HGB sind allerdings nicht abschließend, sodass durch gesellschaftsvertragliche Vereinbarung Abweichendes zur Vertretungsbefugnis vereinbart werden kann.

3.2.1. Einzelvertretungsbefugnis

Die Einzelvertretungsbefugnis ist in Ermangelung abweichender gesellschaftsvertraglicher Vereinbarungen der gesetzliche Regelfall.[935] Hergeleitet wird dies aus dem Wortlaut von § 124 Abs. 1 HGB[936] sowie der Heranziehung der übrigen Bestimmungen des § 125 HGB[937]. Sie steht jedem Komplementär der Gesellschaft zu, sofern er nicht aufgrund einer gesellschaftsvertraglichen Regelung von der Vertretung der Gesellschaft ausgeschlossen wurde.

Bei der Einzelvertretungsbefugnis ist jeder Komplementär alleine dazu berechtigt, die Gesellschaft organschaftlich zu vertreten.[938] Auf die Mitwirkung weiterer vertretungsberechtigter Gesellschafter oder

932 Nach alter Rechtslage: § 125 Abs. 1 HGB a. F.

933 Nach alter Rechtslage: § 125 Abs. 2 HGB a. F.

934 Vgl. § 125 Abs. 3 HGB a. F.

935 Vgl. *Steitz* in Henssler/Strohn, HGB, § 125 Rn. 17; *K. Schmidt/Drescher* in MüKo/HGB, § 125 Rn. 26; *Kindler* in Koller/Kindler/Roth/Drüen, HGB, § 125 Rn. 3; *Roth* in Hopt, HGB, § 125 Rn. 10.

936 Nach alter Rechtslage: § 125 Abs. 1 HGB a. F.

937 Nach alter Rechtslage: § 125 HGB a. F.

938 Vgl. *Kindler* in Koller/Kindler/Roth/Drüen, HGB, § 125 Rn. 3; *Steitz* in Henssler/Strohn, HGB, § 125 Rn. 17.

von Prokuristen kommt es für die Abgabe einer wirksamen Erklärung im Namen der Gesellschaft nicht an; ein etwaiger Widerspruch anderer vertretungsberechtigter Gesellschafter ist unbeachtlich.[939]

Sind mehrere Komplementäre zur Vertretung der Gesellschaft befugt, kann es zur Abgabe widersprüchlicher Erklärungen kommen. In diesen Fällen gilt, dass die spätere Erklärung die maßgebliche ist.[940] Etwas anderes gilt aber dann, wenn es sich um eine unwiderrufliche Erklärung handelte. In diesem Fall ist die Abgabe der ersten Erklärung bindend.[941] Von Relevanz ist dies vor allem für die Abgabe von Willenserklärungen, die auf den Abschluss von Verträgen gerichtet sind.[942]

3.2.2. Echte Gesamtvertretungsbefugnis

Vom gesetzlich vorgesehenen Regelfall der Einzelgeschäftsführung können die Gesellschafter durch gesellschaftsvertragliche Vereinbarung abweichen. Dabei können sie gemäß § 124 Abs. 2 Satz 1 HGB[943] anordnen, dass alle oder mehrere Komplementäre nur gemeinschaftlich zur Vertretung der Gesellschaft befugt sind. In diesen Fällen sind die betroffenen Komplementäre auf die Mitwirkung der anderen gemeinschaftlich zur Vertretung befugten Komplementäre angewiesen.[944]

Die nur gemeinschaftlich zur Vertretung berechtigten Gesellschafter haben gemäß § 124 Abs. 2 Satz 2 HGB[945] die Möglichkeit, einzelne von ihnen zur Vornahme von einzelnen Geschäften oder von bestimmten Arten von Geschäften zu ermächtigen. Die herrschende Meinung sieht hierin eine Erstarkung der Gesamtvertretungsbefugnis zu einer partiellen Einzelvertretungsbefugnis zugunsten des bevollmächtigten Komplementärs.[946] Bei der Ermächtigung handelt es sich um eine einseitige empfangsbedürftige Willenserklärung, die gegenüber dem zu

939 Vgl. *Habersack* in Staub, HGB, § 125 Rn. 27.
940 Vgl. *Haas* in Röhricht/Graf von Westphalen/Haas, HGB, § 125 Rn. 5.
941 Vgl. *K. Schmidt/Drescher* in MüKo/HGB, § 125 Rn. 26.
942 Vgl. *Steitz* in Henssler/Strohn, HGB, § 125 Rn. 18.
943 Nach alter Rechtslage: § 125 Abs. 2 Satz 1 HGB a. F.
944 Vgl. *Hillmann* in Ebenroth/Boujong/Joost/Strohn, HGB, § 125 Rn. 20 f.
945 Nach alter Rechtslage: § 125 Abs. 2 Satz 2 HGB a. F.
946 Vgl. *Roth* in Hopt, HGB, § 125 Rn. 17; *Habersack* in Staub, HGB, § 125 Rn. 46; *Hillmann* in Ebenroth/Boujong/Joost/Strohn, HGB, § 125 Rn. 29 f.

ermächtigenden Komplementär abzugeben ist.[947] An eine bestimmte Form ist die Abgabe der Ermächtigung nicht gebunden.[948] Mangels Formerfordernis kann sie sowohl ausdrücklich als auch konkludent erteilt werden.[949] Umgekehrt kann jeder der nur gemeinschaftlich zur Vertretung befugten Komplementäre bis zur Vornahme des Rechtsgeschäfts seine Ermächtigung frei widerrufen.[950]

Zu beachten ist, dass sich die Anordnung der echten Gesamtvertretungsbefugnis nur auf die Aktivvertretung beschränkt. Bei der Passivvertretung bleibt es dagegen gemäß § 124 Abs. 6 HGB[951] bei der Einzelvertretungsbefugnis. Danach ist es für den Zugang einer Erklärung bei der Gesellschaft ausreichend, wenn die Erklärung gegenüber einem Komplementär abgegeben wird, auch wenn dieser nur gemeinschaftlich zur Vertretung befugt ist.[952] Von dieser gesetzlichen Anordnung über die Passivvertretung kann durch gesellschaftsvertragliche Vereinbarung nicht abgewichen werden, weswegen derartige Regelungen im Gesellschaftsvertrag unwirksam und nicht eintragungsfähig sind.[953] Bislang war diese Passivvertretung an sich nur für die echte Gesamtvertretungsbefugnis in § 125 Abs. 2 Satz 3 HGB a. F. geregelt und wurde mit dem Inkrafttreten des MoPeG konsequenterweise eigenständig und allgemeingültig in § 124 Abs. 6 HGB geregelt.

3.2.3. Unechte Gesamtvertretungsbefugnis

Als weitere Alternative ist gemäß § 124 Abs. 3 Satz 1 HGB[954] vorgesehen, dass die Gesellschafter im Gesellschaftsvertrag vereinbaren können, dass alle oder einzelne Komplementäre die Gesellschaft, wenn

---

947 Vgl. *K. Schmidt/Drescher* in MüKo/HGB, § 125 Rn. 44; *Roth* in Hopt, HGB, § 125 Rn. 17.

948 Vgl. *Steitz* in Henssler/Strohn, HGB, § 125 Rn. 43.

949 Vgl. *Hillmann* in Ebenroth/Boujong/Joost/Strohn, HGB, § 125 Rn. 31; *Wertenbruch* in Westermann/Wertenbruch, Handbuch Personengesellschaften, § 16 Rn. 324d.

950 Vgl. *Wertenbruch* in Westermann/Wertenbruch, Handbuch Personengesellschaften, § 16 Rn. 324e.

951 Nach alter Rechtslage: § 125 Abs. 2 Satz 3 HGB a. F.

952 Vgl. *Hillmann* in Ebenroth/Boujong/Joost/Strohn, HGB, § 125 Rn. 37; *Steitz* in Henssler/Strohn, HGB, § 125 Rn. 46.

953 Vgl. *Habersack* in Staub, HGB, § 125 Rn. 54; *Wertenbruch* in Westermann/Wertenbruch, Handbuch Personengesellschaften, § 16 Rn. 325 m. w. N.

954 Nach alter Rechtslage: § 125 Abs. 3 Satz 1 HGB a. F.

sie nicht gemeinsam handeln, nur gemeinsam mit einem Prokuristen vertreten dürfen. In diesen Fällen wird die Rechtsstellung des Prokuristen erweitert. Aus diesem Grunde richtet sich der Umfang der Vertretungsbefugnis auch für den Prokuristen nach § 124 Abs. 4 HGB[955], nicht nach § 49 HGB.[956]

Die gesellschaftsvertragliche Vereinbarung, wonach ein Komplementär gemeinsam mit einem Prokuristen die KG vertreten darf, kann aber dann nicht vorgesehen werden, wenn dadurch der Grundsatz der Selbstorganschaft verletzt würde.[957] Dies ist vor allem dann der Fall, wenn die KG lediglich einen einzigen Komplementär hat und die Vertretungsbefugnis dieses Komplementärs von der Mitwirkung eines Prokuristen abhängig gemacht werden soll. In diesem Falle wäre kein Komplementär in der Lage, ohne Mitwirkung eines Prokuristen die organschaftliche Vertretung der KG auszuüben.[958] Die Folge ist daher, dass eine solche gesellschaftsvertragliche Vereinbarung unzulässig ist.

Hinsichtlich der Möglichkeit, einzelnen Komplementären, die nur gemeinsam mit einem Prokuristen zur Vertretung befugt sind, für einzelne Geschäfte oder bestimmte Arten von Geschäften die Ermächtigung zu erteilen, wird für die unechte Gesamtvertretungsbefugnis gemäß § 124 Abs. 3 Satz 2 HGB[959] auf die Regelungen der echten Gesamtvertretungsbefugnis verwiesen. Dasselbe gilt für die Passivvertretung bei der unechten Gesamtgeschäftsführungsbefugnis.[960] Es gelten daher die hierzu getroffenen Ausführungen.

Auch bei der unechten Gesamtgeschäftsführungsbefugnis gilt, dass es im Falle der Abgabe einer Willenserklärung gegenüber der Gesellschaft ausreichend ist, wenn diese gegenüber einem vertretungsberechtigten Geschäftsführer abgegeben wurde. Nach alter Rechtslage wurde hierzu § 125 Abs. 2 Satz 3 HGB a. F., in dem die Passivvertretung für die echte Geschäftsführungsbefugnis geregelt war, für ent-

---

955 Nach alter Rechtslage: § 126 HGB a. F.

956 Vgl. *K. Schmidt/Drescher* in MüKo/HGB, § 125 Rn. 43; *Habersack* in Staub, HGB, § 125 Rn. 61; *Hillmann* in Ebenroth/Boujong/Joost/Strohn, HGB, § 125 Rn. 41.

957 Vgl. *K. Schmidt/Drescher* in MüKo/HGB, § 125 Rn. 34 m. w. N.; *Wertenbruch* in Westermann/Wertenbruch, Handbuch Personengesellschaften, § 16 Rn. 326.

958 Vgl. *Habersack* in Staub, HGB, § 125 Rn. 57.

959 Nach alter Rechtslage: § 125 Abs. 3 Satz 2 HGB a. F.

960 Vgl. § 125 Abs. 3 Satz 2 HGB.

sprechend anwendbar erklärt.[961] Auch nach neuer Rechtslage findet sich für die unechte Gesamtvertretungsbefugnis in § 124 Abs. 3 Satz 2 HGB ein solcher Verweis auf die nun in § 124 Abs. 6 HGB enthaltene Passivvertretung. Nach neuer Rechtslage ist dieser Verweis auf § 124 Abs. 6 HGB allerdings überflüssig, da die Passivvertretung nun als eigenständiger Absatz an das Ende von § 124 HGB gezogen wurde. Die Regelung in § 124 Abs. 6 HGB gilt hierdurch allgemeingültig für alle Formen der Vertretungsbefugnis, sodass der Verweis nunmehr allenfalls klarstellenden Charakter haben kann.

3.2.4. Nicht im HGB geregelte Varianten der Vertretungsbefugnis

Nach heute herrschender Meinung können Einzel- und Gesamtvertretungsbefugnis beliebig kombiniert werden.[962] Die Gesellschafter einer KG sind daher weitestgehend frei, wie die Vertretungsbefugnis der Komplementäre ausgestaltet werden soll. Der Gestaltung im Gesellschaftsvertrag hinsichtlich der Vertretungsbefugnis wird lediglich durch die zuvor genannten Erwägungen, insbesondere den Grundsatz der Selbstorganschaft, begrenzt.

3.2.5. Sonderfall: Gesellschaft ist Komplementär

Eine Besonderheit gilt für den Fall, dass eine juristische Person oder eine rechtsfähige Personengesellschaft zum Kreis der Komplementäre einer KG gehört. Diese sind selbst auf das Tätigwerden ihrer Organe angewiesen, um wirksam Erklärungen abgeben zu können. Soweit eine solche Gesellschaft zur Vertretung einer KG befugt ist, wird die Vertretungsbefugnis durch deren organschaftliche Vertreter ausgeübt.[963] Die Ausgestaltung der Vertretungsbefugnis dieser Komplementärgesellschaft bestimmt sich nach den Vorschriften, die für die Komplementärgesellschaft aufgrund ihrer Rechtsform gelten, oder – soweit abweichende Regelungen im Gesellschaftsvertrag oder in der Satzung der Komplementärgesellschaft über die Vertretungsbefugnis getroffen wurden – nach den gesellschaftsvertraglichen Regelungen.

---

961 Vgl. § 125 Abs. 3 Satz 2 HGB a. F.

962 Vgl. *K. Schmidt/Drescher* in MüKo/HGB, § 125 Rn. 32 und Rn. 35 ff.; *Roth* in Hopt, HGB, § 125 Rn. 14; *Habersack* in Staub, HGB, § 125 Rn. 39 f.

963 Vgl. *Wertenbruch* in Westermann/Wertenbruch, Handbuch Personengesellschaften, § 16 Rn. 320; *Steitz* in Henssler/Strohn, HGB, § 125 Rn. 19.

3.3. Keine abweichende Auslegung aufgrund aufsichtsrechtlicher Besonderheiten geboten

Es bleibt zu prüfen, ob aufgrund aufsichtsrechtlicher Besonderheiten eine Abweichung von den an sich geltenden personengesellschaftsrechtlichen Vorschriften zur Reichweite der Vertretungsbefugnis geboten ist. Eine solche Abweichung könnte sich insbesondere daraus ergeben, dass das Investmentrecht an sich das Vier-Augen-Prinzip vorsieht. So wird für eine KVG die Notwendigkeit von mindestens zwei Geschäftsleitern in § 23 Nummer 2 KAGB niedergelegt, während sich für die Inv-AG das Erfordernis von mindestens zwei Vorstandsmitgliedern aus § 119 Abs. 1 Satz 1 KAGB bzw. § 147 Abs. 1 Satz 1 KAGB und für die Inv-KG aus § 128 Abs. 1 Satz 1 KAGB bzw. § 153 Abs. 1 Satz 1 KAGB ergibt. Dieses Vier-Augen-Prinzip dient dem Schutz der Anleger und der Verhinderung von Interessenkonflikten.[964] Dieser verfolgte Zweck legt daher eher die Gesamtvertretungsbefugnis denn die Einzelvertretungsbefugnis als den gesetzlichen Regelfall nahe.

Ein solche allgemeingültige Schlussfolgerung wäre aber nur dann möglich, wenn dies aus einem allgemeinen Rechtsgedanken hergeleitet werden könnte, der dem Investmentrecht zu eigen ist. Allerdings findet sich im KAGB weder für die Inv-AG noch für eine Inv-KG oder für die KVG, ungeachtet von deren Rechtsform, eine eigenständige Vorschrift zur Vertretungsbefugnis. Umgekehrt ist aber zu berücksichtigen, dass eine solche Interpretation dem gesetzlichen Leitbild entgegenstünde, das den Vorschriften über die Investmentgesellschaften zugrunde liegt. Dieses basiert im Wesentlichen darauf, dass die jeweiligen gesellschaftsrechtlichen Vorschriften subsidiär zur Anwendung gelangen, wenn das Investmentrecht keine eigenständigen Vorschriften vorhält. Für die Inv-KG und die Inv-AG existieren dabei jeweils eigene Verweisungsketten auf die für sie subsidiär anzuwendenden Vorschriften. Diese gelangen für die Inv-KG jeweils zu unterschiedlichen Ergebnissen. Während für die Inv-KG die Einzelvertretungsbefugnis als gesetzlicher Regelfall angeordnet wird,[965] gilt für die Inv-AG die Gesamtvertretungsbefugnis als der gesetzli-

964 Vgl. *Beckmann* in Beckmann/Scholtz/Vollmer, KAGB, § 23 Rn. 50.

965 Vgl. § 124 Abs. 1 bis Abs. 3 und Abs. 6 HGB (nach alter Rechtslage: § 125 HGB a. F.).

che Regelfall, wenn der Vorstand einer Aktiengesellschaft aus mehr als einer Person besteht.[966] Der Annahme eines investmentrechtlichen Rechtsgedankens, der zur grundsätzlichen Anwendung der Gesamtvertretungsbefugnis führt, würde dieses gesetzliche Leitbild entgegenstehen, zumal den Gesellschaftern die Möglichkeit offensteht, die Gesamtvertretungsbefugnis durch gesellschaftsvertragliche Regelung festzulegen.

Es bleibt daher bei der Einzelvertretungsbefugnis als gesetzlichem Regelfall, wenngleich eine klarstellende Regelung im KAGB wünschenswert wäre, die für die Inv-KG die echte Gesamtvertretungsbefugnis als den gesetzlichen Regelfall vorgeben würde. Der Praxis ist jedoch anzuraten, durch gesellschaftsvertragliche Vereinbarung vom gesetzlichen Regelfall abzuweichen und eine Form der Gesamtgeschäftsführungsbefugnis zu vereinbaren.

Zu berücksichtigen ist, dass § 124 HGB[967] für die Inv-KG insbesondere dann von Bedeutung ist, wenn mehrere ihrer Komplementäre zur Vertretung befugt sind. Die Vorschrift regelt – vorbehaltlich abweichender Regelungen im Gesellschaftsvertrag – die Reichweite der Vertretungsbefugnis der einzelnen Komplementäre. Hiervon unberührt bleibt die Vertretungsbefugnis bei Komplementärgesellschaften. Für sie gelten die für sie einschlägigen Vorschriften über die Vertretung.[968]

4. Umfang der Vertretungsbefugnis bei der Inv-KG

Zuletzt ist zu prüfen, ob und gegebenenfalls inwieweit sich aus den Vorschriften des KAGB Anhaltspunkte dahingehend entnehmen lassen, wie der Umfang der Vertretungsbefugnis bei der Inv-KG geregelt sein soll.

966 Vgl. § 78 Abs. 2 Satz 1 AktG.
967 Nach alter Rechtslage: § 125 HGB a. F.
968 Vgl. *Kunschke/Klebeck* in Beckmann/Scholtz/Vollmer, KAGB, § 128 Rn. 21 und § 154 Rn. 18; *Könnicke* in Baur/Tappen, KAGB, § 153 Rn. 19.

4.1. Keine eigenständigen investmentrechtlichen Vorschriften zum Umfang der Vertretungsbefugnis bei der Inv-KG

Wie auch zur Reichweite der organschaftlichen Vertretungsbefugnis hält das KAGB in Bezug auf den Umfang der Vertretungsbefugnis keine eigenständigen Regelungen bereit. Lediglich zum Verbot von bestimmten Geschäften zwischen der Inv-KG und ihren Organen finden sich in § 128 Abs. 3 Satz 1 KAGB und § 153 Abs. 4 Satz 1 KAGB Ausführungen. Diese Vorschriften enthalten aber keine originären Regelungen über den Umfang der Vertretungsbefugnis, sondern schränken diese allenfalls ein. In Ermangelung von selbstständigen investmentrechtlichen Regelungen zum Umfang der Vertretungsbefugnis bleibt es somit beim Verweis auf die Vorschriften des HGB über die Verweisungsketten in § 124 KAGB und § 149 KAGB. Folglich bleibt es bei der grundsätzlichen Anwendbarkeit der personengesellschaftsrechtlichen Vorschriften über den Umfang der Vertretungsbefugnis.

4.2. Grundsätzliche Anwendbarkeit der personengesellschaftsrechtlichen Vorschriften

Der Umfang der Vertretungsmacht ist in § 124 Abs. 4 HGB[969] geregelt. Danach er- streckt sich die Vertretungsbefugnis der vertretungsberechtigten Gesellschafter gemäß § 124 Abs. 4 Satz 1 HGB[970] auf alle Geschäfte und Rechtshandlungen einschließlich der Erteilung und des Widerrufs von Prokura. Aus dem Wortlaut der Vorschrift ergibt sich somit, dass es auf eine Unterscheidung zwischen gewöhnlichen und außergewöhnlichen Geschäften nicht ankommt. Die gesetzlich angeordnete Vertretungsbefugnis ist insoweit umfassend.[971] Von der gesetzlichen Vertretungsmacht erfasst werden daher auch Rechtsgeschäfte und Handlungen, die für die KG nachteilig sind oder vom Gesellschaftszweck nicht bzw. nicht mehr gedeckt sind.[972]

Sind an einer KG minderjährige Gesellschafter als vertretungsberechtigte Komplementäre beteiligt, sind diese in der Lage, Geschäfte

969 Nach alter Rechtslage: § 126 HGB a. F.
970 Nach alter Rechtslage: § 126 HGB Abs. 1 a. F.
971 Vgl. *K. Schmidt/Drescher* in MüKo/HGB, § 126 Rn. 6.
972 Vgl. *Habersack* in Staub, HGB, § 126 Rn. 5; Boesche in Oetker, HGB, § 126 Rn. 5.

im Namen der KG mit Dritten ohne die Beschränkung der §§ 1821 f. BGB abzuschließen.[973] Der Schutz des Rechtsverkehrs geht insoweit dem Minderjährigenschutz vor.[974]

4.2.1. Grundsatz: Unbeschränkbarkeit der Vertretungsbefugnis

Wie zuvor erwähnt sind die zur Vertretung berufenen Gesellschafter zur Vertretung der Gesellschaft in Bezug auf alle Geschäfte und Rechtshandlungen berechtigt. Diese gesetzlich angeordnete Vertretungsbefugnis ist gemäß § 124 Abs. 4 Satz 1 HGB[975] umfassend und kann im Außenverhältnis nicht wirksam beschränkt werden.[976] Die Vorschrift ist somit zwingend.[977] Die Anordnung der unbeschränkten Vertretungsbefugnis dient sowohl der Funktionsfähigkeit der KG als auch dem Schutz des Rechtsverkehrs.[978] Dieser soll nicht erst ermitteln müssen, ob bzw. in welchem Maße ein vertretungsberechtigter Komplementär im Innenverhältnis Bindungen unterliegt.[979] Beschränkungen der gesetzlichen Vertretungsbefugnis sind daher im Außenverhältnis grundsätzlich unwirksam.[980]

4.2.2. Nicht erfasst: Grundlagengeschäfte

Von der Vertretungsbefugnis nach § 124 Abs. 4 Satz 1 HGB[981] nicht erfasst werden dagegen Grundlagengeschäfte.[982] Sie betreffen das innere Verhältnis der Gesellschaft und das Verhältnis der Gesellschafter zueinander, weswegen sie nicht als Vertretungsgeschäfte im Sinne von

---

973 Vgl. *Hillmann* in Ebenroth/Boujong/Joost/Strohn, HGB, § 126 Rn. 3.
974 Vgl. *Boesche* in Oetker, HGB, § 126 Rn. 5.
975 Nach alter Rechtslage: § 126 Abs. 1 HGB a. F.
976 Vgl. § 126 Abs. 2 HGB.
977 Vgl. *Boesche* in Oetker, HGB, § 126 Rn. 4.
978 Vgl. *K. Schmidt/Drescher* in MüKo/HGB, § 126 Rn. 1.
979 Vgl. *Boesche* in Oetker, HGB, § 126 Rn. 10.
980 Vgl. *K. Schmidt/Drescher* in MüKo/HGB, § 126 Rn. 16; *Steitz* in Henssler/Strohn, HGB, § 126 Rn. 4; *Haas* in Röhricht/von Westphalen/Haas, HGB, § 126 Rn. 1.
981 Nach alter Rechtslage: § 126 Abs. 1 HGB a. F.
982 Vgl. *Roth* in Hopt, § 126 Rn. 3; *K. Schmidt/Drescher* in MüKo/HGB, § 126 Rn. 4.

§ 124 Abs. 4 HGB[983] anzusehen sind.[984] Damit sind insbesondere Änderungen des Gesellschaftsvertrags und Maßnahmen, die dem gleichkommen (z. B. die Veräußerung oder die Verpachtung des gesamten Unternehmens), durch einen vertretungsberechtigten Gesellschafter nicht von der gesetzlichen Vertretungsbefugnis gedeckt.[985]

Allerdings besteht teilweise die Möglichkeit, abweichende gesellschaftsvertragliche Regelungen zu treffen, um die Vertretungsbefugnis der vertretungsberechtigten Gesellschafter zu erweitern.[986] Insbesondere haben die Gesellschafter die Möglichkeit, den vertretungsberechtigten Gesellschaftern durch eine entsprechende Regelung im Gesellschaftsvertrag oder durch Gesellschafterbeschluss die Aufnahme weiterer Gesellschafter zu gestatten.[987] Eine solche Kompetenz zugunsten der zur Vertretung berechtigten Gesellschafter kann vor allem bei Publikumsgesellschaften von Relevanz sein.

4.2.3. Ausnahmen vom Grundsatz der Unbeschränkbarkeit der Vertretungsbefugnis

Von der grundsätzlichen Unbeschränkbarkeit der gesetzlichen Vertretungsbefugnis werden Ausnahmen zugelassen. Diese sind zum Teil unmittelbar im Gesetz verankert, zum Teil ergeben sich die Einschränkungen durch ungeschriebene Rechtsgrundsätze oder erst durch Auslegung von § 124 Abs. 4 HGB.[988]

4.2.3.1. Ausnahme: Beschränkung auf Zweigniederlassungen

Eine Ausnahme von der grundsätzlichen Unbeschränkbarkeit der gesetzlichen Vertretungsbefugnis wird durch § 124 Abs. 4 Satz 4 HGB[989] zugelassen. Danach kann die gesetzliche Vertretungsbefugnis einzel-

983 § 126 HGB a. F.
984 Vgl. *Habersack* in Staub, HGB, § 126 Rn. 12; *Steitz* in Henssler/Strohn, HGB, § 126 Rn. 7.
985 Vgl. *Hillmann* in Ebenroth/Boujong/Joost/Strohn, HGB, § 126 Rn. 8 ff.; *K. Schmidt/Drescher* in MüKo/HGB, § 126 Rn. 10 ff.
986 Vgl. *Roth* in Hopt, HGB, § 126 Rn. 4.
987 Vgl. *Boesche* in Oetker, HGB, § 126 Rn. 6; *Steitz* in Henssler/Strohn, HGB, § 126 Rn. 8.
988 Nach alter Rechtslage: § 126 HGB a. F.
989 Nach alter Rechtslage: § 126 Abs. 3 HGB a. F.

ner oder aller vertretungsberechtigten Gesellschafter auf bestimmte Niederlassungen der KG beschränkt werden.

Erforderlich für eine derartige Beschränkung ist, dass sich die Firmen der verschiedenen Niederlassungen voneinander unterscheiden, wie sich aus dem Verweis auf § 50 Abs. 3 HGB ergibt.[990] Zudem handelt es sich bei der Beschränkung nach § 124 Abs. 4 Satz 4 HGB[991] gemäß § 106 Abs. 2 Nr. 3 HGB[992] um eine eintragungspflichtige Tatsache, die beim Handelsregister der Hauptniederlassung anzumelden ist.[993]

Die Beschränkung führt dazu, dass die gesetzliche Vertretungsbefugnis des betroffenen zur Vertretung berechtigten Gesellschafters partiell ausgeschlossen wird.[994] Rechtsgeschäfte, die ein nach § 124 Abs. 4 Satz 4 HGB[995] entsprechender Gesellschafter außerhalb der ihm zugebilligten Niederlassungen vornimmt, sind unwirksam.[996]

4.2.3.2. Ausnahme: Vertretung gegenüber Gesellschaftern

Ferner gilt die Unbeschränkbarkeit der Vertretungsbefugnis nach der herrschenden Meinung nicht bei Rechtsgeschäften zwischen der Gesellschaft und ihren Gesellschaftern.[997] Begründet wird dies zum einen mit dem Wortlaut von § 124 Abs. 4 Satz 2 HGB[998], wonach Beschränkungen *„Dritten"* gegenüber unwirksam sind. Zum anderen wird die Nichtanwendung von § 124 Abs. 4 Satz 2 HGB[999] im Verhältnis zwischen Gesellschaft und Gesellschafter darauf gestützt, dass die Gesellschafter einer Personenhandelsgesellschaft eines vergleichbaren Schutzes des Rechtsverkehrs, wie er durch § 124 Abs. 4 HGB[1000] ge-

---

990 Vgl. *Hillmann* in Ebenroth/Boujong/Joost/Strohn, HGB, § 126 Rn. 13; *Steitz* in Henssler/Strohn, HGB, § 126 Rn. 18.
991 Nach alter Rechtslage: § 126 Abs. 3 HGB a. F.
992 Nach alter Rechtslage: § 106 Abs. 2 Nr. 4 HGB a. F.
993 Vgl. *K. Schmidt/Drescher* in MüKo/HGB, § 126 Rn. 20; *Boesche* in Oetker, HGB, § 126 Rn. 9.
994 Vgl. *Hillmann* in Ebenroth/Boujong/Joost/Strohn, HGB, § 126 Rn. 13.
995 Nach alter Rechtslage: § 126 Abs. 3 HGB a. F.
996 Vgl. *Steitz* in Henssler/Strohn, HGB, § 126 Rn. 17.
997 Vgl. *BGH*, Urteil vom 05.04.1973 – II ZR 45/71; *Habersack* in Staub, HGB, § 126 Rn. 10; *Hillmann* in Ebenroth/Boujong/Joost/Strohn, HGB, § 126 Rn. 14; *Roth* in Hopt, HGB, § 126 Rn. 6.
998 Nach alter Rechtslage: § 126 Abs. 2 HGB a. F.
999 Nach alter Rechtslage: § 126 Abs. 2 HGB a. F.
1000 Nach alter Rechtslage: § 126 HGB a. F.

währt wird, nicht bedürfen.[1001] Der Rechtsverkehr kann allenfalls in einem eingeschränkten Maße Kenntnis davon erlangen, ob ein vertretungsberechtigter Gesellschafter internen Bindungen unterliegt. Demgegenüber sind den Gesellschaftern einer Personenhandelsgesellschaft diese Beschränkungen im Innenverhältnis bekannt. Der Umfang der Vertretungsbefugnis richtet sich daher insoweit nach der Geschäftsführungsbefugnis.[1002] Aus diesem Grunde wird diesbezüglich § 124 Abs. 4 HGB[1003] teleologisch reduziert.[1004] Hieran hat auch das MoPeG nichts geändert.

4.2.3.3. Ausnahme: Verbot des Selbstkontrahierens

Eine weitere Einschränkung erfährt der Grundsatz von der Unbeschränkbarkeit der Vertretungsbefugnis durch § 181 BGB. Danach ist es einem vertretungsberechtigten Gesellschafter verboten, die KG bei einem Rechtsgeschäft zu vertreten, bei dem er selbst oder eine von ihm vertretene Person der KG als Vertragspartner gegenübersteht.[1005]

Allerdings besteht die Möglichkeit, einzelne oder alle zur Geschäftsführung berechtigten Gesellschafter entweder durch Vereinbarung im Gesellschaftsvertrag oder durch Gesellschafterbeschluss vom Verbot des Selbstkontrahierens zu befreien.[1006] Sind mehrere Gesellschafter gemeinschaftlich zur Vertretung der KG bestellt, kann nach herrschender Ansicht in der Literatur außerdem ein geschäftsführender Gesellschafter den anderen dazu ermächtigen, mit ihm ein Rechtsgeschäft abzuschließen.[1007] Zuletzt haben die übrigen zur Geschäftsführung berechtigten Gesellschafter die Möglichkeit, ein solches Insichgeschäft zu genehmigen.[1008] Auch hierauf hatte das MoPeG keinen Einfluss.

1001 Vgl. *BGH*, Urteil vom 05.04.1973 – II ZR 45/71; *Hillmann* in Ebenroth/Boujong/Joost/Strohn, HGB, § 126 Rn. 14; *Roth* in Hopt, HGB, § 126 Rn. 6.

1002 Vgl. *Roth* in Hopt, HGB, § 126 Rn. 6.

1003 Nach alter Rechtslage: § 126 HGB a. F.

1004 Vgl. *Habersack* in Staub, HGB, § 126 Rn. 28.

1005 Vgl. *K. Schmidt/Drescher* in MüKo/HGB, § 126 Rn. 14; *Roth in* Hopt, § 126 Rn. 9.

1006 Vgl. *Boesche* in Oetker, HGB, § 126 Rn. 7; *Steitz* in Henssler/Strohn, HGB, § 126 Rn. 13.

1007 Vgl. *Hillmann* in Ebenroth/Boujong/Joost/Strohn, HGB, § 126 Rn. 19; *Boesche* in Oetker, HGB, § 126 Rn. 7.

1008 Vgl. *Hillmann* in Ebenroth/Boujong/Joost/Strohn, HGB, § 126 Rn. 12; *Roth* in Hopt, HGB, § 126 Rn. 9.

4.2.3.4. Ausnahme: Missbrauch der Vertretungsmacht

Zuletzt wird § 124 Abs. 4 HGB[1009] durch die Grundsätze des Missbrauchs der Vertretungsmacht eingeschränkt.[1010] Wie zuvor dargestellt, ist die gesetzliche Vertretungsbefugnis nach § 124 Abs. 4 HGB[1011] grundsätzlich nicht beschränkbar, was insbesondere dem Schutz des Rechtsverkehrs dient. Bei Anwendung der Grundsätze des Missbrauchs der Vertretungsmacht schlägt dagegen ausnahmsweise eine Beschränkung im Innenverhältnis auf das Außenverhältnis durch.[1012] Hierfür wird zunächst verlangt, dass ein zur Vertretung berechtigter Gesellschafter pflichtwidrig eine interne Bindung, der er unterliegt, missachtet.[1013] Zusätzlich darf der Dritte, mit dem das Rechtsgeschäft abgeschlossen werden soll, nicht schutzwürdig sein.[1014] Daran fehlt es immer dann, wenn es für den Dritten evident sein muss, dass der geschäftsführende Gesellschafter Befugnisse überschreitet, die ihm im Innenverhältnis auferlegt sind.[1015] Auf ein kollusives Zusammenwirken kommt es nicht an.[1016]

Liegen die Voraussetzungen vor, kann sich der Dritte nach der Rechtsprechung des BGH sowie Teilen der Literatur aufgrund von § 242 BGB nicht auf die Wirksamkeit des Rechtsgeschäfts berufen.[1017] Nach anderer Auffassung sollen dagegen die §§ 177 BGB anwendbar und das Rechtsgeschäft soll schwebend unwirksam sein.[1018] Auch diese Ausnahme vom Grundsatz der Unbeschränkbarkeit der Vertretungsmacht besteht nach dem MoPeG fort.

1009 Nach alter Rechtslage: § 126 HGB a. F.

1010 Vgl. *K. Schmidt/Drescher* in MüKo/HGB, § 126 Rn. 20 ff.; *Hillmann* in Ebenroth/Boujong/Joost/Strohn, HGB, § 126 Rn. 19 ff.; *Boesche* in Oetker, HGB, § 126 Rn. 10; *Habersack* in Staub, HGB, § 126 Rn. 23 ff.

1011 Nach alter Rechtslage: § 126 HGB a. F.

1012 Vgl. *Habersack* in Staub, HGB, § 126 Rn. 23.

1013 Vgl. *Steitz* in Henssler/Strohn, HGB, § 126 Rn. 19.

1014 Vgl. *Habersack* in Staub, HGB, § 126 Rn. 23.

1015 Vgl. *Boesche* in Oetker, HGB, § 126 Rn. 10.

1016 Vgl. *K. Schmidt/Drescher* in MüKo/HGB, § 126 Rn. 22; *Steitz* in Henssler/Strohn, HGB, § 126 Rn. 20.

1017 Vgl. *BGH*, Urteil vom 19.05.1980 – II ZR 241/79; *BGH*, Urteil vom 05.11.2003 – VIII ZR 218/01 = NJW-RR 2004, 247 ff.; *Hillmann* in Ebenroth/Boujong/Joost/Strohn, HGB, § 126 Rn. 23.

1018 Vgl. *Habersack* in Staub, HGB, § 126 Rn. 27; *K. Schmidt/Drescher* in MüKo/HGB, § 126 Rn. 23; *Boesche* in Oetker, HGB, § 126 Rn. 12.

4.3. Einschränkung der personengesellschaftsrechtlichen Vorschriften aufgrund aufsichtsrechtlicher Besonderheiten

Wie gesehen bleibt es bei der grundsätzlichen Anwendung der personengesellschaftsrechtlichen Vorschriften zum Umfang der Vertretungsbefugnis. Aufsichtsrechtliche Besonderheiten hinsichtlich der organschaftlichen Vertretungsbefugnis bei der Inv-KG könnten sich aber aus § 128 Abs. 3 Satz 1 KAGB und § 153 Abs. 4 Satz 1 KAGB ergeben, die zu einer Einschränkung der personengesellschaftsrechtlichen Vorschriften diesbezüglich führen könnten. Danach ist es den Mitgliedern der Geschäftsführung – sowie bei der geschlossenen, intern verwalteten Inv-KG, die als Vehikel für ein Publikumsinvestmentvermögen dient, den Mitgliedern des Beirats – nicht gestattet, Vermögensgegenstände an die Inv-KG zu veräußern oder von dieser zu erwerben.

Die herrschende Meinung geht davon aus, dass es sich bei § 128 Abs. 3 Satz 1 KAGB und § 153 Abs. 4 Satz 1 KAGB um Verbotsgesetze im Sinne von § 134 BGB handelt.[1019] Die Konsequenz hieraus ist, dass derartige Verpflichtungs- und Verfügungsgeschäfte nichtig sind.[1020] Somit wäre in § 128 Abs. 3 Satz 1 KAGB und § 153 Abs. 4 Satz 1 KAGB eine Beschränkung der Vertretungsbefugnis zu sehen.

4.3.1. Einordnung von § 128 Abs. 3 Satz 1 KAGB und § 153 Abs. 4 Satz 1 KAGB als Verbotsgesetze

Eine weitergehende Begründung der Einordnung als Verbotsgesetz erfolgt nicht, weswegen diese herrschende Literaturansicht nachfolgend dahingehend untersucht werden soll, ob dieser zu folgen ist oder nicht. Für die Einordnung von § 128 Abs. 3 Satz 1 KAGB und § 153 Abs. 4 Satz 1 KAGB als Verbotsgesetze spricht zunächst der Wortlaut der

---

1019 Vgl. *Kunschke/Klebeck* in Beckmann/Scholtz/Vollmer, KAGB, § 128 Rn. 47 und § 153 Rn. 60; *Jesch* in Moritz/Klebeck/Jesch, KAGB, § 153 Rn. 36; *Paul* in Weitnauer/Boxberger/Anders, KAGB, § 153 Rn. 15; *Schott* in Emde/Dornseifer/Dreibus, KAGB, § 153 Rn. 24; *Könnicke* in Baur/Tappen, KAGB, § 153 Rn. 67.

1020 Vgl. *Kunschke/Klebeck* in Beckmann/Scholtz/Vollmer, KAGB, § 128 Rn. 47 und § 153 Rn. 60; *Jesch* in Moritz/Klebeck/Jesch, KAGB, § 153 Rn. 36; *Paul* in Weitnauer/Boxberger/Anders, KAGB, § 153 Rn. 15; *Schott* in Emde/Dornseifer/Dreibus, KAGB, § 153 Rn. 24; *Könnicke* in Baur/Tappen, KAGB, § 153 Rn. 67.

beiden Vorschriften. Danach „*dürfen*“ die Mitglieder der Geschäftsführung der Inv-KG und gegebenenfalls die Mitglieder des Beirats Vermögensgegenstände „*weder […] veräußern noch […] erwerben*“. Dieser Wortlaut lässt darauf schließen, dass die Untersagung derartiger Geschäfte zwingend sein soll. Jedoch sehen Teile der Literatur eine solche Formulierung wohl als nicht eindeutig für eine dahingehende Auslegung an, wonach eine solche auf eine Einordnung einer Vorschrift als Verbotsgesetz schließen lässt.[1021]

Allerdings legt der Zweck, der mit den beiden Vorschriften verfolgt wird, die Einordnung als Verbotsgesetz im Sinne von § 134 BGB nahe. Mit § 128 Abs. 3 Satz 1 KAGB und § 153 Abs. 4 Satz 1 KAGB soll dem Risiko eines Interessenkonflikts zwischen den Interessen der Organe der KVG und den Interessen der KVG – und damit auch insbesondere der Anleger – vorgebeugt werden.[1022] Verhindert werden sollen für die Inv-KG nachteilige Geschäfte, die aus Geschäften zwischen ihr und ihren Organen resultieren könnten.[1023]

Nach dem gesetzgeberischen Willen zu § 53 KAGG, auf den letztlich § 128 Abs. 3 Satz 1 KAGB und § 153 Abs. 4 Satz 1 KAGB zurückgehen, sollen insbesondere das Abstoßen von Vermögensgegenständen und das Auskaufen des Gesellschaftsvermögens durch die Organe unterbunden werden.[1024] Zusätzlich soll der böse Schein, der mit solchen Geschäften einhergeht, vermieden werden. Dies ist für § 119 Abs. 4 KAGB und § 148 Abs. 4 KAGB, welche die gleichlautenden Vorschriften für die Inv-AG enthalten und auf denen § 128 Abs. 4 KAGB und § 153 Abs. 4 KAGB basieren, anerkannt[1025] und entsprechend zu übertragen. Diese Erwägungen hinter § 128 Abs. 3 Satz 1 KAGB und § 153 Abs. 4 Satz 1 KAGB sprechen dafür, die beiden Vorschriften als Verbotsgesetz zu qualifizieren.

1021 Vgl. *Mansel* in Jauernig, BGB, § 134 Rn. 10.

1022 Vgl. *Paul* in Weitnauer/Boxberger/Anders, KAGB, § 153 Rn. 14; *Wallach* in Assmann/Wallach/Zetzsche, KAGB, § 153 Rn. 36.

1023 Vgl. *Kunschke/Klebeck* in Beckmann/Scholtz/Vollmer, KAGB, § 128 Rn. 46 und § 153 Rn. 59.

1024 Vgl. BT-Drs. 13/8933, Seite 127, zu § 53.

1025 Vgl. *Lorenz* in Weitnauer/Boxberger/Anders, KAGB, § 119 Rn. 17.

4.3.2. Nichtigkeit als Rechtsfolge

Aus der Eigenschaft als Verbotsgesetz im Sinne von § 134 BGB resultiert jedoch nicht zugleich, dass als Rechtsfolge die Nichtigkeit eintritt. Die Nichtigkeit tritt nur dann ein, „*wenn sich aus dem Gesetz nicht ein anderes ergibt*".[1026] Insoweit käme als Rechtsfolge auch die schwebende Unwirksamkeit derartiger Geschäfte in Betracht.[1027]

Für die schwebende Unwirksamkeit als einschlägige Rechtsfolge spricht, dass nicht jedes Geschäft zwischen einem vertretungsberechtigten Komplementär und der Inv-KG nachteilig für das Gesellschaftsvermögen der Inv-KG sein muss. Dies gilt insbesondere dann, wenn ein solches Geschäft zu marktüblichen Konditionen geschlossen wird. Mit der Nichtigkeit als Rechtsfolge wären aber auch solche Geschäfte unwirksam, die einem Drittvergleich standhalten und aus denen keine Benachteiligung der Inv-KG oder von deren Anlegern resultiert.

Dagegen spricht aber, dass unklar bleibt, durch wen ein solches schwebend unwirksames Geschäft zu genehmigen wäre. Die Genehmigung durch einen anderen, nicht am Geschäft beteiligten Komplementär scheidet aus, da dies dem Anlegerschutz, der ebenfalls hinter § 128 Abs. 3 Satz 1 KAGB und § 153 Abs. 4 Satz 1 KAGB steht, nicht gerecht würde. Übrig bleibt die Genehmigung durch die Gesellschafterversammlung. Insoweit besteht jedoch die Gefahr, dass die Gesellschafterversammlung regelmäßig nicht die Angemessenheit eines derartigen Geschäfts beurteilen sowie gegebenenfalls die Reichweite und die Bedeutung eines solchen Geschäfts für die Inv-KG abschätzen kann. Denn üblicherweise setzt sich die Gesellschafterversammlung aus den Anlegern zusammen, deren Interesse sich auf die Anlage ihres Vermögens beschränkt und die in der Regel keine Übersicht über die Geschäftsführung der Inv-KG haben. Zudem dürfte sich die Genehmigung durch die Gesellschafterversammlung in der Praxis als äußerst unpraktikabel darstellen. Weiterhin ist zu berücksichtigen, dass die Vorschriften, außer dem Schutz der Anleger zu dienen, auch dem bösen Schein vorbeugen wollen. Dieser bleibt jedoch auch dann bestehen, wenn ein solches Geschäft genehmigt würde.

1026 Vgl. § 134 a. E. BGB.
1027 Vgl. *Armbrüster* in MüKo/BGB, § 134 Rn. 180.

Es sprechen daher die besseren Gründe dafür, derartige Geschäfte insgesamt zu unter- sagen. Es bleibt deswegen bei der Nichtigkeitsfolge für Geschäfte, denen § 128 Abs. 3 Satz 1 KAGB und § 153 Abs. 4 Satz 1 KAGB entgegenstehen.

5. Fazit

5.1. Organschaftliche Vertretung durch die Komplementäre

Es bleibt auch für die Vertretung bei der Inv-KG bei der Anwendung des Grundsatzes der Selbstorganschaft sowie den personengesellschaftsrechtlichen Regelungen über die Vertretungsregelungen gemäß § 124 HGB[1028] und § 170 HGB. Vertretungsberechtigt sind somit ausschließlich die Komplementäre, sofern diese nicht gesellschaftsvertraglich von der Vertretung der Gesellschaft ausgeschlossen wurden. Dagegen sind die Kommanditisten zwingend von der organschaftlichen Vertretung der Inv-KG ausgeschlossen. Da § 170 HGB zwingenden Charakter hat, kann Kommanditisten, auch wenn sie zur Geschäftsführung berechtigt sind, auch auf gesellschaftsvertraglichem Wege keine organschaftliche Vertretungsbefugnis eingeräumt werden.

Bei einer extern verwalteten Inv-KG ist nicht explizit geregelt, ob die extern verwaltende KVG organschaftlich zur Vertretung der Inv-KG berechtigt ist oder nicht. Die besseren Gründe sprechen aber dafür, dass im Falle der Bestellung einer externen KVG keine organschaftliche Vertretungsbefugnis von der Inv-KG auf die KVG übertragen und in der Folge der Grundsatz der Selbstverwaltung gerade nicht zugunsten der externen KVG eingeschränkt wird. Als zentraler Regelungsgegenstand für das Verhältnis zwischen Gesellschaft und dem Rechtsverkehr wäre allerdings eine ausdrückliche – zumindest aber eine klarstellende – Regelung über die Vertretungsbefugnis wünschenswert gewesen.[1029] Soweit eine Vertretung der Inv-KG durch die KVG gewollt ist, ist dieser auf anderem Wege, beispielsweise durch Gewährung einer rechtsgeschäftlichen Vollmacht, Vertretungsbefugnis zu gewähren.

1028 Nach alter Rechtslage: §§ 125 f. HGB a. F.

1029 So auch *Eichhorn*, WM 2016, 145 (148); Böhme, BB 2014, 2380 (2383).

5.2. Reichweite der Vertretungsbefugnis

Das KAGB kennt für die Inv-KG keine eigenständigen Vorschriften über die Reichweite der Vertretungsbefugnis, sondern belässt es bei der Anwendung der personengesellschaftsrechtlichen Vorschriften. Somit gilt die Einzelvertretungsbefugnis als der gesetzliche Regelfall, sofern im Gesellschaftsvertrag keine abweichende Vereinbarung getroffen wird.

Die Einzelvertretungsbefugnis als gesetzlicher Regelfall für die Inv-KG ist allerdings fragwürdig, da sie nicht recht zum Vier-Augen-Prinzip passt, das der Vorgabe von mindestens zwei Geschäftsführern immanent ist. Naheliegender wäre vielmehr die Anordnung der echten Gesamtvertretungsbefugnis als gesetzlicher Regelfall, wie dies auch für die Inv-AG gilt und somit ein stimmiges Bild im Hinblick auf die Investmentgesellschaften ergäbe. Aufgrund der bestehenden Verweisungskette auf die Vorschriften des HGB verbietet sich allerdings eine solche Auslegung, vielmehr bedarf es einer klarstellenden Regelung durch den Gesetzgeber. Daher wäre eine Anpassung des KAGB durch den Gesetzgeber wünschenswert. Solange eine derartige Klarstellung im KAGB nicht erfolgt, ist der Praxis zu empfehlen, im Gesellschaftsvertrag vom gesetzlichen Regelfall der Einzelvertretungsbefugnis abzuweichen und eine Form der Gesamtvertretungsbefugnis zu vereinbaren.

5.3. Umfang der Vertretungsbefugnis

Auch der Umfang der Vertretungsbefugnis wird bei der Inv-KG nicht selbstständig im KAGB geregelt, sodass auch hier grundsätzlich auf die personengesellschaftsrechtlichen Vorschriften zurückzugreifen ist. Gemäß § 124 Abs. 4 HGB[1030] ist die Vertretungsbefugnis im Außenverhältnis grundsätzlich nicht beschränkbar. Es gelten allerdings die im Personengesellschaftsrecht anerkannten Ausnahmen vom Verbot der Beschränkung der Vertretungsbefugnis, d. h. das Verbot des Selbstkontrahierens, die Vertretung gegenüber Gesellschaftern und der Missbrauch der Vertretungsmacht.

1030 Nach alter Rechtslage: § 126 HGB a. F.

Zudem ist eine weitere Ausnahme vom Grundsatz der Unbeschränkbarkeit der Vertretungsmacht im KAGB enthalten. Gemäß § 128 Abs. 3 Satz 1 KAGB und § 153 Abs. 4 Satz 1 KAGB ist es den Geschäftsführern einer Inv-KG untersagt, Vermögensgegenstände an die Inv-KG zu verkaufen oder von dieser zu erwerben. Es handelt sich bei diesen beiden investmentrechtlichen Vorschriften um Verbotsgesetze im Sinne von § 134 BGB, durch die Geschäfte zwischen der Inv-KG und ihren Organen unterbunden werden. Folglich beschränken sie insoweit die Vertretungsbefugnis der vertretungsberechtigten Komplementäre einer Inv-KG. Verpflichtungs- und Verfügungsgeschäfte, die gegen § 128 Abs. 3 Satz 1 KAGB und § 153 Abs. 4 Satz 1 KAGB verstoßen, sind nichtig.

VIII. Die Haftung der Gesellschafter

Eine der wesentlichen Kernfragen für die Gesellschafter ist die Frage nach der Haftung. Auch hier ist zu prüfen, ob und gegebenenfalls inwieweit die personengesellschaftsrechtlichen Vorschriften über die Haftung einer KG durch die investmentrechtlichen Vorschriften des KAGB modifiziert oder verdrängt werden.

1. Die Haftung der Komplementäre einer Inv-KG

1.1. Keine eigenständigen investmentrechtlichen Regelungen über die Haftung der Komplementäre einer Inv-KG

Eine Modifizierung der personengesellschaftsrechtlichen Vorschriften über die Haftung der Komplementäre müsste sich aus den §§ 124 ff. KAGB bzw. den §§ 149 ff. KAGB ergeben. Regelungen zur Haftung der Gesellschafter finden sich in § 127 KAGB und § 152 KAGB. Allerdings beziehen sich beide Vorschriften lediglich auf die Haftung der Anleger bzw. Kommanditisten, nicht aber auf die der Komplementäre. Somit ist der Anwendungsbereich zu den Vorschriften für die Komplementäre nicht eröffnet. Weitere Vorschriften, in denen die Haftung der Komplementäre einer Inv-KG angelegt sein könnte, lassen sich nicht finden.

Hieraus ist der Schluss zu ziehen, dass es für die Komplementäre einer Inv-KG – und zwar unabhängig davon, ob es sich um eine offene oder geschlossene Inv-KG handelt – kein eigenständiges investmentrechtliches Haftungsregime gibt. In der Konsequenz verbleibt es über die Verweisungskette bei der Anwendung der personengesellschaftsrechtlichen Vorschriften des HGB.

1.2. Die Haftung der Komplementäre einer Inv-KG nach den personengesellschaftsrechtlichen Vorschriften

In Ermangelung eigenständiger investmentrechtlicher Haftungsvorschriften für die Komplementäre ist auf das personengesellschaftsrechtliche Haftungsregime der KG zurückzugreifen. Hierbei ist zwischen unterschiedlichen Haftungszeiträumen zu unterscheiden.

1.2.1. Die Haftung der gegenwärtigen Komplementäre

Die Haftung der Komplementäre richtet sich über den Verweis in § 124 Abs. 1 Satz 2 KAGB bzw. § 149 Abs. 1 Satz 2 KAGB in Verbindung mit § 161 Abs. 2 HGB nach § 126 HGB[1031]. Nach § 126 Satz 1 HGB[1032] haften die Komplementäre einer KG persönlich und unbeschränkt für die Verbindlichkeiten der Gesellschaft. Nach heute herrschender Ansicht in Rechtsprechung[1033] und Literatur[1034] handelt es sich hierbei um eine akzessorische Haftung der Komplementäre. Diese Haftung der Komplementäre ist zudem eine primäre Haftung, sodass Gesellschaftsgläubiger nicht zunächst ihre Forderung gegen die Gesellschaft zu richten haben, bevor sie auf die Komplementäre als Schuldner zurückgreifen könnten.[1035]

Aus § 126 Satz 2 HGB[1036] folgt, dass es sich bei dieser akzessorischen Haftung der Komplementäre um zwingendes Recht handelt. Hiervon abweichende gesellschaftsvertragliche Vereinbarungen sind zwar möglich, sie entfalten jedoch im Außenverhältnis keine Wirkung, sondern sind lediglich im Innenverhältnis zwischen den Gesellschaftern von Bedeutung. Der durch die gesellschaftsvertragliche Vereinbarung begünstigte Komplementär hat insoweit einen Freistellungsanspruch.

1.2.2. Die Haftung eintretender Komplementäre

Die Haftung von neu eintretenden Komplementären wird durch § 127 HGB[1037] geregelt. Danach haftet ein neu eintretender Komplementär nach Maßgabe von § 126 HGB[1038] und § 128 HGB[1039]. Hieraus resultiert, dass ein neu eintretender Komplementär ebenfalls persönlich, unmittelbar und primär für die Verbindlichkeiten der Gesellschaft haftet. Auf den Zeitpunkt der Entstehung der Gesellschaftsverbindlichkeiten kommt es dabei nicht an, sodass ein neu eintretender Komple-

---

1031 Nach alter Rechtslage: § 128 HGB a. F.
1032 Nach alter Rechtslage: § 128 Satz 1 HGB a. F.
1033 Vgl. *BGH*, Urt. v. 29.01.2001 – II ZR 331/00 = NJW 2001, 1056.
1034 Vgl. *K. Schmidt/Drescher* in MüKo/HGB, § 128 Rn. 17 m. w. N.
1035 Vgl. *Steitz* in Henssler/Strohn, HGB, § 128 Rn. 16.
1036 Nach alter Rechtslage: § 128 Satz 2 HGB a. F.
1037 Nach alter Rechtslage: § 130 HGB a. F.
1038 Nach alter Rechtslage: § 128 HGB a. F.
1039 Nach alter Rechtslage: § 129 HGB a. F.

mentär auch für Altverbindlichkeiten der Gesellschaften einzustehen hat.

Durch den umfassenden Verweis auf § 126 HGB[1040] sowie die Anordnung in § 127 Satz 2 HGB[1041], dass entgegenstehende gesellschaftsvertragliche Vereinbarungen Dritten gegenüber keine Wirkung entfalten, handelt es sich auch bei der Haftung eines neu eintretenden Komplementärs um zwingendes Recht. Abweichende Regelungen im Gesellschaftsvertrag sind zwar wiederum möglich, sie wirken sich allerdings auch hier nur im Innenverhältnis aus. Wenn also die Gesellschafter vereinbaren, dass ein neu eintretender Gesellschafter nur für die Gesellschaftsverbindlichkeiten ab dem Zeitpunkt seines Beitritts haften soll, kann der neu eintretende Komplementär dennoch durch die Gesellschaftsgläubiger einer Altverbindlichkeit in Anspruch genommen werden. Der neu beitretende Komplementär hat dann allerdings im Innenverhältnis einen Anspruch auf Freistellung gegenüber den übrigen Gesellschaftern.

1.2.3. Die Haftung ausscheidender Komplementäre

Regelungen für die Haftung von ausscheidenden Komplementären finden sich in § 137 HGB[1042], welcher über § 161 Abs. 2 HGB zur Anwendung gelangt. Die Vorschrift regelt die sogenannte Nachhaftung.

In § 137 Abs. 1 Satz 1 HGB[1043] wird geregelt, dass ein Komplementär auch nach seinem Ausscheiden aus der KG für einen Zeitraum von fünf Jahren weiter für die Verbindlichkeiten der Gesellschaft haftet. Die Vorschrift ist dabei missverständlich, denn ein Haftungsanspruch eines Gesellschaftsgläubigers gegen den ausgeschiedenen Komplementär richtet sich weiterhin nach § 126 HGB[1044], da die Vorschrift selbst keine Haftungstatbestandsvoraussetzungen beinhaltet.[1045] Durch § 137 Abs. 1 Satz 1 HGB[1046] wird vielmehr geregelt, dass die Haftung des ausgeschiedenen Komplementärs für Altverbindlichkei-

1040 Nach alter Rechtslage: § 128 HGB a. F.
1041 Nach alter Rechtslage: § 130 Abs. 2 HGB a. F.
1042 Nach alter Rechtslage: § 160 HGB a. F.
1043 Nach alter Rechtslage: § 160 Abs. 1 Satz 1 HGB a. F.
1044 Nach alter Rechtslage: § 128 HGB a. F.
1045 Vgl. *Hillmann* in Ebenroth/Boujong/Joost/Strohn, HGB, § 160 Rn. 1.
1046 Nach alter Rechtslage: § 160 Abs. 1 HGB a. F.

ten beschränkt ist.[1047] Die Beschränkung der Nachhaftung des ausgeschiedenen Komplementärs kennt dabei eine inhaltliche und eine zeitliche Komponente.

Die allgemeine akzessorische Haftung des ausgeschiedenen Komplementärs wird zunächst in zeitlicher Hinsicht auf fünf Jahre beschränkt. Nach neuer Rechtslage knüpft der Beginn der Fünf-Jahres-Frist an zwei Varianten an. Neben der Bekanntgabe des Ausscheidens eines Komplementärs im Handelsregister beginnt diese Frist auch dann zu laufen, wenn zwar das Ausscheiden eines Komplementärs noch nicht im Handelsregister eingetragen ist, ein Gesellschaftsgläubiger aber dennoch Kenntnis von dessen Ausscheiden hat. Ausweislich der Gesetzesbegründung zu § 728b BGB, auf dessen Begründung im Rahmen der Gesetzesbegründung zu § 137 HGB verwiesen wird, ist hierfür positive Kenntnis eines Gesellschaftsgläubigers über den Umstand des Ausscheidens zu verlangen.[1048] Ein bloßes Kennenmüssen ist demnach nicht ausreichend, was sich andernfalls auch in einem abweichenden Normtext in § 137 Abs. 1 Satz 1 HGB widergespiegelt hätte, indem der Gesetzgeber eine zu § 122 Abs. 2 BGB („... *kannte oder infolge von Fahrlässigkeit nicht kannte ...*") oder zu § 166 BGB („... *Kenntnis oder das Kennenmüssen...*") vergleichbare Formulierung verwendet hätte. Nach neuer Rechtslage kann somit der Beginn der Frist bereits vor Eintragung des Ausscheidens des Komplementärs im Handelsregister ausgelöst werden, indem die Inv-KG das Ausscheiden eines Komplementärs gegenüber den Gesellschaftsgläubigern publiziert, z. B. durch ein entsprechendes Rundschreiben. Beide Varianten sind dabei einander gleichgestellt.[1049] Die fünfjährige Frist begann dabei nach alter Rechtslage am Ende desjenigen Tages zu laufen, an dem das Ausscheiden des Komplementärs ins Handelsregister eingetragen wurde.[1050] Allerdings war auch nach alter Rechtslage aufgrund der Rechtsprechung des BGH anerkannt, dass der Eintragung des Ausscheidens eines Komplementärs im Handelsregister keine konstitutive Wirkung zukommt, sondern bereits die positive Kennt-

---

1047 Vgl. *K. Schmidt/Drescher* in MüKo/HGB, § 160 Rn. 1.

1048 Vgl. BT-Drs. 19/27635, Seite 177, zu § 728b (Nachhaftung des ausgeschiedenen Gesellschafters), zu Absatz 1.

1049 Vgl. BT-Drs. 19/27635, Seite 245, zu § 137 (Nachhaftung des ausgeschiedenen Gesellschafters), zu Absatz 1.

1050 Vgl. § 160 Abs. 1 Satz 2 HGB a. F.

nis der Gesellschaftsgläubiger vom Umstand des Ausscheidens die Fünf-Jahres-Frist auslöst.[1051] Folglich wurde diese höchstrichterliche Rechtsprechung nun gesetzlich verankert. Außerdem ist zu beachten, dass die Fünf-Jahres-Frist durch bestimmte Ereignisse gehemmt werden kann, wodurch sich die Frist verlängern kann; insoweit werden einzelne Hemmungsvorschriften des BGB über § 137 Abs. 1 Satz 4 HGB[1052] für anwendbar erklärt.

Inhaltlich wird die Nachhaftung des ausgeschiedenen Komplementärs auf diejenigen Verbindlichkeiten der Gesellschaft begrenzt, die zum Zeitpunkt seines Ausscheidens bereits begründet waren und innerhalb der Fünf-Jahres-Frist auch fällig werden. Darüber hinaus müssen diese Altverbindlichkeiten gemäß § 137 Abs. 1 Satz 1 HGB[1053] entweder rechtskräftig festgestellt oder durch den ausgeschiedenen Gesellschafter schriftlich anerkannt worden sein. In Bezug auf die Geltendmachung von Schadensersatzansprüchen durch einen Gesellschaftsgläubiger wird nach dem Inkrafttreten des MoPeG nun klargestellt, dass für diese der Altgesellschafter nur dann haftet, wenn die für den Schadensersatzanspruch kausale Pflichtverletzung vor seinem Ausscheiden erfolgte. Damit wird eine bislang bestehende Rechtsunsicherheit, deren Auflösung bis dahin in der Literatur bislang umstritten war,[1054] zugunsten des ausgeschiedenen Altgesellschafters aufgelöst.

Liegen sowohl die zeitliche als auch die inhaltliche Komponente im Hinblick auf eine Gesellschaftsverbindlichkeit vor, wirkt die Haftung des ausgeschiedenen Komplementärs auf der Grundlage von § 126 HGB[1055] fort und der jeweilige Gesellschaftsgläubiger kann den ausgeschiedenen Altgesellschafter in Anspruch nehmen.

1.3. Keine abweichende Beurteilung aufgrund aufsichtsrechtlicher Besonderheiten geboten

Aus aufsichtsrechtlicher ist es nicht erforderlich, von den personengesellschaftsrechtlichen Vorschriften zur Haftung der Komplementäre aufgrund aufsichtsrechtlicher Besonderheiten abzuweichen. Dement-

---

1051 Vgl. *BGH*, Urteil vom 24.09.2005 – Az. II ZR 284/05.
1052 Nach alter Rechtslage: § 160 Abs. 1 Satz 3 HGB a. F.
1053 Nach alter Rechtslage: § 160 Abs. 1 Satz 1 und Abs. 2 HGB a. F.
1054 Vgl. *Habersack* in Staub/HGB, § 160 Rn. 8 und Rn. 10.
1055 Nach alter Rechtslage: § 128 HGB a. F.

sprechend bleibt es im Hinblick auf die Haftung der Komplementäre einer Inv-KG bei der Anwendung der personengesellschaftsrechtlichen Vorschriften diesbezüglich.

1.4. Fazit

Die Haftung der Komplementäre einer Inv-KG wird nicht eigenständig durch das Investmentrecht geregelt. Die Haftung der Komplementäre einer Inv-KG richtet sich somit nach den personengesellschaftsrechtlichen Vorschriften. Die Komplementäre haften demnach für die Verbindlichkeiten der Gesellschaft primär, unmittelbar und beschränkt. Neu eintretende Komplementäre haften zudem nicht nur für diejenigen Verbindlichkeiten, welche für die Gesellschaft ab dem Zeitpunkt ihres Beitritts entstehen, sondern auch für die Altverbindlichkeiten der Gesellschaft. Dagegen wird bei ausgeschiedenen Komplementären deren Nachhaftung in zeitlicher Hinsicht beschränkt.

2. Haftung der Komplementäre einer Inv-KG

Nachdem für die Komplementäre einer Inv-KG festgestellt worden ist, dass für diese das Haftungsregime des HGB gilt, soll im Anschluss daran auf die Haftung der Kommanditisten einer Inv-KG eingegangen und geprüft werden, ob das KAGB für diese Gesellschaftergruppe haftungsrechtliche Besonderheiten vorsieht. Auch bei der Haftung der Kommanditisten ist zwischen verschiedenen Haftungszeiträume zu differenzieren.

2.1. Die Haftung der Kommanditisten einer Inv-KG bei vorzeitiger Geschäftsaufnahme

2.1.1. Eigenständige investmentrechtliche Regelung über die Haftung der Kommanditisten einer Inv-KG bei vorzeitiger Geschäftsaufnahme

Zunächst ist zu untersuchen, ob das Investmentrecht die Haftung der Kommanditisten im Falle einer vorzeitigen Geschäftsaufnahme abschließend und unabhängig von den personengesellschaftsrechtlichen Haftungsvorschriften regelt. Hierzu ist der Anwendungsbereich von

§ 152 Abs. 5 KAGB zu bestimmen, der sich mit der vorzeitigen Geschäftsaufnahme bei einer Inv-KG auseinandersetzt.

2.1.1.1. Untersuchung des Wortlauts von § 152 Abs. 5 KAGB

Nach dem Wortlaut von § 152 Abs. 5 KAGB gilt die Vorschrift explizit nur für die geschlossene Inv-KG, welche als Vehikel für Publikumsinvestmentvermögen dient. Hätte der Gesetzgeber dagegen einen umfassenden Anwendungsbereich für § 152 Abs. 5 KAGB gewünscht, hätte er von diesem explizit verwendeten Wortlaut abgesehen. Der Wortlaut von § 152 Abs. 5 KAGB spricht daher dafür, es bei dem engeren Anwendungsbereich der Vorschrift zu belassen.

Fraglich ist, ob die Vorschrift über ihren Wortlaut hinaus angewendet werden kann. Ausweislich der Gesetzesbegründung zu § 152 Abs. 5 KAGB wird mit dem Verbot zur Erteilung der Zustimmung zu einer vorzeitigen Geschäftsaufnahme die unbeschränkte Haftung der Kommanditisten nach § 176 Abs. 1 HGB verhindert.[1056] Im Hinblick auf die Frage nach einer weitergehenden Anwendungsmöglichkeit der Vorschrift hilft diese Begründung noch nicht weiter, allerdings wird in der Gesetzesbegründung explizit hervorgehoben, dass „*bei einer geschlossenen Publikumsinvestmentkommanditgesellschaft die Kommanditisten dem Geschäftsbeginn nicht zustimmen können*". Das Hervorheben der Publikumsinvestmentkommanditgesellschaft legt nahe, dass der Gesetzgeber mit der Vorschrift den Schutz von Privatanlegern im Blick hatte. Eine weitergehende Ausdehnung auf die offene Inv-KG[1057] und auf die geschlossene Inv-KG als Rechtsträger eines Spezial-AIF würde über diesen gesetzgeberischen Willen hinausgehen. In diesem Kontext ist auch der Sinn und Zweck der Vorschrift zu sehen. Wie zuvor erwähnt ist auf der Grundlage der Gesetzesbegründung anzunehmen, dass der Gesetzgeber mit der Vorschrift nicht den Anlegerschutz im Allgemeinen beabsichtigte, sondern lediglich den Schutz der Privatanleger im Sinne von § 1 Abs. 19 Nr. 31 KAGB im Speziellen. Erklären lässt sich dies mit der höheren Schutzbedürftigkeit der Privatanleger, welche die Haftungsrisiken, die mit einer vorzeitigen Geschäftsaufnahme einhergehen, regelmäßig nicht oder nur bedingt

---

1056 BT-Drs. 17/12294, Seite 250, zu § 152 (Anleger), zu Absatz 5.

1057 Die aufgrund ihres Anwendungsbereichs gemäß § 91 KAGB nur als Vehikel für Spezial-AIF dienen kann, nicht aber für Publikums-AIF.

überblicken und einschätzen können. Dieses Schutzbedürfnis ist bei professionellen Anlegern im Sinne von § 1 Abs. 19 Nr. 32 KAGB und semiprofessionellen Anlegern im Sinne von § 1 Abs. 19 Nr. 33 KAGB aufgrund deren höherer Expertise nicht bzw. nicht in diesem Maße geboten.

Aus den vorstehenden Ausführungen ist daher der Schluss zu ziehen, dass der Gesetzgeber bei der Einführung der Vorschrift nur den Schutz der Privatanleger im Sinne von § 1 Abs. 19 Nr. 31 KAGB im Blick hatte. Somit beschränkt sich der Schutzbereich der Vorschrift auf diesen Anlegerkreis. Aufgrund dessen widerspräche eine extensive Auslegung der Vorschrift dem gesetzgeberischen Zweck.

Es bleibt somit beim Anwendungsbereich gemäß dem Wortlaut der Vorschrift. Folglich kann § 152 Abs. 5 KAGB nicht generell auf die Inv-KG angewendet werden, sondern es bleibt beim Anwendungsbereich der Vorschrift nach Maßgabe ihres Wortlauts.

2.1.1.2. Reichweite von § 152 Abs. 5 KAGB

Danach können die Kommanditisten einer geschlossenen Inv-KG, die als Vehikel für ein Publikumsinvestmentvermögen dient, dem Geschäftsbeginn vor Eintragung der Gesellschaft ins Handelsregister nicht zustimmen. Der Wortlaut der Vorschrift zielt damit darauf ab, die vorzeitige Geschäftsaufnahme gemäß § 123 Abs. 1 Satz 2 HGB[1058] zu unterbinden.

Allerdings erscheint es fraglich, ob dieses Verständnis des Wortlauts tatsächlich tragfähig ist. Denn bei der Strukturierung eines Fonds in der Rechtsform der Inv-KG besteht für die Initiatoren die Notwendigkeit, vorbereitende Maßnahmen für die Entstehung der Gesellschaft und die Implementierung des Investmentvermögens durchführen zu können. Es liegt daher nahe anzunehmen, dass § 152 Abs. 5 KAGB weniger die vorzeitige Geschäftsaufnahme auf der Grundlage von § 123 Abs. 2 HGB als vielmehr die für die Kommanditisten aus § 176 HGB resultierende Haftungsfolge verhindern möchte. Bestätigt wird dieses Verständnis zum einen durch den Anwendungsbereich der Vorschrift, der auf geschlossene Publikumsinvestmentkommanditgesellschaften beschränkt ist und somit einen anlegerschützenden Charakter

1058 Nach alter Rechtslage: § 123 Abs. 2 HGB a. F.

hat. Gestützt wird das Verständnis zum anderen aber auch durch die Gesetzesbegründung zu § 152 KAGB. Danach soll durch die investmentrechtliche Vorschrift bewusst von § 176 HGB abgewichen und die aus § 176 Abs. 1 HGB resultierende unbeschränkte Haftung der Kommanditisten ausgeschlossen werden.[1059]

Zudem ist nach der hier vertretenen Meinung, wonach eine Inv-KG stets als vermögensverwaltende Gesellschaft anzusehen ist,[1060] auch die Notwendigkeit der Vorschrift generell infrage zu stellen. Das hier vertretene Verständnis, dass eine Inv-KG immer vermögensverwaltend tätig ist, führt dazu, dass ihre Eintragung ins Handelsregister konstitutive Wirkung entfaltet. Da die Inv-KG damit erst im Zeitpunkt ihrer Eintragung zur Entstehung gelangt, ist demnach auch die Haftung der Kommanditisten nach § 176 Abs. 1 HGB nicht möglich. Dies gilt umso mehr, als der Gesetzgeber sich im Rahmen des MoPeG dazu entschied, den Anwendungsbereich von § 176 Abs. 1 HGB nicht auch auf Gesellschaften, die kein Handelsgewerbe betreiben, auszudehnen.[1061]

Eine unbeschränkte und persönliche Haftung der späteren Kommanditisten ist dagegen nur dann denkbar, wenn diese bereits der Vorgesellschaft der Inv-KG beitreten. Dass eine Personengesellschaft, die kein Handelsgewerbe betreibt, vor ihrer Eintragung in der Rechtsform der GbR ihre Geschäfte aufnehmen kann, ist allgemeingültig anerkannt.[1062] Für die Geschäfte dieser Vorgesellschaft haften deren Gesellschafter nach den zivilrechtlichen Vorschriften über die GbR und damit unbeschränkt. Diese Konstellation ist auch für die Inv-KG denkbar. Allerdings ist zu beachten, dass das KAGB einen Numerus clausus für die Vehikel von Investmentvermögen kennt. Die nach dem KAGB erlaubten Vehikel sind dabei aus vertragsrechtlicher Sicht auf das Sondervermögen sowie aus gesellschaftsrechtlicher Sicht auf die Inv-KG und die Inv-AG beschränkt.[1063] Demzufolge würde ein Bei-

1059 Vgl. BT-Drs. 17/12294, Seite 250, zu § 152 (Anleger), zu Absatz 5.

1060 Vgl. Teil B. Kapitel II. Ziffer 2.2.4. „Eigenständige Einordnung der Inv-KG hinsichtlich ihrer Entstehung im Außenverhältnis aufgrund aufsichtsrechtlicher Besonderheiten".

1061 Vgl. BT-Drs. 19/31105, Seite 9, zu Nummer 15 (§ 176 HGB), zu Absatz 1.

1062 Vgl. statt vieler *Habersack* in Staub/HGB, § 123 Rn. 4 m. w. N.

1063 Vgl. § 91 KAGB für die offenen Investmentvermögen und § 139 KAGB für die geschlossenen Investmentvermögen.

tritt von Anlegern zu einer solchen Vorgesellschaft dazu führen, dass ein unerlaubtes Investmentgeschäft vorläge. Über dieses Risiko kann § 152 Abs. 5 KAGB aber nicht hinweghelfen, sondern diesem kann nur durch Rechtsgestaltung begegnet werden. Die Fondsinitiatoren haben dementsprechend darauf zu achten, dass Anleger erst dann tatsächlich beitreten, wenn die Inv-KG ins Handelsregister eingetragen wurde.

Somit hält das Investmentrecht mit § 152 Abs. 5 KAGB eine spezialgesetzliche Vorschrift bereit, welche die personengesellschaftsrechtlichen Vorschriften über die Haftung der Kommanditisten modifiziert. Für eine geschlossene Inv-KG, die als Vehikel für ein Publikumsinvestmentvermögen dient, wird § 176 Abs. 1 HGB faktisch unanwendbar, da eine vorzeitige Geschäftsaufnahme der Inv-KG unter Beteiligung von Anlegern nach der hier vertretenen Meinung nicht möglich ist. Folglich ist der Mehrwert von § 152 Abs. 5 Satz 1 KAGB generell in Zweifel zu ziehen. Denn die Vorschrift kommt nur dann zum Tragen, wenn die betroffene Inv-KG als gewerbliche Inv-KG ausgestaltet wurde. Bei einer rein vermögensverwaltenden Inv-KG läuft die Vorschrift dagegen ins Leere, da die Vorschrift aufgrund der konstitutiven Wirkung der Eintragung nicht zur Anwendung gelangen kann. Als Vorschrift, die lediglich die Vorschriften des HGB modifizieren will, hat sie zudem keine Auswirkung auf die Vorgesellschaft in der Rechtsform der GbR, sodass sie einem Beitritt der späteren Kommanditisten zu dieser Vor-GbR nicht entgegenstehen kann. Die pauschale Ausführung in der Gesetzesbegründung, wonach die Haftung der Kommanditisten gemäß § 176 Abs. 1 HGB ausgeschlossen werde, ist daher so nicht zutreffend.

2.1.2. Keine abschließende investmentrechtliche Regelung der Haftung der Kommanditisten einer Inv-KG bei vorzeitiger Geschäftsaufnahme

Wie soeben festgestellt, kennt das Investmentrecht eine spezialgesetzliche Vorschrift, welche die Haftung der Kommanditisten insoweit modifiziert, als sie die vorzeitige Geschäftsaufnahme bei einer Inv-KG unterbindet und hierdurch die sich hieraus ergebende unbeschränkte Haftung verhindert. Allerdings ist der Anwendungsbereich von § 152 Abs. 5 KAGB auf die geschlossene Inv-KG beschränkt, die als Vehikel für Publikumsinvestmentvermögen dient. Für die offene

Inv-KG und die geschlossene Inv-KG zum Zwecke der Verwaltung von Spezial-AIF ist die Vorschrift dagegen unanwendbar. In der Folge bleibt es für diese bei der Anwendung der personengesellschaftsrechtlichen Vorschriften.

Die Haftung der Kommanditisten einer offenen Inv-KG und einer geschlossenen Inv-KG, die als Vehikel für einen Spezial-AIF dient, für Verbindlichkeiten der Gesellschaft, die vor der Eintragung der Gesellschaft ins Handelsregister eingegangen wurden, richtet sich demnach nach § 176 HGB. Dabei ist für die Frage nach der Haftung der Kommanditisten danach zu unterscheiden, ob der Eintragung der KG ins Handelsregister deklaratorische Wirkung[1064] oder konstitutive Wirkung[1065] zukommt.

In der ersten Variante kann sie ihre Geschäftstätigkeit bereits vor ihrer Eintragung ins Handelsregister aufnehmen.[1066] Denn hier hat die Eintragung der Gesellschaft ins Handelsregister nur deklaratorische Wirkung für deren Entstehung. Stimmt ein Kommanditist der vorzeitigen Geschäftsaufnahme durch die Gesellschaft zu, richtet sich die Haftung des zustimmenden Kommanditisten für den Zeitraum zwischen der Geschäftsaufnahme und der Eintragung der Gesellschaft ins Handelsregister nach § 176 Abs. 1 HGB[1067]. Danach haftet ein solcher Kommanditist grundsätzlich in gleicher Art und Weise wie ein Komplementär, das heißt unbeschränkt, primär und unmittelbar. Etwas anderes gilt nur dann, wenn den Geschäftspartnern der noch nicht eingetragenen Gesellschaft die Kommanditistenstellung bekannt war.

Anders ist dagegen die Haftung des Kommanditisten zu beurteilen, wenn die gegenständliche Gesellschaft entweder lediglich ein Kleingewerbe im Sinne von § 2 Abs. 1 HGB betreibt oder nur eigenes Vermögen verwaltet. In diesen Fällen ist eine vorzeitige Geschäftsaufnahme nicht möglich. Da derartige Gesellschaften erst mit ihrer Eintragung entstehen, finden die §§ 161 ff. HGB vor Eintragung der

---

1064 Dies ist dann der Fall, wenn die Gesellschaft ein Handelsgewerbe im Sinne von § 1 Abs. 2 HGB betreibt.

1065 Dies ist dann der Fall, wenn die Gesellschaft lediglich ein Kleingewerbe im Sinne von § 2 Abs. 1 HGB betreibt oder nur eigenes Vermögen im Sinne von § 105 Abs. 2 HGB verwaltet.

1066 Vgl. § 123 Abs. 2 HGB.

1067 Nach alter Rechtslage: § 176 Abs. 1 Satz 1 HGB a. F.

KG keine Anwendung. Dies schließt die fehlende Anwendungsmöglichkeit von § 176 Abs. 1 HGB mit ein. Zudem wurde die Nichtanwendbarkeit der Vorschrift auf Kleingewerbe und vermögensverwaltende Gesellschaften nach alter Rechtslage durch § 176 Abs. 1 Satz 2 HGB a. F. ausdrücklich klargestellt und nach neuer Rechtslage durch den Gesetzgeber bestätigt.[1068]

Allerdings ist zu beachten, dass der Ausschluss der Anwendbarkeit von § 176 Abs. 1 Satz 1 HGB nicht zwangsläufig dazu führt, dass ein Kommanditist in diesem Falle nicht persönlich haftet. Zwar kann eine KG, die entweder ein Kleingewerbe betreibt oder rein vermögensverwaltend tätig ist, nicht vor ihrer Eintragung ins Handelsregister ihre Unternehmenstätigkeit aufnehmen. Allerdings können die Gesellschafter der (späteren) KG durchaus vorbereitende Maßnahmen durchführen und Verträge mit Dritten zum Zwecke der Gründung der KG abschließen. In diesem Falle werden die Geschäfte nicht für die KG auf der Grundlage von § 124 Abs. 2 Satz 1 HGB geschlossen, sondern für eine Vorgesellschaft in der Rechtsform der GbR. Für die GbR ist wiederum die analoge Anwendung von § 126 HGB[1069] anerkannt, aus der sodann die unbeschränkte persönliche Haftung der Gesellschafter resultiert. Für diese persönliche Haftung der GbR-Gesellschafter – und späteren Gesellschafter der KG – wird in der Literatur die analoge Anwendung von § 176 Abs. 1 Satz 1 a. E. HGB diskutiert, um einen Wertungswiderspruch zu vermeiden.[1070]

Nach der hier vertretenen Auffassung, wonach eine Inv-KG stets vermögensverwaltend agiert, ist lediglich die zweite Variante maßgeblich. Damit ist eine persönliche und unbeschränkte Haftung der Kommanditisten einer offenen Inv-KG und einer geschlossenen Inv-KG, die als Vehikel für einen Spezial-AIF dient, nach § 176 Abs. 1 HGB ausgeschlossen. Nicht ausgeschlossen ist dagegen die Haftung für Verbindlichkeiten aus Geschäften der Vorgesellschaft. Diesem Haftungsrisiko ist dadurch zu begegnen, dass die Aufnahme von Anlegern an die Eintragung der Inv-KG ins Handelsregister geknüpft wird. Hieran haben auch die Fondsinitiatoren ein grundlegendes Interesse, da andernfalls dem Numerus clausus des Investmentrechts in Bezug

1068 Vgl. BT-Drs. 19/31105, Seite 9, zu Nummer 15 (§ 176 HGB), zu Absatz 1.
1069 Nach alter Rechtslage: § 128 HGB a. F.
1070 Vgl. zum Meinungsstand *K. Schmidt/Grüneberg* in MüKo/HGB, § 176 Rn. 8 f.

auf die erlaubten Vehikel nicht genügt und dementsprechend ein unerlaubtes Investmentgeschäft betrieben wird. Es handelt sich hierbei allerdings mehr um ein theoretisches Risiko, da die Auflage einer Inv-KG regelmäßig unter Rückgriff auf deine Vorratsgesellschaft in der Rechtsform der KG durchgeführt wird, die anschließend in eine Inv-KG umstrukturiert wird.

Sofern der hier vertretenen Meinung nicht gefolgt werden sollte, bleibt es bei der Unterscheidung. In der Konsequenz können die Kommanditisten einer offenen Inv-KG und einer geschlossenen Inv-KG, die als Vehikel für einen Spezial-AIF dient, einer vorzeitigen Geschäftsaufnahme zustimmen, verbunden mit dem Risiko der unbeschränkten und persönlichen Haftung gemäß § 176 Abs. 1 HGB. Im Übrigen bleibt es beim zuvor Gesagten.

2.1.3. Prüfung, inwieweit eine abweichende Beurteilung aufgrund aufsichtsrechtlicher Besonderheiten geboten ist

Abschließend ist zu prüfen, ob von den personengesellschaftsrechtlichen Vorschriften für die Kommanditisten einer offenen Inv-KG und einer geschlossenen Inv-KG, die als Vehikel für einen Spezial-AIF dient, aufgrund aufsichtsrechtlicher Besonderheiten abzuweichen ist.

Nach der hier vertretenen Ansicht, wonach eine Inv-KG stets vermögensverwaltend tätig ist, bedarf es keiner abweichenden Behandlung der personengesellschaftsrechtlichen Vorschriften aufgrund aufsichtsrechtlicher Besonderheiten. Dies ist dem Umstand geschuldet, dass der Eintragung der Inv-KG ins Handelsregister eine konstitutive Wirkung zukommt und die Kommanditisten daher nicht Gefahr laufen, aufgrund einer vorzeitigen Geschäftsaufnahme gemäß § 176 Abs. 1 HGB unbeschränkt und persönlich für die aus der vorzeitigen Geschäftsaufnahme entstandenen Verbindlichkeiten zu haften. Dem Risiko der unbeschränkten und persönlichen Haftung aufgrund vorzeitiger Geschäftsaufnahme ist im Rahmen der Vorgesellschaft in der Praxis dadurch zu begegnen, dass die Anleger erst dann in die Gesellschaft aufgenommen werden, wenn diese bereits ins Handelsregister eingetragen ist oder indem für die Inv-KG unter Rückgriff auf eine Vorratsgesellschaft aufgelegt wird.

Anders ist der Sachverhalt dagegen zu beurteilen, wenn der hier vertretenen Ansicht nicht gefolgt wird. Soweit die gegenständliche Inv-KG kein Handelsgewerbe betreibt, bleibt es zwar bei den vorstehenden Ausführungen. Im Falle des Betriebs eines Handelsgewerbes ist § 176 Abs. 1 HGB dagegen anzuwenden, was zu einer unbeschränkten und persönlichen Haftung der Kommanditisten im Zeitraum zwischen der Aufnahme der Geschäftstätigkeit und der Eintragung der Inv-KG ins Handelsregister führt. Es ist jedoch zu hinterfragen, ob diese Rechtsfolge – d.h. die unbeschränkte Haftung der Kommanditisten bis zum Zeitpunkt der Eintragung der Inv-KG ins Handelsregister – tatsächlich sachgerecht ist. Diese Frage drängt sich insbesondere vor dem Hintergrund eines Vergleichs mit der Inv-AG mit veränderlichem Kapital auf. Für die Inv-AG mit veränderlichem Kapital wird in § 109 Abs. 3 Satz 1 KAGB ausdrücklich angeordnet, dass Anlageaktien erst mit der Eintragung der Gesellschaft ins Handelsregister begeben werden können. Begründet wird dies mit dem Schutz der Anleger, die vor denjenigen Risiken geschützt werden sollen, die im Gründungszeitraum typischerweise auftreten.[1071] Der angestrebte Schutz der Anlageaktionäre einer Inv-AG mit veränderlichem Kapital vor den typischen Risiken im Gründungszeitraum ist dabei auch dem Umstand geschuldet, dass bei einem Sondervermögen derartige Risiken ebenfalls nicht auftreten können und daher ein Gleichlauf angestrebt wird.[1072] Dies zeigt, dass diese unbeschränkte und persönliche Haftung für den Zeitraum bis zur Entstehung der Inv-KG eher als Anomalie im deutschen Investmentrecht anzusehen ist.

Fraglich ist, wie hiermit umzugehen wäre – unterstellt der Fall, dass der hier vertretenen Ansicht nicht gefolgt wird. Naheliegend wäre die analoge Anwendung von § 152 Abs. 5 KAGB auf die offene Inv-KG und die geschlossene Inv-KG, die als Vehikel für einen Spezial-AIF dient. Allerdings sprechen der ausdrückliche Wortlaut und die Gesetzesbegründung zu § 152 Abs. 5 KAGB dafür, dass der Gesetzgeber die Vorschrift ausschließlich auf geschlossene Inv-KG, die als Vehikel für einen Publikums-AIF dienen, beschränken wollte und es damit an der Planwidrigkeit der Regelungslücke fehlt. Eine Analogie verbietet sich daher. Aus Gründen der Vorsicht ist der Praxis daher anzuraten, die

1071 Vgl. *Lindauer* in Beckmann/Scholtz/Vollmer, KAGB, § 109 Rn. 16.
1072 Vgl. *Lindauer* in Beckmann/Scholtz/Vollmer, KAGB, § 109 Rn. 16.

gesellschaftsrechtliche Dokumentation entsprechend zu gestalten und den Beitritt der Anleger stets an die Eintragung der Inv-KG ins Handelsregister anzuknüpfen.

2.2. Die Haftung der gegenwärtigen Kommanditisten einer Inv-KG

Ferner ist zu prüfen, ob und gegebenenfalls inwieweit das personengesellschaftsrechtliche Haftungsregime für die Kommanditisten nach deren Eintritt in die Inv-KG durch die investmentrechtlichen Vorschriften modifiziert wird.

Entsprechende spezialgesetzliche Regelungen über die Haftung der Kommanditisten könnten zunächst für die offene Inv-KG in § 127 Abs. 2 KAGB und für die geschlossene Inv-KG in § 152 Abs. 2 KAGB enthalten sein. Dabei sind § 127 Abs. 2 KAGB und § 152 Abs. 2 Satz 1 und 2 KAGB wortgleich und werden daher nachfolgend gemeinsam untersucht. Für die Inv-KG, an der die Anleger mittelbar beteiligt sind, gilt über § 152 Abs. 2 Satz 3 KAGB Entsprechendes.

Weitere investmentrechtliche Ergänzungen zu den personengesellschaftsrechtlichen Vorschriften über die Haftung der Kommanditisten könnten für die offene Inv-KG in § 127 Abs. 3 Sätze 1, 3 und 4 KAGB und für die geschlossene Inv-KG in § 152 Abs. 3 Sätze 1, 3 und 4 KAGB zu finden sein. Folglich ist eine gemeinsame Betrachtung der Vorschriften möglich.

Ob und inwieweit § 127 Abs. 2 KAGB und § 152 Abs. 2 KAGB sowie § 127 Abs. 3 KAGB und § 152 Abs. 3 KAGB die personengesellschaftsrechtlichen Vorschriften ergänzen, ändern oder verdrängen, soll nachgehend separat untersucht werden.

2.2.1. Eigenständige investmentrechtliche Regelungen zur Haftung der gegenwärtigen Kommanditisten einer Inv-KG

Zu prüfen ist zunächst, ob das KAGB eigene Haftungsregelungen für die gegenwärtigen Kommanditisten einer Inv-KG vorhält, welche die personengesellschaftsrechtlichen Vorschriften diesbezüglich ganz oder teilweise verdrängen.

2.2.1.1. Spezialgesetzliche Regelung bzgl. Einlagenrückgewähr

Zunächst soll auf § 127 Abs. 2 KAGB und § 152 Abs. 2 KAGB eingegangen werden.[1073]

Die beiden Vorschriften bestimmen, dass eine Rückgewähr der Einlage oder die Vornahme einer Ausschüttung, die den Wert der Kommanditeinlage unter den Betrag der Einlage herabmindert, nur mit Zustimmung des betroffenen Kommanditisten erfolgen darf. Zudem wird angeordnet, dass der betroffene Kommanditist darüber zu belehren ist, dass er im Falle einer Einlagenrückgewähr in Höhe des zurückerstatteten Betrags unmittelbar gegenüber den Gläubigern der Gesellschaft haftet. Dabei stellt sich zuerst die Frage, ob die beiden investmentrechtlichen Vorschriften den Grundgedanken von § 171 Abs. 1 HGB und § 172 Abs. 4 HGB – namentlich die unmittelbare Haftung der Kommanditisten für nicht oder nicht mehr geleistete Einlagen – berühren.

Gemäß dem Wortlaut von § 127 Abs. 2 Satz 2 KAGB und § 152 Abs. 2 Satz 2 KAGB ist ein Kommanditist darauf hinzuweisen, dass er durch die Rückgewähr bzw. Entnahme unmittelbar gegenüber den Gläubigern der Gesellschaft haftet. Diese Hinweispflicht lässt darauf schließen, dass die vorgenannten grundsätzlichen Haftungsregelungen nach dem HGB unangetastet bleiben sollen. Hiervon geht auch der Gesetzgeber aus, der im Rahmen seiner Gesetzesbegründung explizit Bezug auf § 171 Abs. 1 HGB und § 172 Abs. 4 HGB nimmt und hervorhebt, dass die Zustimmungsbedürftigkeit der betroffenen Kommanditisten gerade aufgrund dieser unmittelbaren Haftung der Kommanditisten vorgehalten wurde.[1074]

Somit ist zu sagen, dass die grundsätzliche Anwendung von § 171 Abs. 1 HGB und § 172 Abs. 4 HGB nicht durch die investmentrechtlichen Spezialbestimmungen berührt wird und es bei deren Anwendung verbleibt. Durch die investmentrechtlichen Sondervorschriften soll vielmehr die Anwendung dieses personengesellschaftsrechtlichen Haftungsregimes insoweit im Vorfeld unterbunden werden, als die

---

1073 Zwar wäre denklogisch vor der Thematik zur Einlagenrückgewähr die Einlagepflicht zu erörtern, aus didaktischen Gründen wird die Untersuchung der Einlagenrückgewähr jedoch vorangestellt.

1074 Vgl. BT-Drs. 17/12294, Seite 242, zu § 127 (Anleger), zu Absatz 2 und Seite 250, zu § 152 (Anleger), zu Absatz 2.

Herbeiführung einer Situation, die zu einer Außenhaftung der Kommanditisten führt, nur mit der Zustimmung der betroffenen Gesellschafter möglich ist. Da die mögliche Inanspruchnahme durch einen Gesellschaftsgläubiger in einem solchen Falle für den betroffenen Kommanditisten transparent ist, besteht auch kein Schutzbedürfnis des betroffenen Kommanditisten mehr.

Weiterhin ist zu prüfen, worauf sich der in § 127 Abs. 2 Satz 1 KAGB und § 152 Abs. 2 Satz 1 KAGB verwendete Begriff der Einlage bezieht. Denn wie bereits erwähnt ist zwischen der Pflichteinlage der Gesellschafter im Innenverhältnis und der Haftsumme im Außenverhältnis zu unterscheiden. Eine derartige Prüfung ist deswegen geboten, weil nach alter Rechtslage die Unterscheidung durch den Gesetzgeber nicht immer stringent durchgehalten wurde.[1075] Ein Beispiel hierfür war § 172 Abs. 1 HGB a. F., in dem zwar von *„Einlage"* gesprochen, aber die *„Haftsumme"* gemeint wurde. Im Zuge der Modernisierung des Personengesellschaftsrechts war der Gesetzgeber zwar bemüht, die uneinheitliche und bisweilen nicht korrekte Verwendung der Begriffe *„Pflichteinlagen"* und *„Haftsumme"* im Gesetzestext des HGB zu korrigieren. So findet sich beispielsweise nun eine Legaldefinition des Begriffs der Haftsumme in § 161 Abs. 1 HGB. Außerdem passte der Gesetzgeber unter anderem den Wortlaut von § 171 Abs. 1 HGB und § 172 Abs. 4 Satz 2 HGB an, indem klargestellt wurde, dass die tatsächliche Leistung der ins Handelsregister eingetragenen Haftsumme zur Beschränkung der Haftung im Außenverhältnis führt. Allerdings ist zu bemängeln, dass es im Zusammenhang mit dem MoPeG zu keiner Anpassung von § 127 Abs. 2 KAGB und § 152 Abs. 2 KAGB kam. Aus diesem Grunde bleibt der Begriff der Einlage gemäß § 127 Abs. 2 KAGB und § 152 Abs. 2 KAGB weiterhin auslegungsbedürftig. Hierüber helfen auch die geänderten Fassungen von § 171 Abs. 1 HGB und § 172 Abs. 4 HGB nicht hinweg, wenngleich sie zum Zwecke der Auslegung herangezogen werden können.

Um das Verständnis des Begriffs der Einlage gemäß § 127 Abs. 2 Satz 1 KAGB und § 152 Abs. 2 Satz 1 KAGB abzuklären, sind zuerst § 171 Abs. 1 HGB a. F. und § 172 Abs. 4 HGB a. F. heranzuziehen, auf welche die beiden investmentrechtlichen Vorschriften letztlich rekurrieren. Im Zusammenhang mit der Haftungsregelung in § 172 Abs. 4

1075 So auch *Gummert* in Henssler/Strohn, HGB, § 172 Rn. 3.

HGB a.F. bezog sich der Begriff der Einlage auf die Haftsumme.[1076] Auch in Bezug auf § 171 Abs. 1 HGB a.F. war anerkannt, dass die Kommanditisten gegenüber Gesellschaftsgläubigern nur in der Höhe unmittelbar hafteten, wie sie den auf ihre Haftsumme entfallenden Anteil der Pflichteinlage noch nicht geleistet hatten.[1077] Zwischenzeitlich ist dieses Verständnis auch explizit im Gesetzeswortlaut der beiden personengesellschaftsrechtlichen Vorschriften angelegt. Dies spricht daher dafür, den Einlagenbegriff in § 127 Abs. 2 KAGB und § 152 Abs. 2 KAGB gleich zu verstehen.

Zudem sind die Erwägungen des Gesetzgebers zu § 127 Abs. 2 KAGB und § 152 Abs. 2 KAGB zu eruieren. Ausweislich der Gesetzesbegründung zu § 127 Abs. 2 KAGB und § 152 Abs. 2 KAGB wird davon gesprochen, dass die „*Hafteinlagen [...] erhalten bleiben und nicht durch Rückzahlungen, Ausschüttungen oder sonstige Entnahmen geschmälert werden*“ sollen.[1078] Dementsprechend scheint auch der Gesetzgeber zum Ausdruck bringen zu wollen, dass die Rückgewähr der Einlage über die im Handelsregister eingetragene Haftsumme unterbunden werden soll. Somit stützt die Gesetzesbegründung die vorhergehende Auslegung anhand der personengesellschaftsrechtlichen Vorschriften.

Außerdem ist auf den Sinn und Zweck der Vorschrift einzugehen. Verhindert werden soll das Wiederaufleben der unmittelbaren Haftung der Kommanditisten gemäß § 171 Abs. 1 HGB nach Maßgabe von § 172 Abs. 4 HGB.[1079] Hierfür ist es erforderlich – aber auch ausreichend –, dass eine Rückgewähr von Einlagen über die im Handelsregister eingetragene Haftsumme hinaus abgewendet wird. Auch dies spricht dafür, den Einlagenbegriff vorliegend als Haftsumme zu verstehen.

Somit ist festzuhalten, dass mit „*Einlage*“ im Kontext von § 127 Abs. 2 KAGB und § 152 Abs. 2 KAGB eine Rückgewähr hinter die im Handelsregister eingetragene Haftsumme eines Kommanditisten

1076 Vgl. *Gummert* in Henssler/Strohn, HGB, § 172 Rn. 5.
1077 Vgl. *K. Schmidt/Grüneberg* in MüKo/HGB, § 172, Rn. 4.
1078 BT-Drs. 17/12294, Seite 242, zu § 127 (Anleger), zu Absatz 2 und Seite 250, zu § 152 (Anleger), zu Absatz 2.
1079 Vgl. BT-Drs. 17/12294, Seite 242, zu § 127 (Anleger), zu Absatz 2 und Seite 250, zu § 152 (Anleger), zu Absatz 2.

zu verstehen ist.[1080] Soweit also die im Handelsregister eingetragene Haftsumme eines Kommanditisten niedriger ist als die von ihm zu erbringende Pflichteinlage, ist eine Rückgewähr der Pflichteinlage zulässig, solange die Einlage dadurch nicht hinter der Haftsumme zurückbleibt.[1081]

Folglich wird durch § 127 Abs. 2 KAGB und § 152 Abs. 2 KAGB die personengesellschaftsrechtliche Haftungsregelung, wonach die Kommanditisten unmittelbar bis zur Höhe ihrer (noch) nicht geleisteten Einlage haften, nicht berührt.[1082] Die beiden investmentrechtlichen Vorschriften ergänzen diese Haftungsregelungen aber um die Zustimmungsbedürftigkeit der betroffenen Kommanditisten und eine Hinweispflicht bezüglich des Risikos einer unmittelbaren Inanspruchnahme durch Gläubiger der Inv-KG gegenüber den betroffenen Kommanditisten, wenn durch die Rückgewähr die Pflichteinlage eines Kommanditisten über die Haftsumme hinaus gemindert wird.

2.2.1.2. Spezialgesetzliche Regelung bzgl. Einlagepflicht

Des Weiteren werden die personengesellschaftsrechtlichen Regelungen für die Kommanditisten einer KG im Hinblick auf deren Einlagepflicht durch § 127 Abs. 3 Satz 1 KAGB und § 152 Abs. 3 Satz 1 KAGB modifiziert bzw. verdrängt.

Die genannten Vorschriften bestimmen, dass der Anspruch der Inv-KG gegen einen Kommanditisten auf Leistung der Einlage erlischt, sobald er seine Kommanditeinlage erbracht hat.[1083] Es ist zu klären, inwieweit diese Vorschriften über einen eigenständigen Regelungsgehalt verfügen.

Zur Beantwortung dieser Frage bedarf es Ausführungen zur generellen Einlagepflicht der Gesellschaft. Hierbei ist zunächst zu sagen, dass der Gegenstand der durch einen Kommanditisten zu erbringende Einlage sowie deren Umfang und die Leistung sich nach den gesellschaftsver-

---

1080 So auch *Wallach* in Assmann/Wallach/Zetzsche, KAGB, § 152 Rn. 62; *Paul* in Weitnauer/Boxberger/Anders, KAGB, § 152 Rn. 14.

1081 So auch *Klebeck/Kunschke* in Beckmann/Scholtz/Vollmer, KAGB, § 127 Rn. 31 und § 152 Rn. 64.

1082 Vgl. *Hofert* in Moritz/Klebeck/Jesch, KAGB, § 152 Rn. 39 f.

1083 Siehe § 127 Abs. 3 Satz 1 KAGB und § 152 Abs. 3 Satz 1 KAGB.

traglichen Regelungen bestimmen.[1084] Bei der Verpflichtung zur Leistung der entsprechenden Einlage handelt es sich um eine schuldrechtliche Verpflichtung des jeweiligen Kommanditisten. Schuldrechtliche Ansprüche erlöschen insbesondere dann, wenn ein Schuldner gegenüber dem Gläubiger die geschuldete Leistung bewirkt.[1085] Dementsprechend geht der Anspruch einer Inv-KG gegen einen ihrer Gesellschafter auf Leistung seiner Kommanditeinlage dann unter, sobald er diese Kommanditeinlage an die Inv-KG geleistet hat.[1086]

Gemäß dem Wortlaut § 127 Abs. 3 Satz 1 KAGB und § 152 Abs. 3 Satz 1 KAGB wird im Falle der Leistung der Kommanditeinlage genau diese schuldrechtliche Rechtsfolge von § 362 Abs. 2 BGB bestätigt. Im Innenverhältnis führt das einmalige Leisten der Pflichteinlage somit zum Untergang der Forderung der Inv-KG gegen den jeweiligen Kommanditisten führte und lebt auch dann nicht wieder auf, wenn diese geleisteten Einlagen an den betroffenen Kommanditisten zurückgezahlt werden.[1087] Eine zu § 172 Abs. 4 HGB vergleichbare Vorschrift, die im Falle der Rückzahlung der Haftungssumme die Außenhaftung der Kommanditisten wieder aufleben lässt, ist im Innenverhältnis zwischen Kommanditist und Gesellschaft unbekannt.[1088]

Fraglich ist, ob sich § 127 Abs. 3 Satz 1 KAGB und § 152 Abs. 3 Satz 1 KAGB tatsächlich auf diese Rechtsfolgen beschränken. Denn sofern der Regelungsgehalt der beiden Normen von einzig und allein in der Feststellung bestehen sollte, dass die Leistung eines Kommanditisten auf seine schuldrechtliche Einlagenverpflichtung zum Untergang des insoweit korrelierenden Anspruchs der Inv-KG auf Erbringung der Einlage führt und diese im Falle der Rückzahlung auch nicht wieder auflebt, würden sie lediglich eine ohnehin geltende schuldrechtliche Bestimmung wiederholen und wären daher redundant. Zugleich sind § 127 Abs. 3 Satz 1 KAGB und § 152 Abs. 3 Satz 1 KAGB sprachlich ungenau, da die Normen vom Erlöschen der Einlagenverpflichtung sprechen, „*sobald*“ die Leistung erbracht ist. Tatsächlich führen

---

1084 Vgl. *Wertenbruch* in Ebenroth/Boujong/Joost/Strohn, HGB, § 105 Rn. 243 und 248.
1085 Siehe § 362 Abs. 1 BGB.
1086 Vgl. Wallach in Assmann/Wallach/Zetzsche, KAGB, § 156 Rn. 87.
1087 *Könnecke* in Baur/Tappen, KAGB, § 152 Rn. 90.
1088 Vgl. *Wallach* in Assmann/Wallach/Zetzsche, KAGB, § 152 Rn. 84.

jedoch auch Teilleistungen zu einem teilweisen Erlöschen der Leistungsverpflichtung, sodass der Wortlaut „*sobald*" als „*soweit*" zu interpretieren ist.[1089]

Einen Mehrwert haben die Vorschriften nur in dem Fall, wenn sie nicht nur im Innenverhältnis wirken, sondern auch im Außenverhältnis Bedeutung erlangen. Ausweislich der Gesetzesbegründung zu § 127 Abs. 3 KAGB und § 152 Abs. 3 KAGB scheint der Gesetzgeber diesen Zweck im Blick zu haben, da er einen Gleichlauf hinsichtlich des Ausschlusses der Nachhaftung bei sämtlichen Vehikeln eines Investmentvermögens wünscht.[1090] Ein derartiges Verständnis kann jedoch zu einem Spannungsverhältnis mit § 172 Abs. 4 HGB führen, sofern mit der Rückgewähr der Pflichteinlage zugleich auch die im Handelsregister eingetragene Haftsumme unterschritten wird. Denn wie zuvor festgestellt wurde, bleibt es nach dem gesetzgeberischen Willen auch bei der Inv-KG gerade bei dessen Anwendung und damit bei der unmittelbaren Haftung der Kommanditisten, soweit erbrachte Einlagen an die Kommanditisten zurückgewährt werden und Rückgewähr dazu führt, dass die Pflichteinlage hinter der im Handelsregister eingetragenen Haftsumme zurückbleibt. Folglich besteht dann ein Widerspruch zwischen dem Regelungsgehalt von § 127 Abs. 2 KAGB bzw. § 152 Abs. 2 KAGB für das Außenverhältnis und § 127 Abs. 3 Satz 1 KAGB bzw. § 152 Abs. 3 Satz 1 KAGB für das Innenverhältnis.

Dieses Spannungsverhältnis kann dadurch aufgelöst werden, dass die beiden Sphären – Innenverhältnis und Außenverhältnis – weiterhin separat behandelt werden und im Innenverhältnis ein Ausgleich erfolgt. Die Konsequenz aus diesem Verständnis der beiden Vorschriften ist somit, dass einem Kommanditisten einer Inv-KG im Innenverhältnis ein Regressanspruch gegen die Inv-KG zuzugestehen ist, soweit er seine Einlagenleistung vollständig erbrachte, ihm die Einlagen ganz oder anteilig zurückgewährt wurden und er im Außenverhältnis durch einen Gläubiger der Gesellschaft in Anspruch genommen wurde. Ein solcher Regressanspruch ist zwar auch nach den personengesellschaftsrechtlichen Vorschriften anerkannt, indem ein solcher Gesell-

---

1089 Vgl. *Paul* in Weitnauer/Boxberger/Anders, KAGB, § 152 Rn. 21; *Wallach* in Assmann/Wallach/Zetzsche, KAGB, § 152 Rn. 82.

1090 Vgl. BT-Drs. 17/12294, Seite 242, zu § 127 (Anleger), zu Absatz 3 und Seite 250, zu § 127 (Anleger), zu Absatz 3.

schafter das Geleistete über den Aufwendungsersatzanspruch gemäß § 716 Abs. 1 BGB[1091] zurückfordern kann. Eine Abgrenzung ist aber insoweit zu ziehen, als der durch einen Gesellschaftsgläubiger in Anspruch genommene Gesellschafter einer Inv-KG regelmäßig nicht subsidiär die übrigen Gesellschafter in Anspruch nehmen kann, wenn sein Freistellungsanspruch gegenüber der Inv-KG ausfällt. Hintergrund ist, dass § 127 Abs. 3 Satz 1 KAGB bzw. § 152 Abs. 3 Satz 1 KAGB auch auf die Mitgesellschafter anzuwenden ist. Dementsprechend kann der in Anspruch genommene Gesellschafter nur dann einen solchen subsidiären anteiligen Ausgleich von seinen Mitgesellschaftern verlangen, wenn bei diesen ebenfalls Einlagen zurückgewährt wurden.

Im Ergebnis bleibt daher, dass § 127 Abs. 3 KAGB und § 152 Abs. 3 KAGB zunächst eine dahingehende Anordnung treffen, dass die Einlagepflicht eines Kommanditisten im Falle der vollständigen Leistung durch den Kommanditisten untergeht und auch dann im Innenverhältnis nicht wieder auflebt, wenn die Inv-KG Einlagen an ihre Kommanditisten zurückzahlt – insoweit wird die ohnehin geltende schuldrechtliche Rechtsfolge wiederholt. Hatte ein Kommanditist seine Einlagenleistung im Innenverhältnis erbracht und wird anschließend im Außenverhältnis aufgrund einer Rückgewähr seiner Einlagen unter die Haftsumme durch einen Gläubiger der Gesellschaft in Anspruch genommen, steht ihm ein Regressanspruch gegenüber der Inv-KG zu. Eine große Bedeutung dürfte dem jedoch aufgrund der erforderlichen Hinweispflicht vor einer entsprechenden Rückzahlung von Einlagen und der Notwendigkeit der vorherigen Zustimmung durch den betroffenen Kommanditisten kaum zukommen.[1092]

2.2.1.3. Spezialgesetzliche Regelung bzgl. des Ausschlusses der Nachschusspflicht

Außerdem ist auf die Regelungen in § 127 Abs. 3 Sätze 3 und 4 KAGB sowie § 152 Abs. 3 Sätze 3 und 4 KAGB einzugehen. Die beiden Vorschriften bestimmen, dass die Kommanditisten einer Inv-KG keiner Nachschusspflicht unterliegen. Dies an sich stellt noch keine Abweichung von den personengesellschaftsrechtlichen Vorschriften für eine etwaige Nachschusspflicht dar, denn eine entsprechende Regelung fin-

1091 Nach alter Rechtslage: § 110 Abs. 1 HGB a. F.
1092 Siehe § 127 Abs. 2 KAGB und § 152 Abs. 2 KAGB.

det sich auch in § 707 BGB a. F. Im Gegensatz zu § 707 BGB a. F. sind die Bestimmungen in § 127 Abs. 3 Sätze 3 und 4 KAGB sowie § 152 Abs. 3 Sätze 3 und 4 KAGB allerdings nicht dispositiv.[1093] Konnte noch nach dem personengesellschaftsrechtlichen Verständnis vom Verbot der Nachschusspflicht durch gesellschaftsvertragliche Vereinbarung abgewichen werden, ist eine derartige Gestaltung des Gesellschaftsvertrags einer Inv-KG gerade nicht möglich und demzufolge unwirksam.[1094] Auf diese Weise möchte der Gesetzgeber gewährleisten, dass ein Gleichlauf zwischen der Inv-KG und den übrigen Vehikeln für Investmentvermögen, die ebenfalls keine Nachschusspflicht für Anleger kennen, besteht.[1095]

Auffällig ist, dass der Gesetzgeber augenscheinlich den Änderungsbedarf zu § 127 Abs. 3 Satz 4 KAGB und § 152 Abs. 3 Satz 4 KAGB übersah, den das MoPeG mit sich brachte. Seit dem Inkrafttreten des MoPeG ist der gesetzlich vorgesehene Ausschluss einer Nachschusspflicht nicht mehr in § 707 BGB a. F. geregelt, sondern nun in § 710 BGB enthalten. Insoweit besteht ein akuter Änderungsbedarf. Zu beachten ist dabei, dass es zu keinem umfassenden Verweis auf § 710 BGB kommen darf, sondern dieser sich auf § 710 Satz 1 BGB als die Nachfolgevorschrift zu § 707 BGB a. F. zu beschränken hat. Ein weitergehender Verweis unter Einschluss von § 710 Satz 2 BGB wäre dagegen zu weitgreifend. Der § 710 Satz 2 BGB lässt die Anwendung von § 728a BGB und § 737 BGB unberührt, welche die Nachhaftung der Gesellschafter im Falle ihres Ausscheidens bzw. der Liquidation der Gesellschaft regeln. Diese Nachhaftung steht aber gerade im Widerspruch zu den investmentrechtlichen Vorschriften, die eine Nachhaftung der Anleger gerade verhindern wollen.

Folglich modifizieren § 127 Abs. 3 Sätze 3 und 4 KAGB sowie § 152 Abs. 3 Satz 3 und 4 KAGB die personengesellschaftsrechtlichen Vorschriften, sodass § 707 BGB a. F.[1096] zwingend ist und keine gesellschaftsvertragliche Abweichung hiervon zulässt.

1093 Siehe § 127 Abs. 3 Satz 5 KAGB und § 152 Abs. 3 Satz 5 KAGB.

1094 Vgl. *Kunschke/Klebeck* in Beckmann/Scholtz/Vollmer, KAGB, § 127 Rn. 51 und § 152 Rn. 88.

1095 Vgl. BT-Drs. 17/12294, Seite 242, zu § 127 (Anleger), zu Absatz 3 und Seite 250, zu § 152 (Anleger), zu Absatz 3.

1096 Nach neuer Rechtslage: § 710 Satz 1 BGB.

2.2.2. Subsidiäre Anwendbarkeit der personengesellschaftsrechtlichen Haftungsvorschriften der gegenwärtigen Kommanditisten

Wie zuvor gesehen, kennt das Investmentrecht zwar Spezialvorschriften zur Haftung der gegenwärtigen Kommanditisten, allerdings sind diese nicht abschließend. Dementsprechend bleibt Raum für die Anwendung der personengesellschaftsrechtlichen Vorschriften. Neben der bereits oben festgestellten Anwendung von § 172 Abs. 4 HGB betrifft dies insbesondere den Umfang der Außenhaftung sowie deren Art und Weise.

Die Haftung der (gegenwärtigen) Kommanditisten ist in § 171 Abs. 1 Hs. 1 HGB geregelt. Danach haftet ein Kommanditist gegenüber den Gläubigern der Gesellschaft nur bis zur Höhe seiner Haftsumme unmittelbar. Der Wortlaut war dabei bis zum Inkrafttreten des MoPeG missverständlich. Denn nach der alten Rechtslage wurde zwar bereits die Beschränkung auf die Höhe der Haftsumme gemeint, allerdings im Gesetzestext von der Einlage gesprochen. Die Haftsumme und die (Pflicht-)Einlage können zwar identisch sein, allerdings ist dies nicht zwingend und im Fondsbereich gar die Ausnahme. Die Haftsummen der einzelnen Kommanditisten ergeben sich aus dem Handelsregister.[1097] Nicht eingetragene Erhöhungen (vorbehaltlich einer anderweitigen Bekanntgabe der Erhöhung einer Haftsumme gegenüber Gesellschaftsgläubigern) und Herabsetzungen von Haftsummen sind für die Gläubiger der Gesellschaft regelmäßig unbeachtlich.[1098]

Diese Haftung der Kommanditisten gegenüber den Gläubigern der Gesellschaft ist eine unmittelbare und persönliche, d. h. in Höhe der Haftsumme können die Gläubiger der Gesellschaft in das gesamte Vermögen eines Kommanditisten vollstrecken. Die Haftung der Kommanditisten ist zusätzlich primär, sodass die Gesellschaftsgläubiger nicht zuerst versuchen müssen, von der Gesellschaft selbst Befriedigung zu erhalten. Diese persönliche, unmittelbare und primäre Haftung kann ein Kommanditist nur dadurch abwehren, dass er die Einlage, zu deren Leistung er sich gesellschaftsvertraglich verpflichtet hat, bis zur Höhe der Haftsumme in die Gesellschaft einzahlt. Hat der

---

1097 Vgl. § 172 Abs. 1 HGB.

1098 Vgl. § 172 Abs. 2 HGB für Erhöhungen der Haftsumme und § 174 HGB für die Herabsetzung der Haftsumme.

Kommanditist seine Einlagenpflicht gegenüber der Gesellschaft vollständig erfüllt, haben sich die Gesellschaftsgläubiger mit ihren Forderungen an das Gesellschaftsvermögen – und alternativ an die persönlich haftenden Gesellschafter – zu halten.

2.2.3. Keine von den personengesellschaftsrechtlichen Vorschriften abweichende Beurteilung aufgrund aufsichtsrechtlicher Besonderheiten geboten

Aufgrund aufsichtsrechtlicher Besonderheiten ist keine Abweichung von denjenigen personengesellschaftsrechtlichen Vorschriften erforderlich, die neben den investmentrechtlichen Spezialvorschriften über die Haftung der gegenwärtigen Kommanditisten anzuwenden sind.

2.3. Die Haftung der eintretenden Kommanditisten

2.3.1. Eigenständige investmentrechtliche Vorschriften über die Haftung der neu eintretenden Kommanditisten

Besondere Vorschriften über die Haftung neu in eine Inv-KG eintretender Kommanditisten finden sich in § 127 Abs. 4 KAGB und § 152 Abs. 4 KAGB, welche Einfluss auf die personengesellschaftsrechtliche Haftungsregelung gemäß § 176 Abs. 2 HGB haben.

In § 176 Abs. 2 HGB wird angeordnet, dass neu eintretende Kommanditisten für den Zeitraum zwischen ihrem tatsächlichen Beitritt in die Inv-KG und ihrer Eintragung ins Handelsregister persönlich und unbeschränkt haften, sofern der jeweilige Gesellschaftsgläubiger keine positive Kenntnis von der Kommanditistenstellung des beitretenden Gesellschafters hat. Dagegen sehen § 127 Abs. 4 KAGB und § 152 Abs. 4 HGB vor, dass der Beitritt eines neuen Kommanditisten in eine bestehende Inv-KG erst dann wirksam wird, wenn dieser auch als Kommanditist ins Handelsregister eingetragen wird. Die beiden investmentrechtlichen Vorschriften verfolgen dabei das Ziel, gerade die in § 176 Abs. 2 HGB geregelte unbeschränkte Haftung zu unterbinden.[1099] Insoweit hält das KAGB also besondere Regelungen bereit. Hierzu ist zu bemerken, dass § 127 Abs. 4 KAGB und § 152 Abs. 4 KAGB die Anwendung von § 176 Abs. 2 HGB an sich nicht ausschlie-

1099 Vgl. BT-Drs. 17/12294, Seiten 242 f., zu § 127 (Anleger), zu Absatz 4 und Seite 250, zu § 152 (Anleger), zu Absatz 4.

ßen. Allerdings verbleibt aufgrund der beiden investmentrechtlichen Vorschriften kein Anwendungsbereich für § 176 Abs. 2 HGB mehr, da durch § 127 Abs. 4 KAGB und § 152 Abs. 4 KAGB der Zeitpunkt des Eintritts und der Zeitpunkt der Eintragung ins Handelsregister zeitlich zusammenfallen.

Fraglich ist, ob sich § 127 Abs. 4 KAGB und § 152 Abs. 4 KAGB lediglich im Innenverhältnis oder auch im Außenverhältnis auswirken. In diesem Kontext ist auf den Schutzzweck der Vorschriften abzustellen. Die beiden Vorschriften möchten die an sich geltende unbeschränkte Haftung der eintretenden Kommanditisten nach den personengesellschaftsrechtlichen Vorschriften verhindern und haben dabei den Anlegerschutz im Blick.[1100] Dieser angestrebte Anlegerschutz wird nur dann erreicht, wenn die eintretenden Kommanditisten von jeglicher Inanspruchnahme durch Gläubiger der Gesellschaft abgeschirmt werden. Dies gelingt nur dann, wenn der Beitritt neuer Kommanditisten in eine Inv-KG gegenüber jedermann erst an die Eintragung ins Handelsregister geknüpft ist. Den beiden investmentrechtlichen Vorschriften muss daher Außenwirkung zukommen.

Damit ist der Handelsregistereintragung eines neu eintretenden Kommanditisten einer Inv-KG konstitutive Wirkung einzuräumen.

Somit hält das KAGB in der Tat Sondervorschriften für neu in eine Inv-KG eintretende Kommanditisten in Bezug auf deren Haftung parat. Dabei verdrängen § 127 Abs. 4 KAGB und § 152 Abs. 2 KAGB nicht die an sich geltende personengesellschaftsrechtliche Vorschrift. Als *leges speciales* sorgen sie aber dafür, dass die ansonsten anzuwendende personengesellschaftsrechtliche Regelung gemäß § 176 Abs. 2 HGB ins Leere läuft, indem die Wirksamkeit des Eintritts des neuen Kommanditisten an die Eintragung im Handelsregister anknüpft. Das Risiko der unbeschränkten Haftung gemäß § 176 Abs. 2 HGB wird somit für Kommanditisten, die neu in eine Inv-KG eintreten, ausgeschlossen.

Bislang musste sich die Praxis zur Vermeidung dieser Haftung mit einer Vereinbarung zwischen den bisherigen Gesellschaftern auf der einen Seite und dem neu beitretenden Kommanditisten auf der anderen Seite behelfen, wonach dessen Beitritt erst mit seiner Eintragung

---

1100 Vgl. *Schott* in Emde/Dornseifer/Dreibus, KAGB, § 152 Rn. 29.

ins Handelsregister wirksam werden soll. Hierdurch fallen der Beitritt des Kommanditisten und die Eintragung ins Handelsregister zeitlich zusammen. Mit § 127 Abs. 4 KAGB und § 152 Abs. 4 KAGB entfällt diese gestalterische Notwendigkeit.

2.3.2. Keine abschließende investmentrechtliche Regelung der Haftung der neu eintretenden Kommanditisten

Wie zuvor gesehen hält das Investmentrecht eigenständige Haftungsvorschriften hinsichtlich neu eintretender Kommanditisten für den Zeitraum zwischen seinem Beitritt zur Inv-KG und seiner Eintragung als Kommanditist ins Handelsregister vor. Der an sich geltende § 176 Abs. 2 HGB wird dahingehend suspendiert, indem der Beitritt neuer Kommanditisten erst mit deren Eintragung ins Handelsregister wirksam wird.

Dagegen findet sich im KAGB keine Regelung darüber, ob und gegebenenfalls in welchem Umfang neu eintretende Kommanditisten für die Altverbindlichkeiten der Inv-KG haften. Folglich ist insoweit auf die Vorschriften des HGB zurückzugreifen. Die Haftung von neu in die Gesellschaft eintretenden Kommanditisten ist in § 173 Abs. 1 HGB geregelt. Danach finden für neu eintretende Kommanditisten die §§ 171 f. HGB Anwendung, sodass neu eintretende Kommanditisten für die Altverbindlichkeiten der Gesellschaft mithaften. Damit trifft die Vorschrift die gleiche Haftungsordnung für die Kommanditisten wie § 127 Abs. 1 HGB[1101] i. V. m. § 161 Abs. 2 HGB für die Komplementäre. Für die neuen Kommanditisten hat diese Haftungsfolge aber insoweit eine mildere Wirkung, als ihre Haftung auch hier durch die Haftsumme beschränkt ist.

Bei der Haftungsregelung gemäß § 173 Abs. 1 HGB handelt es sich um zwingendes Recht, was ausdrücklich durch § 173 Abs. 2 HGB klargestellt wird. Zwar können die Gesellschafter die Haftung eines neu eintretenden Kommanditisten für Altverbindlichkeiten durch gesellschaftsvertragliche Vereinbarung abweichend regeln, allerdings hat eine solche Vereinbarung nur Innenwirkung. Auch im Falle der Vereinbarung einer solchen gesellschaftsvertraglichen Vereinbarung bleibt es bei der unmittelbaren Haftung des neu eintretenden Kom-

1101 Nach alter Rechtslage: § 130 Abs. 1 HGB a. F.

manditisten für Altverbindlichkeiten gegenüber den Gesellschaftsgläubigern auf der Grundlage von § 171 HGB und § 172 HGB. Im Falle einer Inanspruchnahme des neu eintretenden Kommanditisten durch einen Gesellschaftsgläubiger kann der Kommanditist im Innenverhältnis die Freistellung durch die übrigen Mitgesellschafter verlangen.

Die Regelungen in § 173 HGB bleiben somit neben den investmentrechtlichen Vorschriften anwendbar, sodass die neu in eine Inv-KG eintretenden Kommanditisten für die Altverbindlichkeiten der Gesellschaft mithaften.

2.3.3. Keine von den personengesellschaftsrechtlichen Vorschriften abweichende Beurteilung aufgrund aufsichtsrechtlicher Besonderheiten geboten

Auch hier gilt, dass keine aufsichtsrechtlichen Besonderheiten eine Abweichung von den personengesellschaftsrechtlichen Regelungen über die Haftung neu in eine Inv-KG eintretender Kommanditisten erforderlich machen, soweit diese nicht ohnehin von den investmentrechtlichen Spezialvorschriften verdrängt werden.

2.4. Die Haftung des ausscheidenden Kommanditisten einer Inv-KG

2.4.1. Eigenständige investmentrechtliche Vorschriften über die Haftung der ausscheidenden Kommanditisten

Zuletzt ist auf die Haftung der Kommanditisten einzugehen, wenn diese aus einer Inv-KG ausscheiden.

2.4.1.1. Verlustausgleichspflicht

Sondervorschriften über die Verlustausgleichspflicht von Kommanditisten einer Inv-KG enthalten § 127 Abs. 3 Satz 2 KAGB und § 152 Abs. 3 Satz 2 KAGB. Beide Vorschriften sind ihrem Wortlaut nach identisch, sodass vorliegend eine gemeinsame Betrachtung möglich ist.

Nach den personengesellschaftsrechtlichen Grundsätzen haben ausscheidende Gesellschafter grundsätzlich etwaig entstandene Verluste auszugleichen.[1102] Für Kommanditisten wird diese Verlustausgleichspflicht der Höhe nach begrenzt.[1103] Denn die personengesellschaftsrechtliche Vorschrift ordnet an, dass ein Kommanditist nicht zum Ausgleich eines Verlusts verpflichtet ist, wenn er seine Einlage erbracht hat. Mit dem Begriff der Einlage ist dabei die Pflichteinlage gemeint.[1104]

Von diesen personengesellschaftsrechtlichen Bestimmungen weichen § 127 Abs. 3 Satz 2 KAGB und § 152 Abs. 3 Satz 2 KAGB ab. Die beiden investmentrechtlichen Vorschriften ordnen an, dass ein Kommanditist nicht verpflichtet ist, entstandene Verluste auszugleichen. Dementsprechend wird für die Inv-KG zwar zwingend von § 728a BGB[1105] abgewichen, nicht aber von § 167 HGB[1106], welcher für die Kommanditisten zur Anwendung käme.[1107] Denn sowohl die investmentrechtlichen als auch die personengesellschaftsrechtlichen Vorschriften über den Ausschluss einer Verlustausgleichspflicht knüpfen daran an, dass der Kommanditist zuvor seine Pflichteinlage erbracht hat. Für die personengesellschaftsrechtlichen Vorschriften ergibt sich dies aus unmittelbar aus dem Wortlaut von § 167 HGB[1108], für die investmentrechtlichen Vorschriften dagegen aus dem Zusammenspiel mit § 127 Abs. 3 Satz 1 KAGB bzw. § 152 Abs. 3 Satz 1 KAGB. Damit sind § 127 Abs. 3 Satz 2 KAGB und § 152 Abs. 3 Satz 2 KAGB grundsätzlich redundant zu den an sich geltenden personengesellschaftsrechtlichen Vorschriften.

Einen eigenständigen Regelungscharakter erhalten § 127 Abs. 3 Satz 2 KAGB und § 152 Abs. 3 Satz 2 KAGB jedoch dadurch, da es sich bei diesen beiden investmentrechtlichen Vorschriften um zwingende Vorschriften handelt. Hierdurch unterscheiden sie sich von § 167 HGB, welcher gemäß § 163 HGB gerade von dispositiver Natur ist und so-

---

1102 Siehe nach neuer Rechtslage: § 728a BGB; nach alter Rechtslage: § 739 BGB a. F.

1103 Siehe nach neuer Rechtslage: § 167 HGB; nach alter Rechtslage § 167 Abs. 3 HGB a. F.

1104 Vgl. BT-Drs. 19/27635, Seite 255, zu § 167 (Verlustbeteiligung).

1105 Nach alter Rechtslage: § 739 BGB a. F.

1106 Nach alter Rechtslage: § 167 Abs. 3 HGB a. F.

1107 Vgl. *Schott* in Emde/Dornseifer/Dreibus, KAGB, § 152 Rn. 21.

1108 Nach alter Rechtslage: § 167 Abs. 3 HGB a. F.

mit durch abweichende Vereinbarungen im Gesellschaftsvertrag abbedungen werden kann.

Demnach ist festzuhalten, dass das KAGB die Verlustausgleichspflicht für die Kommanditisten einer Inv-KG eigenständig und unabhängig von den entsprechenden personengesellschaftsrechtlichen Bestimmungen regelt, indem es eine Verlustausgleichspflicht ausschließt. Zwar wiederholen die investmentrechtlichen Regelungen die bereits nach dem Personengesellschaftsrecht geltende Rechtslage, wonach ein Kommanditist dann nicht zum Ausgleich von Verlusten verpflichtet ist, wenn er seine Verpflichtung zur Leistung der vereinbarten Pflichteinlage erfüllt hat. Dennoch haben die investmentrechtlichen Regelungen eine eigenständige Bedeutung, da sie abweichende gesellschaftsrechtliche Vereinbarungen ausschließen.

2.4.1.2. Die Nachhaftung bei der geschlossenen Inv-KG

Ferner hält das KAGB für die geschlossene Inv-KG besondere Regelungen für die Nachhaftung der Kommanditisten bereit. Entsprechendes ergibt sich dabei aus § 152 Abs. 6 KAGB. Hierzu bedarf es zunächst eines Blickes auf die Haftung ausscheidender Kommanditisten nach Maßgabe der personengesellschaftsrechtlichen Vorschriften in Korrelation mit deren Anspruch auf Zahlung eines Abfindungsguthabens.

Dass ein ausscheidender Kommanditist einen Anspruch auf Zahlung eines Abfindungsguthabens hat, ergibt sich aus § 135 HGB[1109] Im Zuge der Zahlung des Abfindungsguthabens fließt unter anderem die vom Kommanditisten erbrachte Einlage an ihn zurück. Aus diesem Grunde führt die Zahlung des Abfindungsguthabens stets zu einer Einlagenrückgewähr im Sinne von § 172 Abs. 4 Satz 1 HGB. In der Konsequenz liegen somit für die Nachhaftung gemäß § 137 Abs. 1 HGB[1110] die Voraussetzungen von § 171 Abs. 1 Hs. 2 HGB nicht mehr vor, sodass Gesellschaftsgläubiger unmittelbar einen bestehenden Nachhaftungsanspruch gegen den ausgeschiedenen Kommanditisten geltend machen können. Solange also die fünfjährige Verjährungsfrist gemäß

1109 Nach alter Rechtslage: § 738 Abs. 1 Satz 2 BGB a. F.
1110 Nach alter Rechtslage: § 160 Abs. 1 HGB a. F.

§ 137 Abs. 1 Satz 1 HGB[1111] nicht abgelaufen ist, haftet der ausgeschiedene Kommanditist gegenüber den Gesellschaftsgläubigern für Altverbindlichkeiten auf der Grundlage von § 171 Abs. 1 Hs. 1 HGB.

An dieser Stelle greift § 152 Abs. KAGB ein. Danach gilt die Zahlung des Abfindungsanspruchs nicht als Rückzahlung der Einlage des Kommanditisten.[1112] Durch die Anordnung in § 152 Abs. Satz 2 KAGB, wonach ein aus der geschlossenen Inv-KG ausscheidender Kommanditist ab dem Zeitpunkt seines Ausscheidens nicht mehr für Gesellschaftsverbindlichkeiten haftet, wird die Anwendung von § 172 Abs. 4 HGB suspendiert. Auf diese Weise wird verhindert, dass die Haftung eines ausscheidenden Kommanditisten gemäß § 171 Abs. 1 Hs. 1 HGB wieder auflebt. Auch mit dieser Vorschrift möchte der Gesetzgeber eine Gleichstellung der geschlossenen Inv-KG mit den übrigen Vehikeln von Investmentvermögen erreichen.[1113]

Für die geschlossene Inv-KG wird damit von den personengesellschaftsrechtlichen Haftungsvorschriften im Falle des Ausscheidens eines Kommanditisten abgewichen, indem dessen Nachhaftung für die Inv-KG ausgeschlossen und die Zahlung des Abfindungsguthabens nicht als Rückzahlung der Einlage qualifiziert wird.

2.4.1.3. Die Nachhaftung bei der offenen Inv-KG

Zuletzt ist darauf einzugehen, wie die Nachhaftung bei den Kommanditisten einer offenen Inv-KG geregelt ist und ob die Regelungen über die offene Inv-KG insoweit haftungsrechtliche Vorschriften bereithalten oder ob es für die Kommanditisten einer offenen Inv-KG bei der Geltung der personengesellschaftsrechtlichen Vorschriften bleibt.

Bei der Beantwortung dieser Frage ist auf § 127 KAGB einzugehen, welcher die Schwestervorschrift zu § 152 KAGB darstellt. Ein Vergleich der beiden Vorschriften zeigt, dass § 127 KAGB keine Regelung für die offene Inv-KG beinhaltet, die mit § 152 Abs. 6 KAGB vergleichbar wäre und in der sich für die Kommanditisten einer geschlossenen Inv-KG die entsprechenden Regelungen über die Nachhaftung fänden. Ein Anhaltspunkt für den Verzicht auf eine mit § 152

1111 Nach alter Rechtslage: § 160 Abs. 1 HGB a. F.
1112 Siehe § 152 Abs. 6 Satz 1 KAGB.
1113 Vgl. BT-Drs. 17/12294, Seiten 250 f., zu § 152 (Anleger), zu Absatz 6.

Abs. 6 KAGB vergleichbare Regelung in § 127 KAGB ergibt sich aus der Gesetzesbegründung zu § 152 Abs. 6 KAGB, wonach den Kommanditisten einer geschlossenen Inv-KG durch den Ausschluss der Nachhaftung eine Stellung eingeräumt werden soll, die *„mit der Stellung der Anleger bei der Rückgabe von Aktien an einer Investmentaktiengesellschaft mit veränderlichem Kapital sowie von Anteilen an einer offenen Investmentkommanditgesellschaft"* vergleichbar ist.[1114] Der Gesetzgeber scheint somit davon auszugehen, dass das Ausscheiden von Kommanditisten einer offenen Inv-KG ausschließlich über die ordentliche Kündigung gemäß § 133 Abs. 1 KAGB geschieht. Insoweit hat der Gesetzgeber deswegen eine zu § 152 Abs. 6 KAGB gleichlautende Vorschrift in § 133 Abs. 2 KAGB vorgesehen, indem der Kommanditist auch im Falle der ordentlichen Kündigung eines Anteils an einer offenen Inv-KG keiner Nachhaftung unterliegt und auch die Zahlung des Abfindungsguthabens nicht als Rückzahlung der Einlage zu qualifizieren ist;[1115] auf die entsprechenden Ausführungen zu § 152 Abs. 6 KAGB wird an dieser Stelle verwiesen.

Der Gesetzgeber hat dabei jedoch verkannt, dass ein Kommanditist auch auf andere Weise aus einer offenen Inv-KG ausscheiden kann als nur durch die ordentliche Kündigung gemäß § 133 Abs. 1 KAGB. Beispielhaft seien hierfür der Ausschluss eines Kommanditisten und die außerordentliche Kündigung (sei es durch die Gesellschaft oder durch den Kommanditisten) genannt. Für diese nicht § 133 KAGB unterliegenden Ausscheidensfälle wird dementsprechend keine Regelung im KAGB getroffen. In der Konsequenz ergibt sich somit für die offene Inv-KG insoweit eine Gesetzeslücke, als der Gesetzgeber es nicht bei der Anwendung der personengesellschaftsrechtlichen Haftungsvorschriften diesbezüglich belassen wollte.

Fraglich ist, wie mit dieser Gesetzeslücke umzugehen ist. Naheliegend wäre es, die Gesetzeslücke durch eine analoge Anwendung von § 152 Abs. 6 KAGB bzw. § 133 Abs. 2 KAGB zu schließen. Dies setzt voraus, dass es sich um eine planwidrige Gesetzeslücke handelt und der zu beurteilende Sachverhalt in rechtlicher Hinsicht so weit mit dem gesetzlich geregelten Tatbestand vergleichbar ist, dass angenommen werden kann, dass der Gesetzgeber bei einer Interessenabwägung zu

---

1114 BT-Drs. 17/12294, Seiten 250 f., zu § 152 (Anleger), zu Absatz 6.
1115 Siehe § 133 Abs. 2 KAGB.

dem gleichen Abwägungsergebnis gekommen wäre.[1116] Zu prüfen ist somit, ob diese Voraussetzungen für die Analogie vorliegen.

Hinweise für eine bestehende planwidrige Gesetzeslücke sind in der Gesetzesbegründung zu § 152 Abs. 6 KAGB angelegt. Danach soll die Regelung in § 152 Abs. 6 KAGB dazu dienen, einen Gleichlauf mit den übrigen gesellschaftsrechtlich ausgestalteten Fondsvehikeln herbeizuführen. Hieraus ist die Schlussfolgerung zu ziehen, dass der Gesetzgeber anscheinend davon ausging, dass ein Ausscheiden eines Kommanditisten aus einer offenen Inv-KG nur durch die Rückgabe von Anteilen erfolgte. Dies legt den Schluss nahe, dass der Gesetzgeber anscheinend übersah, dass Kommanditisten auch auf andere Art und Weise aus einer offenen Inv-KG ausscheiden als durch die Rückgabe von Anteilen durch ordentliche Kündigung des betroffenen Kommanditisten. Wie bereits erwähnt verfolgte der Gesetzgeber mit § 133 Abs. 2 KAGB und § 152 Abs. 6 KAGB das Ziel, einen Gleichlauf zwischen den einzelnen Investmentvehikeln herbeizuführen. Es ist daher zu erwarten, dass der Gesetzgeber eine gesetzliche Regelung getroffen hätte, wenn er die Gesetzeslücke gesehen hätte.

Auch in Bezug auf eine vergleichbare Interessenlage kann auf die Überlegungen des Gesetzgebers zu § 133 Abs. 2 KAGB und § 152 Abs. 6 KAGB zurückgegriffen werden. Der Gesetzgeber verfolgte mit der Einfügung der Vorschrift das Ziel, eine Gleichstellung der Investmentvehikel zu erreichen und Anleger vor dem Risiko der unbeschränkten Haftung für Altverbindlichkeiten zu schützen.[1117] Dieser Schutz wird aber nur dann gewährleistet, wenn das in § 133 Abs. 2 KAGB und § 152 Abs. 6 KAGB angeordnete Haftungsregime unabhängig davon eingreift, in welcher Weise Kommanditisten aus einer Inv-KG ausscheiden. Auf die Unterschiede zwischen der offenen Inv-KG und der geschlossenen Inv-KG kommt es dagegen nicht an. Eine vergleichbare Interessenlage ist damit gegeben.

Dementsprechend gelten für die offene Inv-KG in Bezug auf die Nachhaftung der Kommanditisten die gleichen Regelungen – im Falle der ordentlichen Kündigung eines Kommanditanteils an einer offenen

---

1116 Vgl. *BGH*, Urt. v. 04.08.2010 – XII ZR 118/08.

1117 Vgl. BT-Drs. 17/12294, Seite 245, zu § 133 (veränderliches Kapital, Kündigung von Kommanditanteilen), zu Absatz 2 und Seiten 250 f., zu § 152 (Anleger), zu Absatz 6.

Inv-KG wegen des mit § 152 Abs. 6 KAGB identischen Wortlauts in § 133 Abs. 2 KAGB und im Übrigen aufgrund einer analogen Anwendung von § 133 Abs. 2 KAGB bzw. § 152 Abs. 6 KAGB – wie für die Nachhaftung bei der geschlossenen Inv-KG. Somit kann auf die voranstehenden Ausführungen verwiesen werden.

2.4.2. Abschließender Charakter der investmentrechtlichen Regelungen zur Haftung ausscheidender Gesellschafter

Wie zuvor dargestellt werden die Nachhaftung und die Verlustausgleichspflicht der aus einer Inv-KG ausscheidenden Kommanditisten umfassend durch das KAGB geregelt. In der Folge verbleibt für die personengesellschaftsrechtlichen Vorschriften über die Haftung ausscheidender Kommanditisten kein Anwendungsbereich mehr. Somit werden sie von den investmentrechtlichen Vorschriften vollständig verdrängt.

2.5. Fazit bzgl. der Haftung der Kommanditisten

2.5.1. Haftung der Kommanditisten bei vorzeitiger Geschäftsaufnahme

Für die Kommanditisten gelten im Falle einer vorzeitigen Geschäftsaufnahme aus haftungsrechtlicher Sicht grundsätzlich die personengesellschaftsrechtlichen Vorschriften. Dies führt dazu, dass sich die Haftung der Kommanditisten nach § 176 Abs. 1 HGB bestimmt. Die Kommanditisten haften demnach unbeschränkt und persönlich für diejenigen Verbindlichkeiten, die zwischen der Geschäftsaufnahme und der Eintragung der Gesellschaft ins Handelsregister entstehen, wenn sie der vorzeitigen Geschäftsaufnahme zustimmten. Lediglich für die Kommanditisten einer geschlossenen Inv-KG, die als Vehikel für ein Publikumsinvestmentvermögen dient, werden die Haftungsregelungen des HGB insofern modifiziert, als deren unbeschränkte Haftung dadurch verhindert wird, dass eine vorzeitige Geschäftsaufnahme der Inv-KG untersagt wird.

Zu beachten ist, dass das Risiko der unbeschränkten und persönlichen Haftung auf der Grundlage von § 176 Abs. 1 HGB nicht besteht, wenn der hier vertretenen Ansicht gefolgt wird, wonach eine Inv-KG stets vermögensverwaltend tätig ist. Dies ist dem Umstand geschuldet, dass § 176 Abs. 1 HGB nur auf Gesellschaften anzuwenden ist, die ein Handelsgewerbe betreiben. Bei vermögensverwaltenden Gesellschaften hat dagegen die Eintragung ins Handelsregister konstitutive Wirkung, sodass die vorzeitige Geschäftsaufnahme nur über eine Vorgesellschaft möglich ist. Auch bei einer solchen Vorgesellschaft besteht zwar die Gefahr der unbeschränkten und persönlichen Haftung. Diesem Risiko kann und muss aber in gestalterischer Hinsicht begegnet werden, indem sichergestellt wird, dass Anleger nicht bereits in die Vorgesellschaft aufgenommen werden. Nach der hier vertretenen Ansicht kommt § 152 Abs. 5 KAGB somit nur klarstellende Wirkung zu.

Wird der hier vertretenen Ansicht nicht gefolgt, wonach es sich bei einer Inv-KG stets um eine vermögensverwaltende Tätigkeit handelt, ist in Bezug auf die Haftung der neu eintretenden Kommanditisten nach der Art der Geschäftstätigkeit der Inv-KG zu unterscheiden. Ist die Geschäftstätigkeit als vermögensverwaltend einzustufen, bleibt es beim zuvor Gesagten. Gilt die Geschäftstätigkeit dagegen als gewerblich, ist § 176 Abs. 1 HGB dem Grunde nach auf die Inv-KG anzuwenden. Eine Suspension der personengesellschaftsrechtlichen Vorschrift durch eine analoge Anwendung von § 152 Abs. 5 KAGB verbietet sich aufgrund des eindeutigen Wortlauts der Vorschrift. Hier gilt, dass zu gewährleisten ist, dass Anleger erst nach der Eintragung der Inv-KG ins Handelsregister als Gesellschafter aufgenommen werden. Soweit der Gesetzgeber nicht der hier vertretenen Ansicht folgt, wäre eine Klarstellung wünschenswert, dass § 152 Abs. 5 KAGB generelle Gültigkeit hat. Für die offene Inv-KG wäre zudem eine zu § 152 Abs. 5 KAGB vergleichbare und allgemeingültige Regelung in § 127 KAGB aufzunehmen.

2.5.2. Haftung der gegenwärtigen Kommanditisten

Im KAGB wurde die Haftung der gegenwärtigen Kommanditisten einer Inv-KG in Bezug auf die Einlagenrückgewähr sowie die Einlagen- und Nachschusspflicht eigenständig geregelt. Eine allumfassende Regelung der Haftung der gegenwärtigen Kommanditisten einer Inv-KG enthält das KAGB dagegen nicht, sodass insoweit Raum für die Anwendung der personengesellschaftsrechtlichen Haftungsvorschriften verbleibt.

Im Hinblick auf § 127 Abs. 2 KAGB und § 152 Abs. 2 KAGB wäre es allerdings wünschenswert gewesen, wenn der Gesetzgeber deren Wortlaut an die geänderten personengesellschaftsrechtlichen Begrifflichkeiten angepasst hätte. Naheliegend wäre dabei eine Änderung von § 127 Abs. 2 Satz 1 KAGB und § 152 Abs. 2 Satz 1 KAGB gewesen, die sich an der Neufassung von § 172 Abs. 4 Satz 2 HGB orientiert hätte. Vorgeschlagen wird daher die Änderung von § 127 Abs. 2 Satz 1 KAGB und § 152 Abs. 2 Satz 1 KAGB wie folgt:

„*Eine Rückgewähr der Einlage oder eine Entnahme, während der Kapitalanteil durch Verlust unter den Betrag der Haftsumme herabgemindert ist oder soweit durch die Entnahme der Kapitalanteil unter den bezeichneten Betrag herabgemindert wird, darf nur mit Zustimmung des betroffenen Kommanditisten erfolgen.*"

Eine solche Formulierung in § 127 Abs. 2 Satz 1 KAGB und § 152 Abs. 2 Satz 1 KAGB bildet sowohl den Gesetzeswortlaut von § 172 Abs. 4 Satz 1 HGB als auch von § 172 Abs. 4 Satz 2 HGB ab und macht so deutlich, dass § 127 Abs. 2 Satz 1 KAGB und § 152 Abs. 2 Satz 1 KAGB die personengesellschaftsrechtlichen Vorschriften modifizieren. Zugleich kann so der im Personengesellschaftsrecht unbekannte Begriff der Ausschüttung vermieden werden.

Aus investmentrechtlicher Sicht führt die einmalige vollständige Leistung der Einlage zum Erlöschen. Im Falle des Wiederauflebens der Haftung bleibt es zwar bei der Außenhaftung, allerdings ist dem betroffenen Anleger im Innenverhältnis ein Regressanspruch einzuräumen. Allerdings ist der Regressanspruch regelmäßig auf die Inv-KG beschränkt.

Im Hinblick auf die Nachschussplicht hält das Investmentrecht ebenfalls spezialgesetzliche Vorschriften vor. Die investmentrechtlichen Vorschriften ordnen dabei das Verbot einer Nachschussplicht an und lassen auch keine gesellschaftsvertragliche Vereinbarung darüber zu, welche das Verbot der Nachschussplicht aufweichen würde. Dies ist eine Abweichung von den personengesellschaftsrechtlichen Vorschriften, die gesellschaftsvertragliche Vereinbarungen über die Zulässigkeit einer Nachschussplicht zulassen. Allerdings ist anzumerken, dass der Gesetzgeber weder § 127 Abs. 3 Satz 4 KAGB noch § 152 Abs. 3 Satz 4 KAGB an das MoPeG anpasste. Dies hat der Gesetzgeber dementsprechend noch nachzuziehen, indem er in den genannten Vorschriften den § 707 BGB a. F. jeweils durch § 710 Satz 1 BGB ersetzt.

2.5.3. Haftung der neu eintretenden Kommanditisten

Die investmentrechtlichen Vorschriften über die Haftung neu eintretender Kommanditisten ordnen an, dass die Wirksamkeit des Eintritts eines neuen Kommanditisten in eine Inv-KG erst im Zeitpunkt seiner Eintragung ins Handelsregister einsetzt. Die Eintragung hat somit konstitutive Wirkung. Auf diese Weise wird konsequenterweise verhindert, dass die neu eintretenden Kommanditisten für den Zeitraum zwischen ihrem Eintritt und ihrer Eintragung ins Handelsregister nach Maßgabe von § 176 Abs. 2 KAGB haften. Durch § 127 Abs. 4 KAGB und § 152 Abs. 4 KAGB wird damit zwar der Anwendungsbereich von § 176 Abs. 2 HGB nicht ausgeschlossen, allerdings verbleibt für die personengesellschaftsrechtliche Vorschrift kein Anwendungsbereich mehr. Diese Rechtsfolge ist aus praktischer Sicht zu begrüßen.

Dagegen bleibt § 173 HGB, in dem die Haftung neu eintretender Kommanditisten für Altverbindlichkeiten der Gesellschaft geregelt ist, auch für die neu in eine Inv-KG eintretenden Kommanditisten neben den investmentrechtlichen Vorschriften anwendbar.

2.5.4. Haftung der ausscheidenden Kommanditisten

Das Investmentrecht hält in Bezug auf die Haftung ausgeschiedener Kommanditisten eigene Regelungen vor. Folglich bleibt diesbezüglich kein Raum für die Anwendung der personengesellschaftsrechtlichen Vorschriften.

Die Kommanditisten, die aus einer Inv-KG ausscheiden, sind nicht zum Ausgleich entstandener Verluste verpflichtet, soweit diese ihre vertraglich vereinbarte Pflichteinlage leisteten. Anzumerken ist, dass im Hinblick auf den Ausschluss der Verlustausgleichspflicht der ausgeschiedenen Kommanditisten keine eigenständige investmentrechtliche Regelung erforderlich gewesen wäre, da die Anwendung der personengesellschaftsrechtlichen Regelungen zum gleichen Ergebnis gelangt. Insoweit haben § 127 Abs. 3 Satz 2 KAGB und § 152 Abs. 3 Satz 2 KAGB nur klarstellende Wirkung.

Zudem ist bei Kommanditisten, die aus einer geschlossenen Inv-KG ausscheiden, deren Nachhaftung ausgeschlossen. Diese explizite Anordnung in § 152 Abs. 2 KAGB ist deswegen erforderlich, da die Zahlung des Abfindungsguthabens dazu führt, dass die Pflichteinlage des ausscheidenden Gesellschafters an diesen zurückgezahlt wird und dementsprechend die persönliche Haftung des ausscheidenden Gesellschafters nach Maßgabe von § 172 Abs. 4 Satz 2 HGB für Altverbindlichkeiten in Höhe der Pflichteinlage wiederaufleben würde. Um einen Gleichlauf mit den übrigen Vehikeln eines Investmentvermögens zu erzielen, ist die Anordnung in § 152 Abs. 6 KAGB konsequent.

Dagegen findet sich für die offene Inv-KG keine zu § 152 Abs. 6 KAGB vergleichbare Vorschrift. Das Fehlen einer solchen vergleichbaren Vorschrift ist dabei dem Umstand geschuldet, dass Kommanditisten einer offenen Inv-KG regelmäßig durch die Rückgabe ihres Gesellschaftsanteils aus der offenen Inv-KG ausscheiden. Diese Einschätzung des Gesetzgebers war allerdings verfehlt, da Kommanditisten einer Inv-KG auch aus anderen Gründen als nur der Rückgabe ihrer Beteiligung aus einer offenen Inv-KG ausscheiden können. Aus diesem Grunde ist zu empfehlen, für die offene Inv-KG eine Vorschrift in § 127 KAGB aufzunehmen, die § 152 Abs. 6 KAGB entspricht. Nach der derzeitigen Rechtslage ist § 152 Abs. 6 KAGB analog auf die offene Inv-KG anzuwenden, um eine Haftung der aus einer offenen Inv-KG ausscheidenden Kommanditisten nach Maßgabe von § 172 Abs. 4 Satz 2 HGB zu verhindern.

IX. Ausscheiden eines Gesellschafters

Weiterhin ist darauf einzugehen, wie es zu einem Ausscheiden von Gesellschaftern aus einer Inv-KG kommen kann.

1. Investmentrechtliche Vorschriften über das Ausscheiden eines Gesellschafters einer Inv-KG

1.1. Ausschluss des ordentlichen Kündigungsrechts der Gesellschafter bei der geschlossenen Inv-KG

Eine spezialgesetzliche Regelung diesbezüglich ist in § 161 Abs. 1 KAGB enthalten. Da- nach wird vorgeschrieben, dass bei der geschlossenen Inv-KG das ordentliche Kündigungsrecht eines Gesellschafters ausgeschlossen ist. Dabei ist zu berücksichtigen, dass eine geschlossene Inv-KG stets nur auf bestimmte Zeit eingegangen wird. Für eine Gesellschaft mit bestimmter Laufzeit ergibt sich bereits aus § 132 Abs. 2 HGB[1118], dass deren Gesellschaftern kein ordentliches Kündigungsrecht zusteht, sondern nur ein außerordentliches Kündigungsrecht. Vor diesem Hintergrund hat § 161 Abs. 1 KAGB zunächst nur klarstellenden Charakter.

Allerdings ist zu berücksichtigen, dass es sich bei § 723 Abs. 1 Satz 2 BGB a. F. insoweit um eine dispositive Vorschrift handelte, als zwar das Kündigungsrecht gemäß § 723 Abs. 3 BGB a. F. nicht ausgeschlossen oder beschränkt werden konnte, wohl aber durch gesellschaftsvertragliche Vereinbarung erweitert werden konnte. Es war daher denkbar, dass den Gesellschaftern einer Gesellschaft, für die eine bestimmte Laufzeit vorgesehen war, dennoch durch den Gesellschaftsvertrag ein ordentliches Kündigungsrecht eingeräumt wurde. Entsprechendes gilt nach neuer Rechtslage für § 132 Abs. 2 HGB, dessen Regelungsgehalt gemäß § 132 Abs. 6 HGB zwar ebenfalls nicht beschränkt oder ausgeschlossen werden kann, jedoch eine Erweiterung des gesetzlich vorgesehenen Kündigungsrechts zugunsten der Gesellschafter zulässt. Hier ist jedoch zu berücksichtigen, dass sich geschlossene Investmentvermögen gerade dadurch auszeichnen, dass die Gesellschafter, die an einem solchen Investmentvermögen beteiligt sind, vor Beginn der

1118 Nach alter Rechtslage: § 723 Abs. 1 Satz 2 BGB a. F.

Liquidationsphase ihre Beteiligung nicht zurückgeben können (ungeachtet der konkreten Form).[1119] Die Aufnahme eines ordentlichen Kündigungsrechts in den Gesellschaftsvertrag einer geschlossenen Inv-KG lässt sich damit nicht mit den investmentrechtlichen Grundsätzen in Einklang bringen. Aus diesem Grund erfasst das Verbot in § 161 Abs. 1 KAGB auch derartige gesellschaftsvertragliche Vereinbarungen.

Folglich enthält auch § 161 Abs. 1 KAGB eine *lex specialis* zu den personengesellschaftsvertraglichen Regelungen im Hinblick auf das Ausscheiden von Gesellschaftern, indem die Vorschrift für die geschlossene Inv-KG ein ordentliches Kündigungsrecht generell ausschließt. Im Kontext mit § 161 Abs. 1 KAGB ist § 132 Abs. 2 HGB[1120] somit für die Inv-KG insoweit nicht mehr dispositiv, als den Gesellschaftern einer Inv-KG neben dem gesetzlich geltenden außerordentlichen Kündigungsrecht zusätzlich durch gesellschaftsvertragliche Vereinbarung ein ordentliches Kündigungsrecht zugestanden wird.

1.2. Ordentliches Kündigungsrecht der Gesellschafter einer offenen Inv-KG

Besonderheiten im Hinblick auf das Ausscheiden von Gesellschaftern werden zudem für die offene Inv-KG vorgehalten. Diese ergeben sich daraus, dass die offenen Investmentvermögen sich gerade dadurch auszeichnen, dass den Anlegern eine Rückgabemöglichkeit eingeräumt wird. Eine investmentrechtliche Spezialregelung in Bezug auf das Ausscheiden von Gesellschaftern ist dabei in § 133 KAGB enthalten.

Den Kommanditisten einer offenen Inv-KG wird durch § 133 KAGB das Recht zugestanden, ihre Beteiligung ganz oder anteilig ordentlich zu kündigen. Der Gesetzgeber verfolgte mit der Vorschrift das Ziel, zugunsten der Anleger die Rückgabemöglichkeit zu schaffen, welche gerade ein offenes Investmentvermögen ausmacht.[1121] Dabei ist mit dem Recht zur Rückgabe von Anteilen gemeint, dass den Anlegern

---

1119 Siehe Art. 1 Abs. 2 und Abs. 3 der Delegierten Verordnung (EU) Nr. 694/2014 der Kommission vom 17. Dezember 2013.

1120 Nach alter Rechtslage: § 723 Abs. 1 Satz 2 BGB a. F.

1121 Vgl. BT-Drs. 17/12294, Seiten 244 f., zu § 133 (veränderliches Kapital, Kündigung von Kommanditanteilen), zu Absatz 1.

ein Recht auf Rückgabe ihrer Beteiligung an der offenen Inv-KG eingeräumt werden muss. Aufgrund ihrer gesellschaftsrechtlichen Ausprägung wurde die Möglichkeit zum De-Investment im KAGB als ordentliches Kündigungsrecht ausgestaltet.[1122] Insoweit hält das KAGB in der Tat eine Sondervorschrift im Hinblick auf das Ausscheiden von Gesellschaftern bereit. Dies führt dazu, dass für die offene Inv-KG der § 132 Abs. 1 HGB[1123] als die an sich subsidiär geltende personengesellschaftsrechtliche Vorschrift über das ordentliche Kündigungsrecht dann verdrängt wird, wenn es sich bei der gegenständlichen Inv-KG um eine Gesellschaft mit unbestimmter Laufzeit handelt.

1.2.1. Formelle Anforderungen an den Gesellschaftsvertrag hinsichtlich des ordentlichen Kündigungsrechts

Allerdings ergibt sich aus § 133 KAGB nicht, wie das Kündigungsrecht ausgestaltet ist. Zu klären ist daher zunächst, welche formellen Anforderungen an den Gesellschaftsvertrag im Hinblick auf die ordentliche Kündigung zu stellen sind.

Zur Beantwortung der Frage, ob der Gesellschaftsvertrag einer offenen Inv-KG im Hinblick auf das ordentliche Kündigungsrecht formelle Regelungen zu treffen hat, ist der Blick auf § 125 KAGB zu richten. In § 125 Abs. 2 Satz 2 KAGB wird diesbezüglich konstatiert, dass der Gesellschaftsvertrag festlegen muss, dass die Kommanditisten das Recht zur Rückgabe ihrer Gesellschaftsanteile gemäß § 133 KAGB haben. Folglich wird für den Gesellschaftsvertrag einer offenen Inv-KG ein Mindestinhalt in Bezug auf das ordentliche Kündigungsrecht der Kommanditisten vorgesehen.

Dagegen lässt sich aus der Vorschrift nicht entnehmen, wie mit einem Verstoß gegen § 125 Abs. 2 Satz 2 KAGB umzugehen ist, das heißt, wenn der Gesellschaftsvertrag das Kündigungsrecht der Kommanditisten nicht nennt. Als potenzielle Rechtsfolgen kommen eine relative Nichtigkeit der betroffenen Klausel (soweit denn eine solche existiert) und die Gesamtnichtigkeit des Gesellschaftsvertrags infrage. Vorzugswürdig ist in diesem Falle die Annahme von der bloßen Unwirksam-

1122 Vgl. § 133 KAGB.
1123 Nach alter Rechtslage: § 132 HGB a. F.

keit der betroffenen Regelung und folglich der Teilnichtigkeit des Gesellschaftsvertrags.[1124]

Eine Gesamtnichtigkeit kommt nur dann in Betracht, wenn das Fehlen der formellen Anforderung im Gesellschaftsvertrag einer offenen Inv-KG gegen ein gesetzliches Verbot im Sinne von § 134 BGB verstieße. Sinn und Zweck von § 133 KAGB ist es, für die Aufnahme einer Regelung in den Gesellschaftsvertrag einer offenen Inv-KG zu sorgen, die die Kommanditisten auf ein ihnen zustehendes wesentliches Recht hinweist. Das ordentliche Kündigungsrecht gemäß § 133 KAGB steht den Kommanditisten dabei auch dann zu, wenn ein solcher Hinweis nicht im Gesellschaftsvertrag der offenen Inv-KG aufgenommen wird – insofern enthält § 133 KAGB zwingendes Recht. Dem Fehlen einer entsprechenden Regelung im Gesellschaftsvertrag lässt sich dadurch begegnen, dass § 133 KAGB unmittelbar angewendet wird. Denn der Gesellschaftsvertrag, der keine Regelung über die ordentliche Kündigung der offenen Inv-KG enthält, kann auch ohne eine solche Klausel sinnvollerweise fortbestehen. Dementsprechend führt das Fehlen einer Bestimmung über die ordentliche Kündigung nicht zur Gesamtnichtigkeit des Gesellschaftsvertrags.

Zu einem anderen Ergebnis gelangt man auch dann nicht, wenn der Gesellschaftsvertrag einer offenen Inv-KG eine Regelung enthält, durch die das ordentliche Kündigungsrecht der Anleger abbedungen werden soll und die damit § 125 Abs. 2 Satz 2 KAGB bzw. § 133 KAGB entgegensteht. Der § 133 KAGB enthält zwingendes Recht und kann somit gerade nicht durch eine gesellschaftsvertragliche Vereinbarung in Abrede gestellt werden. In diesem Fall verstößt die entsprechende Klausel gegen zwingendes Recht und somit gegen ein gesetzliches Verbot im Sinne von § 134 BGB. Allerdings ist in diesem Fall zu berücksichtigen, dass der Gesellschaftsvertrag auch dann noch sinnvollerweise Bestand haben kann, wenn die entsprechende Klausel durch die unmittelbare Anwendung des Gesetzes ersetzt wird und der Gesellschaftsvertrag im Übrigen aufrechterhalten wird. Der Mangel kann also auch hier durch unmittelbare Anwendung von § 133 KAGB beseitigt werden. In diesem Falle ist es somit ausreichend, von einer Nichtigkeit der entsprechenden Klausel auszugehen.

1124 So auch *Wallach* in Assmann/Wallach/Zetzsche, KAGB, § 133 Rn. 5; *Lorenz* in Weitnauer/Boxberger/Anders, KAGB, § 133 Rn. 2.

Weitere Anforderungen an den Gesellschaftsvertrag einer offenen Inv-KG hinsichtlich der ordentlichen Kündigung lassen sich § 125 KAGB nicht entnehmen. Auch in § 133 KAGB finden sich keine weiteren formellen Anforderungen an die ordentliche Kündigung der Anleger. Damit stellt das KAGB insbesondere keine Mindestanforderungen hinsichtlich der Form und Frist der ordentlichen Kündigung auf. Allerdings wird die Möglichkeit eingeräumt, weitere Regelungen hinsichtlich der ordentlichen Kündigung der Kommanditisten in den Gesellschaftsvertrag aufzunehmen.[1125]

1.2.2. Kreis der kündigungsberechtigten Gesellschafter

Wie zuvor festgestellt, lässt die gesetzliche Bestimmung über die ordentliche Kündigung bei der offenen Inv-KG diverse Punkte offen. Hierzu gehört unter anderem die Frage, welche Gesellschafter einer offenen Inv-KG zur ordentlichen Kündigung gemäß § 133 KAGB berechtigt sind.

Hierzu ist zunächst auf den Wortlaut von § 133 KAGB einzugehen. Gemäß dem Wortlaut von § 133 Abs. 1 Satz 1 KAGB sind lediglich die Kommanditisten zur ordentlichen Kündigung berechtigt. Im Umkehrschluss steht den Komplementären einer offenen Inv-KG damit das Recht zur Kündigung auf der Grundlage von § 133 KAGB nicht zu. Der Grund für die Herausnahme der Komplementäre aus dem Kreis der Kündigungsberechtigten lässt sich zwar nicht unmittelbar aus der Gesetzesbegründung entnehmen. Allerdings ist der Grund darin zu sehen, dass sich die Komplementäre nicht durch die Ausübung einer ordentlichen Kündigung ihren Aufgaben und ihrer Verantwortung als geschäftsführende Gesellschafter entziehen sollen. Hinzu kommt, dass die Komplementäre der offenen Inv-KG üblicherweise von den Initiatoren des Investmentvermögens gestellt werden bzw. es sich um die Initiatoren handelt. Diesen soll nicht die Möglichkeit gegeben werden, durch die Ausübung eines ordentlichen Kündigungsrechts die von ihnen initiierte Gesellschaft alleine mit den Anlegern zurückzulassen. Vor diesem Hintergrund ist die Beschränkung auf die Kommanditisten folgerichtig.

1125 Vgl. § 133 Abs. 1 Satz 4 KAGB.

Fraglich ist, ob darüber hinaus der Kreis der kündigungsberechtigten Kommanditisten auf der Grundlage einer teleologischen Reduktion weiter einzuschränken ist. So wäre es denkbar, den Kreis der kündigungsberechtigten Kommanditisten auf die Anleger zu beschränken und die zu den Initiatoren zu zählenden Kommanditisten ebenfalls vom ordentlichen Kündigungsrecht gemäß § 133 KAGB auszuschließen. Eine solche teleologische Reduktion wäre dann möglich, wenn § 133 Abs. 1 Satz 1 KAGB einen überschiegenden Gesetzeswortlaut hätte.

Ob die Vorschrift einen überschiegenden Gesetzeswortlaut hat, ist zunächst auf der Grundlage der Gesetzesbegründung zu § 133 Abs. 1 KAGB zu analysieren. Hierzu führte der Gesetzgeber aus, dass sich offene Investmentvermögen dadurch auszeichnen, dass den „*Anlegern*" ein Rückgaberecht zusteht.[1126] Darüber hinaus wird in der Gesetzesbegründung davon gesprochen, dass das Recht zur Kündigung den „*Anlegern, d. h. den Kommanditisten einer offenen Investmentkommanditgesellschaft*" normiert sein soll.[1127] Daraus wird ersichtlich, dass der Gesetzgeber im Hinblick auf das Kündigungsrecht nach § 133 KAGB die Kommanditisten einer offenen Inv-KG mit dem Begriff der Anleger gleichsetzte. Diese unglücklich gewählte Formulierung in der Gesetzesbegründung ist zwar unzutreffend, lässt aber dennoch Rückschlüsse auf das tatsächlich vom Gesetzgeber Gewollte zu: nämlich darauf, dass nur die Anleger zur ordentlichen Kündigung berechtigt sein sollen.

Auch der Sinn und Zweck der Vorschrift könnte für ein restriktives Verständnis des Wortlauts von § 133 KAGB sprechen. Demnach soll den Anlegern die Möglichkeit zum De-Investment gegeben werden, nicht aber den Initiatoren des Investmentvermögens. Bei der Strukturierung eines Investmentvermögens in Form der Inv-KG ist es üblich, dass die Initiatoren einer offenen Inv-KG zunächst die gesamte Struktur der Gesellschaft, das heißt die offene Inv-KG, durch die Stellung von Komplementären und Kommanditisten errichten. Erst in einem weiteren Schritt werden die Anleger in die bereits errichtete Inv-KG

1126 Vgl. BT-Drs. 17/12294, Seite 244, zu § 133 (veränderliches Kapital; Kündigung von Kommanditanteilen), zu Absatz 1.

1127 BT-Drs. 17/12294, Seite 244, zu § 133 (veränderliches Kapital; Kündigung von Kommanditanteilen), zu Absatz 1.

als neue Gesellschafter in Form von Kommanditisten aufgenommen. Auch hier gilt demnach die oben zu den Komplementären dargestellte Überlegung, dass die zu den Initiatoren zu zählenden Kommanditisten als Teil der strukturgebenden Gesellschafter grundsätzlich im Gesellschafterkreis gehalten werden sollen. Begründen lässt sich dies mit dem Schutz der Anleger. Somit spricht auch das teleologische Verständnis von § 133 KAGB dafür, dass die Vorschrift einen überschiegenden Gesetzeswortlaut hat.

Dementsprechend ist der Wortlaut von § 133 KAGB teleologisch zu reduzieren und der Kreis der kündigungsberechtigten Kommanditisten auf die Anleger zu beschränken. Somit ist festzustellen, dass das ordentliche Kündigungsrecht gemäß § 133 KAGB ausschließlich den Anlegern zusteht, die als Kommanditisten an der offenen Inv-KG beteiligt sind. Allen weiteren Gesellschaftern einer offenen Inv-KG steht das Kündigungsrecht gemäß § 133 KAGB dagegen nicht zu.

1.2.3. Form der ordentlichen Kündigung

Weiterhin ist zu klären, ob die Kündigungserklärung eines Anlegers einer bestimmten Form bedarf. Aus dem KAGB, insbesondere aus § 133 KAGB, lassen sich derartige Formerfordernisse nicht entnehmen. In Ermangelung dessen ist zu prüfen, ob sich aus den personengesellschaftsrechtlichen Grundsätzen gewisse Anforderungen an die Form einer Kündigungserklärung herauskristallisieren. Heranzuziehen sind dabei vor allem die Erwägungen zur ordentlichen Kündigung der Gesellschafterstellung gemäß § 132 Abs. 1 HGB[1128]. Für die Kündigungserklärung gemäß § 132 Abs. 1 HGB[1129] ist anerkannt, dass die Kündigungserklärung qua Gesetz an keine bestimmte Form geknüpft ist und daher formfrei erfolgen kann.[1130] In Ermangelung einer eigenständigen investmentrechtlichen Regelung ist daher auf diesen personengesellschaftsrechtlichen Grundsatz zurückzugreifen. Demnach kann ein Anleger einer Inv-KG seine Gesellschafterstellung grundsätzlich formfrei kündigen. Zu Beweiszwecken und wegen der

---

1128 Nach alter Rechtslage: § 132 HGB a. F.

1129 Nach alter Rechtslage: § 132 HGB a. F.

1130 Vgl. *Schäfer* in Staub, HGB, § 132 Rn. 15; *Lorz* in Ebenroth/Boujong/Joost/Strohn, HGB, § 132 Rn. 6.

Bedeutung der Kündigung ist allerdings zumindest die Schriftform anzuraten.

Fraglich ist, ob durch eine gesellschaftsvertragliche Vereinbarung die Einhaltung eines Formerfordernisses verlangt werden kann. Hierfür spricht die Öffnung gemäß § 133 Abs. 1 Satz 4 KAGB, wonach die Einzelheiten der Kündigung im Gesellschaftsvertrag zu regeln sind. Dies erfasst folglich auch die Form. Soweit der Gesellschaftsvertrag eine formelle Anforderung für die Kündigungserklärung aufstellt, ist diese von einem kündigenden Anleger einzuhalten. Wahrt der Anleger nicht die im Gesellschaftsvertrag vereinbarte Form, ist die Kündigungserklärung im Zweifel über § 125 Satz 2 BGB nichtig.[1131] Einschränkend wird jedoch zu verlangen sein, dass den Anlegern durch die im Gesellschaftsvertrag gewählte Form die Kündigung nicht faktisch unmöglich gemacht wird.

Somit ist zu sagen, dass das Gesetz an die Form der Kündigung keine Anforderungen stellt und die Kündigung formfrei möglich ist. Allerdings ist zumindest zu Beweiszwecken die Schriftform anzuraten. Gesellschaftsvertraglich kann eine bestimmte Form vereinbart werden, solange dadurch die Kündigung durch die Anleger nicht gerade verhindert werden soll. Derartige Vereinbarungen sind aufgrund von § 133 Abs. 1 Satz 4 KAGB möglich.

1.2.4. Frist der ordentlichen Kündigung

Zudem ist zu untersuchen, ob der kündigende Anleger bei Ausübung seines Kündigungs- rechts gemäß § 133 KAGB eine bestimmte gesetzlich festgelegte Kündigungsfrist einzuhalten hat. Aus § 133 KAGB selbst ergibt sich keine gesetzliche Kündigungsfrist, die seitens der Anleger einzuhalten wäre. Eine solche kann zwar nicht aus europarechtlichen Vorschriften hergeleitet werden, wohl aber den personengesellschaftsrechtlichen Regelungen.

1.2.4.1. Kündigungsfrist aufgrund europarechtlicher Anordnung

Für die Herleitung einer Kündigungsfrist kommen zunächst die europarechtlichen Regelungen Betracht. Die relevante Vorschrift findet sich dabei in Art. 1 Abs. 2 UAbs. 1 Delegierte Verordnung (EU)

1131 Vgl. *Schäfer* in Staub, HGB, § 132 Rn. 15.

Nr. 694/2014. Die Vorschrift verlangt, dass Anlegern „*vor Beginn der Liquidations- oder Auslaufphase*“ eine Rückgabemöglichkeit eingeräumt wird.[1132] Hierin könnte gegebenenfalls eine Regelung über die Kündigungsfrist gesehen werden. Zu berücksichtigen ist allerdings, dass durch den weiteren Wortlaut der Vorschrift die konkrete Ausgestaltung des Rückgaberechts der Anleger gerade dem Gesellschaftsvertrag vorbehalten bleiben soll.[1133] Die europarechtliche Regelung definiert damit lediglich, wann ein Investmentvermögen als offenes Investmentvermögen anzusehen ist und wie oft insoweit Kündigungstermine vorgesehen werden müssen. Sie regelt aber nicht, welche Frist ein Anleger einzuhalten hat, um zum Zeitpunkt eines solchen Kündigungstermins sein Rückgaberecht auszuüben. Damit ist festzuhalten, dass Art. 1 Delegierte Verordnung (EU) Nr. 694/2014 keine Regelung über die Kündigungsfrist beinhaltet, sondern dies der gesellschaftsvertraglichen Gestaltung überlässt.

1.2.4.2. Kündigungsfrist aufgrund personengesellschaftsrechtlicher Anordnung

Eine Kündigungsfrist ergibt sich aber aus den personengesellschaftsvertraglichen Regelungen. Derartiges resultiert zum einen aus § 132 Abs. 1 HGB[1134] und zum anderen aus § 132 Abs. 5 HGB[1135].

Zunächst soll auf eine mögliche Anwendbarkeit von § 132 Abs. 1 HGB[1136] auf § 133 KAGB eingegangen werden. Im Falle einer Anwendung von § 132 Abs. 1 HGB[1137] führt dies dazu, dass die Anleger unter Einhaltung einer sechsmonatigen Kündigungsfrist ihre Gesellschafterstellung zum Schluss eines jeden Jahres kündigen könnten, sofern die offene Inv-KG auf unbestimmte Zeit eingegangen wurde.

1132 Vgl. Erwägungsgründe 3 und 4 sowie Art. 1 Abs. 2 UAbs. 1 Delegierte Verordnung (EU) Nr. 694/2014 der Kommission vom 17. Dezember 2013.
1133 Vgl. Art. 1 Abs. 2 UAbs. 1 Delegierte Verordnung (EU) Nr. 694/2014 der Kommission vom 17. Dezember 2013.
1134 Nach alter Rechtslage: § 132 HGB a. F.
1135 Nach alter Rechtslage: § 723 Abs. 2 BGB a. F.
1136 Nach alter Rechtslage: § 132 HGB a. F.
1137 Nach alter Rechtslage: § 132 HGB a. F.

In der Literatur wird eine solche Anwendung befürwortet,[1138] wenngleich sich keine weitergehende Begründung findet.

Für eine Heranziehung bzw. Anwendbarkeit von § 132 Abs. 1 HGB[1139] auf § 133 KAGB spricht dagegen, dass die personengesellschaftsrechtlichen Vorschriften auf die Inv-KG nur sekundär anwendbar sind. Dies wird für die offene Inv-KG ausdrücklich durch § 124 Abs. 1 Satz 2 KAGB angeordnet. Allerdings sind die Vorschriften über die KG gemäß dem Wortlaut von § 124 Abs. 1 Satz 2 KAGB nur dann anwendbar, „*soweit*" sich aus den investmentrechtlichen Vorschriften nichts anderes ergibt. Demnach kann dann nicht ergänzend auf § 132 Abs. 1 HGB[1140] zurückgegriffen werden, wenn § 133 KAGB für die offene Inv-KG eine abschließende Regelung über die ordentliche Kündigung enthält. Der § 133 KAGB regelt das ordentliche Kündigungsrecht der Anleger einer offenen Inv-KG und stellt damit grundsätzlich eine investmentrechtliche Spezialvorschrift dar. Allerdings ist zu berücksichtigen, dass eine Verdrängung durch die Spezialvorschrift nur insoweit stattfindet, als sie eigene Anordnungen auf ihren Regelungszweck trifft und somit keinen Raum für generellere Vorschriften lässt. Aus § 133 KAGB lassen sich weder explizit noch durch Heranziehung anderer investmentrechtlicher Vorschriften Anhaltspunkte dafür entnehmen, dass durch die Vorschrift eine Regelung hinsichtlich Kündigungsfristen getroffen werden soll. Soweit § 133 KAGB einen abschließenden Charakter hinsichtlich der ordentlichen Kündigung durch einen Anleger einer offenen Inv-KG hat, betrifft dies zumindest nicht die Kündigungsfristen. Dementsprechend hat § 133 KAGB zumindest diesbezüglich keinen abschließenden Charakter. Dies spricht dafür, § 132 Abs. 1 HGB[1141] auf § 133 KAGB dennoch anzuwenden.

Ebenfalls heranzuziehen ist die Gesetzesbegründung zu § 133 KAGB. Hierzu führt der Gesetzgeber aus, dass die Einzelheiten der Kündigung durch den Gesellschaftsvertrag zu regeln sind und „*in Abweichung von § 132 des Handelsgesetzbuchs*" bestimmte Kündigungs-

1138 Vgl. *Eichhorn* in Moritz/Klebeck/Jesch, KAGB, § 133 Rn. 3; *Wallach* in Assmann/Wallach/Zetzsche, KAGB, § 133 Rn. 14.
1139 Nach alter Rechtslage: § 132 HGB a. F.
1140 Nach alter Rechtslage: § 132 HGB a. F.
1141 Nach alter Rechtslage: § 132 HGB a. F.

fristen und -termine festgelegt werden können.[1142] Demnach scheint durch den Gesetzgeber eine Anwendung von § 132 HGB hinsichtlich der Kündigungsfristen auf § 133 KAGB gewollt zu sein, sofern im Gesellschaftsvertrag einer Inv-KG keine hiervon abweichende Regelung getroffen wird. Somit spricht auch die historische Auslegung dafür, § 132 HGB auf § 133 KAGB anzuwenden.

Folglich ist der in der Literatur vertretenen Auffassung beizupflichten und § 132 Abs. 1 HGB[1143] auf § 133 KAGB anzuwenden. Für eine offene Inv-KG, die auf unbestimmte Zeit eingegangen wurde, ist demnach festzuhalten, dass deren Anleger zum Schluss eines jeden Jahres unter Einhaltung einer sechsmonatigen Kündigungsfrist kündigen können. Wurde dagegen eine Festlaufzeit im Gesellschaftsvertrag festgelegt, hilft § 132 Abs. 1 HGB[1144] nicht mehr weiter, da er in seiner Anwendung explizit auf die Gesellschaften mit unbestimmter Laufzeit beschränkt ist und somit keine Anwendung finden kann.

Wie bereits festgestellt, gilt für die offene Inv-KG, die auf bestimmte Zeit eingegangen wurde, § 132 Abs. 1 HGB[1145] nach seinem Wortlaut gerade nicht. Dies wirft die Frage auf, ob § 132 Abs. 1 HGB[1146] analog auf die offene Inv-KG mit bestimmter Laufzeit angewendet werden kann.

Im vorliegenden Fall gilt, dass durch eine europäische Regelung das Erfordernis einer Rückgabemöglichkeit für offene Investmentvermögen bestimmt wurde.[1147] Auf dieser europarechtlichen Grundlage ordnet § 133 Abs. 1 Satz 1 KAGB an, dass Kommanditisten ihre Kommanditbeteiligung ganz oder teilweise kündigen können. Da der Wortlaut keine weitere Regelung trifft und sich auch Anderweitiges weder aus der Gesetzesbegründung noch aus einer systematischen Auslegung ergibt, gilt das ordentliche Kündigungsrecht sowohl für die offene Inv-KG ohne feste Laufzeit als auch für die offene Inv-KG mit fester Laufzeit. Während sich für die offene Inv-KG mit fester Lauf-

1142 BT-Drs. 17/12294, Seite 245, zu § 132 (veränderliches Kapital, Kündigung von Kommanditanteilen), zu Absatz 1.
1143 Nach alter Rechtslage: § 132 HGB a. F.
1144 Nach alter Rechtslage: § 132 HGB a. F.
1145 Nach alter Rechtslage: § 132 HGB a. F.
1146 Nach alter Rechtslage: § 132 HGB a. F.
1147 Vgl. Art. 1 Abs. 2 UAbs. 1 Delegierte Verordnung (EU) Nr. 694/2014 vom 17. Dezember 2013.

zeit eine gesetzliche Kündigungsfrist über § 132 Abs. 1 HGB[1148] herleiten lässt, ist dies für die offene Inv-KG mit fester Laufzeit aufgrund des klaren Wortlauts von § 132 Abs. 1 HGB[1149] nicht möglich. Für die offene Inv-KG mit fester Laufzeit findet sich damit keine gesetzliche Regelung hinsichtlich einer ordentlichen Kündigungsfrist. Damit ist festzuhalten, dass eine gesetzliche Regelungslücke diesbezüglich vorliegt. Aufgrund der Bedeutung der ordentlichen Kündigungsmöglichkeit und des anlegerschützenden Charakters von § 133 KAGB ist davon auszugehen, dass der Gesetzgeber eine entsprechende Regelung über die ordentliche Kündigungsfrist getroffen hätte, wenn er diese Lücke gesehen hätte.

Darüber hinaus ist zu fragen, ob eine offene Inv-KG mit fester Laufzeit hinsichtlich der Fristen bei einer ordentlichen Kündigung mit einer offenen Inv-KG ohne feste Laufzeit vergleichbar ist und insoweit eine vergleichbare Interessenlage besteht. Bei einer Personengesellschaft ohne feste Laufzeit dient das ordentliche Kündigungsrecht unter anderem dem Schutz der Gesellschafter; insoweit ist § 132 Abs. 1 HGB[1150] im Kontext mit § 725 Abs. 1 BGB[1151] zu sehen.[1152] Wären die Gesellschafter einer Personengesellschaft mit unbestimmter Laufzeit nicht zur ordentlichen Kündigung berechtigt, wäre das in der Gesellschaft gebündelte Vermögen auf unbestimmte Zeit gebunden und die Gesellschafter wären nicht zu einem De-Investment in der Lage. Ist dagegen für eine Personengesellschaft gerade eine bestimmte oder bestimmbare Laufzeit vereinbart, bedarf es eines ordentlichen Kündigungsrechts nicht, da das in der Gesellschaft gebündelte Vermögen gerade zum Ende der Laufzeit wieder frei wird und den Gesellschaftern damit wieder zur Verfügung steht.[1153] Dies spiegelt sich auch in § 725 Abs. 2 BGB[1154] wider, wonach für Personengesellschaften mit fester Laufzeit das ordentliche Kündigungsrecht ausgeschlossen ist. Aus diesem Grund sind Personengesellschaften ohne eine feste Laufzeit und Personengesellschaften mit einer festen Laufzeit in Bezug auf eine or-

1148 Nach alter Rechtslage: § 132 HGB a. F.
1149 Nach alter Rechtslage: § 132 HGB a. F.
1150 Nach alter Rechtslage: § 132 HGB a. F.
1151 Nach alter Rechtslage: § 723 Abs. 1 Satz 1 BGB a. F.
1152 Vgl. *K. Schmidt/Fleischer* in MüKo/HGB, § 132 Rn. 2.
1153 Vgl. *Kamanabrou* in Oetker, HGB, § 132 Rn. 2.
1154 Nach alter Rechtslage: § 723 Abs. 1 Satz 2 BGB a. F.

dentliche Kündigung grundsätzlich nicht miteinander vergleichbar. Allerdings normiert § 133 Abs. 1 Satz 1 KAGB in Abweichung vom vorgenannten gesellschaftsrechtlichen Grundsatz auch für eine Inv-KG mit fester Laufzeit ein ordentliches Kündigungsrecht, ohne jedoch die Kündigungsfrist zu regeln. In der Folge besteht auch für die Anleger einer offenen Inv-KG mit fester Laufzeit das Bedürfnis zu wissen, unter welchen gesetzlichen Voraussetzungen sie zur Ausübung der ordentlichen Kündigung berechtigt sind. Hierzu gehört auch, dass der Anleger bestimmen können muss, unter Beachtung welcher Frist und zu welchem Stichtag er aus der Gesellschaft ausscheidet. Dementsprechend besteht zumindest insoweit eine vergleichbare Interessenlage zwischen einer offenen Inv-KG ohne feste Laufzeit und einer offenen Inv-KG mit fester Laufzeit.

Folglich ist § 132 Abs. 1 HGB[1155] analog auf die offene Inv-KG, die auf bestimmte Zeit eingegangen wurde, anzuwenden, um einen Gleichlauf mit der offenen Inv-KG ohne eine bestimmte Laufzeit zu erzielen und die bestehende gesetzliche Regelungslücke hinsichtlich der Kündigungsfrist zu schließen.

Zusätzlich ist § 132 Abs. 5 Satz 1 HGB[1156] heranzuziehen. Die Vorschrift findet über die Verweisungskette in § 124 Abs. 1 Satz 2 KAGB und § 161 Abs. 2 HGB Anwendung auf die offene Inv-KG. Damit wird gesetzlich vorgegeben, dass eine Kündigung nicht zur Unzeit erfolgen darf. Zu berücksichtigen ist allerdings, dass eine Kündigung zur Unzeit nicht zur Unwirksamkeit der ordentlichen Kündigung eines Anlegers führt, sondern der Gesellschaft oder den übrigen Gesellschaftern lediglich einen Schadensersatzanspruch gemäß § 132 Abs. 5 Satz 2 HGB[1157] einräumt. Entsprechendes gilt somit für die ordentliche Kündigung eines Anlegers einer offenen Inv-KG, sodass die Anwendung von § 132 Abs. 5 HGB[1158] insbesondere nicht zu einer Verlängerung der Kündigungsfrist zulasten eines Anlegers führt, wenngleich der kündigungswillige Anleger zumindest mittelbar durch § 132 Abs. 5

1155 Nach alter Rechtslage: § 132 HGB a. F.
1156 Nach alter Rechtslage: § 723 Abs. 2 Satz 1 BGB a. F.
1157 Nach alter Rechtslage: § 723 Abs. 2 Satz 2 BGB a. F.
1158 Nach alter Rechtslage: § 723 Abs. 2 BGB a. F.

HGB[1159] gebunden wird, um eine etwaige Inanspruchnahme wegen Schadensersatz zu vermeiden.

Damit gelten sowohl § 132 Abs. 1 HGB[1160] als auch § 132 Abs. 5 HGB[1161] ebenso für die offene Inv-KG und sie halten somit Regelungen hinsichtlich der Frist einer ordentlichen Kündigung durch die Anleger bereit. Für die offene Inv-KG ohne feste Laufzeit gilt demnach über § 132 Abs. 1 HGB[1162], dass – in Ermangelung gesellschaftsvertraglicher Vereinbarungen – eine Kündigungsfrist von sechs Monaten zum Ende eines Kalenderjahres zu beachten ist. Für eine offene Inv-KG mit fester Laufzeit gilt § 132 Abs. 1 HGB[1163] zwar aufgrund des Wortlauts der Vorschrift nicht, allerdings ist § 132 Abs. 1 HGB[1164] insoweit analog anzuwenden, um eine planwidrige Regelungslücke zu schließen. Dagegen wird durch § 132 Abs. 5 HGB[1165] zwar keine gesetzliche Kündigungsfrist konkretisiert, jedoch beugt die Vorschrift einer ordentlichen Kündigung durch die Anleger zur Unzeit vor, indem sie für diesen Fall einen Schadensersatzanspruch gegen den kündigenden Anleger konstatiert.

1.2.4.3. Kündigungsfrist aufgrund gesellschaftsrechtlicher Regelung

Von den voranstehenden gesetzlichen Regelungen kann gemäß § 132 Abs. 1 HGB[1166] allerdings durch gesellschaftsvertragliche Vereinbarungen abgewichen werden. Für eine zu- lässige Modifizierung der Kündigungsfristen und -termine spricht § 133 Abs. 1 Satz 1 KAGB, der explizit individuelle Gestaltungen hinsichtlich der Einzelheiten der Kündigung eröffnet. Ebenso ist anerkannt, dass § 132 Abs. 1 HGB[1167] dispositiver Natur ist.[1168] Individuelle Gestaltungen sind da-

1159 Nach alter Rechtslage: § 723 Abs. 2 BGB a. F.
1160 Nach alter Rechtslage: § 132 HGB a. F.
1161 Nach alter Rechtslage: § 723 Abs. 2 Satz 1 BGB a. F.
1162 Nach alter Rechtslage: § 132 HGB a. F.
1163 Nach alter Rechtslage: § 132 HGB a. F.
1164 Nach alter Rechtslage: § 132 HGB a. F.
1165 Nach alter Rechtslage: § 723 Abs. 2 BGB a. F.
1166 Nach alter Rechtslage: § 132 HGB a. F.
1167 Nach alter Rechtslage: § 132 HGB a. F.
1168 Vgl. *Schäfer* in Staub, HGB, § 132 Rn. 26; *K. Schmidt/Fleischer* in MüKo/HGB, § 132 Rn. 25 ff.

her aufgrund der Anwendung der personengesellschafts- rechtlichen Vorschriften in Bezug auf die ordentliche Kündigung bei der offenen Inv-KG also möglich.[1169]

Unklar bleibt dagegen, in welchem Umfang individuelle Gestaltungen möglich sind, insbesondere ob das Kündigungsrecht für einen bestimmten Zeitraum ausgeschlossen werden kann und ob die gesetzliche Kündigungsfrist verlängert oder verkürzt werden darf. In den investmentrechtlichen Vorschriften, insbesondere aus § 133 KAGB, finden sich derartige Beschränkungen nicht. Allerdings könnten sich solche aus den personengesellschaftsrechtlichen Grundsätzen ergeben.

Die gestalterische Möglichkeit, die Kündigungsfrist abweichend von § 132 HGB[1170] zu verlängern oder zu verkürzen, ergibt sich aus der Anwendung personengesellschaftsvertraglicher Grundsätze. Eine derartige Abweichung von § 132 Abs. 1 HGB[1171] ist für die personengesellschaftsrechtliche KG anerkannt, sodass insoweit kürzere oder längere Kündigungsfristen gesellschaftsvertraglich vereinbart werden können.[1172] Verkürzungen der ordentlichen Kündigungsfrist zugunsten der Gesellschafter durch gesellschaftsvertragliche Vereinbarung sind jederzeit möglich. Dagegen ist eine Verlängerung der ordentlichen Kündigungsfrist durch eine entsprechende Regelung im Gesellschaftsvertrag insbesondere nur dann möglich, wenn dadurch die Gesellschafter nicht übermäßig lang gebunden oder in unzumutbarer Weise beschränkt werden. Dabei lässt sich nicht allgemein festlegen, wo derartige Grenzen zu ziehen sind.[1173] Derartige übermäßig lange Beschränkungen der ordentlichen Kündigung oder unzumutbare Bindungen sind unzulässig und derartige gesellschaftsrechtliche Regelungen als unwirksam anzusehen.[1174] In Ermangelung eigener investmentrechtlicher Regelungen sind die vorgenannten Grundsätze auf die offene Inv-KG anzuwenden. Dementsprechend gelten die personengesellschaftsrechtlichen Grundsätze diesbezüglich auch für die offene Inv-KG.

1169 Vgl. *Wallach* in Assmann/Wallach/Zetzsche, KAGB, § 133 Rn. 14.
1170 Nach alter Rechtslage: § 132 HGB a. F.
1171 Nach alter Rechtslage: § 132 HGB a. F.
1172 Vgl. *K. Schmidt/Fleischer* in MüKo/HGB, § 132 Rn. 25 ff. und Rn. 37.
1173 Vgl. *Schäfer* in Staub, HGB, § 132 Rn. 34.
1174 Vgl. *K. Schmidt/Fleischer* in MüKo/HGB, § 132 Rn. 33.

Fraglich ist, ob die Anwendung der nationalen personengesellschaftsvertraglichen Grundsätze im Hinblick auf die ordentliche Kündigungsfrist mit den europäischen Vorgaben vereinbar ist. Eine solche Vorgabe könnte aus Art. 1 Abs. 2 UAbs. 1 Delegierte Verordnung (EU) Nr. 694/2014 resultieren. Danach ist ein Investmentvermögen dann als offen einzustufen, wenn *„dessen Anteile vor Beginn der Liquidations- oder Auslaufphase auf Ersuchen eines Anteilseigners [...] zurückgekauft oder zurückgenommen werden*". Dementsprechend ist es nach europarechtlichem Verständnis ausreichend, wenn den Anlegern nur einmal während des Anlagezeitraums das Recht zur Kündigung eingeräumt wird. Dies könnte dafür sprechen, dass die nationalen personengesellschaftsrechtlichen Regelungen und Grundsätze hinsichtlich der Verlängerung oder Verkürzung der ordentlichen Kündigungsfristen keine Anwendung finden können.

Allerdings ist zu berücksichtigen, dass durch die europarechtliche Regelung lediglich konkretisiert und definiert wird, wann ein Investmentvermögen als offen anzusehen ist. Im Übrigen wird die konkrete Ausgestaltung der Rückgabe von Anteilen an einem offenen Investmentvermögen hinsichtlich des Verfahrens und der Häufigkeit gemäß der Delegierten Verordnung der Kommission gerade ausdrücklich der Satzung bzw. dem Gesellschaftsvertrag vorbehalten bleiben.[1175] Darüber hinaus ist zu beachten, dass die europarechtliche Regelung lediglich eine Mindestanforderung stellt – nämlich wenigstens die einmalige Möglichkeit zur Rückgabe von Anteilen während des Anlagezeitraums. Soweit das nationale Recht den Anlegern zusätzlich eine häufigere Möglichkeit zur Rückgabe ihrer Anteile verschafft, steht dies somit den europarechtlichen Vorgaben nicht entgegen. Im Gegenteil, der Anlegerschutz wird so durch eine häufigere Rückgabemöglichkeit gerade gestärkt. Dies spricht dafür, dass eine Anwendung der zuvor dargestellten personengesellschaftsrechtlichen Grundsätze im Einklang mit den europarechtlichen Vorgaben steht.

1.2.5. Materielle Anforderungen der ordentlichen Kündigung

Des Weiteren ist darauf einzugehen, welchen inhaltlichen Anforderungen eine Kündigungserklärung genügen muss, um wirksam zu sein.

1175 Vgl. Art. 1 Abs. 2 UAbs. 1 Delegierte Verordnung (EU) Nr. 694/2014 vom 17. Dezember 2013.

Auch hierzu schweigt sich das KAGB aus, vor allem in § 133 KAGB finden sich diesbezüglich keinerlei Ausführungen. Daher bleibt es über § 124 Abs. 1 Satz 2 KAGB bei der Anwendbarkeit der personengesellschaftsrechtlichen Bestimmungen. Im Hinblick auf die inhaltlichen Anforderungen an die Kündigungserklärung kann demnach auf § 132 HGB zurückgegriffen werden. Für die ordentliche Kündigung gemäß § 132 Abs. 1 HGB[1176] ist anerkannt, dass die Kündigungserklärung inhaltlich ausreichend bestimmt und eindeutig sein muss.[1177] An der ausreichenden Bestimmbarkeit der Kündigungserklärung kann es insbesondere dann fehlen, wenn eine offene Inv-KG mehrere Teilgesellschaftsvermögen besitzt und ein Anleger an mehreren Teilgesellschaften der Inv-KG beteiligt ist. In diesem Falle hat der Anleger zu spezifizieren, welche Beteiligung(en) er kündigen möchte.[1178] Ist die Kündigungserklärung nicht ausreichend bestimmt, ist diese zunächst auszulegen. Führt eine derartige Auslegung nicht weiter, ist die Kündigung des Anlegers unwirksam. Zusätzlich ist aufgrund der Anwendung der personengesellschaftsrechtlichen Grundsätze anzumerken, dass die Kündigungserklärung als einseitige empfangsbedürftige Willenserklärung bedingungsfeindlich und unwiderruflich ist.[1179]

Folglich ist hinsichtlich des Inhalts der Kündigungserklärung zu sagen, dass sie diesbezüglich den personengesellschaftsrechtlichen Grundsätzen folgt. Inhaltlich ist somit lediglich zu verlangen, dass die Kündigungserklärung ausreichend bestimmt und eindeutig ist.

1.2.6. Adressat der Kündigung

Ebenso stellt sich die Frage, an wen ein kündigungswilliger Anleger seine ordentliche Kündigung zu adressieren hat. Auch hierzu lässt sich dem KAGB nichts entnehmen

Eine Ansicht in der Literatur geht daher davon aus, dass die Kündigungserklärung gegenüber dem Komplementär oder dem geschäftsführenden Kommanditisten abzugeben sei.[1180] Eine andere Litera-

---

1176 Nach alter Rechtslage: § 132 HGB a. F.

1177 Vgl. *K. Schmidt/Fleischer* in MüKo/HGB, § 132 Rn. 18.

1178 So auch *Wallach* in Assmann/Wallach/Zetzsche, KAGB, § 133 Rn. 11.

1179 Vgl. *K. Schmidt/Fleischer* in MüKo/HGB, § 132 Rn. 18 f.

1180 Vgl. *Eichhorn* in Moritz/Klebeck/Jesch, KAGB, § 133 Rn. 4; *Hüwel/Kracke* in Baur/Tappen, KAGB, § 133 Rn. 6.

turansicht verlangt dagegen die Abgabe der Kündigungserklärung gegenüber der offenen Inv-KG.[1181] Ob einer dieser beiden Ansichten zu folgen ist und welche dies gegebenenfalls ist, soll nachfolgend untersucht werden. Denn nach dem gesetzlichen Leitbild könnte auch das Erfordernis zur Abgabe der Erklärung gegenüber sämtlichen Gesellschaftern in Betracht kommen.

Hierzu ist § 133 KAGB zu betrachten. Diesbezüglich ist festzuhalten, dass die Vorschrift keine Regelungen darüber trifft, an wen die kündigenden Anleger ihre Kündigungserklärung zu richten haben. In Ermangelung besonderer investmentrechtlicher Vorschriften sind dementsprechend über § 124 Abs. 1 Satz 2 KAGB die allgemeinen personengesellschaftsrechtlichen Vorschriften anzuwenden bzw. zu Auslegungszwecken heranzuziehen. Für die ordentliche Kündigung der Gesellschafterstellung hält § 132 HGB eine geeignete Vorschrift bereit. Nach alter Rechtslage ergab sich zwar auch aus § 132 HGB nicht unmittelbar aus dem Wortlaut, wer Empfänger einer Kündigung durch einen Gesellschafter ist. Allerdings war für die ordentliche Kündigung gemäß § 132 HGB a. F. anerkannt, dass der Gesellschafter die Kündigungserklärung an sämtliche Mitgesellschafter zu richten hat.[1182] Demnach hatte die Kündigung nicht nur gegenüber den Komplementären und den geschäftsführenden Kommanditisten zu erfolgen, sondern war gegenüber sämtlichen Mitgesellschaftern abzugeben. Etwas anderes konnte im Einzelfall für Publikumsgesellschaften gelten, wenn deren Gesellschaftsvertrag Anhaltspunkte dafür hergab, dass die Kündigung lediglich gegenüber den Komplementären und/oder den geschäftsführenden Kommanditisten erklärt zu werden brauchte.[1183] Somit war die Kündigung durch einen Anleger einer offenen Inv-KG erst dann wirksam, wenn alle Mitgesellschafter von der ordentlichen Kündigung Kenntnis erhielten.[1184] Nach neuer Rechtslage wurde nun allerdings zumindest für die ordentliche Kündigung gemäß § 132 Abs. 1 HGB explizit im Wortlaut der Vorschrift klargestellt, dass diese *„gegenüber der Gesellschaft"* zu erfolgen hat. Für die außerordentliche Kündigung ergibt sich die Zuständigkeit der Gesell-

1181 Vgl. *Wallach* in Assmann/Wallach/Zetzsche, KAGB, § 133 Rn. 9; wohl auch *Kunschke/Klebeck* in Beckmann/Scholtz/Vollmer, KAGB, § 133 Rn. 6.
1182 Vgl. *K. Schmidt/Fleischer* in MüKo/HGB, § 132 Rn. 17.
1183 Vgl. *K. Schmidt/Fleischer* in MüKo/HGB, § 132 Rn. 17.
1184 Vgl. *Roth* in Hopt, HGB, § 132 Rn. 3.

schaft für die Entgegennahme einer Kündigungserklärung zwar nicht selbst aus § 132 Abs. 2 HGB, allerdings kann diesbezüglich nichts anderes gelten als bei der ordentlichen Kündigung. Mit dem Inkrafttreten des MoPeG ist damit die bisherige Auffassung hinfällig, wonach die Kündigung grundsätzlich gegenüber allen Gesellschaftern zu erklären ist und nur im Ausnahmefall – insbesondere bei Publikumsgesellschaften – die Erklärung der Kündigung gegenüber den Komplementären ausreichend ist.

Folglich konnte den bisherigen Ansichten in der Literatur bis zum Inkrafttreten des MoPeG nicht gefolgt werden. Nach dem gesetzlichen Leitbild hatte ein kündigungswilliger Anleger seine Kündigungserklärung gegenüber sämtlichen Mitgesellschaftern zu erklären, um seine Gesellschafterstellung an einer offenen Inv-KG ordentlich über § 133 KAGB zu kündigen. Etwas anderes konnte allenfalls bei Publikumsgesellschaften gelten, wenn sich in deren Gesellschaftsvertrag Indizien dafür fanden, dass die Erklärung der Kündigung gegenüber den Komplementären und gegebenenfalls den geschäftsführenden Gesellschaftern ausreichend sein sollte.

Für die Fondspraxis war der personengesellschaftsrechtliche Grundsatz nach alter Rechtslage wenig praktikabel. Es ist daher zu begrüßen, dass der Gesetzgeber für die personengesellschaftsrechtlichen Kündigungserklärungen die Gesellschaft als deren Erklärungsempfänger bestimmt hat. Dies ist in Ermangelung von investmentrechtlichen Sondervorschriften auf die Kündigungserklärung eines Gesellschafters einer Inv-KG zu übertragen, sodass nach Inkrafttretens des MoPeG der Ansicht in der Literatur zu folgen ist, welche die Inv-KG als Adressatin einer Kündigung ansieht.

1.2.7. Anspruch des Anlegers auf Abfindung als Rechtsfolge

Zudem ist darauf einzugehen, ob und gegebenenfalls in welcher Höhe einem kündigenden Anleger ein Abfindungsanspruch zusteht. Eine von den personengesellschaftsvertraglichen Regelungen abweichende Bestimmung des Abfindungsanspruchs eines ausscheidenden Gesellschafters enthält § 133 Abs. 1 Satz 2 KAGB. Die Vorschrift sieht dabei ausdrücklich vor, dass einem kündigenden Gesellschafter eine Abfindungszahlung zu gewähren ist. Diese gesetzlich angeordnete

Rechtsfolge entspricht den personengesellschaftsrechtlichen Grundsätzen, die über § 135 Abs. 1 Satz 1 HGB[1185] einen solchen Abfindungsanspruch vorsehen,[1186] und schreibt diese konsequent fort. Ein Abfindungsanspruch zugunsten eines kündigenden Anlegers ist somit für die offene Inv-KG spezialgesetzlich verankert, weswegen es eines Rückgriffs auf § 135 Abs. 1 Satz 1 HGB[1187] nicht bedarf. Geschuldet wird ein derartiger Abfindungsanspruch gemäß § 133 Abs. 1 Satz 2 KAGB durch die offene Inv-KG, die dementsprechend Anspruchsschuldnerin ist.

Darüber hinaus stellt sich die Frage, in welcher Höhe ein solcher Abfindungsanspruch zugunsten eines kündigenden Anlegers besteht. In § 133 Abs. 1 Satz 2 KAGB wird geregelt, dass sich die Höhe des Abfindungsanspruchs eines Anlegers nach seinem Anteil am Wert des Gesellschaftsvermögens bemisst. Gemeint ist damit der anteilige Wert, den die Beteiligung des kündigenden Gesellschafters am Gesellschaftsvermögen der Inv-KG ausmacht.[1188] Dabei ist § 133 Abs. 1 Satz 2 KAGB als spezialgesetzliche Regelung vorrangig und verdrängt somit anderweitige Regelungen über die Berechnung des Abfindungsanspruchs. Konsequenzen hat dies für § 135 Abs. 1 Satz 1 HGB[1189], der somit keine Anwendung findet.

Fraglich ist, ob durch eine gesellschaftsvertragliche Vereinbarung ein niedrigerer Wert als der in § 133 Abs. 1 Satz 2 KAGB festgelegt werden darf. Derartige Regelungen finden sich üblicherweise in personengesellschaftsrechtlichen Gesellschaftsverträgen und dienen dem Schutz der Gesellschaft sowie der zurückbleibenden Gesellschafter.[1190] Denn regelmäßig würde die Erfüllung eines Abfindungsanspruchs dazu führen, dass sich die Liquiditätslage der Gesellschaft stark verschlechtert oder die Gesellschaft gar dazu gezwungen wird, wesentliches Gesellschaftsvermögen zu veräußern, um den Abfindungsanspruch erfüllen zu können. In all diesen Fällen wird die (wirtschaftliche) Fortführung der Gesellschaft entweder erschwert oder gar unmöglich gemacht.

1185 Nach alter Rechtslage: § 738 Abs. 1 Satz 2 BGB a. F.
1186 Vgl. *Wallach* in Assmann/Wallach/Zetzsche, KAGB, § 133 Rn. 27 und Rn. 29.
1187 Nach alter Rechtslage: § 738 Abs. 1 Satz 2 BGB a. F.
1188 Vgl. *Schott* in Emde/Dornseifer/Dreibus, KAGB, § 133 Rn. 5.
1189 Nach alter Rechtslage: § 738 Abs. 1 Satz 2 BGB a. F.
1190 Vgl. *K. Schmidt*, Gesellschaftsrecht, Seiten 1481 ff., § 50 IV. 2.

Der Wortlaut von § 133 Abs. 1 Satz 2 KAGB bestimmt, dass ein kündigender Kommanditist einen Abfindungsanspruch *„erhält [...] in Höhe seines [...] Anteils am Wert des Gesellschaftsvermögens*“. Abzüge lässt der Wortlaut von § 133 Abs. 1 Satz 2 KAGB nur in Höhe der Aufwendungen zu, die durch die Rückgabe der Beteiligung entstanden sind. Dies lässt darauf schließen, dass durch gesellschaftsvertragliche Regelung keine Abschläge auf den in § 133 Abs. 1 Satz 2 KAGB enthaltenen Abfindungsanspruch vereinbart werden können. Aus den vorstehenden Ausführungen ist demnach zu folgern, dass von der gesetzlichen Anordnung nicht abgewichen werden darf und es daher bei der Berechnung des Abfindungsanspruchs gemäß § 133 Abs. 1 Satz 2 KAGB bleiben muss.

Somit ist festzuhalten, dass § 135 Abs. 1 Satz 1 HGB[1191] durch die Sondervorschrift in § 133 Abs. 1 Satz 2 KAGB verdrängt wird. Dies gilt sowohl für das Festsetzen des Abfindungsanspruchs an sich als auch für die Ermittlung des Abfindungsanspruchs.

1.2.8. Ausschluss der Kündigung

Fraglich ist zudem, ob das Kündigungsrecht der Anleger gemäß § 133 KAGB (zumindest vorübergehend) ausgeschlossen – und nicht nur, wie zuvor dargestellt, durch entsprechende Regelung im Gesellschaftsvertrag zeitlich beschränkt – werden kann.

Ein derartiger Ausschluss des Kündigungsrechts ist in § 133 Abs. 1 Satz 3 KAGB geregelt. Danach steht einem an einer offenen intern verwalteten Inv-KG beteiligten Anleger das Recht zur ordentlichen Kündigung nur dann zu, wenn hierdurch das Anfangskapital und die gegebenenfalls zusätzlich erforderlichen Eigenmittel der intern verwalteten Inv-KG nicht unterschritten werden. Dementsprechend geht der Grundsatz der Kapitalerhaltung – und damit der Schutz des Rechtsverkehrs und der übrigen Gesellschafter – dem Recht des Anlegers auf Rückgabe seines Anteils vor. Somit wird mit § 133 Abs. 1 Satz 3 KAGB das ordentliche Kündigungsrecht eines Anlegers zumindest bei der offenen intern verwalteten Inv-KG eingeschränkt.

Fraglich ist, ob über § 133 Abs. 1 Satz 3 KAGB hinaus weitere ungeschriebene Tatbestände bestehen können, die das Recht zur ordent-

1191 Nach alter Rechtslage: § 738 Abs. 1 Satz 2 BGB a. F.

lichen Kündigung suspendieren. Hierbei ist zu berücksichtigen, dass § 133 Abs. 1 KAGB den Anlegern gerade die Möglichkeit zum De-Investment gewährleisten soll. Die Vorschrift hat somit anlegerschützenden Charakter und ist in der Folge als zwingendes Recht anzusehen. Dies verbietet ein zu restriktives Verständnis der Vorschrift. Demnach ist eine Begrenzung der Vorschrift nur dann möglich, wenn sich hierfür Anhaltspunkte im Gesetzestext finden. Über § 133 Abs. 1 Satz 3 KAGB sind derartige Anhaltspunkte jedoch nicht im Wortlaut von § 133 KAGB angelegt. Folglich ist das Recht zur ordentlichen Kündigung nur dann suspendiert, wenn die Voraussetzungen von § 133 Abs. 1 Satz 3 KAGB vorliegen. Für ungeschriebene Aus- schlussgründe des ordentlichen Kündigungsrechts ist dagegen kein Raum.

Somit ist ein Ausschluss des Kündigungsrechts nur unter den Voraussetzungen von § 133 Abs. 1 Satz 3 KAGB möglich, wobei die Vorschrift nur für die offene intern verwaltete Inv-KG gilt. Darüber hinaus kann das ordentliche Kündigungsrecht der Anleger nicht ausgeschlossen werden.

1.3. Außerordentliches Kündigungsrecht der Gesellschafter einer Inv-KG

Die Vorschriften des KAGB sind außerdem danach zu untersuchen, ob und gegebenenfalls in welchem Umfang sie spezialgesetzliche Bestimmungen über das Ausscheiden eines Gesellschafters aus einer Inv-KG vorhalten.

Derartige Regelungen finden sich zunächst in § 138 Abs. 1 Satz 1 KAGB[1192] und § 161 Abs. 2 Satz 1 KAGB[1193]. Die beiden genannten Vorschriften heben hervor, dass einem Kommanditisten dann ein außerordentliches Kündigungsrecht zusteht, wenn ein wichtiger Grund hierfür vorliegt. Zudem wird § 132 Abs. 2 Satz 2 und Abs. 6 HGB[1194] für anwendbar erklärt, in dem das Erfordernis des wichtigen Grunds konkretisiert und die Vorschrift für nicht dispositiv erklärt wird. Demnach ist ein Kommanditist insbesondere dann zur außerordentlichen

1192 Nach alter Rechtslage: § 138 Abs. 1 Satz 2 KAGB a. F.
1193 Nach alter Rechtslage: § 161 Abs. 2 Satz 2 KAGB a. F.
1194 Nach alter Rechtslage: § 133 Abs. 2 und Abs. 3 HGB§ 161 Abs. 2 Satz 2 KAGB a. F.

Kündigung berechtigt, wenn ein anderer Gesellschafter eine ihm nach dem Gesellschaftsvertrag obliegende wesentliche Verpflichtung vorsätzlich oder grob fahrlässig verletzt hat oder die Erfüllung einer solcher Verpflichtung unmöglich wird.

Nach alter Rechtslage war diese Einführung eines solchen außerordentlichen Kündigungsrechts gemäß § 138 KAGB zugunsten der Gesellschafter insoweit konsequent, als die Vorschriften des HGB keine eigenen Regelungen über die außerordentliche Kündigung vorhielten. Wollte ein Gesellschafter seine Stellung als Gesellschafter einseitig aufgeben, blieb ihm lediglich die Auflösungsklage gemäß § 133 Abs. 1 HGB a. F. oder, zumindest im Falle einer Publikumspersonengesellschaft, die außerordentliche Austrittskündigung als milderes Mittel zur Auflösungsklage.[1195] Mit dem MoPeG wurde nun das außerordentliche Kündigungsrecht eigens in § 132 Abs. 2 HGB für Gesellschaften mit bestimmter bzw. bestimmbarer Laufzeit geregelt, das gemäß § 132 Abs. 6 HGB auch nicht zulasten der Gesellschafter disponibel ist. Dementsprechend ist zu konstatieren, dass es des außerordentlichen Kündigungsrechts gemäß § 138 Abs. 1 Satz 1 KAGB[1196] und § 161 Abs. 2 Satz 1 KAGB[1197] nicht bedürfte.

Somit normieren § 138 Abs. 1 Satz 1 KAGB[1198] und § 161 Abs. 2 Satz 1 KAGB[1199] ein spezialgesetzliches außerordentliches Kündigungsrecht der Gesellschafter einer Inv-KG. Dieses ist allerdings nach neuer Rechtslage redundant, da ein solches zwischenzeitlich mit § 132 Abs. 2 HGB auch dem Personengesellschaftsrecht zu eigen ist und es einer gesonderten investmentrechtlichen Regelung daher nicht mehr bedarf.

Auch für das außerordentliche Kündigungsrecht finden sich keine investmentrechtlichen Vorgaben, in welcher Form und gegenüber welchem Erklärungsempfänger sowie mit welcher Frist das außerordentliche Kündigungsrecht auszuüben ist. Dementsprechend gelten auch hier die personengesellschaftsrechtlichen Vorschriften. Die Kündigungserklärung ist somit gegenüber der Gesellschaft selbst zu

1195 Vgl. *Schäfer* in Staub/HGB, § 133 Rn. 3.
1196 Nach alter Rechtslage: § 138 Abs. 1 Satz 2 KAGB a. F.
1197 Nach alter Rechtslage: § 161 Abs. 2 Satz 2 KAGB a. F.
1198 Nach alter Rechtslage: § 138 Abs. 1 Satz 2 KAGB a. F.
1199 Nach alter Rechtslage: § 161 Abs. 2 Satz 2 KAGB a. F.

erklären, wobei die Erklärung selbst – vorbehaltlich abweichender Bestimmungen im Gesellschaftsvertrag – formfrei abgegeben werden kann.[1200] Im Hinblick auf die Kündigungsfrist ist § 132 Abs. 3 HGB heranzuziehen, sodass die Kündigung fristlos erfolgen kann. Da § 132 Abs. 6 HGB allerdings nicht auch auf § 132 Abs. 3 HGB verweist, ist eine Fristbestimmung für die außerordentliche Kündigung durch gesellschaftsvertragliche Regelung grundsätzlich denkbar.

2. Subsidiäre Anwendung der personengesellschaftsrechtlichen Vorschriften

Wie gesehen halten die investmentrechtlichen Vorschriften in Bezug auf die Kündigungs-möglichkeiten der Kommanditisten Spezialvorschriften bereit. Allerdings ist die Kündigung nicht die einzige Möglichkeit, wie Gesellschafter aus einer Gesellschaft ausscheiden können. Das Personengesellschaftsrecht kennt weitere Ausscheidensgründe, die in § 130 HGB[1201] geregelt sind und keine Entsprechung im KAGB haben. Auch die Rechtsfolgenseite des Ausscheidens eines Gesellschafters aus einer Inv-KG erfuhr keine Regelung durch die Vorschriften des KAGB. Demzufolge ist insoweit Raum für eine subsidiäre Anwendung der personengesellschaftsrechtlichen Vorschriften über das Ausscheiden von Gesellschaftern.

2.1. Weitere Ausscheidensgründe neben den investmentrechtlichen Vorschriften zur Kündigung

Die personengesellschaftsrechtlichen Ausscheidensgründe finden sich in § 130 HGB[1202]. Nach alter Rechtslage galt dabei, dass die in § 131 Abs. 3 HGB a. F. genannten Auflösungsgründe dispositiv waren und daher nur dann galten, wenn durch gesellschaftsvertragliche Vereinbarung nichts Abweichendes geregelt wurde.[1203] Nach neuer Rechtslage ist der Regelungsgehalt in § 130 Abs. 1 HGB nun zwingend. Den Gesellschaftern wird zwar das Recht eingeräumt, weitere Auflösungs-

---

1200 Insoweit wird auf das zuvor bei der ordentlichen Kündigung eines Gesellschafters einer offenen Inv-KG Gesagte verwiesen.
1201 Nach alter Rechtslage: § 131 HGB a. F.
1202 Nach alter Rechtslage: § 131 HGB a. F.
1203 Vgl. *K. Schmidt/Fleischer* in MüKo/HGB, § 131 Rn. 58.

gründe in den Gesellschaftsvertrag aufzunehmen, sie können aber nicht die Anwendbarkeit der in § 130 Abs. 1 HGB genannten Auflösungsgründe durch gesellschaftsrechtliche Vereinbarung ausschließen. Dies stellen der Wortlaut von § 130 Abs. 2 HGB und die Gesetzesbegründung zu § 130 Abs. 2 HGB explizit klar.[1204]

2.1.1. Anwendung der weiteren personengesellschaftsrechtlichen Ausscheidensgründe vorbehaltlich der Kündigung

In Ermangelung abweichender gesellschaftsvertraglicher Regelungen führen insbesondere der Tod eines Gesellschafters[1205] und die Eröffnung des Insolvenzverfahrens über das Vermögen eines Gesellschafters[1206] sowie die Kündigung durch einen Privatgläubiger eines Gesellschafters[1207] zu dessen Ausscheiden. Zudem scheidet ein Gesellschafter auch dann aus der Gesellschaft aus, wenn sein Ausscheiden durch gerichtliche Entscheidung festgestellt wurde.[1208] Diese Ausscheidensgründe gelten in Ermangelung eigenständiger investmentrechtlicher Vorschriften auch für die Inv-KG.

2.1.2. Weitgehender Ausschluss der personengesellschaftsrechtlichen Vorschriften zur Kündigung durch einen Gesellschafter

Zudem steht den Gesellschaftern gemäß § 130 Abs. 1 Nr. 2 HGB[1209] das Recht zu, durch Kündigung aus der Gesellschaft auszuscheiden.

Nach dem personengesellschaftsrechtlichen Leitbild können die Gesellschafter einer Gesellschaft, die auf unbestimmte Zeit eingegangen wurde, gemäß § 132 Abs. 1 HGB[1210] ihre Gesellschafterstellung jederzeit ordentlich für den Schluss eines Geschäftsjahres kündigen, wobei

1204 Vgl. BT-Drs. 19/27635, Seite 243, zu § 130 (Gründe für das Ausscheiden; Zeitpunkt des Ausscheidens), zu Absatz 2.

1205 Nach neuer Rechtslage: § 130 Abs. 1 Nr. 1 HGB; nach alter Rechtslage: § 131 Abs. 3 Satz 1 Nr. 1 HGB a. F.

1206 Nach neuer Rechtslage: § 130 Abs. 1 Nr. 3 HGB; nach alter Rechtslage: § 131 Abs. 3 Satz 1 Nr. 2 HGB a. F.

1207 Nach neuer Rechtslage: § 130 Abs. 1 Nr. 4 HGB i. V. m. § 133 HGB; nach alter Rechtslage: § 131 Abs. 3 Satz 1 Nr. 4 HGB a. F. i. V. m. § 135 HGB a. F.

1208 Siehe § 130 Abs. 1 Nr. 5 HGB.

1209 Nach alter Rechtslage: § 131 Abs. 3 Satz 1 Nr. 3 HGB a. F.

1210 Nach alter Rechtslage: § 132 HGB a. F.

eine Sechs-Monats-Frist zu wahren ist. Hiervon abweichende oder ergänzende Bestimmungen im Gesellschaftsvertrag sind im Rahmen von § 134 und § 138 BGB zulässig.[1211] Hieran hat sich angesichts des Umstands, dass § 132 Abs. 6 HGB nicht auch auf § 132 Abs. 1 HGB verweist, auch nach neuer Rechtslage nichts verändert.

Ist ein Gesellschafter dagegen an einer auf bestimmte Zeit eingegangenen Gesellschaft beteiligt, steht ihm kein ordentliches Kündigungsrecht zu, hiervon abweichende Regelungen im Gesellschaftsvertrag zugunsten der Gesellschafter sind aber zulässig. Ein außerordentliches Kündigungsrecht stand den Gesellschaftern nach alter Rechtslage dagegen nur zu, wenn dies im Gesellschaftsvertrag vereinbart worden war.[1212] Wurde keine solche Regelung im Gesellschaftsvertrag über die außerordentliche Kündigungsmöglichkeit getroffen, blieb es bei der Anwendung von § 133 HGB a. F., sodass im Falle des Vorliegens eines wichtigen Grundes der berechtigte Gesellschafter die Auflösung der Gesellschaft bei Gericht beantragen musste. Nach neuer Rechtslage wird dem Gesellschafter nun stets qua Gesetz über § 132 Abs. 2 HGB das Recht zur außerordentlichen Kündigung aus wichtigem Grund eingeräumt. Der Gesetzgeber wollte damit den Gesellschaftern ein milderes Mittel als Möglichkeit des Ausscheidens an die Hand geben, als die Auflösung der Gesellschaft durch Klage betreiben zu müssen.[1213] Diese Neuerung im Vergleich zur alten Rechtslage ist begrüßenswert, da sie regelmäßig im Sinne aller Beteiligten ist.

Die vorgenannten Kündigungsgründe sind in Bezug auf die Inv-KG aufgrund der eigenständigen investmentrechtlichen Vorschriften zum Kündigungsrecht weitgehend unanwendbar. Platz zur Anwendung der personengesellschaftsrechtlichen Vorschriften besteht nur dort, wo die investmentrechtlichen Kündigungsvorschriften nicht einschlägig sind. In Betracht kommt insbesondere das Kündigungsrecht eines Komplementärs einer offenen Inv-KG mit unbestimmter Laufzeit, für den § 133 KAGB aufgrund dessen eindeutigen Wortlauts nicht gilt. Hier bleibt es bei der grundsätzlichen Anwendung von § 132 Abs. 1 HGB, auch wenn dessen Recht zur Kündigung in der Praxis regelmäßig von

---

1211 Vgl. *Kindler* in Koller/Kindler/Roth/Drüen, HGB, § 132 Rn. 4.

1212 Vgl. *Kindler* in Koller/Kindler/Roth/Drüen, HGB, § 132 Rn. 4.

1213 Vgl. BT-Drs. 19/27635, Seite 244, zu § 132 (Kündigung der Mitgliedschaft durch den Gesellschafter), zu Absatz 1.

untergeordneter Bedeutung ist. Hintergrund hierfür ist, dass es sich in der Praxis zum überwiegenden Teil um eine Kapitalgesellschaft handelt, die von den Initiatoren oder der verwaltenden KVG gehalten oder kontrolliert wird und daher für die Struktur des Investmentvermögens maßgeblich ist. Der – meinst einzige – Komplementär verbleibt somit regelmäßig während der gesamten Laufzeit des Investmentvermögens in seiner Gesellschafterstellung.

2.1.3. Anwendung der personengesellschaftsrechtlichen Vorschriften über die Ausschlussklage

Ergänzt wird der in § 130 Abs. 1 HGB[1214] enthaltene Katalog zunächst durch § 134 HGB[1215]. Danach können die Gesellschafter einer KG den Ausschluss eines ihrer Mitgesellschafter durch gerichtliche Entscheidung gemäß § 134 Satz 1 HGB[1216] anstrengen, wenn hierfür ein wichtiger Grund vorliegt. Die Vorschrift soll vertragstreue Gesellschafter schützen, indem ihnen die Fortführung der Gesellschaft ohne einen einzelnen störenden (oder einzelne störende) Gesellschafter ermöglicht wird, indem diese/-r aus der KG ausgeschlossen wird/werden.[1217] Andernfalls könnten sich die Gesellschafter nur dadurch eines störenden Gesellschafters entledigen, dass sie den Gesellschaftsvertrag kündigen und – ohne den störenden Gesellschafter – eine neue Gesellschaft gründen, mit der sie ihre bisherige Geschäftstätigkeit fortführen. Über diesen unpraktikablen Weg hilft § 140 HGB hinweg und er ermöglicht die Fortsetzung der Gesellschaft.[1218]

Nach alter Rechtslage bestand Unklarheit, in welchem Umfang von § 140 HGB a. F. durch gesellschaftsvertragliche Vereinbarung abgewichen werden kann und die Anforderungen für ein Verfahren nach § 140 HGB a. F. erschwert oder erleichtert werden können.[1219] Nach neuer Rechtslage wurde nun durch den Gesetzgeber klargestellt, dass vom Erfordernis der Erhebung einer Gestaltungsklage dann abgewichen werden kann, wenn gesellschaftsvertraglich eine entsprechen-

1214 Nach alter Rechtslage: § 131 Abs. 3 HGB a. F.
1215 Nach alter Rechtslage: § 140 HGB a. F.
1216 Nach alter Rechtslage: § 140 Abs. 1 Satz 1 HGB a. F.
1217 Vgl. *K. Schmidt/Fleischer* in MüKo/HGB, § 140 Rn. 1.
1218 Vgl. *Kamanabrou* in Oetker, HGB, § 140 Rn. 1.
1219 Vgl. *Lorz* in Ebenroth/Boujong/Joost/Strohn, HGB, § 140 Rn. 43.

de Vereinbarung getroffen wird.[1220] So stellt der Wortlaut von § 134 Satz 1 HGB nun ausdrücklich klar, dass es auf der Rechtsfolgenseite nur dann der Ausschließung des Gesellschafters durch gerichtliche Entscheidung bedarf, soweit „*im Gesellschaftsvertrag nichts anderes vereinbart ist*". Diese Klarstellung ist aus praktischer Sicht begrüßenswert. Denn in der Praxis ist insbesondere üblich, dass es für den Ausschluss eines Gesellschafters nicht der Entscheidung eines Gerichts bedarf, sondern ein Beschluss der Gesellschafter – ungeachtet der Ausgestaltung als Mehrheits- oder Einstimmigkeitsbeschluss – ausreicht.[1221] Begrenzt wird die gesellschaftsvertragliche Vertragsgestaltung zumindest aber durch § 138 BGB.[1222]

2.2. Ausscheiden eines Gesellschafters als unmittelbare Rechtsfolge

Weiterhin lassen sich aus den investmentrechtlichen Vorschriften auch die Rechtsfolgen des Ausscheidens eines Gesellschafters aus einer Inv-KG nicht unmittelbar dem KAGB entnehmen. Im Hinblick auf die Kündigung eines Kommanditisten einer offenen Inv-KG gemäß § 133 Abs. 1 KAGB wird die Rechtsfolge des Ausscheidens aber zumindest vorausgesetzt, da § 133 Abs. 2 Satz 2 KAGB auf den Zeitpunkt des Ausscheidens Bezug nimmt. Der Gesetzgeber hielt diese Rechtsfolge offenbar für selbstverständlich, sodass es aus dessen Sicht offenbar keiner besonderen Erwähnung im Gesetzestext bedurfte.[1223]

In Ermangelung eigenständiger ausdrücklicher Regelungen zur Rechtsfolge ist daher auch diesbezüglich ein Rückgriff auf die personengesellschaftsrechtlichen Vorschriften erforderlich. Demzufolge ist auf die Inv-KG zunächst § 130 Abs. 3 HGB[1224] anzuwenden. Liegen die Voraussetzungen eines gesetzlichen oder gesellschaftsvertraglichen Ausscheidensgrunds vor, scheidet der betroffene Gesellschafter gemäß § 130 Abs. 3 HGB[1225] mit Eintritt des Ausscheidensgrundes aus

1220 Vgl. BT-Drs. 19/27635, Seite 243, zu § 130 (Gründe für das Ausscheiden; Zeitpunkt des Ausscheidens), zu Absatz 1.
1221 Vgl. *K. Schmidt/Fleischer* in MüKo/HGB, § 140 Rn. 91.
1222 Vgl. *Lorz* in Ebenroth/Boujong/Joost/Strohn, HGB, § 140 Rn. 66.
1223 Vgl. BT-Drs. 17/12294, Seiten 244 f., zu § 133 (veränderliches Kapital, Kündigung von Kommanditanteilen), zu Absatz 1.
1224 Nach alter Rechtslage: § 131 Abs. 3 Satz 2 HGB a. F.
1225 Nach alter Rechtslage: § 131 Abs. 3 Satz 2 HGB a. F.

der Gesellschaft aus. Im Übrigen wird die Gesellschaft mit den verbleibenden Gesellschaftern fortgesetzt.

2.3. Anwachsung des Gesellschaftsanteils bei den übrigen Gesellschaftern als weitere Rechtsfolge

Auch die Rechtsfolge hinsichtlich der Auswirkungen des Ausscheidens eines Gesellschafters aus einer Inv-KG bleibt durch das KAGB ungeregelt. Demzufolge ist auch insoweit das Personengesellschaftsrecht heranzuziehen. Gemäß § 712 Abs. 1 BGB[1226] führt das Ausscheiden eines Gesellschafters aus der Gesellschaft dazu, dass sein Gesellschaftsanteil bei den verbleibenden Gesellschaftern im Verhältnis ihrer Beteiligung an der Gesellschaft anwächst. Außerdem führt das Ausscheiden eines Gesellschafters dazu, dass dessen Anteil am Gesellschaftsvermögen den übrigen Gesellschaftern zuwächst, ohne dass es einer rechtsgeschäftlichen Verfügung bedürfte. Dieses Grundprinzip der Anwachsung blieb im Wesentlichen auch durch das MoPeG unberührt.

Eine Überarbeitung der Vorschrift fand nur insoweit statt, als die verhältniswahrende Anwachsung nur noch als subsidiäre Rechtsfolge einschlägig ist und ein abweichender Wille der Gesellschafter vorrangig zu berücksichtigen ist.[1227] Bei der Inv-KG wird die nichtverhältniswahrende Anwachsung allerdings durch die allgemeinen Verhaltenspflichten des Investmentrechts ausgeschlossen, denen die Kapitalverwaltungsgesellschaften unterliegen. Denn gemäß § 26 Abs. 2 Nr. 6 und Abs. 3 KAGB sind die Kapitalverwaltungsgesellschaften zur fairen Behandlung der Anleger verpflichtet. Dieses Prinzip verbietet es grundsätzlich, bestimmten Anlegern eine Vorzugsbehandlung zu gewähren, und lässt eine solche Ungleichbehandlung nur dann zu, wenn diese in den Anlagebedingungen oder im Gesellschaftsvertrag der Inv-KG offengelegt wird.[1228] Dementsprechend könnte zwar eine im Gesellschaftsvertrag niedergelegte nichtverhältniswahrende Anwachsung zunächst den Voraussetzungen von § 26 Abs. 3 KAGB genügen. Allerdings ist zu berücksichtigen, dass nicht jede Ungleichbehandlung

---

1226 Nach alter Rechtslage: § 738 Abs. 1 Satz 1 BGB a. F.

1227 Vgl. BT-Drs. 19/27635, Seite 146, zu § 712 (Ausscheiden eines Gesellschafters; Eintritt eines neuen Gesellschafters), zu Absatz 1.

1228 Vgl. § 26 Abs. 3 KAGB.

von der Öffnungsklausel gemäß § 26 Abs. 3 KAGB gedeckt ist. Denn Vorzugsbehandlungen zugunsten bestimmter Anleger sind nach europarechtlichem Verständnis trotz ihrer Kenntlichmachung nicht mehr gerechtfertigt und zulässig, wenn hierdurch die übrigen Anleger wesentlich benachteiligt werden.[1229] Für OGAW und Publikums-AIF wird eine wesentliche Benachteiligung durch § 2 Abs. 2 Satz 2 KARBV dahingehend konkretisiert, dass eine solche insbesondere dann gegeben ist, wenn die Anleger in Bezug auf die Gewinn- und Verlustbeteiligung am Investmentvermögen ungleich beteiligt werden. Eine solche ungleiche Gewinn- und Verlustbeteiligung ergibt sich im Falle einer nichtverhältniswahrenden Anwachsung aber zumindest für die Zukunft. Beispielsweise würde eine nichtverhältniswahrende Anwachsung dazu führen, dass Anleger, die zunächst in gleicher nomineller Höhe an einer Inv-KG beteiligt waren, zukünftig anders am Gewinn und Verlust der Inv-KG partizipieren, wenn das Ausscheiden eines Gesellschafters bei den Anlegern zu ungleichen Beteiligungszuwächsen führt. Dieses für OGAW und Publikums-AIF normierte Regelbeispiel hinsichtlich einer wesentlichen Benachteiligung kann nicht anders für Spezial-AIF gelten. Folglich steht der Grundsatz der fairen Behandlung der Anleger einer nichtverhältniswahrenden Anwachsung entgegen.

2.4. Anspruch des Anlegers auf Abfindung als weitere Rechtsfolge

Auch der Abfindungsanspruch eines aus einer Inv-KG ausscheidenden Gesellschafters bleibt – vorbehaltlich des Abfindungsanspruchs bei der Rückgabe einer Beteiligung an einer offenen Inv-KG – durch die investmentrechtlichen Vorschriften ungeregelt. Demzufolge ist auf das Bestehen des Abfindungsanspruchs eines aus einer Inv-KG ausscheidenden Gesellschafters immer dann auf die personengesellschaftsrechtlichen Vorschriften diesbezüglich zurückzugreifen, wenn es sich bei der gegenständlichen Gesellschaft um eine geschlossene Inv-KG handelt oder es sich zwar um eine offene Inv-KG handelt, der betroffene Gesellschafter aber in anderer Weise als durch Rückgabe seines Anteils aus der Gesellschaft ausscheidet (beispielsweise durch

1229 Vgl. Art. 23 Abs. 2 der Delegierten Verordnung (EU) Nr. 231/2013 der Kommission vom 19. Dezember 2012.

Ausschluss) und in der Folge § 133 Abs. 1 Satz 2 KAGB nicht zum Tragen kommt.

Scheidet ein Gesellschafter einer Inv-KG aus, ohne dass § 133 Abs. 1 Satz 2 KAGB zur Anwendung gelangt, steht dem ausscheidenden Gesellschafter im Gegenzug ein Abfindungsanspruch nach den personengesellschaftsrechtlichen Bestimmungen zu. Nach Einführung des MoPeG findet sich das Recht auf Erhalt einer Abfindung in § 135 Abs. 1 Satz 1 HGB, nach alter Rechtslage kamen dagegen die §§ 738 bis 740 BGB über § 161 Abs. 2 HGB i. V. m. § 105 Abs. 3 HGB zur Anwendung.[1230] Hieraus resultiert für den ausscheidenden Gesellschafter entweder ein Abfindungsanspruch gemäß § 135 Abs. 1 HGB BGB[1231].[1232] Zudem sind Gegenstände, die der ausscheidende Gesellschafter der Gesellschaft gewährte, zurückzugeben und der ausscheidende Gesellschafter ist von den noch nicht fälligen Schulden zu befreien.[1233]

Auch hier stellt sich die Frage, ob durch gesellschaftsvertragliche Regelungen gewisse Abschläge auf den Abfindungsanspruch festgelegt werden können, wie sie gerade im Personengesellschaftsrecht durchaus üblich sind. In Bezug auf den Abfindungsanspruch eines aus einer Inv-KG ausscheidenden Gesellschafters ist allerdings wiederum der Grundsatz der Anlegergleichbehandlung gemäß § 26 Abs. 2 Nr. 6 und Abs. 3 KAGB zu berücksichtigen, sodass insoweit auf die Ausführungen zum Gesellschaftsvermögen verwiesen werden kann.[1234]

3. Fazit

Im Hinblick auf das Ausscheiden von Gesellschaftern folgt das Investmentrecht grundsätzlich den Vorschriften des HGB, die personengesellschaftsrechtlichen Vorschriften werden allerdings durch die investmentrechtlichen Vorschriften überlagert. Dies hat bisweilen seine Berechtigung, zum Teil ist allerdings zu konstatieren, dass für in-

---

1230 Vgl. *Lorz* in Ebenroth/Boujong/Joost/Strohn, HGB, § 131 Rn. 55.
1231 Nach alter Rechtslage: § 738 Abs. 1 Satz 2 BGB a. F.
1232 Vgl. *K. Schmidt/Fleischer* in MüKo/HGB, § 131 Rn. 114 f.
1233 Vgl. *Lorz* in Ebenroth/Boujong/Joost/Strohn, HGB, § 131 Rn. 59 ff.
1234 Vgl. Teil B. Kapitel V. Ziffer 2.1.3. „Einschränkung der personengesellschaftsrechtlichen Grundsätze aufgrund aufsichtsrechtlicher Besonderheiten“.

vestmentrechtliche Sonderregelungen kein Bedarf besteht oder sie im Gegenteil als nicht ausreichend zu bewerten sind.

3.1. Außerordentliches Kündigungsrecht der Anleger

Zunächst ist festzuhalten, dass das Investmentrecht mit § 138 Abs. 1 Satz 1 KAGB[1235] und § 161 Abs. 2 Satz 1 KAGB[1236] ein spezialgesetzliches außerordentliches Kündigungsrecht für die Kommanditisten einer Inv-KG kennt. Dies mag nach alter Rechtslage vertretbar gewesen sein. Nach neuer Rechtslage können die vorgenannten investmentrechtlichen Vorschriften allerdings aufgehoben werden, da nun auch im Personengesellschaftsrecht das außerordentliche Kündigungsrecht in § 132 Abs. 2 HGB geregelt ist und es daher der investmentrechtlichen Spezialvorschriften nicht mehr bedarf.

3.2. Ausschluss des ordentlichen Kündigungsrechts bei der geschlossenen Inv-KG

Für die geschlossene Inv-KG wird explizit das ordentliche Kündigungsrecht der Gesellschafter über § 161 Abs. 1 KAGB ausgeschlossen. Für einen solchen Ausschluss bedürfte es nach aktueller Rechtslage zwar keiner eigenen Regelung, da die geschlossene Inv-KG stets eine bestimmte oder bestimmbare Laufzeit hat und daher das Recht zur ordentlichen Kündigung gemäß dem gesetzlichen Regelfall nicht besteht. Allerdings wäre es zumindest theoretisch denkbar, dass den Gesellschaftern einer geschlossenen Inv-KG ein solches ordentliches Kündigungsrecht durch eine gesellschaftsvertragliche Vereinbarung eingeräumt wird. Einem solchen durch Gesellschaftsvertrag vereinbarten ordentlichen Kündigungsrecht schiebt § 161 Abs. 1 KAGB allerdings einen Riegel vor, sodass insoweit ein Regelungsbereich für diese investmentrechtliche Vorschrift verbleibt

---

1235 Nach alter Rechtslage: § 138 Abs. 1 Satz 2 KAGB a. F.

1236 Nach alter Rechtslage: § 161 Abs. 2 Satz 2 KAGB a. F.

3.3. Ordentliches Kündigungsrecht der Anleger einer offenen Inv-KG

Bei einer offenen Inv-KG steht den Gesellschaftern explizit ein ordentliches Kündigungs- recht gemäß § 133 KAGB zu. Dieses ordentliche Kündigungsrecht zugunsten der Gesellschafter ist nicht abdingbar und zwingend im Gesellschaftsvertrag der offenen Inv-KG zu verankern. Ein Verstoß hiergegen führt nicht zur Gesamtnichtigkeit des Gesellschaftsvertrags, sondern lediglich zur Nichtigkeit der einzelnen Bestimmungen.

Zu berücksichtigen ist, dass dieses ordentliche Kündigungsrecht nicht umfassend im KAGB geregelt ist, sodass zu Teilen auf die personengesellschaftsrechtlichen Vorschriften subsidiär zurückzugreifen ist. Ein solcher Rückgriff ist insbesondere in Bezug auf den Erklärungsempfänger[1237] und die Form der Kündigung[1238] sowie in Bezug auf die materiellen Anforderungen und die Kündigungsfrist[1239] erforderlich. Für die offene Inv-KG, für die eine bestimmte Laufzeit festgelegt wurde, gilt dabei, dass § 723 Abs. 1 Satz 2 BGB verdrängt wird und bezüglich der Kündigungsfrist § 132 HGB analog anzuwenden ist.

Zudem ist bei einer intern verwalteten Inv-KG das ordentliche Kündigungsrecht dann suspendiert, wenn dadurch der Betrag des Anfangskapitals und der zusätzlich erforderlichen Eigenmittel unterschritten würde.

3.4. Subsidiäre Anwendung der personengesellschaftsrechtlichen Vorschriften

Die personengesellschaftsrechtlichen Vorschriften bleiben vor allem in Bezug auf die weiteren Ausscheidensgründe bestehen, die neben einer Kündigung der Gesellschafterstellung in Betracht kommen. Dies führt zur Anwendung von § 131 Abs. 1 HGB[1240] vorbehaltlich der Re-

---

1237 Nach neuer Rechtslage ist dies die Inv-KG selbst.

1238 Die Kündigungserklärung kann regelmäßig formfrei vorgenommen werden, sofern der Gesellschaftsvertrag keine abweichenden Vorgaben macht.

1239 Grundsätzlich beträgt die Frist sechs Monate zum Jahresende, sofern nicht durch gesellschaftsvertragliche Vereinbarung eine andere Frist festgelegt wurde.

1240 Nach alter Rechtslage: § 130 Abs. 3 HGB a. F.

gelungen über die Kündigung und der Vorschriften zur Ausschlussklage.

Auf der Rechtsfolgenseite bleibt es ebenfalls bei der Anwendung der personengesellschaftsrechtlichen Vorschriften, was vor allem für das Ausscheiden des betroffenen Gesellschafters und die Anwendbarkeit des Grundsatzes der Anwachsung gilt. Bei der Anwachsung ist allerdings zu berücksichtigen, dass der Grundsatz der fairen Behandlung der Anleger regelmäßig einer nicht verhältniswahrenden Anwachsung entgegensteht.

Zudem richtet sich der Abfindungsanspruch des ausscheidenden Gesellschafters regelmäßig nach den personengesellschaftsrechtlichen Vorschriften, lediglich bei der offenen Inv-KG findet sich diesbezüglich eine eigenständige spezialgesetzliche Regelung in Bezug auf den Abfindungsanspruch. Gerade dies ist allerdings zu kritisieren. Denn vorzugswürdig wäre hier eine eigenständige Regelung für alle Arten des Ausscheidens eines Gesellschafters aus einer Inv-KG oder zumindest eine einheitliche Regelung im Falle des Ausscheidens eines Gesellschafters aus einer offenen Inv-KG.

X. Auflösung und Liquidation

Abschließend soll untersucht werden, unter welchen Voraussetzungen eine Inv-KG aufgelöst und liquidiert werden kann und welche Rechtsfolgen hieran anknüpfen.

1. Die Auflösung einer Inv-KG

Die Auflösung dient zuvorderst dazu, den Zweck der Gesellschaft zu ändern,[1241] sie führt aber nicht zu deren Erlöschen.[1242] Ziel der Auflösung ist die Überführung der werbenden Gesellschaft in eine Gesellschaft mit Liquidationszweck.[1243] Die eigentliche Abwicklung der Gesellschaft ist dagegen dem Liquidationsverfahren vorbehalten.[1244]

Die investmentrechtlichen Vorschriften sind nachfolgend dahingehend zu untersuchen, ob sie spezielle Regelungen über die Auflösung einer Inv-KG parat halten und insoweit die Vorschriften des HGB verdrängen

1.1. Investmentrechtliche Vorschriften über die Auflösung einer Inv-KG

1.1.1. Spezialgesetzliche investmentrechtliche Auflösungsgründe einer Inv-KG

Als Spezialvorschriften in Bezug auf die Auflösungsgründe kommen zunächst § 138 KAGB und § 161 KAGB in Betracht. Zwar enthalten die beiden Vorschriften Regelungen über die Auflösung und die Liquidation, allerdings finden sich keine gesonderten Ausführungen mehr darüber, in welchen Fällen und unter welchen Voraussetzungen eine Inv-KG aufzulösen ist. Bis zur Einführung des MoPeG waren zumindest in negativer Weise investmentrechtliche Spezialvorschriften über die Auflösung der Inv-KG im KAGB enthalten. So sahen § 138 Abs. 1 Satz 1 KAGB a. F. und § 161 Abs. 2 Satz 1 KAGB a. F. vor, dass § 133 Abs. 1 HGB a. F.[1245] – das heißt die Auflösung der Gesellschaft durch

1241 Vgl. *K. Schmidt/Fleischer* in MüKo/HGB, § 131 Rn. 6.
1242 Vgl. *Kamanabrou* in Oetker, HGB, § 131 Rn. 3.
1243 Vgl. *Schäfer* in Staub, HGB, § 131 Rn. 7.
1244 Vgl. *Kamanabrou* in Oetker, HGB, § 131 Rn. 3.
1245 Nach neuer Rechtslage: § 139 Abs. 1 Satz 1 HGB.

gerichtliche Entscheidung aufgrund des Antrags eines Gesellschafters aus wichtigem Grund – auf die Inv-KG nicht anzuwenden war. Mit dem MoPeG wurden § 138 Abs. 1 Satz 1 KAGB a. F. und § 161 Abs. 2 Satz 1 KAGB a. F. allerdings aufgehoben.

Jedoch könnte § 15 Abs. 2 Nr. 1 KAGB eine Regelung zur Auflösung einer Inv-KG enthalten. Danach kann die BaFin die Abwicklung eines Investmentvermögens anordnen, wenn ein unerlaubtes Investmentgeschäft betrieben wird.[1246] Demnach ist in der Abwicklungsanordnung der BaFin ein Auflösungsgrund zu sehen. Zu erklären ist dieser Auflösungsgrund mit der Funktion der BaFin, welcher die Überwachung der Einhaltung der investmentrechtlichen Vorschriften obliegt und die über entsprechende Werkzeuge verfügen muss, um gegen etwaige Verstöße vorzugehen. Damit ist festzuhalten, dass das KAGB mit der Anordnung der Auflösung der Inv-KG durch die BaFin einen besonderen aufsichtsrechtlichen Auflösungsgrund kennt.

Im Ergebnis ist damit festzustellen, dass die investmentrechtlichen Vorschriften über die geschlossene Inv-KG und die offene Inv-KG keine eigenständigen Regelungen vorsehen, in denen die Auflösungsgründe enthalten wären. Allerdings kennt das KAGB mit § 15 Abs. 2 Nr. 1 KAGB einen besonderen Auflösungsgrund, wonach die BaFin in ihrer Funktion als Aufsichtsbehörde die Abwicklung anordnen kann. Dieser wird die Möglichkeit eingeräumt, die Abwicklung eines Investmentvermögens ungeachtet von dessen Rechtsform anzuordnen.

1.1.2. Auflösungsbericht

Darüber hinaus ergibt sich aus § 154 Abs. 3 KAGB eine weitere Anforderung an die Auflösung einer Inv-KG, welche die Aufstellung eines Auflösungsberichts vorsieht.

1.1.2.1. Anwendungsbereich

Zunächst ist auf den Anwendungsbereich der Vorschrift einzugehen. Gemäß § 154 Abs. 3 KAGB hat eine aufzulösende *„geschlossene Publikumsinvestmentkommanditgesellschaft"* einen Auflösungsbericht zu erstellen. Aufgrund des eindeutigen Wortlauts der Vorschrift gilt die Vorschrift nur für eine geschlossene Inv-KG, die als Vehikel für

1246 Vgl. *Wallach* in Assmann/Wallach/Zetzsche, KAGB, § 161 Rn. 22.

ein Publikumsinvestmentvermögen dient. Damit ist eine geschlossene Inv-KG, die als Vehikel für ein Spezialinvestmentvermögen dient, von der Pflicht zur Aufstellung eines Auflösungsberichts ausgenommen.

Darüber hinaus ist zu fragen, ob die aus § 154 Abs. 3 KAGB resultierende Pflicht auch für eine offene Inv-KG gilt. Hier ist zunächst auf die Stellung von § 154 KAGB im Gesetz einzugehen. Die Vorschrift ist in Abschnitt 5 Unterabschnitt 3 des KAGB angesiedelt, der die „Allgemeinen Vorschriften für *geschlossene* Investmentkommanditgesellschaften“ enthält. Dementsprechend ist für eine Anwendung von § 154 Abs. 3 KAGB auf eine offene Inv-KG kein Raum. Gestützt wird dies zudem durch den Wortlaut von § 154 Abs. 3 KAGB, wonach sich die Pflicht zur Aufstellung eines Auflösungsberichts nur an eine „*geschlossene*“ Publikumsinvestmentkommanditgesellschaft richtet. Eine entsprechende Pflicht zur Aufstellung eines Auflösungsberichts bestünde daher nur, wenn sich diese aus den Vorschriften über die offene Inv-KG ergäbe. Die Schwestervorschrift zu § 154 KAGB findet sich für die offene Inv-KG, sie trifft die entsprechenden Regelungen über die Verwaltung und Anlage für die offene Inv-KG. Hier fällt auf, dass § 129 KAGB keine Anordnung zur Aufstellung eines Auflösungsberichts enthält. Hieraus ist der Schluss zu ziehen, dass eine offene Inv-KG nicht verpflichtet ist, einen Auflösungsbericht aufzustellen.

Somit ist abschließend zu sagen, dass sich die aus § 154 Abs. 3 KAGB resultierende Pflicht zur Aufstellung eines Auflösungsberichts nur auf eine geschlossene Inv-KG, die als Vehikel für ein Publikumsinvestmentvermögen dient, beschränkt.

1.1.2.2. Inhaltliche Anforderungen

Weiterhin ist auf den erforderlichen Inhalt des Auflösungsberichts einzugehen. Dabei enthält § 154 Abs. 3 KAGB keine eigenständigen Voraussetzungen für den Inhalt des Auflösungsberichts, sondern verweist diesbezüglich auf § 158 KAGB und damit auf die Vorschrift über den Jahresbericht einer geschlossenen Inv-KG. Weitere inhaltliche Anforderungen stellt § 154 Abs. 3 KAGB an den Auflösungsbericht nicht auf. Folglich hat der Auflösungsbericht den Anforderungen an den Jahresbericht einer Inv-KG zu genügen.

In zeitlicher Hinsicht schreibt § 154 Abs. 3 KAGB vor, dass der Auflösungsbericht auf den Tag zu erstellen ist, an dem das Recht der Kapitalverwaltungsgesellschaft zur Verwaltung des Gesellschaftsvermögens erlischt.

1.2. Anwendung der personengesellschaftsrechtlichen Vorschriften über die Auflösung auf die Inv-KG

Nachdem festgestellt worden ist, dass das Investmentrecht zwar eigene Vorschriften zur Auflösung einer Inv-KG trifft, diese Vorschriften die Auflösung aber nicht abschließend regeln, ist dementsprechend nachfolgend auf die personengesellschaftsrechtlichen Vorschriften zur Auflösung einzugehen.

1.2.1. Anwendung der personengesellschaftsrechtlichen Vorschriften bezüglich der Auflösungsgründe

Wie zuvor festgestellt, kennt das KAGB – zumindest nach der Streichung von § 138 Abs. 1 Satz 1 a. F. und § 161 Abs. 2 Satz 1 KAGB a. F. – keine eigenen Auflösungsgründe für die Inv-KG.[1247] Dies führt in der Folge über den Verweis in § 124 Abs. 1 Satz 2 KAGB bzw. § 149 Abs. 1 Satz 2 KAGB zur grundsätzlichen Anwendung der personengesellschaftsrechtlichen Vorschriften.

Die personengesellschaftsrechtlichen Auflösungsgründe finden sich in § 138 Abs. 1 und Abs. 2 HGB[1248]. Demnach wird eine Gesellschaft gemäß § 138 Abs. 1 HGB regelmäßig dann aufgelöst, wenn die für sie vereinbarte Laufzeit endet, über das Vermögen der Gesellschaft das Insolvenzverfahren eröffnet wird, ein Gericht die Auflösung der Gesellschaft anordnet oder die Gesellschafter die Auflösung der Gesellschaft beschließen. Aus praktischer Sicht ist für die geschlossene Inv-KG die Auflösung durch Zeitablauf gemäß § 138 Abs. 1 Nr. 1 HGB[1249] von Bedeutung. Dies ist dem Umstand geschuldet, dass der Gesellschaftsvertrag einer geschlossenen Inv-KG zwingend eine be-

1247 Die behördliche Anordnung zur Auflösung der Inv-KG wegen Betreibens eines unerlaubten Investmentgeschäfts richtet sich nicht speziell an eine Inv-KG, sondern hat insoweit Allgemeingültigkeit.

1248 Nach alter Rechtslage: § 131 Abs. 1 und Abs. 2 HGB a. F.

1249 Nach alter Rechtslage: § 131 Abs. 1 Nr. 1 HGB a. F.

stimmte oder zumindest bestimmbare Laufzeit vorzusehen hat.[1250] Mit Ablauf des im Gesellschaftsvertrag festgelegten Zeitraums bzw. mit Eintritt des im Gesellschaftsvertrag bestimmten Ereignisses wird die Gesellschaft automatisch aufgelöst; eines Gesellschafterbeschlusses bedarf es nicht.[1251] Bei der geschlossenen Inv-KG dürfte dagegen die Auflösung aufgrund eines Gesellschafterbeschlusses gemäß § 138 Abs. 1 Nr. 4 HGB[1252] den häufigsten Anwendungsfall bilden. Der Auflösungsbeschluss der Gesellschafter stellt dabei einen Grundlagenbeschluss im Sinne von § 109 Abs. 3 und Abs. 4 HGB[1253] dar und bedarf daher regelmäßig einer einstimmigen Beschlussfassung durch die Gesellschafter,[1254] sofern nicht durch gesellschaftsrechtliche Regelung auch für die Beschlussfassung über Auflösung der Gesellschaft ein Mehrheitsbeschluss ausreicht.[1255]

Die Auflösung einer Gesellschaft aufgrund der Eröffnung des Insolvenzverfahrens über deren Vermögen gemäß § 138 Abs. 1 Nr. 2 HGB[1256] wird durch § 138 Abs. 2 HGB[1257] ergänzt. Danach führen auch die Ablehnung des Insolvenzverfahrens mangels Masse und die Löschung der Gesellschaft wegen Vermögenslosigkeit zur Auflösung der Gesellschaft, wenn es sich bei keinem der Komplementäre um eine natürliche Person oder um eine rechtsfähige Personengesellschaft mit einer natürlichen Person als persönlich haftendem Gesellschafter handelt. Zudem ist festzuhalten, dass die Auflösung nach § 138 Abs. 1 Nr. 2 HGB[1258] in dem Zeitpunkt eintritt, in dem der Eröffnungsbeschluss durch das Insolvenzgericht erlassen wird, und nicht erst mit dessen Zustellung.[1259]

Bei den Auflösungsgründen gemäß § 138 Abs. 1 und Abs. 2 HGB[1260] handelt es sich im Übrigen um zwingende Vorschriften, von denen

1250 Vgl. Teil B. Kapitel III. Ziffer 4.1.4.1. „Zwingende Angaben über die Laufzeit einer Inv-KG".
1251 Vgl. *Haas* in Röhricht/Graf von Westphalen/Haas, HGB, § 131 Rn. 7.
1252 Nach alter Rechtslage: § 131 Abs. 1 Nr. 2 HGB a. F.
1253 Nach alter Rechtslage: § 119 HGB a. F.
1254 Vgl. *K. Schmidt/Fleischer* in MüKo/HGB, § 131 Rn. 15.
1255 Vgl. *Schäfer* in Staub, HGB, § 131 Rn. 22.
1256 Nach alter Rechtslage: § 131 Abs. 1 Nr. 3 HGB a. F.
1257 Nach alter Rechtslage: § 131 Abs. 2 HGB a. F.
1258 Nach alter Rechtslage: § 131 Abs. 1 Nr. 3 HGB a. F.
1259 Vgl. *Schäfer* in Staub, HGB, § 131 Rn. 36.
1260 Nach alter Rechtslage: § 131 Abs. 1 und Abs. 2 HGB a. F.

nicht durch gesellschaftsvertragliche Vereinbarung abgewichen werden kann. Dies war aufgrund höchstrichterlicher Rechtsprechung bereits für die alte Rechtslage anerkannt.[1261] Diese Rechtsprechung war allerdings in der Literatur nicht unumstritten.[1262] Mit der Modernisierung des Personengesellschaftsrechts durch das MoPeG positionierte sich der Gesetzgeber allerdings gegen diesen Widerstand der Literatur und stützte die bisherige Rechtsprechung des BGH. So wurde mit der Einfügung von § 138 Abs. 3 HGB, der bislang noch keine Entsprechung in der bisherigen Fassung des HGB hatte, klargestellt, dass gesellschaftsvertraglich „*weitere Auflösungsgründe vereinbart werden*" können. Aus der Formulierung „*weitere*" wird deutlich, dass im Gesellschaftsvertrag zwar zusätzliche Auflösungsgründe aufgenommen werden können, nicht aber von den gesetzlich vorgesehenen Auflösungsgründen durch gesellschaftsvertragliche Vereinbarung abgesehen werden kann.

1.2.2. Registerrechtliche Anforderungen

Auch darüber, welche registerrechtlichen Anforderungen im Falle der Auflösung einer Inv-KG zu beachten sind, schweigt sich das KAGB aus. Daher ist nach Maßgabe der personengesellschaftsrechtlichen Vorschriften die Auflösung der Gesellschaft durch sämtliche Gesellschafter zum Handelsregister anzumelden.[1263] Für die Inv-KG bedeutet das, dass regelmäßig sowohl die Komplementäre als auch die Kommanditisten an der Anmeldung mitzuwirken haben. Allerdings können sich die Gesellschafter bei der Anmeldung der Auflösung vertreten lassen, zudem brauchen die Erklärungen der Gesellschafter nicht gleichzeitig gegenüber dem Registergericht abgegeben zu werden.[1264] Die Möglichkeit zur Vertretung ist insbesondere bei Publikumsgesellschaften von Bedeutung, die über einen großen Gesellschafterkreis verfügen. Bei diesen ist auch ohne eine explizite Regelung davon auszugehen, dass die geschäftsführenden Gesellschafter

1261 Vgl. *BGH*, Urt. v. 25.11.1981 – VIII ZR 299/80 = NJW 1982, 875.
1262 Vgl. *Kamanabrou* in Oetker, HGB, § 131 Rn. 16; *K. Schmidt/Fleischer* in MüKo/HGB, § 131 Rn. 9 m. w. N.
1263 Vgl. nach neuer Rechtslage: § 141 Abs. 1 Satz 1 HGB; nach alter Rechtslage: § 143 Abs. 1 Satz 1 HGB a. F.
1264 Vgl. *Haas* in Röhricht/Graf von Westphalen/Haas, HGB, § 143 Rn. 4.

zur umfänglichen Erfüllung der Anmeldepflichten berechtigt sind.[1265] Im Falle der Auflösung durch gerichtliche Entscheidung kann wiederum eine fehlende Anmeldung durch die gerichtliche Entscheidung ersetzt werden, denn insoweit geht die Zuständigkeit für die Anmeldung auf das Gericht über.[1266]

Bei den insolvenzrechtlich begründeten Auflösungen der Gesellschaft bedarf es dagegen keiner Anmeldung durch die Gesellschafter.[1267] In diesen Fällen erlangt das Registergericht Kenntnis über den Auflösungsgrund aufgrund des Eröffnungsantrags gemäß § 31 Abs. 1 InsO, sodass die Eintragung der Auflösung in diesen Fällen von Amts wegen erfolgt.[1268]

Zu beachten ist, dass die Eintragung der Liquidation in das Handelsregister rein deklaratorischen Charakter hat, die Rechtsfolgen der Auflösung treten damit im Zeitpunkt des Eintritts des einschlägigen Auflösungsgrundes ein.[1269]

1.2.3. Rechtsfolgen

Durch die Auflösung wird die Gesellschaft grundsätzlich von einer werbenden Gesellschaft in eine Liquidationsgesellschaft gewandelt.[1270] Es findet somit durch die Auflösung eine Änderung des Gesellschaftsvertrags statt, indem der Gesellschaftszweck geändert wird.[1271] Die Auflösung führt somit nicht unmittelbar zum Wegfall der Gesellschaft, sondern diese wird zunächst identitätswahrend fortgeführt.[1272] Aufgrund des identitätswahr- enden Charakters werden durch die Auflösung auch die Rechtsbeziehungen zu Dritten nicht betroffen,[1273] wie sich aus § 156 HGB ergibt.

1265 Vgl. *Schäfer* in Staub, HGB, § 143 Rn. 14.
1266 Vgl. *K. Schmidt/Fleischer* in MüKo/HGB, § 143 Rn. 14.
1267 Vgl. nach neuer Rechtslage: § 141 Abs. 1 Satz 2 HGB; nach alter Rechtslage: § 143 Abs. 1 Satz 2 HGB a. F.
1268 Vgl. *Haas* in Röhricht/Graf von Westphalen/Haas, HGB, § 143 Rn. 5.
1269 Vgl. *Schäfer* in Staub/HGB, § 143 Rn. 28.
1270 Vgl. Kamanabrou in Oetker, HGB, § 131 Rn. 19.
1271 Vgl. *Schäfer* in Staub, HGB, § 131 Rn. 50.
1272 Vgl. *Schäfer* in Staub, HGB, § 131 Rn. 50.
1273 Vgl. *Kamanabrou* in Oetker, HGB, § 131 Rn. 19.

Abweichend vom vorgehend dargestellten Regelfall führt die Auflösung wegen Vermögenslosigkeit gemäß § 131 Abs. 2 Nr. 2 HGB unmittelbar zur Löschung der Gesellschaft.[1274] In diesem Fall wird die Gesellschaft sofort gelöscht; ein Liquidationsverfahren findet nicht statt.

1.2.4. Abweichung von den personengesellschaftsrechtlichen Vorschriften über die Auflösung aufgrund aufsichtsrechtlicher Besonderheiten

Es stellt sich abschließend die Frage, ob die personengesellschaftsrechtlichen Vorschriften über die Auflösung uneingeschränkt auf die Inv-KG angewendet werden können oder ob diesbezüglich aufsichtsrechtliche Einschränkungen vorzunehmen sind. In Betracht kommt eine derartige investmentrechtlich gebotene Einschränkung primär bei den Auflösungsgründen.

In § 138 Abs. 1 Satz 1 KAGB a. F. und § 161 Abs. 2 Satz 1 KAGB a. F. wurde zunächst angeordnet, dass § 133 Abs. 1 HGB a. F.[1275] nicht auf die Inv-KG anwendbar sein soll. Dies führte dazu, dass die Auflösung der Gesellschaft aufgrund gerichtlicher Entscheidung im Falle einer vorgehenden Beantragung durch einen Gesellschafter und des Vorliegens eines wichtigen Grundes ausgeschlossen wurde.[1276] Diese Möglichkeit zur Auflösung der Gesellschaft wurde somit sowohl für die offene Inv-KG[1277] als auch die geschlossene Inv- KG[1278] durch die investmentrechtlichen Regelungen abbedungen und durch die explizite Regelung in den investmentrechtlichen Vorschriften verdrängt. Begründet wurde die Abbedingung dieses Auflösungsgrundes damit, dass die Abwicklung der gesamten Inv-KG auf das Verlangen eines einzelnen Gesellschafters hin dem Zweck als kollektives Anlagevehikel zuwiderliefe.[1279] Zusätzlich wurde durch die beiden nach alter Rechtslage geltenden Vorschriften mittelbar auch der Auflösungs-

---

1274 Vgl. *K. Schmidt/Fleischer* in MüKo/HGB, § 131 Rn. 7.

1275 Nach neuer Rechtslage: § 139 Abs. 1 HGB.

1276 Vgl. § 139 Abs. 1 HGB nach neuer Rechtslage bzw. § 133 Abs. 1 HGB a. F. nach alter Rechtslage.

1277 Vgl. § 138 Abs. 1 Satz 1 KAGB.

1278 Vgl. § 161 Abs. 2 Satz 1 KAGB.

1279 Vgl. BT-Drs. 17/12294, Seite 246, zu § 138 (Auflösung und Liquidation), zu Absatz 1 und Seite 253, zu § 161 (Auflösung und Liquidation), zu Absatz 1.

grund gemäß § 138 Abs. 1 Nr. 3 HGB[1280] durch die investmentrechtlichen Vorschriften suspendiert. Kompensiert wurde der Verzicht auf die Auflösungsmöglichkeit durch gerichtlichen Beschluss, indem den Gesellschaftern eine Kündigungsmöglichkeit aus wichtigem Grund eingeräumt wurde.[1281] Folglich wurden die an sich geltenden personengesellschaftsrechtlichen Auflösungsgründe in der at durch die ursprünglichen investmentrechtlichen Vorschriften modifiziert. Mit dem Inkrafttreten des MoPeG wurden § 138 Abs. 1 Satz 1 KAGB a. F. und § 161 Abs. 2 Satz 1 KAGB a. F. ersatzlos gestrichen. Die Aufhebung der beiden Vorschriften führt dazu, dass keine investmentrechtliche Sonderregelung in Bezug auf die Auflösungsgründe mehr besteht und dementsprechend die personengesellschaftsrechtlichen Auflösungsgründe uneingeschränkt für die Inv-KG gelten.

Es ist allerdings zu hinterfragen, ob die Streichung von § 138 Abs. 1 Satz 1 KAGB a. F. und § 161 Abs. 2 Satz 1 KAGB a. F. tatsächlich den aufsichtsrechtlichen Besonderheiten gerecht wird. Der Gesetzgeber stützte die Streichung der beiden Vorschriften darauf, dass diese deswegen obsolet geworden seien, weil den Gesellschaftern aufgrund von § 132 Abs. 2 HGB auch nach den personengesellschaftsrechtlichen Vorschriften ein außerordentliches Kündigungsrecht im Falle des Vorliegens eines wichtigen Grundes zustehe.[1282] Bei Durchsicht von § 138 Abs. 1 KAGB und § 161 Abs. 2 KAGB fällt allerdings auf, dass die Streichung von § 138 Abs. 1 Satz 1 KAGB a. F. und 161 Abs. 2 Satz 1 KAGB a. F. einerseits und die Gesetzesbegründung zu den beiden Streichungen andererseits kein stimmiges Bild ergeben. Mit der Gesetzesbegründung zu den Streichungen wird letztlich zum Ausdruck gebracht, dass das Vorhalten von Doppelregelungen vermieden werden soll. Die Doppelungen ergäben sich dabei daraus, dass sowohl das Personengesellschaftsrecht nach dem Inkrafttreten des MoPeG[1283] als auch das Investmentrecht die außerordentliche Kündigung aus wichtigem Grund regeln würden. Der Gesetzgeber verkannte jedoch dabei, dass das außerordentliche Kündigungsrecht nicht in § 138 Abs. 1

1280 Nach alter Rechtslage: § 131 Abs. 1 Nr. 4 HGB a. F.

1281 Siehe § 138 Abs. 1 Satz 2 KAGB und § 161 Abs. 2 Satz 2 KAGB.

1282 Vgl. BT-Drs. 19/27635, Seiten 285 f., zu Nummer 3 (§ 138), zu Buchstabe a (Satz 1) und Seite 286, zu Nummer 6 (§ 161 Absatz 2), zu Buchstabe a (Satz 1).

1283 Vgl. § 132 Abs. 2 HGB.

Satz 1 KAGB a.F. und § 161 Abs. 2 Satz 1 KAGB a.F. enthalten war, sondern in § 138 Abs. 1 Satz 2 KAGB a.F.[1284] und § 161 Abs. 2 Satz 2 KAGB a.F.[1285]. Dementsprechend führte die Streichung von § 138 Abs. 1 Satz 1 KAGB a.F. und § 161 Abs. 2 Satz 1 KAGB a.F. nicht zur Beseitigung der doppelten Regelung des außerordentlichen Kündigungsrechts, da die beiden investmentrechtlichen Regelungen als § 138 Abs. 1 Satz 1 KAGB und § 161 Abs. 2 Satz 1 KAGB fortbestehen und neben § 132 Abs. 2 HGB Anwendung finden. Es ist daher anzunehmen, dass dem Gesetzgeber im Gesetzgebungsprozess ein Fehler unterlief und irrtümlicherweise die falschen Passagen von § 138 Abs. 1 KAGB und § 161 Abs. 2 KAGB gestrichen wurden. Denn zur Vermeidung der Doppelregelung des außerordentlichen Kündigungsrechts wäre die Aufhebung von § 138 Abs. 1 Satz 2 KAGB a.F. und § 161 Abs. 2 Satz 2 KAGB a.F. erforderlich gewesen. Die Annahme eines gesetzgeberischen Fauxpas wird zudem dadurch untermauert, dass der Rechtsgedanke, welcher § 138 Abs. 1 Satz 1 KAGB a.F. und § 161 Abs. 2 Satz 1 KAGB a.F. zugrunde liegt, nach wie vor Gültigkeit besitzt. Denn das Betreiben der Auflösung der Gesellschaft durch die Bestrebungen von nur einem Gesellschafter ist vor dem Hintergrund unbillig, dass es sich bei der Inv-KG um ein Vehikel für eine längerfristige Kapitalanlage für sämtliche Gesellschafter handelt und daher der Anlegerschutz nach Möglichkeit den Fortbestand der Gesellschaft gebietet.[1286] Es ist daher weiterhin sinnvoll, die ursprünglichen Regelungen aus Gründen des Anlegerschutzes aufrechtzuerhalten.

Daran anknüpfend stellt sich die Frage, wie dieser nicht sachgerechten Aufhebung von § 138 Abs. 1 Satz 1 KAGB a.F. und § 161 Abs. 2 Satz 1 KAGB a.F. begegnet werden kann. Durch den Umstand, dass die beiden ursprünglichen investmentrechtlichen Vorschriften aufgehoben wurden, verbietet sich deren analoge Anwendung. Allerdings wurde zuvor herausgearbeitet, dass dem hinter § 138 Abs. 1 Satz 1 KAGB a.F. und § 161 Abs. 2 Satz 1 KAGB a.F. stehenden Rechtsgedanken – nämlich der Schutz der Anleger vor einer Auflösung der Gesellschaft, die unter bestimmten Umständen lediglich von einem Gesellschaf-

---

1284 Nach neuer Rechtslage: § 138 Abs. 1 Satz 1 KAGB.

1285 Nach neuer Rechtslage: § 161 Abs. 2 Satz 1 KAGB.

1286 So auch *Klebeck/Kunschke* in Beckmann/Scholtz/Vollmer, KAGB, § 161 Rn. 6.

ter erzwungen werden kann – weiterhin Beachtung zu schenken ist. Außerdem wurde zuvor festgestellt, dass § 138 Abs. 1 Satz 1 KAGB a.F. und § 161 Abs. 2 Satz 1 KAGB a.F. dazu führten, dass die Suspendierung der Auflösung durch gerichtliche Entscheidung zugleich in der Nichtanwendung von § 138 Abs. 1 Nr. 3 HGB[1287] resultierte. Aus Gründen des Anlegerschutzes und damit aus aufsichtsrechtlichen Gründen ist es daher naheliegend, der für die Inv-KG überschiegenden Wirkung von § 138 Abs. 1 HGB[1288] dadurch zu begegnen, dass eine teleologische Reduktion der Vorschrift vorgenommen wird und der in § 138 Abs. 1 Nr. 3 HGB[1289] angeführte Auflösungsgrund keine Anwendung findet.

Folglich ist festzuhalten, dass nach der neuen Rechtslage die personengesellschaftsrechtlichen Auflösungsgründe uneingeschränkt für die Inv-KG gelten. Aus Gründen des Anlegerschutzes ist allerdings eine teleologische Reduktion vorzunehmen, indem der Auflösungsgrund gemäß § 138 Abs. 1 Nr. 3 HGB[1290] nicht auf die Inv-KG angewendet wird. Aufgrund aufsichtsrechtlicher Besonderheiten ist dem Gesetzgeber jedoch dringend anzuraten, die Suspendierung von § 139 Abs. 1 HGB[1291] wieder in § 138 Abs. 1 KAGB und § 161 Abs. 2 KAGB aufzunehmen.

1.3. Fazit bzgl. der Auflösung einer Inv-KG

Damit ist festzuhalten, dass das KAGB zwar eigenständige Vorschriften über die Auflösung einer Inv-KG vorsieht, diese aber die Auflösung nicht abschließend regeln. Vielmehr bleiben die investmentrechtlichen Vorschriften über die Auflösung rudimentär. Im Übrigen ist subsidiär auf die personengesellschaftsrechtlichen Vorschriften über die Auflösung zurückzugreifen.

In der Konsequenz bedeutet dies, dass in Bezug auf die Auflösungsgründe die personengesellschaftsrechtlichen Vorschriften um die Auflösung durch behördliche Entscheidung der BaFin, die sich in § 15 Abs. 2 Satz 1 KAGB findet, zu erweitern sind. Dieser für die Inv-KG

1287 Nach alter Rechtslage: § 131 Abs. 1 Nr. 4 HGB a.F.
1288 Nach alter Rechtslage: § 131 Abs. 1 HGB a.F.
1289 Nach alter Rechtslage: § 131 Abs. 1 Nr. 4 HGB a.F.
1290 Nach alter Rechtslage: § 131 Abs. 1 Nr. 4 HGB a.F.
1291 Nach alter Rechtslage: § 133 Abs. 1 HGB a.F.

neu eingefügte Auflösungsgrund hat seine Ursache im Anlegerschutz und ist damit einer aufsichtsrechtlichen Besonderheit geschuldet. Außerdem ist hinsichtlich der Auflösungsgründe eine teleologische Reduktion vorzunehmen. Hintergrund hierfür ist, dass sich der Gesetzgeber wohl irrtümlicherweise zur Aufhebung von § 138 Abs. 1 Satz 1 KAGB a. F. und § 161 Abs. 2 Satz 1 KAGB a. F. entschied. Dementsprechend wäre es nach der geänderten Rechtslage nun denkbar, dass ein Gesellschafter die Auflösung einer Inv-KG durch gerichtliche Entscheidung herbeiführen könnte. Dies führt aus investmentrechtlicher Sicht aber dazu, dass ein wesentlicher Rechtsgedanke des Anlegerschutzes beeinträchtigt wird. Daher ist der Streichung von § 138 Abs. 1 Satz 1 KAGB a. F. und § 161 Abs. 2 Satz 1 KAGB a. F. durch die teleologische Reduktion von § 138 Abs. 1 HGB[1292] zu begegnen, indem § 138 Abs. 1 Nr. 3 HGB[1293] nicht auf die Inv-KG angewendet wird. Dem Gesetzgeber ist zu empfehlen, die Streichung von § 138 Abs. 1 Satz 1 KAGB a. F. und § 161 Abs. 2 Satz 1 KAGB a. F. rückgängig zu machen und die Auflösung einer Inv-KG durch gerichtliche Entscheidung wieder zu suspendieren.

Sondervorschriften hält das KAGB zudem dann für eine Inv-KG vor, wenn diese als Vehikel für ein Publikumsinvestmentvermögen dient. Eine solche Inv-KG hat zusätzlich einen Auflösungsbericht aufzustellen, welcher den Anforderungen an einen Jahresbericht gemäß § 158 KAGB genügen muss. Ein solcher Auflösungsbericht ist dem Personengesellschaftsrecht fremd, sodass die investmentrechtlichen Vorschriften zusätzliche Anforderungen an die Auflösung stellen.

Im Übrigen bleibt es bei der Anwendung der personengesellschaftsrechtlichen Vorschriften, was insbesondere für die Erfüllung registergerichtlicher Anforderungen und die Rechtsfolgen der Auflösung einer Inv-KG gilt.

2. Die Liquidation einer Inv-KG

Nachdem vorstehend die Auflösung einer Inv-KG dargestellt worden ist, soll nun auf deren Liquidation eingegangen werden. Diese folgt grundsätzlich der Auflösung der Gesellschaft, sofern nicht die Gesell-

1292 Nach alter Rechtslage: § 131 Abs. 1 HGB a. F.
1293 Nach alter Rechtslage: § 131 Abs. 1 Nr. 4 HGB a. F.

schafter eine andere Form der Auseinandersetzung vereinbaren oder über das Vermögen der Gesellschaft das Insolvenzverfahren eröffnet wurde.[1294] Lediglich dann, wenn die Gesellschaft aufgrund von Vermögenslosigkeit aufgelöst wurde, findet nach der Auflösung der Gesellschaft in der Regel keine Liquidation statt.[1295]

Die Ziele der Liquidation sind dabei die Abwicklung aus vermögensrechtlicher Sicht und die Beendigung der aufgelösten Gesellschaft.[1296] Bis zum Abschluss der Liquidation und zur Löschung aus dem Handelsregister besteht die Gesellschaft fort.[1297]

2.1. Investmentrechtliche Vorschriften über die Liquidation einer Inv-KG

2.1.1. Zuständigkeit

Zunächst ist zu untersuchen, ob durch die investmentrechtlichen Regelungen explizit angeordnet wird, wer als Liquidator einer Inv-KG fungieren soll. Weder § 138 KAGB noch § 161 KAGB, die beide die gesetzliche Überschrift „*Auflösung und Liquidation*" tragen, helfen bei der Klärung der Frage nach der Zuständigkeit weiter. Allerdings ergibt sich eine Zuständigkeitsregelung aus § 129 Abs. 2 Satz 1 KAGB für die offene Inv-KG und § 154 Abs. 2 Satz 1 KAGB für die geschlossene Inv-KG. Diese beiden investmentrechtlichen Vorschriften ordnen zunächst die entsprechende Anwendung von § 100 KAGB auf die Inv-KG an. Der § 100 Abs. 2 KAGB schreibt dabei für ein Sondervermögen vor, dass dessen Abwicklung und Verteilung an die Anleger durch die Verwahrstelle zu erfolgen hat. Dementsprechend ist festzuhalten, dass die Zuständigkeit für die Liquidation einer Inv-KG grundsätzlich bei der Verwahrstelle liegt.

Fraglich ist, inwieweit dieser Verweis auf § 100 Abs. 2 KAGB und damit auch die Zuständigkeit der Verwahrstelle für die Abwicklung einer Inv-KG zwingend sind. Die Antwort ist wiederum in § 129 Abs. 2 KAGB und § 154 Abs. 2 KAGB zu suchen. Hierbei fällt zuallererst

---

1294 Vgl. nach neuer Rechtslage: § 143 Abs. 1 und Abs. 2 Satz 1 HGB; nach alter Rechtslage: § 145 Abs. 1 HGB a. F.

1295 Vgl. nach neuer Rechtslage: § 143 Abs. 1 Satz 2 HGB; nach alter Rechtslage: § 145 Abs. 3 HGB a. F.

1296 Vgl. *Haas* in Röhricht/Graf von Westphalen/Haas, HGB, § 145 Rn. 4.

1297 Vgl. *K. Schmidt* in MüKo/HGB, § 156 Rn. 1.

auf, dass sich die Vorschriften nicht entsprechen, sondern relevante Abweichungen aufweisen. So wird in § 154 Abs. 2 Satz 1 Nr. 2 KAGB hervorgehoben, dass die Gesellschafter einer geschlossenen Inv-KG die Bestellung eines anderen Liquidators als der Verwahrstelle beschließen können. Folglich ist für die geschlossene Inv-KG zu sagen, dass die gesetzliche Anordnung, wonach die Verwahrstelle der geschlossenen Inv-KG als Liquidator fungiert, eine subsidiäre Wirkung entfaltet und der Wille der Gesellschafter in Bezug auf die Bestellung der Liquidatoren grundsätzlich vorgeht. In § 129 Abs. 2 KAGB findet sich dagegen keine Regelung, die mit § 154 Abs. 2 Satz 1 Nr. 2 KAGB vergleichbar wäre. Hieraus ist zu schlussfolgern, dass die Verwahrstelle stets Liquidator einer offenen Inv-KG ist und deren Gesellschafter von der gesetzlichen Zuständigkeitszuweisung auch nicht abweichen können. Folglich ist die Zuständigkeitsregelung zugunsten der Verwahrstelle bei der offenen Inv-KG zwingend, während den Gesellschaftern einer geschlossenen Inv-KG die Möglichkeit eingeräumt wird, auch einen anderen Liquidator als die Verwahrstelle zu bestellen.[1298]

Im Unklaren bleibt, weswegen der Gesetzgeber den Gesellschaftern einer geschlossenen Inv-KG das Recht zur Bestellung eines anderen Liquidators als der Verwahrstelle zugesteht, den Gesellschaftern einer offenen Inv-KG dieses Recht aber verwehrt. Die Gesetzesbegründung zu § 154 KAGB hilft diesbezüglich nicht weiter. Denn wie ein Abgleich der Vorschrift mit § 112 Abs. 1 Satz 5 KAGB und § 144 Satz 5 KAGB, welche die Schwestervorschriften diesbezüglich für die Inv-AG mit veränderlichem Kapital und die Inv-AG mit fixem Kapital enthalten, zeigt, ist diesen Vorschriften eine Abweichung von der zwingenden Zuständigkeitsregelung zugunsten der Verwahrstelle fremd. Die in § 154 Abs. 2 Satz 1 Nr. 2 KAGB enthaltene Privilegierung der geschlossenen Inv-KG verwundert umso mehr, als die vorgenannten Vorschriften ausweislich der Gesetzesbegründung gerade als Blaupause für § 154 Abs. 2 KAGB dienten.[1299] In diesem Kontext erscheint § 154 Abs. 2 Satz 1 Nr. 2 KAGB daher als Anomalie, die sich

1298 So auch *Beckmann* in Beckmann/Scholtz/Vollmer, § 100 Rn. 60; *Paul* in Weitnauer/Boxberger/Anders, KAGB, § 154 Rn. 25; *Könnecke* in Baur/Tappen, KAGB, § 154 Rn. 58.

1299 Vgl. BT-Drs. 17/12294, Seite 251, zu § 154 (Verwaltung und Anlage), zu Absatz 2.

nicht recht in die übrigen investmentrechtlichen Vorschriften über die Investmentgesellschaften einfügt. Konsequent im Sinne eines gesetzlichen Gleichlaufs wäre daher die ersatzlose Streichung von § 154 Abs. 2 Satz 2 Nr. 2 KAGB. Warum der Gesetzgeber die Aufhebung dieser Vorschrift bei Einführung des MoPeG nicht vornahm, obwohl er in diesem Zusammenhang die Streichung des bis dahin in § 154 Abs. 2 Nr. 2 Hs. 2 KAGB enthaltenen Verweises auf § 147 HGB a. F. damit begründete, dass „d*ie gesetzliche Aufgabenzuweisung an die Verwahrstelle zur Durchführung der Liquidation nicht durch die handelsrechtlichen Vorschriften unterlaufen werden*“ dürfe[1300], erschließt sich zusätzlich nicht.

In praktischer Hinsicht ist dagegen die Bestimmung eines anderen Liquidators als der Verwahrstelle durchaus wünschenswert, insbesondere mit Blick auf geschlossene Fondsstrukturen. Denn in der Praxis kann es sinnvoll sein, wenn die Abwicklung nicht durch Verwahrstelle durchgeführt wird, sondern durch die KVG, welche das Investmentvermögen verwaltet. Dies hängt damit zusammen, dass gerade geschlossene Investmentvermögen das eingesammelte Kapital üblicherweise nicht in Wertpapiere investieren, sondern in illiquide Vermögensgegenstände. Dagegen handelt es sich bei Verwahrstellen von AIFs – und hierzu gehören zwingend auch Investmentvermögen in der Rechtsform der Inv-KG – üblicherweise um CRR-Kreditinstitute[1301] oder Wertpapierfirmen[1302], sodass der Schwerpunkt von deren Geschäftstätigkeit meist auf Geschäften mit Bezug zu Einlagen oder Finanzinstrumenten (und hierzu gehören regelmäßig auch Wertpapiere im Sinne des KAGB) liegt, nicht aber in der Verwaltung von Sachwerten. Bei illiquiden Vermögensgegenständen handelt es sich aus Sicht einer Verwahrstelle um sonstige Vermögensgegenstände im Sinne von § 81 Abs. 1 Nr. 2 KAGB. Der Aufwand der Verwahrstellentätigkeit ist hierbei regelmäßig überschaubar, da sich die der Verwahrstellentätigkeit im Wesentlichen auf die Prüfung des Eigentumserwerbs und -erhalts durch die KVG sowie angemessene Dokumentenführung beschränkt.[1303] CRR-Kreditinstitute und Wertpapierfirmen sind

1300 BT-Drs. 19/27635, Seite 286, zu Nummer 5 (§ 154 Absatz 2 Satz 1 Nummer 2).
1301 Vgl. § 80 Abs. 2 Nr. 1 KAGB.
1302 Vgl. § 80 Abs. 2 Nr. 2 KAGB.
1303 Vgl. § 81 Abs. 1 Nr. 2 KAGB.

aufgrund ihrer vorzuhaltenden Geschäftsorganisation zweifellos in Übereinstimmung ihrer Geschäftstätigkeit in der Lage, die Verwahrung illiquider Vermögensgegenstände in Übereinstimmung mit § 81 KAGB zu verwahren. Eine vollkommen andere Situation stellt sich jedoch dann dar, wenn diese Verwahrstellen im Zuge der Liquidation nicht nur die Verwahrung dieser Vermögensgegenstände übernehmen sollen, sondern auch deren Verwaltung und Abwicklung. Anschaulich wird dies am Beispiel der Immobilie: Während sich die Verwahrung der Immobilie im Wesentlichen auf die Sicherstellung der Aktualität der Aufzeichnungen und die Überprüfung beschränkt, dass die Inv-KG tatsächlich Eigentümerin des Grundstücks wurde,[1304] bedeutet die Verwaltung einer Immobilie einen ungleich höheren Aufwand. Hierzu gehört unter anderem die Beauftragung von Hausverwaltung und Hausmeister, aber auch das Vertragsmanagement mit den Vermietern einschließlich Neuvermietung sowie der Einzug der Mieten und das Mahnwesen. Da zusätzlich das Investmentvermögen abgewickelt werden soll, bedarf die Verwahrstelle zudem einer ausreichenden Kompetenz bei der Durchführung von Immobilientransaktionen. Während die bisher bestellte KVG über die hierfür erforderlichen Ressourcen und die Infrastruktur verfügt, ist dies bei einer Verwahrstelle nicht zwingend im vergleichbaren Umfang wie bei der ursprünglich verwaltenden KVG gegeben. Aufgrund des Grundsatzes der Spezialität wird die KVG meist auch über eine größere Expertise im Bereich der Abwicklung dieser Vermögensgegenstände besitzen als die Verwahrstelle. Dementsprechend hat die Anomalie gemäß § 154 Abs. 2 Satz 1 Nr. 2 KAGB durchaus ihre Berechtigung. Ein stimmiges Bild ergibt sich allerdings nur dann, wenn die Regelung über die Bestellung eines abweichenden Liquidators als der Verwahrstelle auf Investmentvermögen – zumindest aber auf alle AIF – einheitlich ausgerollt wird.

Des Weiteren ist zu fragen, ob die Gesellschafter der abzuwickelnden Inv-KG den ursprünglich bestellten Liquidator abberufen und einen anderen Liquidator bestellen können. Nach alter Rechtslage wurde die Anwendung von § 147 HGB a. F. in § 129 Abs. 2 KAGB generell und in § 154 Abs. 2 Satz 1 Nr. 2 KAGB für den Fall, dass die Liquidatorin die Verwahrstelle ist, ausdrücklich ausgeschlossen. In dieser personengesellschaftsrechtlichen Vorschrift war geregelt, dass die Liquidatoren

1304 Vgl. § 81 Abs. 1 Nr. 2 KAGB.

entweder durch einen einstimmigen Beschluss der Beteiligten oder durch gerichtliche Entscheidung auf Antrag eines Beteiligten abberufen werden konnten. Mit Einführung des MoPeG wurden allerdings sowohl § 129 Abs. 2 Satz 2 KAGB a. F. als auch § 154 Abs. 2 Satz 1 Nr. 2 Hs. 2 KAGB, in denen die Nichtanwendbarkeit von § 147 HGB a. F. enthalten war, aufgehoben. Dies legt den Schluss nahe, dass nach der vorgenommenen Aufhebung der beiden investmentrechtlichen Vorschriften jedweder Liquidator einer Inv-KG durch einstimmigen Beschluss oder, falls gesellschaftsvertraglich Abweichendes vereinbart sein sollte, durch Mehrheitsbeschluss der Gesellschafter ausgetauscht werden kann.[1305] Ausweislich der Gesetzesbegründung hierzu ist seitens des Gesetzesgebers ein solches Verständnis aber gerade nicht gewünscht.[1306] Vielmehr soll die Verwahrstelle gerade nicht in ihrer Funktion als Liquidatorin einer Inv-KG abberufen werden können, und zwar weder durch Beschluss noch durch gerichtliche Entscheidung.[1307] Mit der Streichung wollte der Gesetzgeber vermeiden, dass der Verweis auf § 147 HGB a. F. dahingehend missverstanden wird, dass vom darin enthaltenen Einstimmigkeitsprinzip abgewichen werden und ein geringes Quorum für die Abberufung der Verwahrstelle als Liquidatorin ausreichen soll.[1308] Dementsprechend ist festzustellen, dass bei der geschlossenen Inv-KG die Verwahrstelle dann nicht mehr abberufen werden kann, sobald diese Liquidatorin der geschlossenen Inv-KG wurde. Eine einmal zugunsten der Verwahrstelle getroffene Bestellung als Liquidatorin ist folglich bindend und nicht mehr durch die Gesellschafter der geschlossenen Inv-KG revidierbar. Für die offene Inv-KG ist dagegen die Wahrnehmung der Aufgabe der Liquidatorin durch die Verwahrstelle während der gesamten Liquidationsphase sogar zwingend.

Im Ergebnis ist damit festzuhalten, dass die investmentrechtlichen Vorschriften in Bezug auf die Zuständigkeit vom personengesellschaftsrechtlichen Leitbild abweichen, das grundsätzlich alle Gesellschafter als Liquidatoren vorsieht, sofern die Gesellschafter nichts anderes beschließen oder der Gesellschaftsvertrag Abweichendes re-

1305 Vgl. § 144 Abs. 4 und Abs. 5 HGB.
1306 Vgl. BT-Drs. 19/27635, Seite 286, zu Nummer 5 (§ 154 Absatz 2 Satz 1 Nr. 2).
1307 Vgl. *Eichhorn* in WM 2016, 145, (149).
1308 Vgl. BT-Drs. 19/27635, Seite 286, zu Nummer 5 (§ 154 Absatz 2 Satz 1 Nr. 2).

gelt.[1309] Das KAGB sieht dabei eine grundsätzliche Zuständigkeit der Verwahrstelle für die Liquidation einer abzuwickelnden Inv-KG vor. Im Falle der Abwicklung einer offenen Inv-KG kann von dieser Zuständigkeitsregelung auch nicht abgewichen werden, die investmentrechtlichen Spezialvorschriften sind insoweit zwingend. Für die Abwicklung einer geschlossenen Inv-KG gilt in der Regel ebenfalls, dass die Verwahrstelle mit deren Abwicklung betraut ist, allerdings wird den Gesellschaftern einer geschlossenen Inv-KG zu Beginn der Liquidation das Recht eingeräumt, andere Liquidatoren als die Verwahrstelle zu bestellen. Wird kein anderer Liquidator als die Verwahrstelle bestellt, ist allerdings auch bei der geschlossenen Inv-KG die Zuständigkeit der Verwahrstelle zwingend und unumkehrbar. Unangetastet bleibt dagegen die Abweichung vom ansonsten im Personengesellschaftsrecht geltenden Grundsatz der Selbstorganschaft, sodass auch gesellschaftsfremde Dritte als Liquidatoren fungieren können.[1310]

2.1.2. Liquidationsbericht

Weitere investmentrechtliche Spezialgesetze könnte das KAGB insbesondere in Bezug auf die Rechnungslegung im Rahmen einer Liquidation bereithalten.

2.1.2.1. Liquidationsbilanzierung bei einer geschlossenen Publikums-Inv-KG

Zunächst ist auf die Liquidationsberichterstattung einer geschlossenen Inv-KG einzugehen, die als Vehikel für ein Publikumsinvestmentvermögen dient. Für diese gibt § 161 Abs. 3 KAGB vor, dass der Liquidator jährlich sowie auf den Tag, an dem die Abwicklung endet, einen Abwicklungsbericht zu erstellen hat, der den Anforderungen eines Jahresberichts entspricht. Für diese Liquidationsberichte gelten somit die investmentrechtlichen Vorschriften über die Rechnungslegung. Diese in § 161 Abs. 3 KAGB getroffene Regelung ist deswegen bemerkenswert, weil in der Literatur bislang umstritten war, wie die Rechnungslegung einer in Abwicklung befindlichen Gesellschaft zu erfolgen hat. Der Meinungsstreit drehte sich um § 154 HGB a. F., in

1309 Vgl. nach neuer Rechtslage: § 144 Abs. 1 HGB; nach alter Rechtslage: § 146 Abs. 1 Satz 1 HGB a. F.

1310 Vgl. *K. Schmidt* in MüKo/HGB, § 146 Rn. 4.

dem bislang die Pflicht zur Aufstellung einer Liquidationsbilanz zum Anfang und zum Ende der Liquidation geregelt war. In der Literatur umstritten waren dabei die Reichweite und die daraus resultierenden Rechtsfolgen von § 154 HGB a. F.

Nach einer älteren Ansicht in der Literatur wurden die allgemeinen personengesellschaftsrechtlichen Vorschriften über die Rechnungslegung bei Auflösung der Gesellschaft durch § 154 HGB a. F. abgelöst.[1311] Für diese Ansicht lässt sich anführen, dass der Gesetzgeber für Personengesellschaften keine gesetzlichen Regelungen vorgesehen habe, die mit § 270 Abs. 1 AktG und § 71 Abs. 1 GmbHG vergleichbar gewesen seien und die gerade die weitere Erforderlichkeit der Aufstellung eines Jahresabschlusses und eines Lageberichts vorgesehen hätten. Nach dieser Ansicht folgte somit aus § 154 HGB a. F., dass für die werbende Gesellschaft eine Schlussbilanz aufzustellen sei und im Falle einer unterjährigen Auflösung der Gesellschaft ein Rumpfgeschäftsjahr entstehe.[1312] Im Anschluss daran sei für die aufgelöste Gesellschaft eine Liquidationseröffnungsbilanz als Vermögensbilanz aufzustellen.[1313] Zuletzt sei bei Beendigung des Liquidationsverfahrens eine Liquidationsschlussbilanz aufzustellen, wobei es sich auch hier um eine Vermögensbilanz handle.[1314]

Nach einer in jüngerer Zeit vertretenen Literaturansicht regelte § 154 HGB a. F. dagegen nur die interne Rechnungslegung der Liquidatoren gegenüber den Beteiligten, während es für die externe Rechnungslegung bei der Anwendung der personengesellschaftsrechtlichen Grundsätze und damit der §§ 242 ff. HGB blieb.[1315] Begründet wird dies insbesondere mit den unterschiedlichen Zweckrichtungen von der werbenden Gesellschaft und der aufgelösten Gesellschaft sowie mit der Notwendigkeit, die periodische Rechnungslegung der aufgelösten Gesellschaft fortzuführen.[1316] Konsequenz dieser Ansicht war, dass die Liquidatoren die Rechnungslegung der Gesellschaft gemäß den

---

1311 Vgl. *BGH*, Urteil vom 05.11.1979 – II ZR 145/78 = NJW 1980, 1522 (1523).

1312 Siehe Ausführungen hierzu von *Habersack* in Staub, HGB, § 154 Rn. 18.

1313 Siehe Ausführungen hierzu von *K. Schmidt* in MüKo/HGB, § 154 Rn. 4 ff.

1314 Siehe Ausführungen hierzu von *K. Schmidt* in MüKo/HGB, § 154 Rn. 7.

1315 Vgl. *K. Schmidt* in MüKo/HGB, § 154 Rn. 8 m. w. N.; *Habersack* in Staub, HGB, § 154 Rn. 8 f.; *Hillmann* in Ebenroth/Boujong/Joost/Strohn, HGB, § 154 Rn. 5.

1316 Vgl. *K. Schmidt* in MüKo/HGB, § 154 Rn. 8 und Rn. 13 f.

§§ 242 ff. HGB bis zur Vollbeendigung der Gesellschaft fortzuführen hätten und darüber hinaus im Innenverhältnis zu den an der Abwicklung der Gesellschaft Beteiligten eine interne Rechnungslegung vorzunehmen hätten, die jedoch Bestandteil der allgemeinen Rechnungslegung sein könne.[1317]

Für die zweitgenannte Ansicht sprach die unterschiedliche Zwecksetzung von den allgemeinen Rechnungslegungspflichten gemäß den §§ 242 ff. HGB und der Pflicht zur Liquidationsrechnungslegung gemäß § 154 HGB a. F. Durch die Rechnungslegung gemäß den §§ 242 ff. HGB sollen die jährliche und kontinuierliche Rechenschaft und (Selbst-)Information sichergestellt werden. Diese allgemeine personengesellschaftsrechtliche Rechnungslegung hat sowohl Dokumentations- wie auch Informationsfunktion, sie soll aber ebenso die Bemessung von Ausschüttungen an die Gesellschafter ermöglichen.[1318] Die Liquidationsrechnungslegung diente dagegen der Ermittlung des Liquidationsergebnisses, was die Aufstellung von Vermögensbilanzen zu Beginn und bei Beendigung des Liquidationsverfahrens erforderlich machte.[1319] Dementsprechend ist zu sagen, dass die beiden Arten der Rechnungslegung unterschiedliche Zielrichtungen verfolgten. Aus den unterschiedlichen Zwecksetzungen der beiden Arten der Rechnungslegung resultieren zudem unterschiedliche Adressatengruppen, an die sich die Vorschriften wenden. Die allgemeinen personengesellschaftsrechtlichen Rechnungslegungsvorschriften wenden sich sowohl an die Gesellschaft selbst (in deren Eigenschaft als Kaufmann) als auch an die Gläubiger der Gesellschaft und die Gesellschafter.[1320] Dagegen erfüllte § 154 HGB den Zweck der Rechnungslegung der Liquidatoren gegenüber den Beteiligten einer Liquidation.[1321] Der Gesetzgeber schloss sich zwischenzeitlich der jüngeren Literaturansicht an, indem er im Zusammenhang mit dem MoPeG die Fortgeltung der bilanzrechtlichen Vorschriften über die Buchführungs- und Rechnungslegungspflichten sowie die jährliche Rechnungslegung anordnete.[1322]

1317 *K. Schmidt* in MüKo/HGB, § 154 Rn. 10 ff.
1318 Vgl. *Roth* in Heidel/Schall, HGB, § 242 Rn. 2.
1319 Vgl. *Haas* in Röhricht/Graf von Westphalen/Haas, HGB, § 154 Rn. 10 f.
1320 Vgl. *Roth* in Heidel/Schall, HGB, § 242 Rn. 2.
1321 Vgl. *K. Schmidt* in MüKo/HGB, § 154 Rn. 24.
1322 Vgl. § 148 Abs. 4 Satz 2 HGB.

Für die Inv-KG, die als Vehikel für einen Publikums-AIF dient, konnte dieser Meinungsstreit dagegen als von Anfang an entschieden und damit gegenstandslos angesehen werden. Indem der Gesetzgeber die jährliche Aufstellung eines Abwicklungsberichts und die Aufstellung des Auflösungsberichts zum Zeitpunkt der Beendigung einer solchen Inv-KG vorgab, der jeweils den Anforderungen an den Jahresbericht gemäß § 158 KAGB zu genügen hat, schloss sich der Gesetzgeber zumindest für diesen Bereich der zweitgenannten Literaturansicht an.[1323] Da mit § 161 Abs. 3 KAGB eine eigenständige investmentrechtliche Vorschrift über die Rechnungslegung im Rahmen der Liquidation vorliegt, werden somit die personengesellschaftsrechtlichen Vorschriften verdrängt. Damit ist festzuhalten, dass § 161 Abs. 3 KAGB eine eigenständige Regelung für die Rechnungslegung im Rahmen der Liquidation trifft, in der die Fortführung der bisherigen Berichtspflicht nach den Grundsätzen einer werbenden Inv-KG vorgeschrieben wird.[1324] Aus der Verweisung auf § 158 KAGB und damit mittelbar auch auf § 135 KAGB ist zu folgern, dass dieser Liquidationsbericht inhaltlich den Anforderungen eines Jahresberichts entsprechen muss

2.1.2.2. Liquidationsbericht bei einer geschlossenen Spezial-Inv-KG

Im Anschluss hieran ist zu erörtern, wie die Liquidationsbilanzierung bei einer geschlossenen Inv-KG, die als Vehikel für ein Spezial-AIF dient, zu erfolgen hat. Auch hier stellt sich die Frage, ob weiterhin die Rechnungslegung nach den Vorschriften der werbenden Inv-KG – und damit anhand der Rechnungslegungsvorschriften des KAGB – zu erfolgen hat oder ob sich die Rechnungslegung bei der abzuwickelnden Gesellschaft nach anderen Rechnungslegungsvorschriften zu richten hat.

Hierzu sind die investmentrechtlichen Vorschriften zu untersuchen. Daraus ergibt sich, dass eine zu § 161 Abs. 3 KAGB vergleichbare Vorschrift für eine geschlossene Inv-KG, die als Vehikel für einen Spezial-AIF dient, nicht existiert. Aufgrund des eindeutigen Wortlauts von § 161 Abs. 3 KAGB verbietet sich im vorliegenden Fall auch die analoge Anwendung dieser Vorschrift. Denn der Wortlaut der Vor-

1323 So auch *Paul* in Weitnauer/Boxberger/Anders, KAGB § 161 Rn. 16.
1324 *Paul* in Weitnauer/Boxberger/Anders, KAGB § 161 Rn. 16.

schrift stellt explizit klar, dass die Pflicht zur Aufstellung des Jahresberichts nur für eine geschlossene Inv-KG gilt, die als Vehikel für ein Publikumsinvestmentvermögen dient.

In Ermangelung eigener Vorschriften über die Rechnungslegung im Rahmen der Liquidation führt dies bei einer geschlossenen Inv-KG, die als Vehikel für ein Spezial-AIF dient, zur grundsätzlichen Anwendung der personengesellschaftsrechtlichen Vorschriften. In der Folge ist richtet sich die Buchführungs- und Rechnungslegungspflicht einer als Vehikel für ein Spezial-AIF dienenden Inv-KG im Rahmen der Liquidation über § 148 Abs. 4 HGB nach den personengesellschaftsrechtlichen Vorschriften.[1325] Dies ist deswegen misslich, weil das KAGB mit § 158 KAGB i. V. m. § 135 KAGB eigene Grundsätze für die investmentrechtliche Berichterstattung kennt, die zusätzlich durch die KARBV konkretisiert werden. So folgt beispielsweise der Aufbau der Bilanz im Jahresbericht gemäß den investmentrechtlichen Vorschriften § 135 Abs. 2 Satz 1 KAGB der Staffelform, die durch § 21 KARBV konkretisiert wird, während die Bilanz nach Maßgabe der personengesellschaftsrechtlichen Bestimmungen gemäß § 266 Abs. 1 Satz 1 HGB in Kontoform[1326] aufzustellen ist. Ebenso kennt das Investmentrecht eigenständige Bewertungsvorschriften, die zu Teilen wiederum durch die KARBV konkretisiert werden und von den in den §§ 252 ff. HGB enthaltenen personengesellschaftsrechtlichen Bewertungsvorschriften abweichen können. Die konsequente Anwendung von § 148 Abs. 4 Satz 2 HGB über die Verweisungen in § 124 Abs. 1 Satz 2 KAGB bzw. § 149 Abs. 1 Satz 2 KAGB i. V. m. § 161 Abs. 2 HGB würde somit dazu führen, dass sich die anzuwendenden Buchführungs- und Rechnungslegungsvorschriften sowie die anzuwendenden Bewertungsvorschriften ab dem Zeitpunkt der Liquidation der betroffenen Inv-KG grundlegend ändern würden. Ungeachtet des Aufwands und der daraus resultierenden Kosten, die eine solche Umstellung in der Buchführung und der Rechnungslegung mit sich bringt, kann eine solche Umstellung in der Buchführung und Rechnungslegung ab dem Zeitpunkt der Liquidation aus Gründen des Anlegerschutzes und des Schutzes des Rechtsverkehrs kaum gewünscht sein. Auch mit den formellen Grundsätzen einer ordnungsgemäßen

1325 So wohl auch *Wallach* in Assmann/Wallach/Zetzsche, KAGB, § 161 Rn. 26.
1326 Vgl. § 266 Abs. 2 und Abs. 3 HGB.

Buchführung, die gemäß § 5 Abs. 1 KARBV auch im Investmentrecht gelten, ist eine solche Umstellung nur schwer vereinbar.

Dieser mehr als unglücklichen Rechtslage kann dadurch begegnet werden, dass die Verweisung auf § 148 Abs. 4 Satz 2 HGB dahingehend verstanden wird, dass in Bezug auf eine abzuwickelnde Inv-KG, die als Vehikel für ein Spezial-AIF dient, die investmentrechtlichen Pflichten zur Buchführung und Jahresrechnungslegung fortgelten sollen. Auf diese Weise wird eine Kontinuität der Buchführungs- und Rechnungslegung gewährleistet, welche im Sinne aller Gesellschafter und aller Marktteilnehmer ist. Es wäre allerdings wünschenswert, wenn der Gesetzgeber sich dazu entscheiden würde, die Fortführung der bisherigen Buchführungs- und Rechnungslegungsvorschriften sowie der bisherigen Bewertungsvorschriften generell festzuschreiben.

2.1.2.3. Liquidationsbericht bei einer offenen Inv-KG

Zuletzt soll darauf eingegangen werden, wie die Berichterstattung im Rahmen der Liquidation bei einer offenen Inv-KG zu erfolgen hat. Eine entsprechende investmentrechtliche Regelung, die sich mit der Auflösung und Liquidation der offenen Inv-KG auseinandersetzt, findet sich zwar mit § 138 KAGB. Diesbezüglich ist jedoch festzuhalten, dass die Vorschrift mit § 138 Abs. 1 KAGB die Auflösung der Gesellschaft bzw. Kündigungsmöglichkeiten der Anleger und mit § 138 Abs. 2 KAGB die Nachhaftung der Anleger regelt, jedoch keine Regelungen für das Liquidationsverfahren vorsieht. Somit ist festzuhalten, dass eine eigenständige Regelung des Liquidationsverfahrens für die offene Inv-KG fehlt. Hieraus ist die Schlussfolgerung zu ziehen, dass es bei der Anwendung der §§ 145 ff. HGB bleibt.

Aufgrund der Anwendung der personengesellschaftsrechtlichen Vorschriften über die Liquidationsbilanzierung sind die oben dargestellten Ausführungen zur KG auch auf die offene Inv-KG anzuwenden. Auch hier gilt, dass die Anwendung der personengesellschaftsrechtlichen Vorschriften im Rahmen der Liquidation eine Abweichung von den ursprünglich geltenden investmentrechtlichen Vorschriften im Hinblick auf die Buchführung und die Rechnungslegung sowie auf die Bewertungen zur Folge hätte. Dementsprechend ist auch hier zu sagen, dass die Verweisung auf § 148 Abs. 4 Satz 2 HGB so zu verstehen ist, dass die investmentrechtlichen Vorschriften über die Buchführung und die Rechnungslegung sowie die Bewertungen für die zu liquidierende Inv-KG fortgelten sollen, um den Interessen des Rechtsverkehrs und dem Anlegerschutz gerecht zu werden. Auch hier wäre aber eine klarstellende Regelung über die Fortführung der investmentrechtlichen Buchführungs- und Rechnungslegungsvorschriften im Rahmen der Liquidation zu begrüßen.

2.1.3. Keine abschließende Regelung der Liquidation durch die investmentrechtlichen Vorschriften

Über die vorstehenden aufsichtsrechtlichen Besonderheiten hinaus hält das KAGB keine weiteren Vorschriften über die Liquidation parat. In der Folge bleiben insbesondere das eigentliche Liquidationsverfahren und die Verteilung des Gesellschaftsvermögens sowie die registergerichtlichen Anforderungen in Bezug auf die Inv-KG ungeregelt. Folglich ist zu bemerken, dass die investmentrechtlichen Vorschriften über die Liquidation damit rudimentär bleiben.

2.2. Anwendung der personengesellschaftsrechtlichen Vorschriften über die Liquidation auf die Inv-KG

Wie gesehen regelt das KAGB die Liquidation einer Inv-KG nur im Hinblick auf den Liquidationsbericht und die Liquidatoren. In der Folge bleibt Raum für die personengesellschaftsrechtlichen Vorschriften über die Liquidation, die subsidiär neben den investmentrechtlichen Sondervorschriften anzuwenden sind.

2.2.1. Umfang des Liquidationsverfahrens

In Ermangelung eigenständiger investmentrechtlicher Vorschriften richten sich der Umfang des Liquidationsverfahrens einer Inv-KG sowie deren Art und Weise nach den personengesellschaftsrechtlichen Vorschriften. Der Umfang der Abwicklung der Liquidation wird primär durch § 148 Abs. 2 und Abs. 5 HGB[1327] konkretisiert, der die Aufgaben der Liquidatoren umschreibt, ohne dabei abschließend zu sein.[1328] Die vorrangigen Aufgaben der Liquidatoren sind die Been-

1327 Nach alter Rechtslage: § 149 HGB a. F.
1328 Vgl. *Habersack* in Staub, HGB, § 149 Rn. 1.

digung der laufenden Geschäfte der Gesellschaft, die Einziehung von Forderungen, die Umsetzung des Gesellschaftsvermögens in Geld und die Befriedigung der Gläubiger.[1329]

Dagegen machen auch die personengesellschaftsrechtlichen Vorschriften über die Art und Weise, wie die Liquidatoren diese zuvor genannten Aufgaben umzusetzen haben, kaum Angaben. Vielmehr wird die Durchführung des Liquidationsverfahrens den Gesellschaftern – sowie unter Umständen den in § 145 Abs. 2 HGB[1330] genannten Beteiligten – überlassen, die somit die Herren über die Art und Weise der Abwicklung einer Inv-KG sind.[1331] Die Gesellschafter sind dabei in der Gestaltung des Liquidationsverfahrens weitestgehend frei.[1332]

Die Regelungen über das Verfahren können entweder durch Beschlüsse der Gesellschafter gemäß § 148 Abs. 1 HGB[1333] aufgestellt oder im Gesellschaftsvertrag geregelt werden. Ein Gesellschafterbeschluss im Sinne von § 148 Abs. 1 HGB[1334] bedarf regelmäßig der einstimmigen Beschlussfassung, sofern der Gesellschaftsvertrag keine Erleichterung vorsieht.[1335] Fehlt ein Weisungsbeschluss, haben die Liquidatoren die Liquidation nach Maßgabe von § 148 Abs. 2 und Abs. 5 HGB[1336] auszurichten.[1337]

2.2.2. Verteilung des verbleibenden Vermögens; Abschluss der Liquidation

Nach Durchführung der eigentlichen Abwicklung ist das verbleibende Gesellschaftsvermögen auf die Gesellschafter zu verteilen. Auch diese Verteilung richtet sich mangels besonderer investmentrechtlicher Regelungen nach den personengesellschaftsrechtlichen Vorschriften. Zu unterscheiden ist dabei zwischen der vorläufigen Verteilung und der Schlussverteilung.

1329 Vgl. *Kamanabrou* in Oetker, HGB, § 149 Rn. 3.
1330 Nach alter Rechtslage: § 146 Abs. 2 Satz 2 und Abs. 3 HGB a. F.
1331 Vgl. *Haas* in Röhricht/Graf von Westphalen/Haas, HGB, § 152 Rn. 1.
1332 Vgl. *K. Schmidt* in MüKo/HGB, § 145 Rn. 12.
1333 Nach alter Rechtslage: § 152 HGB a. F.
1334 Nach alter Rechtslage: § 152 HGB a. F.
1335 Vgl. *Habersack* in Staub, HGB, § 152 Rn. 3.
1336 Nach alter Rechtslage: § 149 Satz 1 HGB a. F.
1337 Vgl. *Habersack* in Staub, HGB, § 152 Rn. 11.

Die vorläufige Verteilung ist in § 148 Abs. 7 HGB[1338] geregelt. Diese findet – wie die Bezeichnung bereits andeutet – vor Beendigung des Liquidationsverfahrens statt.[1339] Der vorläufigen Verteilung gemäß § 148 Abs. 7 HGB[1340] unterliegen dabei diejenigen Geldmittel, die für die Liquidation nicht mehr benötigt werden. Da die Gesellschafter durch § 148 Abs. 7 HGB[1341] einen gesetzlichen Anspruch auf die vorläufige Verteilung haben, müssen die Liquidatoren sich eine Übersicht über das Gesellschaftsvermögen verschaffen, um auf dieser Basis eine Feststellung über die freien und somit nicht mehr benötigten Mittel der Gesellschaft zu treffen.[1342] Für die Liquidation erforderlich sind insbesondere diejenigen Mittel, die gemäß § 148 Abs. 5 Satz 2 HGB[1343] für die Begleichung von noch nicht fälligen oder streitigen Verbindlichkeiten zurückbehalten werden müssen. Die entbehrlichen Geldmittel werden anschließend an die Gesellschafter in dem voraussichtlichen Verhältnis ihrer Liquidationsanteile verteilt.[1344] Hat ein einzelner Gesellschafter oder haben mehrere/alle Gesellschafter im Rahmen der vorläufigen Verteilung eine zu hohe Abschlagszahlung erhalten, besteht eine Rückzahlungspflicht an die Gesellschaft;[1345] ein Direktanspruch eines Gesellschaftsgläubigers gegen einen Gesellschafter besteht dagegen nicht.[1346]

Im Nachgang der Tilgung aller Verbindlichkeiten der Gesellschaft und der Versilberung der Vermögenswerte der Gesellschaft wird das verbleibende Gesellschaftsvermögen durch die Liquidatoren an die Gesellschafter verteilt.[1347] Die Verteilung erfolgt gemäß § 148 Abs. 8 HGB[1348] nach dem Verhältnis der Kapitalanteile der Gesellschafter, wie sich diese aus der Schlussbilanz ergeben.[1349] Bei der Aufstellung der Schlussbilanz haben die Liquidatoren somit unter anderem

---

1338 Nach alter Rechtslage: § 155 Abs. 2 HGB a. F.

1339 Vgl. *Haas* in Röhricht/Graf von Westphalen/Haas, HGB, § 155 Rn. 2.

1340 Nach alter Rechtslage: § 155 Abs. 2 Satz 1 HGB a. F.

1341 Nach alter Rechtlage: § 155 Abs. 2 Satz 1 HGB a. F.

1342 Vgl. *K. Schmidt* in MüKo/HGB, § 155 Rn. 4.

1343 Nach alter Rechtslage: § 155 Abs. 2 Satz 2 HGB a. F.

1344 Vgl. *Haas* in Röhricht/Graf von Westphalen/Haas, HGB, § 155 Rn. 3.

1345 Vgl. *Habersack* in Staub, HGB, § 155 Rn. 27.

1346 Vgl. *Haas* in Röhricht/Graf von Westphalen/Haas, HGB, § 155 Rn. 2a.

1347 Vgl. *Habersack* in Staub, HGB, § 155 Rn. 5.

1348 Nach alter Rechtslage: § 155 Abs. 1 HGB a. F.

1349 Vgl. *Haas* in Röhricht/Graf von Westphalen/Haas, HGB, § 155 Rn. 8.

im Rahmen einer Gesamtabrechnung (d.h. unter Einbeziehung sämtlicher Sozialansprüche und -verbindlichkeiten) die Kapitalanteile der Gesellschafter zu ermitteln.[1350] Regelmäßig handelt es sich dabei um einen Geldanspruch der Gesellschafter.[1351]

Das Abwarten eines Sperrjahres, wie es für Kapitalgesellschaften vorgeschrieben ist,[1352] braucht bei der Abwicklung einer Personengesellschaft – und damit auch bei der KG nach den Vorschriften des HGB – grundsätzlich nicht eingehalten zu werden. Damit ist eine Verteilung des Gesellschaftsvermögens an die Gesellschafter schon dann möglich, wenn bekannte Verbindlichkeiten beglichen und keine weiteren Verbindlichkeiten bekannt sind.[1353] Abweichend von diesem personengesellschaftsrechtlichen Grundsatz ist bei einer KG, die über keine natürliche Person als persönlich haftenden Gesellschafter verfügt, dagegen anerkannt, dass ein Aufruf an die Gläubiger und das Abwarten eines Sperrjahres der Verteilung des verbleibenden Gesellschaftsvermögens an die Gesellschafter vorauszugehen haben.[1354] Insoweit ist zum Schutze der Gesellschaftsgläubiger § 73 GmbHG analog anzuwenden, sodass dem § 73 GmbHG zuwider geleistete Zahlungen an die Gesellschaft zurückzuzahlen sind.[1355] In der Praxis wird daher in der Regel das Sperrjahr abzuwarten sein, da sich in der Praxis faktisch keine Inv-KG findet, in der eine natürliche Person als persönlich haftender Gesellschafter auftritt.

Durch die Verteilung des verbleibenden Gesellschaftsvermögens an die Gesellschafter soll die Vollbeendigung der Gesellschaft herbeigeführt werden.[1356] Dieses Ziel ist dann erreicht, sobald die Gesellschaft über keinerlei Aktivvermögen mehr verfügt – in diesem Fall ist die Liquidation abgeschlossen.[1357] Mit der Beendigung der Liquidation erlischt die Gesellschaft kraft Gesetzes.[1358]

1350 Vgl. *Habersack* in Staub, HGB, § 155 Rn. 10.
1351 Vgl. *K. Schmidt* in MüKo/HGB, § 155 Rn. 45.
1352 Vgl. § 73 GmbHG für die GmbH und § 272 Abs. 1 AktG für die AG.
1353 Vgl. *K. Schmidt* in MüKo/HGB, § 155 Rn. 48.
1354 Vgl. *Habersack* in Staub, HGB, § 155 Rn. 17.
1355 Vgl. *K. Schmidt* in MüKo/HGB, § 155 Rn. 49.
1356 Vgl. *Habersack* in Staub, HGB, § 155 Rn. 34.
1357 Vgl. *Habersack* in Staub, HGB, § 157 Rn. 6.
1358 Vgl. *K. Schmidt* in MüKo/HGB, § 157 Rn. 9 f.

2.2.3. Registergerichtliche Anforderungen

Im Zuge der Liquidation ist zudem zu beachten, dass diverse Informationen beim zuständigen Handelsregister anzumelden sind. Diese registergerichtlichen Vorschriften gelten mangels eigener investmentrechtlicher Vorschriften für die Inv-KG entsprechend.

Zuvorderst sind die Liquidatoren sowie deren Vertretungsmacht gemäß § 147 Abs. 1 Satz 1 HGB[1359] beim Handelsregister anzumelden. Auch etwaige Änderungen im Kreis der Liquidatoren bzw. an deren Vertretungsbefugnis müssen gemäß § 147 Abs. 1 Satz 2 HGB[1360] gegenüber dem Handelsregister angemeldet werden. Wie sich aus dem Wort- laut von § 147 Abs. 1 Satz 1 HGB[1361] ergibt, hat die Anmeldung zum Handelsregister durch sämtliche Gesellschafter zu erfolgen, allerdings ist eine rechtsgeschäftliche oder gesellschaftsvertragliche Bevollmächtigung einzelner oder mehrerer Gesellschafter zur Vornahme der Anmeldung möglich.[1362] Bei Publikumsgesellschaften ist regelmäßig von einer stillschweigenden Bevollmächtigung der geschäftsführenden Gesellschafter bzw. Liquidatoren auszugehen.[1363] Lediglich die Bestellung oder Abberufung von Liquidatoren durch gerichtliche Entscheidungen brauchen nicht beim Handelsregister angemeldet zu werden, da hier die Eintragung des jeweiligen Vorgangs gemäß § 147 Abs. 2 HGB[1364] von Amts wegen erfolgt. Wie gesehen kann die Abberufung aufgrund gerichtlicher Anordnung nur bei der geschlossenen Inv-KG und auch hier nur dann vorkommen, wenn andere Liquidatoren als die Verwahrstelle bestellt wurden, da die Abberufung der Verwahrstelle als Liquidatorin durch gerichtliche Entscheidung gerade nicht möglich ist. In allen vorgenannten Fällen hat die Eintragung bezüglich der Liquidatoren nur deklaratorische Wirkung.[1365]

Außerdem ist nach Beendigung der Liquidation das Erlöschen der Firma – und gerade nicht die Beendigung der Liquidation – gemäß § 150

1359 Nach alter Rechtslage: § 148 Abs. 1 Satz 1 HGB a. F.
1360 Nach alter Rechtslage: § 148 Abs. 1 Satz 2 HGB a. F.
1361 Nach alter Rechtslage: § 148 Abs. 1 Satz 1 HGB a. F.
1362 Vgl. *K. Schmidt* in MüKo/HGB, § 148 Rn. 7.
1363 Vgl. *K. Schmidt* in MüKo/HGB, § 148 Rn. 8; *Hillmann* in Ebenroth/Boujong/Joost/Strohn, HGB, § 148 Rn. 3.
1364 Nach alter Rechtslage: § 148 Abs. 2 HGB a. F.
1365 Vgl. *K. Schmidt* in MüKo/HGB, § 148 Rn. 3.

HGB[1366] beim Handelsregister anzumelden. Die Anmeldung über das Erlöschen der Firma hat dabei nur deklaratorische Wirkung und dient der Registerpublizität.[1367] Die Anmeldung hat dabei durch sämtliche Liquidatoren zu erfolgen.[1368]

2.3. Fazit bzgl. der Liquidation einer Inv-KG

Die Liquidation einer Inv-KG folgt weitgehend den personengesellschaftsrechtlichen Vorschriften, allerdings werden diese durch die investmentrechtlichen Bestimmungen in einigen bestimmten Bereichen modifiziert.

Die erste spezialgesetzliche Abweichung von den personengesellschaftsrechtlichen Grundsätzen über die Liquidation betrifft die Frage nach dem Liquidator. Dabei wird die Rolle der Liquidatorin bei der offenen Inv-KG – und in Abweichung vom personengesellschaftsrechtlichen Grundsatz, wonach die Liquidation in Ermangelung abweichender gesellschaftsrechtlicher Regelungen oder Beschlussfassungen durch sämtliche Gesellschafter zu erbringen ist – zwingend der Verwahrstelle zugewiesen. Bei der geschlossenen Inv-KG gilt die Zuweisung zugunsten der Verwahrstelle dagegen nur dann, wenn die Gesellschafter keine anderen Liquidatoren bestellen oder im Gesellschaftsvertrag vorsehen. Wird die Verwahrstelle einer geschlossenen Inv-KG als Liquidatorin bestellt, ist diese Bestellung aber irreversibel. Allerdings ist zu beanstanden, dass sich das Recht der Gesellschafter, andere Liquidatoren als die Verwahrstelle zu bestellen, nicht in die übrigen Vorschriften des KAGB einfügt. Ein einheitliches Bild würde sich dann ergeben, wenn es zur Aufhebung von § 154 Abs. 2 Satz 1 Nr. 2 KAGB käme. Eine Alternative hierzu wäre umgekehrt eine Angleichung der übrigen investmentrechtlichen Vorschriften über die Liquidatoren[1369] bzw. Abwickler[1370] an § 154 Abs. 2 Satz 1 Nr. 2 KAGB. Aus Sicht der Fondspraxis ist dabei die letztgenannte Alternative vorzugswürdig.

Eine weitere Modifikation der personengesellschaftsrechtlichen Vorschriften betrifft die Buchführungs- und Rechnungslegungspflicht.

1366 Vgl. § 157 Abs. 1 HGB a. F.
1367 Vgl. *K. Schmidt* in MüKo/HGB, § 157 Rn. 7.
1368 Vgl. *Habersack* in Staub, HGB, § 157 Rn. 8.
1369 Siehe § 129 Abs. 2 KAGB.
1370 Vgl. § 112 Abs. 1 KAGB und § 144 KAGB.

Für eine geschlossene Inv-KG, die als Vehikel für ein Publikumsinvestmentvermögen dient, wird explizit die Fortgeltung der investmentrechtlichen Buchführungs- und Rechnungslegungsvorschriften vorgeschrieben. Zu beanstanden ist allerdings, dass das KAGB keine generelle Fortgeltung dieser investmentrechtlichen Buchführungs- und Rechnungslegungsvorschriften enthält. Denn in Ermangelung einer solchen Regelung sind nach der derzeit geltenden Rechtslage für eine als Vehikel für ein Spezial-AIF dienende Inv-KG die personengesellschaftsrechtlichen Buchführungs- und Rechnungslegungsvorschriften anzuwenden. Dies würde aber dazu führen, dass der Liquidationsbericht nach den Buchführungs- und Rechnungslegungsvorschriften des HGB aufzustellen wäre und nicht mehr nach den investmentrechtlichen Rechnungslegungsgrundsätzen. Eine solche Umstellung von der investmentrechtlichen Rechnungslegung auf die personengesellschaftsrechtliche Rechnungslegung wäre weder im Interesse des Rechtsverkehrs noch im Interesse der Gesellschafter. Der Verweis auf § 148 Abs. 4 Satz 2 HGB ist daher so auszulegen, dass die investmentrechtlichen Vorschriften über die Buchführung und die Rechnungslegung auch in der Liquidation gelten sollen. Dem Gesetzgeber ist auf Basis der vorstehenden Ausführungen anzuraten, den § 161 Abs. 3 KAGB anzupassen, beispielsweise wie folgt:

„*Wird eine geschlossene Investmentkommanditgesellschaft abgewickelt, hat der Liquidator jährlich sowie auf den Tag, an dem die Abwicklung beendet ist, einen Abwicklungsbericht zu erstellen, der den Anforderungen nach § 158 entspricht.*“

Für die offene Inv-KG ist dagegen zu empfehlen, in Anlehnung an die vorgenannte angepasste Variante von § 161 Abs. 3 KAGB einen neuen § 138 Abs. 2 KAGB einzufügen:

„*Wird eine offene Investmentkommanditgesellschaft abgewickelt, hat der Liquidator jährlich sowie auf den Tag, an dem die Abwicklung beendet ist, einen Abwicklungsbericht zu erstellen, der den Anforderungen nach § 158 entspricht.*“

Im Übrigen bleibt es bei der Anwendung der personengesellschaftsrechtlichen Vorschriften über die Liquidation. Dies betrifft vor allem die registerrechtlichen Anforderungen und die Verteilung des verbleibenden Vermögens.

XI. Abschließende Beurteilung

1. Allgemeine Zusammenfassung der Ergebnisse der Arbeit

Begrüßen ist zunächst, dass die Inv-KG als weiteres Vehikel für die Auflage von Investmentvermögen durch den Gesetzgeber zur Verfügung gestellt wurde. Dies ist darin begründet, dass geschlossene Fonds, die bis zum Inkrafttreten des KAGB gerade nicht der Regulierung unterlagen, regelmäßig in der Rechtsform der KG aufgelegt wurden. Mit der Inv-KG kann diese Praxis aufrechterhalten werden, was für die Fondspraxis in Deutschland von Bedeutung ist. Der Gesetzgeber darf sich insoweit bestätigt fühlen, da die Inv-KG in der Praxis bislang gut angenommen wurde. Dabei erfreut sich die geschlossene Inv-KG als Investmentvehikel für Investitionen in Sachwerte großer Beliebtheit. Aufgrund der fehlenden Rückgabemöglichkeit während der vorgesehenen Laufzeit ist die geschlossene Inv-KG – wie auch andere geschlossene Investmentvermögen – ideal für derartige Investitionen geeignet, da Sachwerte zu den illiquiden Vermögensgegenständen zu rechnen sind. Ein kurzfristiger Verkauf illiquider Vermögensgegenstände ist regelmäßig nur schwierig zu bewerkstelligen und geht in der Regel mit Wertabschlägen einher, sodass sie sich für offene Fondsstrukturen mit ihrer Möglichkeit zur Anteilsrückgabe nur bedingt oder nur zur Beimischung eignen. Dagegen konnte die offene Inv-KG die in sie gesetzten Hoffnungen, wonach Konzerne das betriebliche Altersvorsorgevermögen ihrer Mitarbeiter in Deutschland bündeln, noch nicht gerecht werden. Dennoch ist es begrüßenswert, dass die Inv-KG auch als offene Variante ausgestaltet werden kann, da hierdurch der Fondspraxis ein weiterer Gestaltungsspielraum eröffnet wird. Dies ist insbesondere vor dem Hintergrund wichtig, dass der deutsche Fondsstandort mit anderen Standorten im Wettbewerb steht – in der EU sind hierbei insbesondere Luxemburg und Irland zu nennen. Auch aufgrund des internationalen Wettbewerbs ist es allerdings schade, dass die offene Inv-KG derzeit nur von Spezial-AIF als Investmentvehikel genutzt werden kann. Insgesamt zeigen sich andere Jurisdiktionen bei der Auswahl möglicher Investmentvehikel deutlich flexibler.

Kritisch zu beurteilen ist allerdings, wie die Inv-KG im KAGB umgesetzt wurde. Nachvollziehbar ist zwar, dass sich der Gesetzgeber hierbei an der Inv-AG orientierte. Bei dieser gelten grundsätzlich die Vorschriften des AktG, welche durch die investmentrechtlichen Vorschriften modifiziert werden, soweit dies aufgrund aufsichtsrechtlicher Besonderheiten geboten ist. Dieses Konzept übertrug der Gesetzgeber auch auf die Inv-KG, in- dem er durch entsprechende Verweisungsketten die personengesellschaftsrechtlichen Vorschriften auch für die Inv-KG für anwendbar erklärte und diese durch die investmentrechtlichen Vorschriften modifizierte. Hierbei wurde allerdings verkannt, dass die Regelungsdichte im Aktienrecht ungleich höher ist als im Personengesellschaftsrecht, woran sich auch nach dem Inkrafttreten des MoPeG nichts geändert hat. Denn das Aktienrecht einerseits und das Personengesellschaftsrecht andererseits folgen jeweils einem anderen Modell. Die klassische AG unterliegt gemäß § 23 Abs. 5 AktG dem Grundsatz der Satzungsstrenge. Danach sind individuelle Regelungen in der Satzung nur dort möglich, wo das AktG entweder keine eigene Regelung bereithält oder explizit Abweichungen von den aktienrechtlichen Regelungen erlaubt. Hieraus ergibt sich die hohe aktienrechtliche Regelungsdichte. Das Personengesellschaftsrecht verfolgt das genau umgekehrte Prinzip. Hier wird den Gesellschaftern ein umfangreiches Maß an möglicher Individualisierung der Beziehungen zwischen der Gesellschaft und ihren Gesellschaftern sowie zwischen den einzelnen Gesellschaftern zugestanden. Dies zeigt sich einerseits in der deutlich geringeren Regelungsdichte der personengesellschaftsrechtlichen Vorschriften und andererseits in diversen personengesellschaftsrechtlichen Vorschriften zur Disposition durch abweichende gesellschaftsvertragliche Vereinbarungen.

Zudem blieb bei der Umsetzung der Inv-KG unberücksichtigt, dass das klassische Personengesellschaftsrecht auch weiterhin stark von den persönlichen Beziehungen zwischen den Gesellschaftern geprägt ist. Dieser persönliche Ansatz passt allerdings nicht oder allenfalls sehr bedingt auf die Inv-KG. Denn diese zeichnet sich regelmäßig, wie auch die anderen beiden Vehikel von Investmentvermögen, durch eine hohe Standardisierung und eine allenfalls geringe Einflussnahme der Anleger im Rahmen der Konzeption eines Fonds aus. Mit der vorstehenden Arbeit wurde gerade gezeigt, dass bei diversen Themen nicht oder nicht in einem angemessenen Umfang von den personengesellschaftsrechtlichen Vorschriften durch die investmentrechtlichen

Vorschriften aufgrund aufsichtsrechtlicher Vorschriften abgewichen wurde. In der Folge ergeben sich Widersprüche zwischen einzelnen Vorschriften des Personengesellschaftsrechts und des Investmentrechts, die bisweilen nur mit hohem Aufwand aufgelöst werden können. Zudem wirkt sich die an sich im Personengesellschaftsrecht wünschenswerte Möglichkeit, den Gesellschaftern ein hohes Maß an Flexibilität bei der Ausgestaltung des Gesellschaftsvertrags zuzugestehen, auf das investmentrechtliche Modell der Verweisung nachteilig aus.

Ganz generell lässt sich sagen, dass die Inv-KG aufgrund der vergleichsweise geringen Regelungsdichte im Personengesellschaftsrecht und des Umstands, dass diese zu weiten Teilen dispositiv sind, einer wesentlich umfangreicheren Regelungsdichte bedarf, als dies bislang geschehen ist. Gerade im Hinblick auf den gebotenen Anlegerschutz und dem Umstand, dass es sich bei einem Investmentvermögen um ein Anlageprodukt handelt, würde der Inv-KG ein höheres Maß an Regelungsdichte gut tun. So bleibt es derzeit der Praxis überlassen, die aufgezeigten Unstimmigkeiten zwischen dem klassischen Gesellschaftsrecht und den investmentrechtlichen Anforderungen durch Gestaltung von Gesellschaftsvertrag und Anlagebedingungen aufzulösen.

2. Darstellung der Bereiche, in denen die personengesellschaftsrechtlichen Vorschriften ausreichen

Einzelne Bereiche in Bezug auf die Inv-KG haben zwar keine eigenständige Regelung erfahren, doch ist bei ihnen ein Rückgriff auf die personengesellschaftsrechtlichen Vorschriften und Grundsätze ausreichend und angemessen. Dies gilt zunächst für die Errichtung einer Inv-KG, die sich nach personengesellschaftsrechtlichen Vorschriften richtet und für die es folglich auf den Abschluss des Gesellschaftsvertrags ankommt.[1371] Einer eigenständigen investmentrechtlichen Regelung hierzu bedarf es in der Tat nicht. Selbiges gilt für die Entstehung einer Inv-KG im Innenverhältnis, bei der es nach Maßgabe der personengesellschaftsrechtlichen Vorschriften auf den Abschluss des Ge-

1371 Vgl. Teil B. Kapitel II. Ziffer 1.2. „Errichtung einer Inv-KG nach Maßgabe der personengesellschafts- rechtlichen Vorschriften“.

sellschaftsvertrags ankommt.[1372] Ebenso hat sich gezeigt, dass es bei der Anwendung des Grundsatzes der Verbandssouveränität verbleibt und dieser insbesondere bei der Ausgestaltung als extern verwaltete Inv-KG nicht verletzt wird.[1373]

Weiterhin verbleibt es bei der Frage, in welcher Art und Weise die Gesellschafter an einer Inv-KG beteiligt sind, bei der Anwendung der personengesellschaftsrechtlichen Vorschriften.[1374] Sowohl für die intern verwaltete Inv-KG als auch für die extern verwaltete Inv-KG gilt demgemäß, dass sich der Umfang der Beteiligung an einer Inv-KG sowie an deren Gewinn und Verlust nach Maßgabe der Beteiligungshöhe richtet. Nach dem gesetzlichen Leitbild, von dem durch gesellschaftsvertragliche Vereinbarungen abgewichen werden kann, gilt für die Komplementäre einer Inv-KG das Ein-Konten-Modell und die Kommanditisten einer Inv-KG das Zwei-Konten-Modell. Aus investmentrechtlichen Gründen ist nach der hier vertretenen Ansicht allerdings zu beachten, dass durch den Grundsatz der fairen Behandlung der Anleger eine disquotale Verteilung des Jahresergebnisses in der Regel nicht möglich ist.

Auch das Entnahmerecht der Gesellschafter einer Inv-KG folgt dem Personenrecht.[1375] Damit steht den Gesellschaftern einer Inv-KG gemäß dem gesetzlichen Leitbild nach dem MoPeG grundsätzlich das Recht zur Entnahme des gesamten Jahresergebnisses zu. Bei den Komplementären wird dieses Recht zur Entnahme allerdings dann beschränkt, wenn dies zum offenbaren Schaden der Gesellschaft gereichen würde oder der entsprechende Komplementär seine fällige Einlage nicht geleistet hat. Bei den Kommanditisten einer Inv-KG ist das Recht zur Entnahme nach dem Inkrafttreten des MoPeG dann ausgeschlossen, wenn dies zu einem offenbaren Schaden der Gesellschaft führen würde oder ihr Kapitalanteil unter die Einlage abgemindert ist oder durch die Entnahme abgemindert würde. Unklar beim Entnahmerecht der Kommanditisten ist aber, ob das Entnahmerecht auch ausge-

1372 Vgl. Teil B. Kapitel II. Ziffer 2.1. „Die Entstehung einer Inv-KG im Innenverhältnis".

1373 Vgl. Teil B. Kapitel VI. Ziffer 1. „Anwendbarkeit des Grundsatzes der Verbandssouveränität auf die Inv-KG".

1374 Vgl. Teil B. Kapitel V. Ziffer 2.3. „Fazit bzgl. der Beteiligung der Gesellschafter".

1375 Vgl. Teil B. Kapitel V. Ziffer 3.4. „Fazit bzgl. des Entnahmerechts".

schlossen ist, wenn ein Kommanditist seine fällige Einlage noch nicht geleistet hat. Insoweit stehen sich § 169 Abs. 1 HGB und § 122 Satz 2 HGB entgegen. Die besseren Gründe sprechen dafür, dass § 169 Abs. 1 HGB dem § 122 Satz 2 HGB vorgeht und ein Kommanditist auch dann zur Entnahme berechtigt ist, wenn er seine fällige Einlage noch nicht geleistet hat. Bis der Gesetzgeber diesem Widerspruch zwischen den beiden personengesellschaftsrechtlichen Vorschriften abhilft, ist dem Umstand mit einer teleologischen Reduktion von § 122 Satz 2 HGB zu begegnen.

Zudem bleibt es bei der Haftung der Komplementäre einer Inv-KG bei der Anwendung der personengesellschaftsrechtlichen Vorschriften,[1376] Abweichungen von den personengesellschaftsrechtlichen Vorschriften diesbezüglich sind aufgrund aufsichtsrechtlicher Besonderheiten nicht geboten. Dies ist deswegen der Fall, weil es sich bei den Komplementären einer Inv-KG regelmäßig um einen Gesellschafter handelt, der dem Kreis der Initiatoren zuzurechnen ist.

3. Darstellung der Bereiche, in denen eigenständige investmentrechtliche Regelungen anzuraten sind

Daneben gibt es Abschnitte, bei denen die Aufnahme weiterer eigenständiger investmentrechtlicher Vorschriften zur Inv-KG angeraten wird. Zu nennen ist zunächst die Entstehung einer Inv-KG. Nach der hier vertretenen Auffassung richtet sich die Entstehung einer Inv-KG sowohl im Innen- als auch im Außenverhältnis nach den personengesellschaftsrechtlichen Vorschriften. Für die Entstehung der Inv-KG im Außenverhältnis kommt es somit darauf an, ob es sich bei der jeweils zu beurteilenden Inv-KG um eine gewerbliche Gesellschaft handelt oder nicht.[1377] Die Ausführungen hierzu zeigen jedoch, dass diese Abgrenzung für die Inv-KG nicht passend ist. Vorzugswürdig wäre vielmehr eine gesetzliche Normierung, wonach es sich bei einer Inv-KG stets um eine rein vermögensverwaltende Gesellschaft handelt,

---

1376 Vgl. Teil B. Kapitel VIII. Ziffer 1.4. „Fazit bzgl. der Haftung der Komplementäre“.

1377 Vgl. Teil B. Kapitel II. Ziffer 2.2.2. „Anwendung der personengesellschaftsrechtlichen Grundsätze zur Entstehung einer Personengesellschaft im Außenverhältnis auf die Inv-KG“.

sodass ihre Entstehung im Außenverhältnis gemäß § 123 Abs. 1 Satz 1 HGB[1378] von ihrer Eintragung ins Handelsregister abhängt. Zwar ergibt die Auslegung unter Einbeziehung der aufsichtsrechtlichen Besonderheiten die Einordnung der Inv-KG als stets rein vermögensverwaltende Gesellschaft,[1379] aus Gründen der Rechtssicherheit wäre aber eine klarstellende gesetzliche Regelung zu begrüßen.

Ebenso gelangen bei der Geschäftsführung zwar im Wesentlichen die personengesellschaftsrechtlichen Vorschriften und Grundsätze zur Anwendung, insbesondere gilt auch für die Inv-KG der Grundsatz der Selbstverwaltung. Allerdings wären auch hier eigenständige investmentrechtliche Regelungen zur Geschäftsführungsbefugnis wünschenswert, denn eigenständige Regelungen hierzu kennt das KAGB nicht – insoweit ist auch die Überschrift zu § 125 KAGB und § 150 KAGB missverständlich. Dies betrifft im Wesentlichen die Reichweite der Geschäftsführungsbefugnis, die nach Maßgabe der personengesellschaftsrechtlichen Vorschriften die Einzelgeschäftsführungsbefugnis als Regelfall vorsieht, sofern im Gesellschaftsvertrag nichts Abweichendes vereinbart wurde.[1380] Aus aufsichtsrechtlichen Gründen wäre allerdings die Anordnung der Gesamtvertretungsbefugnis als der gesetzliche Regelfall vorzugswürdig, was seine Begründung primär darin findet, dass dem Aufsichtsrecht das Vier-Augen-Prinzip zu eigen ist und dieses mit der Einzelvertretungsbefugnis nicht recht harmoniert.

Die Feststellungen zur Geschäftsführungsbefugnis sind entsprechend auf die Vertretungsbefugnis zu übertragen. Auch diese folgt weitgehend den personengesellschaftsrechtlichen Vorschriften. So gilt insbesondere der Grundsatz der Selbstorganschaft, sodass die Vertretungsbefugnis nur den Komplementären einer Inv-KG zustehen kann.[1381] Zudem gilt auch hier aufgrund des Mangels an eigenständigen investmentrechtlichen Vorschriften die Einzelvertretungsbefugnis als der

1378 Nach alter Rechtslage: § 123 Abs. 1 und Abs. 2 a. E. HGB a. F.

1379 Vgl. Vgl. Teil B. Kapitel II. Ziffer 2.2.4. „Eigenständige Einordnung der Inv-KG hinsichtlich ihrer Entstehung im Außenverhältnis aufgrund aufsichtsrechtlicher Besonderheiten".

1380 Vgl. Teil B. Kapitel VI. Ziffer 5.4. „Fazit bzgl. der Reichweite der Geschäftsführungsbefugnis".

1381 Vgl. Teil B. Kapitel VII. Ziffer 5.1. „Organschaftliche Vertretung durch die Komplementäre".

gesetzliche Regelfall. Allerdings wäre ebenso hier ratsam, die Vertretungsbefugnis eigenständig im KAGB zu regeln und hierbei – und in Abweichung von den personengesellschaftsrechtlichen Vorschriften, die auch auf die Inv- KG anwendbar sind – die Gesamtvertretungsbefugnis aus den zuvor genannten Gründen als den gesetzlichen Regelfall vorzusehen.[1382]

Auch in Bezug auf die Haftung der Kommanditisten einer Inv-KG wird eine Ergänzung der investmentrechtlichen Vorschriften angeregt. Für den Fall, dass sich der Gesetzgeber – entgegen dem Vorschlag, der im Rahmen dieser Arbeit vorgelegt wurde – nicht zur Fixierung des Gesellschaftszwecks einer Inv-KG auf rein vermögensverwaltende Tätigkeiten durchringen sollte, wird zumindest eine Ausdehnung von § 152 Abs. 5 KAGB auf sämtliche Arten einer Inv-KG vorgeschlagen.[1383] Entsprechendes gilt für die investmentrechtlichen Vorschriften zur Nachhaftung der ausscheidenden Kommanditisten. Auch hier wäre es ratsam, die Regelung in § 152 Abs. 6 KAGB auch auf die offene Inv-KG zu erstrecken.[1384] Zu begründen ist dies mit dem Umstand, dass bei der offenen Inv-KG weitere Ausscheidensgründe in Betracht kommen als die ordentliche Kündigung der Anleger und dementsprechend ein vergleichbares Schutzbedürfnis besteht.

Weiterhin gelten die personengesellschaftsrechtlichen Vorschriften im Falle des Ausscheidens eines Kommanditisten. Diese werden zwar durch das Investmentrecht modifiziert, allerdings nicht in allerletzter Konsequenz.[1385] So werden zwar für das Ausscheiden eines Kommanditisten einer offenen Inv-KG aufgrund ordentlicher Kündigung dessen Abfindungsanspruch und die eventuelle Höhe desselben investmentrechtlich geregelt, nicht aber für dessen Ausscheiden in einem anderen Falle als der ordentlichen Kündigung. Auch bei Ausscheiden eines Kommanditisten aus einer geschlossenen Inv-KG finden sich keine spezialgesetzlichen Vorschriften zum Abfindungsanspruch und zu dessen Höhe, sodass es insoweit bei den personengesellschafts-

1382 Vgl. Teil B. Kapitel VII. Ziffer 5.2. „Reichweite der Vertretungsbefugnis“.

1383 Vgl. Teil B. Kapitel VIII. Ziffer 2.1.3. „Prüfung, inwieweit eine abweichende Beurteilung aufgrund aufsichtsrechtlicher Besonderheiten geboten ist“.

1384 Vgl. Teil B. Kapitel VIII. Ziffer 2.5.4. „Haftung der ausscheidenden Kommanditisten“.

1385 Vgl. Teil B. Kapitel IX. Ziffer 3. „Fazit“.

rechtlichen Vorschriften verbleibt. Konsequent wäre es dagegen, den Abfindungsanspruch für alle Spielarten der Inv-KG einheitlich und losgelöst vom Ausscheidensgrund im KAGB zu regeln.

Zuletzt ist eine Ergänzung der investmentrechtlichen Vorschriften in Bezug auf die Liquidation und die Auflösung einer Inv-KG zu empfehlen. Hierzu gehört zunächst, die im Rahmen des MoPeG vorgenommene Streichung von § 138 Abs. 1 Satz 1 KAGB und § 161 Abs. 2 Satz 1 KAGB wieder rückgängig zu machen und die beiden vorgenannten Vorschriften wieder ins KAGB aufzunehmen.[1386] Angeraten wird zudem eine Klarstellung, wonach es bei einer Inv-KG, die sich in Liquidation befindet, bei den investmentrechtlichen Vorschriften über die Buchführung und Rechnungslegung verbleibt. Nach derzeitiger Rechtslage wurde dies zwar für eine geschlossene Inv-KG, die als Vehikel für einen Publikums-AIF dient, klargestellt, nicht aber übergreifend für jede Art der Inv-KG.[1387]

4. Darstellung der Bereiche, in denen die Notwendigkeit zur Auflösung bestehender Widersprüche besteht

Zudem konnte im Rahmen dieser Arbeit aufgezeigt werden, dass es vereinzelt zu Widersprüchlichkeiten kommt, die sich aus dem Spannungsverhältnis zwischen den personengesellschaftsrechtlichen und den investmentrechtlichen Vorschriften ergeben.

Im Hinblick auf das Gesellschaftsvermögen einer Inv-KG ist dabei festzuhalten, dass die investmentrechtlichen Vorschriften über die Zusammensetzung des Kommanditanlagevermögens keinen eigenständigen Regelungsgehalt haben – und zwar sowohl nach alter Rechtslage als auch nach neuer Rechtslage. Dies ist dem Umstand geschuldet, dass die in § 131 Abs. 2 KAGB bzw. § 156 Abs. 2 KAGB enthaltene Aufzählung inhaltlich den personengesellschaftsrechtlichen Vorschriften entspricht.[1388] Dies ist in doppelter Hinsicht misslich. Zum einen haben die investmentrechtlichen Vorschriften zur Zusammensetzung des Kommanditanlagevermögens keinen Mehrwert, gehen aber zu-

1386 Vgl. Teil B. Kapitel X. Ziffer 1.3. „Fazit bzgl. der Auflösung einer Inv-KG".
1387 Vgl. Teil B. Kapitel X. Ziffer 2.3. „Fazit bzgl. der Liquidation einer Inv-KG".
1388 Vgl. Teil B. Kapitel V. Ziffer 1.2.3. „Fazit bzgl. der Zusammensetzung des Gesellschaftsvermögens einer extern verwalteten Inv-KG".

gleich als Spezialgesetze den allgemeineren personengesellschaftsrechtlichen Vorschriften vor. Zum anderen richtet sich bei der intern verwalteten Inv-KG die Zusammensetzung des Kommanditanlagevermögens zwar nach den investmentrechtlichen Vorschriften, allerdings verbleibt es hinsichtlich der Zusammensetzung des Betriebsvermögens bei der Anwendung der personengesellschaftsrechtlichen Vorschriften.[1389] In Ermangelung eines eigenständigen Regelungsgehalts von § 131 Abs. 2 KAGB und § 156 Abs. 2 KAGB ist dies zwar für die Praxis unschädlich, allerdings kann die gegenwärtige Gemengelage leicht zu Irritationen führen. Anzuraten wäre dementsprechend, diese verunglückte Rechtslage aufzulösen. Letztlich bedarf es nur für die intern verwaltete Inv-KG einer eigenständigen investmentrechtlichen Regelung zum Gesellschaftsvermögen, um das von den Anlegern eingesammelte Kapital – d.h. das Kommanditanlagevermögen – gegenüber dem Betriebsvermögen abzugrenzen. Angeraten wird daher eine Neufassung von § 131 KAGB und § 156 KAGB.[1390]

Für die Teilgesellschaftsvermögen wird eine eindeutigere Zuständigkeitsregelung empfohlen. Dies betrifft sowohl die Zuständigkeit bei der Bildung und der Auflösung von Teilgesellschaftsvermögen wie auch die Abhaltung von Teilgesellschafterversammlungen, da sich andernfalls ein Spannungsverhältnis zwischen den investmentrechtlichen Besonderheiten einerseits[1391] und der Anwendung der an sich geltenden personengesellschaftsrechtlichen Vorschriften andererseits ergibt. Nach derzeitiger Rechtslage ist die Bildung neuer Teilgesellschaftsvermögen als Geschäftsführungsmaßnahme zu betrachten, die über den gewöhnlichen Geschäftsbetrieb hinausgeht und damit – in Ermangelung einer abweichenden Regelung im Gesellschaftsvertrag – in die Zuständigkeit aller Gesellschafter fällt.[1392] Dies erschwert allerdings die Bildung neuer Teilgesellschaftsvermögen und macht diese unwahrscheinlich. Auch eine eindeutigere Regelung über die Zuständigkeit bei der Entscheidung über die Auflösung von Teilge-

---

1389 Vgl. Teil B. Kapitel V. Ziffer 1.3.3. „Fazit bzgl. der Zusammensetzung des Gesellschaftsvermögens einer intern verwalteten Inv-KG“.

1390 Vgl. Teil B. Kapitel V. Ziffer 1.5.1. „Fazit bzgl. der Zusammensetzung des Gesellschaftsvermögens einer Inv-KG „ nebst Formulierungsvorschlag.

1391 Insbesondere dem Schutz der Interessen der Anleger.

1392 Vgl. Teil B. Kapitel V. Ziffer 1.5.2. „Fazit bzgl. der Teilgesellschaftsvermögen“.

sellschaftsvermögen wäre wünschenswert, wenngleich zumindest hier durch entsprechende Auslegung der investmentrechtlichen Vorschriften die Zuständigkeit der Teilgesellschafterversammlung als gesetzlicher Regelfall ermittelt werden kann.[1393] Generell erscheint es ratsam, investmentrechtliche Vorschriften über die Teilgesellschafterversammlung aufzunehmen. Denn in Bezug auf die Abhaltung von Teilgesellschafterversammlungen sprechen nach der hier vertretenen Auffassung gemäß derzeitiger Rechtslage die besseren Gründe dafür, dass in Angelegenheiten eines Teilgesellschaftsvermögens sämtliche Gesellschafter entscheiden, sofern im Gesellschaftsvertrag nichts Abweichendes geregelt wurde. Dies entspricht aber regelmäßig nicht den Interessen der Anleger der einzelnen Teilgesellschaftsvermögen.

Zudem ist zu bemerken, dass sich das Sonderrecht, wonach eine geschlossene Inv-KG einen anderen Liquidator als die Verwahrstelle bestellen kann, nicht recht ins investmentrechtliche Gesamtbild einfügt.[1394] Aus § 154 Abs. 2 Satz 1 Nr. 2 KAGB und der Gesetzesbegründung hierzu lässt sich auch nicht erschließen, weswegen sich der Gesetzgeber veranlasst sah, eine solche Ausnahme zugunsten einer geschlossenen Inv-KG einzuräumen. Konsequent wäre entweder eine vehikelübergreifende Möglichkeit, die Verwahrstelle als Liquidatorin eines Investmentvermögens abzubedingen, oder die zwingende Liquidation sämtlicher Investmentvermögen – und damit auch solcher einer geschlossenen Inv-KG – durch die Verwahrstelle.

Abschließend ist in Bezug auf die Haftung der gegenwärtigen Kommanditisten einer Inv-KG anzumerken, dass die investmentrechtlichen Vorschriften diesbezüglich noch nicht an die Begrifflichkeiten und den neuen Aufbau der Vorschriften des HGB angepasst wurden.[1395] Dies wäre entsprechend durch den Gesetzgeber nachzuholen.

1393 Vgl. Teil B. Kapitel V. Ziffer 1.5.2. „Fazit bzgl. der Teilgesellschaftsvermögen“.

1394 Vgl. Teil B. Kapitel X. Ziffer 2.3. „Fazit bzgl. der Liquidation einer Inv-KG“.

1395 Vgl. Teil B. Kapitel VIII. Ziffer 2.5.2. „Haftung der gegenwärtigen Kommanditisten“.

5. Gesamtfazit

Das Ergebnis der gesellschaftsrechtlichen Untersuchung zur Inv-KG fällt insgesamt gemischt aus. Erfreulich ist zunächst, dass der deutsche Gesetzgeber der Fondspraxis mit der Inv-KG ein weiteres Investmentvehikel zur Verfügung stellt. Praktische Relevanz erlangt die Inv-KG insbesondere im geschlossenen Bereich, was auch der bisherigen Praxis im unregulierten Sektor geschuldet ist. Dagegen spielt die Inv-KG im offenen Bereich nur eine untergeordnete Rolle, hier bleibt das Sondervermögen klar das Maß aller Dinge. Diese Schlussfolgerung bedingt auch, dass sich die Bundesrepublik Deutschland noch nicht nachhaltig als Standort für das Pension-Asset-Pooling positionieren konnte.

Dagegen bietet die bisherige gesetzgeberische Umsetzung der Inv-KG noch Verbesserungsmöglichkeiten. Wie die vorstehende Arbeit aufzeigt, ist eine Nachbesserung bei den investmentrechtlichen Vorschriften zur offenen Inv-KG und geschlossenen Inv-KG an diversen Stellen von deren Lebenszyklus geboten. Wünschenswert – und erforderlich – ist insbesondere eine deutlich umfassendere Regelung der Inv-KG. Das Bedürfnis nach einer Änderung der investmentrechtlichen Vorschriften zur Inv-KG ergibt sich zum einen aus bestehenden Regelungslücken und zum anderen aus dem Umstand, dass aufsichtsrechtliche Besonderheiten bei der Konzeption des KAGB nicht erkannt und daher nicht in eigenständigen investmentrechtlichen Vorschriften abgebildet wurden. Im letzteren Falle sei beispielhaft der Umfang der Geschäftsführungs- und Vertretungsbefugnis genannt, die aus personengesellschaftsrechtlicher Perspektive zunächst jedem einzelnen Gesellschafter zusteht, obwohl in Bezug auf die Inv-KG und das im Finanzaufsichtsrecht grundsätzlich vorgesehene Vier-Augen-Prinzip die Gesamtgeschäftsführungsbefugnis und die Gesamtvertretungsbefugnis als gesetzlich vorgesehener Regelfall ungleich besser passen würden. Hinzu sind im Zuge einer solchen Überarbeitung auch Ungenauigkeiten im Gesetzeswerk, die sich im Zusammenhang mit dem Inkrafttreten des MoPeG in das KAGB eingeschlichen haben.

Literaturverzeichnis

[1] Assmann, Heinz-Dieter; Wallach, Edgar und Zetzsche, Dirk A.: Kapitalanlagegesetzbuch, Verlag Dr. Otto Schmidt KG, 2. Auflage, 2023.

[2] Bamberger, Heinz Georg; Roth, Herbert; Hau, Wolfgang und Poseck, Roman: Bürgerliches Gesetzbuch Band 3, C. H.Beck, 4. Auflage, 2019.

[3] Baur, Jürgen und Tappen, Falko: Investmentgesetze Band 1, Walter de Gruyter GmbH, 4. Auflage, 2020.

[4] Baur, Jürgen und Tappen, Falko: Investmentgesetze Band 2, Walter de Gruyter GmbH, 4. Auflage, 2020.

[5] Beckmann, Klaus; Scholtz, Rolf-Detlef und Vollmer, Lothar: Investment, Erich Schmidt Verlag, 2022.

[6] Berger, Hanno; Streck, Kai-Uwe und Lübbehüsen, Dieter: Investmentgesetz, C. H.Beck, 1. Auflage, 2010.

[7] Böhme, Andreas, BB 2014, 2380 ff.: Die Vertretung der extern verwalteten Investmentkommanditgesellschaft.

[8] Boxberger, Lutz, GWR 2016, 1 ff.: Vertretungsbefugnis einer externen Kapitalverwaltungsgesellschaft.

[9] Burgard, Ulrich und Heimann, Carsten, WM 2014, 821 ff.: Das neue Kapitalanlagengesetzbuch (KAGB).

[10] Canaris, Claus-Wilhelm; Habersack, Mathias und Schäfer, Carsten: Staub Handelsgesetzbuch Band 3, De Gruyter Rechtswissenschaften Verlags-GmbH, 5. Auflage, 2009.

[11] Canaris, Claus-Wilhelm; Habersack, Mathias und Schäfer, Carsten: Staub Handelsgesetzbuch Band 4, De Gruyter Rechtswissenschaften Verlags-GmbH, 5. Auflage, 2015.

[12] Casper, Matthias, ZHR 179 (2015), 44 ff.: Die Investmentkommanditgesellschaft: große Schwester der Publikums-KG oder Kuckuckskind?

[13] Drescher, Ingo; Fleischer, Holger und Schmidt, Karsten: Münchener Kommentar zum Handelsgesetzbuch Band 1, C. H.Beck, 5. Auflage, 2021.

[14] Drescher, Ingo; Fleischer, Holger und Schmidt, Karsten: Münchener Kommentar zum Handelsgesetzbuch Band 2, C. H.Beck, 5. Auflage, 2022.

[15] Drescher, Ingo; Fleischer, Holger und Schmidt, Karsten: Münchener Kommentar zum Handelsgesetzbuch Band 5, C. H.Beck, 5. Auflage, 2021.

[16] Ebenroth, Carsten Thomas; Boujong, Karlheinz; Joost, Detlev und Strohn, Lutz: Handelsgesetzbuch Band 1, C. H.Beck and Verlag Vahlen, 4. Auflage, 2020.

[17] Eichhorn, Jochen, WM 2016, 110 ff.: Die offene Investmentkommanditgesellschaft nach dem Kapitalanlagegesetzbuch – Teil I -.

[18] Eichhorn, Jochen, WM 2016, 145 ff.: Die offene Investmentkommanditgesellschaft nach dem Kapitalanlagegesetzbuch – Teil II -.

[19] Emde, Thomas; Dornseifer, Frank und Dreibus, Alexandra: Kapitalanlagegesetzbuch, C. H.Beck, 2. Auflage, 2019.

[20] Emde, Thomas; Dornseifer, Frank; Dreibus, Alexandra und Hölscher, Luise: Investmentgesetz, C. H.Beck, 2013.

[21] Fischer, Carsten und Friedrich, Till, ZBB 2013, 153 ff.: Investmentaktiengesellschaft und Investmentkommanditgesellschaft unter dem Kapitalanlagegesetzbuch.

[22] Freitag, Robert, NZG 2013, 329 ff.: Die „Investmentkommanditgesellschaft" nach dem Regierungsentwurf für ein Kapitalanlagegesetzbuch.

[23] Fuchs, Andreas: Wertpapierhandelsgesetz, C. H.Beck, 2. Auflage, 2016.

[24] Goette, Wulf, DStR 1996, 266 ff.: Fehlerhafte Personengesellschaftsverhältnisse in der jüngeren Rechtsprechung des Bundesgerichtshofs.

[25] Goette, Wulf; Habersack, Martin und Kalss, Susanne: Münchener Kommentar zum Aktiengesetz Band 2, C. H.Beck, 5. Auflage, 2019.

[26] Gummert, Hans und Weipert, Lutz: Münchener Handbuch des Gesellschaftsrechts Band 1, C. H.Beck, 5. Auflage, 2019.

[27] Gummert, Hans und Weipert, Lutz: Münchener Handbuch des Gesellschaftsrechts Band 2, C. H.Beck, 5. Auflage, 2019.

[28] Hachmeister, Dirk; Kahle, Holger; Mock, Sebastian und Schüppen, Matthias: Bilanzrecht Kommentar, Verlag Dr. Otto Schmidt KG, 3. Auflage, 2022.

[29] Häublein, Martin und Theinert, Roland Hoffmann (Herausgeber): HGB, Nomos Verlagsgesellschaft, 2022.

[30] Heidel, Thomas und Schall, Alexander: Handelsgesetzbuch, Nomos Verlagsgesellschaft, 2020.

[31] Hennrichs, Joachim; Kleindiek, Detlef und Watrin, Christoph: Münchener Kommentar zum Bilanzrecht Band 2, C. H.Beck, 1. Auflage, 2013.

[32] Henssler, Martin und Strohn, Lutz: Gesellschaftsrecht, C. H.Beck, 5. Auflage, 2021.

[33] Hopt, Klaus: Handelsgesetzbuch, C. H.Beck, 42. Auflage, 2023

[34] Jauernig: Bürgerliches Gesetzbuch, C. H.Beck, 18. Auflage, 202

[35] Kindler, Peter: Grundkurs Handels- und Gesellschaftsrecht, C. F 9. Auflage, 2019.

[36] Koch, Jens: Aktiengesetz, C. H.Beck, 16. Auflage, 2022.

[37] Koller, Ingo; Kindler, Peter; Roth, Wulf-Henning und I Klaus-Dieter: Handelsgesetzbuch, C. H.Beck, 9. Auflage, 2019.

[38] Lieb, Barbara Dauner und Langen, Werner: BGB Schuldrecht Ban Nomos Verlagsgesellschaft, 4. Auflage, 2021.

[39] Lieb, Barbara Dauner und Langen, Werner: BGB Schuldrecht Ban Nomos Verlagsgesellschaft, 4. Auflage, 2021.

[40] Moritz, Joachim; Klebeck, Ulf und Jesch, Thomas A.: Frankf Kommentar zum Kapitalanlagerecht Band 1, Deutscher Fachve GmbH, Fachmedien Recht und Wirtschaft, 1. Auflage, 2016.

[41] Oetker, Hartmut: Handelsgesetzbuch, C. H.Beck, 7. Auflage, 2021.

[42] Wagner, Klaus R., BKR 2015, 410 ff.: Externe KVGs in geschlosse Publikums-GmbH &. Co. KGs: Wie verhält sich dies mit dem Ge der Selbstorganschaft bzw. dem Verbot der Drittorganschaft?

[43] Reiner, Fabienne Stephanie, GWR 2016, 136 ff.: Abgrenzung der Ko petenzen zwischen der geschäftsführenden Kommanditistin und c externen AIF-Kapitalverwaltungsgesellschaft bei geschlossenen Inve mentfonds unter dem KAGB.

[44] Röhricht, Volker; Graf von Westphalen, Friedrich und Haas, Ulric Handelsgesetzbuch, Verlag Dr. Otto Schmidt KG, 5. Auflage, 2019.

[45] Schäfer, Franz Jürgen; Rixecker, Roland; Oetker, Hartmut und Lim perg, Bettina: Münchener Kommentar zum Bürgerlichen Gesetzbuc Band 3, C. H.Beck, 8. Auflage, 2020.

[46] Schäfer, Franz Jürgen; Rixecker, Roland; Oetker, Hartmut und Limperg, Bettina: Münchener Kommentar zum Bürgerlichen Gesetzbuch Band 7, C. H.Beck, 8. Auflage, 2020.

[47] Schmidt, Karsten: Gesellschaftsrecht, Carl Heymanns Verlag KG, 4. Auflage, 2002.

[48] Schmidt, Karsten und Lutter, Marcus: Aktiengesetz Kommentar, Verlag Dr. Otto Schmidt KG, 4. Auflage, 2020.

[49] Scholz: Kommentar zum GmbHG, Verlag Dr. Otto Schmidt KG, 2021.

[50] Schön, Wolfgang, DB 1998, 1169 ff.: Die vermögensverwaltende Personenhandelsgesellschaft – Ein Kind der HGB-Reform.

[51] Soergel, Hans-Theodor: Bürgerliches Gesetzbuch Band 11/1, W. Kohlhammer GmbH, 2012.

[52] Staudinger, Julius von: Kommentar zum Bürgerlichen Gesetzbuch – §§ 705–740, Dr. Arthur L. Sellier Co. – Walter de Gruyter GmbH & Co. KG, 13. Auflage, 2003.

[53] Ulmer, Peter, ZIP 2010, 805 ff.: Die vertragliche Beschränkung des Austrittsrechts und der Abfindungsansprüche ausscheidenswilliger Gesellschafter in der großen, generationsübergreifenden Familien-KG.

[54] Wachter, Thomas: Kommentar zum Aktiengesetz, RWS Verlag Kommunikationsforum GmbH & Co. KG, 4. Auflage, 2022.

[55] Wallach, Edgar, ZGR 2014, 289 ff.: Die Regulierung von Personengesellschaften im Kapitalanlagegesetzbuch.

[56] Weitnauer, Wolfgang; Boxberger, Lutz und Anders, Dietmar: Kapitalanlagegesetzbuch, C. H.Beck, 3. Auflage, 2021.

[57] Westermann, Harm Peter und Wertenbruch, Johannes: Handbuch Personengesellschaften, Verlag Dr. Otto Schmidt KG, 2022.

[58] Wiedemann, Hermann: Die Personengesellschaft – Vertrag oder Organisation? ZGR 1996, 286 ff.

[59] Zetzsche, Dirk, AG 2013, 613 ff.: Das Gesellschaftsrecht des Kapitalanlagegesetzbuches.